컴퓨터와 태블릿으로
활용하는
오피스 2016

엑셀+
파워포인트+
워드 2016

YoungJin.com Y.
영진닷컴

컴퓨터와 태블릿으로
활용하는
오피스 2016

엑셀+파워포인트+워드 2016

Copyright ⓒ2016 by Youngjin.com Inc.
10F. Daeryung Techno Town 13-th, 24, Gasan Digital 1-ro, Geumcheon-gu, Seoul 08591, Korea.
All rights reserved. First published by Youngjin.com. in 2016. Printed in Korea

저작권법에 의해 한국 내에서 보호를 받는 저작물이므로 무단 전재와 복제를 금합니다.

ISBN : 978-89-314-5281-5

독자님의 의견을 받습니다.
이 책을 구입한 독자님은 영진닷컴의 가장 중요한 비평가이자 조언가입니다. 저희 책의 장점과 문제점이 무엇인지, 어떤 책이 출판되기를 바라는지, 책을 더욱 알차게 꾸밀 수 있는 아이디어가 있으면 이메일, 또는 우편으로 연락주시기 바랍니다. 의견을 주실 때에는 책 제목 및 독자님의 성함과 연락처(전화번호나 이메일)를 꼭 남겨 주시기 바랍니다. 독자님의 의견에 대해 바로 답변을 드리고, 또 독자님의 의견을 다음 책에 충분히 반영하도록 늘 노력하겠습니다.

이 메 일 : support@youngjin.com
주   소 : (우)08591 서울특별시 금천구 가산디지털1로 24 대륭테크노타운 13차 10층
등   록 : 2007. 4. 27. 제16-4189호

STAFF

저자 정용호 | **책임** 김태경 | **진행** 성민 | **디자인** 지화경 | **본문 편집** 지화경, 고은애

이 책의 머리말

이 책은?

아무런 제약 없이 전 세계에 걸친 정보를 습득할 수 있는 창구로써, 혹은 업무나 교육일선에서 필요한 자료를 빠르게 제작하는 생산 도구로써 컴퓨터는 필수 불가결한 도구라고 할 수 있습니다. 하지만 컴퓨터 고유의 정의가 최근에 조금씩 바뀌고 있습니다. 바로 스마트폰, 태블릿으로 대표되는 모바일 기기의 등장 때문입니다. 정보 창구로써의 위상은 이미 스마트폰/태블릿이 함께 양분하고 있는 실정이며, 모바일 기기를 생산 도구로 활용하기 위한 다양한 시도들도 끊임없이 이어지고 있습니다. 이러한 시대 변화에 맞춰서 새로 출시된 오피스 2016의 활용을 모바일 기기까지로 넓히는 데 일조하기 위해 이 책이 기획되었습니다.

오피스 프로그램은?

윈도우와 더불어 마이크로소프트(Microsoft)사를 대표하는 또 하나의 축인 오피스(Office) 프로그램은 교육이나 업무 생산성에 관계된 엑셀, 파워포인트, 워드 등으로 구성되어 있습니다. 엑셀은 오피스에서 가장 핵심적인 프로그램으로 간단한 서식 작성부터 수식, 함수식이 포함된 문서 작성이 강점이며, 파워포인트는 다양한 형태의 발표(Presentation)에 필요한 슬라이드 작성을 돕는 프로그램입니다. 또한, 전 세계인들이 가장 많이 사용하는 워드프로세서인 워드(Word)까지가 오피스 프로그램의 핵심 구성 요소라고 할 수 있습니다.

이 책의 구성은?

이 책은 가장 최근에 출시된 오피스 2016(엑셀, 파워포인트, 워드)의 핵심 기능과 새롭게 추가된 요소들을 최대한 쉽게 설명하고 따라하기를 통해 자연스레 익힐 수 있도록 구성하였습니다. 또한, 본문에서 사용한 예제를 모바일 기기(태블릿)에서 구현할 수 있도록 축약 서술된 별도 페이지와 동영상 강좌를 제공하며, 이를 통해 모바일 기기에서의 오피스 활용법을 이해할 수 있도록 구성하였습니다. 저자로서는 누구에게나 기본 능력이라고 생각되는 오피스 프로그램의 사용법을 이 책을 통해 좀 더 쉽고 친근하게 다가갈 수 있기를 마음 가득 희망하고 있습니다.

Thanks To!

책이 나오기까지 많은 분들의 도움이 있었습니다. 항상 믿음으로 응원해주시는 주위에 모든 분들과 아내에게 깊은 사랑과 감사를 전합니다.

지은이 정용호

PART

엑셀, 파워포인트, 워드 2016을 각각의 PART로 구성하였습니다.

CHAPTER

각각의 PART를 몇 개의 Chapter로 나눠 테마별로 학습할 수 있도록 구성하였습니다.

미 리 보 기

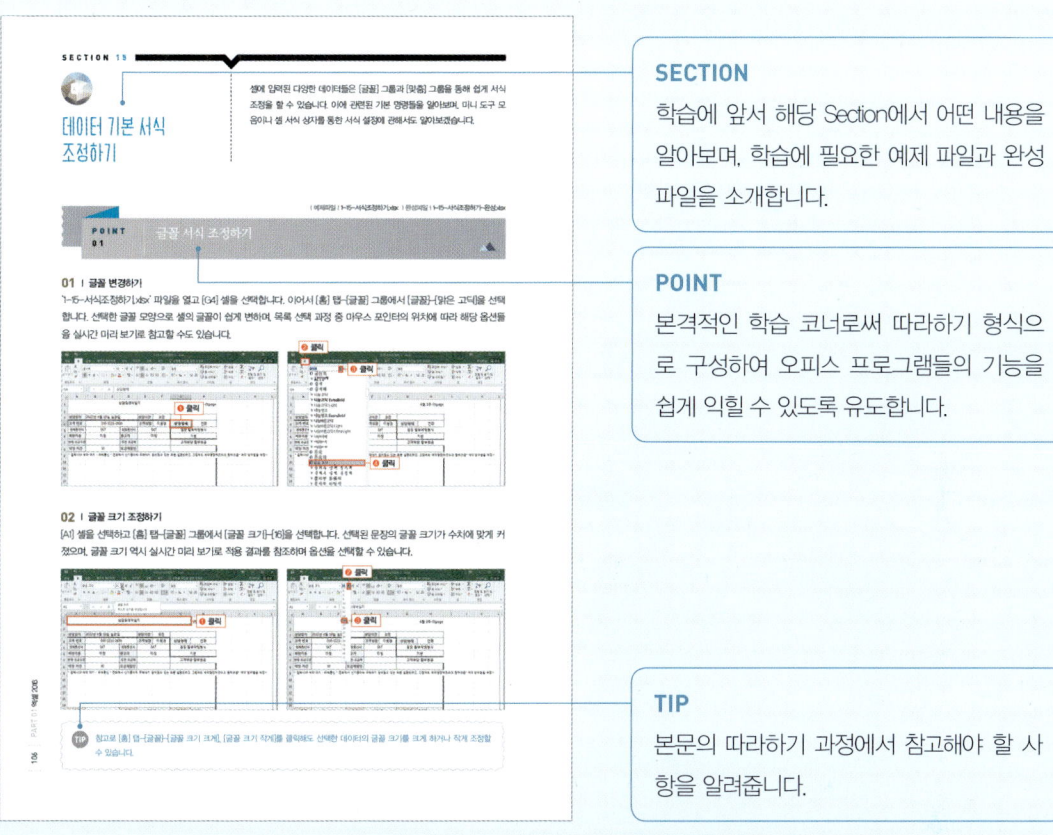

SECTION
학습에 앞서 해당 Section에서 어떤 내용을 알아보며, 학습에 필요한 예제 파일과 완성 파일을 소개합니다.

POINT
본격적인 학습 코너로써 따라하기 형식으로 구성하여 오피스 프로그램들의 기능을 쉽게 익힐 수 있도록 유도합니다.

TIP
본문의 따라하기 과정에서 참고해야 할 사항을 알려줍니다.

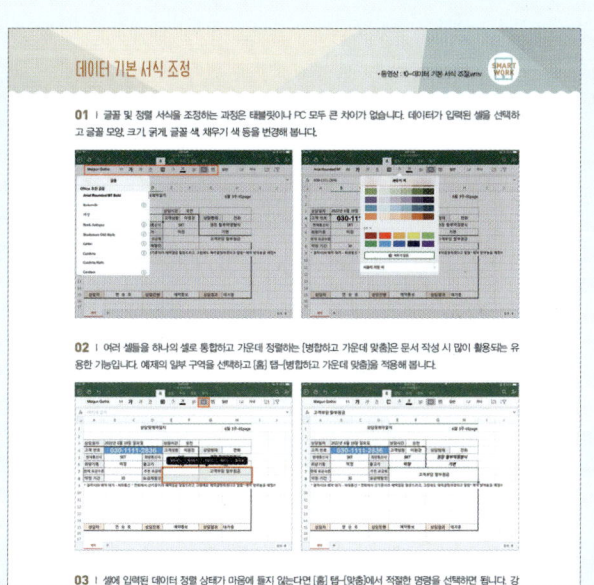

스마트워크
컴퓨터를 이용하여 본문에서 학습한 내용을 태블릿 기기에서 어떻게 사용할 수 있는지 간단히 소개하며, 해당 내용은 동영상 폴더에 수록되어 있는 동영상 해설 파일을 통해 자세히 학습할 수 있도록 구성하였습니다.

스마트워킹을 위한 첫걸음, 클라우드 저장 공간 활용하기

01 | 왜 클라우드 저장 공간인가?

하나의 기기에서만 작업을 하는 경우라면 의미가 없겠지만, 다양한 모바일 기기나 다른 장소의 PC에서 작업을 이어가는 경우라면 클라우드 계정을 만드는 것이 필수입니다. 클라우드 공간에 작업 파일을 저장해두면, 사용자의 작업 파일을 다른 장소나 기기에서 빠르게 확인하고 수정하는 것이 가능합니다.

▲ Dropbox.com에서 발췌

02 | OneDrive(원드라이브) vs Dropbox(드롭박스)

오피스 프로그램을 PC에 설치하면 마이크로소프트사의 클라우드 서비스인 OneDrive 폴더가 자동 생성되며, 사용자의 MS 계정에 연동됩니다. 반면 드롭박스는 별도로 'Dropbox.com'에 접속해 프로그램 설치 과정을 진행해야 합니다.

원드라이브와 드롭박스 모두 좋은 서비스이지만, 아직은 범용적인 활용성에서는 드롭박스가 많은 사랑을 받고 있습니다. 원드라이브와 더불어 사용자의 드롭박스 계정을 태블릿에서도 연동할 수 있도록 하는 것만 보아도 드롭박스의 범용성을 짐작할 수 있습니다.

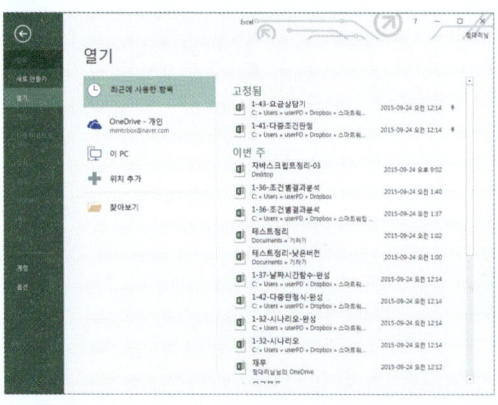

▲ PC 버전의 엑셀 열기 화면

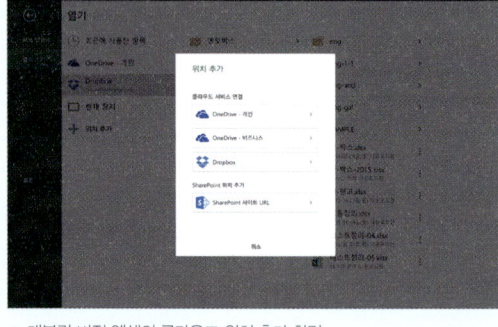

▲ 태블릿 버전 엑셀의 클라우드 위치 추가 화면

본격적인 학습 전에 이것만은 알고가자!

03 | 드롭박스 동기화 테스트

원드라이브나 드롭박스를 자신의 PC나 모바일 기기에 설치해 봅니다. 아래의 그림들은 PC에 설치된 드롭박스 공간의 작업 파일들이 태블릿 버전의 엑셀에서도 연동되어 있는 것을 보여주고 있습니다.

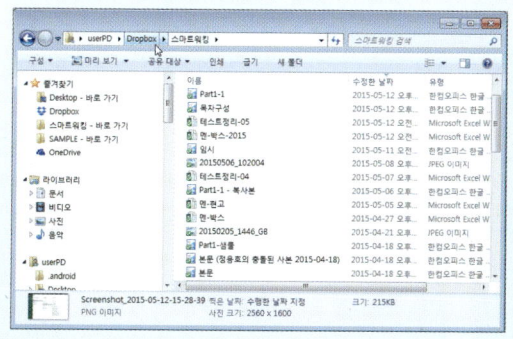
▲ 컴퓨터 탐색 창에서 드롭박스 경로 확인하기

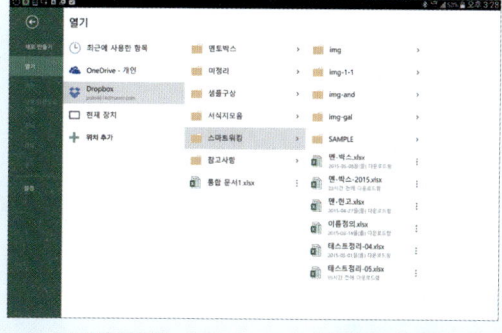
▲ 태블릿에서 연동 확인

태블릿 버전 오피스 설치

본문의 SMARTWORK 페이지는 오피스 프로그램을 태블릿에서 진행해 보는 동영상 강좌를 요약한 것이며, 대표적인 태블릿 기기인 아이패드 버전으로 제작하였습니다. 물론 안드로이드 버전의 태블릿/모바일 기기라도 진행 과정에 큰 차이는 없으며, 이들을 확인하면서 자신이 가진 스마트 기기에서도 오피스 활용을 적극적으로 시도해 보길 바랍니다.

01 | 아이패드의 App Store에서 'Microsoft'를 검색하고 [엑셀]을 다운받습니다. 다운로드가 모두 완료되면 [열기]를 터치하여 앱을 실행합니다.

▲ 안드로이드는 구글 플레이에서 검색

▲ 워드나 파워포인트도 같은 방식으로 설치 가능

02 | 원드라이브나 오피스 365의 계정으로 로그인하거나, 새로 계정을 만들 수 있습니다. 아니면 하단의 [나중에 로그인]을 터치하여 앱을 실행할 수 있습니다. [열기]-[위치 추가]를 터치하면 다른 원드라이브나 사용자의 드롭박스를 선택해 연결할 수 있습니다. 본문의 스마트워킹을 따라하기 위해서는 이와 같은 클라우드 서비스에 예제 파일을 업로드한 후 따라하기를 진행해야 합니다.

▲ 설치된 앱의 계정 확인　　　　　　　　　　▲ 자주 사용하는 클라우드 저장소 설정

03 | 드롭박스를 연결하는 경우, 이미 태블릿에 설치된 드롭박스 계정이 확인되며, [허용]을 터치하면 바로 엑셀과 연동할 수 있습니다. 만약 다른 드롭박스 계정과 연동하고 싶다면 하단의 [다른 계정 사용]을 터치하면 됩니다.

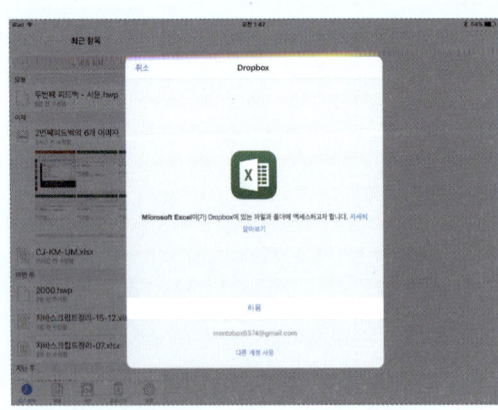
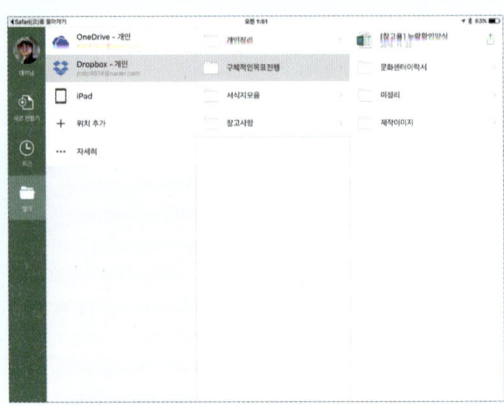

▲ 드롭박스 계정 설정 화면　　　　　　　　　▲ 연결된 드롭박스 파일 검색 확인

본문의 예제/완성 파일 및 동영상 해설 파일

이 책에서 제공하는 각 Part별 예제 파일과 완성 파일, 그리고 스마트워킹에 필요한 동영상 해설 파일들은 영진닷컴 홈페이지(www.youngjin.com)의 [고객센터]-[부록 CD 다운로드]-[IT도서/교재]에서 도서명으로 검색하면 다운로드 받을 수 있습니다. 다운로드 받은 파일들은 태블릿 기기에서 학습하는 경우에 앞서 언급한 클라우드 저장소에 복사한 후에 사용할 것을 권장합니다.

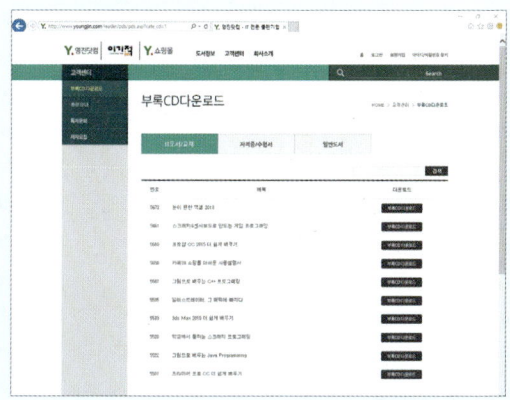

▲ 영진닷컴 홈페이지의 [고객센터]-[부록 CD 다운로드]-[IT도서/교재]

▲ 다운로드 받은 압축 파일을 해제한 [Sample/동영상] 폴더의 모습

[동영상] 폴더에는 본문에서 배워본 오피스 2016의 핵심 기능들을 태블릿과 같은 스마트 기기에서 어떻게 활용하는지를 소개하는 동영상 해설 파일이 수록되어 있습니다.

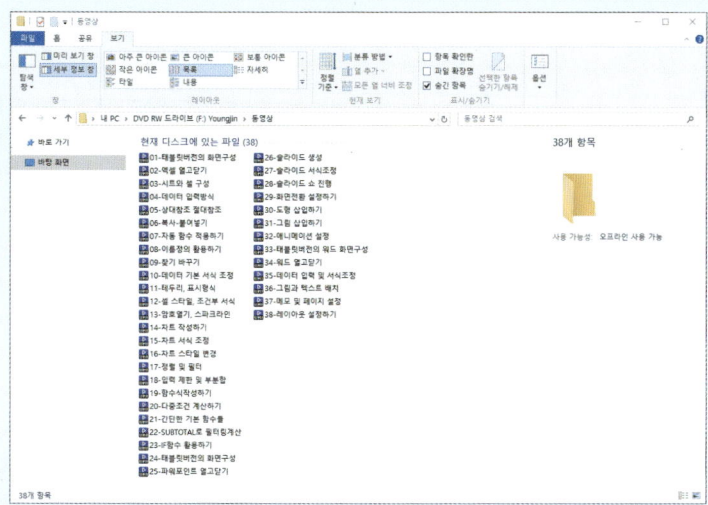

[Sample] 폴더에는 그림과 같이 각각의 엑셀, 파워포인트, 워드 2016 학습에 필요한 예제/완성 파일들이 폴더별로 구분되어 있습니다.

▲ 엑셀 2016 학습에 필요한 예제/완성 파일

▲ 파워포인트 2016 학습에 필요한 예제/완성 파일

▲ 워드 2016 학습에 필요한 예제/완성 파일

이 책의 목차

PART 1
엑셀 2016

CHAPTER 01 엑셀 2016, 시작하기 — 18

- SECTION 01 엑셀 2016, 화면 구성 살펴보기 — 20
  - | 스마트워크 | 태블릿 버전의 화면 구성 — 23
- SECTION 02 작업 화면 불러오기 — 24
  - | 스마트워크 | 엑셀 열기/닫기 — 29
- SECTION 03 문서 구성의 핵심, 셀/워크시트 이해하기 — 30
  - | 스마트워크 | 시트와 셀 구성 — 39
- SECTION 04 통합 문서에 데이터 입력하기 — 40
  - | 스마트워크 | 데이터 입력 방식 — 45
- SECTION 05 수식의 참조 속성 설정하기 — 46
  - | 스마트워크 | 상대 참조/절대 참조 — 50
- SECTION 06 다채로운 데이터 복제하기 — 51
  - | 스마트워크 | 복사-붙여넣기 — 59
- SECTION 07 초보자를 위한 자동 함수 활용 — 60
  - | 스마트워크 | 자동 함수 적용하기 — 64
- SECTION 08 데이터 일괄 조정하기 — 65
- SECTION 09 이름 정의 활용하기 — 69
  - | 스마트워크 | 이름 정의 활용하기 — 77
- SECTION 10 데이터 찾아서 내용 변경하기 — 78
  - | 스마트워크 | 찾기와 바꾸기 — 85
- SECTION 11 페이지 설정 조정하기 — 86
- SECTION 12 통합 문서 인쇄 설정하기 — 91
- SECTION 13 파일에 암호 설정하기 — 96
- SECTION 14 특정 시트 영역 보호하기 — 101

CHAPTER 02 한 눈에 들어오는 서식 만들기 — 104

- SECTION 15 데이터 기본 서식 조정하기 — 106
  - | 스마트워크 | 데이터 기본 서식 조정 — 113

SECTION 16	테두리 및 표시 형식 설정	114
	|스마트워크| 테두리, 표시 형식	123
SECTION 17	빠른 서식 적용하기	124
SECTION 18	시각적인 데이터 분석, 조건부 서식	128
	|스마트워크| 셀 스타일, 조건부 서식	136
SECTION 19	붙여넣기 옵션 이해하기	137
SECTION 20	직관적인 데이터 흐름, 스파크라인	141
	|스마트워크| 암호 열기, 스파크라인	146
SECTION 21	차트 만들기	147
	|스마트워크| 차트 작성하기	153
SECTION 22	차트 서식 조정하기	154
	|스마트워크| 차트 서식 조정	158
SECTION 23	차트 스타일로 강조하기	159
	|스마트워크| 차트 스타일 변경	164
SECTION 24	작업 효율성을 위한 보조 기능들	165

CHAPTER 03 데이터 분석 및 활용 170

SECTION 25	데이터 정렬 순서 조정하기	172
SECTION 26	조건에 맞는 내용들만 표시하기	176
	|스마트워크| 정렬 및 필터	181
SECTION 27	표 서식으로 목록 조정	182
SECTION 28	유효성 검사로 입력 형태 제한하기	187
SECTION 29	쉽고 빠른 데이터 분석, 부분합	193
	|스마트워크| 입력 제한 및 부분합	199
SECTION 30	분석의 재구성, 피벗 테이블	200
SECTION 31	슬라이서와 피벗 차트	205
SECTION 32	상황별 비교 분석, 시나리오	210
SECTION 33	분산 데이터 통합하기	217

| CHAPTER 04 습관처럼 사용하는 주요 함수들 | 220 |

SECTION 34	함수식 작성하기	222
		스마트워크	함수식 작성하기	226
SECTION 35	선별된 데이터만 합산 – SUMIF/SUMIFS	227
SECTION 36	선별된 데이터만 평균 및 통계내기	232
		스마트워크	다중 조건 계산하기	237
SECTION 37	날짜 및 시간 관련 함수들	238
SECTION 38	쉽고 간단하게 적용하는 기본 함수들	245
		스마트워크	간단한 기본 함수들	251
SECTION 39	필터링된 내용들만 계산, SUBTOTAL	252
		스마트워크	SUBTOTAL 함수로 필터링 계산	255
SECTION 40	참과 거짓에 따른 조건식 만들기, IF 함수	256
		스마트워크	IF 함수 활용하기	258
SECTION 41	논리 판정식의 소스로 활용, OR/AND	259
SECTION 42	IF 함수에서 다중 조건 설정하기	261
SECTION 43	요금 계산기 만들기, VLOOKUP 함수	266

PART 2
파워포인트 2016

| CHAPTER 01 파워포인트 2016, 기본기 다지기 | 276 |

SECTION 01	파워포인트 2016의 화면 구성 살펴보기	278
		스마트워크	태블릿 버전의 화면 구성	281
SECTION 02	작업 화면 불러오기	282
		스마트워크	파워포인트 열고/닫기	287
SECTION 03	슬라이드 작성하기	288
		스마트워크	슬라이드 생성	296
SECTION 04	슬라이드 관리하기	297
SECTION 05	슬라이드 배경 조정하기	303
SECTION 06	슬라이드 서식 만들기	306
		스마트워크	슬라이드 서식 조정	311

| SECTION 07 | 슬라이드 인쇄 및 저장 | 312 |

CHAPTER 02 프레젠테이션 준비하기 — 318

SECTION 08	슬라이드 쇼 진행하기	320
	｜스마트워크｜ 슬라이드 쇼 진행	323
SECTION 09	화면 전환 설정하기	324
	｜스마트워크｜ 화면 전환 설정하기	328
SECTION 10	다양한 청중들에 대비하는 쇼 재구성	329

CHAPTER 03 다양한 그래픽 객체 활용하기 — 334

SECTION 11	도형의 이해와 활용	336
	｜스마트워크｜ 도형 삽입하기	343
SECTION 12	그림 삽입과 활용	345
	｜스마트워크｜ 그림 삽입하기	352
SECTION 13	스마트아트(SmartArt) 활용하기	353
SECTION 14	워드아트 삽입하기	358

CHAPTER 04 청중의 시선을 잡아끄는 다채로운 효과들 — 360

SECTION 15	멀티미디어 삽입하기	362
SECTION 16	슬라이드에 링크 설정하기	366
SECTION 17	나타내기 애니메이션	370
SECTION 18	기타 애니메이션	376
	｜스마트워크｜ 애니메이션 설정	380

PART 3
워드 2016

CHAPTER 01 워드 2016, 기본기 다지기 — 384

- SECTION 01 워드 2016의 화면 구성 살펴보기 — 386
  - | 스마트워크 | 태블릿 버전의 화면 구성 — 389
- SECTION 02 작업 문서 열기/저장/닫기 — 390
  - | 스마트워크 | 워드 2016 열고/닫기 — 396
- SECTION 03 단락의 이해와 특수 기호 입력 — 397
- SECTION 04 문서의 기본 서식 조정하기 — 402
  - | 스마트워크 | 데이터 입력 및 서식 조정 — 409
- SECTION 05 목록 기호 및 테두리 설정하기 — 410
- SECTION 06 다른 개체와 텍스트 배치 — 417
  - | 스마트워크 | 그림과 텍스트 배치 — 422

CHAPTER 02 빠르고 효율적인 작업을 위한 보조 기능들 — 424

- SECTION 07 빠른 스타일 활용하기 — 426
- SECTION 08 문서 탐색하기 — 430
- SECTION 09 페이지 서식 조정하기 — 437
- SECTION 10 미주/각주로 설명글 넣기 — 442
- SECTION 11 참고 내용 메모하기 — 447
  - | 스마트워크 | 메모 및 페이지 설정 — 450
- SECTION 12 목차 작성하기 — 451
- SECTION 13 색인 만들고 활용하기 — 456

CHAPTER 03 문서 레이아웃 편집 및 마무리 기능들 — 460

- SECTION 14 페이지 나누기로 구분하기 — 462
- SECTION 15 세로 방향으로 단 나누기 — 465
- SECTION 16 페이지 나누기 vs 구역 나누기 — 468
- SECTION 17 한 페이지에서 다중 단 설정하기 — 472
  - | 스마트워크 | 레이아웃 설정하기 — 475

PART 1

엑셀 2016

엑셀 2016은 마이크로소프트(Microsoft)사의 핵심 소프트웨어인 오피스 프로그램 중에서도 가장 널리 사용되는 프로그램입니다. 수식이나 함수식을 다루는 비즈니스 관련 활용성이 매우 높으며, 이를 보조하는 일반 문서 작성 기능들도 웬만한 워드프로세서 못지않게 활용할 수 있습니다. 이러한 엑셀 2016의 핵심 기능들을 하나씩 알아보겠습니다.

CHAPTER ONE

첫 번째 챕터

엑셀 2016, 시작하기

엑셀 2016을 구성하는 기본 메뉴들을 확인하고,
문서 작업을 위해 필수적으로 알아야할 기초 과정들에 대해 짚어봅니다.
문서 파일을 열고, 닫는 방법부터,
여러 가지 형식의 데이터 입력, 수식 작성 및 셀의 참조 속성,
이름 정의, 페이지 설정 방법 등을 소개합니다.

SECTION 1

엑셀 2016, 화면 구성 살펴보기

이곳에서는 엑셀 2016을 구성하는 화면 구성 요소들에 대한 기본적인 내용을 알아봅니다. 본격적인 세부 기능별 내용은 이후의 본문들에서 다루도록 하겠습니다.

POINT 01 | 백스테이지 화면 구성

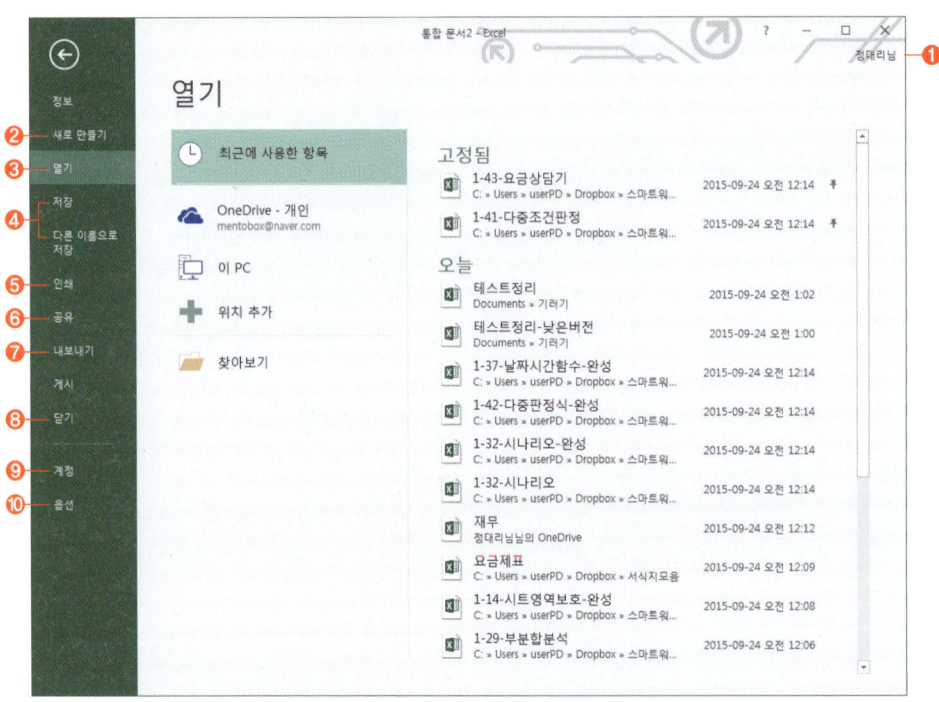

❶ **백스테이지** : 문서에 관련된 기본 정보 확인을 비롯해 문서의 열기, 닫기, 저장 등의 명령을 적용할 수 있습니다. 작업 중인 문서가 있다면, 화면 좌측 상단의 화살표 기호를 클릭해 작업 화면으로 돌아갈 수 있습니다.

❷ **새로 만들기** : 비어있는 새 통합 문서 파일을 비롯한 다양한 서식 파일들을 선택해 열 수 있습니다.

❸ **열기** : 백스테이지의 기본 화면으로써, 다양한 방법으로 저장해둔 통합 문서를 불러올 수 있습니다.

❹ **저장/다른 이름으로 저장** : 통합 문서를 현재의 이름 또는, 다른 이름으로 저장합니다.

❺ **인쇄** : 문서를 출력하기 위한 다양한 보조 기능들이 화면에 표시됩니다.

❻ **공유** : 클라우드 저장을 통해 다른 사용자와 공유하거나, 전자 메일로 파일을 전송할 수 있습니다.

❼ **내보내기** : 작업 중인 문서를 엑셀 파일 이외의 형식으로 내보낼 수 있습니다.

❽ **닫기** : 현재의 문서 작업을 종료합니다.

❾ **계정** : 사용자의 MS 계정으로 로그인 할 수 있습니다.

❿ **옵션** : 엑셀 2016의 다양한 세부 설정을 할 수 있습니다.

POINT 02 | 통합 문서의 작업 화면 구성

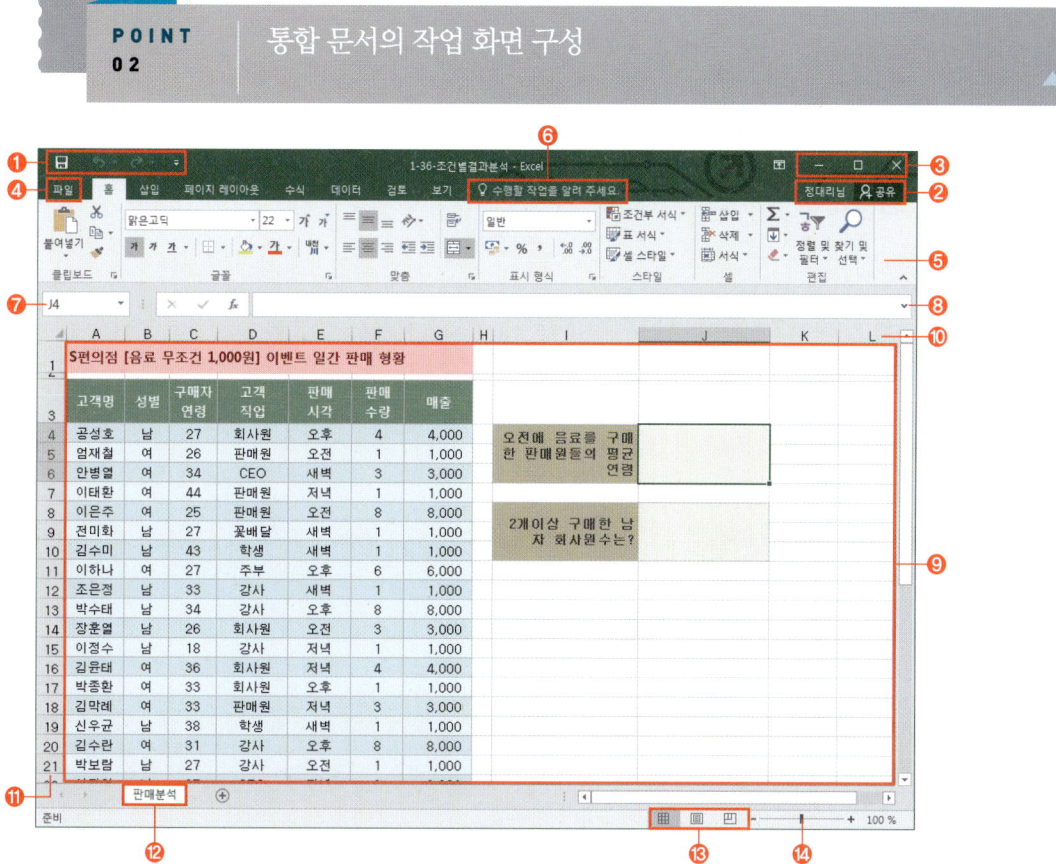

❶ **빠른 실행 도구 모음** : 사용자가 자주 사용하는 기능들을 한 눈에 보이도록 꺼내놓은 곳입니다. 필요에 따라 추가/삭제가 가능합니다.

❷ **계정 표시** : MS에 등록한 계정으로 로그인하면, 이곳에 사용자 계정이 표시됩니다.

❸ **프로그램 창 확대/축소** : 선택에 따라 작업 문서 창을 전체 화면으로 표시하거나 최소화, 또는 작업 종료를 할 수 있습니다.

❹ **[파일] 탭** : 탭을 클릭하면 문서 자체의 정보를 확인하고 인쇄/열기/저장/닫기 등의 명령을 선택할 수 있는 백스테이지 화면으로 전환됩니다.

❺ **리본 메뉴** : 기능의 성격에 따라 탭-그룹-아이콘으로 체계화된 명령어들의 구분을 리본 메뉴라고 합니다. 각각의 탭을 클릭하면 이와 관련된 명령들이 여러 개의 그룹으로 분류되어 표시됩니다.

❻ **설명** : 작업에 필요한 기능을 검색하여 선택하거나, 관련 도움말들을 찾아 확인할 수 있습니다.

❼ **이름 상자** : 단일 셀이나 선택된 영역의 주소명이 표시되는 곳입니다.

❽ **수식 표시줄** : 특정 셀에 입력된 데이터나 수식, 함수식이 표시됩니다.

❾ **워크시트** : 세로 열과 가로 행으로 나누어진 무수한 셀로 만들어진 작업 공간입니다.

❿ **열 머리글** : 워크시트를 세로로 나누는 기준으로써, 알파벳순으로 표시됩니다.

⓫ **행 머리글** : 워크시트를 가로로 나누는 기준으로써, 번호순으로 표시됩니다.

⓬ **시트 탭** : 워크시트의 이름이 표시되며, 'Sheet1…' 등으로 이름 붙여집니다. 하나의 통합 문서에는 수많은 워크시트들이 포함될 수 있습니다.

⓭ **화면 보기 단추** : 작업 중인 문서를 다양한 보기 형식으로 확인할 수 있습니다.

⓮ **확대/축소 슬라이드 바** : 드래그하여 문서의 보기 배율을 조정할 수 있으며, 슬라이드 바에 표시되는 숫자를 클릭해 직접 원하는 배율을 적용할 수도 있습니다.

태블릿 버전의 화면 구성

• 동영상 : 01-태블릿 버전의 화면 구성.wmv

01 | 태블릿 버전의 엑셀을 실행하면, 열기/최근/새로 만들기/계정을 선택할 수 있는 백스테이지 화면이 나타납니다.

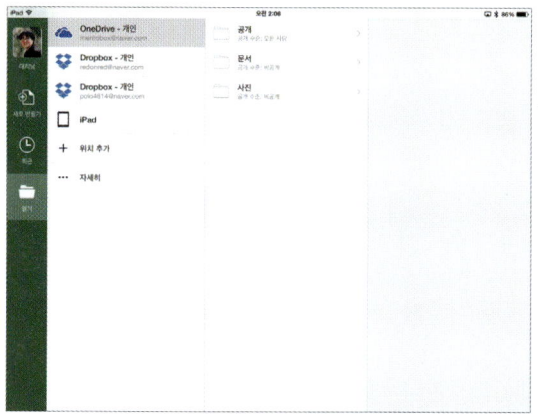
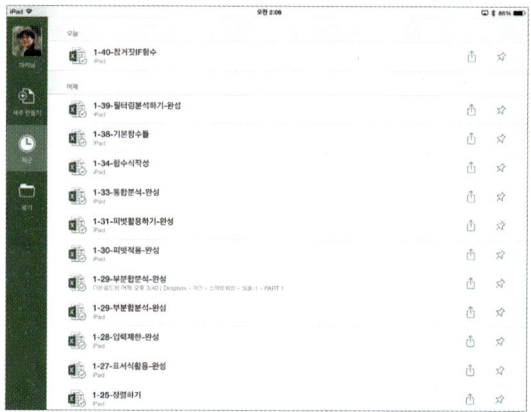

02 | 새 통합 문서를 터치하면, 태블릿 버전의 작업 화면이 나타납니다. 태블릿 버전 역시 PC 버전과 비슷한 화면 구성으로 이루어져 있습니다.

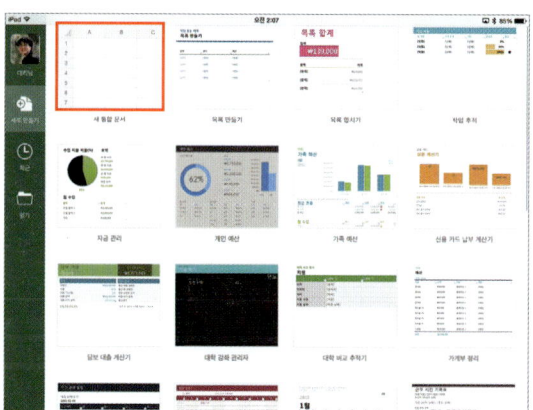
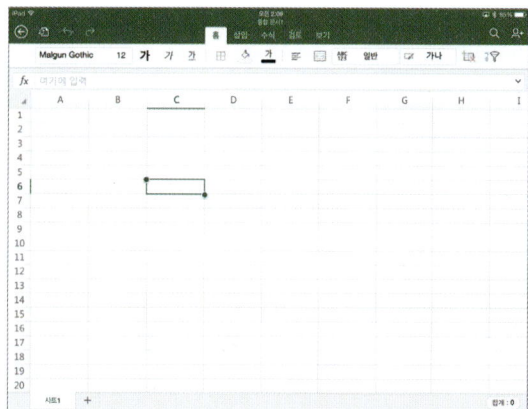

03 | 화면 상단의 리본 메뉴는 홈/삽입/수식/검토/보기로 구성되어 있으며, PC 버전에 비해 축약되어 있습니다.

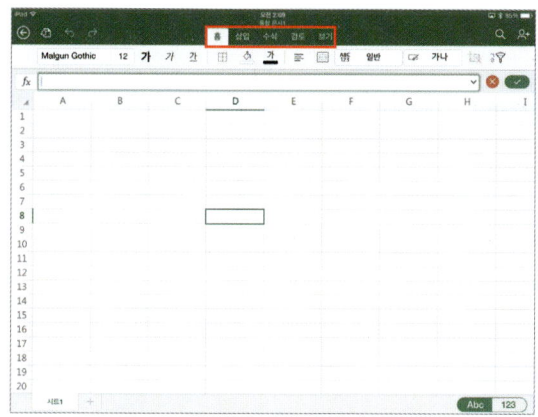
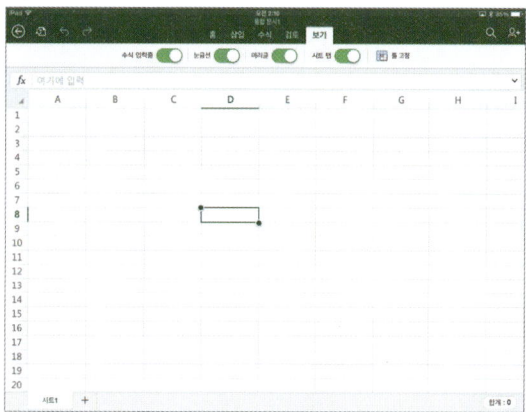

▲ 글꼴 및 정렬 명령들로 구성된 [홈] 탭
▲ [보기] 탭의 틀 고정 및 보이기/숨기기 명령들

SECTION 2

작업 화면 불러오기

문서 작성을 위해 새 통합 문서나 아직 미완성된 저장 파일을 불러오는 다양한 방법들에 대해 알아보고, 이들을 저장하거나 종료하는 과정들에 대해서도 알아봅니다.

POINT 01 | 백스테이지에서 통합 문서 열기

01 | '새로 만들기'로 빈 통합 문서 열기

오피스 2016에서는 프로그램을 실행함과 동시에, 최근에 작업한 문서 목록이 표시되는 [최근 항목]이 선택됩니다. 이곳에서는 비어 있는 새 작업 공간을 만들기 위해 [새 통합 문서]를 클릭합니다. 별다른 이름 설정을 하지 않았기에 새로 펼쳐진 작업 화면 상단에는 '통합 문서...'가 문서의 이름으로 표시됩니다.

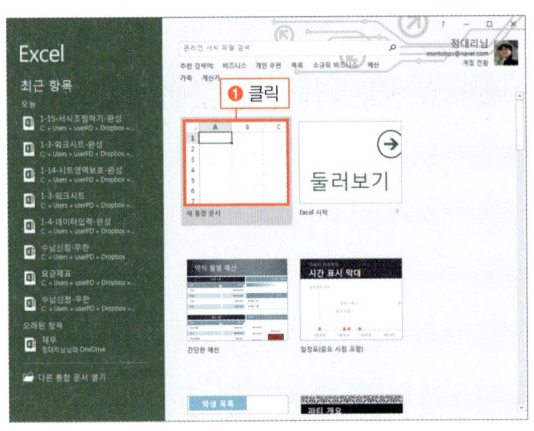
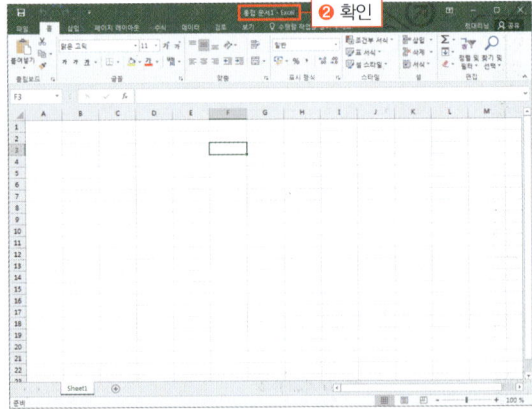

02 | 검색 창에서 온라인 서식 확인하기

백스테이지 화면의 [새로 만들기]에서 검색 창에 '학교'를 입력한 후 Enter 를 누릅니다. 설정된 키워드를 온라인에서 검색하면 해당 범주의 서식들을 보여줍니다. 이렇게 제공되는 서식을 활용하여 원하는 문서를 보다 빠르게 제작할 수 있습니다.

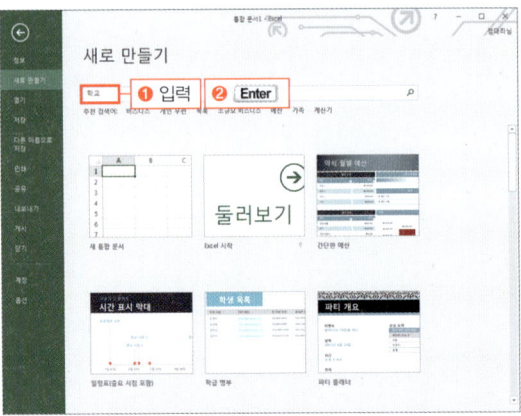
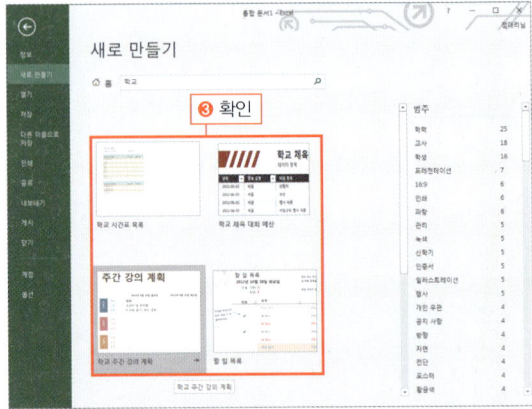

> **TIP** **서식 파일 살펴보기**
>
> 아래의 이미지들은 온라인에서 검색된 서식들을 더블클릭해 열어본 화면입니다. 이런 식으로 다양한 범주의 기준 서식들을 찾아 확인할 수 있으며, 이들을 통해 앞으로 배우게 될 다양한 기능들이 각종 서식에 어떻게 적용되는지 미리 확인할 수도 있습니다.
>
>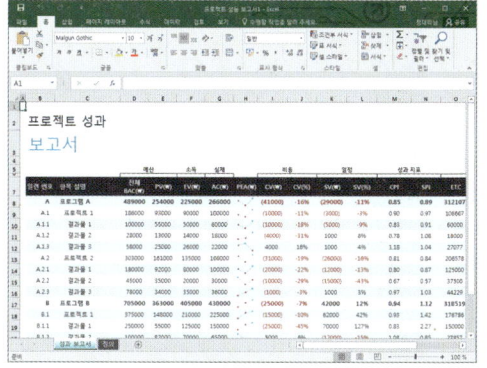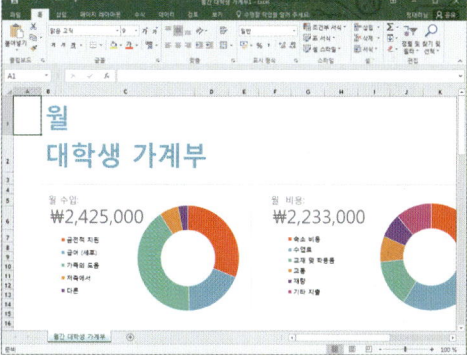
> ▲ 프로젝트 성과 보고서/보고서 범주　　　　　▲ 월간 대학생 가계부/차트 범주

03 | 파일 탐색기에서 문서 열기

파일 탐색기를 이용하여 원하는 엑셀 파일을 더블클릭합니다. 그러면 엑셀 2016이 바로 실행되며, 선택한 통합 문서 파일이 나타납니다.

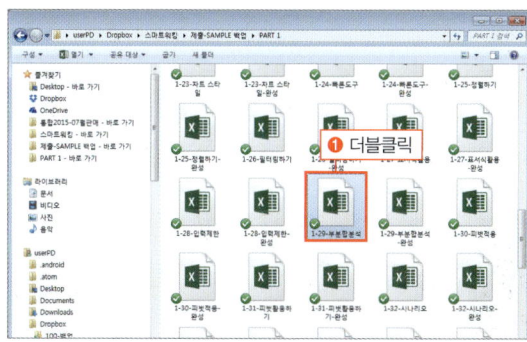 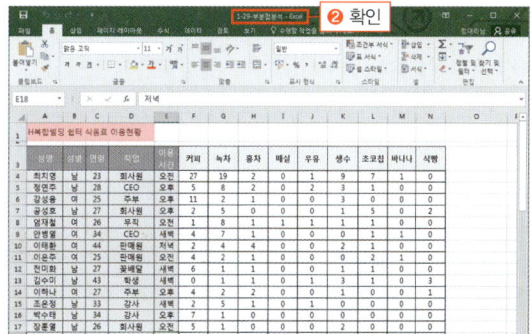

04 | '최근에 사용한 항목'으로 열기

백스테이지 화면에서 [열기]를 클릭하면 [최근에 사용한 항목]이 기본으로 선택됩니다. 우측에 표시되는 항목들을 클릭해 최근 작업했던 문서를 불러올 수 있습니다.

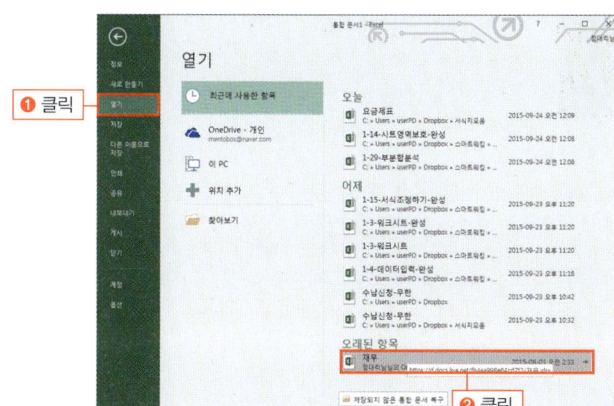 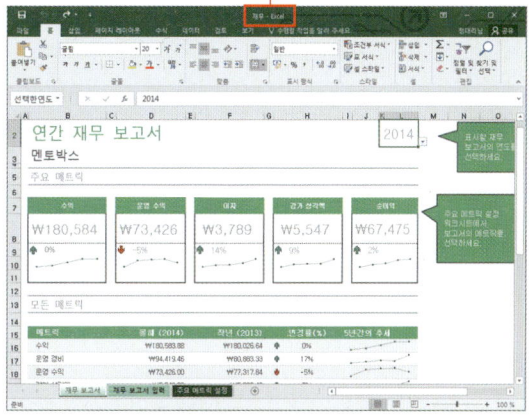

TIP 자주 쓰는 문서 고정하기

주간이나 월간 단위로 반드시 꺼내보고 업데이트하는 주요 문서라면, 항상 [최근에 사용한 항목]에 표시되도록 핀 모양 아이콘을 클릭하여 고정할 수 있습니다. 물론 다시 핀 모양 아이콘을 클릭해 고정 메뉴에서 제거하는 것도 가능합니다.

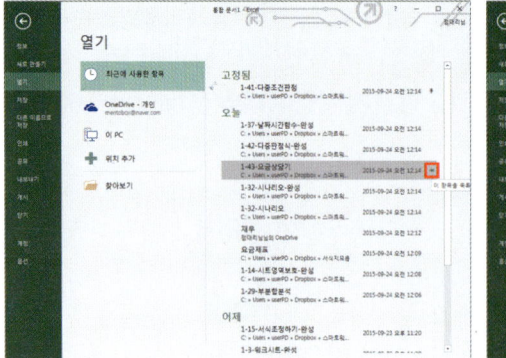 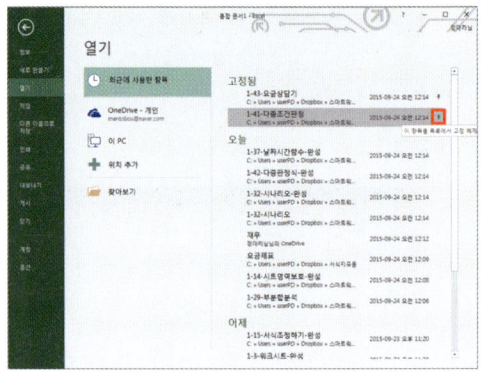

POINT 02 | 통합 문서의 저장과 종료

01 | '저장'으로 파일 저장하기

빈 공간만 보이는 '새 통합 문서' 화면에 간단한 내용을 입력해 봅니다. 이어서 화면 상단의 빠른 실행 도구 모음에서 [저장]을 클릭하면, 백스테이지 화면의 [다른 이름으로 저장]이 선택됩니다. 아직 별도의 이름을 부여하지 않은 상태이기에 [다른 이름으로 저장]으로 넘어가는 것이므로, 현재 작업이 저장될 폴더를 찾기 위해 [찾아보기]를 클릭합니다.

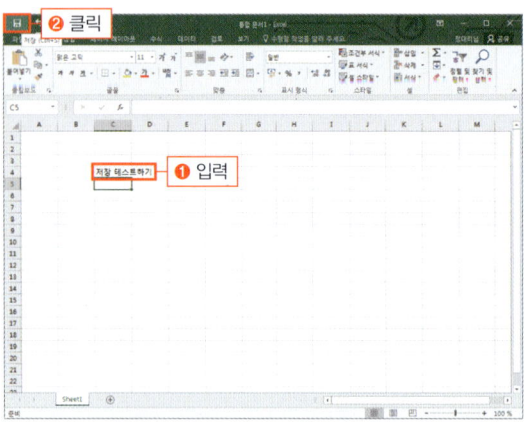 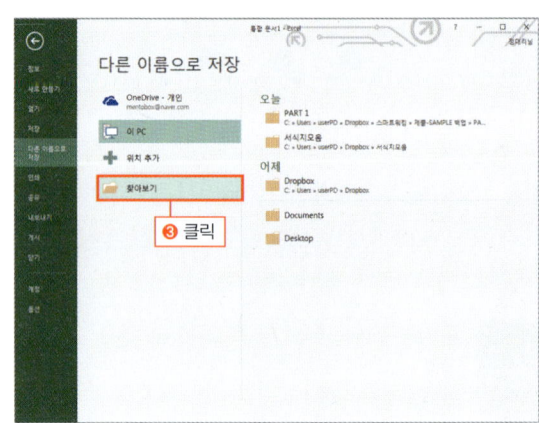

▲ 시트에 '저장 테스트하기' 입력

TIP 셀을 클릭하면 바로 문장을 입력할 수 있습니다. 입력하는 문장은 키보드의 를 눌러 쉽게 한글/영문 전환을 할 수도 있습니다.

02 | 추가 작업 후 '저장'

[다른 이름으로 저장] 대화상자가 나타나면 [파일 이름]에 '테스트정리'를 입력하고 [저장]을 클릭합니다. 화면 상단에 표시되는 문서명이 설정한 이름으로 변경됩니다. 다시 문서 안쪽에 새로운 데이터를 추가 입력하고, 화면 상단의 [저장]을 클릭합니다. 방금 설정해둔 파일 이름 그대로 추가된 작업이 덧씌워지게 됩니다.

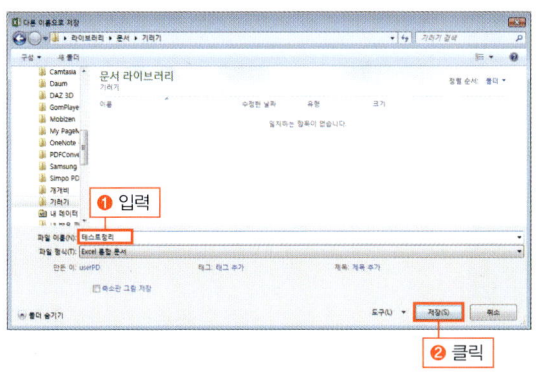
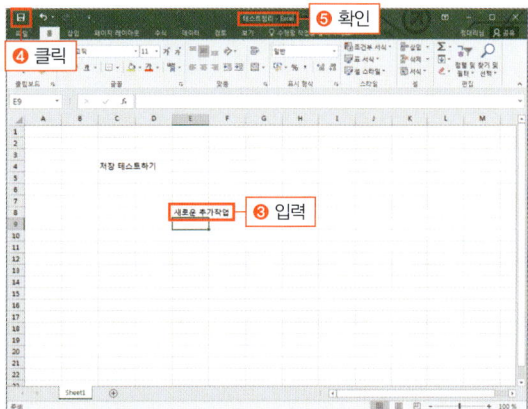

> **TIP** 단축키 `Ctrl` + `S`를 눌러도 추가로 작업한 내용을 빠르게 저장할 수 있습니다.

> **TIP** **이전 버전 파일 열기 '호환 버전'**
> 문서를 저장할 때, [파일 형식]을 'Excel 97-2003 통합 문서'로 설정한 뒤 저장하면 이전 버전 사용자들도 문서를 열어 확인할 수 있는 xls 형식으로 저장됩니다. 이렇게 이전 버전으로 저장된 파일을 엑셀 2016에서 열어보면 파일명 옆에 '호환 모드'라는 표시가 나타납니다.

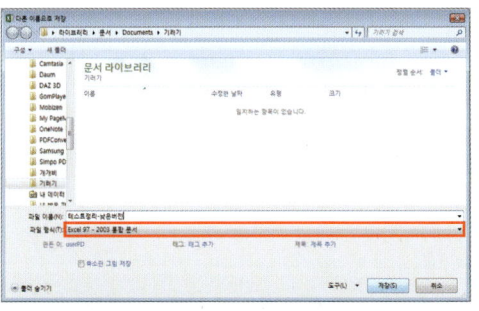

▲ 저장 후 파일 열기

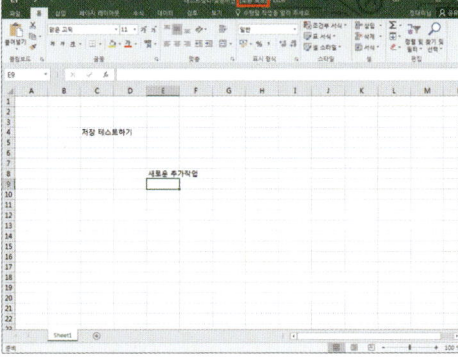

03 | '다른 이름으로 저장'으로 저장하기

이전 작업에 이어서 다른 셀에 새로운 데이터를 몇 개 입력합니다. 상단의 [저장]을 클릭하면 추가된 작업이 그대로 저장되겠지만, 전혀 다른 이름을 가진 새로운 파일로 저장하기 위해 백스테이지 화면의 [다른 이름으로 저장]을 클릭하고 과정을 진행하면 됩니다.

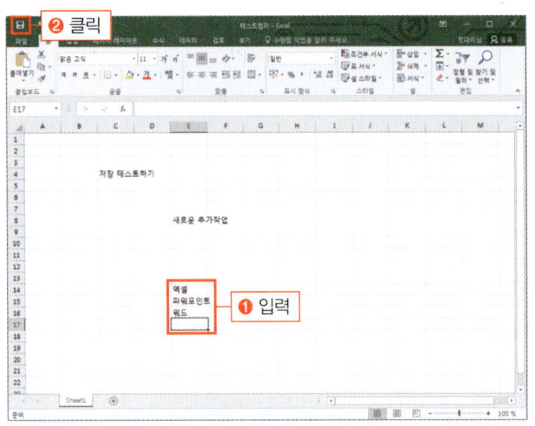
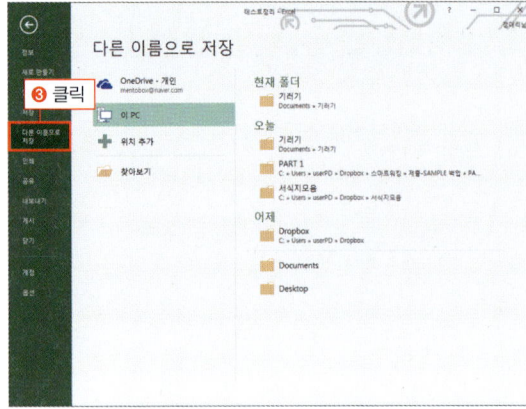

04 | '닫기'로 작업 종료하기

백스테이지 화면의 [닫기]를 클릭하면 현재 진행 중인 작업이 종료됩니다. 단, 추가 작업 이후 별도의 저장 과정 없이 [닫기]를 클릭하면, 추가된 작업들을 저장할 것인지 여부를 묻는 대화상자가 나타납니다.

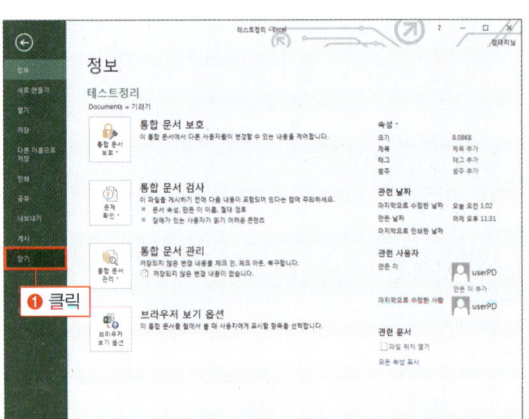
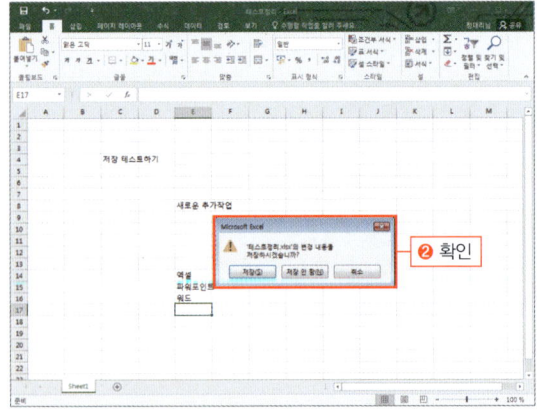

> **TIP 다른 방식으로 작업 종료**
>
> 문서 작업을 종료하는 다른 방법도 있습니다. 화면 우측 상단의 [닫기](×)를 클릭하거나, 화면 상단에서 마우스 오른쪽 버튼을 클릭하고 [닫기]를 선택해도 됩니다.

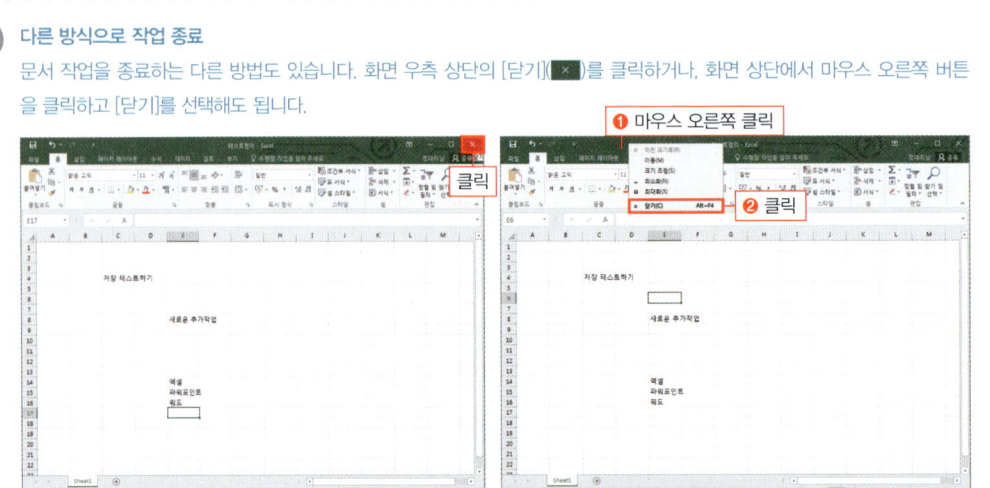

엑셀 열기/닫기

• 동영상 : 02-엑셀 열고 닫기.wmv

01 | 백스테이지 화면의 [새로 만들기]에서 기본으로 제공되는 각종 서식 문서들을 한 번의 터치로 열어 확인할 수 있습니다.

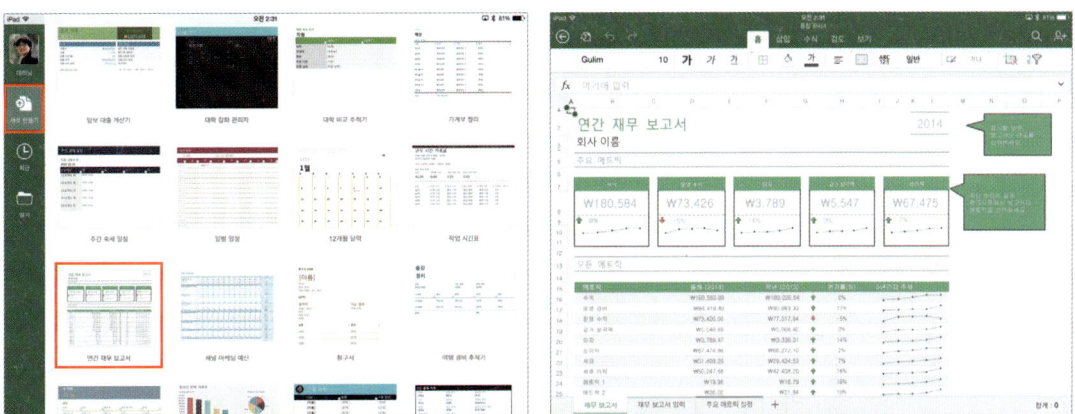

02 | 태블릿 버전에서는 자동 저장이 기본 설정이지만, [새로 만들기]를 통해 열려진 임시 문서는 수정 작업 후, 저장될 이름을 설정하기 위해 [다른 이름으로 저장] 팝업 창이 나타납니다.

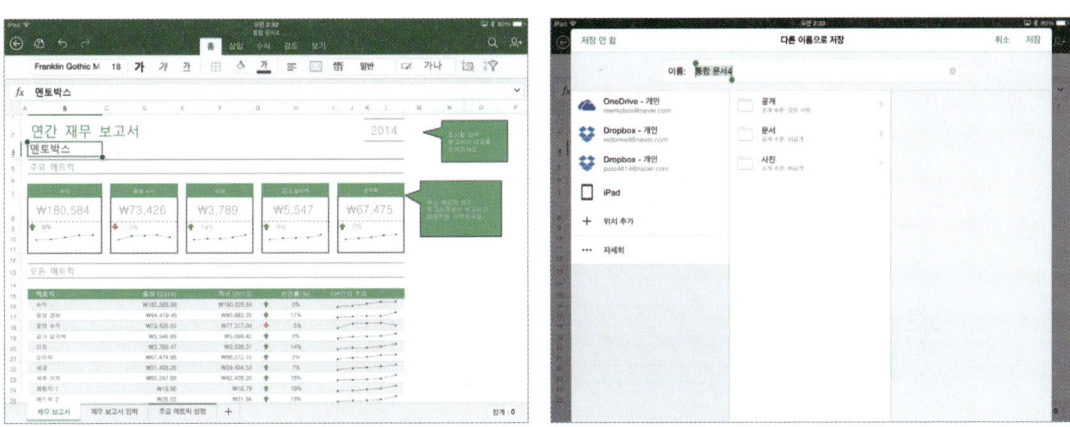

03 | [자동 저장] 기능을 꺼서, 사용자가 필요한 경우에만 수동으로 저장하도록 설정할 수도 있으며, [최근] 항목에서 핀을 고정해 자주 사용하는 문서를 쉽게 선택할 수도 있습니다.

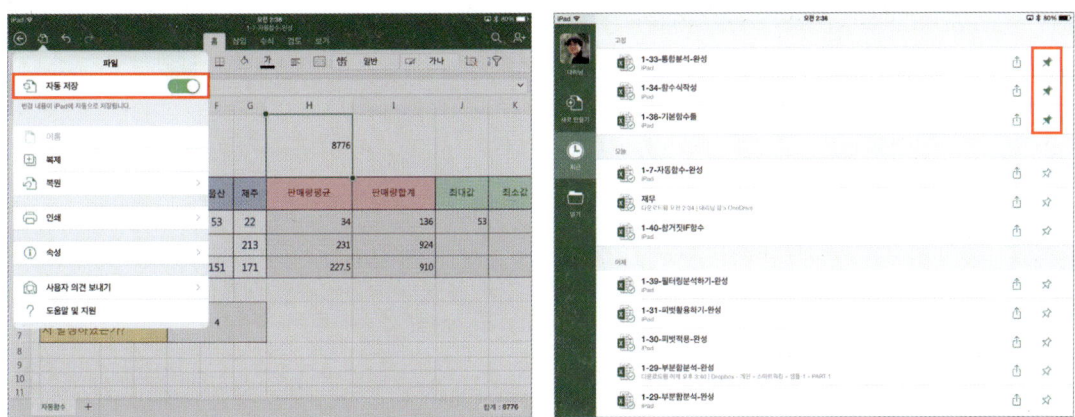

SECTION 3

문서 구성의 핵심, 셀/워크시트 이해하기

엑셀 파일은 '통합 문서'라는 명칭으로 불립니다. 즉, 하나의 파일 안에 다양한 문서가 존재한다는 의미이며 통합 문서에 담긴 하나의 문서를 '워크시트'로 정의합니다. 이러한 워크시트는 무수히 많은 셀들의 집합체로써 만들어지며, 이곳에서는 이러한 통합 문서, 워크시트, 셀들의 관계와 기본 개념들을 살펴봅니다.

| 예제파일 | 1-3-워크시트.xlsx | 완성파일 | 1-3-워크시트-완성.xlsx

POINT 01 | 셀과 워크시트 개념 이해하기

01 | 데이터 입력 후 Enter

'1-3-워크시트.xlsx' 파일에서 '전체 입고' 시트의 D열과 12행이 만나는 [C12] 셀에 '입고없음'을 입력하고 Enter 를 누릅니다. 작성 중이던 셀의 아래쪽으로 커서가 이동합니다. 같은 방식으로 숫자나 문자를 여러 개 채워봅니다.

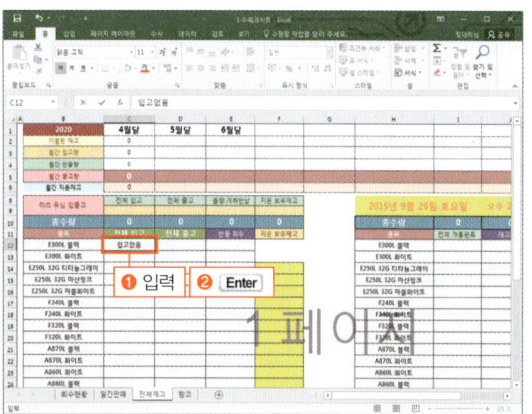 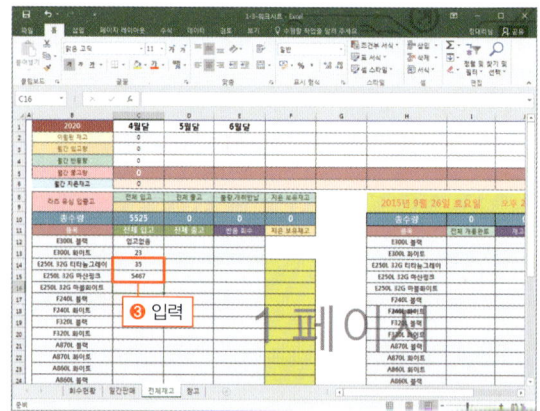

▲ Enter 를 누르면 아래쪽 셀로 이동함

02 | 다른 워크시트 선택하기

'회수현황' 시트를 선택한 후 이어서 '일간판매' 시트를 선택합니다. 하나의 통합 문서 안에 독립적인 내용을 가진 워크시트들이 여러 개 포함될 수 있음을 알 수 있습니다.

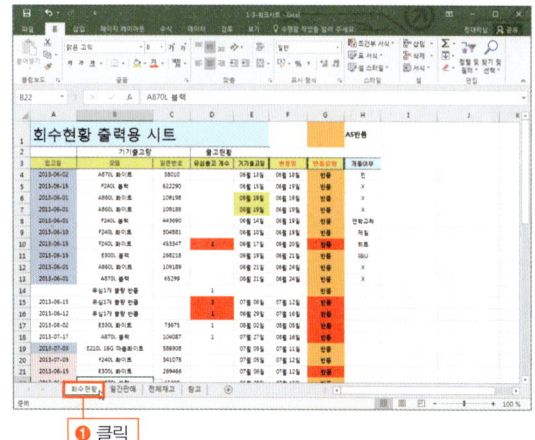 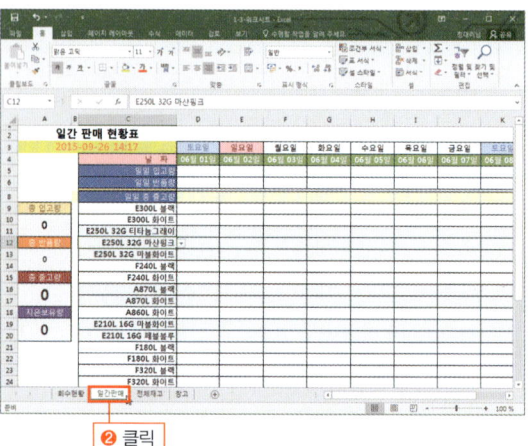

POINT 02 워크시트, 행/열 너비 조정하기

01 | 행/열 머리글 선택하기

'전체재고' 시트를 선택합니다. 셀이 위치한 곳의 열 방향 알파벳, 행 방향 숫자 기호들이 배치된 곳을 머리글이라고 칭합니다. 특정 머리글을 클릭하면 해당 행/열 데이터 전체가 선택되며, 빈 공간을 클릭해 선택된 영역을 해제할 수 있습니다.

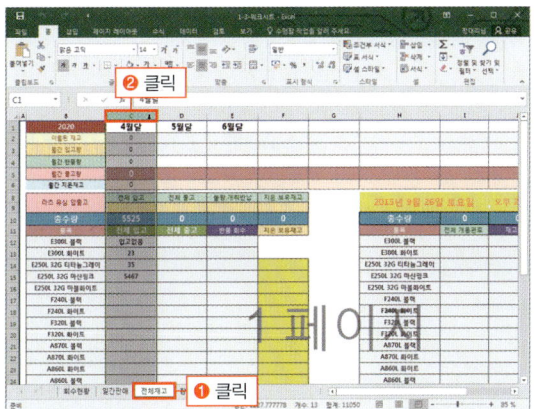
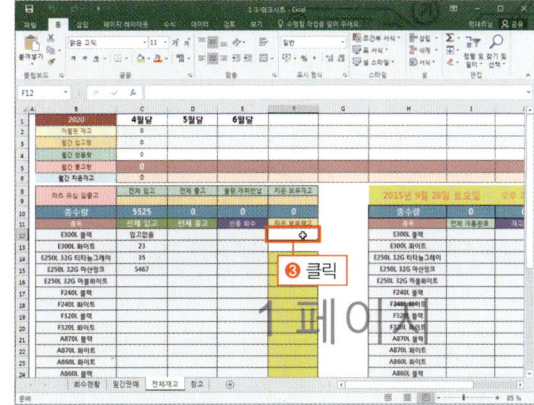

▲ 빈 공간 클릭으로 이전 선택 영역 해제

02 | 행/열 머리글 다중 선택

Ctrl 을 누르고 행 머리글 혹은 열 머리글들을 선택하면, 해당 행이나 열의 전체 셀들이 다중 선택됩니다. 물론 빈 곳을 클릭해 선택을 해제할 수도 있습니다.

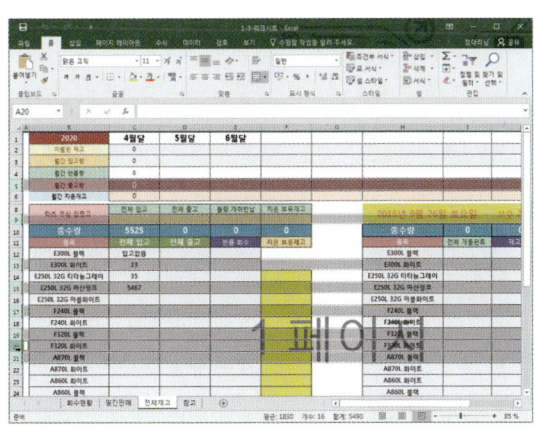
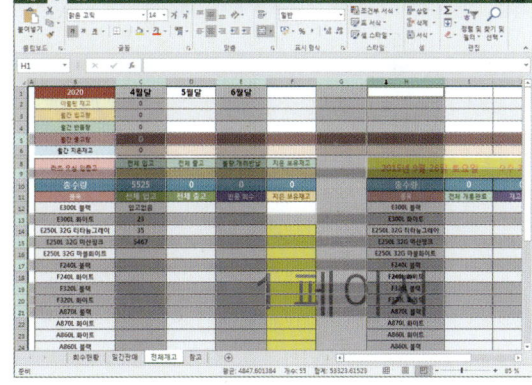

▲ Ctrl 을 누르고 5, 9, 13, 15, 17, 19, 20, 21행 머리글 선택   ▲ Ctrl 을 누르고 C, E, G, H열 다중 선택

> **TIP** 참고로 Shift 를 활용하면, 먼저 선택한 머리글과 나중 선택한 머리글 사이의 모든 머리글들이 이어져 한 번에 선택됩니다.

03 | 수치 입력으로 너비 조정

E열의 머리글에서 마우스 오른쪽 버튼을 클릭한 후, [열 너비]를 선택합니다. [열 너비] 대화상자에 '25'를 입력한 후 [확인]을 클릭하면 E열의 너비가 재조정됩니다. 같은 방식으로 11행의 행 높이가 '45'가 되도록 설정해 봅니다.

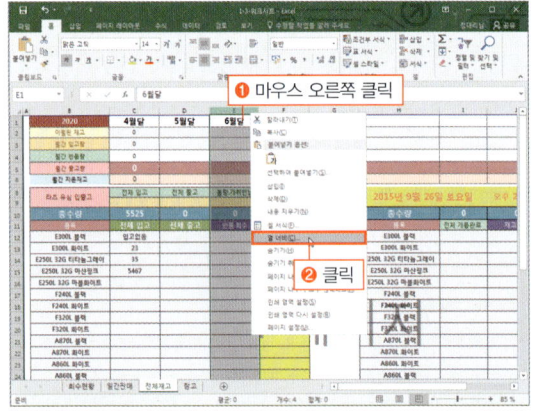
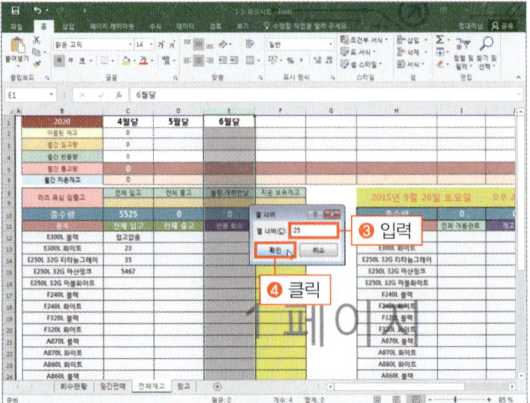

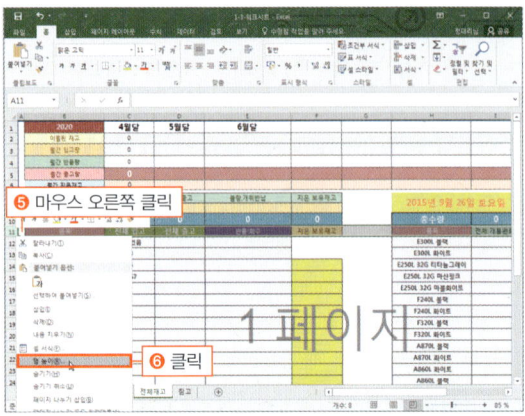

▲ 행 머리글에서 마우스 오른쪽 버튼 클릭 후 [행 높이] 선택

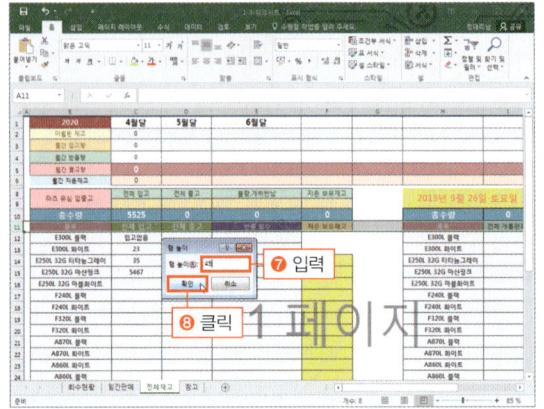

▲ [행 높이]를 '45'로 설정

> **TIP** 셀에 작성된 글자 수에 맞춰서 자동으로 열 너비를 조정할 수도 있습니다. 해당 셀이 선택된 상태에서 열과 열 사이를 더블클릭하면 됩니다.

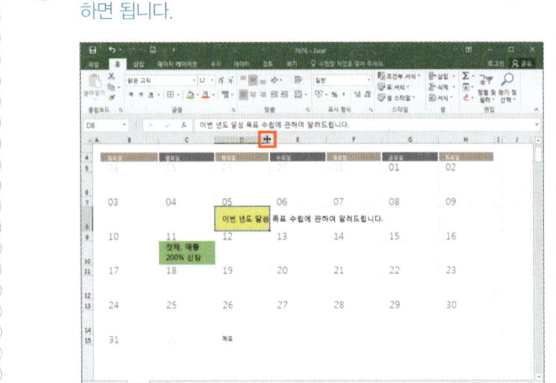

▲ D열과 E열 머리글 사이 더블클릭

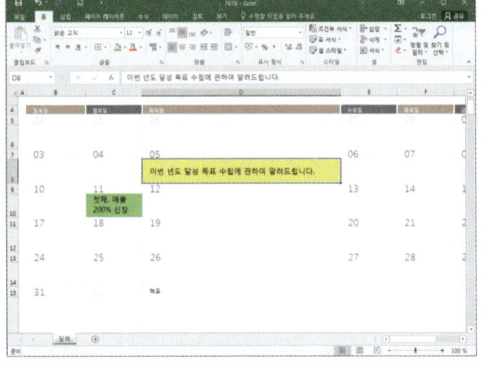

▲ 열 너비가 조정된 상태

04 | 드래그로 열 너비/행 높이 조정

D열과 E열 경계선 부분을 드래그하여 D열의 너비가 대략 '20'정도가 되도록 설정해 봅니다. 이어서 11행과 12행 경계선 부분을 드래그해 11행의 높이가 '85'정도가 되도록 합니다. 이렇게 머리글들의 경계선을 드래그해 너비나 높이를 조절할 수 있습니다.

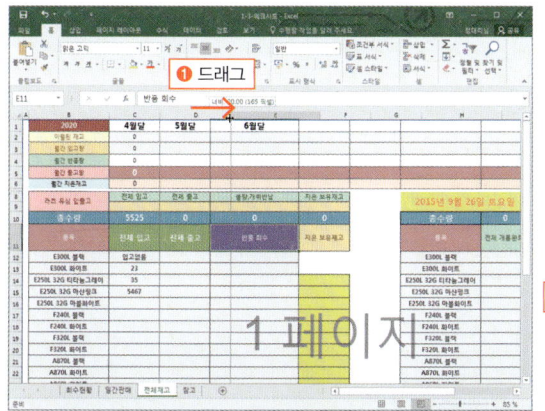
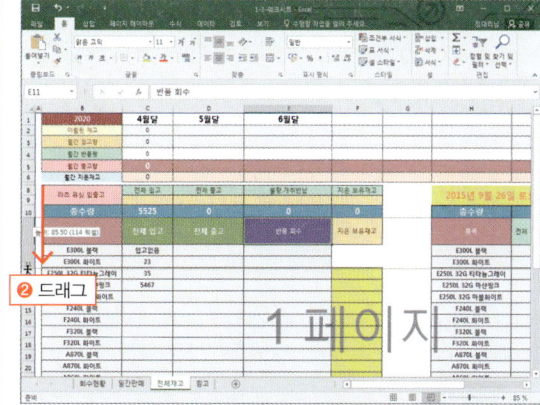

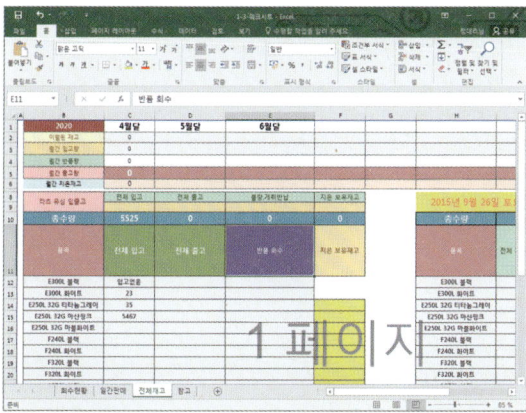

▲ 조정된 모습

05 | 다중 행/열 너비 조정하기

`Ctrl`을 누르고 C, D, E, G열 머리글들을 다중 선택합니다. 이어서 E열과 F열 사이의 경계선을 드래그해 너비를 조정하면, 선택된 열 머리글들의 너비가 균일하게 재조정됩니다.

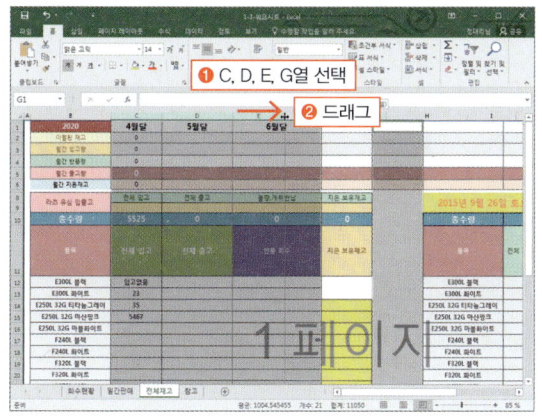
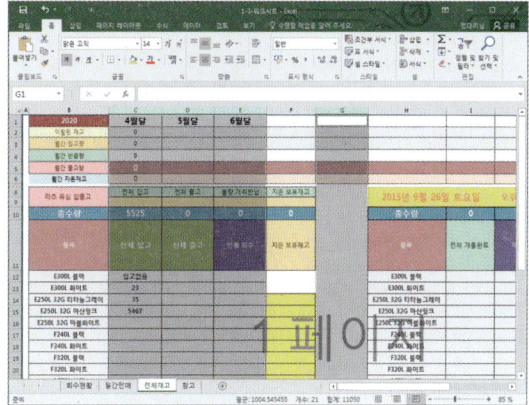

06 | 열 삽입 및 제거

F열 머리글에서 마우스 오른쪽 버튼을 클릭한 후 [삽입]을 선택합니다. 기존 F열 좌측에 있던 서식을 이어받는 빈 열 공간이 생성됩니다. 기존 F열 이후의 열 머리글은 삽입된 열을 반영해 알파벳 기호가 달라집니다. 같은 방식으로 F열 머리글에서 [삭제] 기능을 적용하여 비어있는 F열을 다시 제거해 봅니다.

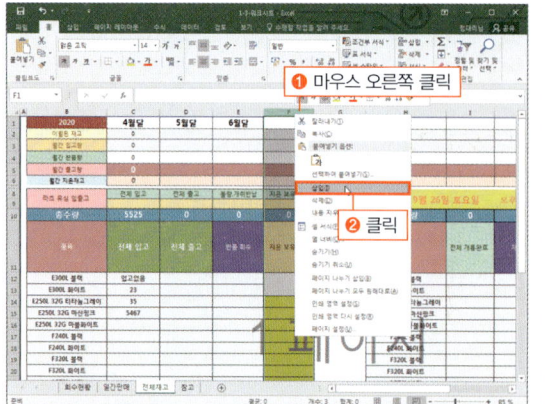
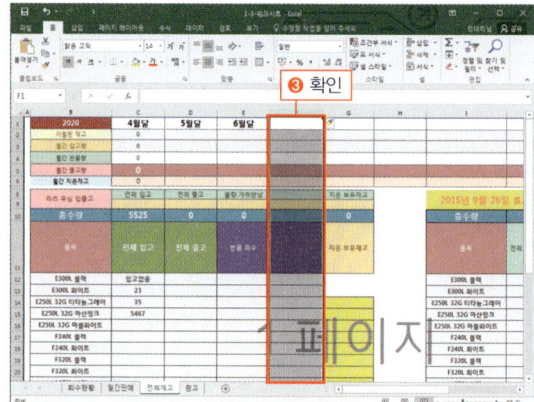

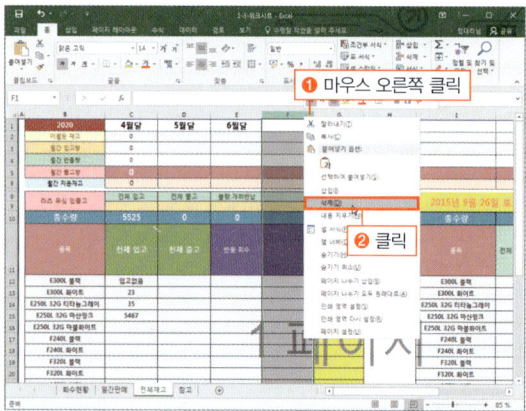

TIP 열과 행 머리글들의 추가는 [홈] 탭-[셀] 그룹에서 [삽입]을, 삭제는 [홈] 탭-[셀] 그룹에서 [삭제]를 클릭하여 적용이 가능합니다.

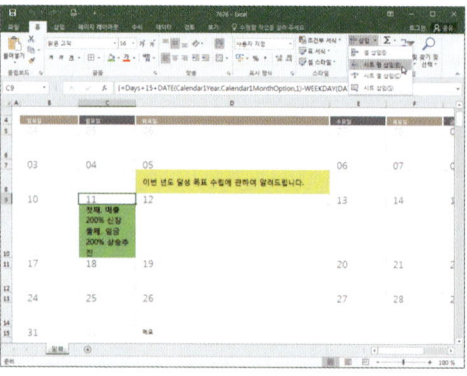

▲ [삽입]-[시트 행 삽입]　　　　▲ [삭제]-[시트 열 삭제]

POINT 03 | 행/열 숨기기

01 | 열 머리글 숨기기

C열 머리글에서 마우스 오른쪽 버튼을 클릭한 후 [숨기기]를 선택합니다. 선택된 C열의 내용이 화면에서 사라집니다. 참고로 숨겨진 C열은 문서에서 삭제된 것은 아니기에 머리글들의 순번에는 영향이 없고, B열 다음에 D열이 표기됩니다.

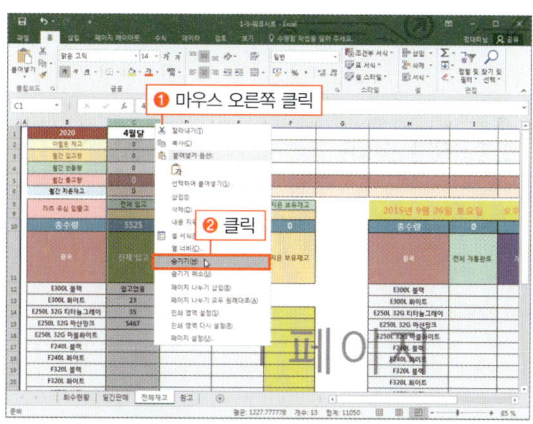 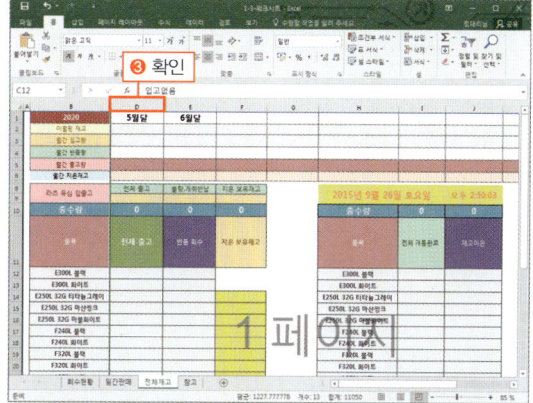

▲ B열과 D열 사이에 숨겨진 C열

02 | 다중 행 머리글 숨기기

`Ctrl`을 누르고 2, 5, 11, 14, 15행들을 다중 선택합니다. 이어서 [홈] 탭-[셀] 그룹에서 [서식]-[숨기기 및 숨기기 취소]-[행 숨기기]를 클릭합니다. 선택된 행과 포함된 셀들이 화면에서 사라진 것을 확인할 수 있습니다.

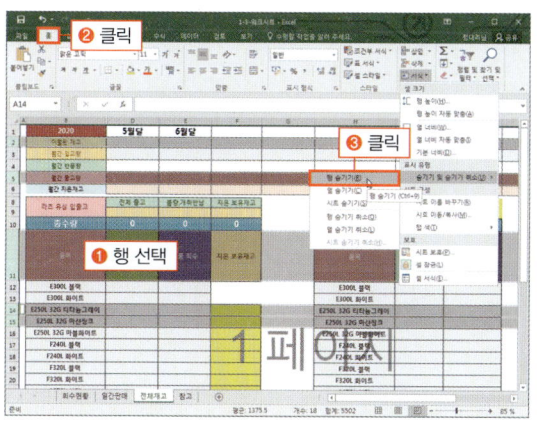 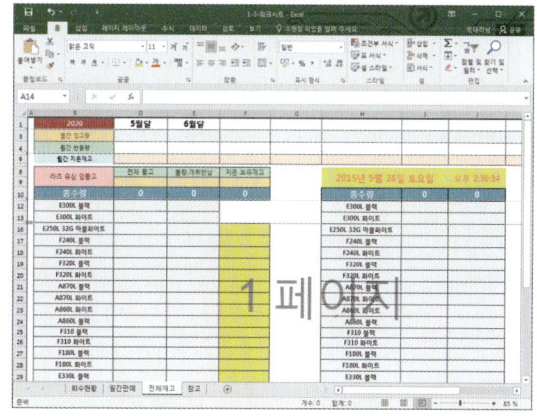

> **TIP** 열 머리글, 행 머리글의 숨기기와 마찬가지 방식으로 워크시트 단위의 숨기기도 실행할 수 있습니다. [홈] 탭-[셀] 그룹에서 [서식]-[숨기기 및 숨기기 취소]-[시트 숨기기]를 클릭해 명령을 적용할 수 있습니다.

03 | 숨기기 취소하기

숨겨진 행이나 열 번호 주위의 머리글들을 선택하고 숨기기 취소 명령을 적용할 수 있습니다. 9~13행까지의 머리글들을 드래그한 후 마우스 오른쪽 버튼을 클릭하고 [숨기기 취소]를 선택합니다. 선택된 행 머리글 사이에 숨겨져 있던 11행이 다시 화면에 나타납니다.

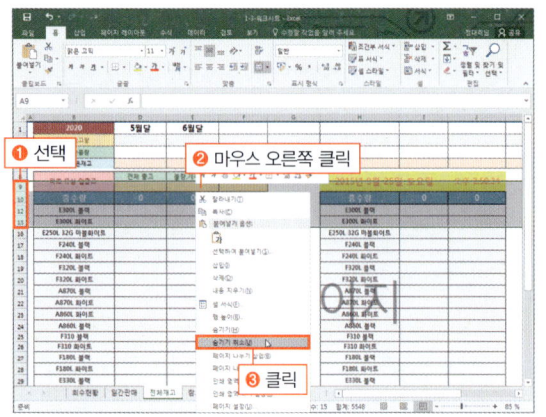
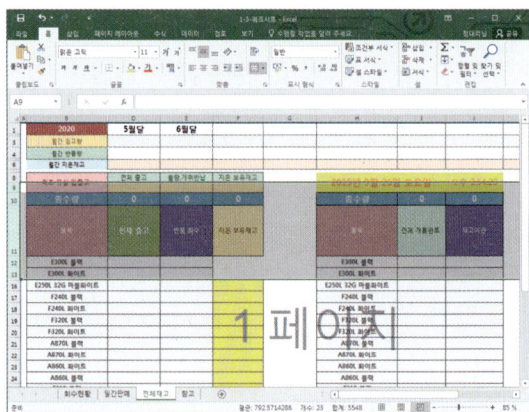

POINT 04 워크시트 추가 및 수정

01 | 워크시트 이동

'회수현황' 시트를 선택하고 '참고' 시트 뒤쪽으로 드래그하면 간단하게 워크시트를 이동시킬 수 있습니다.

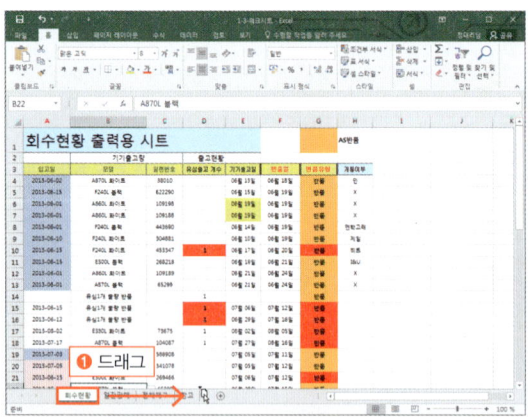
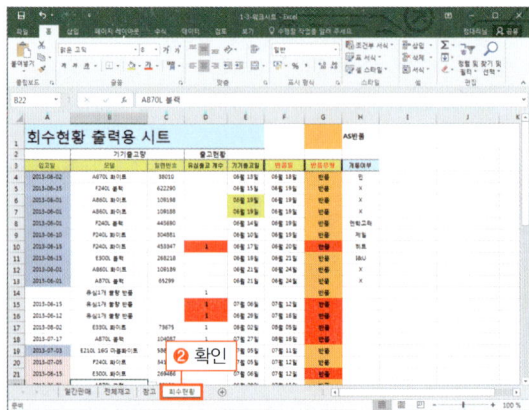

02 | 빈 워크시트 추가

'일간판매' 시트를 선택하고 화면 아래에 있는 ⊕을 클릭합니다. 화면에 표시된 시트 탭 우측에 새로운 워크시트가 'Sheet1'이라는 이름으로 생성됩니다.

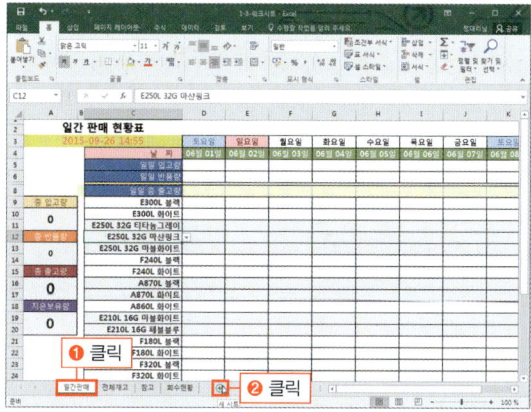 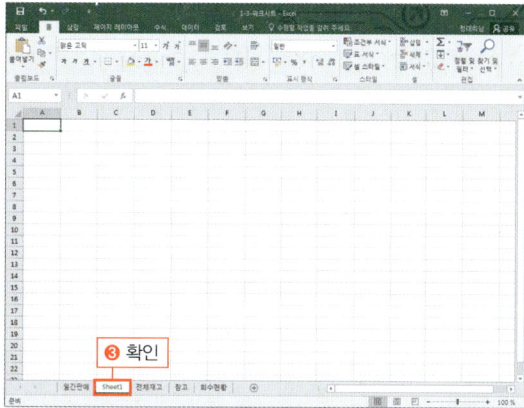

> **TIP** 참고로 새로 만들어지는 워크시트는 'Sheet1, 2, 3…' 순으로 이름이 적용됩니다.

03 | 기존 워크시트 복제하기

'전체재고' 시트에서 마우스 오른쪽 버튼을 클릭한 후 [이동/복사]를 선택합니다. [이동/복사] 대화상자에서 [복사본 만들기]에 체크한 후 [다음 시트의 앞에]를 '일간판매'로 설정하고 [확인]을 클릭합니다. 복제된 '전체재고 (2)' 시트가 '일간판매' 시트 왼쪽에 복제되어 생성되는 것을 확인할 수 있습니다.

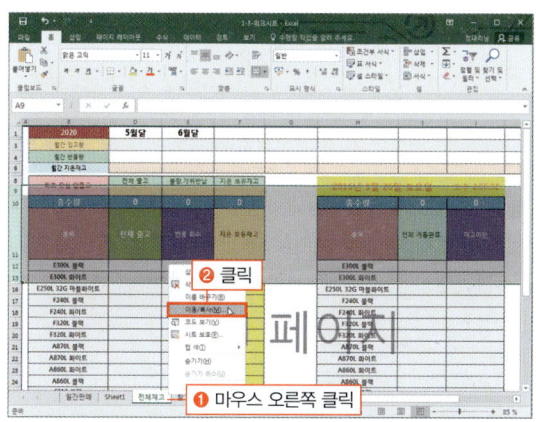 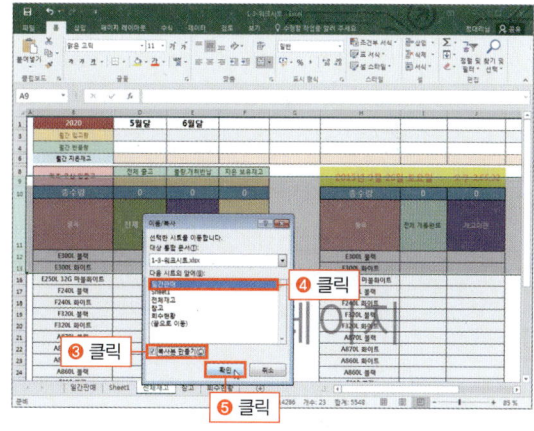

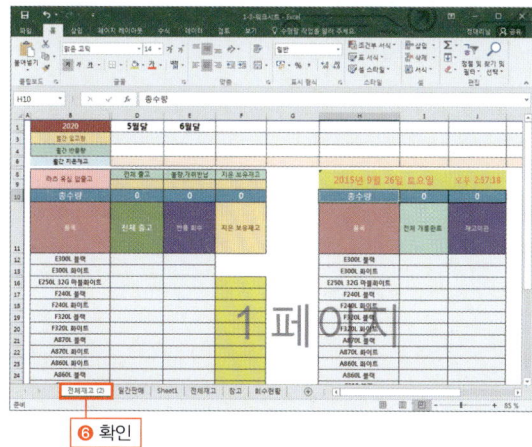

> **TIP** [복사본 만들기] 체크가 해제된 상태에서 위 과정을 진행하면, 해당 시트는 복제가 아닌 이동만 됩니다.

04 | 이름 변경 및 색상 수정

새로 생성된 '전체재고 (2)' 시트를 더블클릭해 '이름변경'이라는 이름으로 시트 명을 변경해 봅니다. 이어서 마우스 오른쪽 버튼을 클릭한 후 [탭 색]-[빨강]을 선택합니다. 결국 선택한 워크시트의 이름이 '이름변경'으로 수정되며, 시트 탭의 색상이 빨간색으로 바뀌게 됩니다. 다른 시트 탭에도 색상들을 채워봅니다.

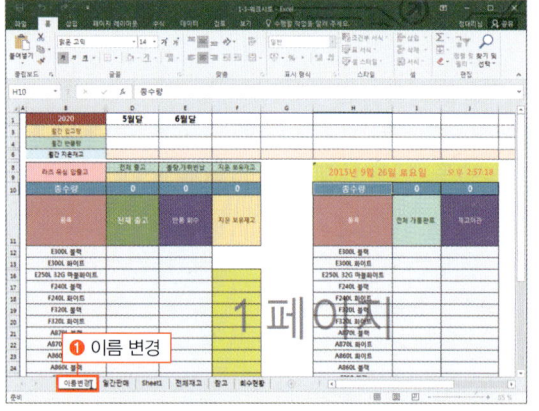
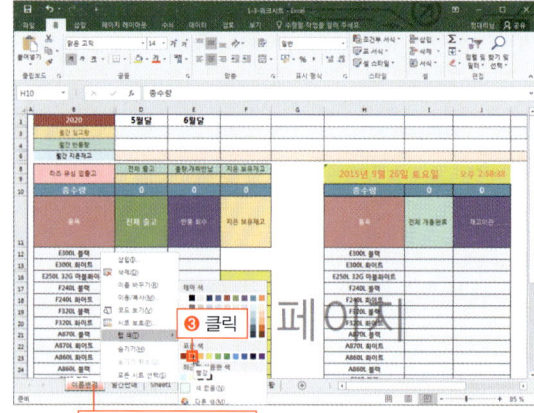
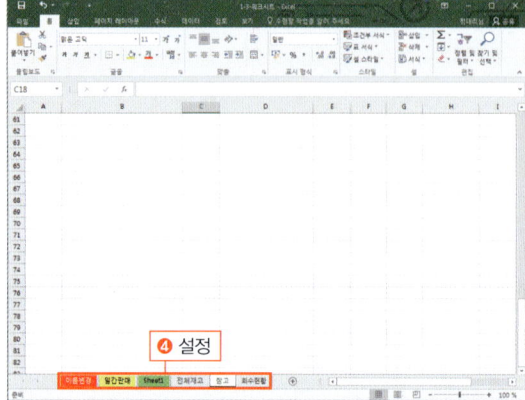

TIP 동시에 열려있는 통합 문서 간에도 워크시트 복제 및 이동이 가능합니다. [이동/복사] 대화상자를 활용한 과정은 예제와 동일하며, [이동/복사] 대화상자의 [대상 통합 문서]를 이동/복사하려는 다른 파일명으로 설정하는 것만 유의하면 됩니다.

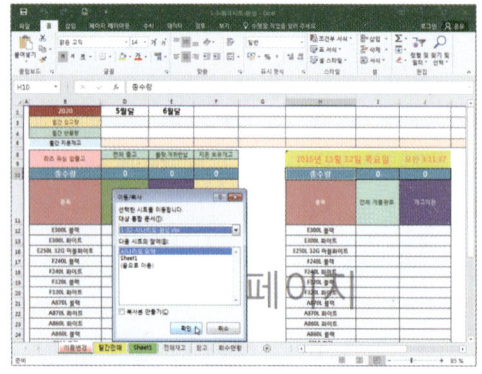
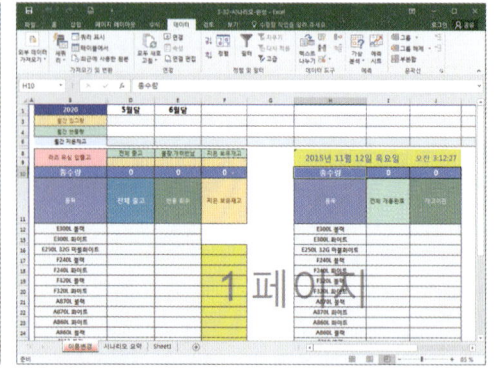

▲ 다른 파일로 이동한 '이름변경' 시트

시트와 셀 구성

• 동영상 : 03-시트와 셀 구성.wmv

01 | 열 너비는 해당 머리글 오른쪽 부분을 옆으로 미는 것에 따라 조정이 가능합니다. 행 높이 역시 머리글 아래쪽 부분을 밀어가며 높이 조정을 할 수 있습니다.

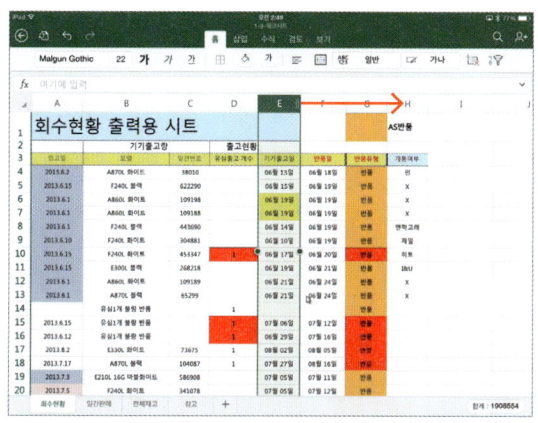 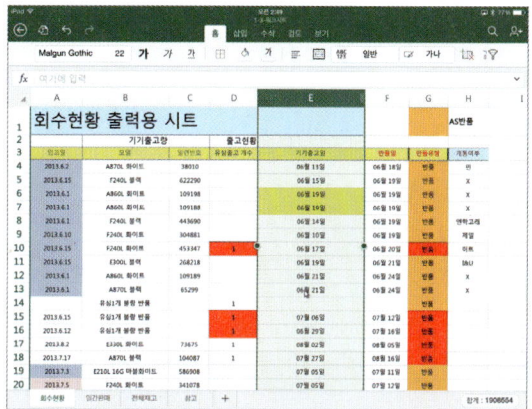

02 | [홈] 탭-[셀 삽입 및 삭제]에서 관련 명령을 선택하여, 아무것도 없는 행이나 열을 삽입할 수 있습니다.

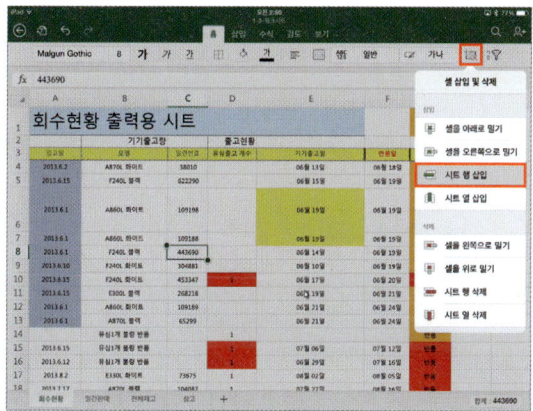 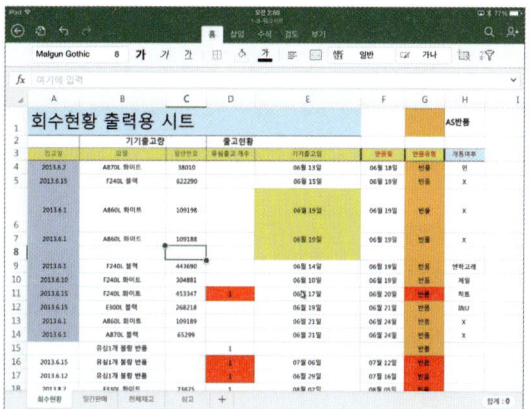

03 | 문서에 포함된 워크시트를 태블릿 화면에서 바로 복제하거나, 비어있는 새 워크시트를 삽입할 수도 있습니다.

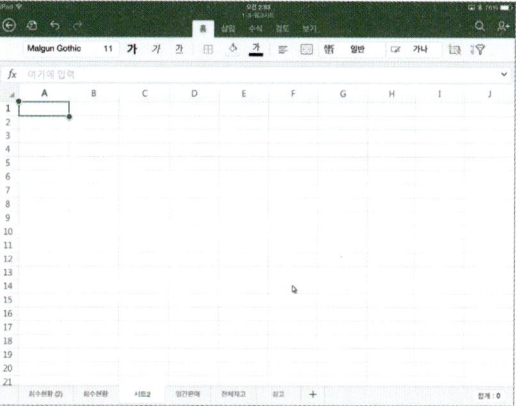

SECTION 4

통합 문서에 데이터 입력하기

워크시트를 구성하는 셀에 여러 가지 형식의 데이터를 입력합니다. 이를 통해 문자와 숫자 속성의 차이점을 이해하고, 셀 주소가 수식에 적용되어 유용하게 활용될 수 있음으로 이해합니다.

l 예제파일 l 1-4-데이터입력.xlsx l 완성파일 l 1-4-데이터입력-완성.xlsx

POINT 01 | 문자 및 숫자 입력

01 | 문자 및 숫자 입력

'1-4-데이터입력.xlsx' 파일을 열고 D열과 5행이 만나는 [D5] 셀에 '비틀즈'라는 문자 데이터를 입력합니다. 아래에 위치한 [D6] 셀에는 숫자 데이터 '4576'을 입력합니다. 결국 셀에 문자를 입력하면 좌측 정렬, 숫자를 입력하면 우측 정렬하는 속성이 있음을 확인할 수 있습니다.

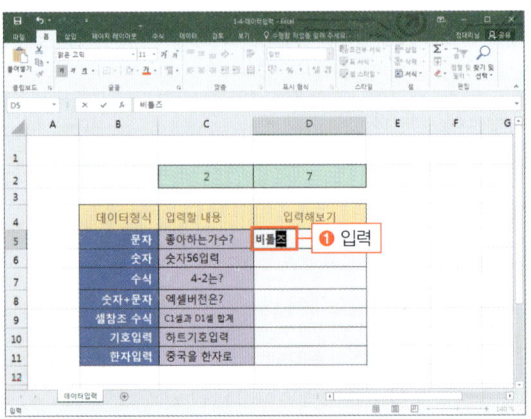

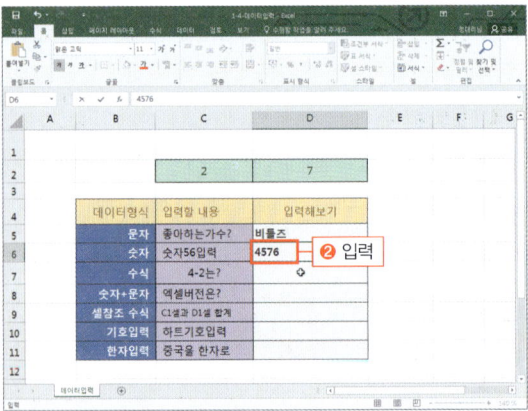

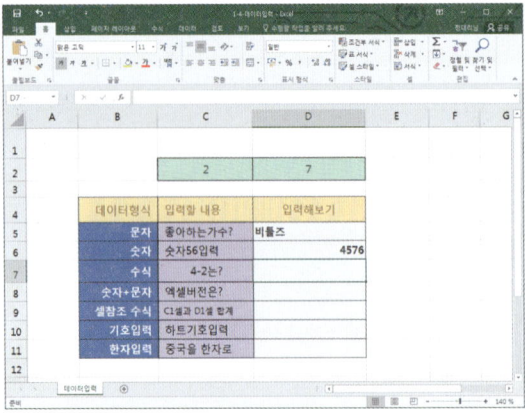

> **TIP** 셀을 선택하고 문장을 입력한 뒤 **Enter** 를 누르면 아래쪽 셀로 이동합니다. 하지만 **Tab** 을 누르게 되면 오른쪽 셀로 이동합니다. 내용 입력 중에 키보드의 상, 하, 좌, 우 방향키를 눌러서 작성 과정을 종료하고 원하는 방향의 셀로 이동할 수 있습니다.

02 | 수식 입력하기

'4-2'의 결과를 계산하기 위해, [D7] 셀에 '=4-2'를 입력합니다. 부등호 기호(=)는 수식 작성을 선언하는 기호이며, 이에 따라 '4-2'를 계산해 결과 값 '2'가 화면에 나타납니다. 물론 계산 결과는 숫자 속성을 가지므로 우측 정렬합니다.

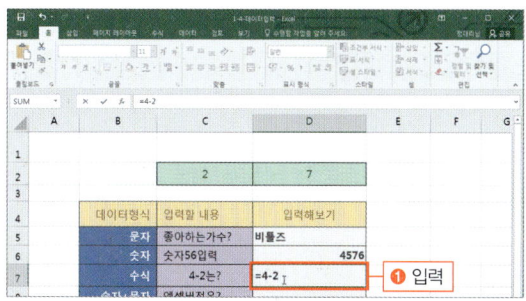 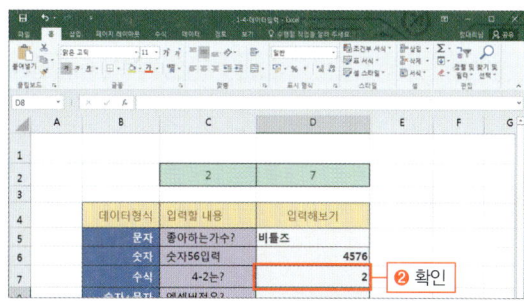

TIP 작성한 수식을 수정하려면 해당 셀이 선택된 상태에서 수식 입력줄의 내용을 재작성하면 됩니다. 또는 해당 셀을 더블클릭해 셀에 수식이 표시되도록 한 뒤 수정할 수도 있습니다.

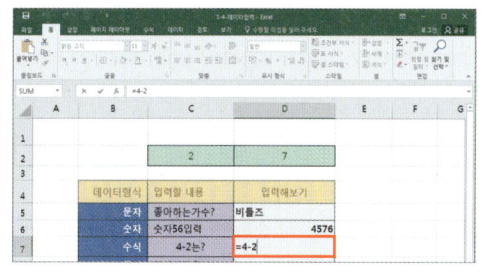

POINT 02 | 혼합 데이터 입력

01 | 숫자+문자 입력

[D8] 셀에 '엑셀2020'을 입력합니다. '엑셀'이라는 문자와 '2020'이라는 숫자가 혼합되었지만, 이런 경우 혼합 데이터는 문자 속성으로 인식하여 좌측 정렬을 하게 됩니다. 문자 속성이기 때문에 숫자 속성끼리만 계산이 가능한 수식 등에는 활용할 수 없습니다.

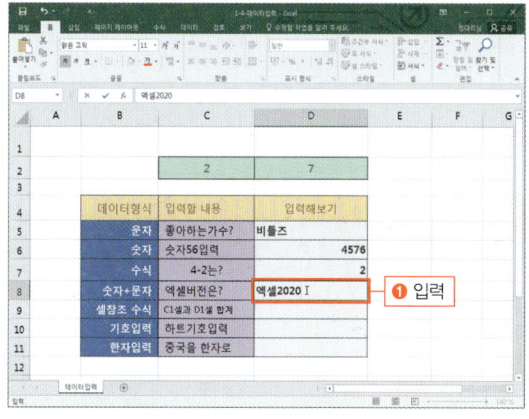 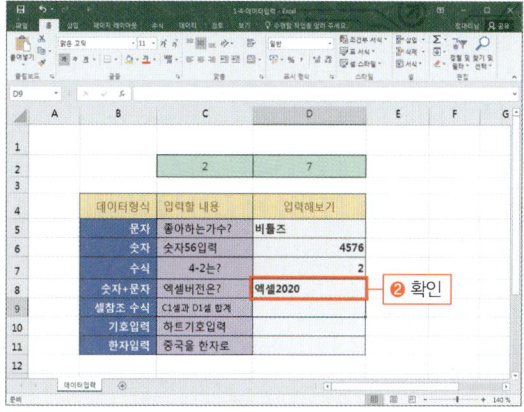

02 | 셀 참조로 수식 입력

[C2] 셀에는 숫자 '2', [D2] 셀에는 숫자 '7'이 입력되어 있습니다. 이러한 셀 주소를 수식에 활용하면, 셀의 숫자 데이터가 변화되어도 수식 수정 없이 변화된 데이터를 대상으로 결과 값이 자동 계산되는 장점이 있습니다. [D9] 셀에 '=C2+D2'를 입력하고 결과를 확인한 후 [D2] 셀의 데이터를 '5'로 수정해 봅니다.

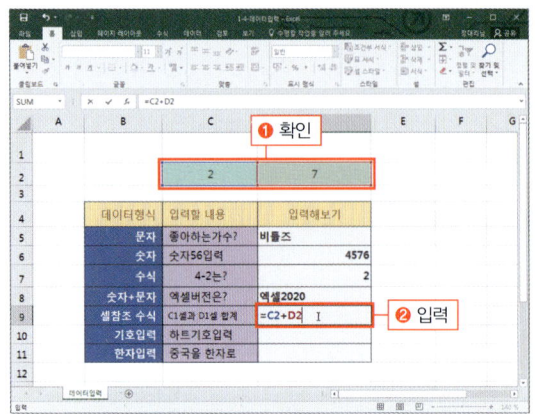
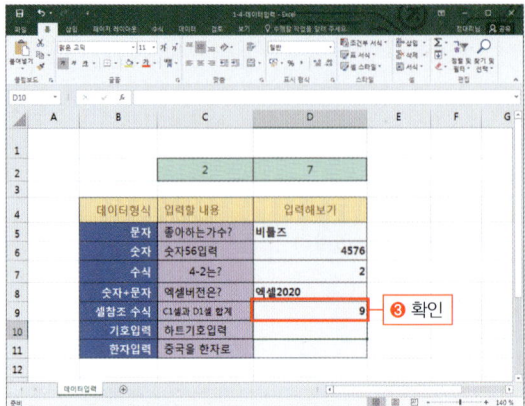

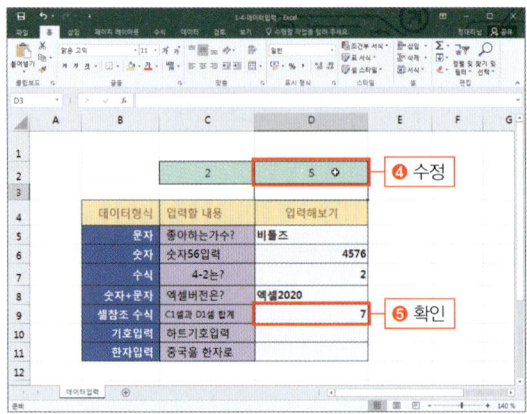

▲ [D2] 셀의 수치 변화에 따른 결과 값 변화

03 | 수식 표시하기

수식이 입력된 [D7] 셀을 선택하면 해당 셀에는 수식 결과 값만 표시됩니다. 하지만 상단의 수식 입력줄을 보면, [D7] 셀에 적용된 수식을 확인할 수 있습니다. 만약 워크시트에서도 수식을 확인하고 싶다면, [수식] 탭-[수식 분석] 그룹에서 [수식 표시]를 클릭하면 됩니다.

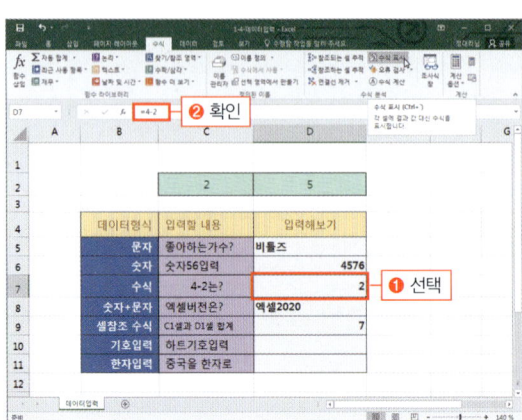
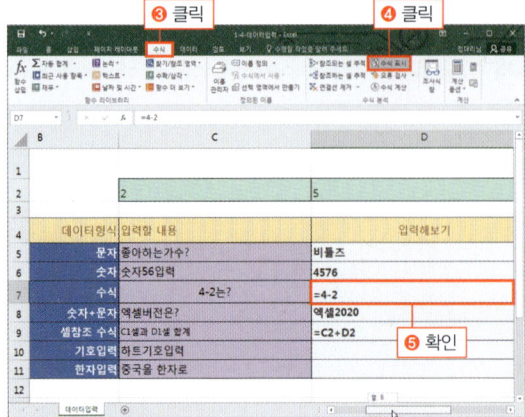

POINT 03 | 기호 및 한자 입력

01 | 특수 문자 입력하기

[D10] 셀을 선택하고 [삽입] 탭-[기호] 그룹에서 [기호]를 클릭하여 [기호] 대화상자를 불러옵니다. 마음에 드는 기호를 선택하고 [삽입]을 클릭하면 기호를 삽입할 수 있습니다. [닫기]를 클릭하여 기호 입력을 종료합니다.

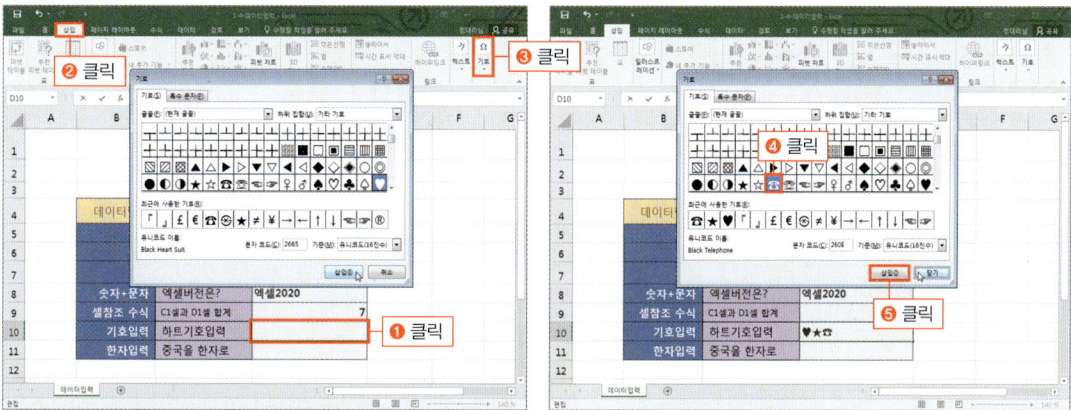

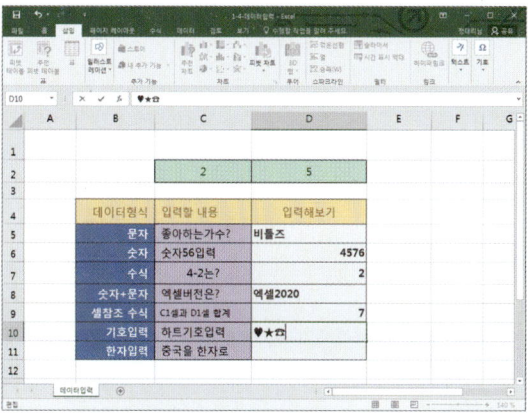

> **TIP 수식 입력하기**
>
> [삽입] 탭-[기호] 그룹에서 [수식]을 클릭하면 워크시트에 수식을 삽입할 수 있습니다. 기본 수식 개체가 선택된 상태에서 [수식 도구]를 활용해 삽입된 수식의 형태나 세부 옵션을 재설정 할 수도 있습니다.

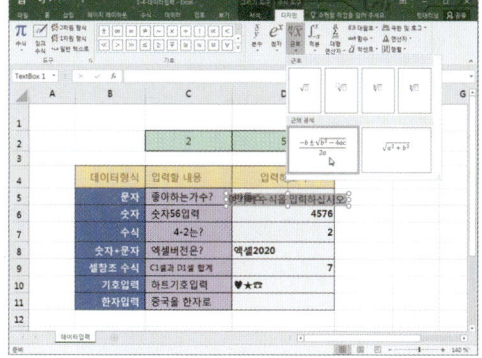

02 | 한자 입력하기

[D11] 셀을 선택하고 '중국'을 입력한 후 키보드의 한자 를 누릅니다. [한글/한자 변환] 대화상자가 나타나면 의도했던 한자 목록을 선택하고 [변환]을 클릭합니다. 결국 입력된 데이터가 간단하게 한자로 변화됩니다.

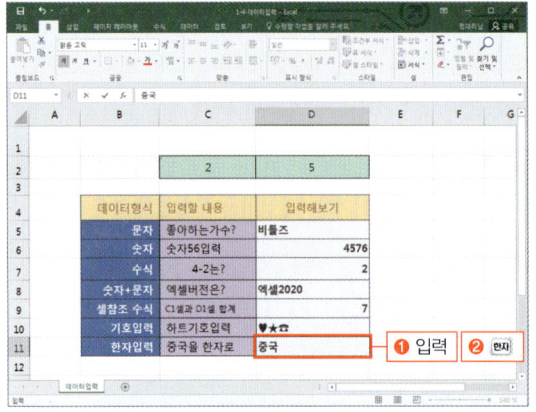
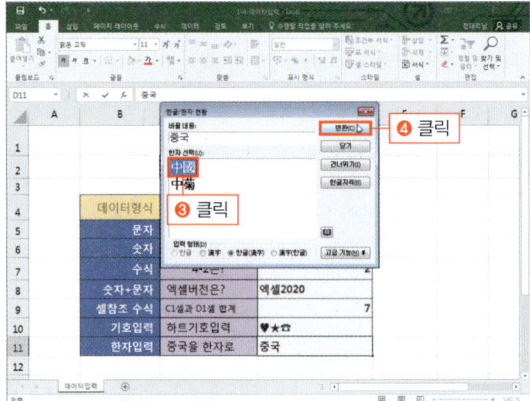

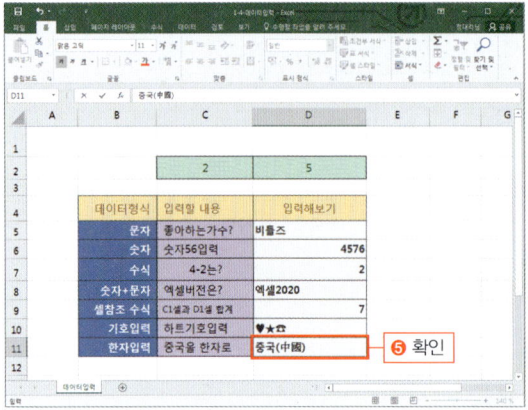

TIP 위의 과정을 보면 [한글/한자 변환] 대화상자의 [입력 형태]가 [한글(漢字)]로 체크되어 있습니다. 만약 [漢字(한글)]로 체크되었다면 [D11] 셀에 표시되는 결과는 '中國(중국)'이 됩니다. 한자 삽입 시 이러한 [입력 형태]도 염두하고 작업을 진행합니다.

TIP 특수한 형태의 기호나 한자 등도 문자, 숫자 데이터와 동일하게 글꼴 서식 및 정렬 명령들을 적용할 수 있습니다.

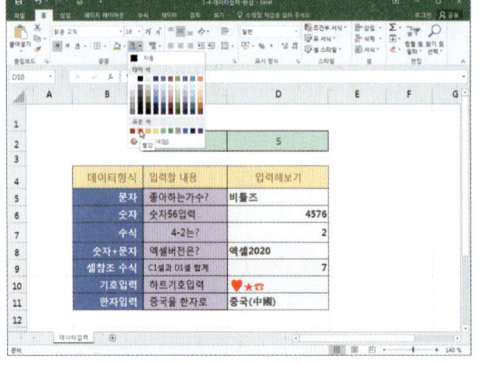
▲ 작성된 기호의 크기 및 색상 조정

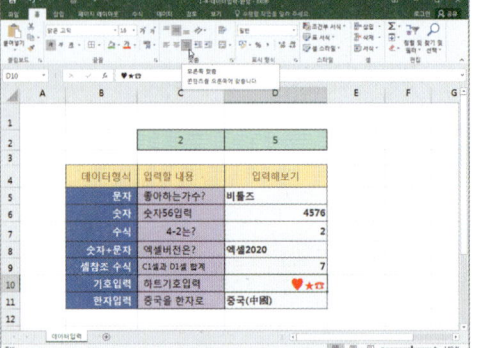
▲ 작성된 기호에 [오른쪽 맞춤] 적용

데이터 입력 방식

• 동영상 : 04-데이터 입력 방식.wmv

01 | 아직 별다른 정렬 서식이 적용되지 않은 셀에 문자를 입력하고 수식 입력줄 우측의 체크 버튼(V자 모양)을 터치하면, 셀의 왼쪽으로 정렬하는 것을 확인할 수 있습니다. 이것이 문자 데이터의 기본 속성입니다.

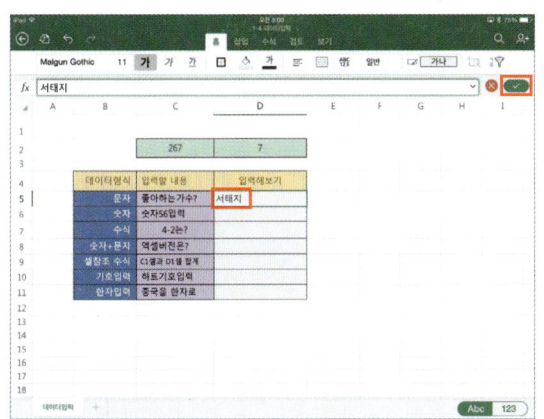 

02 | 숫자를 입력하고 체크 버튼을 터치하면 셀의 오른쪽을 기준으로 정렬하게 됩니다. 태블릿 버전에서도 문자는 왼쪽, 숫자는 오른쪽 정렬이 기본 속성임을 확인할 수 있습니다.

 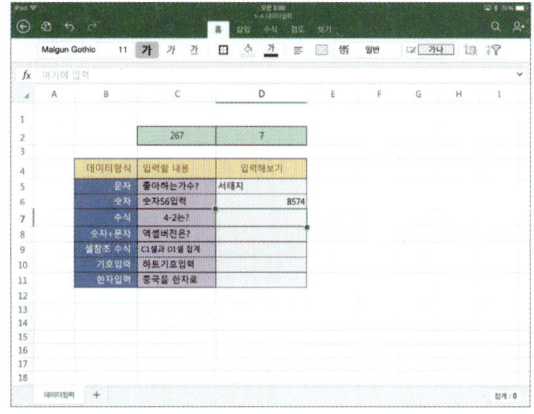

03 | 숫자와 숫자, 혹은 숫자가 들어있는 셀 주소를 참조해 만든 수식의 결과 값은 숫자 데이터로 인식되어 오른쪽 정렬을 하게 됩니다. 하지만 숫자+문자 형식은 문자 데이터의 속성을 가집니다.

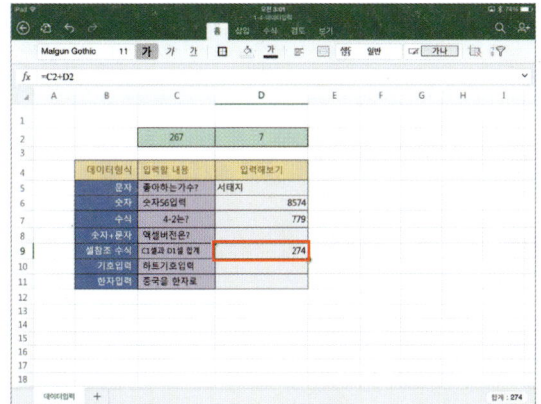

SECTION 5

수식의 참조 속성 설정하기

수식이나 함수식에 셀 주소를 활용하는 것은 엑셀에서 핵심적인 요소이며, 이를 통해 업무 효율을 상승시킬 수도 있습니다. 때문에 셀 주소의 기본 속성을 잘 이해하는 과정이 필요합니다.

l 예제파일 l 1-5-참조형식.xlsx l 완성파일 l 1-5-참조형식-완성.xlsx

POINT 01 | 참조 형태별 속성 이해하기

01 | 상대 참조, 절대 참조 수식 형태 확인

'1-5-참조형식.xlsx' 파일을 열어보면, [E8] 셀이나 [E9] 셀의 수식 모두, [C3] 셀과 [E3] 셀을 참조해서 더하기 한 결과 값을 나타냅니다. 하지만 [E9] 셀에 사용된 수식에는 각 열과 행 번호 앞에 '$' 기호가 붙어있다는 점이 다릅니다. '$' 기호가 붙는 셀 주소를 절대 참조 형식이라고 하며, '$' 기호가 없으면 상대 참조 형식이라고 합니다.

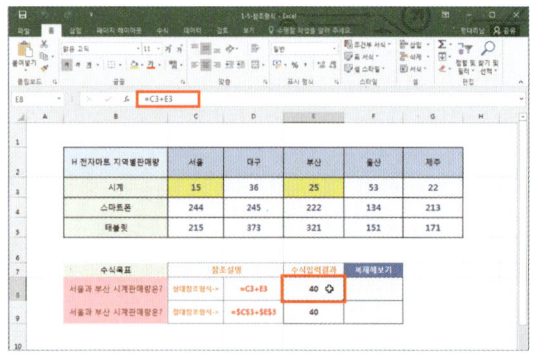
▲ '$' 기호가 없는 상대 참조 수식

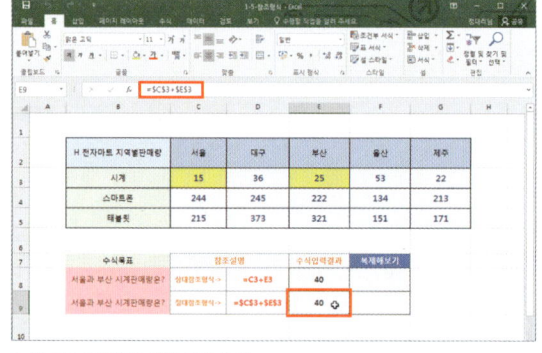
▲ '$' 기호가 적용한 절대 참조 수식

02 | 수식 복사하기

[E8] 셀과 [E9] 셀을 드래그해 선택한 후 **Ctrl**+**C**를 눌러 복사합니다. 이어서 [F8] 셀을 선택하고 **Ctrl**+**V**를 눌러 붙여 넣습니다. 결국 선택된 수식이 바로 옆의 셀에 복제되는 것이지만, [F8] 셀과 [F9] 셀에 나타난 결과 값은 이전과 차이가 있음을 확인합니다. **Esc**를 눌러 점선으로 표시되는 복제 대기 상태를 해제합니다.

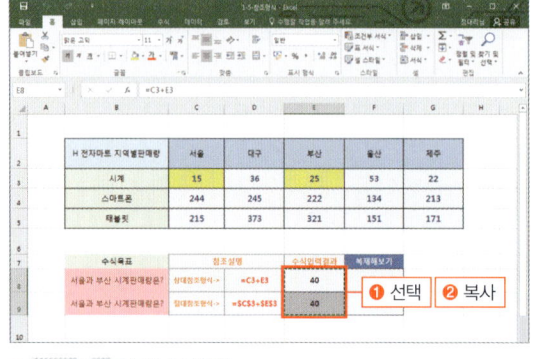
▲ **Ctrl**+**C**를 눌러 수식 복제

▲ **Ctrl**+**V**를 눌러 수식 붙여넣기

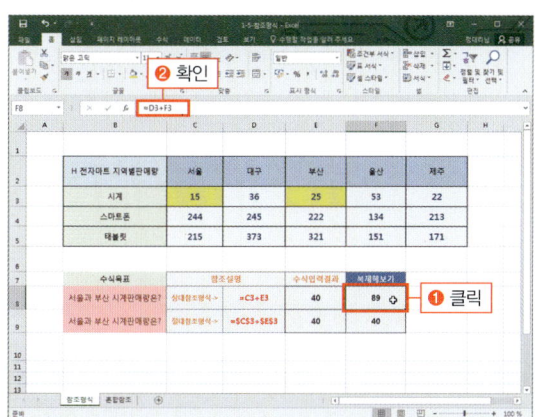

TIP Ctrl + C 를 눌러 복사된 영역 주위에는 복제 대기 상태를 뜻하는 번쩍이는 테두리 점선 효과가 나타납니다. 이를 해제하기 위해서는 Esc 를 누르거나 다른 셀을 더블클릭하면 됩니다. 물론 바로 다른 셀에 내용을 입력해도 복제 대기 상태는 해제될 수 있습니다.

03 | 복제 결과 확인하기

[F8] 셀을 선택하고 수식 입력줄을 보면, 기존 수식에서 열이 한 칸 옆으로 복제한 것이 반영되어 열 번호가 변하였습니다. 기존 [C3] 셀이 열 방향으로 한 칸 증가하여 [D3] 셀로 변한 것이며, 이에 따라 참조하는 숫자 데이터도 달라진 것입니다. 이렇듯 상대 참조 형식으로 작성된 수식은 원본 셀 위치에서 이동된 만큼 열과 행 참조 위치가 달라집니다. 반면, 절대 참조 형식으로 작성된 수식을 이동 복제한 [F9] 셀의 수식과 결과 값은 원본과 차이가 없습니다.

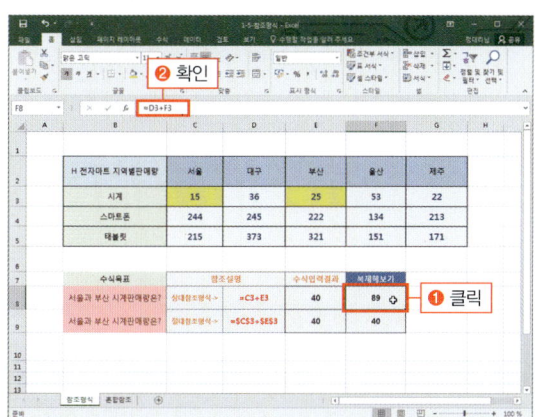
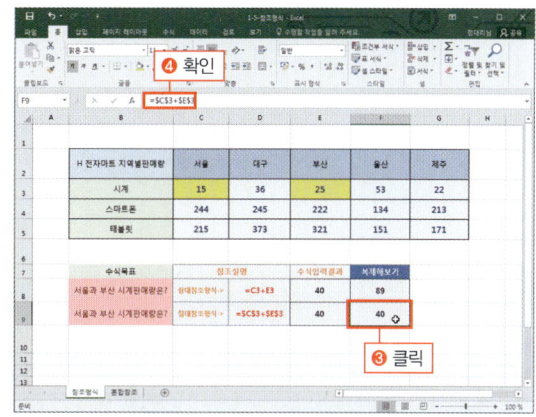

TIP 붙여넣기 한 수식이 위치에 맞도록 참조 셀을 변경하거나 유지하도록 설정하는 상대/절대 참조는 수식이 대량으로 활용되는 곳에서 유용합니다. 아래는 뒤에서 다루는 예제이며, 상대 참조로 작성된 함수식을 자동 채우기하여 해당 위치에 알맞은 계산 결과가 도출되도록 설정한 내용입니다.

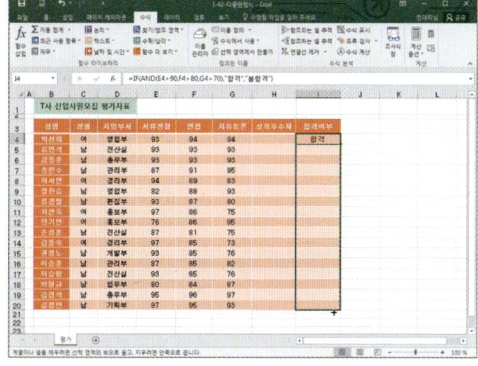
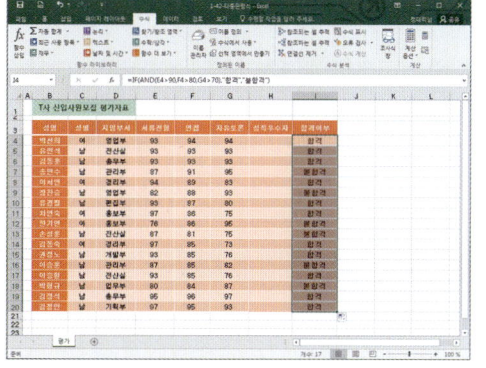

▲ 상대 참조 형태 함수식 자동 채우기   ▲ 각 행 데이터들에 알맞은 결과 도출

POINT 02 | 참조 속성 설정하기

01 | F4 로 속성 설정

'혼합참조' 시트에서 [E8] 셀을 선택하고 '=E3'을 입력합니다. 'E3'을 입력하는 과정 중에 F4 를 눌러봅니다. F4 를 누름에 따라 열과 행 번호 앞에 '$' 기호가 나타납니다. 결국 셀 주소 앞에 '$' 기호가 붙는 절대 참조 형식으로 변경된 것입니다. 이 같은 방식으로 [G4] 셀이 절대 참조 형식으로 더해지는 수식 '=$E$3+$G$4'를 완성합니다.

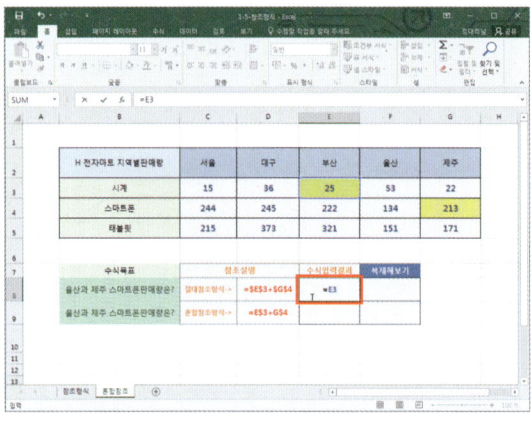

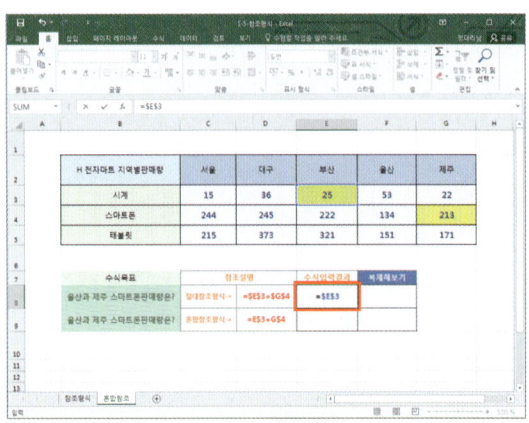

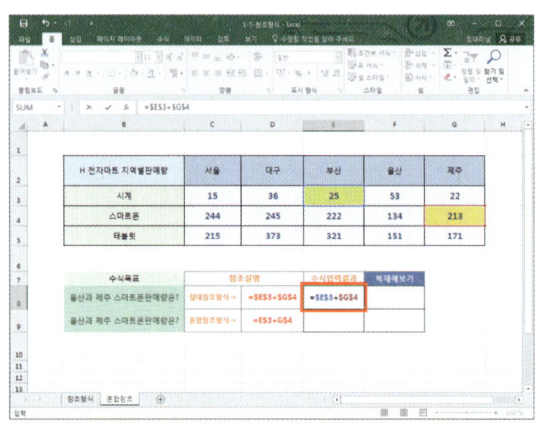

TIP 작성된 셀 주소에 커서를 위치시키고 F4 를 여러 번 누르면 '$' 기호가 열과 행 → 행 → 열 → 없음으로 무한 반복됩니다.

02 | 혼합 참조로 작성하기

[E9] 셀을 선택하고 '=E3'을 입력한 후 F4 를 눌러 '=E$3'가 되도록 합니다. 결국 3행만 절대 참조 형태가 되도록 설정한 것입니다. 이어 [G4] 셀의 수치도 행 부분이 절대 참조 형태로 더해지도록 내용을 작성합니다. 최종적으로 '=E$3+G$4'가 되면 완성된 것입니다.

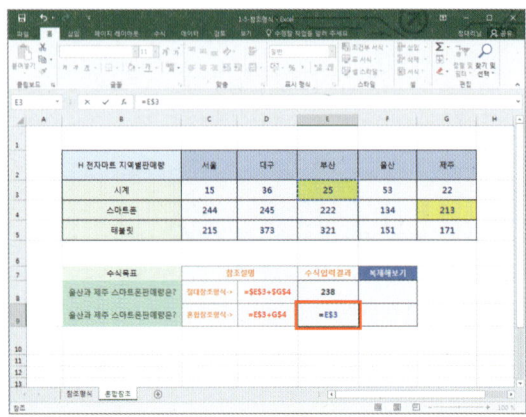

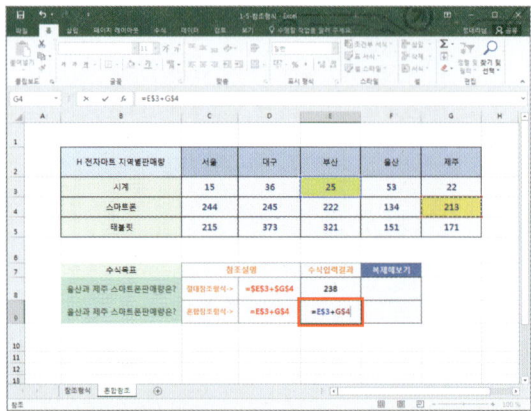

03 | 결과 확인

[E8] 셀과 [E9] 셀을 드래그해 선택한 후 `Ctrl`+`C`를 눌러 복사합니다. 이어서 [F8] 셀을 선택하고 `Ctrl`+`V`를 눌러 붙여 넣습니다. 절대 참조 수식을 복제한 [F8] 셀은 [E8] 셀과 동일한 결과 값을 갖지만, 행만 절대 참조 형태인 [E9] 셀의 수식은 [F9] 셀로 복제되면서 열 번호들이 한 칸씩 상승하게 됩니다. 이에 따라 이전과 다른 새로워진 셀 주소 숫자 데이터를 대상으로 결과 값이 나타납니다.

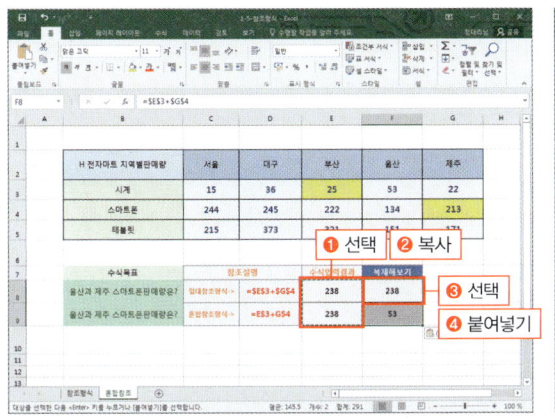 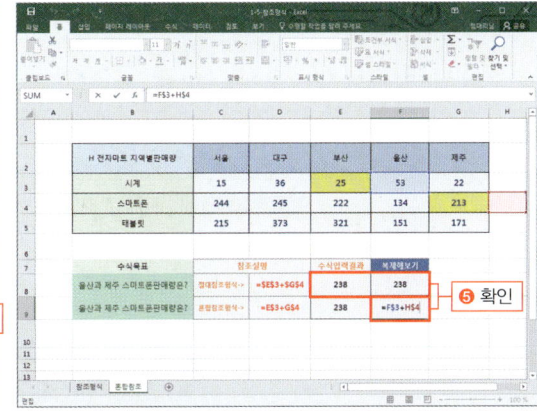

▲ [F9] 셀은 열 방향으로 이동한 만큼 계산 결과가 달라짐　　▲ [F9] 셀에 적용된 수식 확인

> **TIP** 백스테이지 화면에서 [옵션]을 클릭하고, [Excel 옵션] 대화상자-[일반]이 기본으로 선택되어 있습니다. [일반]의 [새 통합 문서 만들기]에서는 엑셀이 새로 만들기를 통해 빈 파일을 만들 때 적용될 기본 글꼴과 글꼴의 크기, 보기 형식, 포함될 시트 수 등의 옵션을 설정할 수 있습니다.

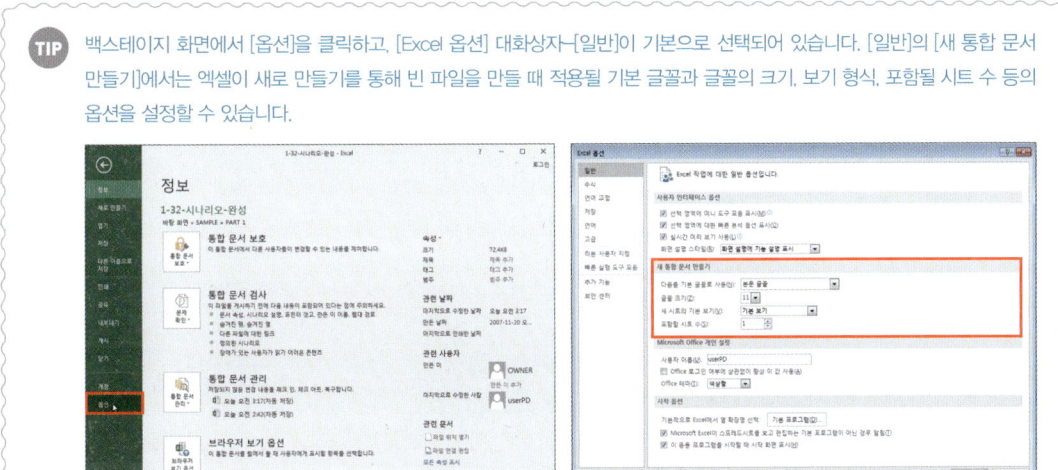

상대 참조/절대 참조

• 동영상 : 05-상대 참조 절대 참조.wmv

01 | 숫자 데이터가 입력된 셀 주소가 상대 참조 형식으로 작성된 수식은 그 내용을 복제하면 원본 수식 셀과 붙이기 된 수식 셀의 사이 간격만큼 참조 대상이 변하게 됩니다. 이로 인해 수식 결과 값이 달라질 수 있습니다.

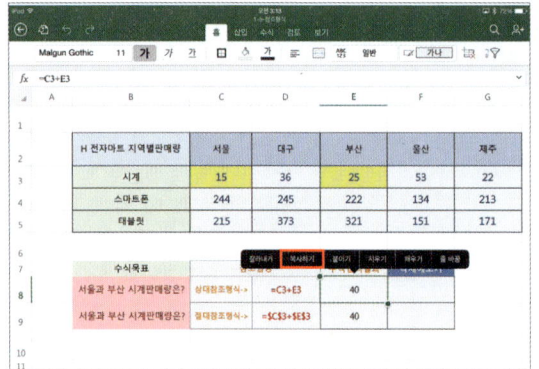

02 | 셀 주소가 절대 참조 형식으로 작성된 수식은 그 내용을 복제하면, 원본 수식 셀과 붙이기 된 수식 셀의 사이 간격에 상관없이 언제나 같은 결과 값을 표시하게 됩니다.

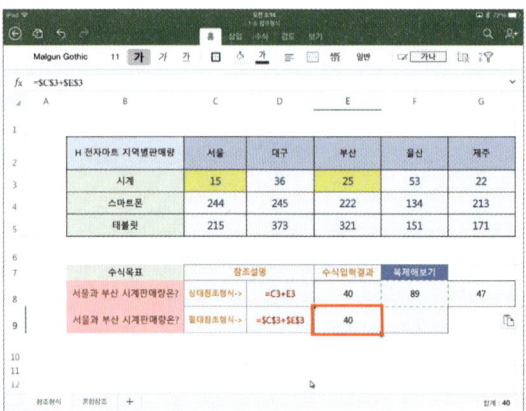
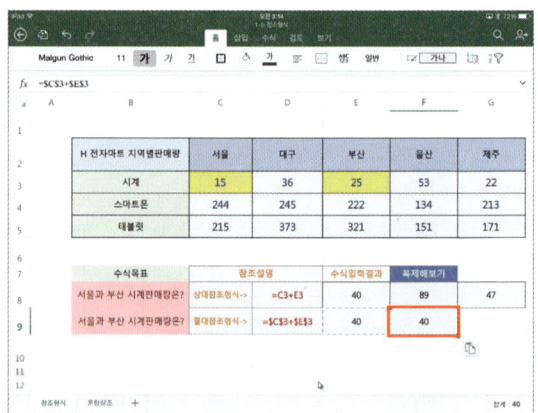

03 | 하나의 수식에 활용된 참조 대상 셀 주소들이 상대 참조, 절대 참조를 혼용하여 사용한 경우에는 설정된 고유의 특성에 따라 절대 참조 데이터 값은 변하지 않고, 상대 참조 형식으로 작성된 셀 주소만이 복제된 간격에 따라 다른 참조 위치의 데이터 값을 표시하게 됩니다.

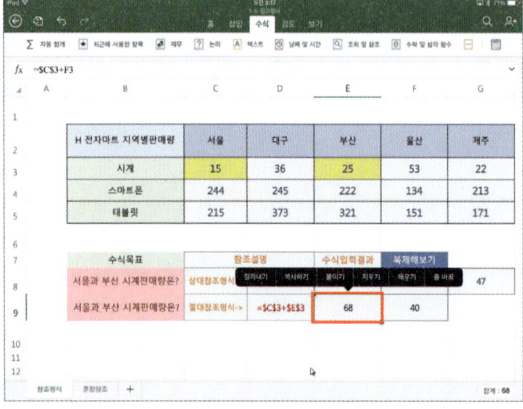
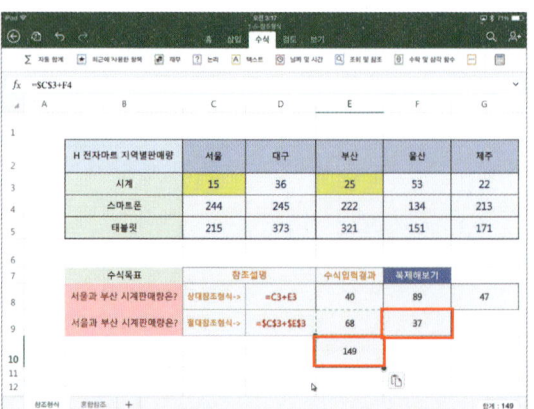

SECTION 6

다채로운 데이터 복제하기

엑셀에서 데이터 복제는 원본을 하나 더 만드는 것뿐만 아니라, 효율적인 데이터 입력이나 수식 작성 차원에서 더욱 많이 활용됩니다. 이를 위해 필요한 데이터 복제와 자동 채우기, 빠른 채우기, 사용자 지정 목록 등에 대해 살펴보겠습니다.

ㅣ예제파일ㅣ 1-6-내용복사하기.xlsx ㅣ완성파일ㅣ 1-6-내용복사하기-완성.xlsx

POINT 01 | 셀 데이터 복제하기

01 ㅣ 일반적인 데이터 복제 과정

'1-6-내용복사하기.xlsx' 파일을 열고 [B3] 셀과 [C3] 셀을 선택합니다. `Ctrl`+`C`를 눌러 해당 셀들을 복사하고, [B5] 셀을 선택한 뒤 `Ctrl`+`V`를 눌러 붙여 넣습니다. 복사된 데이터 그대로가 복제되어 삽입됩니다.

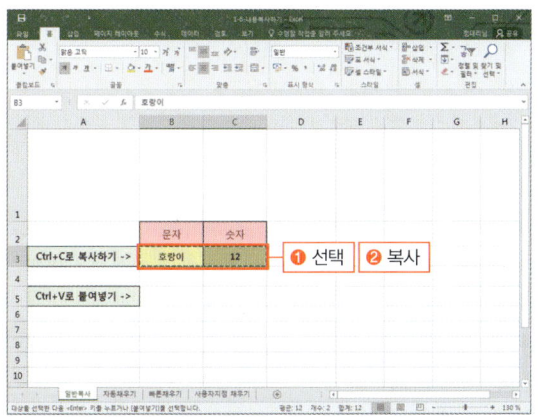
▲ `Ctrl`+`C`를 눌러 선택 영역 복제

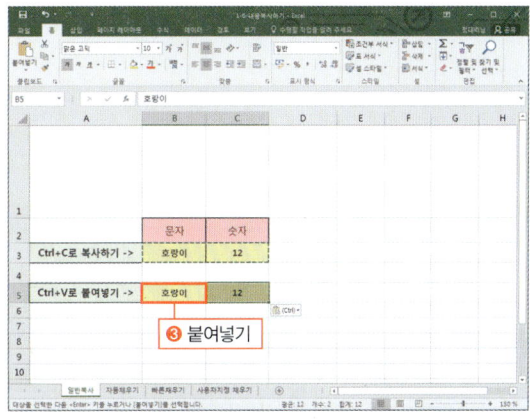
▲ `Ctrl`+`V`로 복제 내용 붙여넣기

> **TIP 붙여넣기 옵션**
> 데이터를 붙여 넣으면 셀 우측 하단에는 붙여넣기 옵션 단추가 나타납니다. 이곳의 옵션을 활용해 원본 셀의 '값'만 복제하거나 '서식'만 붙여넣는 것도 가능합니다.

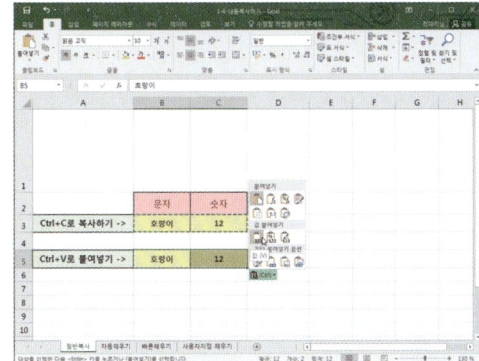

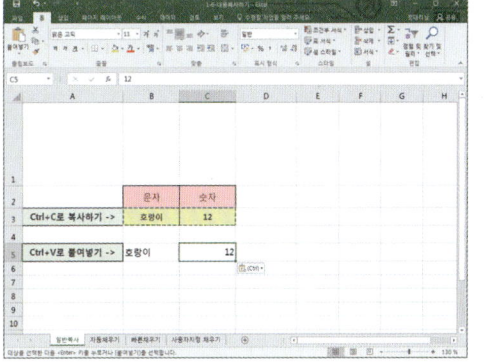
▲ 붙여넣기 옵션 '값'만 적용한 결과

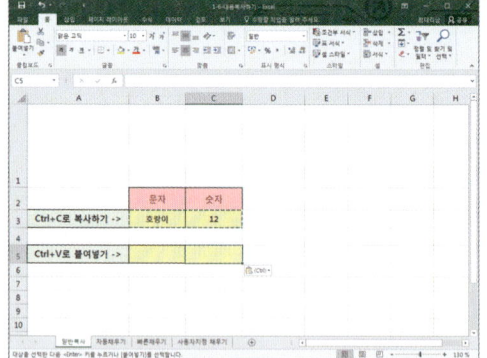

▲ 붙여넣기 옵션 '서식'만 적용한 결과

POINT 02 | 다양한 자동 채우기 옵션들

01 | 자동 채우기로 복제하기

'자동채우기' 시트에서 [B3] 셀을 선택합니다. [B3] 셀 우측 하단에 마우스 포인터를 위치시키면 십자 형태의 커서로 변합니다. 이 상태에서 아래쪽으로 드래그하면, 영역 안쪽 셀들에 해당 데이터가 한 번에 복제됩니다.

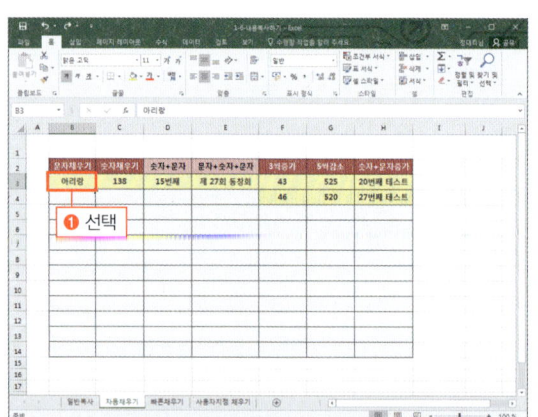
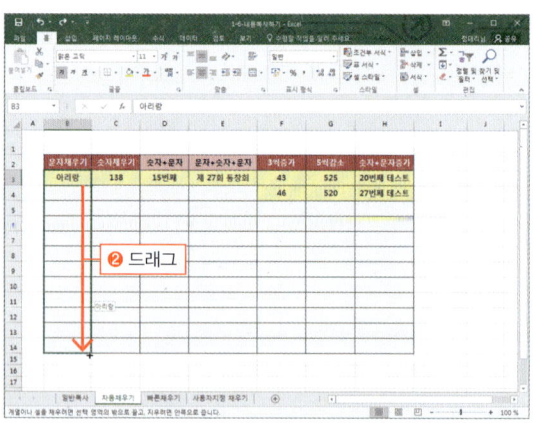
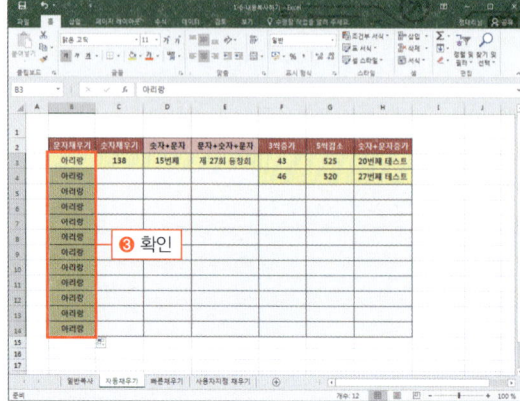

02 | 숫자 자동 채우기

[C3] 셀을 선택하고 아래쪽으로 자동 채우기합니다. 이어서 붙여넣기 옵션을 클릭하고 [연속 데이터 채우기]를 선택합니다. 숫자 속성이기에 선택할 수 있는 옵션으로써, 자동 채우기가 된 숫자들이 연속적으로 증가하며 채워지게 됩니다.

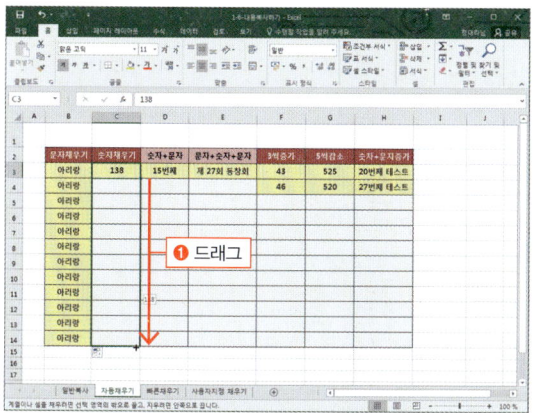
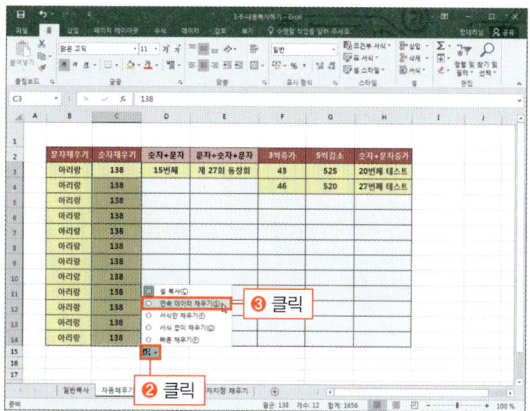
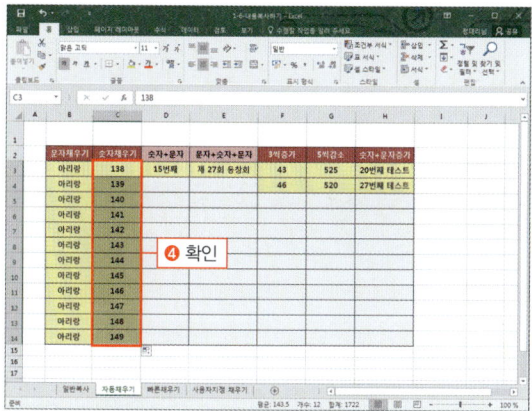

> **TIP 자동 채우기 붙여넣기 옵션**
>
> 자동 채우기의 붙여넣기 옵션도 일반적인 붙여넣기 옵션과 비슷합니다. 붙여넣기 옵션 중 [서식 없이 채우기]를 선택하면 원본 셀의 데이터만 복제되며, [서식만 채우기]를 통해서는 원본 셀의 데이터를 제외한 서식 스타일을 복제할 수 있습니다.
>
>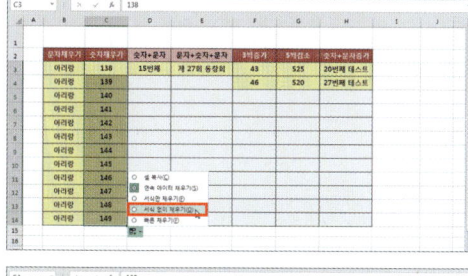

03 | 문자+숫자 형태 연속 채우기

[D3] 셀과 [E3] 셀을 동시에 선택하고 아래쪽으로 자동 채우기를 합니다. 문자/숫자가 혼용된 형태이기에 숫자 부분이 연속으로 자동 증강하며 채워집니다.

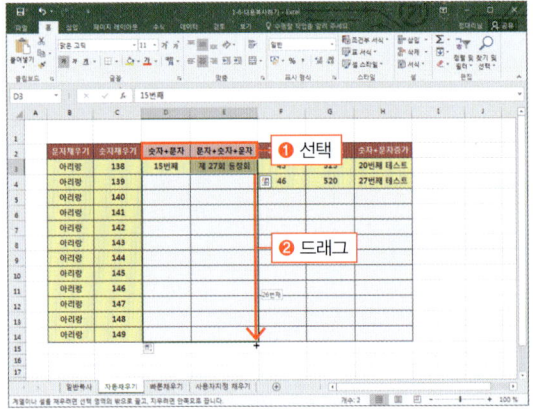 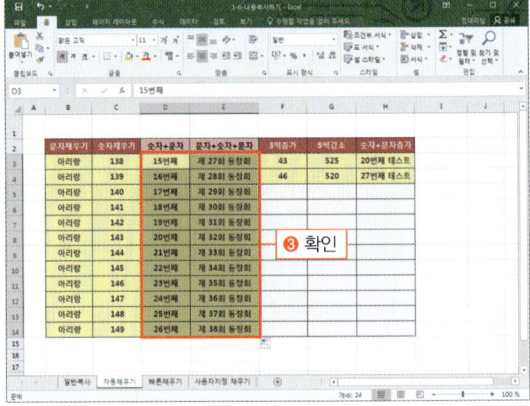

04 | 일정 간격으로 증가

[F3] 셀과 [F4] 셀을 동시에 선택하고 아래쪽으로 자동 채우기를 합니다. [F4] 셀의 숫자 데이터는 [F3] 셀에 비해 '3'만큼 증가한 수치입니다. 이러한 증감 패턴이 반영되어 결과 값들은 '3'씩 증가하는 데이터들로 채워집니다.

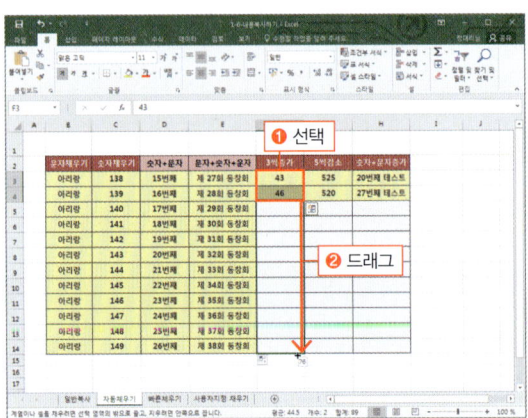 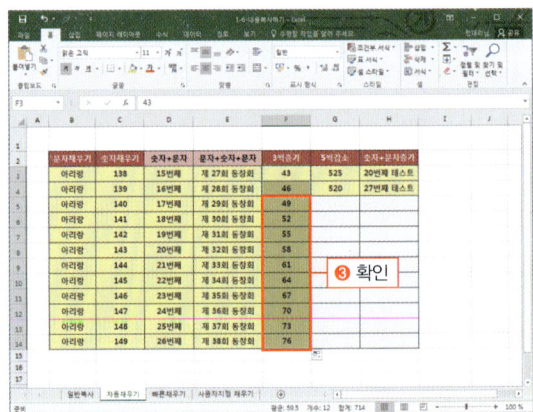

05 | 일정 간격으로 차감

[G3] 셀과 [G4] 셀을 동시에 선택하고 아래쪽으로 자동 채우기를 합니다. [G4] 셀의 숫자 데이터는 [G3] 셀에 비해 '5'만큼 감소한 수치입니다. 이러한 차감 패턴이 반영되어 결과 값들은 '5'씩 감소하는 데이터들로 채워집니다.

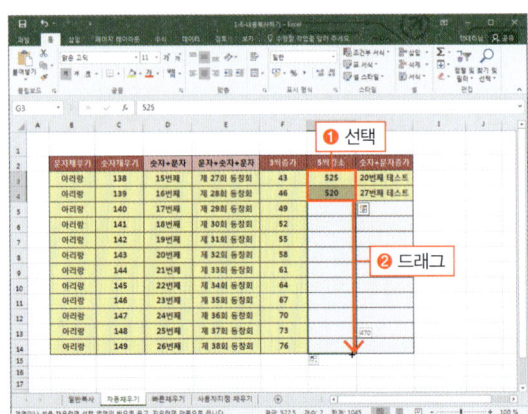 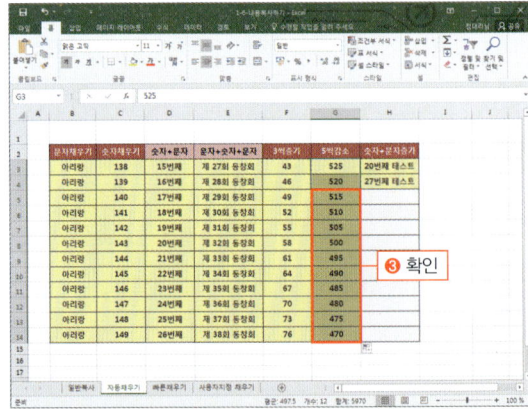

POINT 03 | 보다 지능적인, 빠른 채우기

01 | 동 단위 주소 자동 채우기

'빠른 채우기' 시트에서 [F3] 셀을 선택합니다. 좌측에 있는 주소 정보의 패턴을 참조해 '무슨 동'에 거주하는지만 표시하려고 합니다. 이를 위해 '잠원동'을 입력하고 아래쪽으로 자동 채우기를 합니다. 일단은 문자 데이터를 자동 채우기한 것이기에 '잠원동'만 복제됩니다.

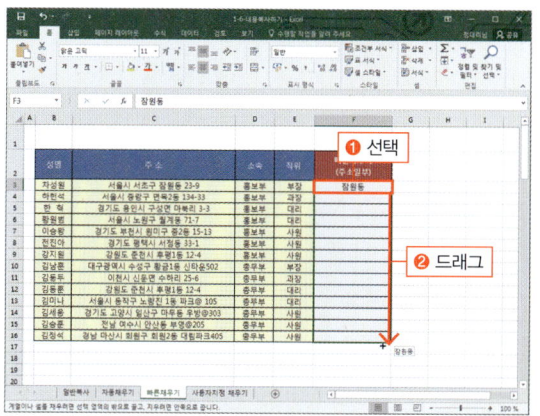
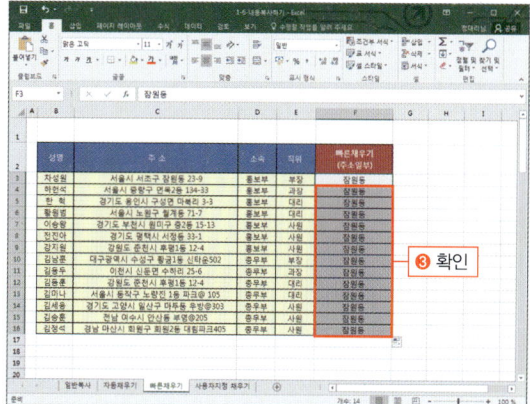

02 | 빠른 채우기로 옵션 변경

이전 작업의 결과에서 붙여넣기 옵션 중에 [빠른 채우기]를 선택하면, 셀에 입력된 '잠원동'이 좌측에 연결된 주소 정보의 일부임을 인식하고 아래쪽으로 복제된 내용들도 이에 맞도록 수정됩니다. 하지만 '면목2동'과 같이 중간에 숫자가 들어간 동 주소는 완벽하게 내용을 가져오지 못하고 있습니다. Ctrl + Z 를 눌러 빠른 채우기 이전 단계로 되돌아 갑니다.

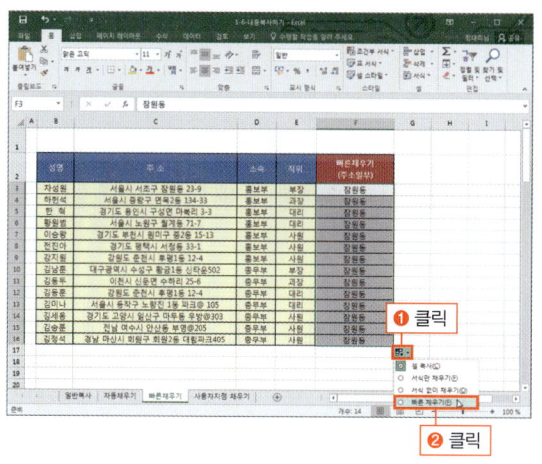
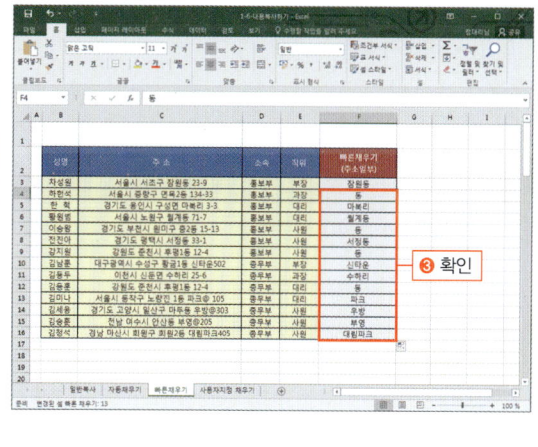

> **TIP** 빠른 채우기는 해당 셀과 이어져 있는 데이터 목록을 대상으로 특정 부분을 가져옵니다. 때문에 대상 목록에 반드시 빠른 채우기 되는 셀들과 붙어있는 위치에서 작업이 진행되어야 합니다.

03 | 빠른 채우기 재시도

[F4] 셀에 숫자가 포함된 동 주소 '면목2동'을 입력합니다. 이제 [F3] 셀과 [F4] 셀을 선택하고 아래쪽으로 자동 채우기 합니다. 참고로 [빠른 채우기] 옵션을 방금 사용했기에, 자동 채우기의 기본 옵션은 [빠른 채우기]로 변경되어 있습니다. 이전보다 향상된 채우기 결과를 얻을 수 있습니다.

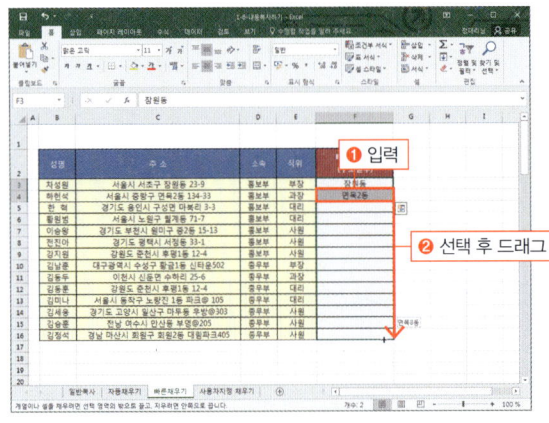
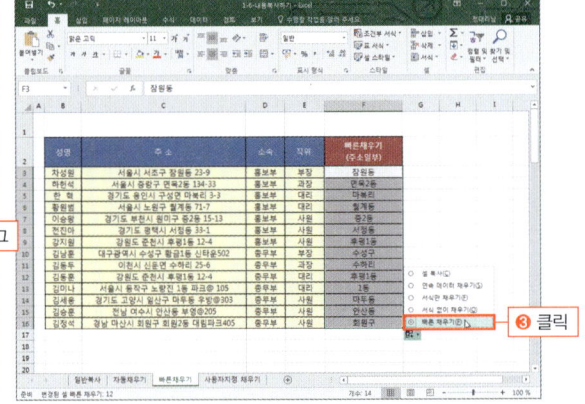

 위의 과정에서 알 수 있듯이 빠른 채우기는 대상 목록의 다양한 구성 데이터를 많이 참조할수록 보다 영리한 채우기가 가능해집니다. 때문에 가져올 요소의 형태가 동일하지 않다면 예제처럼 두세 개의 데이터를 미리 입력해두고 채우기하는 것이 좋습니다.

POINT 04 | 사용자 지정 목록으로 채우기

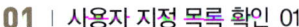

01 | 사용자 지정 목록 확인_01

'사용자지정 채우기' 시트를 선택하고 [D3] 셀의 데이터를 아래쪽으로 자동 채우기를 합니다. 숫자+문자 형태지만 1~4분기까지만 무한 반복됩니다.

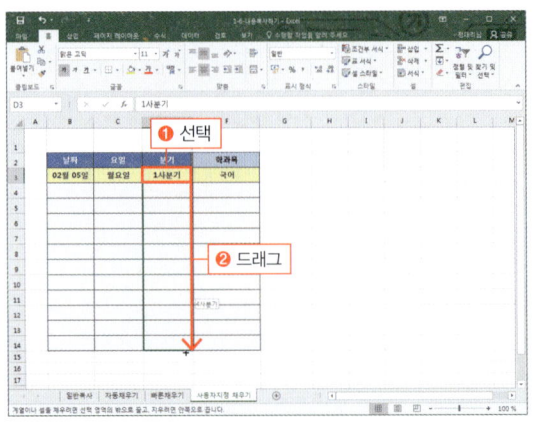
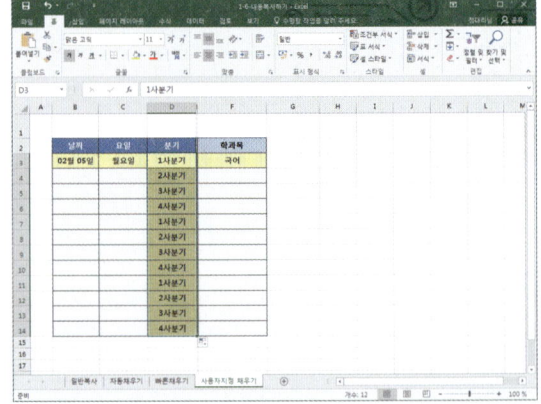

 예상대로라면 숫자+문자 형태는 숫자 부분이 점차 증가하는 채우기가 되어야 합니다. 때문에 1, 2, 3, 4, 5, 6사분기... 이런 식으로 복제되야 하지만, 현실에서는 1년을 4개의 분기로 나누어 쓰는 것이 암묵적인 약속입니다. 이에 걸맞게 1에서 4사분기까지만 무한 반복됩니다.

02 | 사용자 지정 목록 확인_02

[B3] 셀과 [C3] 셀을 동시에 선택하고 아래쪽으로 자동 채우기를 합니다. 현실적인 상식에 걸맞게 요일 패턴은 일주일 단위로 반복되며, 날짜 역시 적절한 형식으로 증가됩니다.

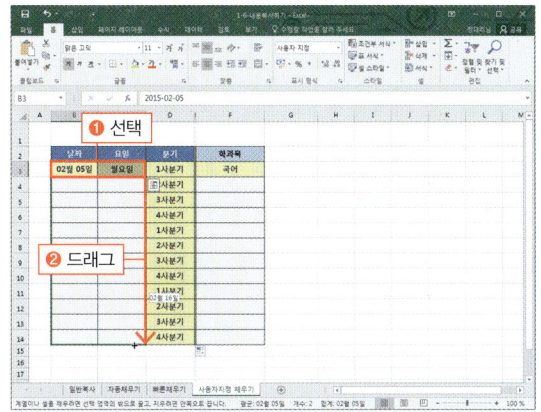 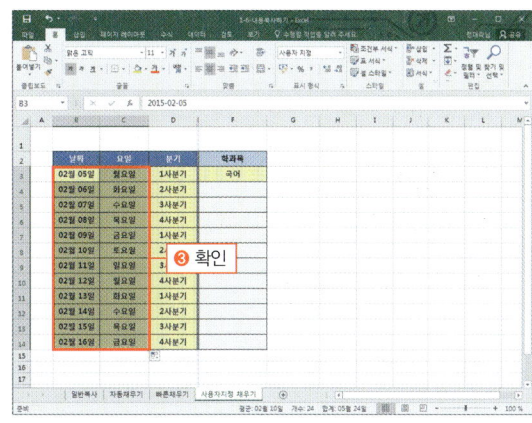

> **TIP** 자주 활용하는 요일이나 회계 형식 등은 엑셀 2016에서 현실에 걸맞게 수정되어 자동 채우기가 됩니다. 이렇듯 사용자의 상황에 맞도록 자동 채우기가 조정되도록 하는 곳이 '사용자 지정 목록'이며 프로그램의 기본 설정 이외에 사용자가 직접 내용을 추가할 수도 있습니다.

03 | 사용자 지정 목록 실행하기

백스테이지 화면의 [옵션]을 클릭한 후 [Excel 옵션]-[고급]을 선택합니다. 이곳에서 [사용자 지정 목록 편집]을 클릭합니다.

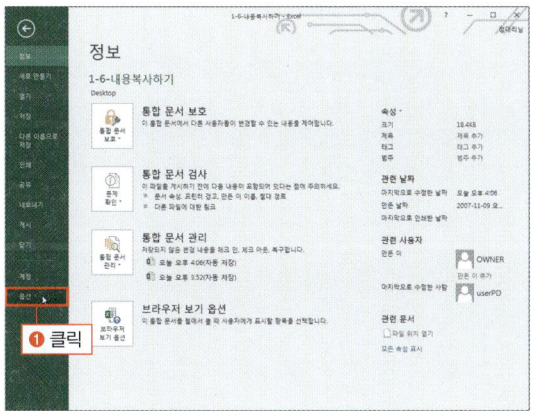 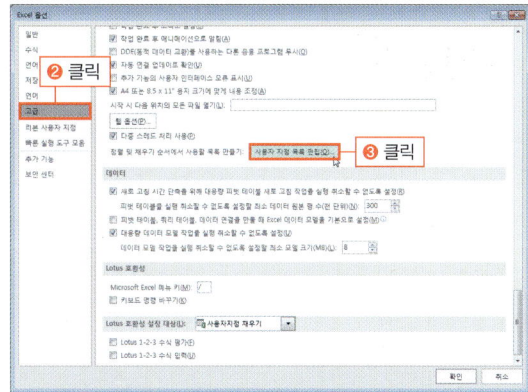

04 | 채우기 목록 설정_01

[사용자 지정 목록] 대화상자에서 '새 목록'을 선택하고, [목록]에 '국어, 영어, 수학, 과학, 물리, 체육'을 입력한 후 [추가]를 클릭합니다.

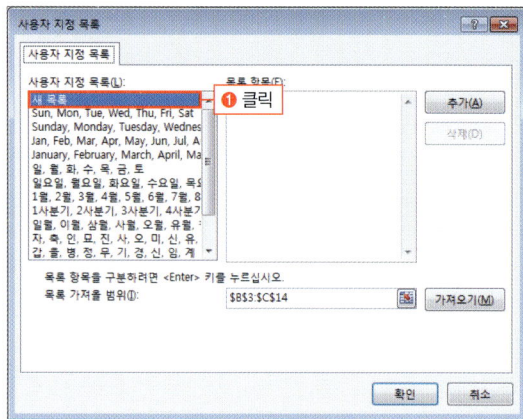 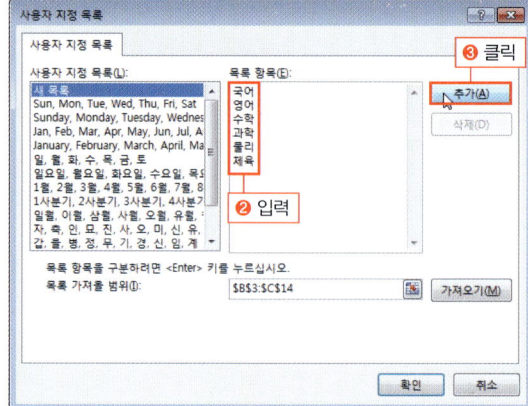

05 | 채우기 목록 설정_02

[사용자 지정 목록] 아래에 앞서 추가한 목록이 표시되면 [확인]을 클릭하여 대화상자를 닫습니다. [Excel 옵션] 대화상자 역시 [확인]을 클릭하여 닫습니다.

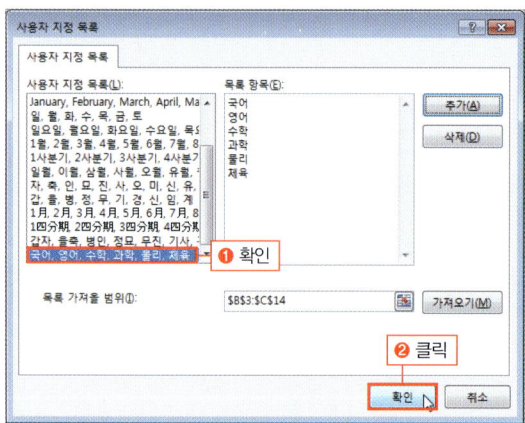 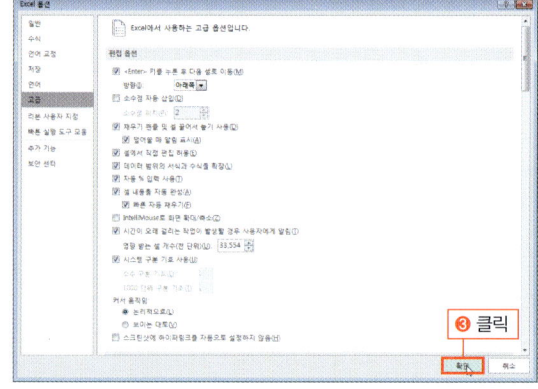

06 | 결과 확인

[F3] 셀의 내용을 자동 채우기 합니다. 결국 사용자 지정 목록에 추가한 '국어, 영어, 수학, 과학, 물리, 체육'순으로 패턴이 나타나는 것을 확인할 수 있습니다.

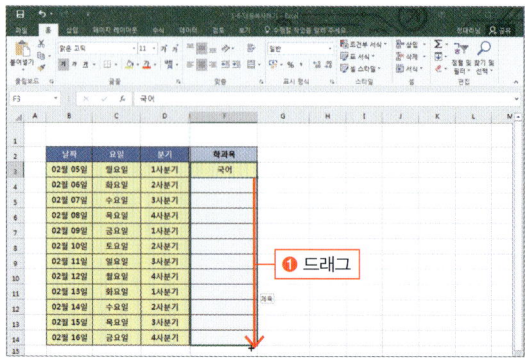 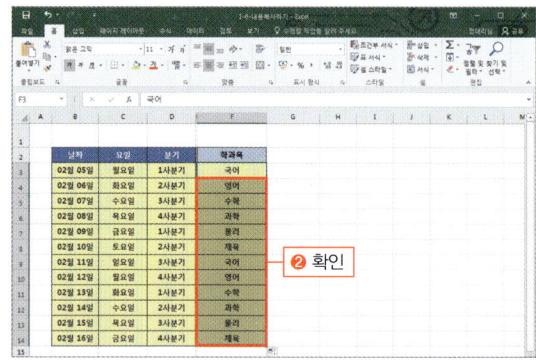

복사-붙여넣기

• 동영상 : 06-복사 붙여넣기.wmv

01 | 특정 영역을 선택하고 나타나는 팝업 메뉴에서 [복사하기]로 해당 영역을 복제하고, 다른 셀을 터치한 뒤 [붙이기]하여 내용을 붙여넣을 수 있습니다. 참고로 붙여넣은 셀 영역 우측 하단에 표시되는 붙여넣기 옵션을 터치하여, 원본 서식 전체, 원본 데이터 값만, 원본의 수식만 선별적으로 붙여넣을 수도 있습니다.

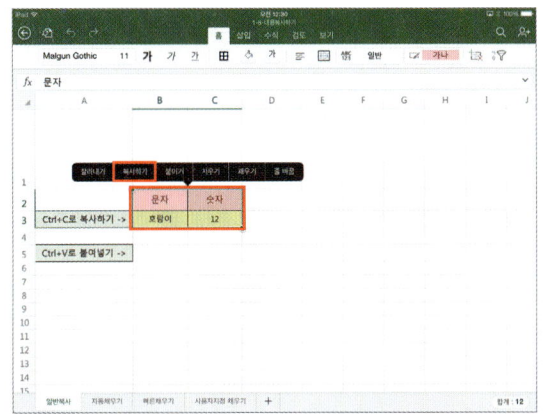
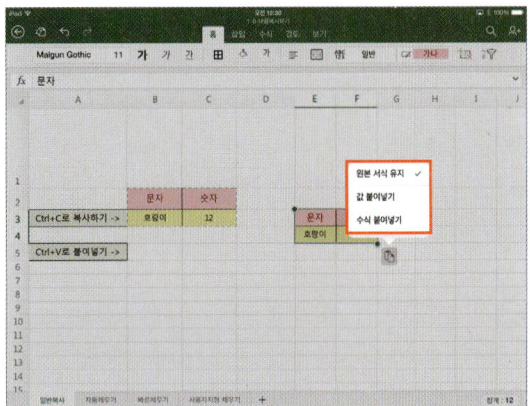

02 | 태블릿 버전에서는 문자 또는, 숫자 데이터 단일 셀을 자동 채우기하는 경우 대상 셀의 내용 그대로를 채우게 됩니다. 다만 '숫자+문자'가 혼용된 데이터 셀을 자동 채우기하는 경우에는 해당 숫자 데이터 부분을 순차적으로 증가시키며 채우게 됩니다.

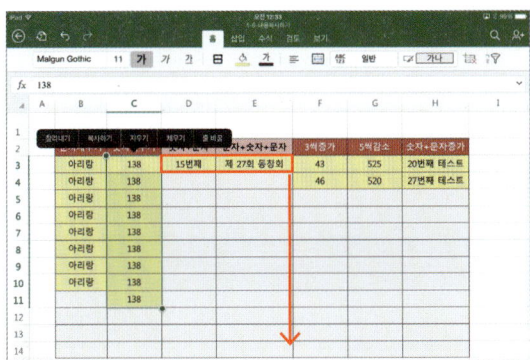

03 | 두 개 이상의 셀을 미리 선택한 뒤 자동 채우기를 하는 경우에는 대상 셀들의 숫자 차이만큼 증가(감소)하면서 내용 복제가 이루어집니다. 또한 날짜/요일/분기 등의 기본적인 항목들은 자동 채우기에 따라 이어지는 날짜/요일/분기로 채우게 됩니다.

SECTION 7

초보자를 위한 자동 함수 활용

처음 엑셀을 접하는 경우 함수가 어렵다는 두려움에 직면하지만, 실제로 많이 사용하는 함수들은 그 종류가 많지 않으며, 이번 강좌에 다루는 것처럼 자동으로 적용할 수 있는 보조 기능들이 많이 준비되어 있습니다.

ㅣ예제파일ㅣ 1-7-자동함수.xlsx ㅣ완성파일ㅣ 1-7-자동함수-완성.xlsx

POINT 01 | 자동으로 평균 계산하기

01 | 자동으로 평균 구하기

'1-7-자동함수.xlsx' 파일을 열고 [H3] 셀을 선택합니다. 이어서 [홈] 탭-[편집] 그룹에서 [자동 합계]-[평균]을 클릭합니다. 평균을 구하는 함수 'AVERAGE'가 자동 입력되며, [H3] 셀과 인접하여 연속된 숫자 영역이 계산 영역으로 설정됩니다. 참고로 콜론(:) 기호는 '~에서~까지'라는 의미이며, 'E3:G3'은 [E3] 셀에서 [G3] 셀까지의 영역이라는 뜻입니다.

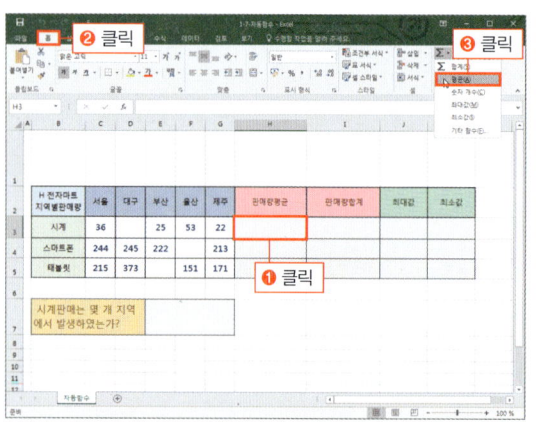
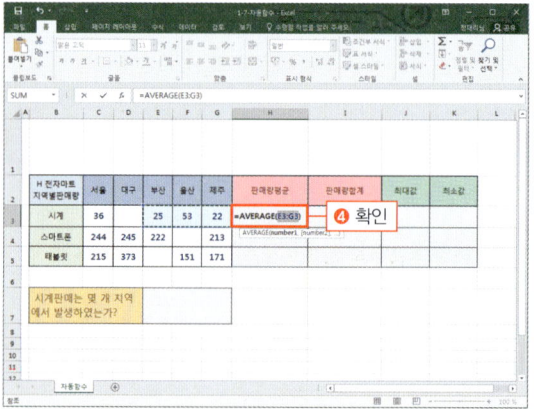

02 | 대상 영역 수정하기

앞선 과정에 이어서 곧바로 [C3] 셀에서 [G3] 셀까지 드래그해, 제대로 된 계산 대상 영역을 설정합니다. `Enter` 를 눌러 설정을 적용하면, 평균 함수가 적용되어 '34'라는 결과 값이 나타납니다. 참고로 함수명 뒤에 표시되는 괄호 안의 작성 내용을 '인수'라고 부릅니다.

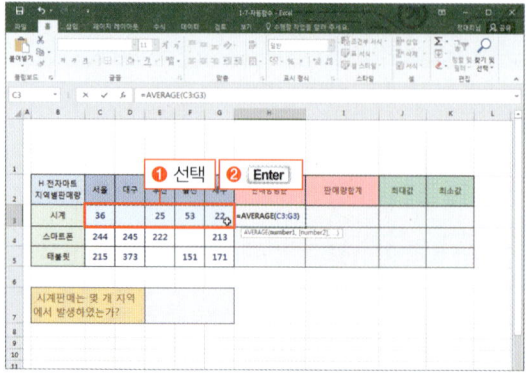
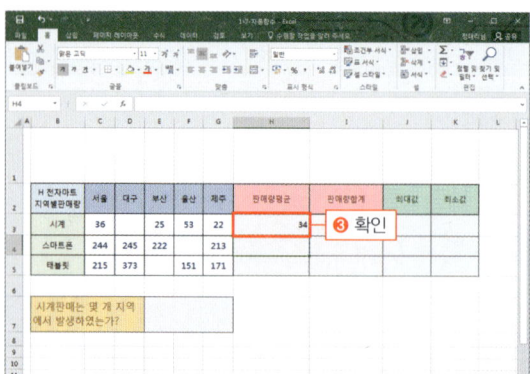

POINT 02 | 자동으로 합계 계산하기

01 | 자동으로 합계 구하기

[I3] 셀을 선택하고 [홈] 탭–[편집] 그룹에서 [자동 합계]–[합계]를 클릭합니다. 합계를 구하는 함수 'SUM'이 자동 입력되며, [I3] 셀과 인접하여 연속된 숫자 영역이 인수로 설정됩니다. 물론 현재의 인수는 사용자가 제대로 된 영역 설정을 해줘야 합니다.

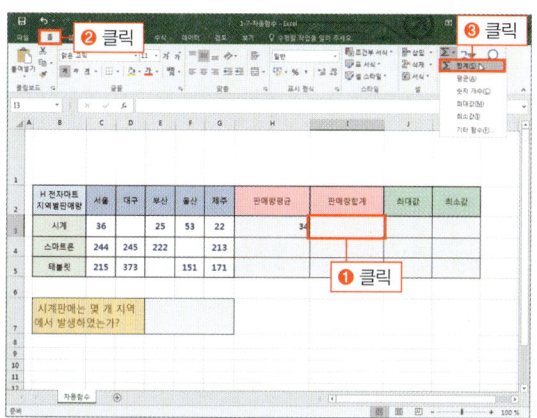
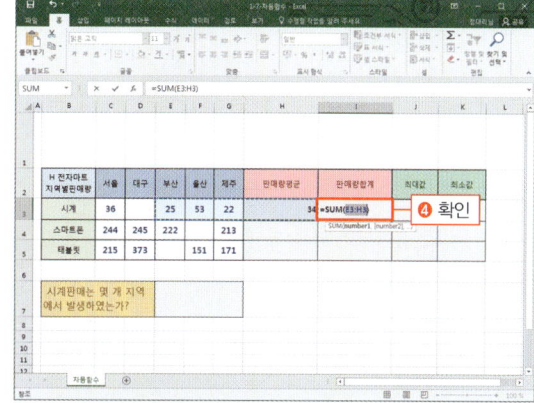

02 | 대상 영역 수정하기

곧바로 [C3] 셀에서 [G3] 셀까지 드래그해 계산 대상 영역을 설정합니다. Enter 를 눌러 설정을 적용하면, 합계 함수가 적용되어 '136'이라는 결과 값이 나타납니다.

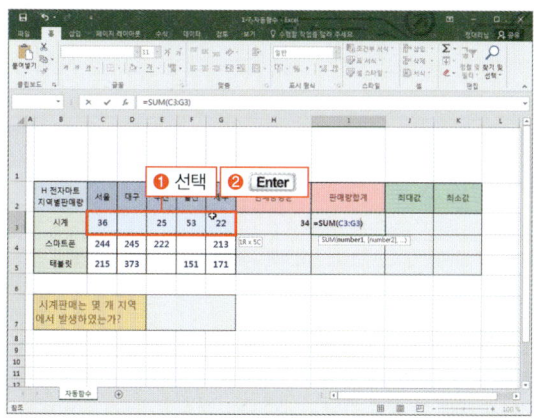
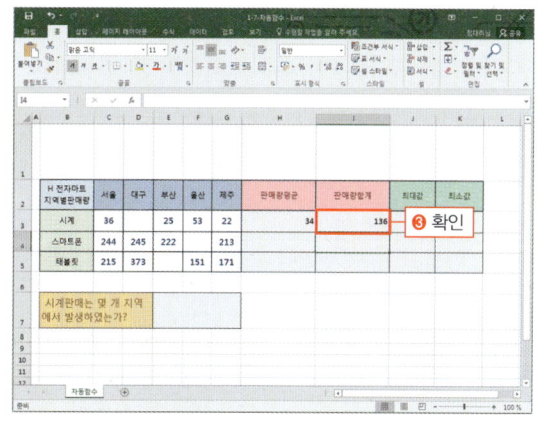

▲ 드래그로 인수 범위 재조정하기

> **TIP** 예제에서는 하나의 셀 또는, 이어져 있는 하나의 영역만을 더하기 인수로써 설정했지만, 떨어져 있는 다중의 셀들도 더하기 대상이 될 수 있습니다. 옆에 과정에서는 인수 작성 과정 중 Ctrl 을 누르고 떨어져 있는 셀들을 선택해 대상 셀들을 더할 수 있습니다. 이렇게 작성되는 인수들을 보면, 콤마(,) 기호를 활용해 떨어져 있는 영역의 셀들을 더할 대상으로 추가할 수 있다는 점을 자연스럽게 알 수 있습니다.

03 | 함수식 자동 채우기

[H3] 셀과 [I3] 셀을 함께 선택하고 아래쪽으로 자동 채우기 합니다. 함수에 사용된 셀 주소가 상대 참조 형태이기에, 복제된 행 간격만큼 행 번호가 증가하여, 각 행의 평균과 합계를 제대로 계산하게 됩니다. 이렇듯 함수와 셀 참조 형식을 조율하여 손쉽게 계산식들을 활용할 수 있습니다.

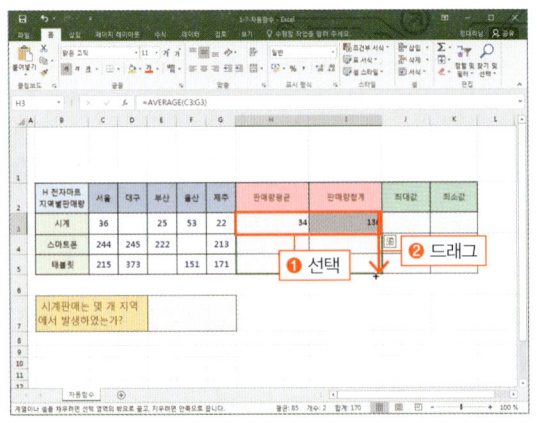
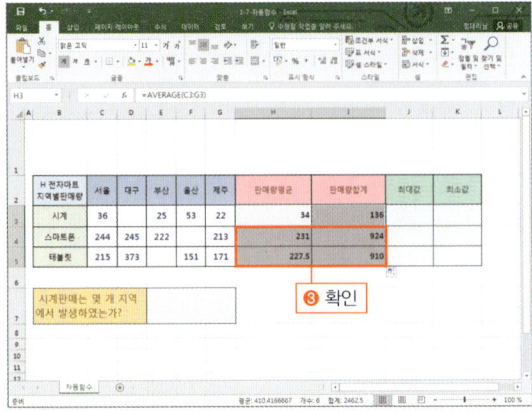

POINT 03 | 데이터 개수, 최대/최소값

01 | 데이터가 있는 셀의 개수

[E7] 셀을 선택하고 [홈] 탭–[편집] 그룹에서 [자동 합계]–[숫자 개수]를 클릭합니다. 숫자 개수를 구하는 함수 'COUNT'가 자동 입력되면, [C3] 셀부터 [G3] 셀까지를 드래그해 인수로 설정합니다. 숫자가 들어있는 셀의 개수 '4'가 나타납니다.

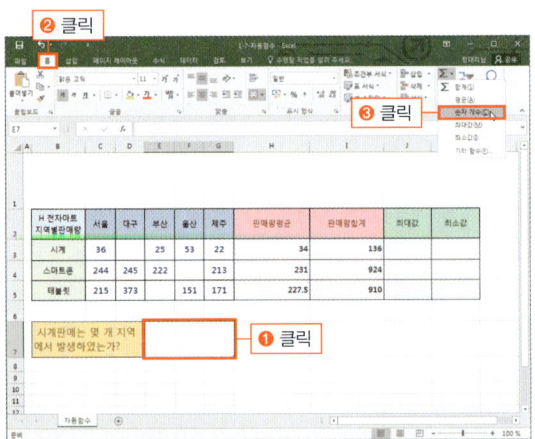
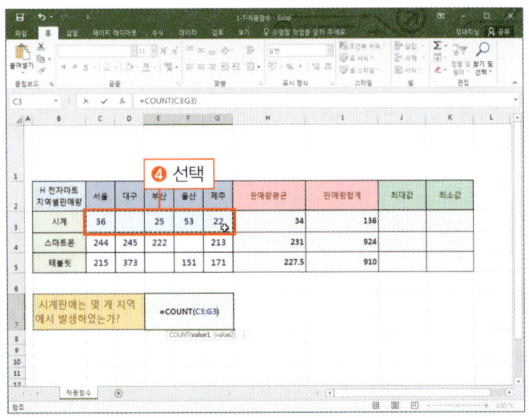
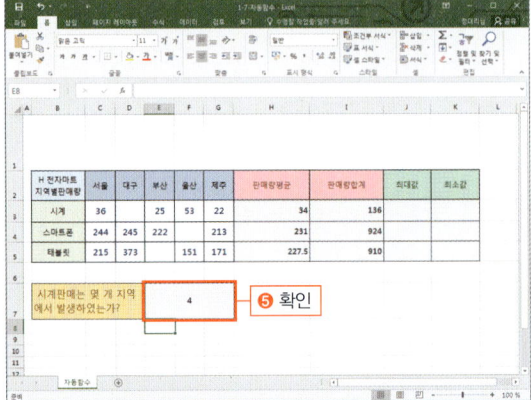

02 | 최대값 구하기

[J3] 셀을 선택하고 [홈] 탭-[편집] 그룹에서 [자동 합계]-[최대값]을 클릭합니다. 최대값을 구하는 함수 'MAX'가 자동 입력되면, [C3] 셀부터 [G3] 셀까지를 드래그해 인수로 설정합니다. 최대값 '53'이 나타납니다.

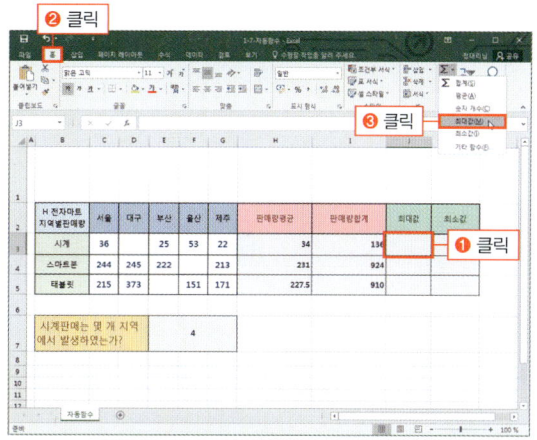

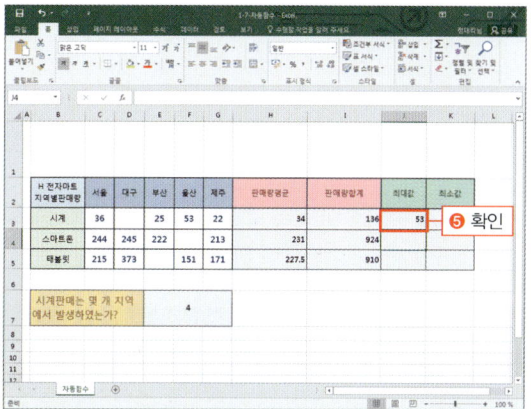

03 | 최소값 구하기

[K3] 셀을 선택하고 [홈] 탭-[편집] 그룹에서 [자동 합계]-[최소값]을 클릭합니다. 최소값을 구하는 함수 'MIN'이 자동 입력되면, [C3] 셀부터 [G3] 셀까지를 드래그해 인수로 설정합니다. 최소값 '22'가 나타납니다.

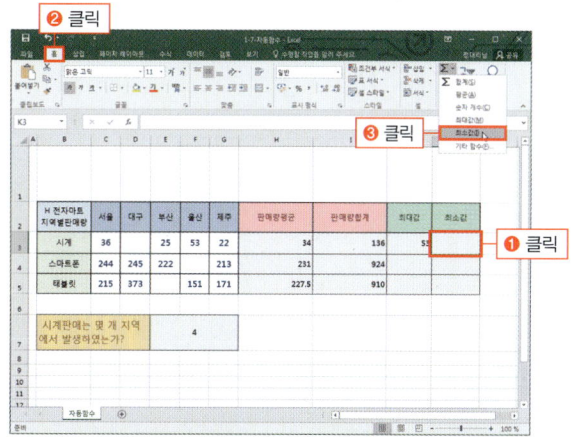

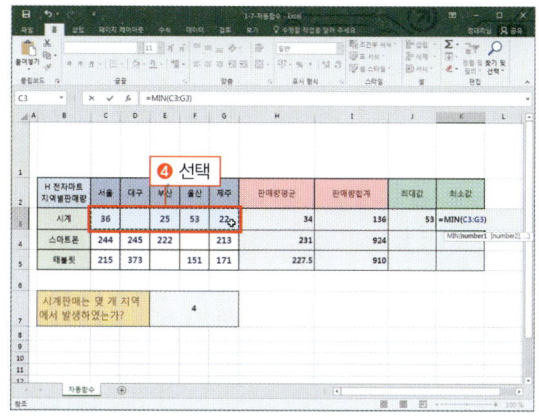

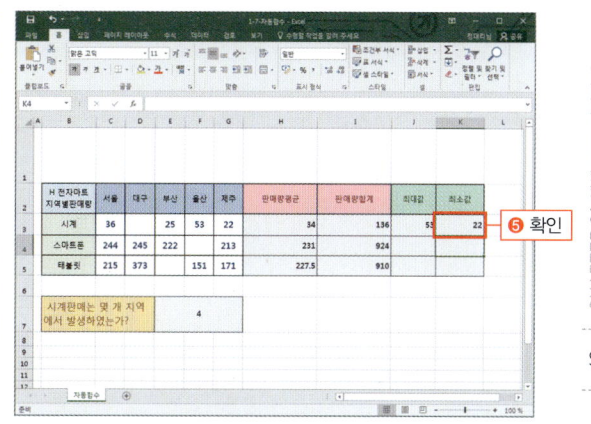

자동 함수 적용하기

• 동영상 : 07-자동 함수 적용하기.wmv

01 | 결과 값이 표시될 셀을 선택하고 [수식] 탭–[자동 합계]를 터치하면 [자동 합계 함수] 목록이 나타납니다. 이곳에서 [SUM]을 터치하고 대상 영역을 설정해 총 합계를 구할 수 있습니다.

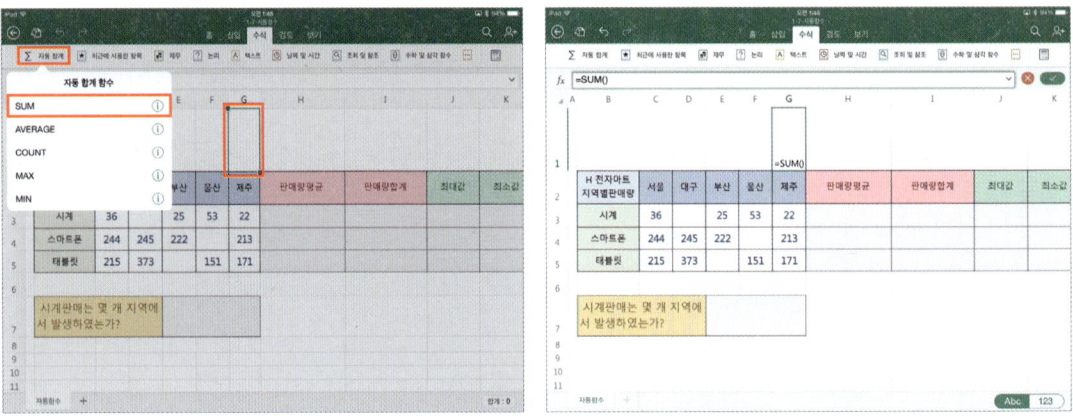

02 | 영역 설정은 가로 방향, 세로 방향 모두 제약이 없습니다. 강좌에서는 세로 방향으로 영역을 설정하고, 대상 영역의 평균(AVERAGE)을 구해보았습니다.

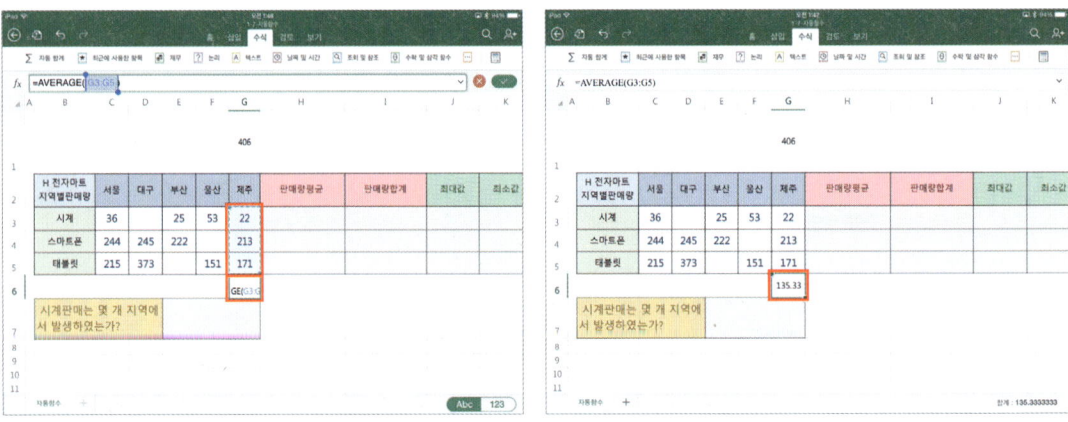

03 | 자동 합계에서 제공하는 COUNT 함수는 설정된 영역에서 숫자 데이터들의 개수를 표시합니다. 만약 대상 영역에서 숫자와 문자 데이터가 입력된 모든 셀의 개수를 연산하고 싶다면, COUNTA 함수를 사용해야 합니다. 강좌에서는 작성된 COUNT 함수를 수식 입력줄에서 COUNTA로 수정해 보았습니다.

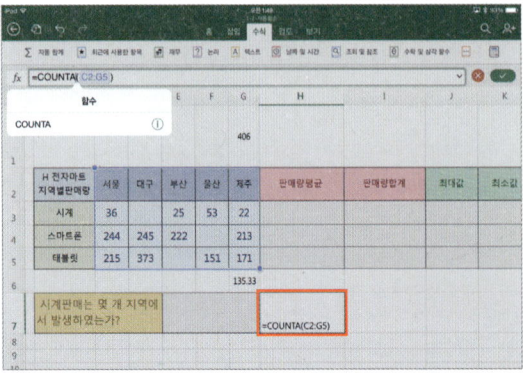 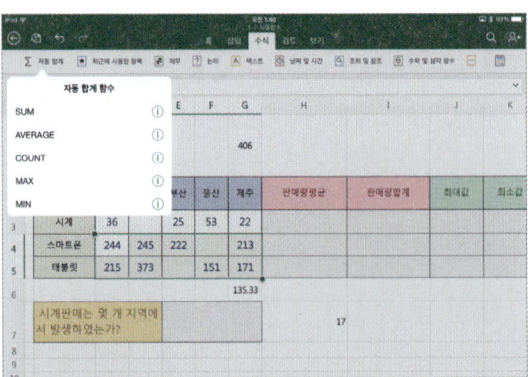

SECTION 8

데이터 일괄 조정하기

데이터를 일괄 조정하는 데 사용하는 [선택하여 붙여넣기]는 단순한 기능이지만, 실무에서 유용하게 활용되는 알짜 기능입니다. 특히 붙여넣기 옵션 중 '연산'을 설정하여 한 번에 다중 영역 수치 데이터를 재계산하는 과정을 유심히 살펴봅니다.

| 예제파일 | 1-8-일괄계산.xlsx | 완성파일 | 1-8-일괄계산-완성.xlsx

POINT 01 특정 영역에 동일 수치 차감

01 | 선택하여 붙여넣기 실행

'1-8-일괄계산.xlsx' 파일을 열고 [K3] 셀을 선택한 후 **Ctrl** + **C** 를 눌러 해당 셀의 내용을 복사합니다. 이어서 [E4] 셀부터 [E16] 셀까지를 드래그해 영역으로 설정하고, [홈] 탭-[클립보드] 그룹에서 [붙여넣기]-[선택하여 붙여넣기]를 클릭합니다.

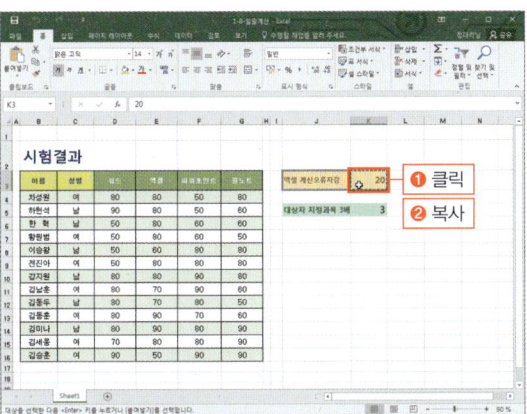 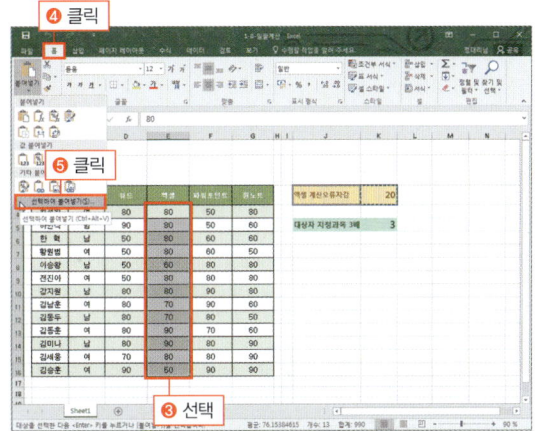

02 | [빼기] 옵션 적용하기

[선택하여 붙여넣기] 대화상자가 나타나면 [붙여넣기]에서 [값]을 체크하고, [연산]은 [빼기]로 설정한 뒤 [확인]을 클릭합니다. 영역에 배치된 수치들을 대상으로 처음 복사했던 '20'을 일괄적으로 빼는 연산이 적용됩니다.

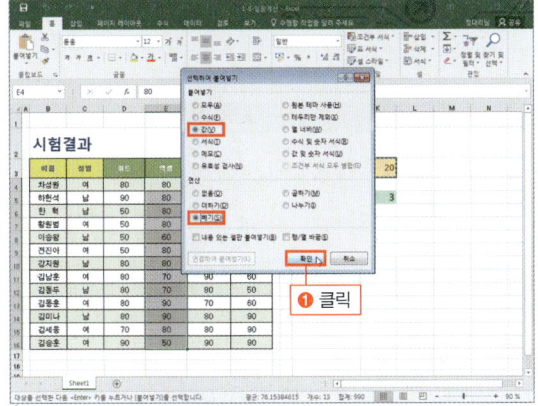

POINT 02 특정 영역에 동일 수치 곱하기

01 | 연산 대상 다중 영역 설정하기

[K5] 셀을 선택한 후 Ctrl + C 를 눌러 해당 셀의 내용을 복사합니다. 이어서 Ctrl 을 누르고 다양한 위치의 셀들을 이미지와 비슷하게 선택해 봅니다.

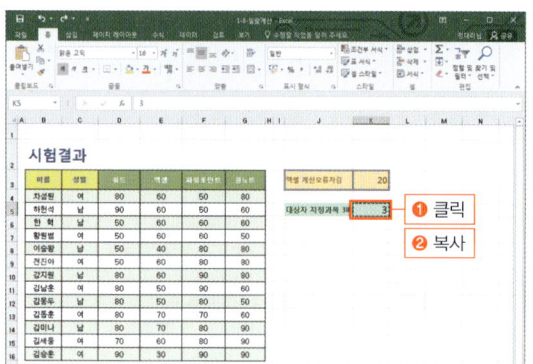
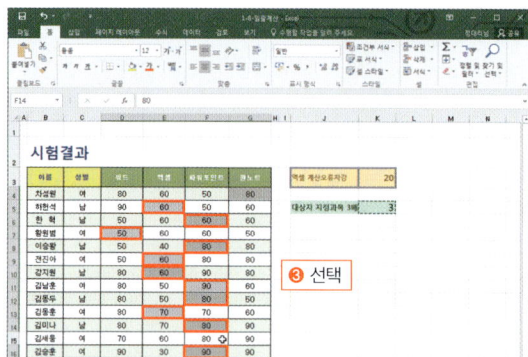

> **TIP** 단순히 [선택하여 붙여넣기]의 유용함을 알아보는 예제입니다. 예제에서와 똑같이 선택하지 않아도 좋습니다. 편하게 몇 가지의 셀들만을 대상으로 과정을 따라해도 괜찮습니다. 참고로 Shift 를 활용하면 처음 선택한 셀과 나중에 선택한 셀 위치 사이 공간의 셀들을 한 번에 선택할 수도 있습니다.

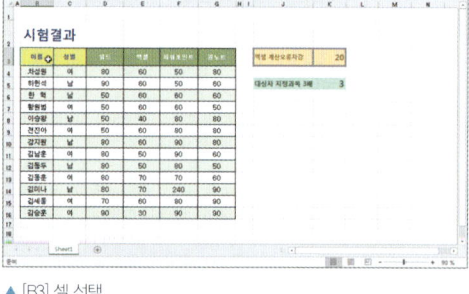
▲ [B3] 셀 선택

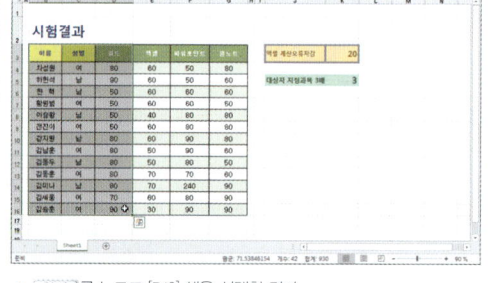
▲ Shift 를 누르고 [D16] 셀을 선택한 결과

02 | 선택하여 붙여넣기 설정

[홈] 탭-[클립보드] 그룹에서 [붙여넣기]-[선택하여 붙여넣기]를 클릭합니다. [선택하여 붙여넣기] 대화상자가 나타나면 [붙여넣기]에서 [값]을 체크하고, [연산]은 [곱하기]로 설정한 뒤 [확인]을 클릭합니다.

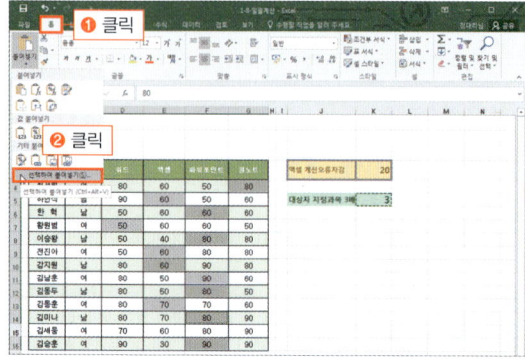
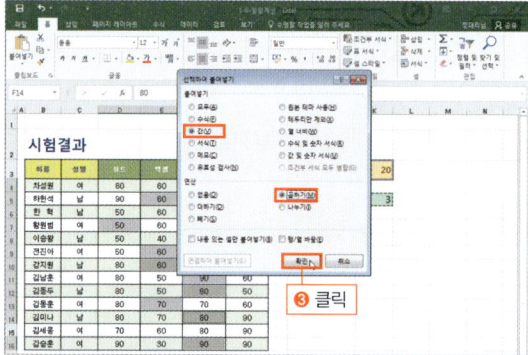

03 | 결과 확인

영역으로 설정된 수치들을 대상으로 처음 복사했던 '3'을 일괄적으로 곱하는 연산이 적용됩니다. 복제가 끝나고도 여전히 점선으로 표시되는 복제 영역은 Esc 를 눌러 선택을 해제합니다.

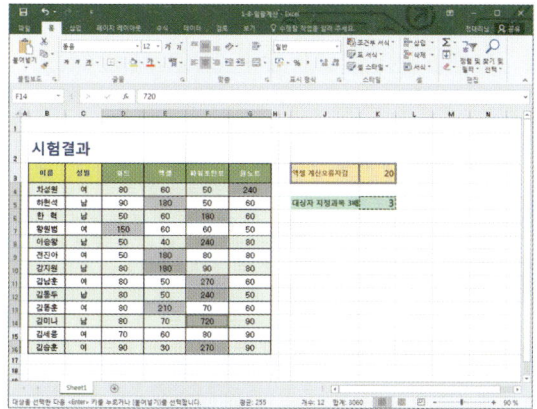
▲ 선택된 수치에 '3'이 곱해진 결과

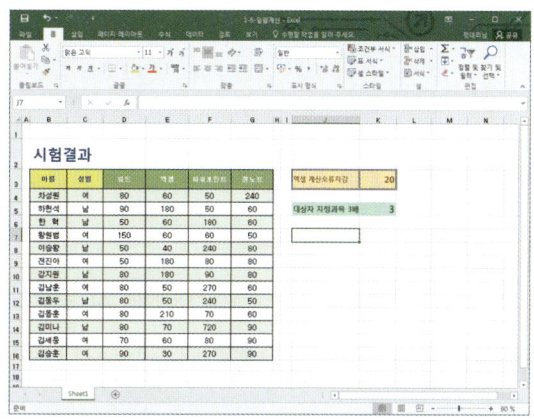
▲ Esc 를 눌러 선택 영역 해제

POINT 03 | 기타 선택하여 붙여넣기

01 | [모두] 옵션으로 붙여넣기

[K3] 셀을 선택한 후 Ctrl + C 를 눌러 해당 셀의 내용을 복사합니다. 이어서 [G4] 셀부터 [G16] 셀까지를 드래그해 영역으로 설정하고, [홈] 탭-[클립보드] 그룹에서 [붙여넣기]-[선택하여 붙여넣기]를 클릭합니다. [선택하여 붙여넣기] 대화상자가 나타나면 [붙여넣기]에서 [모두]를 체크하고, [연산]은 [없음]으로 설정한 뒤 [확인]을 클릭합니다. 복사해둔 데이터 그대로가 모든 셀에 복제됩니다.

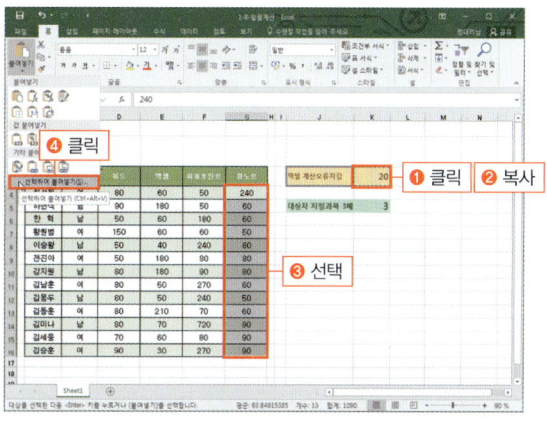

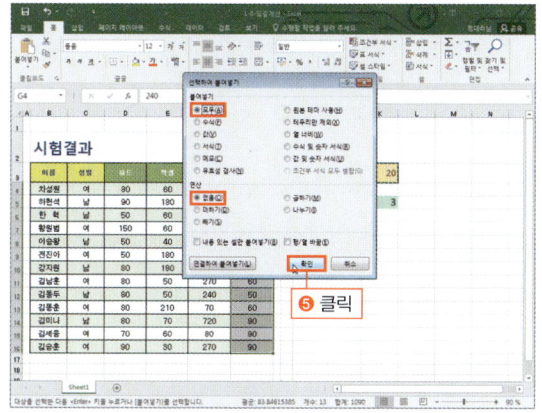

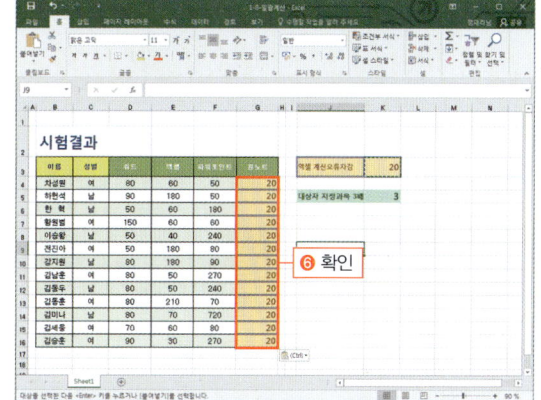

TIP 다른 붙여넣기 옵션

앞선 과정에서 [붙여넣기]에 [테두리만 제외]를 체크하고 [확인]을 클릭하면, [K3] 셀의 이중 테두리는 붙여넣기 대상에서 빠지게 됩니다. 반대로 [붙여넣기]에 [서식]을 체크하고 [확인]을 클릭하게 되면, [K3] 셀의 데이터를 제외한 서식이 설정된 영역의 데이터에 덧씌워지게 됩니다.

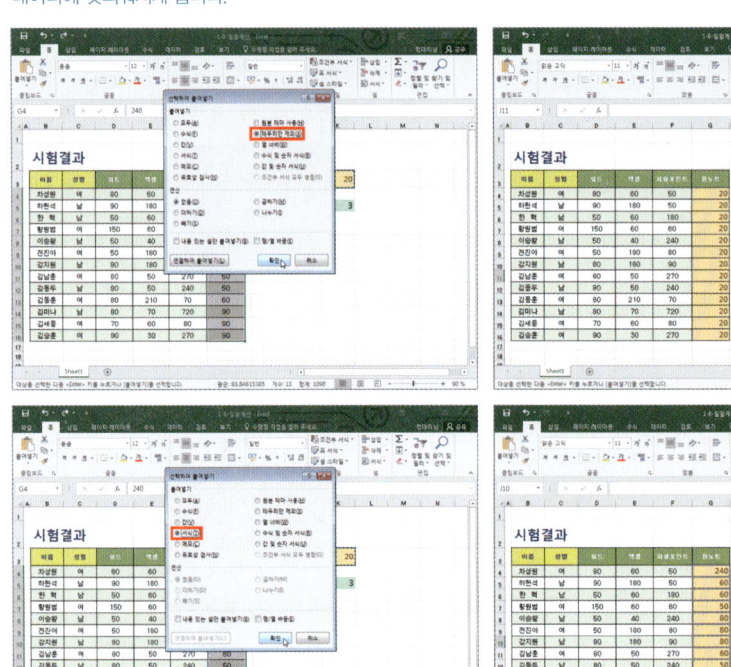

TIP [선택하여 붙여넣기] 대화상자에서 붙여넣기 옵션을 [모두]로 설정하면, 아래쪽에 [연결하여 붙여넣기]가 활성화됩니다. 이를 클릭하면 붙여넣기 된 내용들이 원본 데이터 변화에 그대로 따라가게 됩니다.

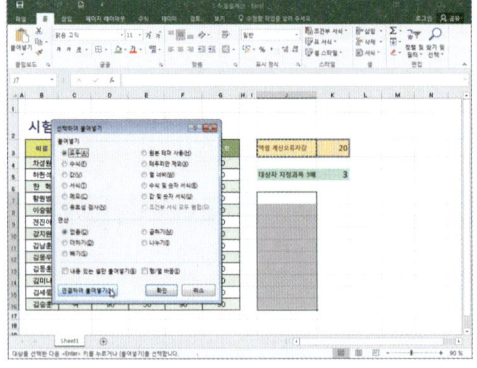

▲ [연결하여 붙여넣기] 옵션 설정   ▲ 원본 데이터 변화에 따른 붙여넣기 값 자동 수정

SECTION 9

이름 정의 활용하기

'이름 정의'는 특정 셀 또는, 영역 등을 단순한 이름으로 설정하는 것이며, 대상 영역을 빠르게 찾거나 각종 계산의 참조 값으로 활용할 수 있습니다. 특히 수식이나 함수식에서는 복잡한 계산일수록 이름 정의를 제대로 활용하는 것이 중요합니다.

l 예제파일 l 1-9-이름활용.xlsx l 완성파일 l 1-9-이름활용-완성.xlsx

POINT 01 | 특정 영역 이름 정의하기

01 | 특정 범위에 이름 정의하기

'1-9-이름활용.xlsx' 파일을 열고 [B4] 셀부터 [G4] 셀까지를 드래그해 영역으로 설정합니다. 이어서 수식 입력줄 왼쪽에 있는 [이름 상자]에 'B지점'을 입력하고 Enter 를 누르면, 설정된 영역이 'B지점'으로 이름 정의가 됩니다. 같은 방식으로 [B3] 셀부터 [G3] 셀까지를 'A지점'으로 정의합니다.

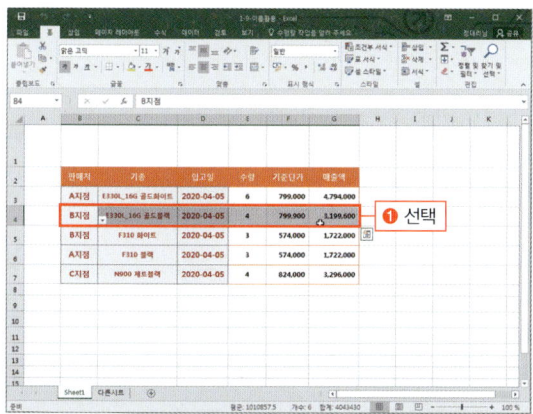

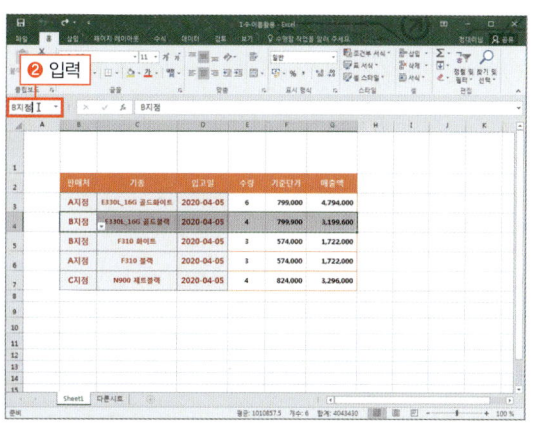

▲ [이름 상자]에 이름을 입력한 후 Enter 를 누름

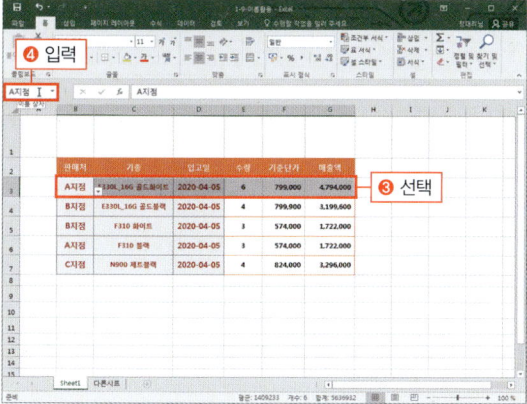

> **TIP** 하나의 이름 정의에 포함된 셀 위치는 다른 이름 정의의 대상 영역으로 얼마든지 중복하여 적용할 수 있습니다. 예를 들어 [B3] 셀의 위치는 'A'라는 이름 정의에도 포함되지만, 'B', 'C' 등의 새로운 이름 정의 영역의 구성 요소로써 포함할 수 있습니다.

02 | 다중 영역 이름 정의하기

이번에는 `Ctrl`을 누르고 [E4] 셀, [F3] 셀, [F6] 셀, [G7] 셀을 다중 선택한 후 [이름 상자]에 '주목'을 입력하고 `Enter`를 누릅니다.

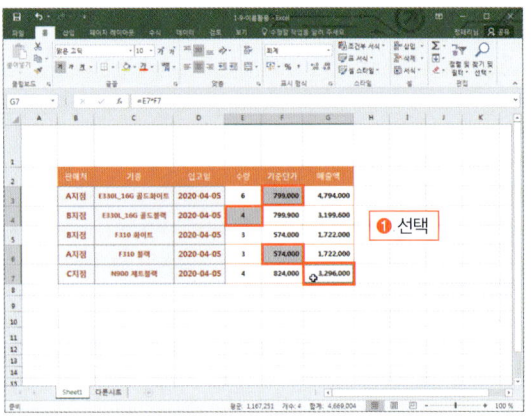
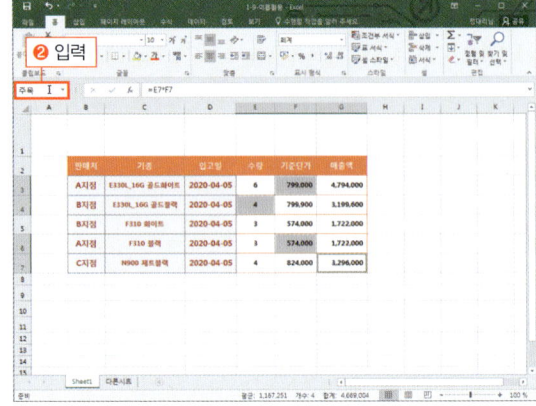

03 | 결과 확인

[이름 상자]의 드롭다운 단추를 클릭하면 이름 정의된 목록들을 확인할 수 있습니다. 이곳에서 'B지점'과 '주목'을 각각 선택해 설정했던 영역들이 제대로 선택되는지 확인합니다.

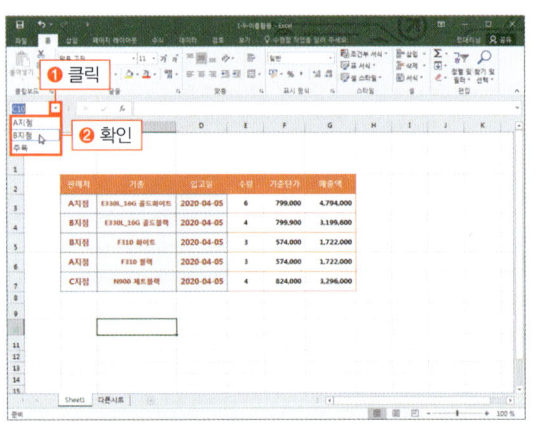
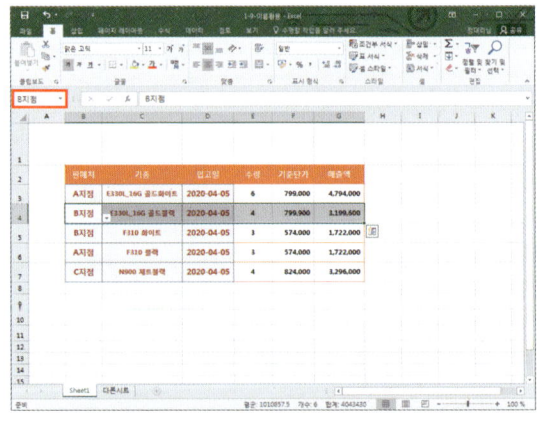

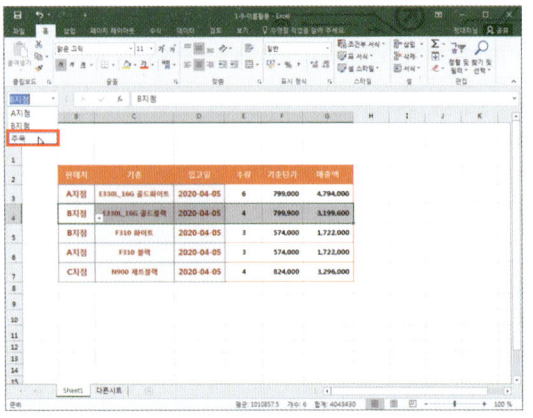
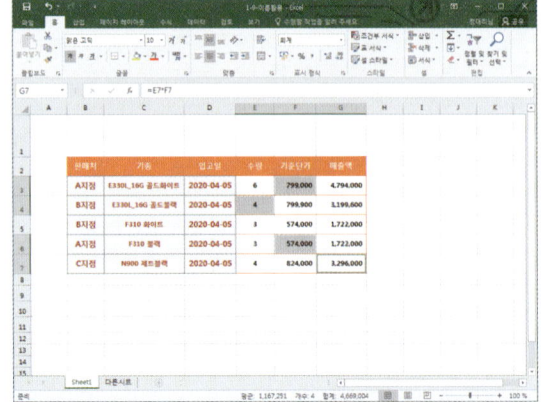

▲ [이름 상자]에서 '주목'을 선택한 결과

04 | 이름 정의 삭제하기

[수식] 탭-[정의된 이름] 그룹에서 [이름 관리자]를 클릭합니다. [이름 관리자] 대화상자에서 '주목'을 선택한 후 [삭제]를 클릭합니다. 삭제 여부를 다시 확인하는 창이 나타나면 [확인]을 클릭하여 해당 이름을 삭제합니다. [이름 관리자] 대화상자에서 [닫기]를 클릭한 후 [이름 상자] 목록에서 '주목'이 사라진 것을 확인합니다.

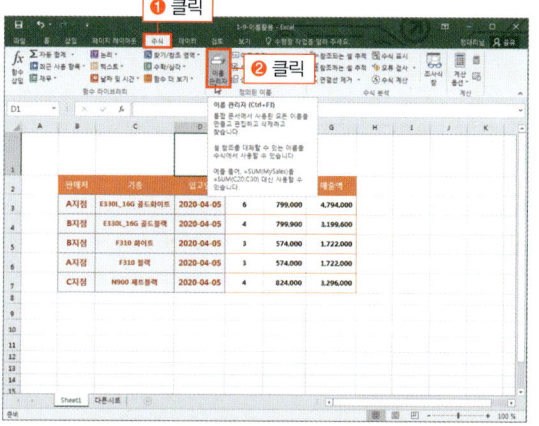
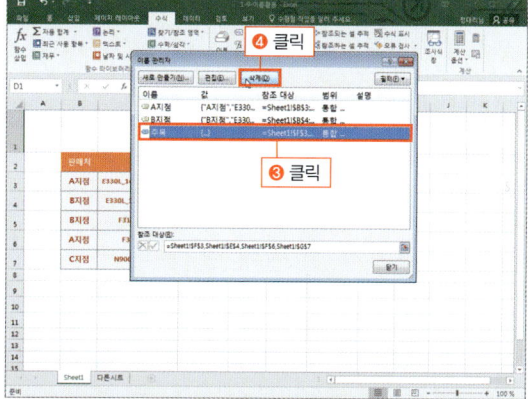
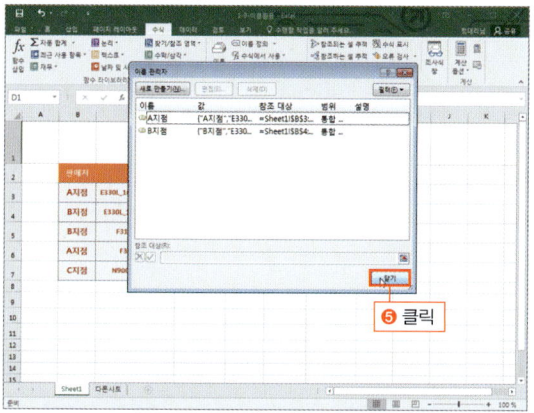
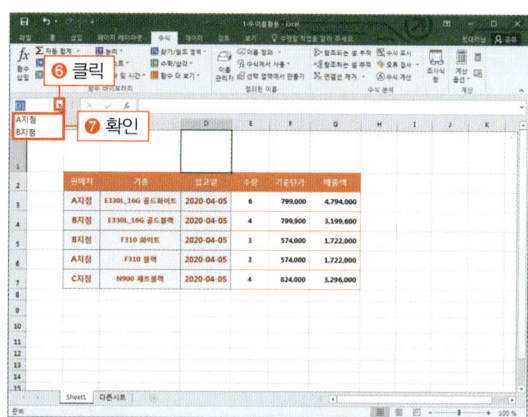

TIP [이름 관리자] 대화상자에서 [새로 만들기]를 클릭하면, [새 이름] 대화상자에서 이름 정의될 영역을 추가할 수 있습니다. [이름]에 정의될 이름을 입력하고, [참조 대상]을 클릭한 후 영역을 설정하면 됩니다.

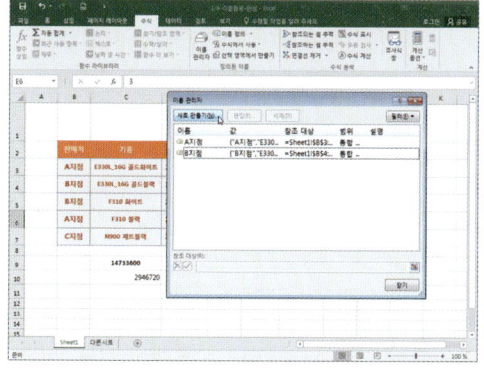
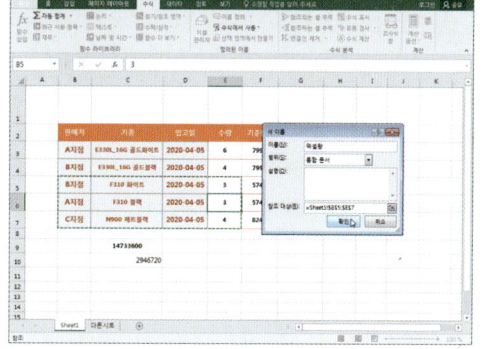

▲ [새 이름] 대화상자에서 이름 및 영역 설정

POINT 02 　 이름 정의된 대상 영역 수정

01 | 이름 정의 편집 실행

[수식] 탭-[정의된 이름] 그룹에서 [이름 관리자]를 클릭해 [이름 관리자] 대화상자를 불러옵니다. 이곳에서 'A지점'을 선택하고 [편집]을 클릭합니다. [이름 편집] 대화상자의 [참조 대상]을 클릭합니다.

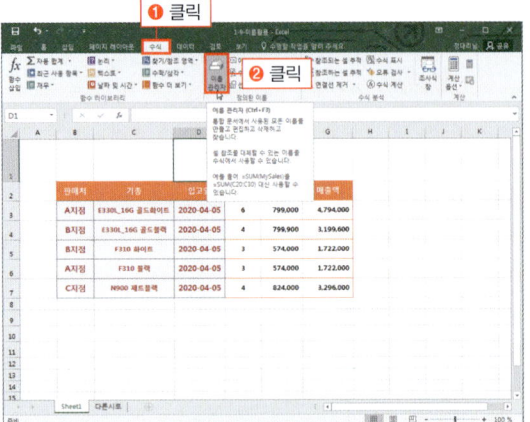
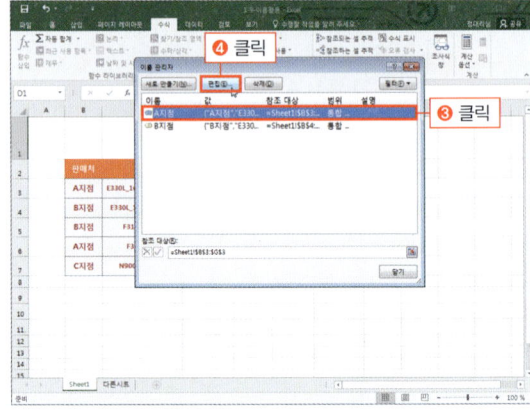
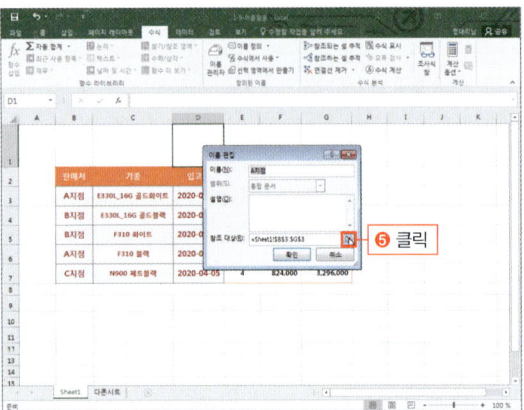

> **TIP** 이름 정의해둔 영역명이 굉장히 많은 경우에는 [이름 관리자] 대화상자의 [필터] 목록을 활용할 수 있습니다. [필터]-[워크시트에 있는 이름]을 통해 현재의 워크시트에서 유효한 이름 목록들을 확인할 수 있으며, [필터]-[필터 해제]를 통해 다시 모든 이름들이 표시되도록 할 수도 있습니다.

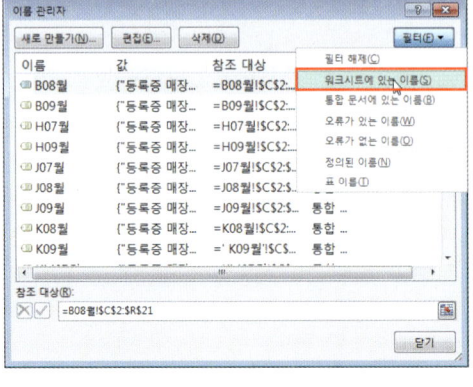
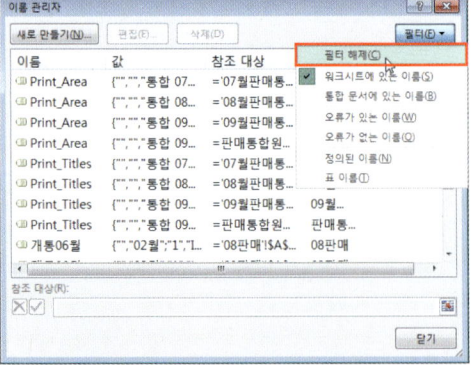

02 | 참조 대상 영역 설정

이전 과정에 이어서 'A지점'의 새로운 영역이 될 [B2] 셀부터 [D2] 셀까지를 드래그합니다. 영역 설정이 완료되면 [이름 편집] 대화상자로 되돌아오게 되며, [참조 대상]에 수정된 영역이 표시됩니다. [확인]을 클릭하여 [이름 편집]을 종료하고, [이름 관리자] 대화상자의 [닫기]를 클릭하여 바로 과정을 종료합니다.

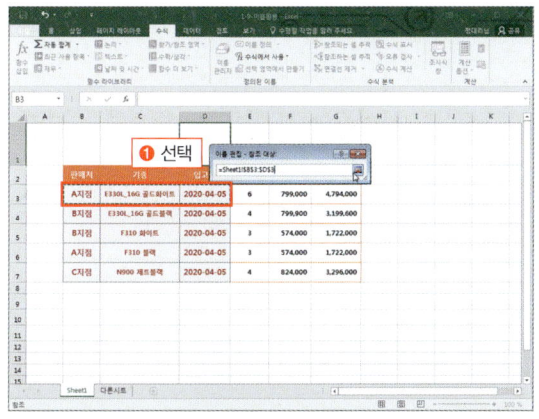
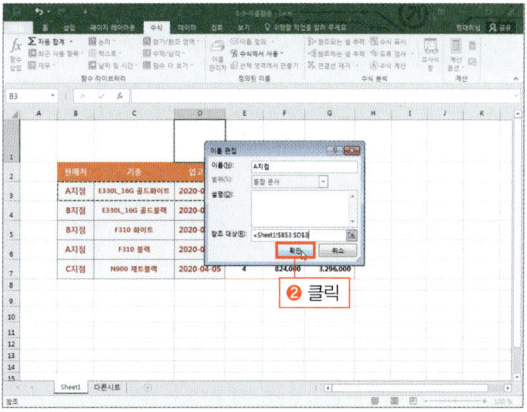

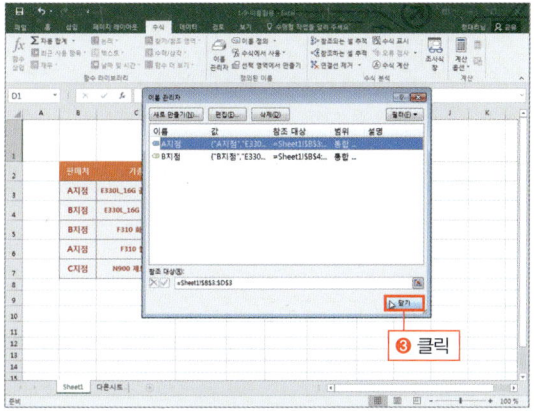

TIP [참조 대상]을 클릭하고 드래그하면 자동으로 영역 설정이 됩니다. 만약 영역 설정 후 계속 [참조 대상] 대화상자에 머무르는 경우에는 우측에 있는 🔳을 클릭하여 과정을 종료하면 됩니다.

03 | 수정 결과 확인

이름 정의 목록에서 'A지점'을 선택합니다. 'A지점'으로 재설정했던 영역이 선택됩니다.

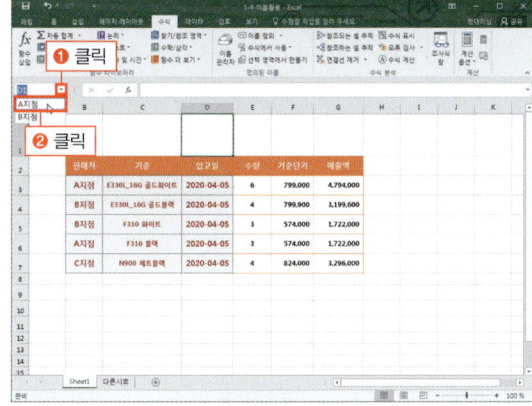

POINT 03 | 계산식에 셀 주소 활용하기

01 | '매출수익'으로 이름 정의

[G3] 셀부터 [G7] 셀까지를 드래그해 선택하고 '매출수익'으로 이름 정의합니다. 이름 정의 목록을 보면, '매출수익'이 이름 정의된 것을 확인할 수 있습니다.

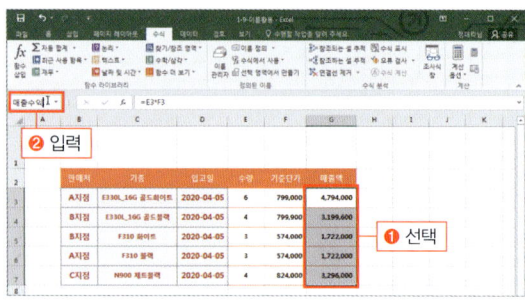
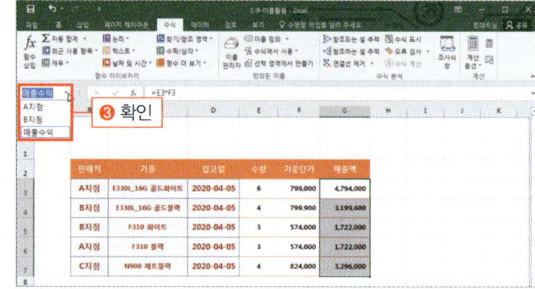

02 | 정의된 이름으로 합계 계산

합계를 구하는 SUM 함수식을 직접 입력해 보겠습니다. [C9] 셀을 선택하고 '=SUM(매출수익)'을 입력한 뒤 Enter 를 누릅니다. SUM 함수의 인수로써 '매출수익'이 설정되었기에, 해당 영역의 수치들을 모두 합쳐진 결과 값이 나타납니다.

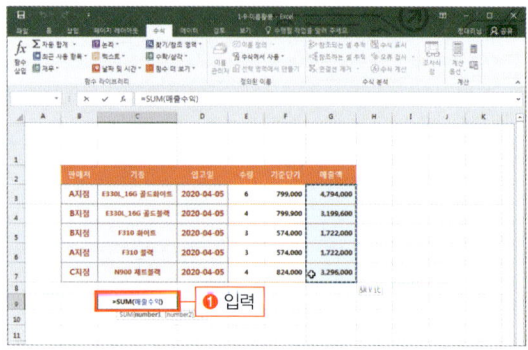
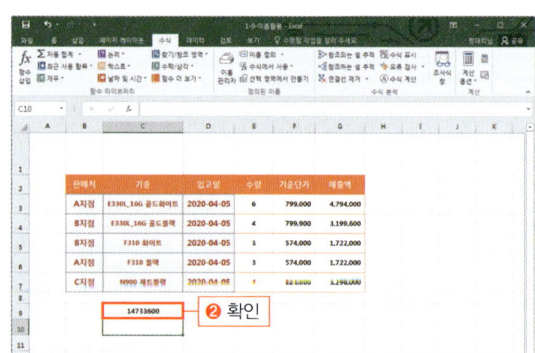

03 | 정의된 이름으로 평균 계산

이번에는 평균을 구하는 AVERAGE 함수식을 작성해 보겠습니다. [C10] 셀을 선택하고 '=AVERAGE(매출수익)'을 입력한 뒤 Enter 를 누릅니다. AVERAGE 함수의 인수로써 '매출수익'이 설정되었으며, 이로 인해 매출수익 영역 수치들의 평균값이 계산됩니다.

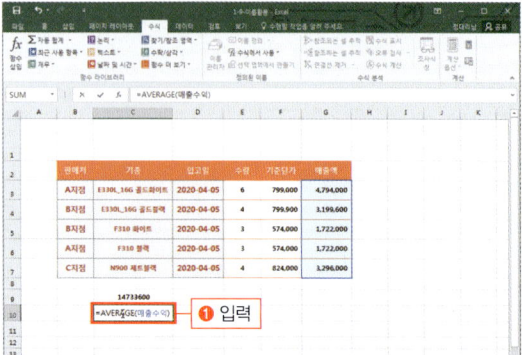
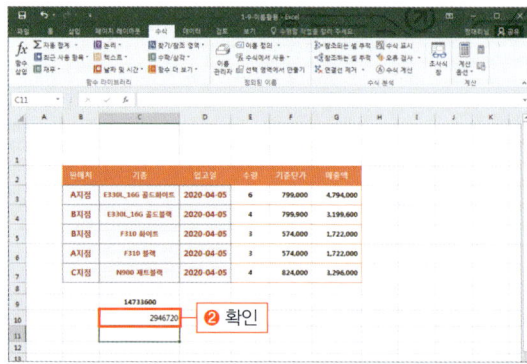

POINT 04 | 다른 시트 영역 참조 계산

01 | 다른 시트 영역 참조

'다른시트' 시트의 [B3] 셀을 선택하고 [수식] 탭-[함수 라이브러리] 그룹에서 [자동 합계]-[합계]를 클릭합니다. 이어서 인수로써 'Sheet1' 시트의 [E2] 셀에서 [E7] 셀까지를 드래그해 설정하고 **Enter**를 눌러 결과를 확인합니다. 참고로 다른 시트의 셀 주소를 참조하면, '워크시트 이름!셀 참조 영역' 형식으로 주소가 설정됩니다.

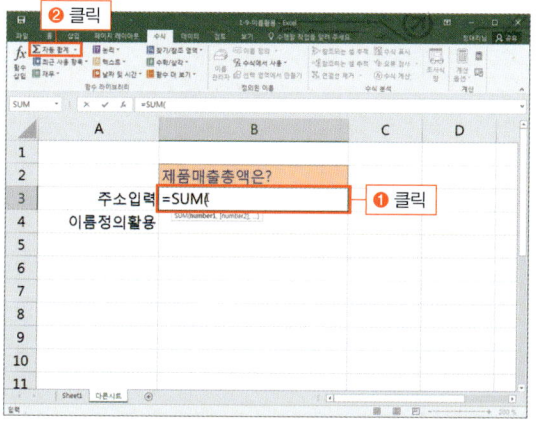
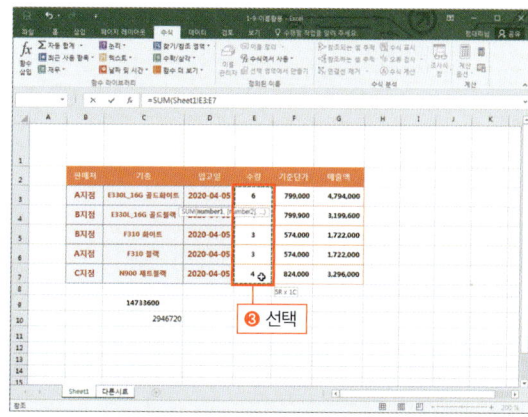
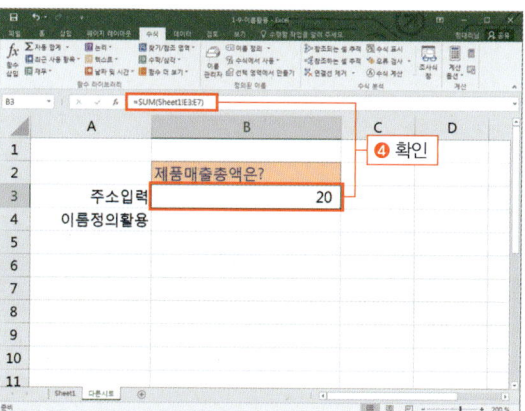

02 | 대상 영역 이름 정의하기

'Sheet1' 시트의 [E3] 셀에서 [E7] 셀까지를 드래그하고 '총수량'으로 이름 정의합니다. 다른 위치를 클릭하고 이름 정의 목록을 보면, '총수량'이 이름 정의된 것을 확인할 수 있습니다.

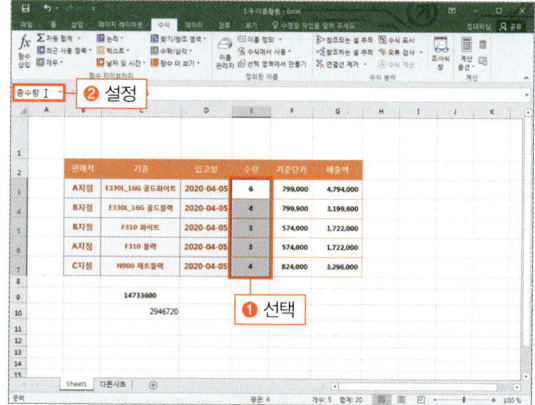
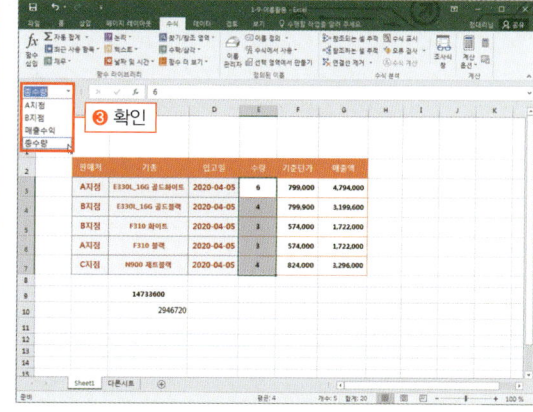

03 | 정의된 이름으로 계산하기

'다른시트' 시트에서 [B4] 셀을 선택하고 SUM 함수 '=SUM(총수량)'을 입력합니다. 다른 시트에 있는 참조 영역도 간단하게 계산에 활용되는 것을 이해할 수 있습니다. 이러한 간편함 때문에 계산 대상을 이름 정의해두는 것은 함수 사용 시 매우 중요한 요소가 됩니다.

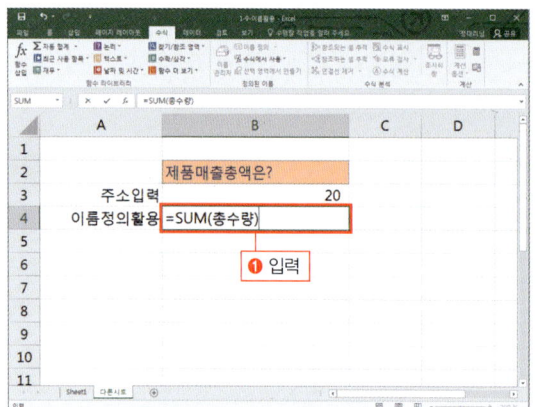
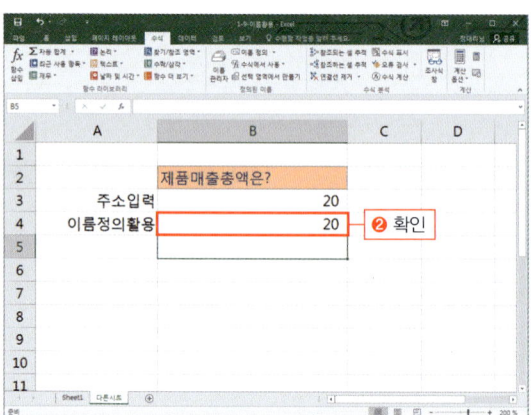

TIP 이름 정의는 보다 복잡한 함수식 등에서 더욱 유용하게 활용됩니다. 아래는 뒤에서 다루는 예제이며, 미리 작성해둔 목록을 '기기정보'라는 이름으로 정의해두고, 복잡한 함수식의 인수로써 활용되도록 설정한 것입니다. 만약 이름 정의가 없었다면, 굉장히 길고 어려운 함수식 작성이 되었을 것입니다.

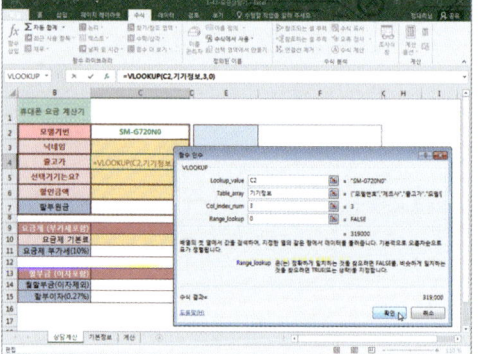

▲ '기기정보'로 이름 정의된 목록　　　　　　　▲ '기기정보'를 함수식의 인수로 활용

이름 정의 활용하기

• 동영상 : 08-이름 정의 활용하기.wmv

01 | 태블릿에서는 새로운 영역을 이름 정의로 추가할 수는 없지만, PC에서 작성된 이름 정의를 활용하는 것은 가능합니다. 이를 활용해 시트에 설정해둔 '총수량' 영역을 COUNT 함수식에 활용해 봅니다.

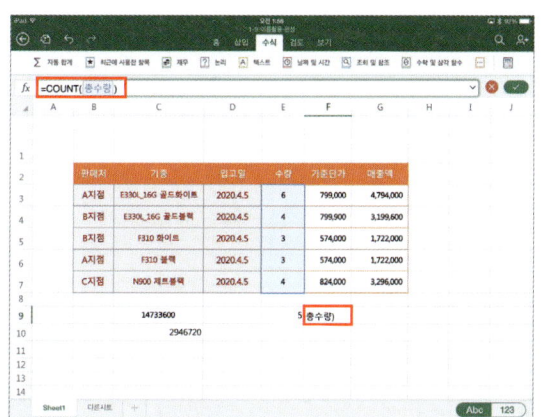

02 | 이름 정의의 장점은 조금이라도 효율적인 작업이 중요하게 여겨지는 태블릿 버전에서 더욱 큰 힘을 발휘합니다. 미리 이름 정의해둔 '총수량'으로 다른 시트에서도 함수 결과가 동일함을 테스트해 봅니다.

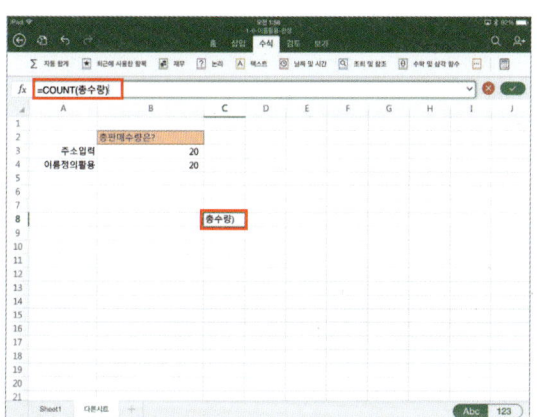
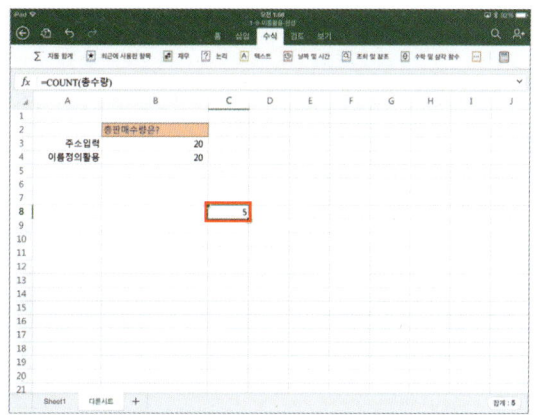

03 | PC에서 이름 정의해둔 '매출수익'을 MAX 함수에 활용하여 다른 시트에 설정된 데이터 영역 중 가장 큰 수를 표시해 봅니다.

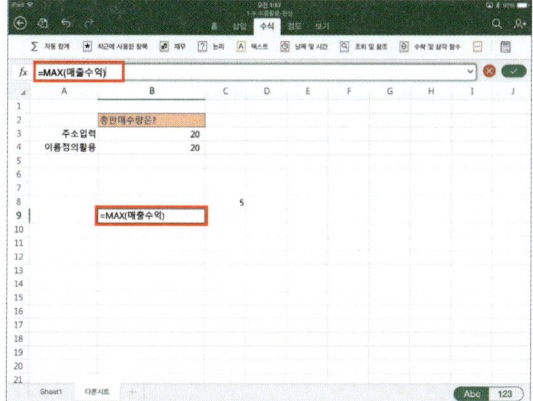
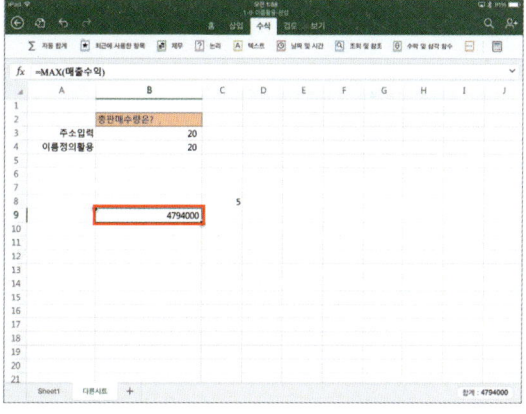

SECTION 10

데이터 찾아서
내용 변경하기

입력한 내용이 방대한 데이터일수록 특정 내용이나 문장을 찾는 것이 어렵습니다. 이런 경우에 엑셀 2016에서 제공하는 [찾기]나 [바꾸기] 명령이 매우 중요하게 활용됩니다. 때문에 간단한 기능이지만 유의 깊게 살펴볼 필요가 있습니다.

l 예제파일 l 1-10-찾기바꾸기.xlsx l 완성파일 l 1-10-찾기바꾸기-완성.xlsx

POINT 01 | 특정 데이터 찾기

01 | 찾기 실행하기

'1-10-찾기바꾸기.xlsx' 파일을 열고 [홈] 탭-[편집] 그룹에서 [찾기 및 선택]-[찾기]를 클릭합니다. [찾기 및 바꾸기] 대화상자에서 [찾을 내용]에 '부장'을 입력하고 [다음 찾기]를 클릭합니다.

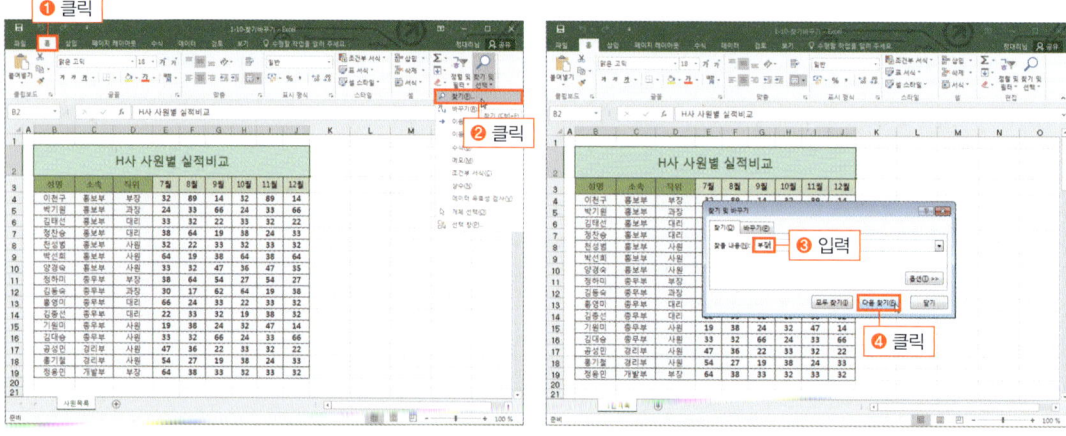

02 | 결과 확인

현재의 워크시트를 대상으로 '부장'이라는 단어가 입력된 셀이 선택됩니다. 다시 [다음 찾기]를 클릭하면 다른 위치의 '부장' 단어를 찾아 이동합니다. [닫기]를 클릭하여 찾기 과정을 종료합니다.

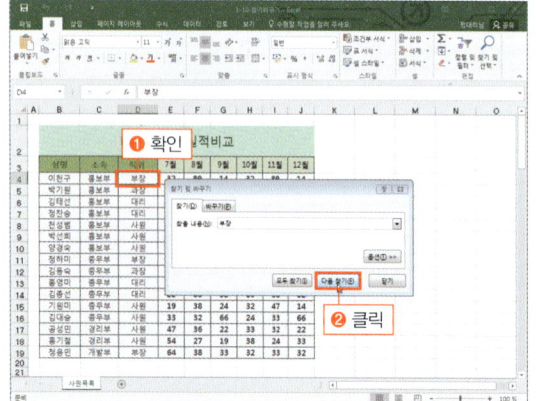
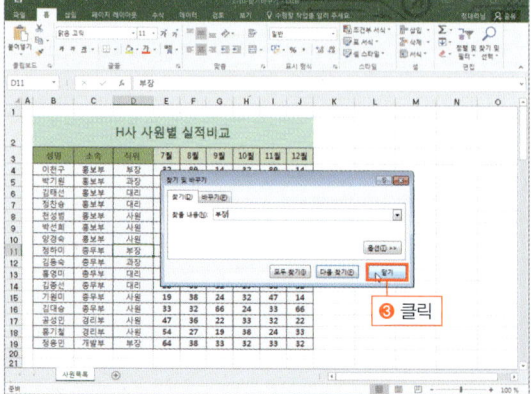

POINT 02 | 모두 찾기

01 | 모두 찾기 실행하기

`Ctrl` + `F`를 눌러 [찾기 및 바꾸기] 대화상자가 나타나면, [찾을 내용]으로 '총무부'를 입력하고 [모두 찾기]를 클릭합니다. [모두 찾기]를 적용한 결과 '총무부'가 입력된 모든 셀 위치들이 대화상자 하단에 목록으로 나타납니다.

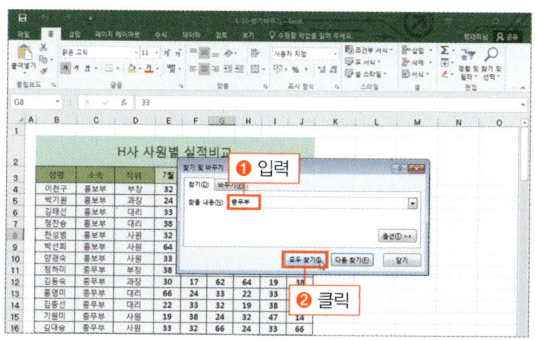
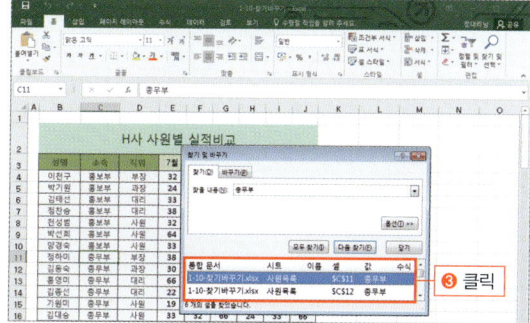

02 | 모두 찾기 목록에서 선택

[찾기 및 바꾸기] 대화상자 하단의 가장자리를 아래쪽으로 드래그하면, 숨겨진 목록 모두가 표기되도록 크기가 조정됩니다. 목록 중에 하나를 선택하면, 해당하는 셀 주소가 자동 선택됩니다.

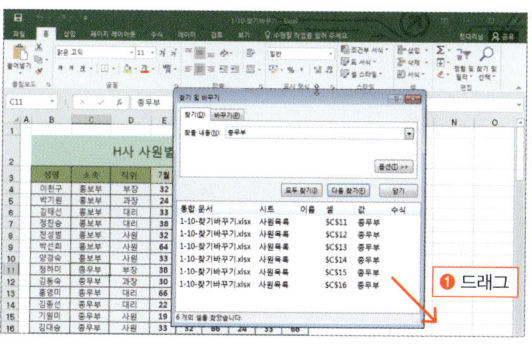
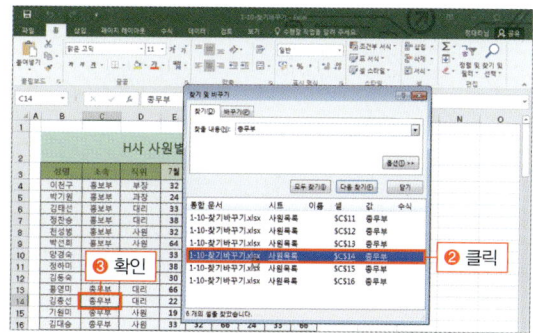

03 | 선택된 내용 변경하기

앞서 선택한 셀의 내용을 다른 부서인 '개발부'로 수정하고 `Enter`를 누릅니다. [찾기 및 바꾸기] 대화상자의 목록에서 해당 셀의 내용이 '개발부'로 수정된 것을 확인할 수 있습니다. 이런 식으로 원하는 위치의 문장을 다른 내용으로 쉽게 수정할 수 있습니다.

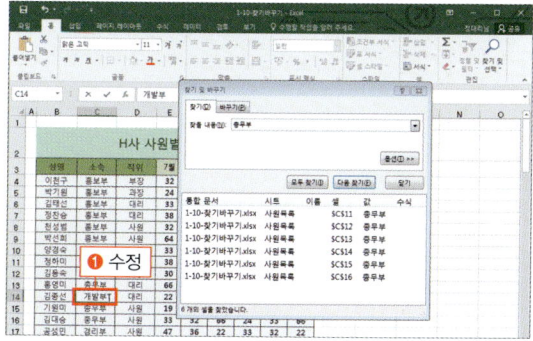
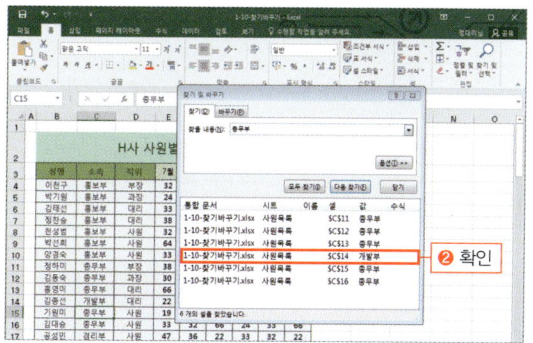

POINT 03 검색 옵션 설정하기

01 | '정'으로 시작하는 단어 검색

`Ctrl` + `F`를 눌러 [찾기 및 바꾸기] 대화상자를 불러온 후 [찾을 내용]에 '정*'을 입력하고 [다음 찾기]를 클릭합니다. [다음 찾기]를 누를 때마다 '정'으로 시작하는 단어들을 순차적으로 선택하게 됩니다.

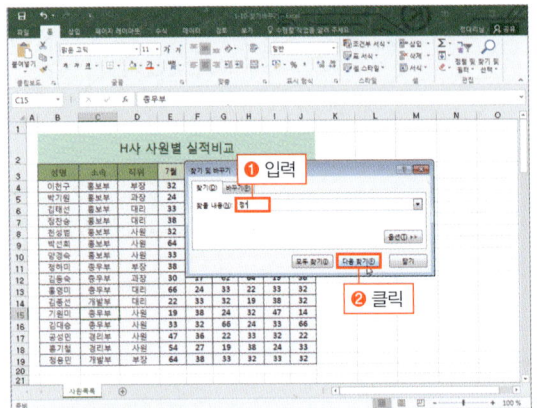

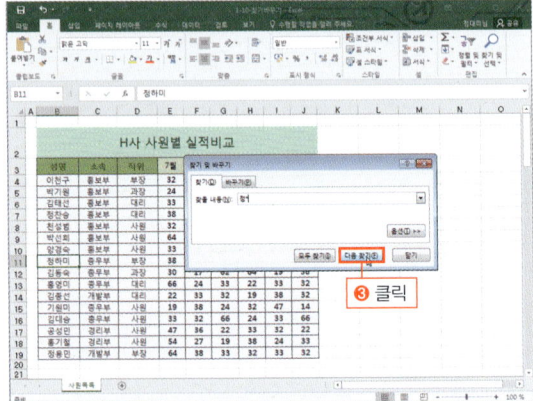

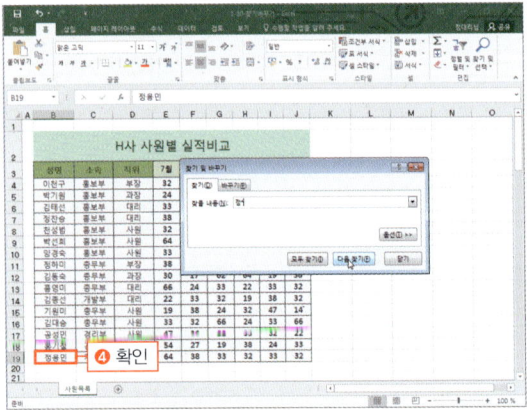

> **TIP** 별표(*)는 모든 문자를 지칭하며, '*중*'으로 검색어를 입력하면 가운데에 '중'자가 들어가는 모든 이름들을 검색하게 됩니다.

> **TIP** 물음표(?)를 활용해 단어 검색을 할 수도 있습니다. 물음표(?)는 한 글자를 지칭합니다. 예를 들어 ' ?명진'을 검색 대상으로 입력하면, '박명진', '정명진', '김명진'... 이런 식으로 '명진'이라는 이름을 가진 모든 성씨들을 검색하게 됩니다.

02 | '김'으로 시작, '선'으로 끝나는 이름 선택

이번에는 [찾을 내용]에 '김*선'을 입력하고 [다음 찾기]를 클릭합니다. 그러면 '김'씨 성이면서, '선'으로 끝나는 이름들을 순차적으로 선택하게 됩니다.

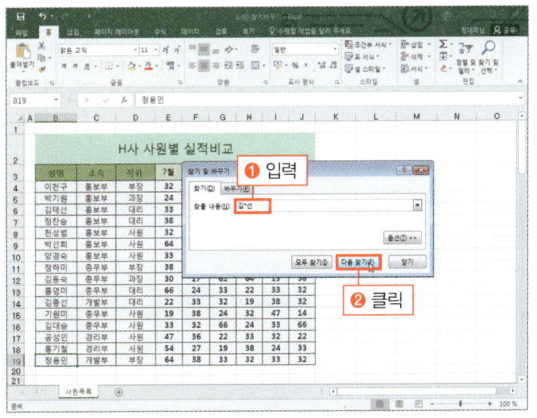

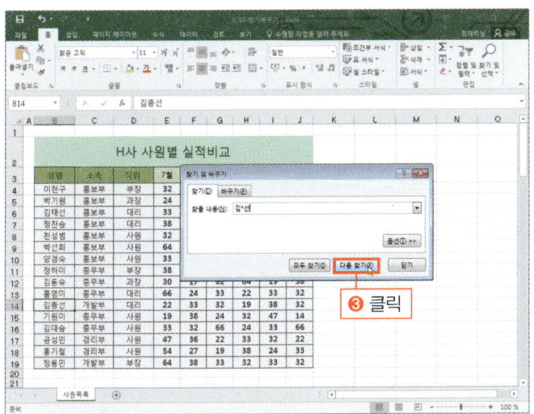
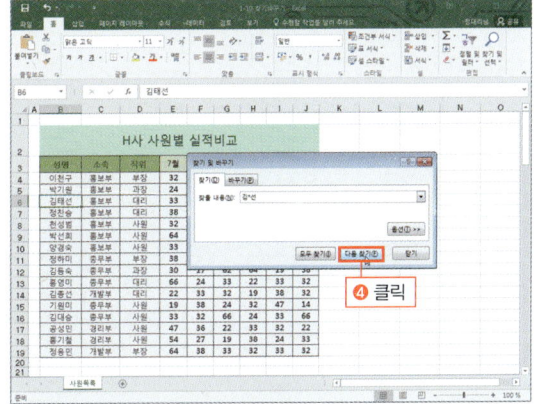

03 | '미'로 끝나는 모든 이름

이번에는 [찾을 내용]으로 '*미'를 입력하고 [다음 찾기]를 클릭합니다. 워크시트에서 '미'로 끝나는 이름들을 순차적으로 선택하게 됩니다.

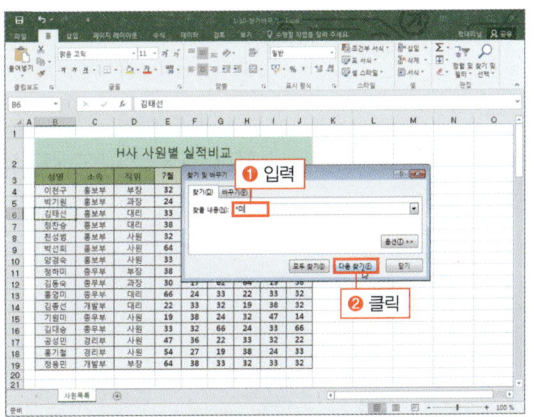

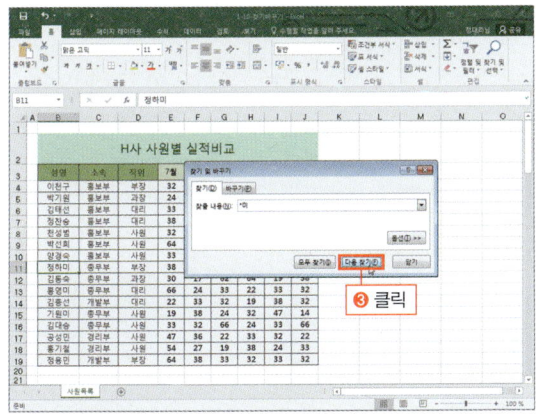
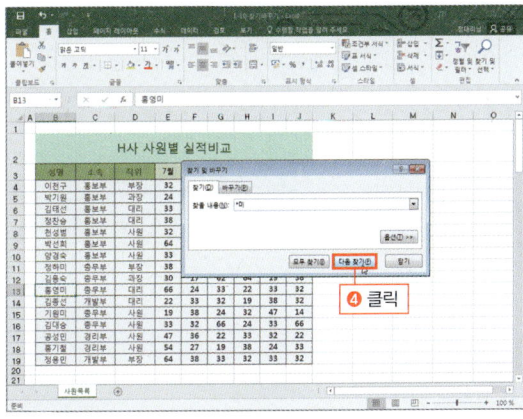

POINT 04 바꾸기 적용하기

01 | 바꾸기 설정하기

[홈] 탭–[편집] 그룹에서 [찾기 및 선택]–[바꾸기]를 클릭합니다. [찾기 및 바꾸기] 대화상자의 [바꾸기] 탭이 선택되어 있습니다. 이곳의 [찾을 내용]에 '홍보부'를 입력하고, [바꿀 내용]은 '마케팅부'를 입력한 후 [다음 찾기]를 클릭합니다.

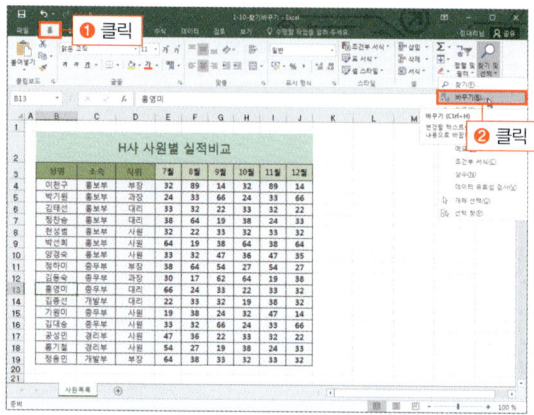
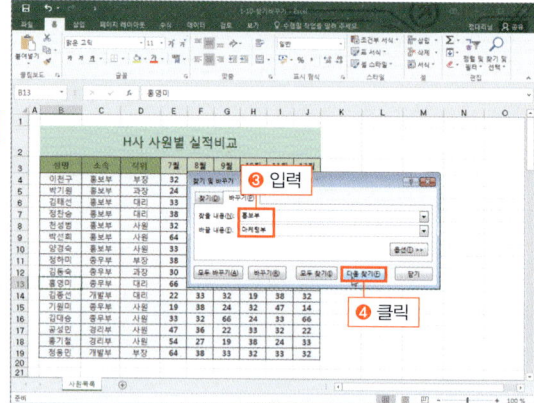

> TIP Ctrl + H 를 눌러 [찾기 및 바꾸기] 대화상자의 [바꾸기] 탭을 바로 불러올 수도 있습니다.

02 | 결과 확인

워크시트에서 '홍보부'에 셀이 위치하면, [찾기 및 바꾸기] 대화상자에서 [바꾸기]를 클릭합니다. 결국 '홍보부'가 설정해 둔 '마케팅부'라는 단어로 변경됩니다. [다음 찾기]를 클릭하여 다음 '홍보부' 위치를 검색하고 내용을 추가로 변경할 수도 있습니다.

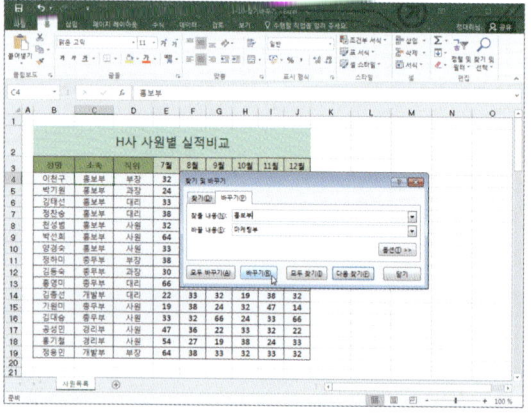
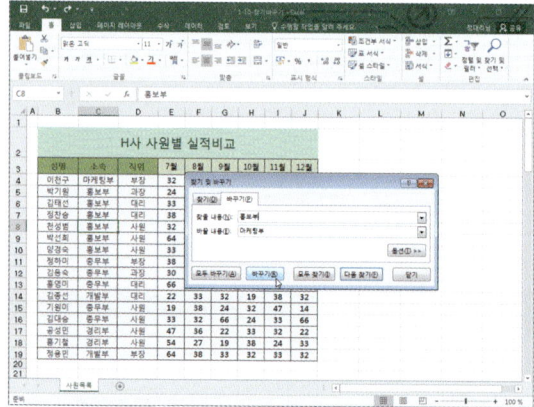

> TIP 주로 한 두 개의 내용을 변경하는 데 활용하는 '바꾸기' 명령은 곧바로 대상 내용을 바꾸는 것이 아니라, 바꿀 대상을 검색하는 과정이 선행 작업으로 진행된다는 것을 특히 눈여겨 봐둡니다.

03 | 모두 바꾸기

이번에는 [찾기 및 바꾸기] 대화상자의 [모두 바꾸기]를 클릭합니다. [찾을 내용]으로 설정된 단어들이 [바꿀 내용]의 단어들로 순식간에 변경됩니다.

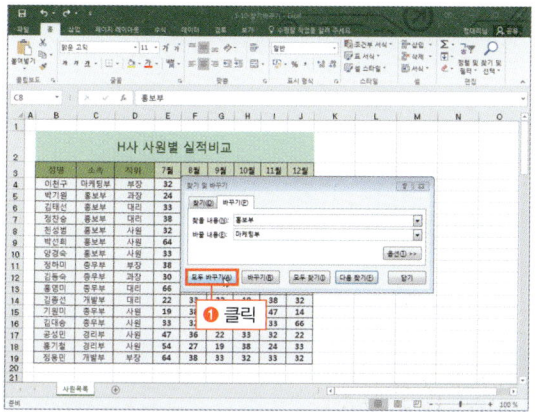
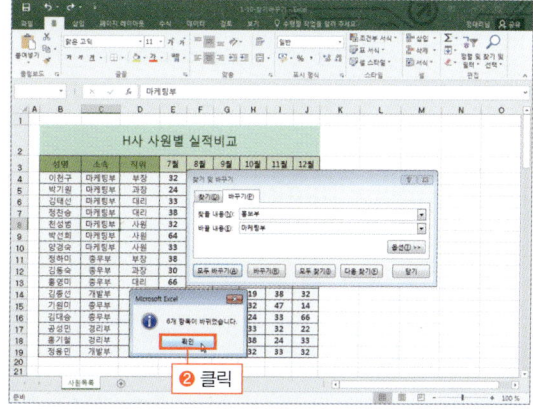

> **TIP** '모두 바꾸기' 명령은 해당 시트에 존재하는 모든 대상 단어들이 일괄적으로 설정해둔 단어로 교체된다는 점이 특징입니다. '모두 바꾸기' 명령이 적용된 후에는 몇 개의 단어들이 교체 된 것인지를 알려주는 팝업 창이 나타납니다.

POINT 05 | 바꾸기 옵션 설정

01 | 별 문자를 활용한 바꾸기 설정

[찾기 및 바꾸기] 대화상자의 [찾을 내용]은 '김*선', [바꿀 내용]은 '미확인'을 각각 입력합니다. 이어서 [옵션]을 클릭하면 서식도 변경 대상에 포함할 수 있는 메뉴들이 표시됩니다. [바꿀 내용]의 [서식]을 클릭합니다.

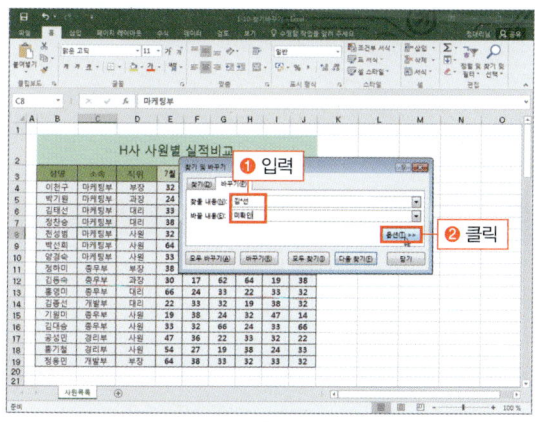
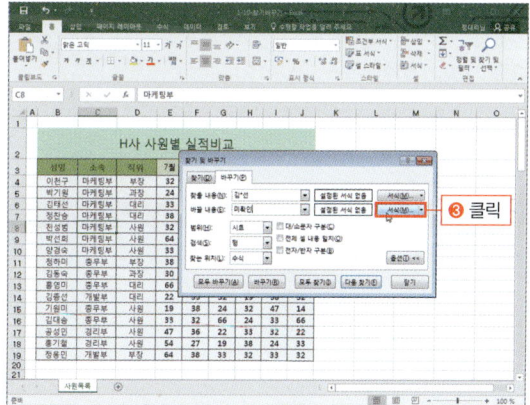

02 | 서식 바꾸기 설정

[서식 바꾸기] 대화상자의 [채우기] 탭에서 '노랑'을 선택하고 [확인]을 클릭합니다. [찾기 및 바꾸기] 대화상자의 [바꿀 내용] 미리 보기에는 노란색이 셀에 채워지는 것을 확인할 수 있습니다.

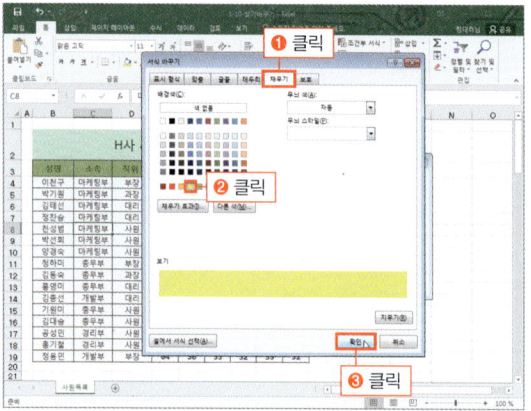
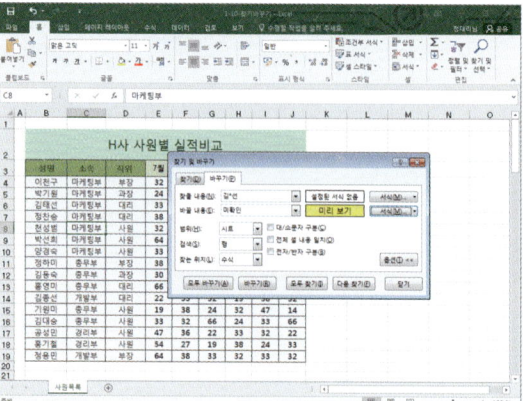

TIP 지면 관계상 생략했지만, '바꿀 대상'으로 설정되는 서식 옵션은 [글꼴] 탭, [테두리] 탭, [맞춤] 탭, [표시 형식] 탭 등의 명령들을 적용할 수도 있습니다. 예제를 따라하는 과정 중 이들 명령들도 테스트해보길 권장합니다.

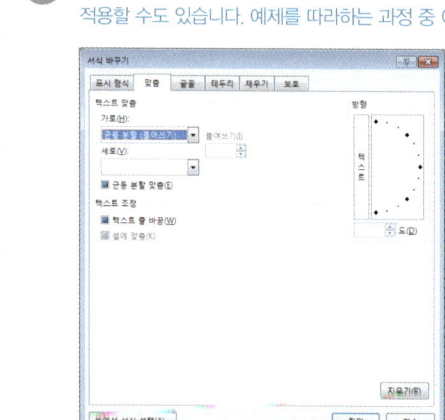
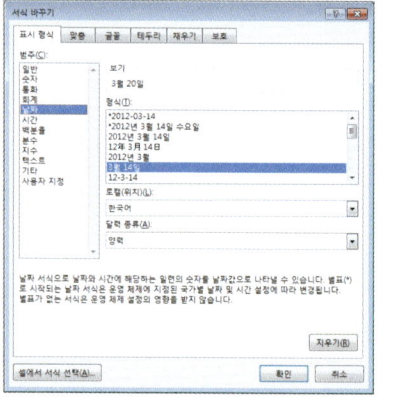

03 | 결과 확인

[찾기 및 바꾸기] 대화상자의 [모두 바꾸기]를 클릭합니다. 설정대로 '김'씨 성을 가진 '선'으로 끝나는 이름들이 '미확인'으로 변경되며, 노란색으로 채워집니다.

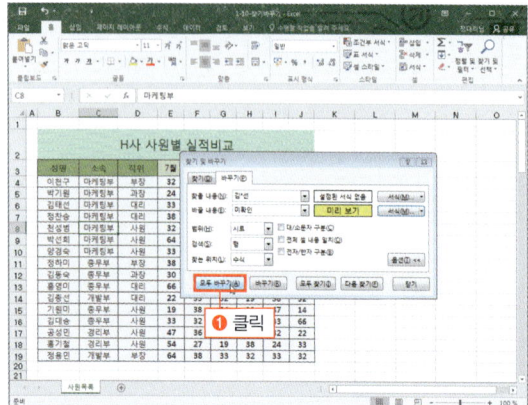
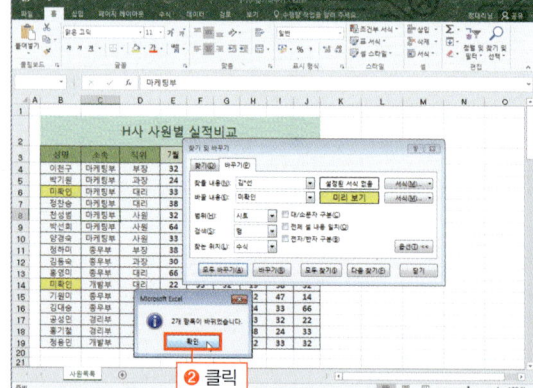

찾기와 바꾸기

• 동영상 : 09-찾기 바꾸기.wmv

01 | 태블릿 화면 우측 상단의 돋보기 버튼을 터치하면, 화면 상단에 찾기 입력란이 표시됩니다. 이곳에서 검색을 원하는 키워드를 작성하고 [>]나 [<]를 터치해 찾기를 실행할 수 있습니다. 참고로 별(*) 모양 아이콘을 활용한 검색 방법도 PC 버전과 동일하게 수행할 수 있습니다.

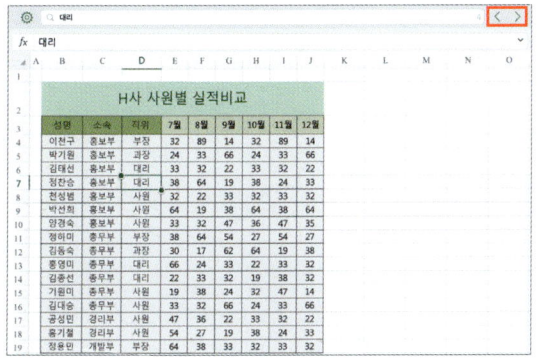 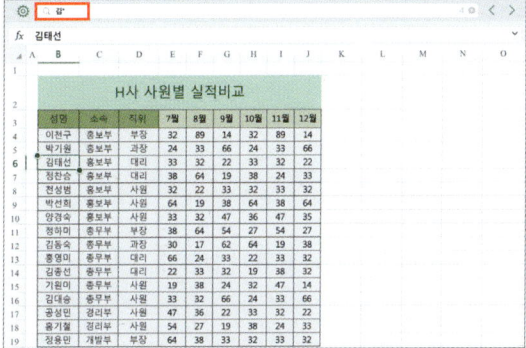

02 | 찾기 화면 좌측의 아이콘을 터치하고 옵션 메뉴 중에 [찾기 및 바꾸기]를 선택할 수 있습니다. 상단에 표시되는 찾을 대상과 바꿀 내용을 설정하고 [바꾸기]를 터치해 결과를 확인해 봅니다.

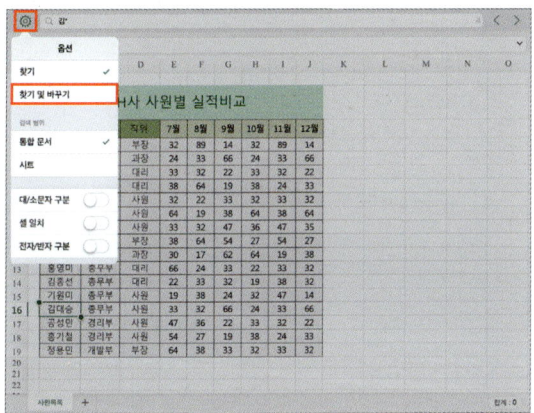 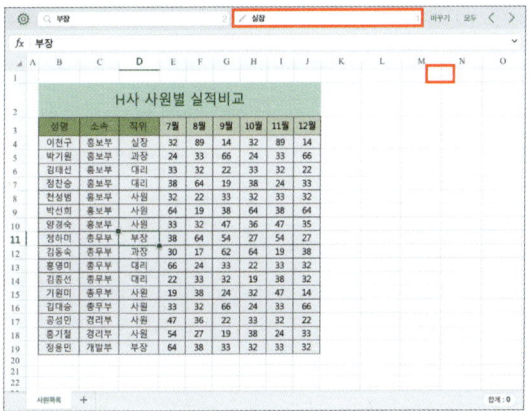

03 | 찾을 대상과 바꿀 내용이 설정된 상태에서 [모두]를 터치하면, 모든 데이터를 대상으로 한 번에 바꾸기 명령이 실행됩니다. 실제 문서 작업 시 매우 유용하게 활용되는 부분입니다.

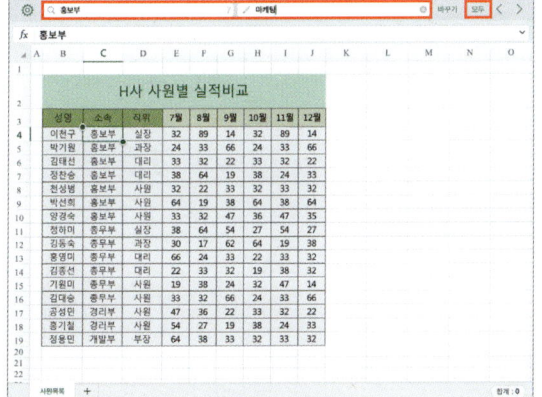

SECTION 11

페이지 설정 조정하기

작성된 문서 내용이 출력 시에 적절하게 배치되도록 설정하기 위한 페이지 설정 메뉴들을 살펴보려고 합니다. 이에 관한 기능들은 [페이지 레이아웃] 탭에서도 선택이 가능하지만, 백스테이지 화면의 [인쇄]를 이용해도 관련 옵션들을 설정할 수 있습니다.

l 예제파일 l 1-11-페이지설정.xlsx l 완성파일 l 1-11-페이지설정-완성.xlsx

POINT 01 | 시트 옵션 확인

01 | 시트 옵션의 인쇄 및 표시 설정

'1-11-페이지설정.xlsx' 파일을 열고 [페이지 레이아웃] 탭-[시트 옵션] 그룹을 보면, 기본 값으로 [보기]가 체크되어 있습니다. [눈금선]은 셀을 둘러싼 회색의 테두리이며, [제목]은 열과 행 머리글들을 뜻합니다. 이 [보기]의 체크를 해제하면 화면에서 사라집니다. 물론 다시 체크해 표시되도록 할 수 있으며, [인쇄] 옵션에 체크하여 출력 시에 눈금선이나 열/행 머리글들이 인쇄되도록 설정할 수도 있습니다.

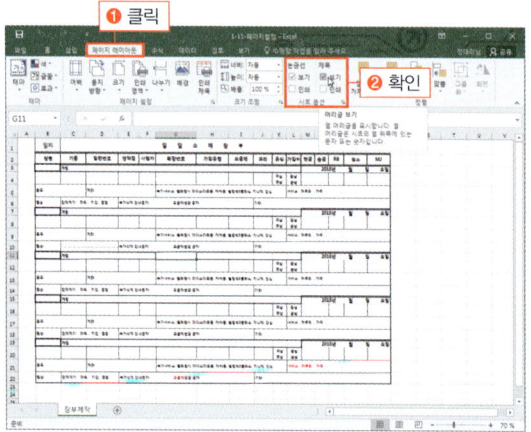
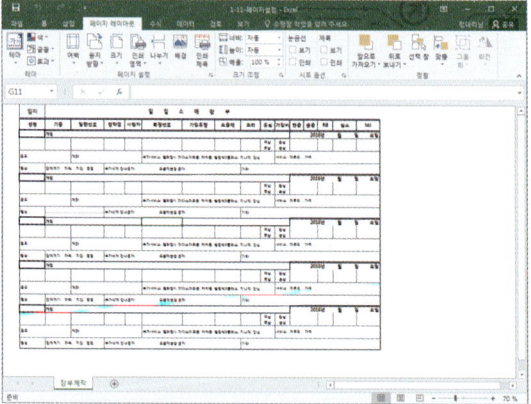

> **TIP 화면 보기 배율 조정하기**
>
> 가장 간단하게 화면 보기 배율을 조정하는 것은 단축키를 이용하는 것입니다. Ctrl 을 누르고 마우스 휠을 굴리는 것에 따라 화면 확대나 축소가 실시간으로 진행됩니다. 혹은 화면 우측 하단의 슬라이드 바를 좌우로 움직여서도 확대/축소를 조정할 수 있으며, [보기]-[확대/축소]-[100%]를 클릭해 워크시트 그대로의 크기로 바로 돌아올 수도 있습니다.

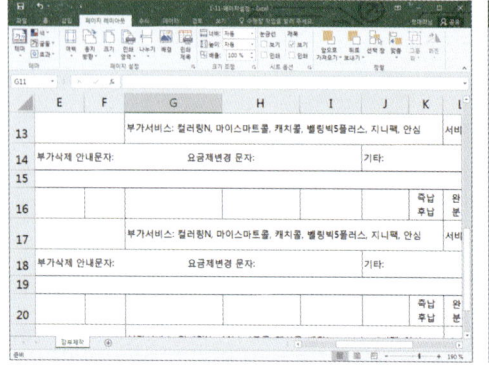

POINT 02 [인쇄]에서 페이지 설정

01 | 용지 크기 설정하기

백스테이지 화면에서 [인쇄]를 클릭하면, 인쇄 미리 보기와 함께 페이지 설정 기본 메뉴들이 나타납니다. 이곳에서 기본 용지 크기인 [A4]를 선택하면, 다양한 용지 크기들이 선택 옵션으로 펼쳐집니다. 실제 많이 사용되는 [A4]이므로 예제에서는 기본 값 그대로 두었습니다.

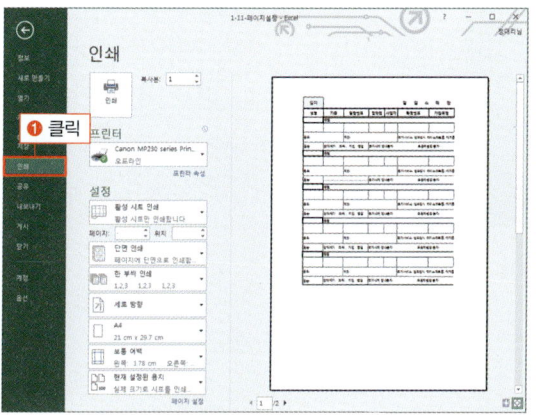 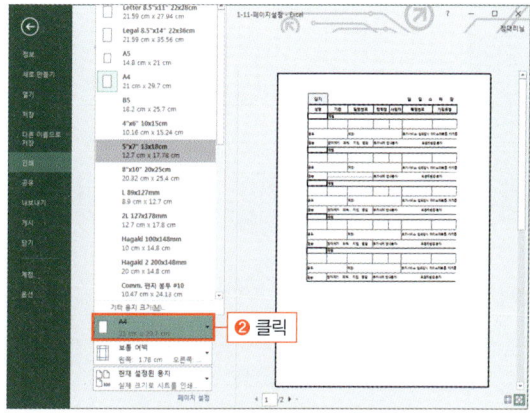

> **TIP** 목록에서 원하는 용지 크기를 찾지 못하는 경우에는 '기타 용지 크기'를 선택해 직접 원하는 용지의 가로 너비/세로 높이를 설정하면 됩니다.

02 | 용지 방향 변경하기

[세로 방향]을 클릭하고, 목록에서 [가로 방향]을 선택합니다. 문서 내용과 어울리도록 용지 방향이 가로 배열로 변경된 것을 인쇄 미리 보기에서 확인할 수 있습니다.

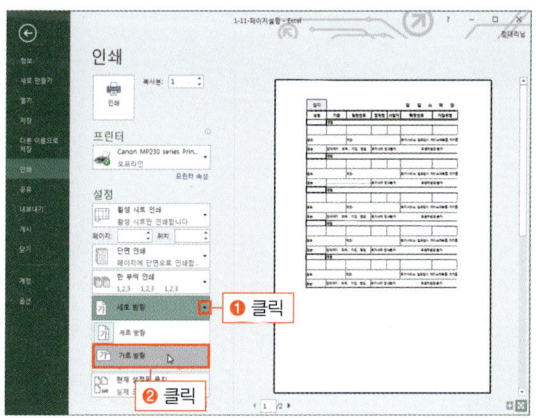 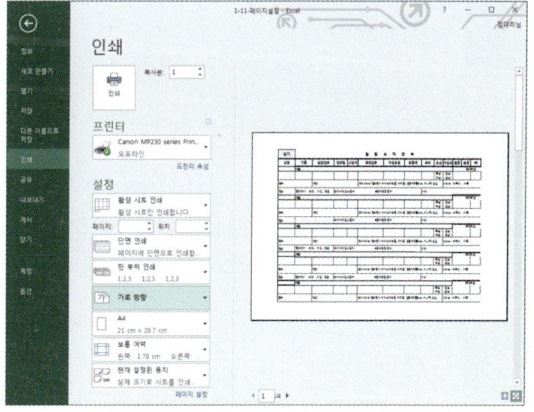

> **TIP** 인쇄 미리 보기 화면에 표시되는 목록들은 가장 마지막에 설정한 옵션을 목록 명으로 표시합니다. 때문에 마지막 작업에서 '가로 방향'을 선택했다면, 목록 명은 '가로 방향'으로 변경됩니다.

03 | 용지 여백 가늠하기

인쇄 미리 보기를 보면 문서 내용 이외에 여백 설정이 어느 정도 되어 있는 것인지 확인이 안 됩니다. 이를 확인할 수 있도록 화면 우측 하단에서 ▣을 클릭합니다. 문서에 적용된 여백 설정이 미리 보기에 표시되어 쉽게 가늠할 수 있게 됩니다.

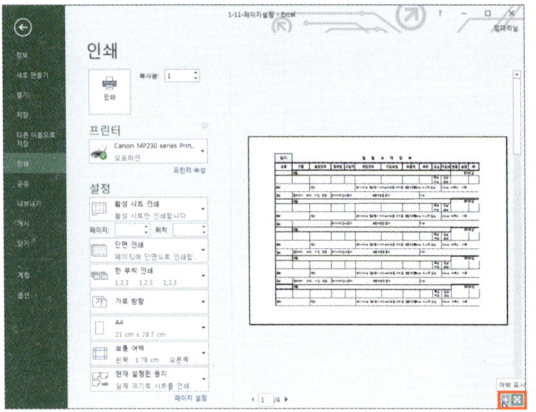
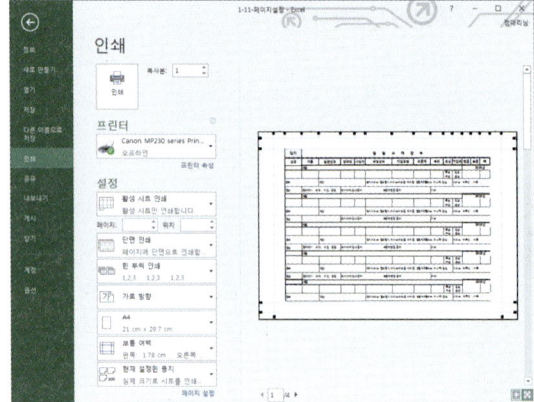

04 | 여백 옵션 수정하기

[보통 여백]에서 [좁게]를 클릭해 보면, 인쇄 미리 보기에 표시되는 여백이 촘촘해지고 그만큼 문서 영역이 넓어지는 것을 확인할 수 있습니다. 반대로 [넓게]를 선택하면 기존 여백이 훨씬 넓어지게 됩니다.

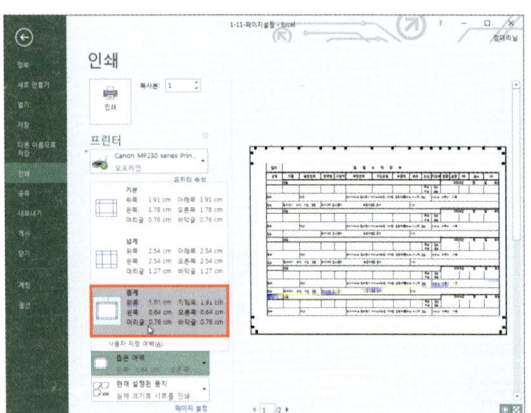
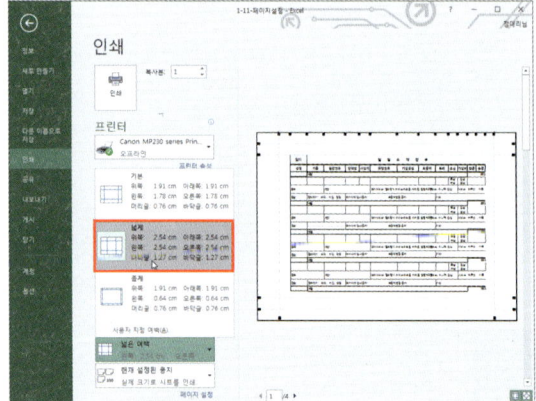

05 | 사용자 지정 여백

[페이지 설정]을 클릭하고 [페이지 설정] 대화상자의 [여백] 탭으로 이동합니다. 이곳에서는 수치를 직접 입력하여 여백 설정을 할 수 있습니다. 위쪽, 아래쪽은 '0.3', 왼쪽은 '3', 오른쪽은 '1'이 되도록 여백 설정한 뒤 [확인]을 클릭하고 결과를 확인합니다.

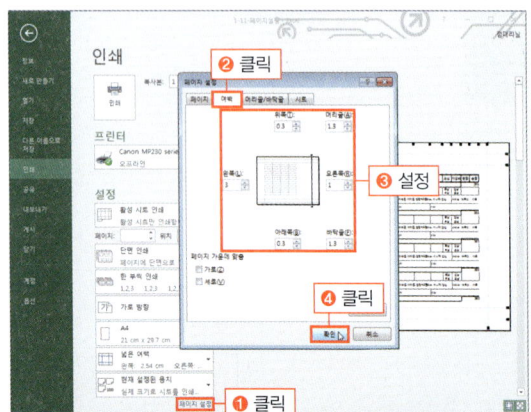
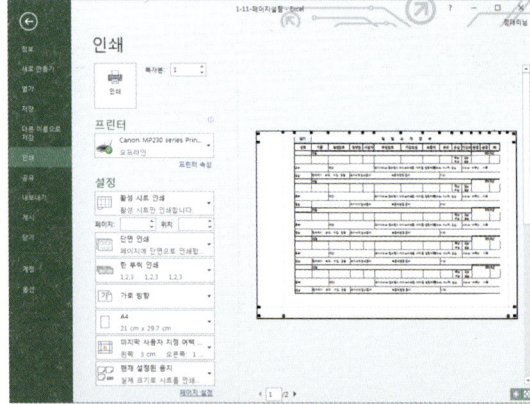

06 | 페이지 가운데 맞춤

이전 작업의 결과 문서 내용이 너무 위쪽에 배치되어 있습니다. 다시 [페이지 설정]을 클릭하고 [페이지 설정] 대화상자의 [여백] 탭으로 이동합니다. [페이지 가운데 맞춤]의 [세로]를 체크한 뒤 [확인]을 클릭합니다. 결국 대상 문서가 설정된 여백 공간 기준으로 세로 방향 가운데에 위치하도록 변경되었습니다.

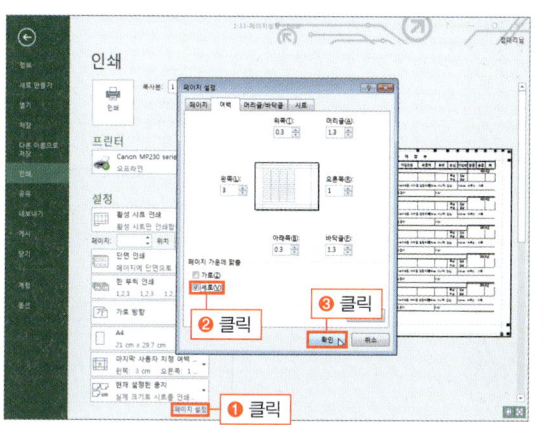
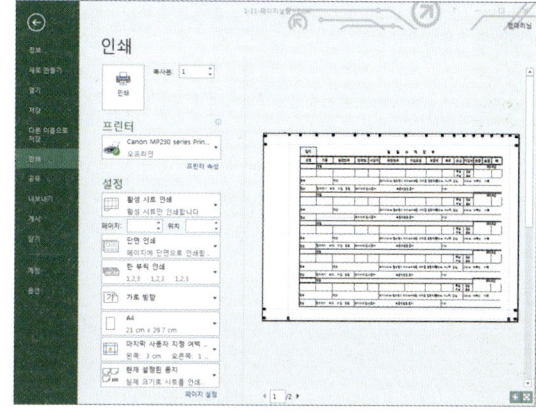

> **TIP** 참고로 [페이지 레이아웃] 탭-[페이지 설정] 그룹을 통해서도 [여백], [용지 방향], [크기] 등의 옵션을 조정할 수 있으며, [페이지 설정] 대화상자 역시 쉽게 불러올 수 있습니다.

POINT 03 | 머리글/바닥글 설정하기

01 | 머리글 편집 실행하기

[페이지 설정]을 클릭하고 [페이지 설정] 대화상자-[머리글/바닥글] 탭을 클릭합니다. 이어서 [머리글 편집]을 실행하고 [머리글] 대화상자의 [왼쪽 구역]이 선택된 상태에서 [날짜 삽입]을 클릭합니다.

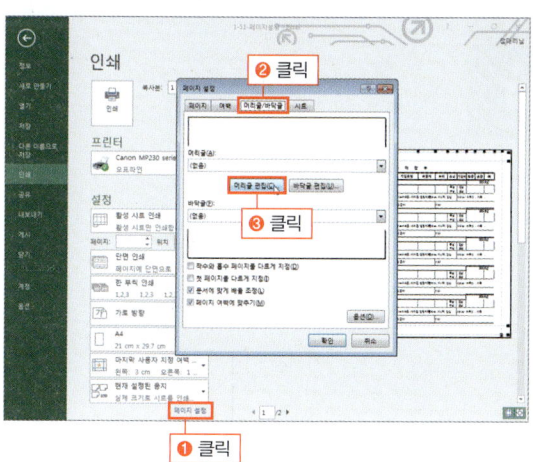
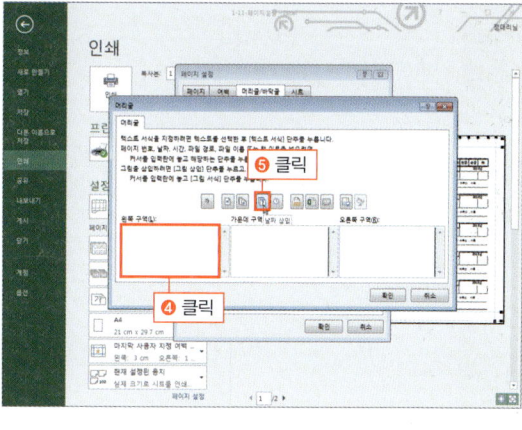

02 | 머리글 문장 삽입하기

[오른쪽 구역]을 클릭한 후 머리글로 표시될 '2020 엑셀을 배우다'를 입력합니다. [확인]을 클릭하고 과정을 종료하면 [페이지 설정] 대화상자 미리 보기에 작성했던 머리글 옵션들이 표시되는 것을 확인할 수 있습니다. [확인]을 클릭하여 [페이지 설정] 대화상자도 닫아줍니다.

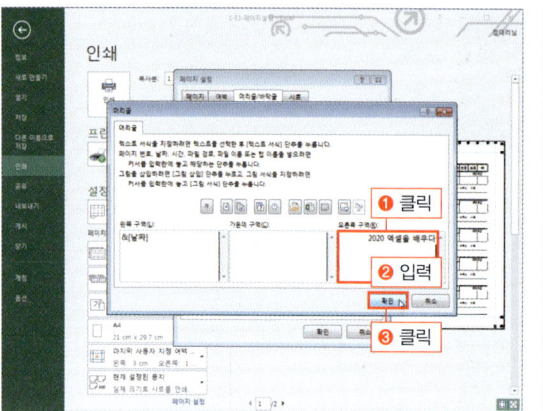
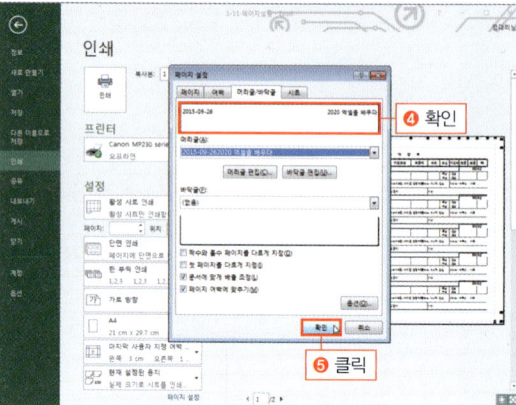

03 | 결과 확인 및 과제

이전 작업의 결과를 확인하기 위해 화면 우측 하단에서 [페이지 확대/축소]를 클릭합니다. 이어서 확대된 미리 보기 구역을 드래그해 머리글 영역을 확인해 봅니다. 문서 우측 상단에는 설정된 문장이 잘 표시되지만, 좌측 상단에는 본문 내용 때문에 '날짜'가 가려집니다. 이를 해결하기 위해서는 위쪽 여백을 좀 더 넓게 수정하면 됩니다. 본문 과정을 참조해 위쪽 여백을 조절해 봅니다.

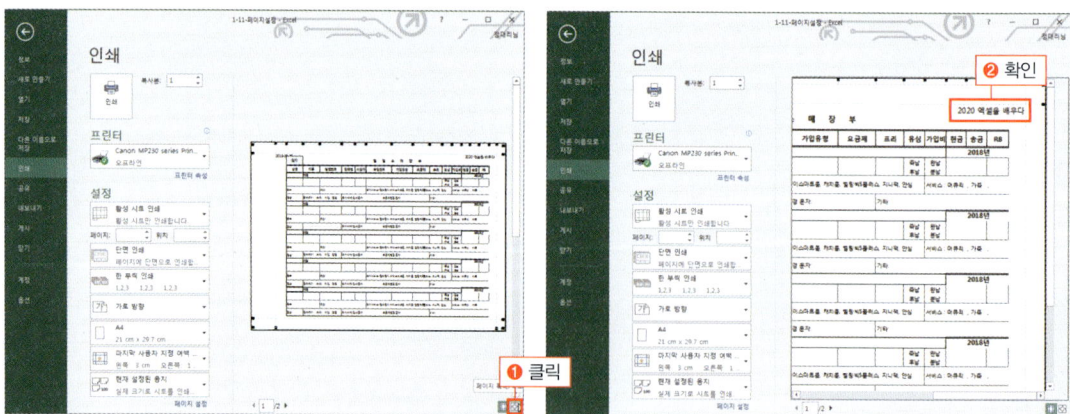
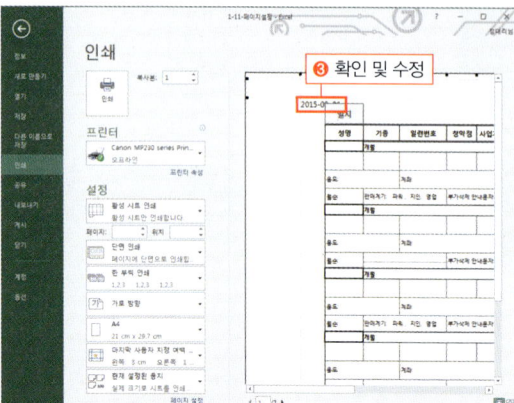

SECTION 12

통합 문서 인쇄 설정하기

통합 문서를 인쇄하는 직접적인 옵션을 알아봅니다. 아울러 워크시트에서 인쇄 영역을 직접 조정할 수 있는 페이지 나누기 미리 보기도 함께 살펴보겠습니다.

| 예제파일 | 1-12-인쇄설정.xlsx | 완성파일 | 1-12-인쇄설정-완성.xlsx

POINT 01 | 기본 인쇄 옵션들

01 | 빠른 인쇄

'1-12-인쇄설정.xlsx' 파일을 열고, 백스테이지 화면의 [인쇄]를 클릭합니다. [인쇄]을 클릭하면 현재의 기본 설정으로 바로 인쇄를 할 수 있습니다. 이때 [복사본]에 설정된 수치만큼 전체 문서가 반복되며 출력됩니다.

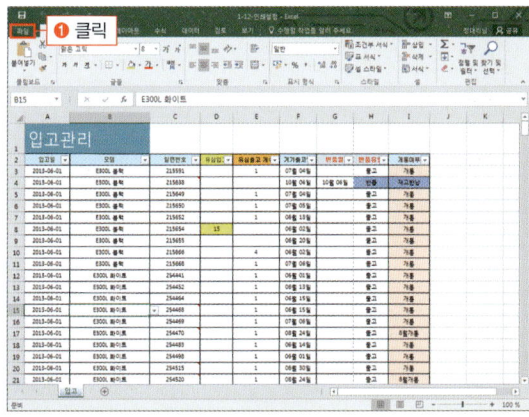
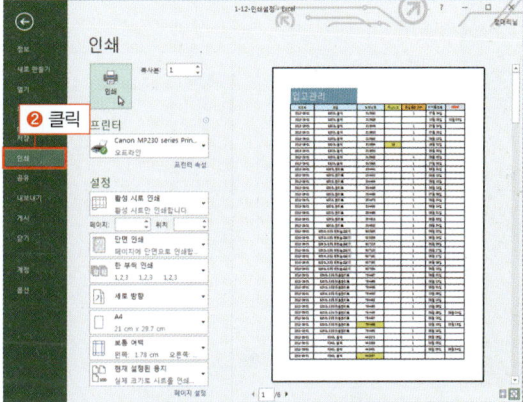

02 | 인쇄 대상 선택하기

[프린터] 목록을 클릭해 보면, 사용자 PC에 연결된 다른 출력 매체를 선택할 수 있습니다. 사용자가 주로 사용하는 출력기기라면 기본 값으로 선택되어 있을 것입니다. [프린터 속성]을 클릭하면, 목록으로 표시되는 출력기기의 속성 대화상자가 나타납니다. 제조사별로 다른 형태의 대화상자가 표시되므로 옵션을 클릭해 전체적인 메뉴 구성을 익혀두는 것이 좋습니다.

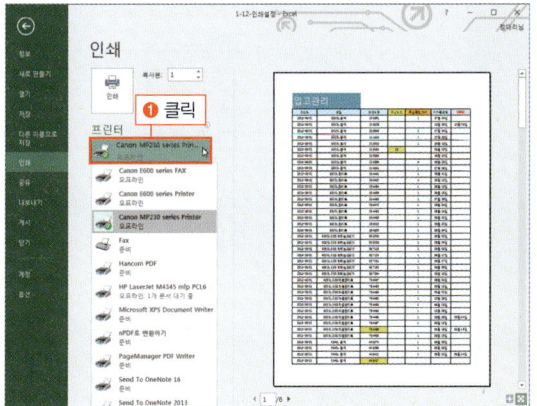
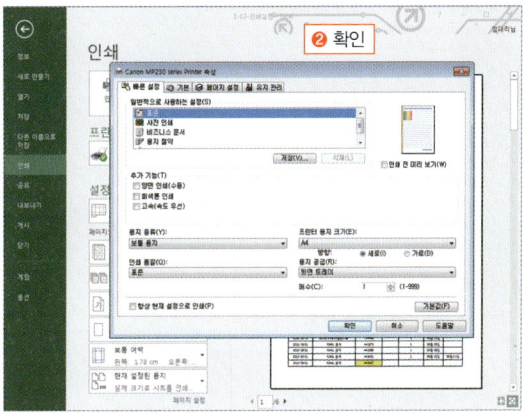

POINT 02 | 인쇄 배율 설정

01 | 한 페이지에 모든 열 맞추기

[현재 설정된 용지]를 클릭하고, 선택 옵션 중 [한 페이지에 모든 열 맞추기]를 선택합니다. 출력 대상 문서의 모든 열이 한 페이지에 포함되도록 인쇄 배율이 자동 조정됩니다. 열 방향 너비만 맞춰진 것이므로, 본문이 긴 예제 문서는 다음 페이지에도 인쇄 대상 데이터들이 남아 있습니다.

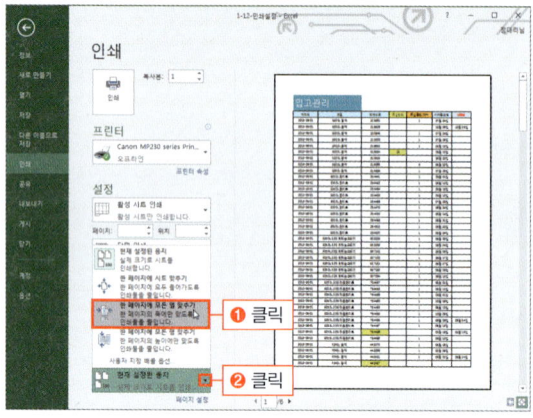

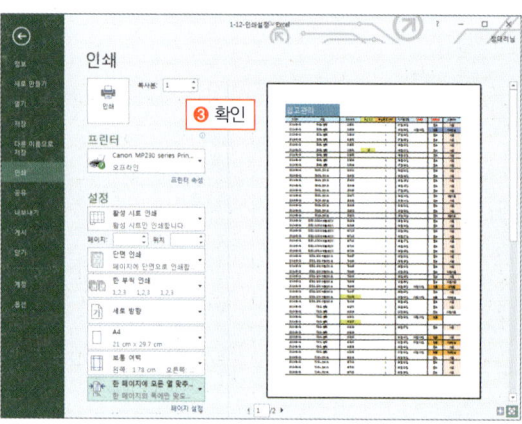
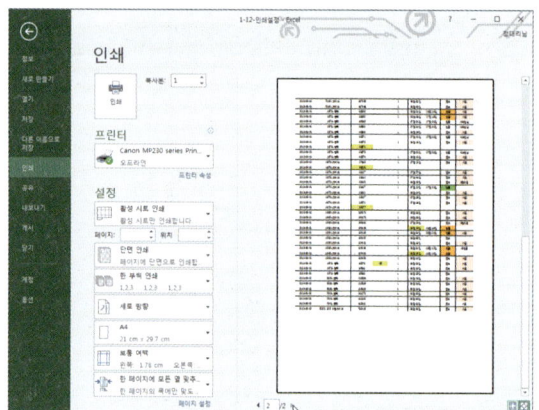

02 | 한 페이지에 모든 행 맞추기

이전 작업의 선택 옵션 중에서 [한 페이지에 모든 행 맞추기]를 클릭합니다. 출력 대상 문서의 모든 행이 한 페이지에 포함되도록 인쇄 배율이 자동 조정됩니다. 행 방향 높이만 맞춰진 것이지만, 축소된 배율로도 본문 너비가 모두 포함되므로 한 페이지 안에 모든 내용이 표시됩니다.

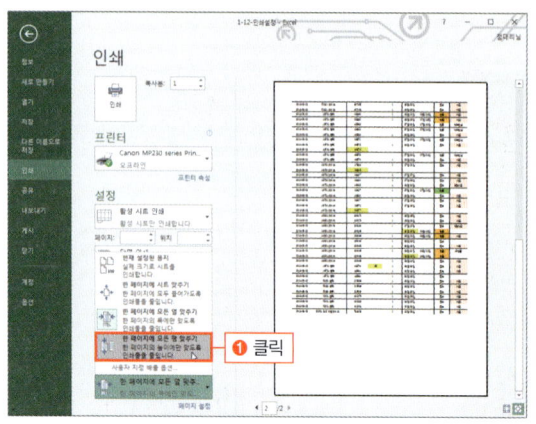
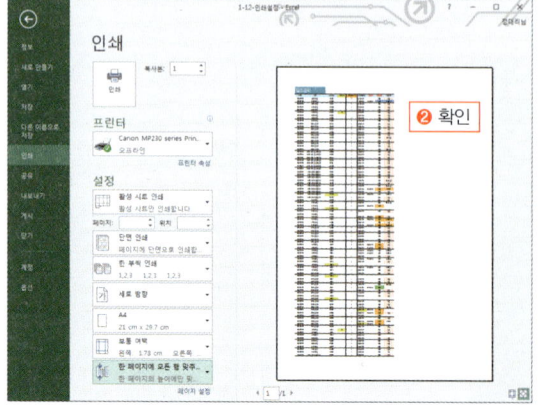

03 | 사용자 지정 배율 설정

이번에는 목록에서 [사용자 지정 배율 옵션]을 클릭합니다. [페이지 설정] 대화상자의 [페이지] 탭이 나타나며, [배율]의 [확대/축소]를 '67'로 설정하고 [확인]을 클릭하여 결과를 확인해 봅니다.

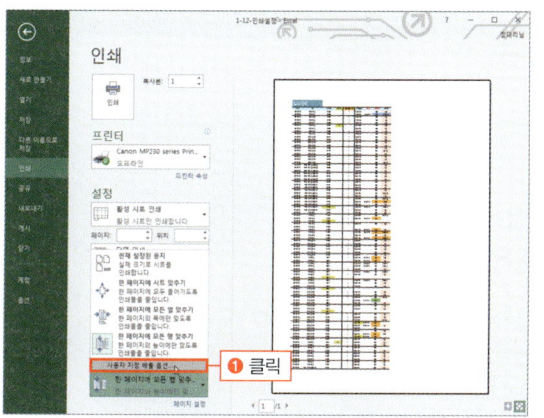 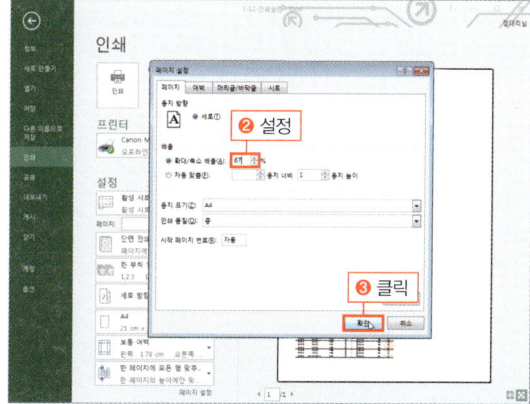

TIP 인쇄 배율은 [페이지 레이아웃] 탭-[크기 조정] 그룹에서 [배율]을 조정하여 설정이 가능합니다. 단, 인쇄 미리 보기 화면이 아니기 때문에 설정해둔 수치를 가늠하기 위해서는 다시 인쇄 미리 보기를 참조해야 합니다.

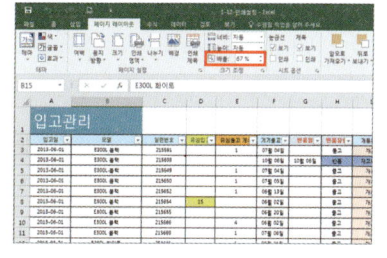

POINT 03 | 페이지 나누기 미리 보기

01 | 인쇄 배율 100%로 돌리기

목록에서 [현재 설정된 용지]를 클릭하면, 작성 중인 문서의 실제 크기(100%)로 인쇄 배율이 재조정됩니다.

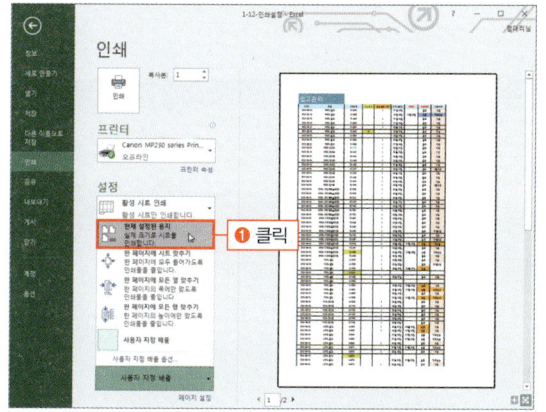 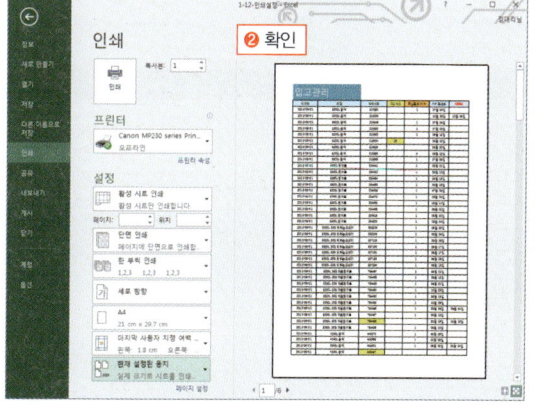

02 | 페이지 나누기 미리 보기

[보기] 탭–[통합 문서 보기] 그룹에서 [페이지 나누기 미리 보기]를 클릭하면, 작업 화면에서 인쇄 구분선을 보며 페이지 설정을 할 수 있는 미리 보기 화면으로 전환됩니다.

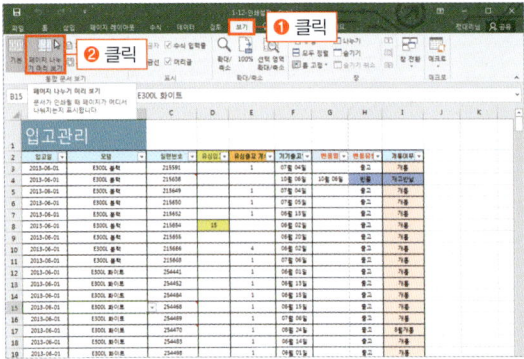 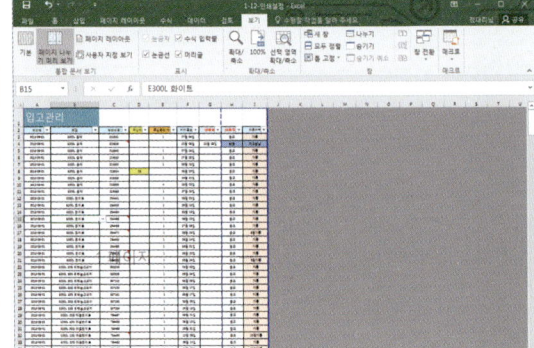

03 | 열 방향 영역 설정하기

점선으로 표시되는 테두리는 1페이지에 담기는 인쇄 영역을 나타냅니다. G열과 H열 사이의 점선을 선택하고 오른쪽의 실선이 있는 부분까지 드래그합니다. 1페이지 담기는 인쇄 영역이 넓어지는 것을 확인할 수 있습니다. 물론 그만큼 인쇄 배율이 약간 축소되었을 것입니다.

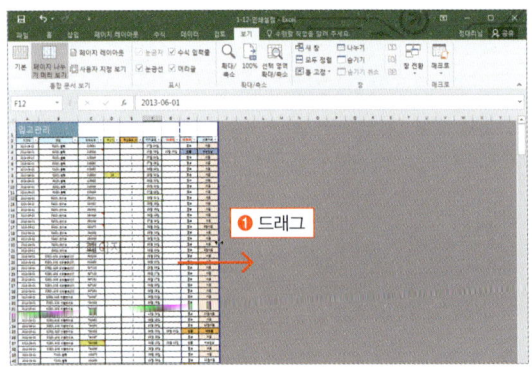 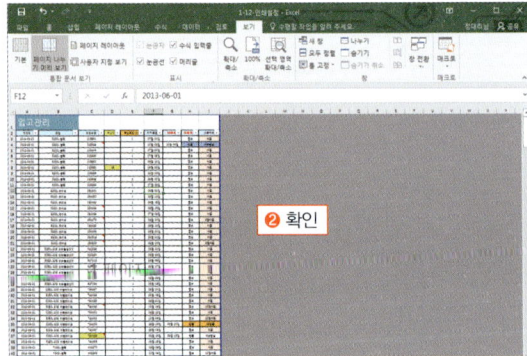

04 | 행 방향 영역 설정하기

페이지 미리 보기에서 파란 실선은 인쇄 영역의 경계선입니다. 때문에 작성된 문서의 일부 영역만 표시하고 싶다면 실선 영역에 포함되지 않도록 설정하면 됩니다. 예제에서는 문서 아래쪽의 실선을 59행과 60행 사이까지로 드래그해 60행 이후 데이터들은 인쇄되지 않도록 설정했습니다.

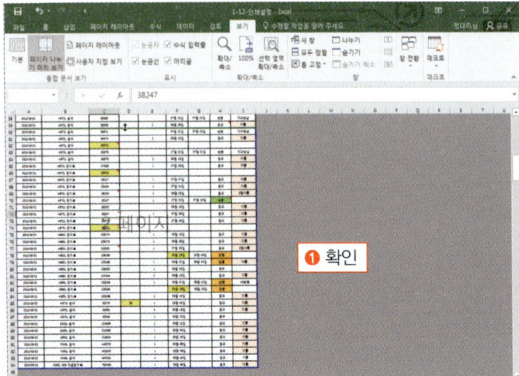 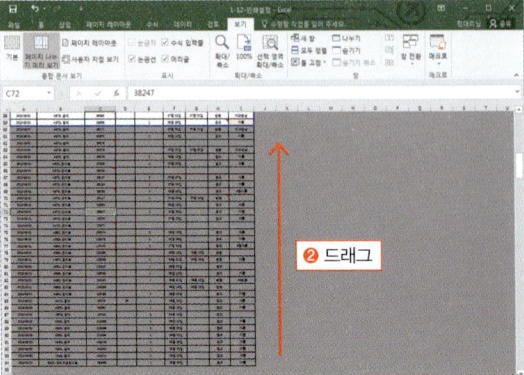

05 | 결과 확인

백스테이지 화면의 [인쇄]를 클릭하고 인쇄 미리 보기에서 페이지 미리 보기 설정 결과를 확인해 봅니다.

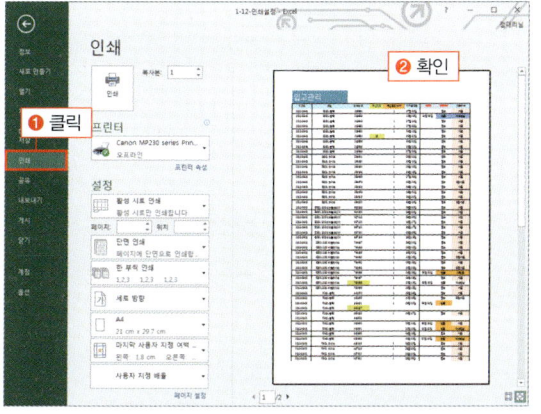 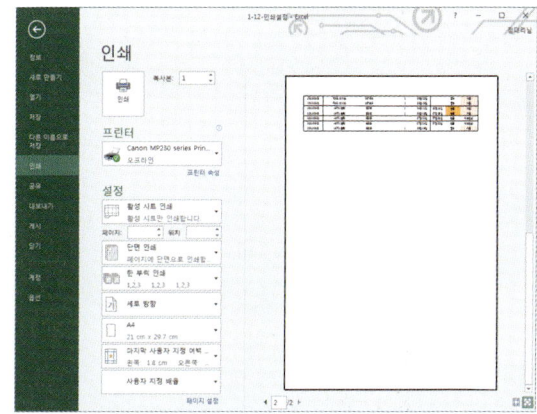

> **TIP** [페이지 나누기 미리 보기]는 얼핏 복잡해 보이지만, 기본 작업 화면에서 인쇄될 영역의 배율을 조정할 수 있기 때문에 매우 유용하며, 저자 개인적으로도 많이 활용하고 있는 옵션입니다. 차분히 옵션을 테스트하며 학습하기 바랍니다.

> **TIP** 페이지 레이아웃
>
> [보기] 탭–[통합 문서 보기] 그룹에서 [페이지 레이아웃]을 클릭하면 설정된 페이지 설정의 여백과 머리글/바닥글 설정들을 워크시트에서 입력하거나 확인할 수 있도록 화면 보기 상태가 변합니다.

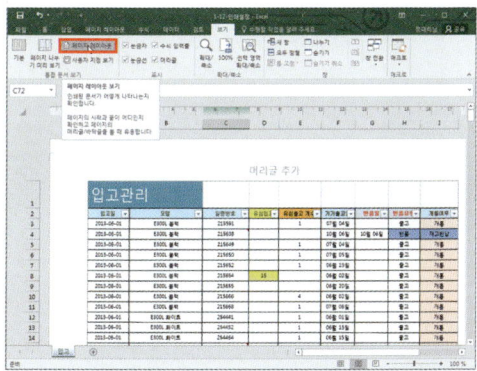

SECTION 13

파일에 암호 설정하기

엑셀의 암호는 문서를 열 때 사용하는 '열기 암호', 문서 내용을 수정할 수 있는 '쓰기 암호'로 나눠지며, 간단한 방식으로 암호 설정과 해제가 이뤄집니다.

| 예제파일 | 1-13-문서보완.xlsx | 완성파일 | 1-13-문서보완-완성.xlsx

POINT 01 | 암호 설정하기

01 | 일반 옵션 실행하기

'1-13-문서보완.xlsx' 파일에 암호 설정을 해보겠습니다. 백스테이지 화면에서 [다른 이름으로 저장]을 클릭하고 [다른 이름으로 저장] 대화상자가 나타나면 [파일 이름]을 '1-13-문서보완-테스트'로 설정합니다. 이어서 [도구]-[일반 옵션]을 클릭합니다.

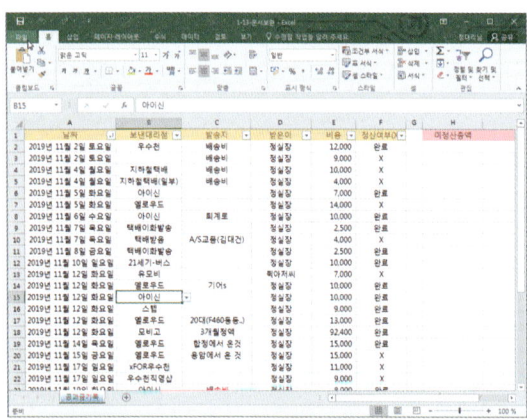
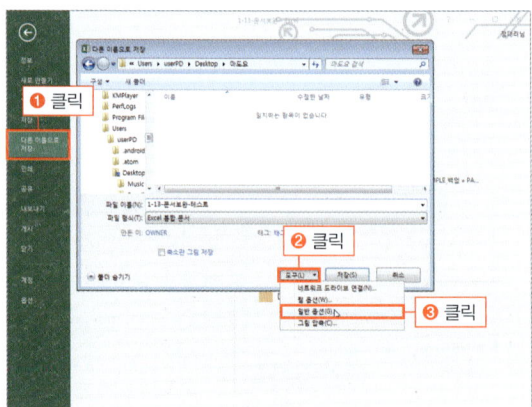

02 | 열기 암호, 쓰기 암호 설정하기

[일반 옵션] 대화상자의 [열기 암호]에 '2016', [쓰기 암호]에 '2020'을 각각 입력하고 [확인]을 클릭합니다. 이어 나타나는 팝업 창에서 설정한 열기 암호, 쓰기 암호를 다시 한 번씩 확인합니다. 과정이 끝나면 [저장]을 클릭하여 작업을 마무리합니다.

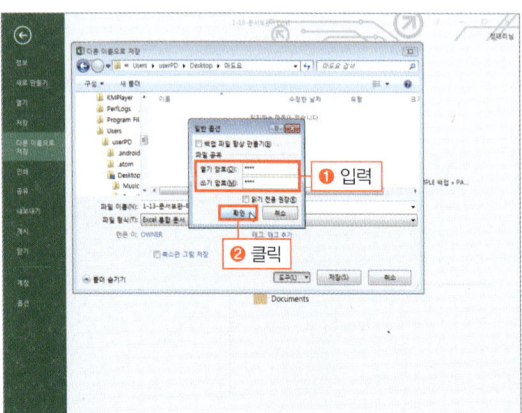
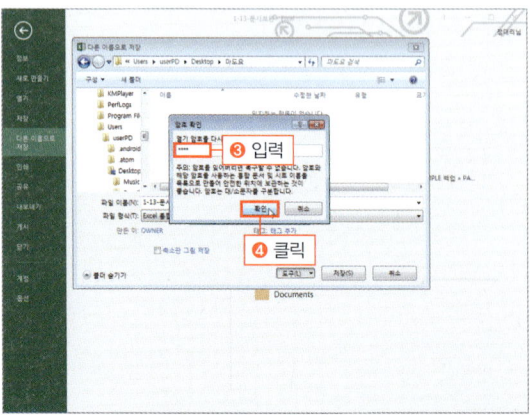

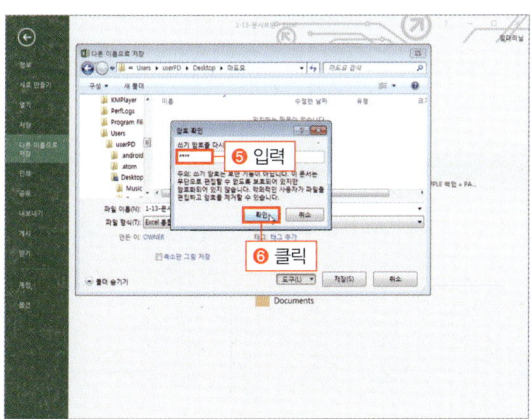 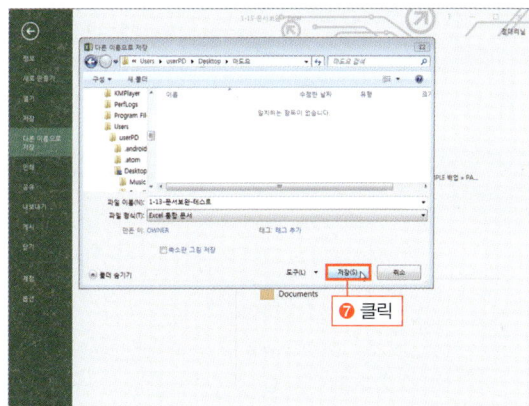

> **TIP** 참고로 '열기 암호'나 '쓰기 암호'만 적용되도록 설정할 수도 있습니다.
>
>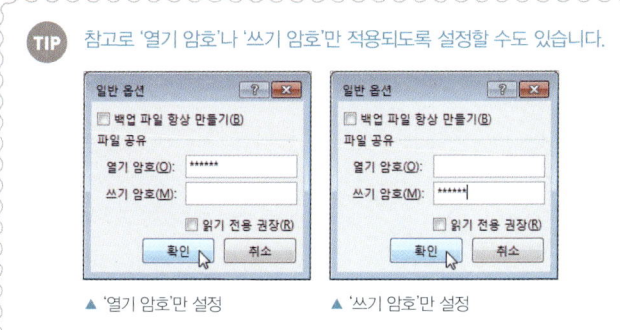
>
> ▲ '열기 암호'만 설정　　▲ '쓰기 암호'만 설정

01 | 열기 암호 입력하기

어떤 문서 파일도 열려있지 않은 상황에서 '1-13-문서보완-테스트.xlsx' 파일을 열어봅니다. 문서를 열기 위한 [암호] 대화상자가 나타나면, 앞서 설정했던 [열기 암호]를 입력하고 [확인]을 클릭합니다.

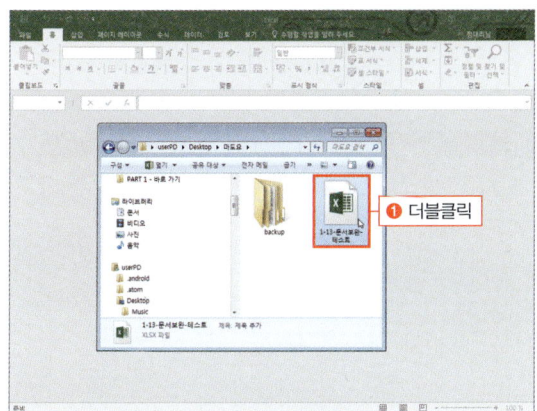 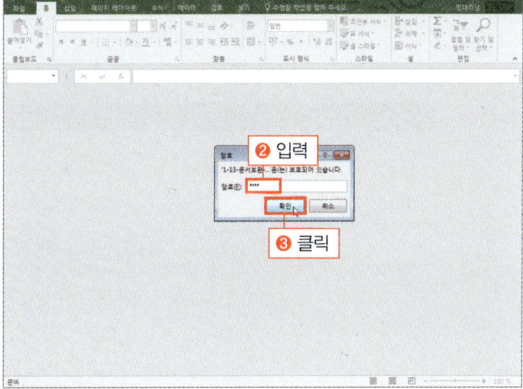

02 | 쓰기 암호 미입력

이번에는 문서를 수정할 수 있는 [쓰기 암호]를 입력하기 위한 [암호] 대화상자가 나타납니다. [쓰기 암호]를 모른다고 가정하고 [읽기 전용]을 클릭합니다. 파일이 열리면 [읽기 전용]이라는 문구가 표시됩니다.

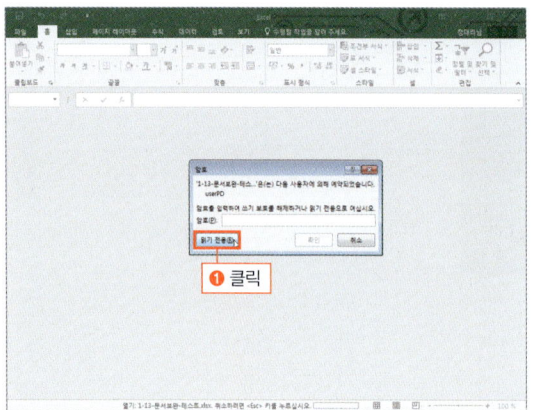
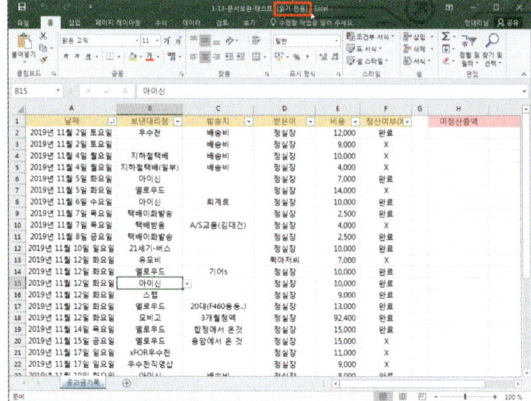

03 | 결과 확인

[B15] 셀의 내용을 '1'이라는 숫자로 변경하고, Ctrl + S 를 눌러 수정 내용이 저장되도록 합니다. 결국 문서의 수정 내용이 이름 그대로 저장되지 않는다는 내용의 경고 창이 나타납니다. 물론 다른 이름으로 저장하는 경우는 현재 파일을 저장할 수 있습니다.

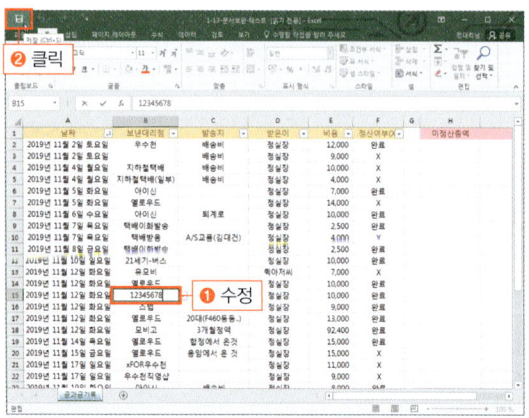
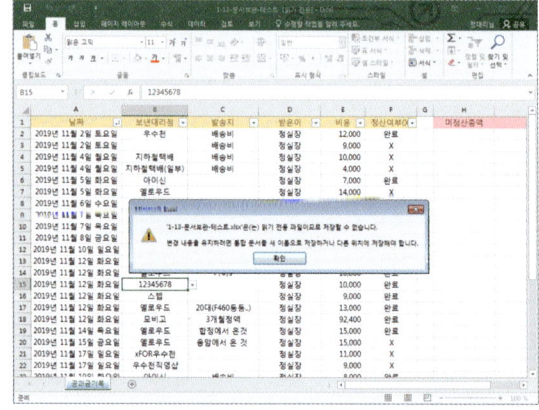

> **TIP** 위의 과정에서 '쓰기 암호'를 제대로 입력하는 경우, '읽기 전용' 표기가 없는 본래의 문서명이 잘 나타납니다. 물론 본문 내용을 수정하고 저장하는 것에 제약이 없습니다.

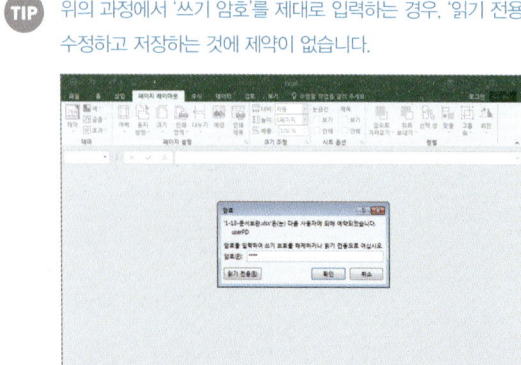
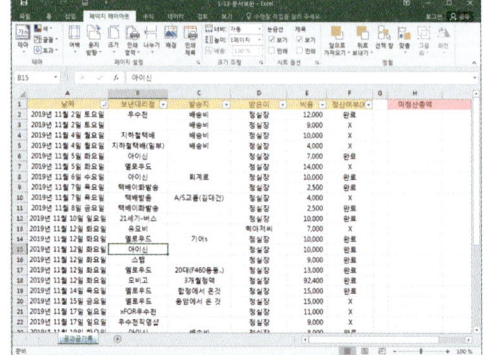

▲ 쓰기 암호 입력

POINT 03 | 암호 설정 해제하기

01 | 암호 설정 파일 불러오기

어떤 문서 파일도 열려있지 않은 상황에서 '1-13-문서보완-테스트.xlsx' 파일을 더블클릭합니다. 문서를 열기 위한 [암호] 대화상자가 나타나면, 앞서 설정했던 [열기 암호]를 입력하고 [확인]을 클릭합니다.

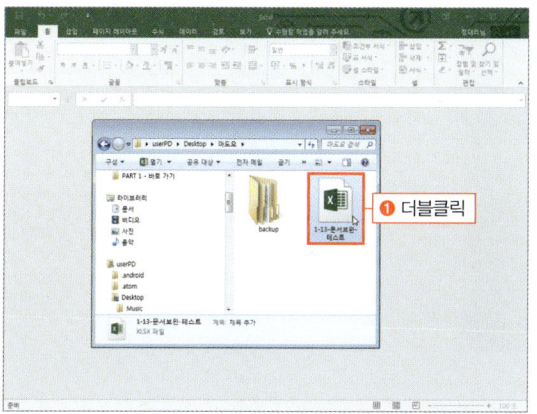 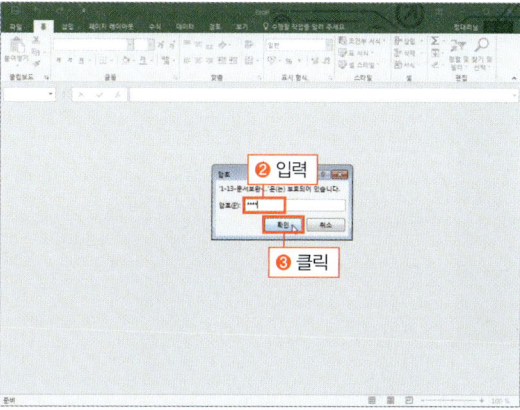

TIP 암호가 설정된 문서는 일단 암호를 풀고 본문 내용이 펼쳐진 이후, 다시 암호 없이 저장하는 과정을 통해 설정된 암호를 해제할 수 있습니다.

02 | 쓰기 암호 입력

이번에는 문서를 수정할 수 있는 [쓰기 암호]를 입력하기 위한 [암호] 대화상자가 나타납니다. [쓰기 암호]를 입력하고 [확인]을 클릭합니다.

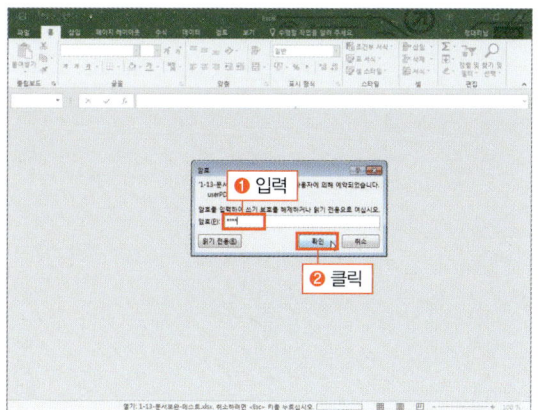 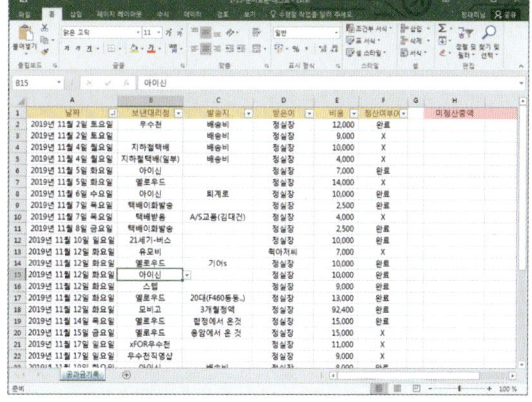

03 | 암호 삭제 후 저장

백스테이지 화면에서 [다른 이름으로 저장]을 클릭하고 [다른 이름으로 저장] 대화상자가 나타나면 [도구] 목록-[일반 옵션]을 클릭합니다. [일반 옵션] 대화상자의 [열기 암호], [쓰기 암호]에 아무런 데이터도 입력하지 않고 [확인]을 클릭합니다. 이어서 [저장]을 클릭하여 [다른 이름으로 저장] 대화상자를 종료합니다. 다시 파일을 열면 암호 입력 없이 해당 문서가 열리게 됩니다.

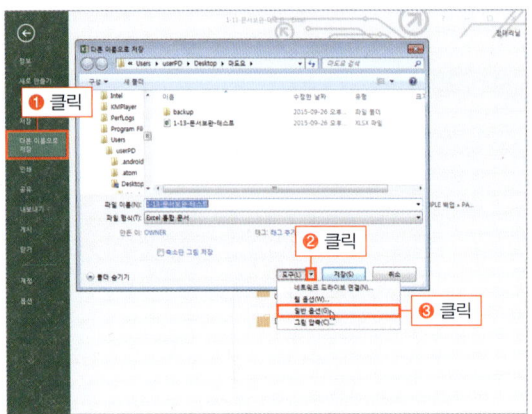 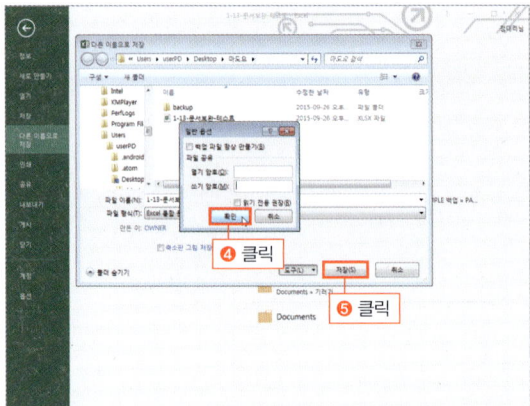

> **TIP** [파일] 탭-[옵션]을 클릭해 나타나는 [Excel 옵션] 대화상자의 [저장]에서는 작업 중인 문서의 자동 백업 설정을 할 수 있습니다. 기본 10분 간격으로 저장되도록 설정되어 있으며, 복구 파일의 위치를 확인하거나 새로 설정할 수도 있습니다.
>
>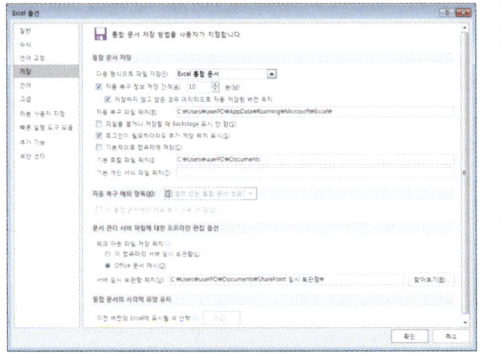

SECTION 14

특정 시트 영역 보호하기

엑셀의 특성상 수식이나 함수식을 사용하는 경우가 많으며, 이들 중에 중요한 수식/함수식을 보호하기 위한 장치로써 시트 보호 설정을 할 수 있습니다.

l 예제파일 l 1-14-시트영역보호.xlsx l 완성파일 l 1-14-시트영역보호-완성.xlsx

POINT 01 | 잠긴 셀 해제하기

01 | 파일 분석

'1-14-시트영역보호.xlsx' 파일을 열고 [F6] 셀의 데이터를 '50,000'으로 변경합니다. 변경된 수치에 따라 자동으로 요금 계산을 하는 수식들이 워크시트 전반에 걸쳐 적용된 것을 확인할 수 있습니다.

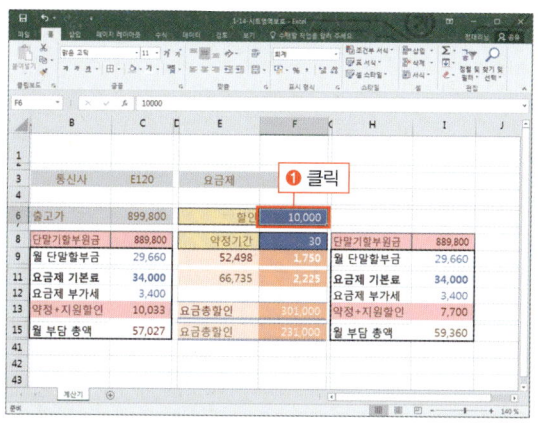 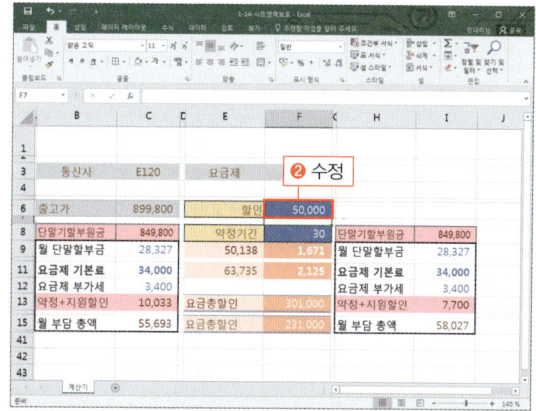

02 | 셀 잠금 해제하기

[F6] 셀과 [F8] 셀을 선택하고 [홈] 탭-[셀] 그룹에서 [서식]-[셀 잠금]을 클릭합니다. 기본적으로 모든 셀들은 잠금 상태이지만, 방금 [셀 잠금]을 클릭함으로써 해당 셀들의 잠금 상태가 해제됩니다. 다시 [홈] 탭-[셀] 그룹에서 [서식] 목록을 보면 [셀 잠금]의 아이콘이 해제된 것을 확인할 수 있습니다.

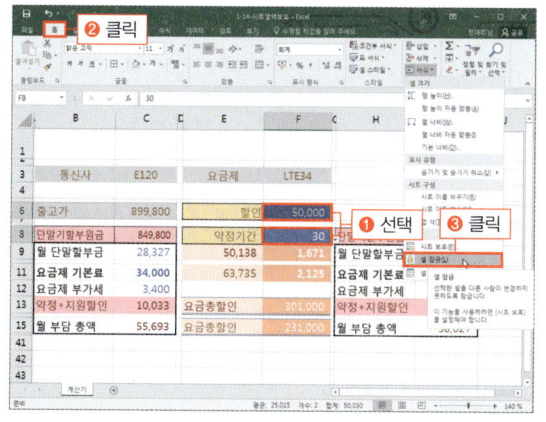 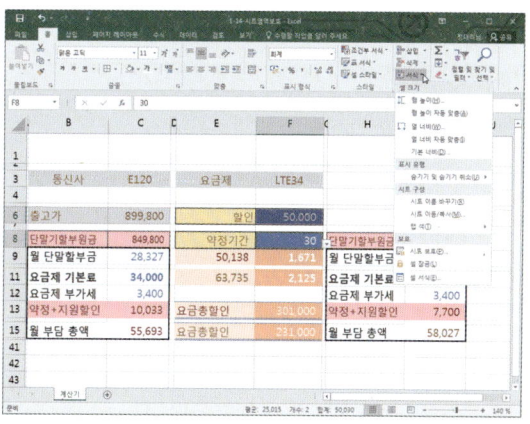

▲ [셀 잠금] 클릭 전, 아이콘이 눌러져 있음 ▲ [셀 잠금] 클릭 후, 아이콘 해제됨

POINT 02 시트 보호 설정하기

01 | 시트 보호 적용하기

이제 시트 보호를 적용하기 위해, [홈] 탭-[셀] 그룹에서 [서식]-[시트 보호]를 클릭합니다. [시트 보호] 대화상자의 [잠긴 셀의 내용과 워크시트 보호], [잠긴 셀 선택], [잠기지 않은 셀 선택] 등에 체크된 것을 확인하고 [확인]을 클릭합니다.

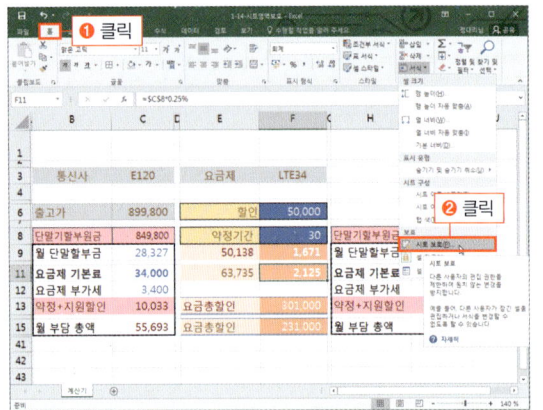 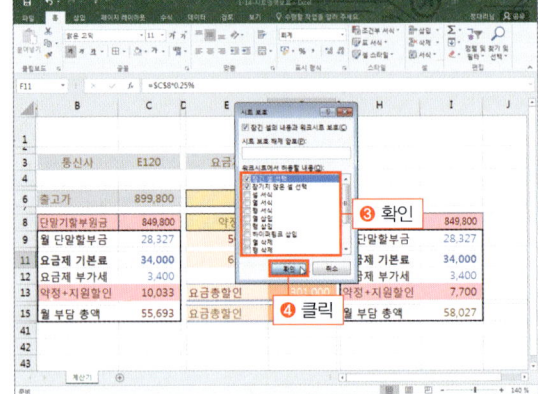

> **TIP** [워크시트에서 허용할 내용]에서 [잠긴 셀 선택]의 체크를 해제하는 경우에는 시트 보호 상태에서 잠겨진 기본 셀들을 선택할 수조차 없게 됩니다. 정확하게 수정을 허락한 '잠기지 않은 셀'들만 선택할 수 있게 됩니다.

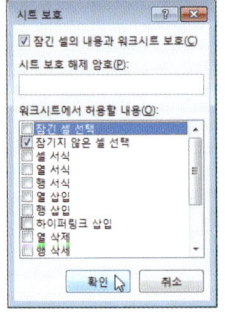

02 | 시트 보호 결과 확인

[I9] 셀을 선택하고 데이터를 변경하려면, 시트 보호 구간이라는 경고 창이 나타납니다. 물론 이전에 잠금을 해제해둔 [F6] 셀이나 [F8] 셀의 내용 변경은 충분히 가능합니다.

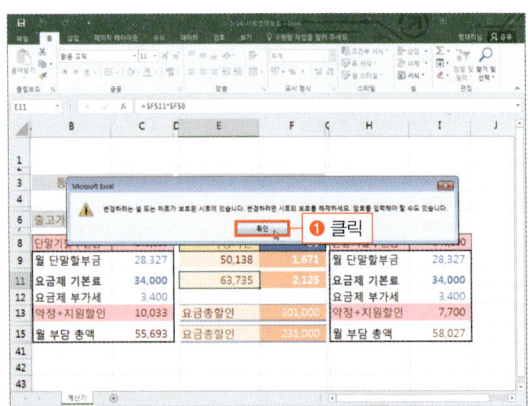 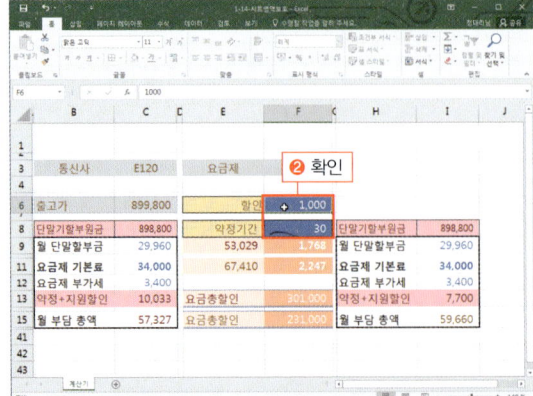

03 | 시트 보호 해제하기

아무 셀이나 선택된 상태에서 [홈] 탭-[셀] 그룹의 [서식]-[시트 보호 해제]를 클릭해 시트 보호 상태를 제거할 수 있습니다.

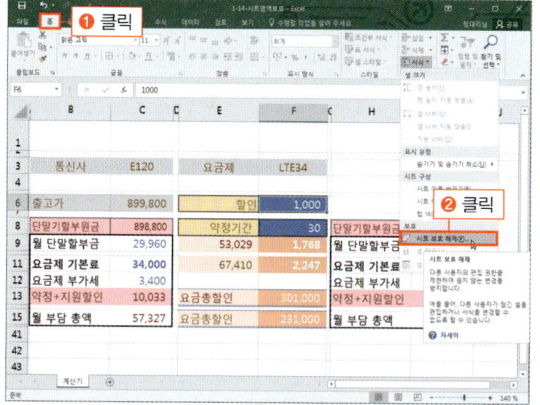
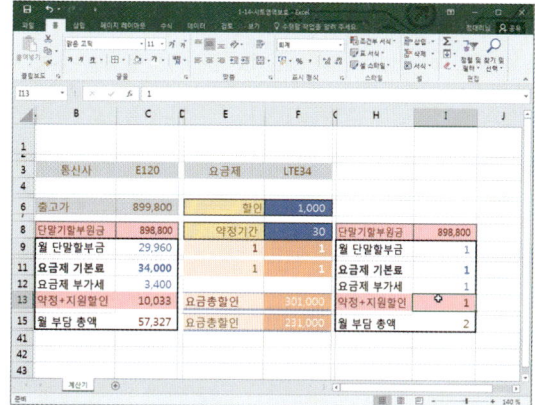

 TIP '시트 보호 해제 암호'를 설정하면, 시트 보호 해제에 암호가 활용되도록 설정할 수 있습니다.

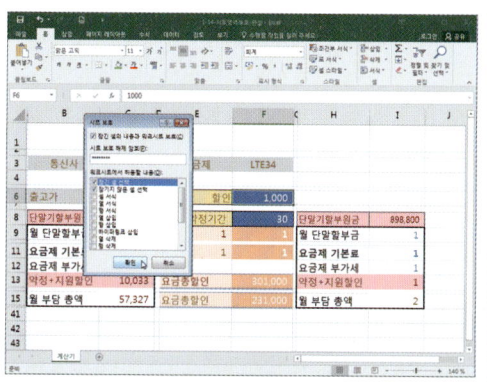
▲ 시트 보호 해제 암호 설정

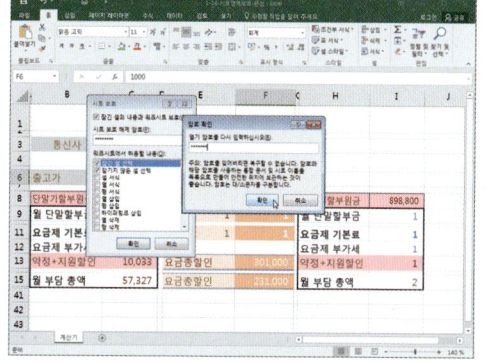
▲ 암호 재확인으로 설정 완료

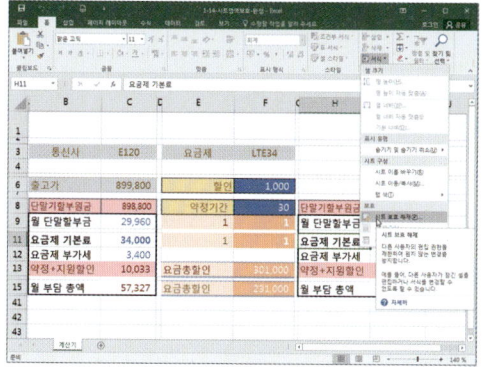
▲ 시트 보호 해제 시도하기

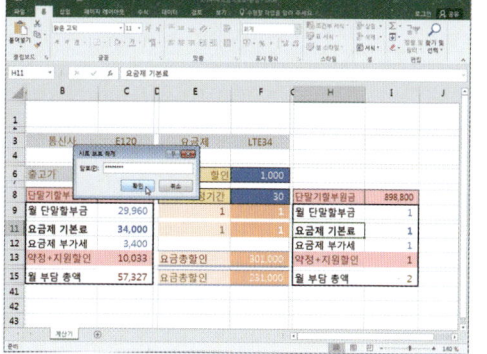
▲ 암호 입력으로 시트 보호 해제

CHAPTER TWO

두번째 챕터

한 눈에 들어오는 서식 만들기

글꼴의 크기와 색상, 강조 표시를 하는 기초적인 과정도 서식 설정이라 할 수 있지만,
일반 워드프로세서와 차별화되는 엑셀의 서식 요소는 데이터 입력을 제한하는
[데이터 유효성 검사], 셀에 입력된 데이터에 따라 미리 설정된 서식이 표시되는 [조건부 서식],
이외에도 [차트 서식], [스파크라인] 등 다채로운 내용들이 있습니다.
이들에 대해 알아봅니다.

SECTION 15

데이터 기본 서식 조정하기

셀에 입력된 다양한 데이터들은 [글꼴] 그룹과 [맞춤] 그룹을 통해 쉽게 서식 조정을 할 수 있습니다. 이에 관련된 기본 명령들을 알아보며, 미니 도구 모음이나 셀 서식 상자를 통한 서식 설정에 관해서도 알아보겠습니다.

l 예제파일 l 1-15-서식조정하기.xlsx l 완성파일 l 1-15-서식조정하기-완성.xlsx

POINT 01 | 글꼴 서식 조정하기

01 | 글꼴 변경하기

'1-15-서식조정하기.xlsx' 파일을 열고 [G4] 셀을 선택합니다. 이어서 [홈] 탭-[글꼴] 그룹에서 [글꼴]-[맑은 고딕]을 선택합니다. 선택한 글꼴 모양으로 셀의 글꼴이 쉽게 변하며, 목록 선택 과정 중 마우스 포인터의 위치에 따라 해당 옵션들을 실시간 미리 보기로 참고할 수도 있습니다.

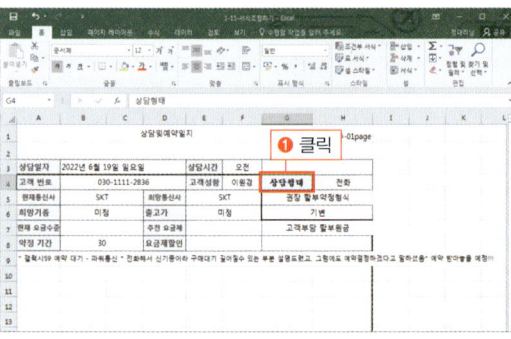
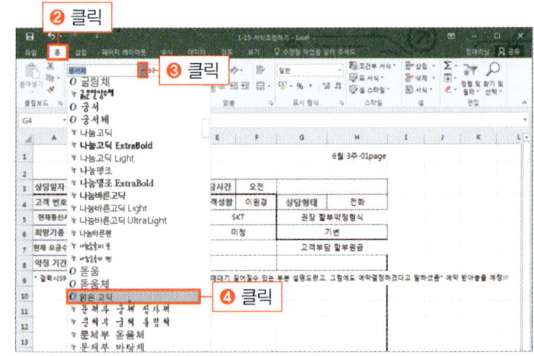

02 | 글꼴 크기 조정하기

[A1] 셀을 선택하고 [홈] 탭-[글꼴] 그룹에서 [글꼴 크기]-[16]을 선택합니다. 선택된 문장의 글꼴 크기가 수치에 맞게 커졌으며, 글꼴 크기 역시 실시간 미리 보기로 적용 결과를 참조하며 옵션을 선택할 수 있습니다.

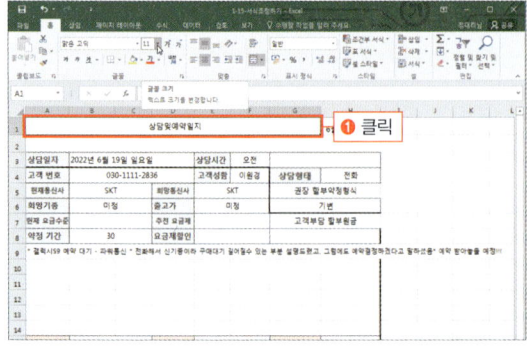
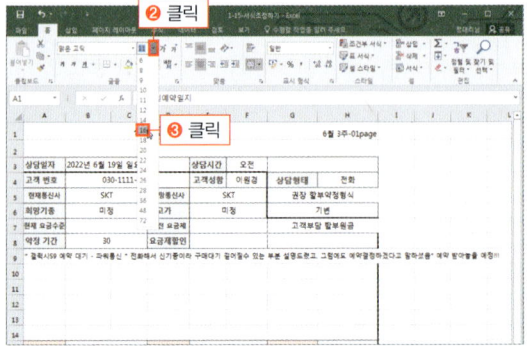

> **TIP** 참고로 [홈] 탭-[글꼴]-[글꼴 크기 크게], [글꼴 크기 작게]를 클릭해도 선택한 데이터의 글꼴 크기를 크게 하거나 작게 조정할 수 있습니다.

03 | 글꼴 강조하기

[A1] 셀이 선택된 상태에서 [홈] 탭-[글꼴] 그룹에서 [굵게]를 클릭합니다. 선택된 문장의 글꼴이 굵게 강조되는 것을 확인할 수 있습니다. 같은 방식으로 [H1] 셀의 데이터를 선택하고 [홈] 탭-[글꼴] 그룹에서 [밑줄], [홈] 탭-[글꼴] 그룹에서 [기울임꼴]을 이어서 적용해 봅니다. 이런 식으로 작성된 데이터가 돋보이도록 서식을 변경할 수 있습니다.

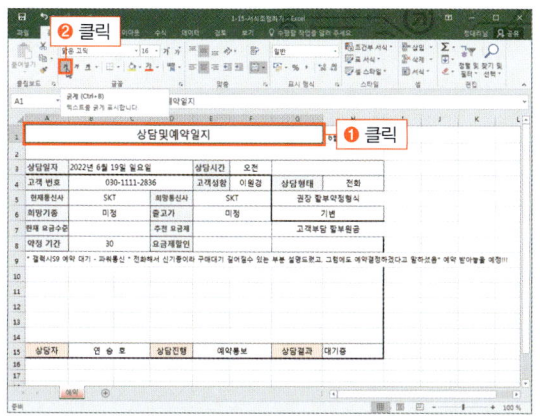
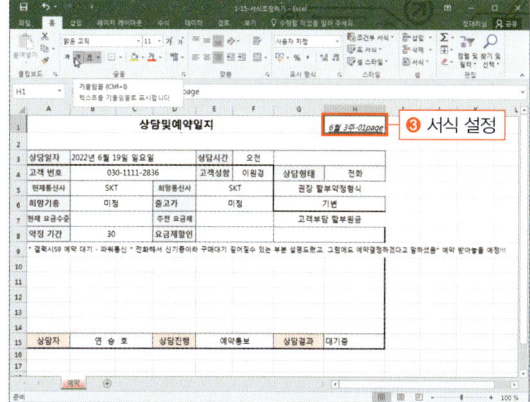

> **TIP** [홈] 탭-[글꼴] 그룹에서 [밑줄]을 클릭한 후 펼쳐지는 목록에서 [이중 밑줄]을 선택해 적용할 수도 있습니다.

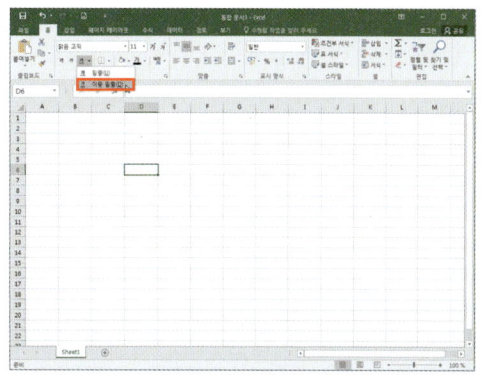

[밑줄] 목록의 [이중 밑줄] ▶

04 | 채우기 색 설정

[A1] 셀이 선택된 상태로 [홈] 탭-[글꼴] 그룹에서 [채우기 색]-[바다색, 강조 5, 25% 더 어둡게]를 클릭합니다. 셀의 배경색으로 지정된 색상이 채워지게 됩니다.

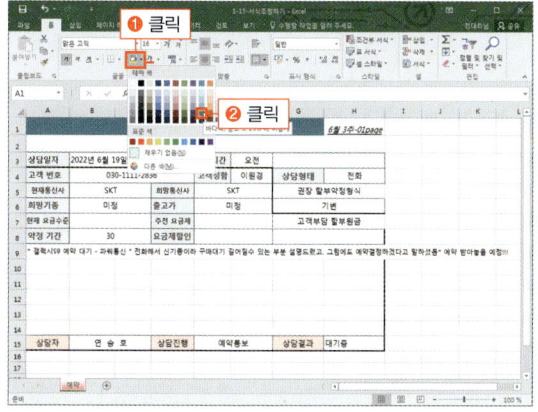
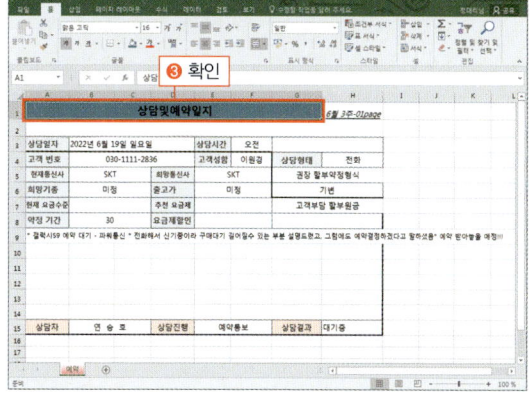

> **TIP** [홈] 탭-[글꼴] 그룹에서 [채우기 색]-[다른 색]을 클릭해 사용자가 원하는 별도의 색상을 지정할 수도 있습니다.

05 | 글꼴 색 설정하기

이전 과정에 이어서 [홈] 탭-[글꼴] 그룹에서 [글꼴 색]-[흰색, 배경 1]을 클릭합니다. 선택된 셀의 글꼴 색상이 지정된 색으로 변경됩니다.

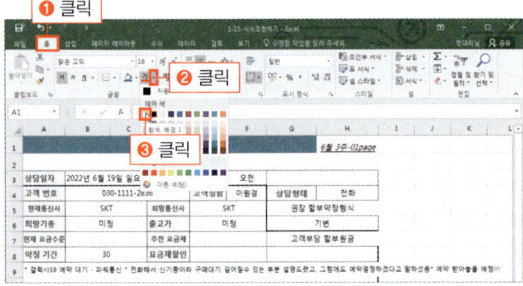 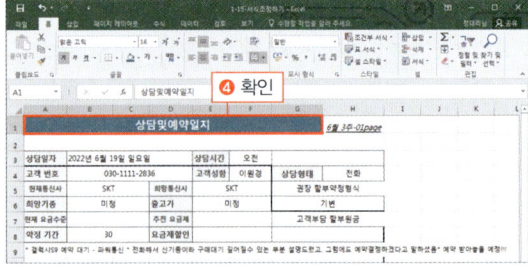

POINT 02 | 정렬 서식 조정하기

01 | 병합하고 가운데 맞춤

[A9] 셀에서 [H14] 셀까지 드래그해 선택하고 [홈] 탭-[맞춤] 그룹에서 [병합하고 가운데 맞춤]을 클릭합니다. 선택된 셀이 하나로 통합되며, 셀의 가운데 위치로 정렬됩니다.

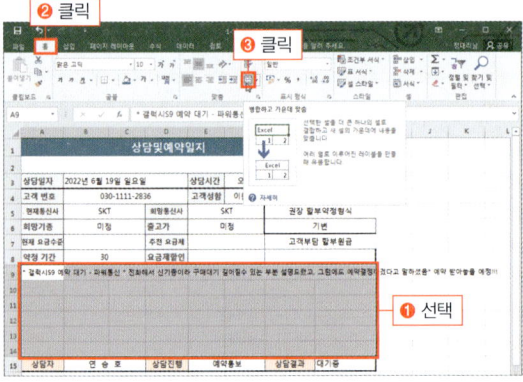 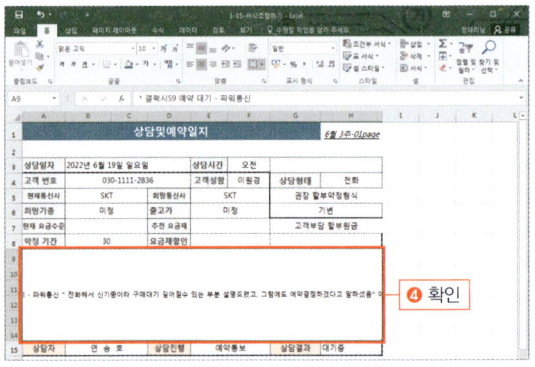

> **TIP** 병합 대상인 각 셀들에 내용이 입력된 경우, 영역의 좌측 상단으로 통합되며 이를 안내하는 경고 창이 나타납니다. [병합하고 가운데 맞춤]을 클릭해 병합 상태를 해제할 수 있으며, 마우스 오른쪽 버튼을 클릭하고 미니 도구 모음의 메뉴에서도 해당 명령을 선택할 수 있습니다.

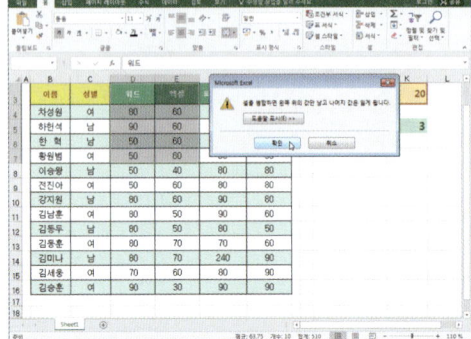 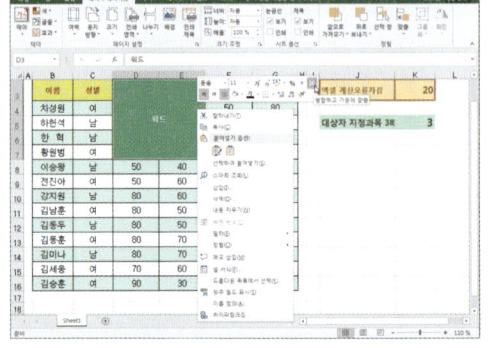

02 | 텍스트 줄 바꿈

[A9] 셀이 선택된 상태로 [홈] 탭-[맞춤] 그룹에서 [텍스트 줄 바꿈]을 클릭합니다. 결국 셀의 너비에 알맞도록 문장이 줄 바꿈 되어 표시됩니다.

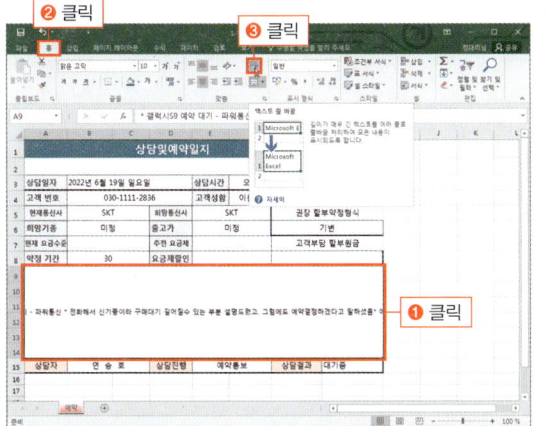 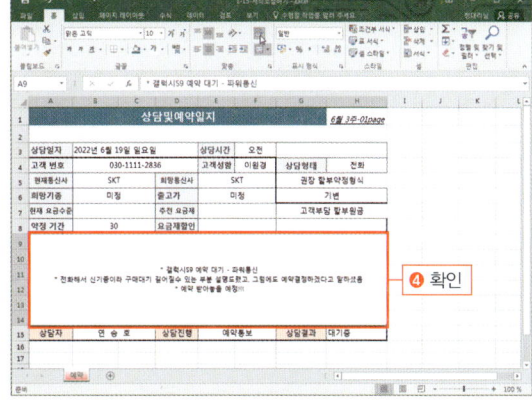

03 | 가로 방향 정렬

[홈] 탭-[맞춤] 그룹에서 [왼쪽 맞춤]을 클릭하면, 선택한 셀의 문장들이 왼쪽 테두리를 기준으로 정렬됩니다. 참고로 [가운데 맞춤]은 셀의 가운데, [오른쪽 맞춤]은 셀의 오른쪽 테두리를 기준으로 정렬됩니다.

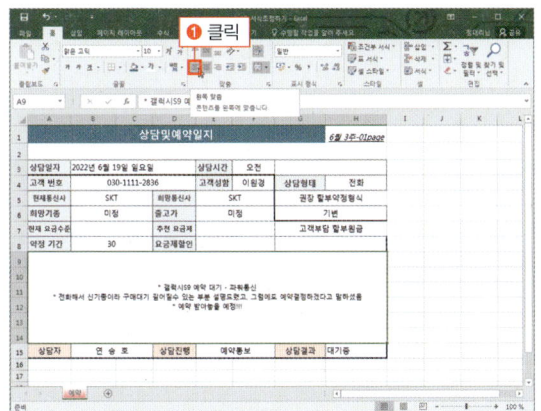 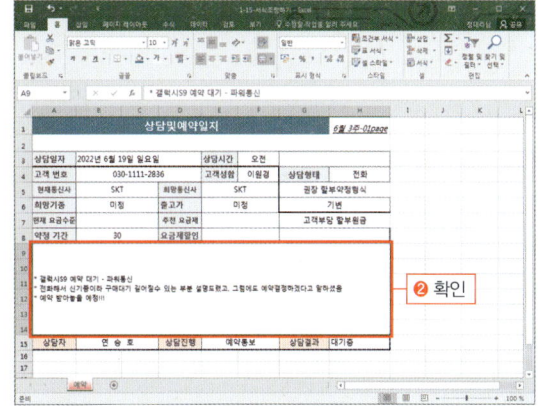

04 | 세로 방향 정렬

[홈] 탭-[맞춤] 그룹에서 [아래쪽 맞춤]을 클릭하면, 선택한 셀의 문장들이 아래쪽 테두리를 기준으로 정렬하게 됩니다. 참고로 [가운데 맞춤]은 셀의 가운데, [위쪽 맞춤]은 셀의 위쪽 테두리를 기준으로 정렬됩니다.

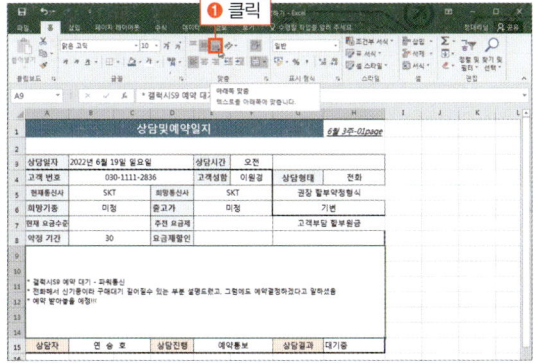 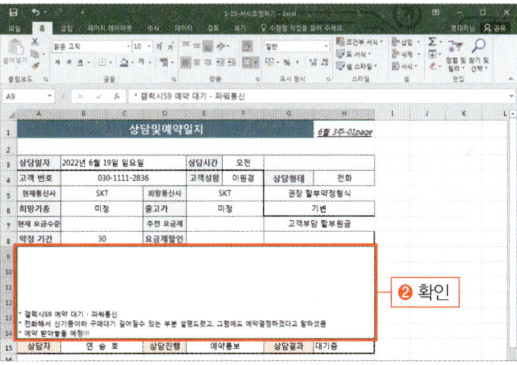

05 | 들여쓰기/내어쓰기

[홈] 탭-[맞춤] 그룹에서 [들여쓰기]를 클릭하면, 선택된 셀과 본문 내용 사이에 여백이 삽입됩니다. [들여쓰기]를 클릭한 횟수만큼 추가적으로 여백이 더해지며, [내어쓰기]를 클릭하여 여백을 제거할 수도 있습니다.

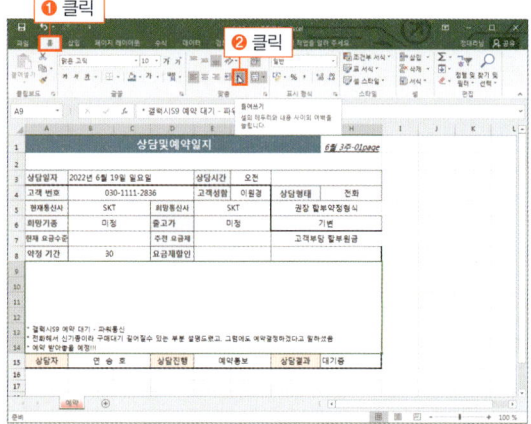
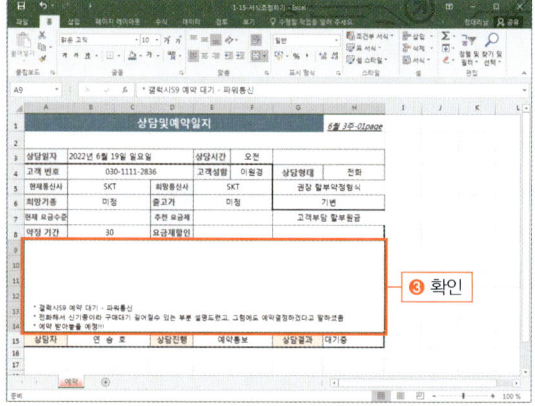

> **TIP** 결국 [들여쓰기], [내어쓰기]는 셀과 안쪽에 입력된 문장 사이의 좌측 여백을 조정하는 것이라 생각하면 됩니다.

06 | 균등 분할

[A1] 셀을 선택하고 [홈] 탭-[맞춤] 그룹에서 [맞춤 설정]을 클릭합니다. [셀 서식] 대화상자가 나타나면 [맞춤] 탭의 [텍스트 맞춤]-[가로]-[균등 분할(들여쓰기)]를 선택합니다. [확인]을 클릭하면 설정이 적용되어 선택한 셀의 문장이 셀 너비에 맞도록 균등 분할됩니다.

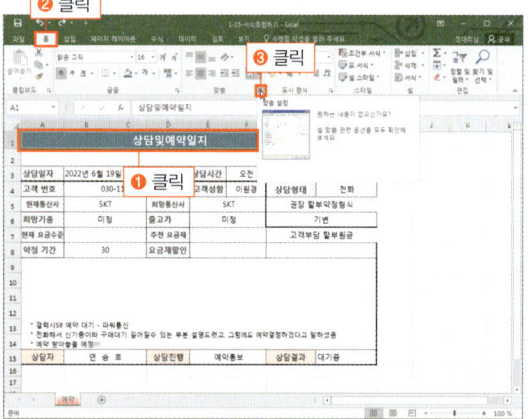
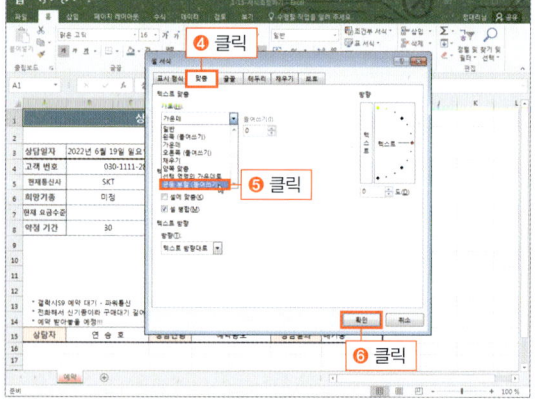
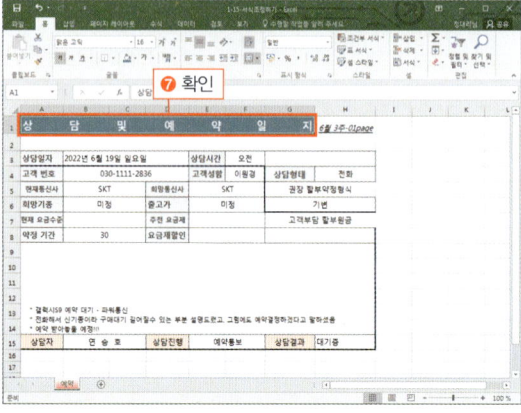

POINT 03 | 기타 서식 설정

01 | 빠른 미니 도구 모음 활용_01

[E6] 셀을 선택하고 마우스 오른쪽 버튼을 클릭하면 다양한 메뉴 목록과 함께 문장 서식을 조정할 수 있는 미니 도구 모음이 나타납니다. [채우기 색]-[노랑]을 선택해 배경색 채우기를 해 봅니다.

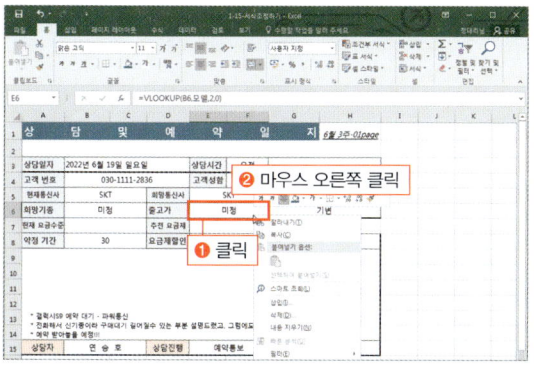
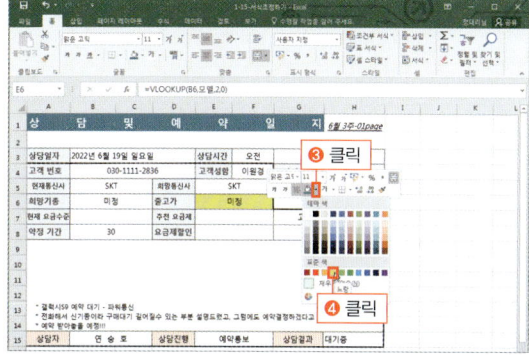

02 | 빠른 미니 도구 모음 활용_02

이전 작업에 이어서 미니 도구 모음에서 [글꼴 크기]를 [14]로 설정한 후 [글꼴 색]은 [빨강, 강조 2]로 선택합니다. 이런 식으로 빠른 미니 도구 모음을 활용해 보다 빠른 서식 수정을 할 수 있습니다.

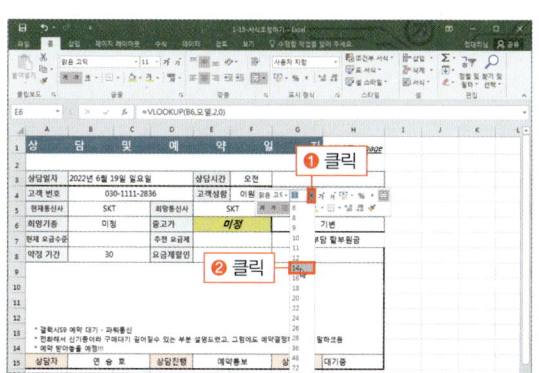
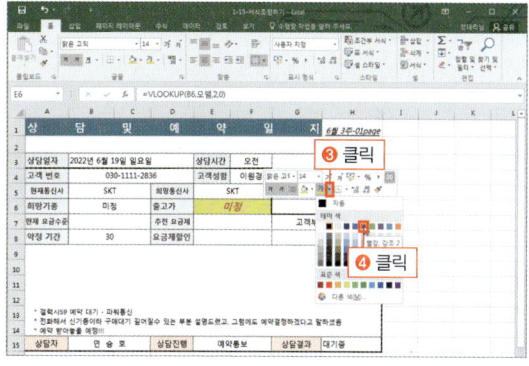

> **TIP** 위에서 언급한 명령 이외에도 빠른 미리 도구 모음에서는 테두리 설정 및 표시 형식 등의 자주 사용하는 기본 명령들을 손쉽게 선택할 수 있습니다.

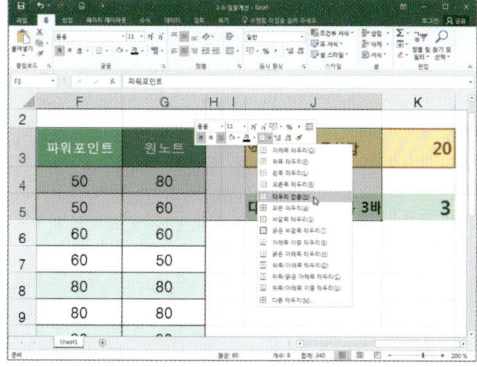
▲ 미니 도구 모음에서 테두리 제거

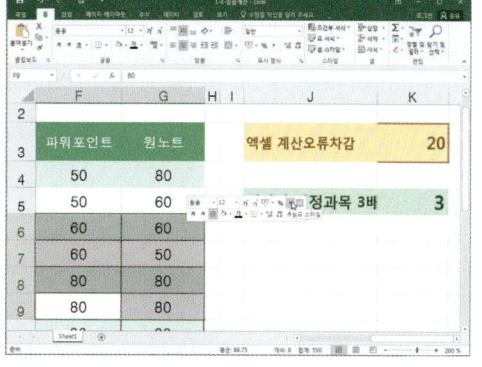
▲ 미니 도구 모음에서 표시 형식 조정

03 | [셀 서식] 대화상자에서 설정

[B5] 셀을 선택하고 마우스 오른쪽 버튼을 클릭한 후 [셀 서식]을 선택합니다. [셀 서식] 대화상자의 [글꼴] 탭에서 [글꼴 스타일]은 '굵은 기울임꼴', [크기]는 '18'로 설정합니다. 이어서 [색]은 '녹색'으로 설정하고 [확인]을 클릭한 후 결과를 확인해 봅니다.

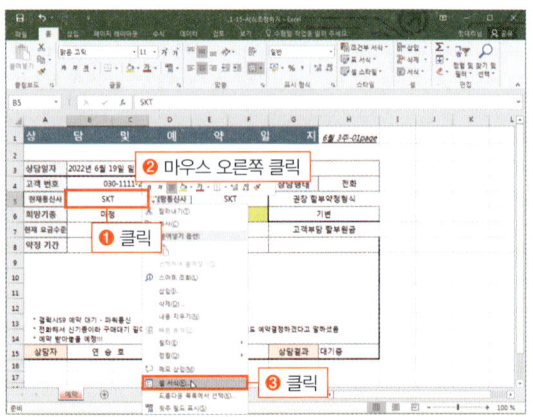
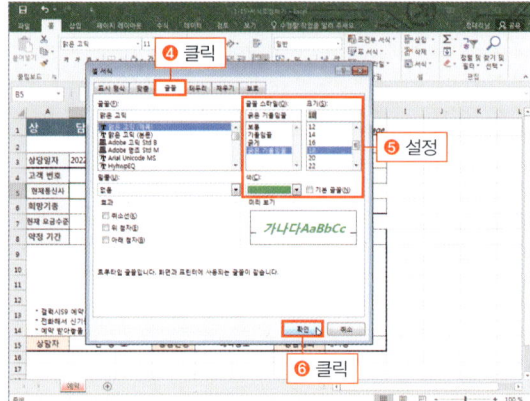
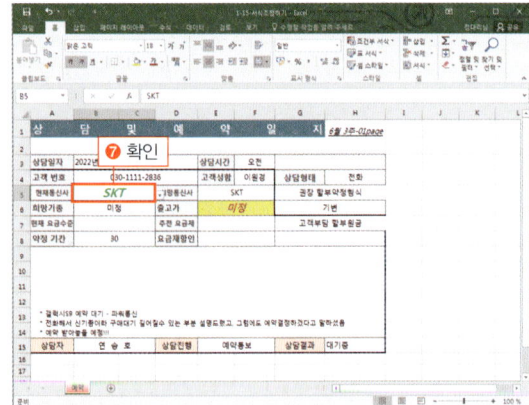

데이터 기본 서식 조정

• 동영상 : 10-데이터 기본 서식 조절.wmv

01 | 글꼴 및 정렬 서식을 조정하는 과정은 태블릿이나 PC 모두 큰 차이가 없습니다. 데이터가 입력된 셀을 선택하고 글꼴 모양, 크기, 굵게, 글꼴 색, 채우기 색 등을 변경해 봅니다.

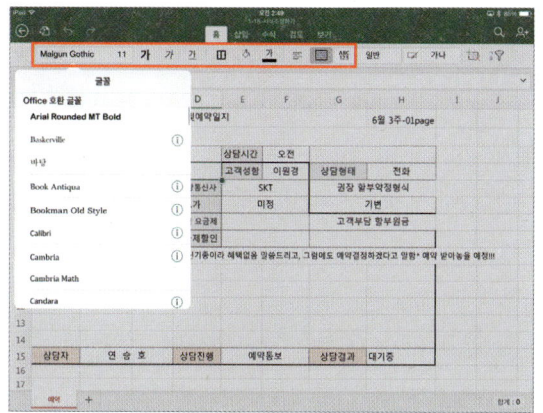
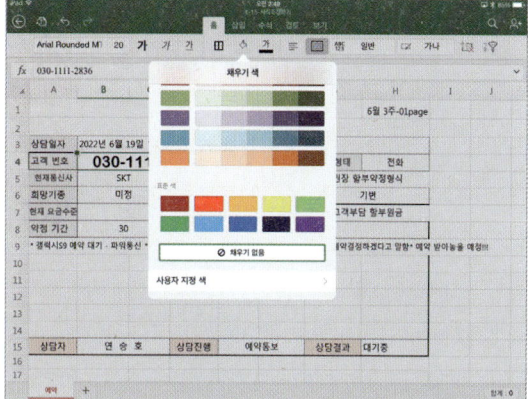

02 | 여러 셀들을 하나의 셀로 통합하고 가운데 정렬하는 [병합하고 가운데 맞춤]은 문서 작성 시 많이 활용되는 유용한 기능입니다. 예제의 일부 구역을 선택하고 [홈] 탭-[병합하고 가운데 맞춤]을 적용해 봅니다.

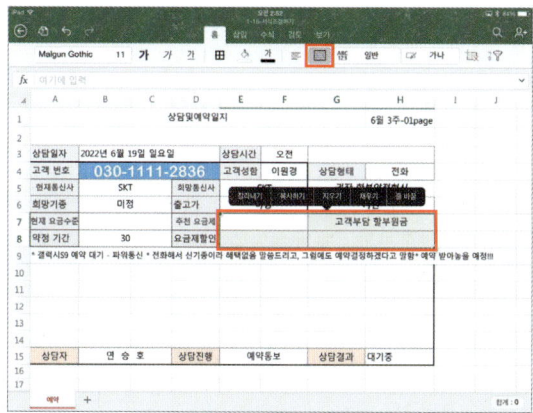
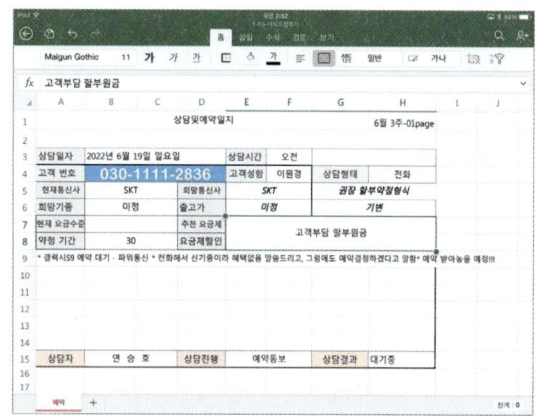

03 | 셀에 입력된 데이터 정렬 상태가 마음에 들지 않는다면 [홈] 탭-[맞춤]에서 적절한 명령을 선택하면 됩니다. 강좌를 참조해 문서에 적용된 정렬 상태를 태블릿에서 변경해 봅니다.

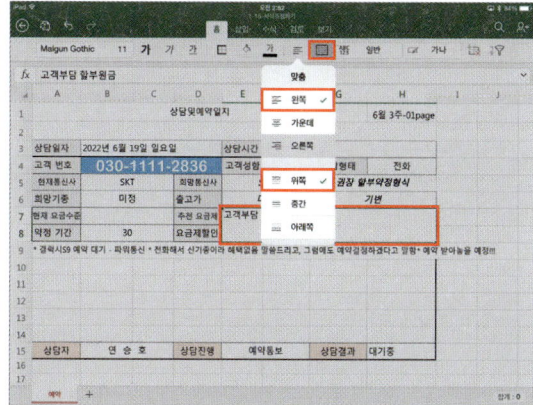
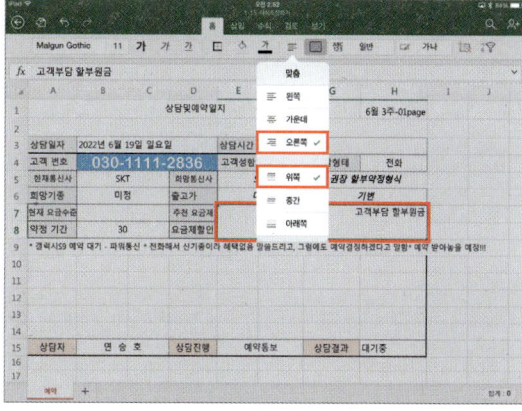

SECTION 16

테두리 및 표시 형식 설정

작성된 문서를 보기 좋게 구분하기 위해 테두리 설정을 할 수 있습니다. 테두리에 관한 여러 가지 방식을 살펴보면서, 작성된 데이터를 의도에 맞도록 빠르게 설정하는 표시 형식에 관해서도 알아보겠습니다.

l 예제파일 l 1-16-테두리설정하기.xlsx l 완성파일 l 1-16-테두리설정하기-완성.xlsx

POINT 01 | 테두리 서식 조정하기

01 | 테두리 없음

'1-16-테두리설정하기.xlsx' 파일을 열고, [B2] 셀에서 [G23] 셀까지를 드래그해 선택합니다. 이어서 [홈] 탭-[글꼴] 그룹에서 [테두리]-[테두리 없음]을 클릭하면, 선택된 영역에 설정된 테두리들이 모두 제거됩니다.

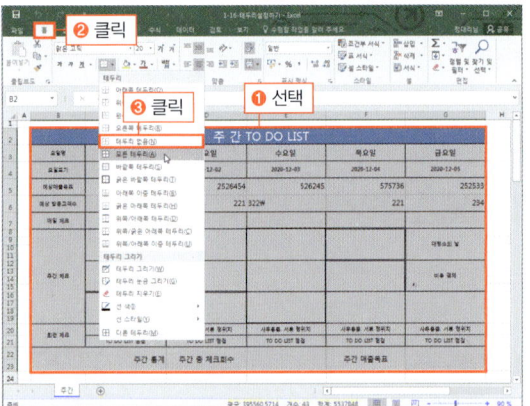
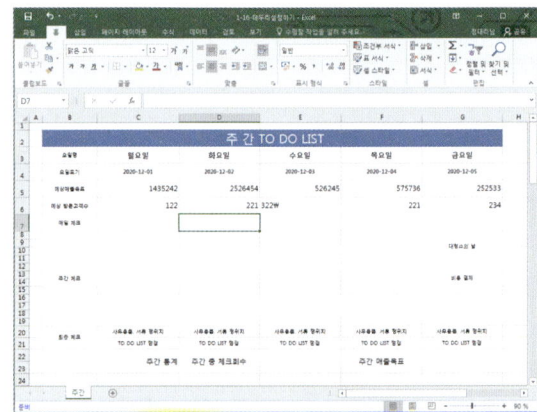

> **TIP** 선택 영역 위에서 마우스 오른쪽 버튼을 클릭하고 빠른 미니 도구 모음에서 [테두리] 명령을 선택 적용할 수도 있습니다.

02 | 모든 테두리 설정

이전과 동일한 영역이 선택된 상태에서 [홈] 탭-[글꼴] 그룹에서 [테두리]-[선 스타일]-[가는 점선]을 선택합니다. 이어서 [홈] 탭-[글꼴] 그룹에서 [테두리]-[모든 테두리]를 클릭하면 '가는 점선' 테두리가 설정된 영역 모두에 적용됩니다.

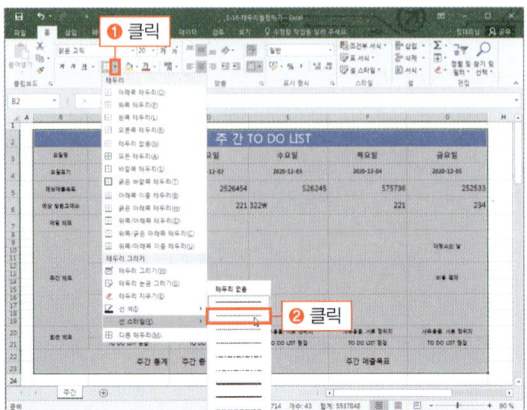
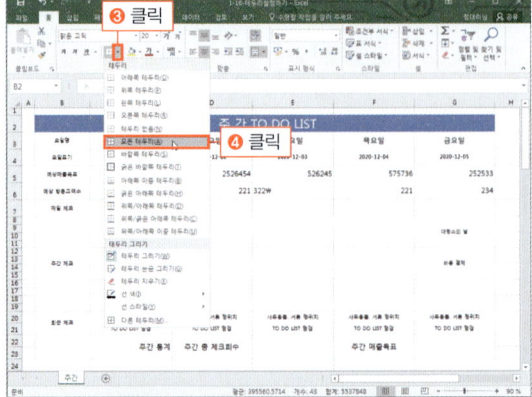

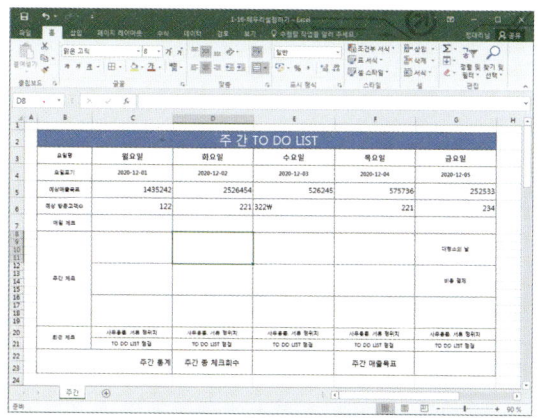

◀ '가는 점선'으로 테두리 설정이 된 모습

03 | [셀 서식] 대화상자에서 테두리 설정_01

[B3] 셀에서 [B21] 셀까지를 드래그해 선택하고 [홈] 탭-[테두리] 그룹에서 [테두리]-[다른 테두리]를 클릭합니다. [셀 서식] 대화상자가 나타나면 [테두리] 탭의 [스타일]에서 '이중 테두리'를 선택합니다.

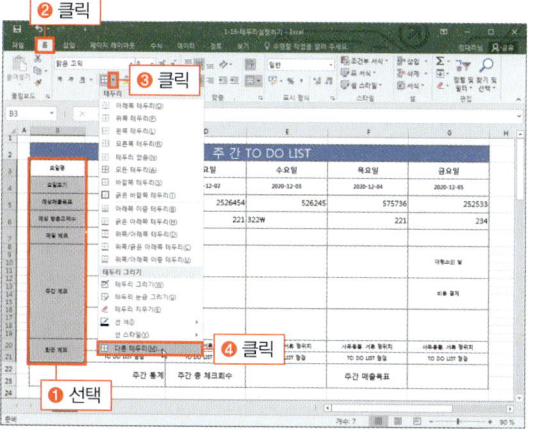
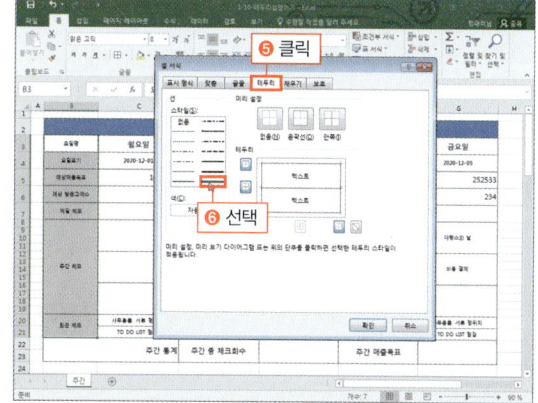

04 | [셀 서식] 대화상자에서 테두리 설정_02

이전 작업에 이어서 [테두리]에서 [오른쪽 테두리]를 클릭하고 [확인]을 클릭합니다. 설정된 이중 테두리가 선택 영역 오른쪽에 표시됩니다.

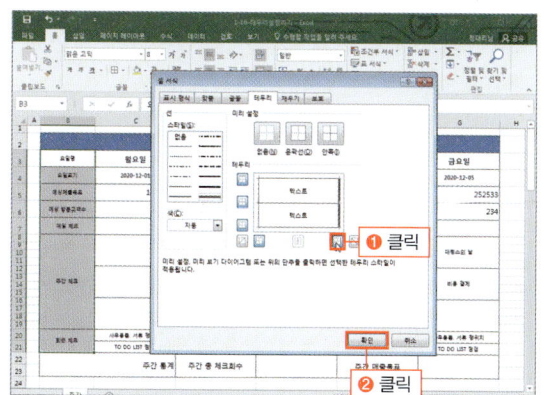
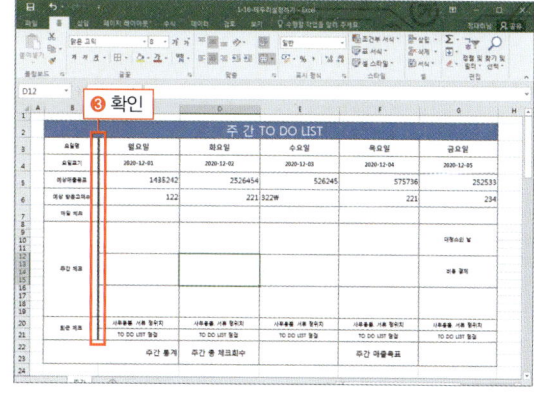

> **TIP** [셀 서식] 대화상자 [테두리] 탭의 작성 과정 중, 다시 [오른쪽 테두리]를 클릭한다면 해당 부분의 테두리 설정이 해제됩니다.

05 | 아래쪽 이중 테두리 설정하기

[C3] 셀부터 [G4] 셀까지를 드래그해 선택하고 [홈] 탭-[글꼴] 그룹에서 [테두리]-[아래쪽 이중 테두리]를 클릭합니다. 이어서 [B20] 셀부터 [G21] 셀까지 드래그해 선택하고 [홈] 탭-[글꼴] 그룹에서 [테두리]-[아래쪽 이중 테두리]를 클릭해 적용합니다.

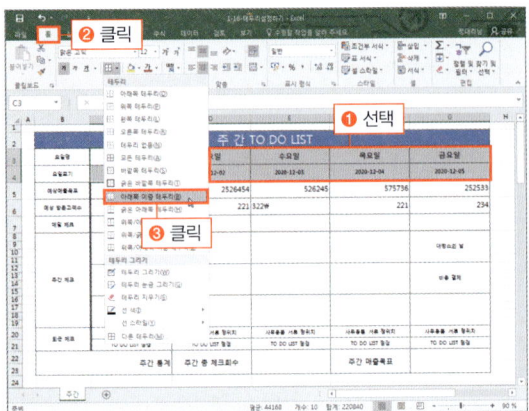
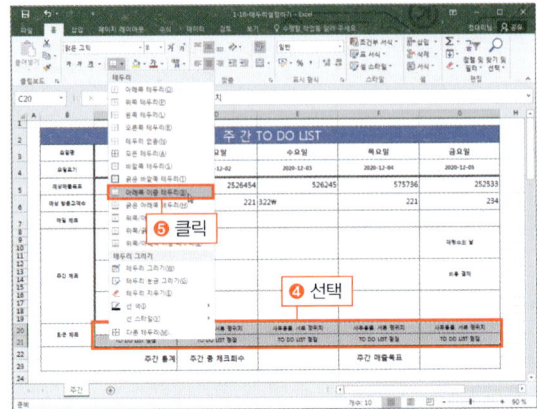

06 | 채우기 색 설정하기

[C3] 셀부터 [G3] 셀까지를 드래그해 선택한 후 [홈] 탭-[글꼴] 그룹에서 [채우기 색]-[바다색, 강조 5, 80% 더 밝게]를 클릭합니다. 이어서 [E6] 셀을 선택하고 [홈] 탭-[글꼴] 그룹에서 [채우기 색]-[노랑]을 클릭합니다.

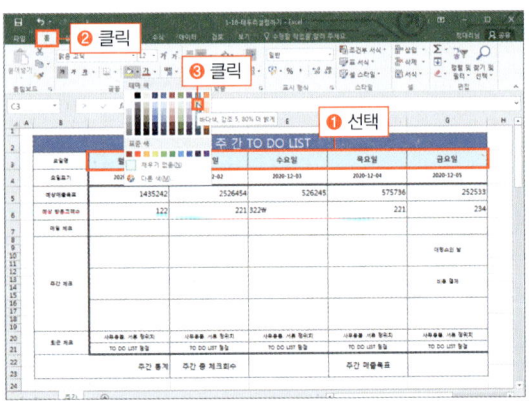
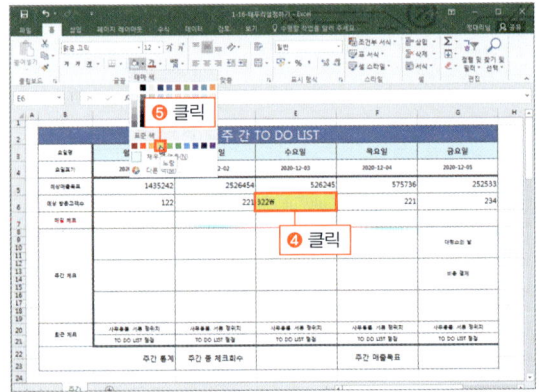

> **TIP** [홈] 탭-[글꼴] 그룹에서 [테두리]-[테두리 지우기]를 클릭하면, 마우스 포인터가 지우개 형태로 변합니다. 이 상태에서 드래그하면 마우스 포인터가 지나간 곳의 테두리 설정이 제거됩니다. 이렇게 테두리 일부를 삭제할 수 있습니다.

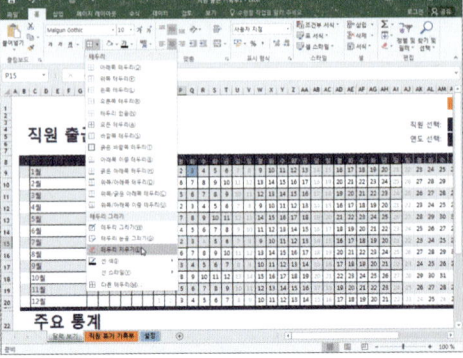
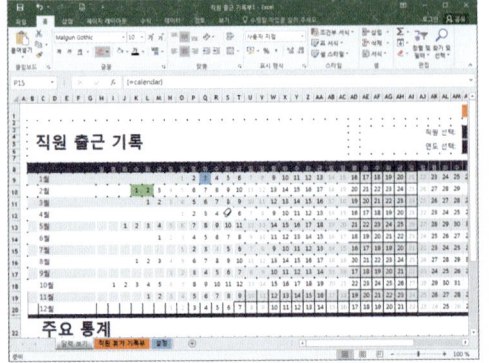

07 | 테두리 선 색 설정하기

[홈] 탭-[글꼴] 그룹에서 [테두리]-[선 색]-[파랑, 강조1]를 클릭하면, 마우스 포인터가 선 그리기 상태를 상징하는 연필 모양으로 변합니다. 바로 테두리를 드래그하면, 마우스 포인터가 지나간 곳의 테두리는 파란색으로 변하게 됩니다. 이곳에서는 테두리 기본 색상 변경만 설정하는 것이므로, 간단한 테스트 후 **Esc** 를 눌러 선 그리기 상태를 해제합니다.

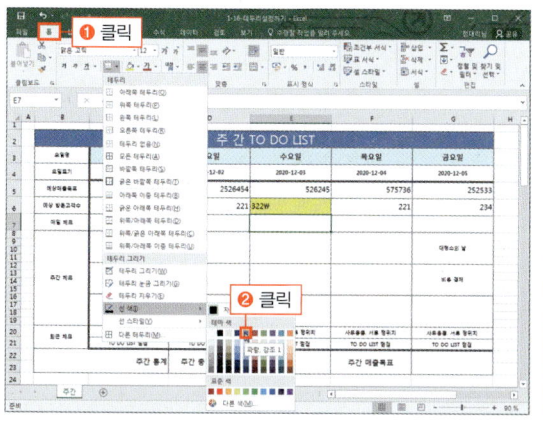 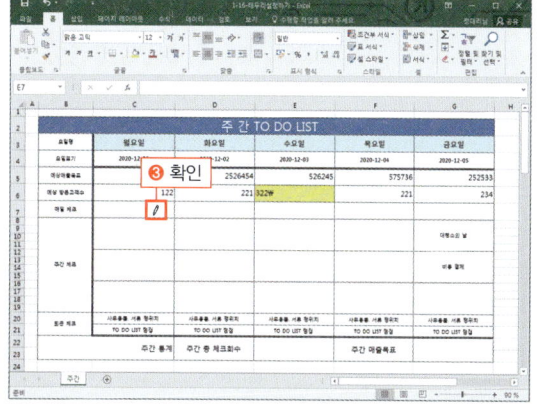

08 | 결과 확인

[B2] 셀부터 [G24] 셀까지를 드래그해 선택하고 [홈] 탭-[글꼴] 그룹에서 [테두리]-[굵은 바깥쪽 테두리]를 클릭합니다. 선택된 영역의 가장자리 테두리들이 파란색의 굵은 실선으로 설정됩니다.

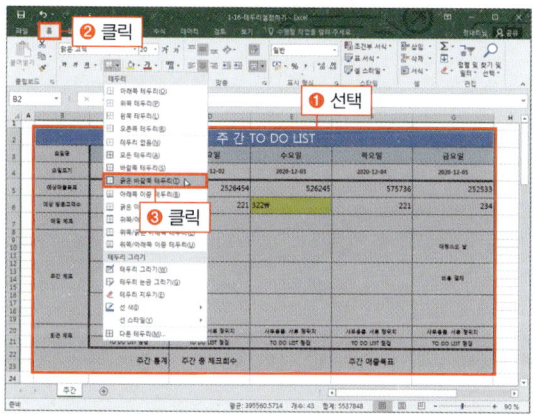

POINT 02 | 표시 형식 조정

01 | 날짜 표시 형식 설정

[C4] 셀을 선택하고 [홈] 탭-[표시 형식] 그룹에서 [자세한 날짜]를 클릭합니다. 간략하게 입력된 날짜 데이터가 알아보기 쉬운 형태로 변경됩니다. 이렇듯 입력된 데이터를 기본으로 하여 관련된 보기 좋은 형태로 탈바꿈시키는 것을 '표시 형식'이라고 합니다.

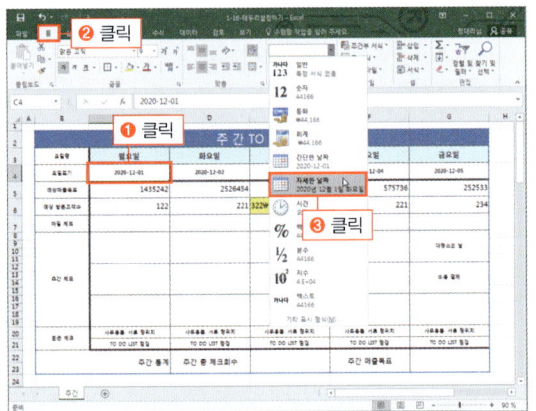
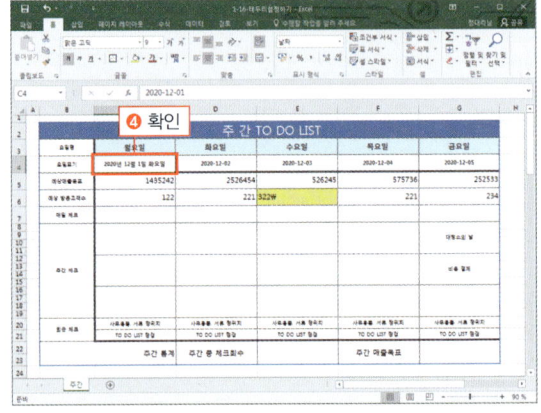

> **TIP** '표시 형식'은 말 그대로 화면에 표시되는 형태를 바꿔 보여주는 것일 뿐, 셀을 선택해보면 수식 입력줄에 나타나는 데이터 값은 표시 형식 적용 전과 후가 동일한 것을 알 수 있습니다.

02 | 화폐 표시 형식 설정

[C5] 셀을 선택하고 [홈] 탭 [표시 형식] 그룹에서 [회계 표시 형식]-[₩한국어]를 클릭합니다. 선택한 숫자 데이터가 한국에서 사용하는 화폐 단위로 표시 형식이 변경됩니다. 다양한 목록 옵션을 선택해 다른 국가의 통화로 표시를 변경할 수도 있습니다.

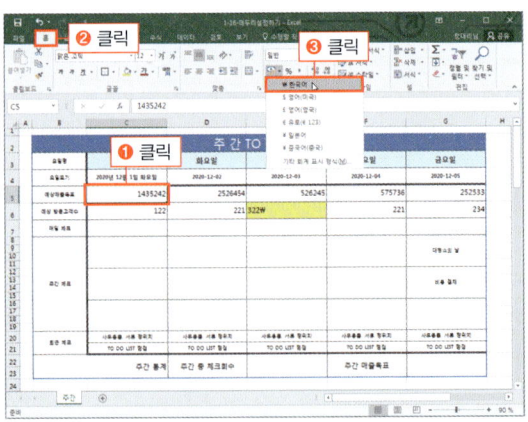

03 | 소수점 자릿수 조정하기

[C5] 셀을 선택하고 [홈] 탭–[표시 형식] 그룹에서 [자릿수 줄임]을 클릭합니다. [자릿수 줄임]을 클릭하는 것에 따라, 소수점 이하 자릿수가 줄어드는 것을 확인할 수 있습니다. 참고로 [자릿수 늘림]은 대상 데이터의 소수점 이하 자릿수를 늘리는 기능을 가집니다.

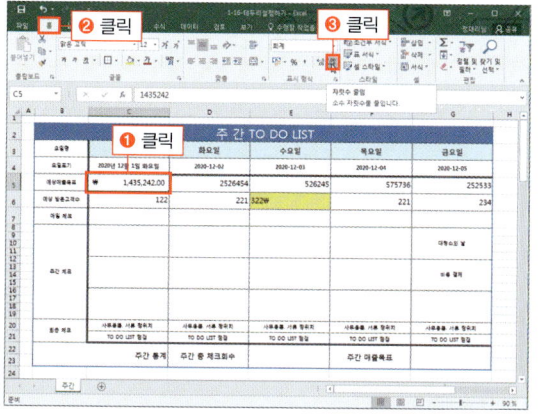 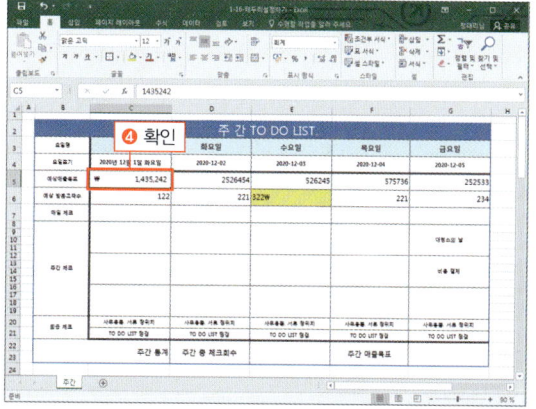

04 | 쉼표 스타일 적용하기

[D5] 셀부터 [G5] 셀까지를 선택하고 [홈] 탭–[표시 형식] 그룹에서 [쉼표 스타일]을 클릭합니다. 해당 수치 데이터들에 1000 단위 구분 기호가 적용되어 표시됩니다.

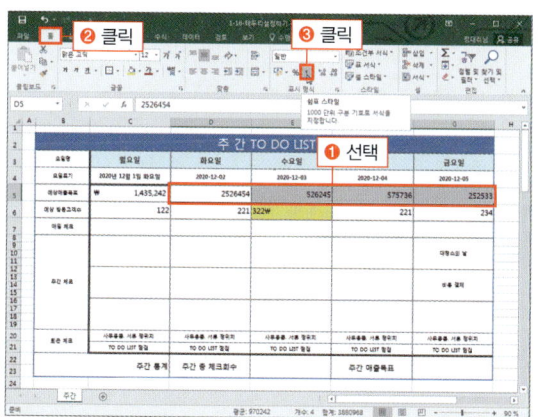 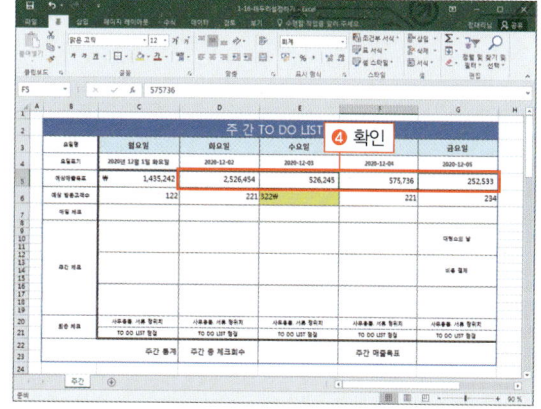

05 | 숫자를 한글로 표시

[D6] 셀을 선택하고 [홈] 탭–[표시 형식] 그룹에서 [표시 형식]을 클릭합니다. 이어서 [셀 서식] 대화상자가 나타나면 [표시 형식] 탭의 [범주]에서 '기타'를 선택하고, [형식]을 '숫자(한글)'로 선택한 뒤 [확인]을 클릭합니다. 결국 선택한 수치 데이터가 한글로 변경되어 표시됩니다.

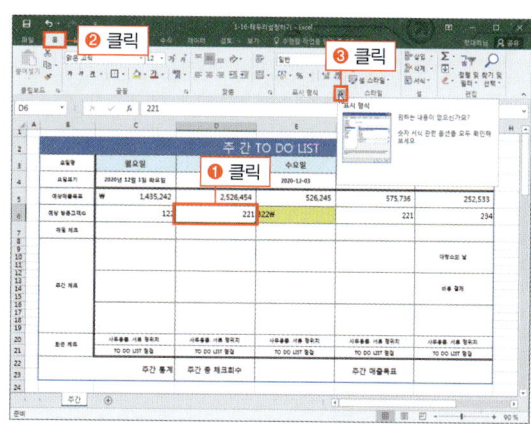

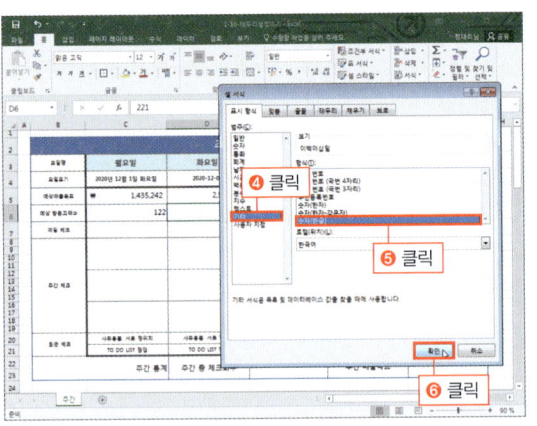
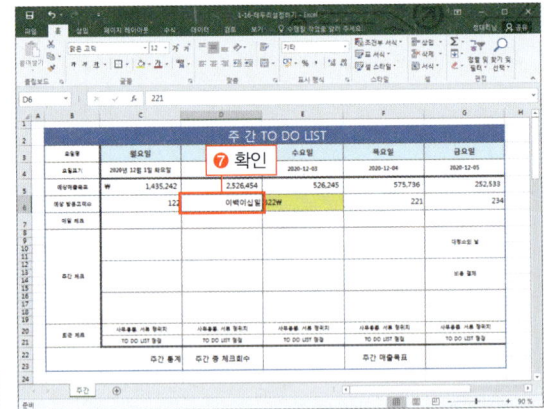

06 | 표시 형식 제거하기

[D5] 셀부터 [D6] 셀까지를 선택하고 [홈] 탭-[편집] 그룹에서 [지우기]-[서식 지우기]를 클릭합니다. 선택된 셀의 표시 형식이 제거되어 원본 데이터들이 그대로 표기됩니다.

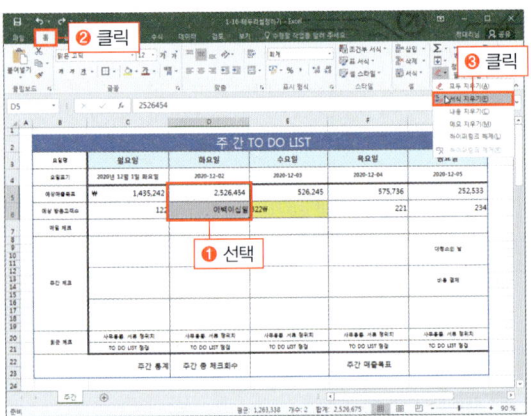
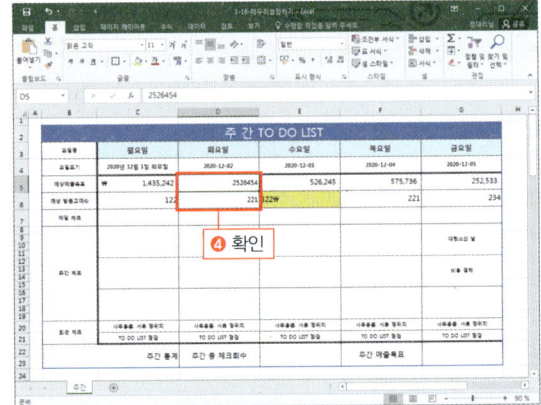

07 | 표시 형식 제작하기_01

[홈] 탭-[표시 형식] 그룹에서 [표시 형식]을 클릭한 후 [셀 서식] 대화상자가 나타나면 [표시 형식] 탭의 [범주]에서 '사용자 지정'을 선택합니다. 이어서 [형식]에 '##"회 체크함"'을 입력한 후 [확인]을 클릭합니다. 참고로 따옴표(") 안에 입력한 문자는 셀에서도 그대로 출력되며, '#' 기호는 사용자가 입력하는 숫자를 가리킵니다. 따라서 사용자가 입력한 숫자와 '회 체크함' 문자가 함께 표시되도록 설정한 것입니다.

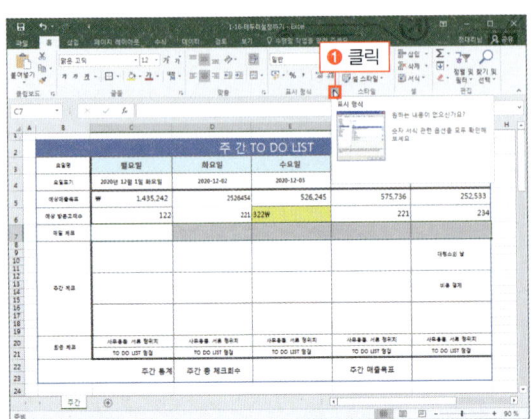
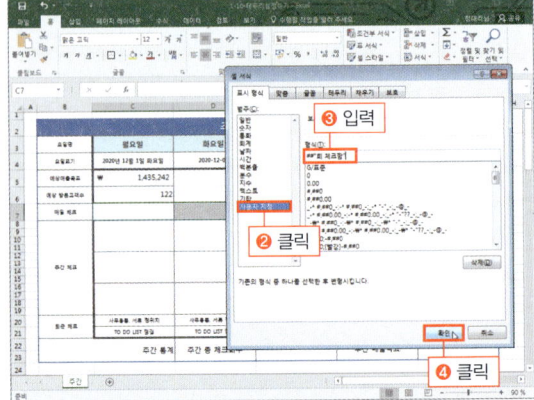

08 | 표시 형식 제작하기_02

[C7] 셀부터 [G7] 셀까지 임의의 숫자를 입력합니다. 결국 이전에 설정해둔 사용자 지정 형식이 적용되어, 입력된 수치들이 '회 체크함'이라는 문장과 함께 표시됩니다.

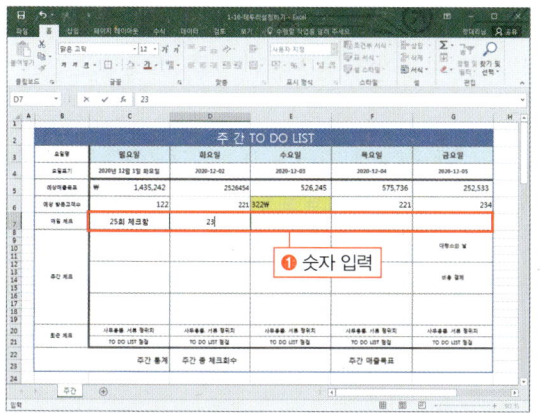 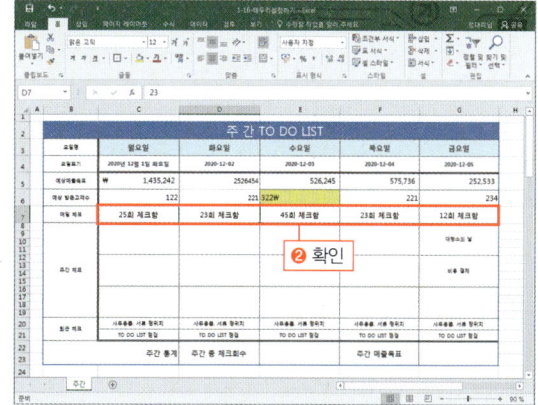

 '회 체크함'이라는 문자가 표시되지만 이것은 어디까지나 표시되는 형식일 뿐, 엑셀 2016이 인식하는 것은 셀에 입력된 숫자 데이터뿐입니다.

09 | 계산에 활용하기

[E22] 셀을 선택하고 직접 입력 방식으로 SUM 함수 '=SUM(C7:G7)'을 입력한 후 Enter 를 누릅니다. 비록 '문자+숫자' 형태지만 실제로는 숫자 데이터뿐이기에, 함수식에 활용하여 계산이 가능합니다. 한편 [E22] 셀에는 계산 대상 셀들의 표시 형식을 따라 '회 체크함'이 표시됩니다. [홈] 탭-[표시 형식] 그룹에서 [숫자]를 클릭하면 평범한 숫자로 표시 형식을 변경할 수 있습니다.

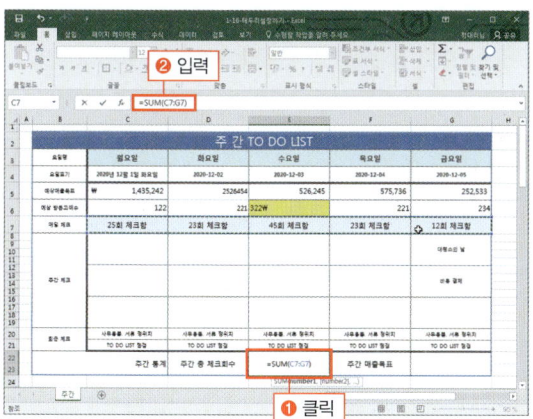 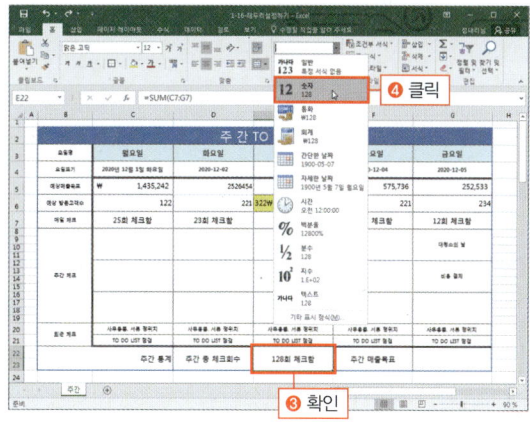

POINT 03 | 서식 지우기

01 | 내용 지우기

[E3] 셀부터 [E7] 셀까지를 드래그해 선택하고, [홈] 탭-[편집] 그룹에서 [지우기]-[내용 지우기]를 클릭합니다. 선택된 영역의 셀 데이터들이 모두 제거됩니다.

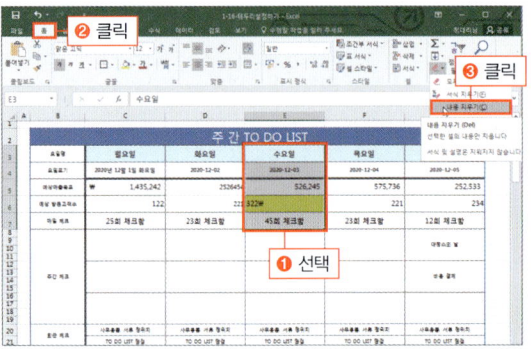 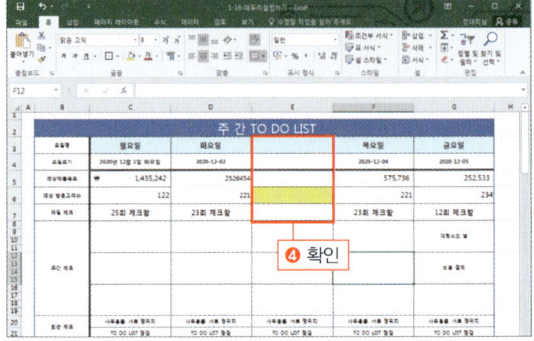

02 | 서식 지우기

[C3] 셀부터 [C5] 셀까지를 드래그해 선택하고, [홈] 탭-[편집] 그룹에서 [지우기]-[서식 지우기]를 클릭합니다. 선택된 영역의 서식들만 모두 제거됩니다.

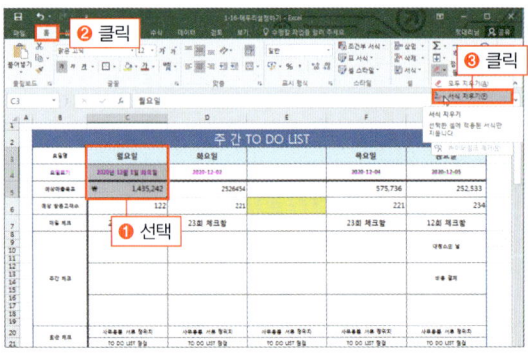 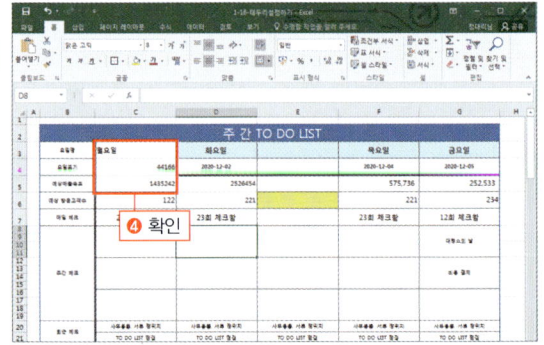

03 | 모두 지우기

[C3] 셀부터 [D4] 셀까지를 드래그해 선택하고, [홈] 탭-[편집] 그룹에서 [지우기]-[모두 지우기]를 클릭합니다. 선택된 영역의 서식 및 데이터가 모두 제거됩니다.

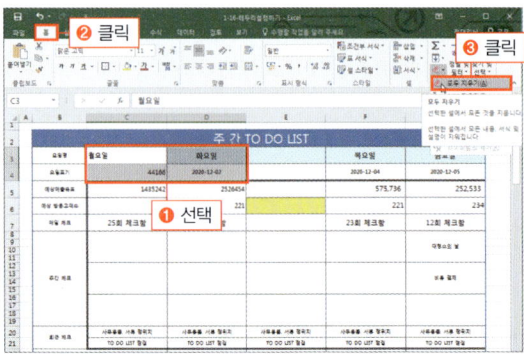 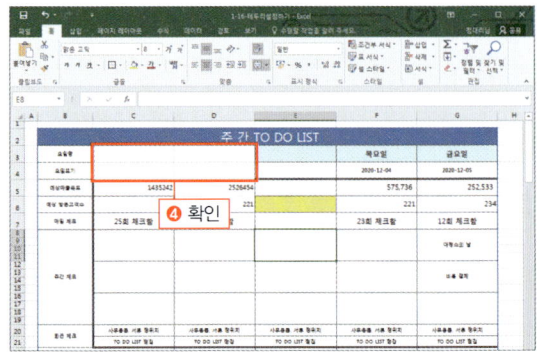

테두리, 표시 형식

• 동영상 : 11-테두리 표시 형식.wmv

01 | 문서에 적용된 테두리는 해당 영역을 선택하고 [홈] 탭-[테두리 없음]을 터치하는 것으로 테두리를 제거할 수 있습니다.

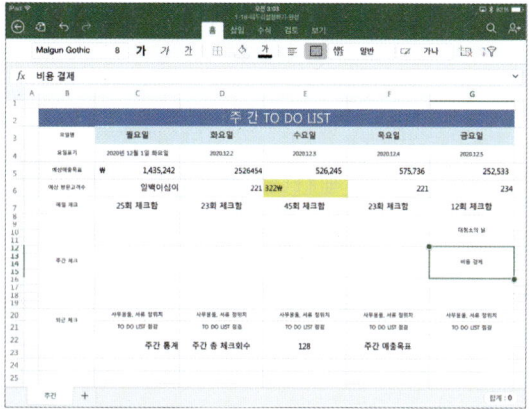

02 | 일부 영역을 설정하고 [홈] 탭-[모든 테두리]를 터치해 대상 영역에 실선 테두리를 적용할 수 있습니다. 다른 영역에는 [홈] 탭-[굵은 상자 테두리]를 적용해 봅니다. 참고로 태블릿에서는 [셀 테두리] 목록에서 제공되는 항목들만 테두리로 설정할 수 있으며, PC처럼 특이한 테두리 적용이나 색상 설정 등은 지원하지 않습니다.

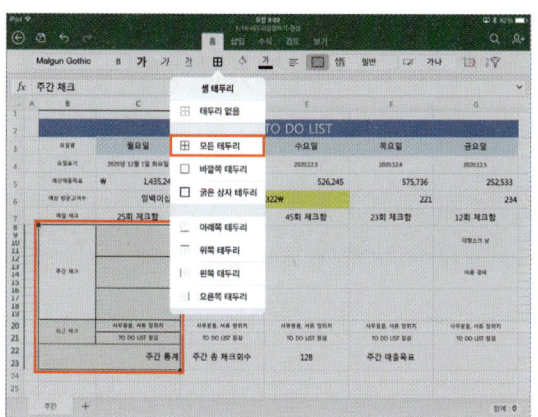 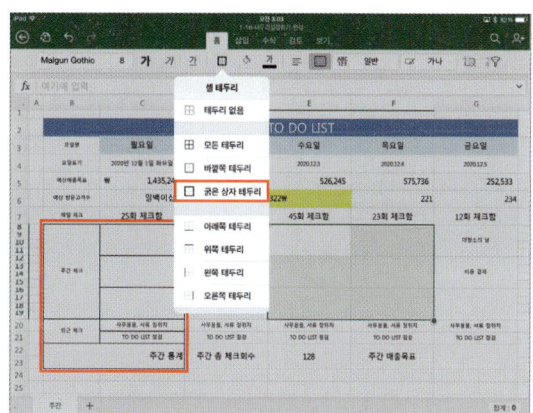

03 | 셀에 입력된 데이터의 속성에 따라 [홈] 탭의 표시 형식을 다르게 수정할 수 있습니다. 강좌에서는 통화 서식, 날짜 속성 등을 수정해 보았으며, 태블릿 버전에서 사용자 지정 서식이 지원되지 않는 부분까지 확인하였습니다.

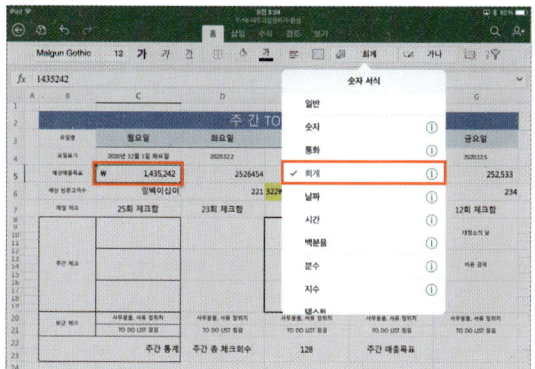 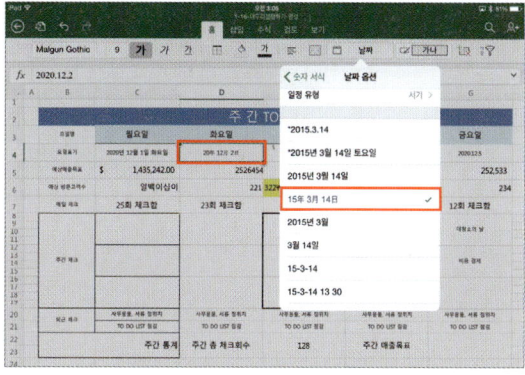

SECTION 17

빠른 서식 적용하기

이전 과정들에서는 셀의 배경을 채우고 글꼴 형태를 일일이 설정해 주었지만, 엑셀에서 기본 제공하는 셀 스타일과 표 서식 옵션을 활용하면 보다 빠르게 문서와 어울리는 서식 설정이 가능합니다.

| 예제파일 | 1-17-빠른서식적용.xlsx | 완성파일 | 1-17-빠른서식적용-완성.xlsx

POINT 01 | 빠른 셀 스타일 적용

01 | 셀 스타일 적용하기

'1-17-빠른서식.xlsx' 파일을 열고 [B3] 셀부터 [F20] 셀까지를 드래그해 선택합니다. [홈] 탭-[스타일] 그룹에서 [셀 스타일]-[계산]을 클릭합니다. 참고로 목록에서 셀 스타일을 선택하는 과정 중, 마우스 포인터의 위치에 따라 해당 옵션이 적용될 경우를 실시간 미리 보기로 확인할 수 있습니다. 이를 참조해 문서에 어울리는 셀 스타일을 빠르게 설정할 수 있습니다.

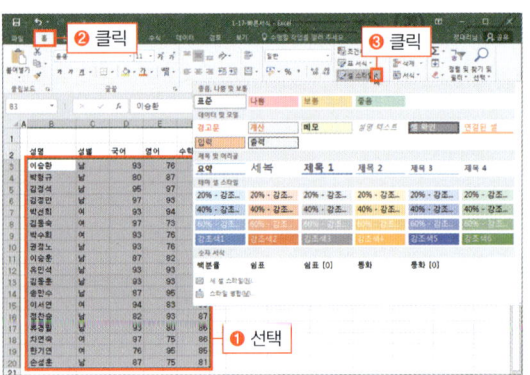
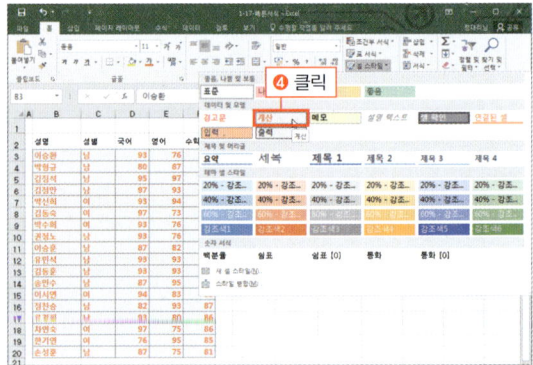

▲ 셀 스타일 목록을 펼쳐본 모습

02 | 테마 셀 스타일 적용

[B3] 셀부터 [B20] 셀까지를 선택하고 [홈] 탭-[스타일] 그룹에서 [셀 스타일]-[강조색2]를 클릭합니다. 참고로 [강조색2]는 '테마 셀 스타일' 분류에 속하며, 이에 따라 문서에 적용된 테마 색상이 변경되면 같이 지정된 색상이 변경되는 속성을 가집니다.

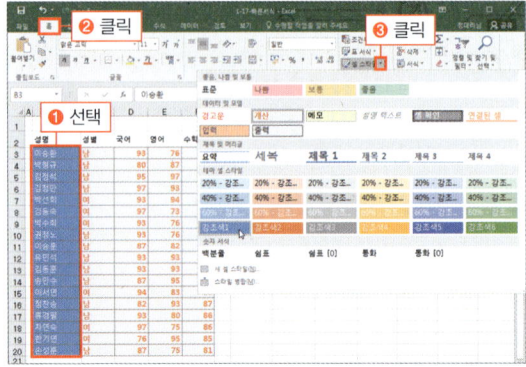
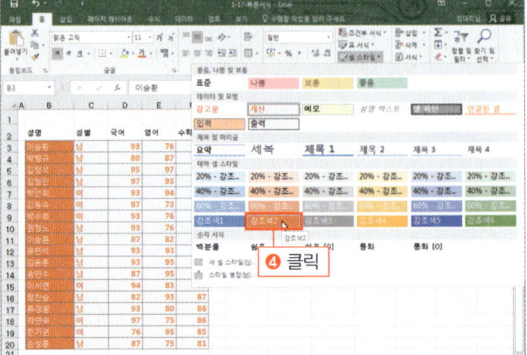

▲ 셀 스타일 목록 위의 마우스 포인터 위치에 따라 실시간 미리 보기 적용

03 | '제목 1' 스타일 설정하기

[B2] 셀에서 [F2] 셀 까지를 선택하고 [홈] 탭-[스타일] 그룹에서 [셀 스타일]-[제목 1]을 클릭합니다.

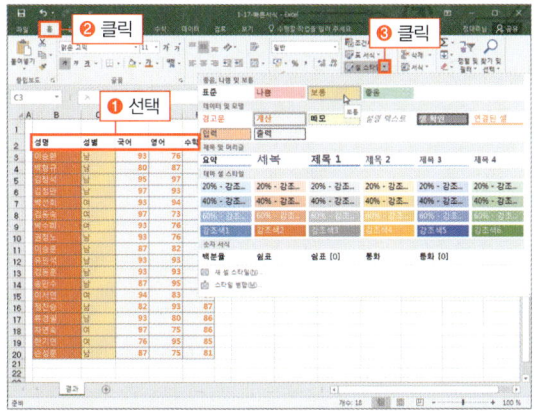
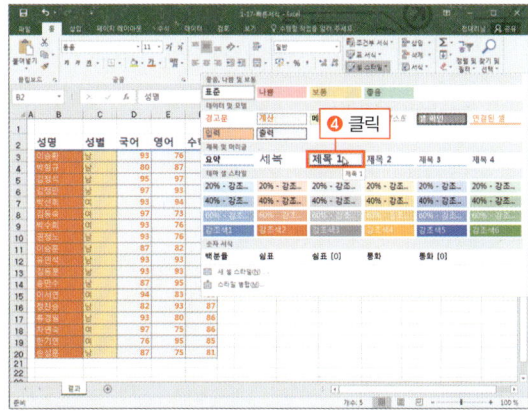

04 | 테마 변경하기

[페이지 레이아웃] 탭-[테마] 그룹에서 [테마]-[패싯]을 클릭합니다. 테마는 문서 전반에 영향을 끼치는 테마 색 및 기본 글꼴 등의 스타일이 통합되어 있는 옵션이며, [패싯]을 선택함에 따라 이전과 다른 서식이 적용됩니다. 이어서 [페이지 레이아웃] 탭-[테마] 그룹에서 [색]-[청록색]을 클릭하여, 적용된 테마의 색상 배합만 변경해 봅니다.

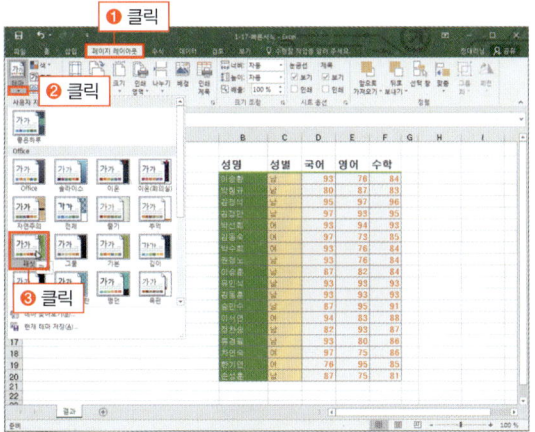
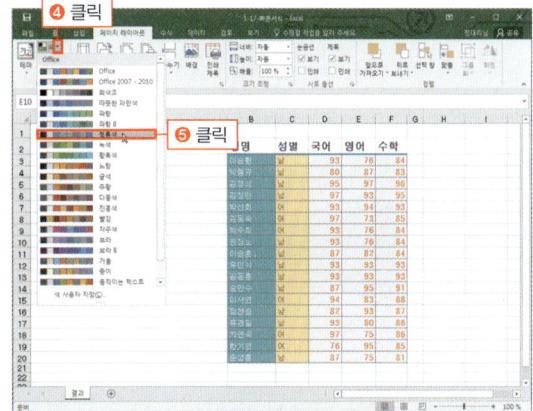

05 | 새 셀 스타일 만들기

[B8] 셀을 선택하고, 그림과 비슷하게 서식을 변경해 봅니다. 이어서 [홈] 탭-[스타일] 그룹에서 [셀 스타일]-[새 셀 스타일]을 클릭한 후 [스타일] 대화상자의 [스타일 이름]에 '직접만든 셀스타일'을 입력하고 [확인]을 클릭합니다.

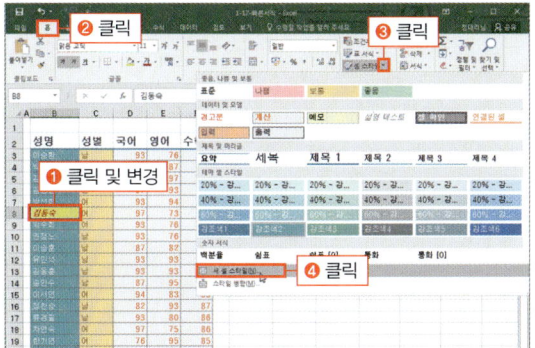
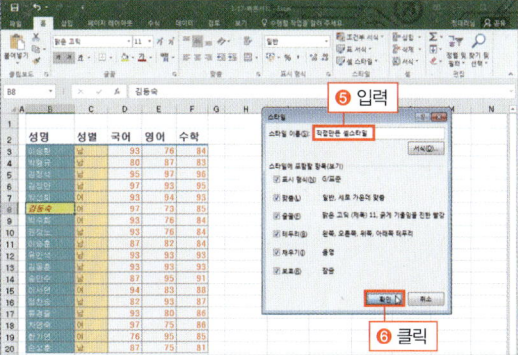

06 | 결과 확인

[C15] 셀부터 [C20] 셀까지를 드래그해 선택하고 [홈] 탭-[스타일] 그룹에서 [셀 스타일]-[사용자 지정]-[직접만든...] 스타일을 확인합니다. 이곳을 클릭해 직접 만든 스타일을 적용할 수 있으며, 마우스 오른쪽 버튼을 클릭하고 [삭제]를 선택해 제거하는 것도 가능합니다.

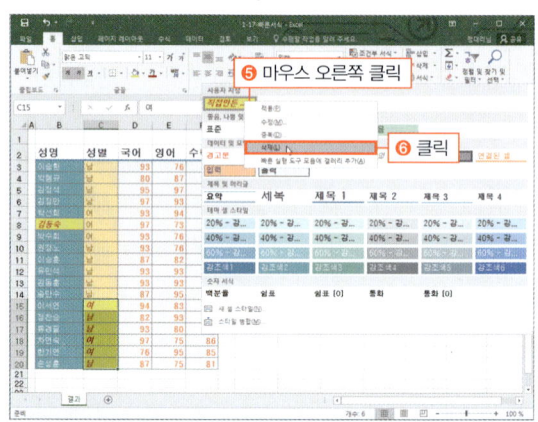

> **TIP** [셀 스타일] 목록에 만들어둔 사용자 지정 스타일 위에서 마우스 오른쪽 버튼을 클릭하고 [수정]을 선택하면 해당 스타일을 수정할 수 있습니다. [스타일] 대화상자의 [서식]을 클릭하고 관련 메뉴들을 변경하면 됩니다.

POINT 02 | 빠른 표 서식 적용하기

01 | 서식 지우기

[페이지 레이아웃] 탭-[테마] 그룹에서 [테마]-[Office]를 클릭해 문서에 전반에 영향을 미치는 색상 배합과 글꼴 모양을 기본 값으로 되돌립니다. 이어서서 [B2] 셀부터 [E20] 셀까지를 드래그하여 선택하고 [홈] 탭-[편집] 그룹에서 [지우기]-[서식 지우기]를 클릭해 일부 영역의 서식을 삭제합니다.

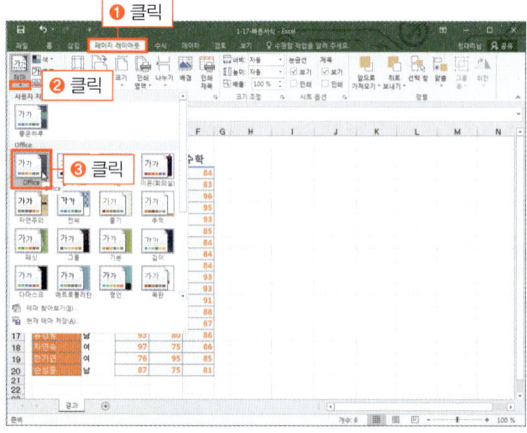
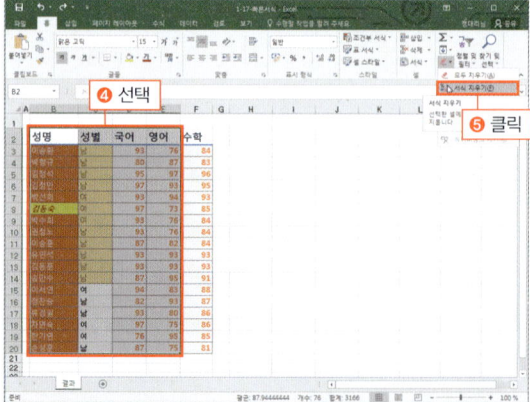

02 | 표 서식 적용하기

표로 만들어질 데이터 영역 안쪽에서 셀을 하나 선택하고 [홈] 탭-[스타일] 그룹에서 [표 서식]-[표 스타일 밝게 12]를 클릭합니다. [표 서식] 대화상자를 보면 선택한 셀을 포함하고 있는 데이터 영역을 자동으로 선택해 줍니다. 이곳의 [머리말 포함]에 체크한 뒤 [확인]을 클릭합니다.

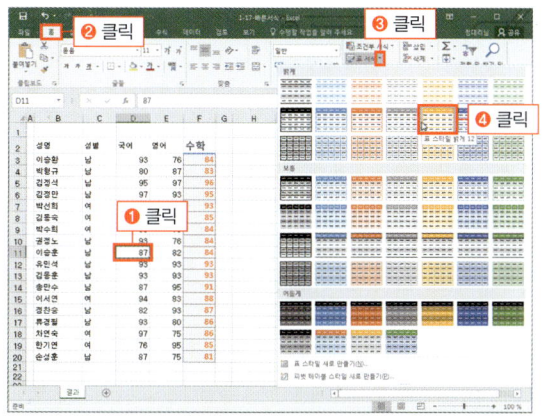 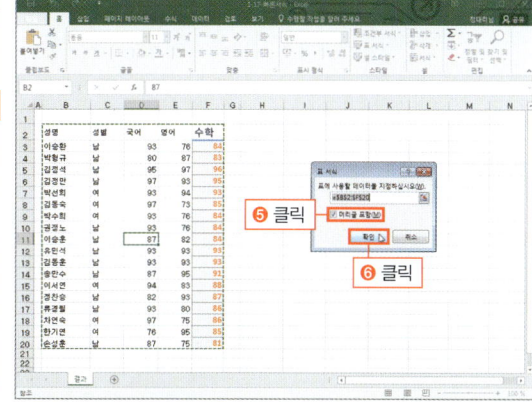

03 | 표 서식 제거하기

이전 과정에 이어서 [표 도구]-[디자인] 탭-[표 스타일] 그룹의 [빠른 스타일]에서 다른 표 스타일을 선택해 봅니다. 한 번 표 서식이 적용되었기 때문에, 마우스 포인터의 위치에 따라 해당 옵션의 적용 결과를 실시간 미리 보기로 확인할 수 있습니다. 참고로 셀 서식을 직접 설정한 셀들은 '표 스타일'에 아무런 영향을 받지 않는 점도 유의합니다.

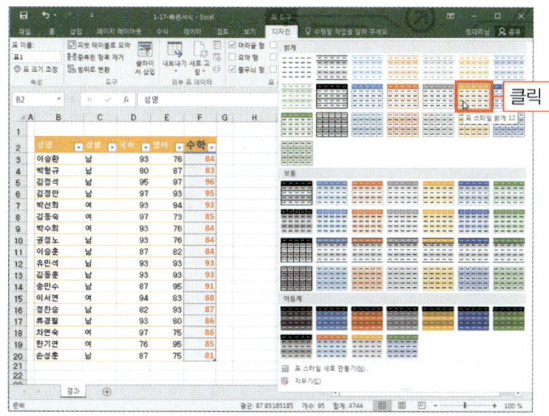 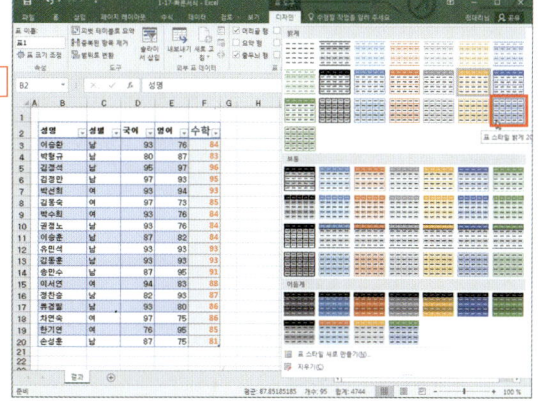

▲ 마우스 포인터 위치에 따른 '표 스타일' 실시간 미리 보기

SECTION 18

시각적인 데이터 분석, 조건부 서식

복잡한 수식이나 데이터의 흐름을 이해하기 쉬운 그래픽 개체로 표시할 수 있습니다. 이런 경우 많이 사용하는 것이 '조건부 서식'이며, 이를 활용하면 보다 쉽고 한 눈에 파악되는 문서 작성이 가능합니다.

| 예제파일 | 1-18-조건부서식.xlsx | 완성파일 | 1-18-조건부서식-완성.xlsx

POINT 01 | 아이콘 집합 조건부 서식 적용

01 | '방향' 분류의 아이콘 집합 적용

'1-18-조건부서식.xlsx' 파일을 열고 [B4] 셀에서 [B14] 셀까지를 선택합니다. 이어서 [홈] 탭-[스타일] 그룹에서 [조건부 서식]-[아이콘 집합]-[4방향 화살표(회색)]을 클릭합니다. 대상 영역 수치의 높낮이를 4가지 분류로 나누어 화살표 아이콘으로 표시됩니다. 선택 과정 중에 실시간 미리 보기를 지원하여 결과를 짐작하며 옵션 선택을 할 수도 있습니다.

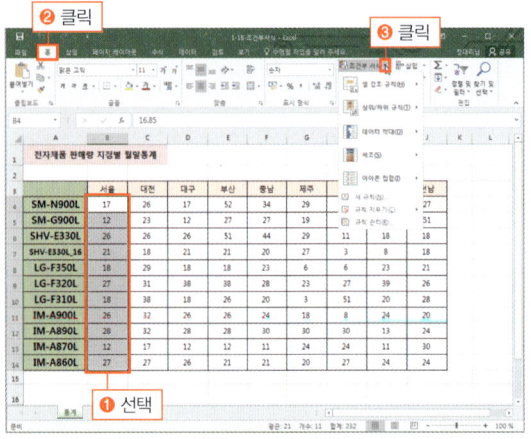
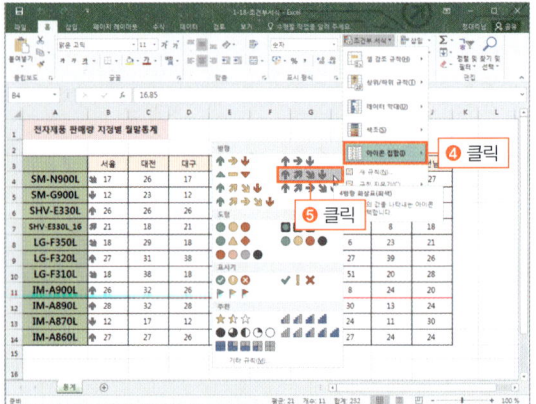

02 | '추천' 분류의 아이콘 집합 적용

[B4] 셀에서 [D14] 셀까지를 선택하고 [홈] 탭-[스타일] 그룹에서 [조건부 서식]-[아이콘 집합]-[평점 4]를 클릭합니다. 대상 영역 수치의 높낮이를 4가지 분류로 나누어 안테나 아이콘으로 표시됩니다. 참고로 아이콘 집합은 중복 적용이 되지 않아 B열에 설정된 서식들이 새로 덧씌워지는 것을 확인할 수 있습니다.

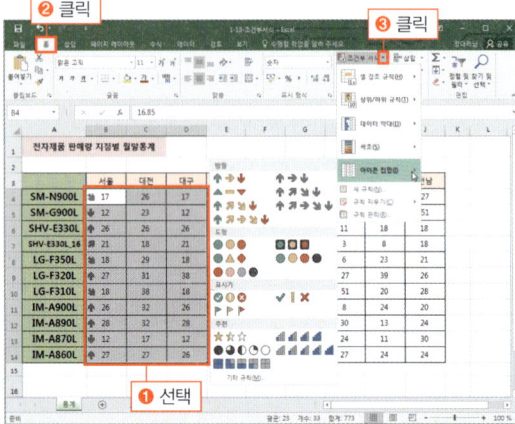
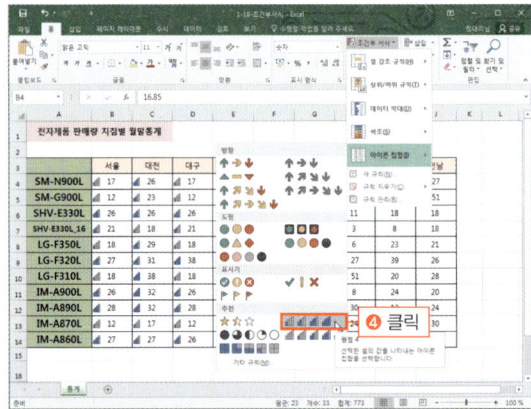

POINT 02 | 데이터 비중에 따른 적용

01 | 데이터 막대

[E4] 셀에서 [E14] 셀까지를 선택합니다. 이어서 [홈] 탭-[스타일] 그룹에서 [조건부 서식]-[데이터 막대]-[녹색 데이터 막대]를 클릭합니다. 각각의 셀마다 적절한 비중의 녹색 막대가 배경으로 삽입됩니다.

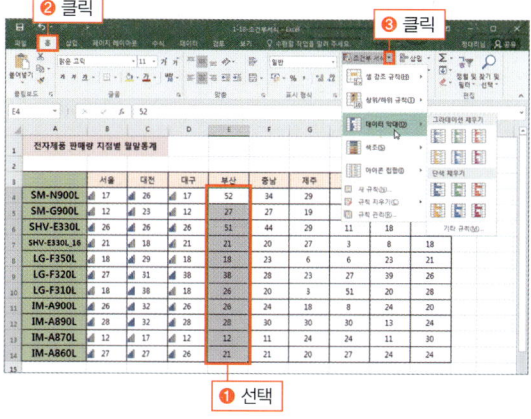
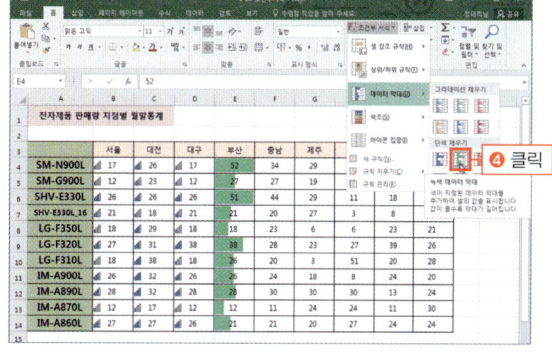

02 | 색조

[F4] 셀에서 [F14] 셀까지를 선택합니다. 이어서 [홈] 탭-[스타일] 그룹에서 [조건부 서식]-[색조]-[빨강-흰색-파랑 색조]를 클릭합니다.

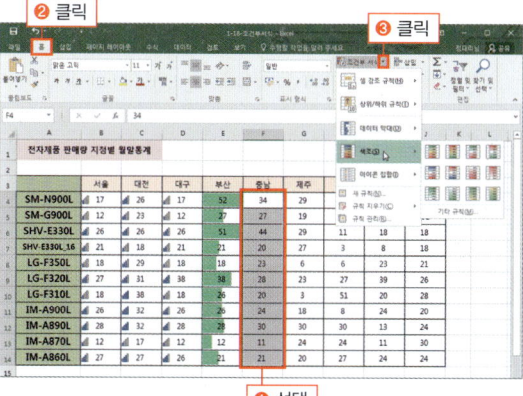
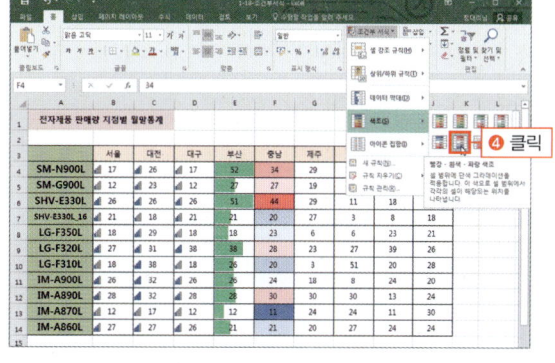

> **TIP** 색조는 2, 3가지 색상을 대상 범위의 데이터 값들에 대입하여 표시해주는 것으로써 [빨강-흰색-파랑] 색조를 적용하면 가장 낮은 데이터 값이 파랑색으로 표시됩니다. 물론 가장 높은 데이터 값에는 빨강이 표시되며 그 사이 값 들은 자동으로 알맞는 색을 채우기 합니다.

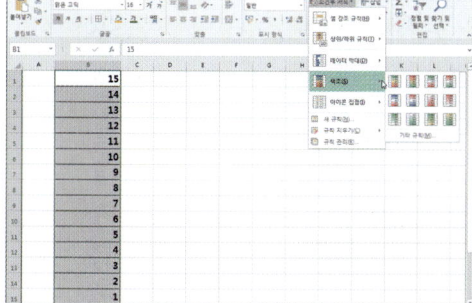

03 | 색조 중복하여 적용하기

[B4] 셀에서 [C14] 셀까지를 선택한 후 [홈] 탭-[스타일] 그룹에서 [조건부 서식]-[색조]-[빨강-노랑-녹색 색조]를 클릭합니다. 설정된 3가지 기준색이 대상 영역의 수치를 분석하여 적절하게 혼합되어 표시됩니다. 참고로 기존 설정된 아이콘 집합과 색조 조건부 서식이 중복 적용되는 것을 확인할 수 있습니다.

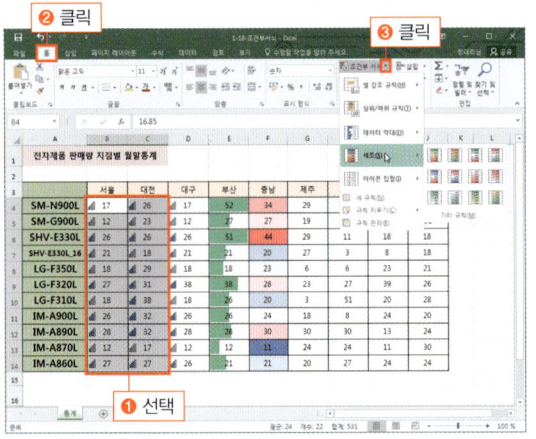 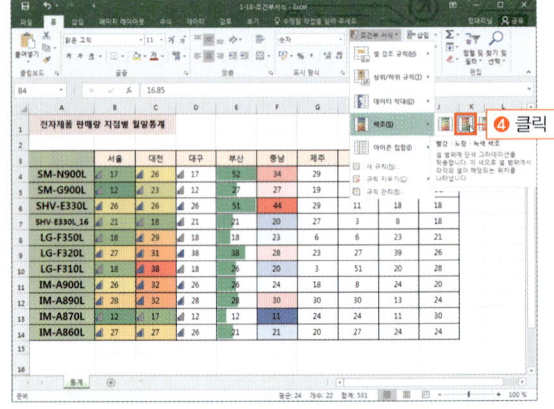

04 | 색조 서식 변경하기

이전에 작업한 [B4] 셀에서 [C14] 셀까지를 다시 선택한 후 [홈] 탭-[스타일] 그룹에서 [조건부 서식]-[색조]-[빨강-흰색-파랑 색조]를 클릭합니다. 결국 다시 선택한 색조 조건부 서식으로 쉽게 이전 서식이 변경됩니다.

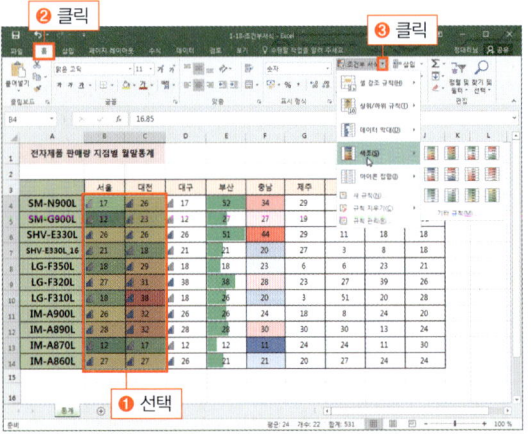 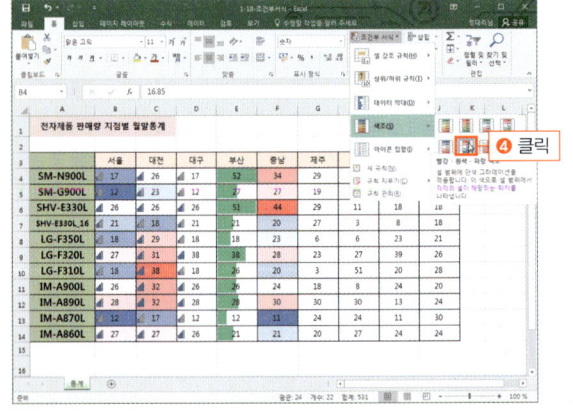

05 | 규칙 지우기

[B4] 셀에서 [D6] 셀까지를 선택한 후 [홈] 탭-[스타일] 그룹에서 [조건부 서식]-[규칙 지우기]-[선택한 셀의 규칙 지우기]를 클릭합니다. 결국 설정된 영역에 적용된 조건부 서식들이 쉽게 제거됩니다.

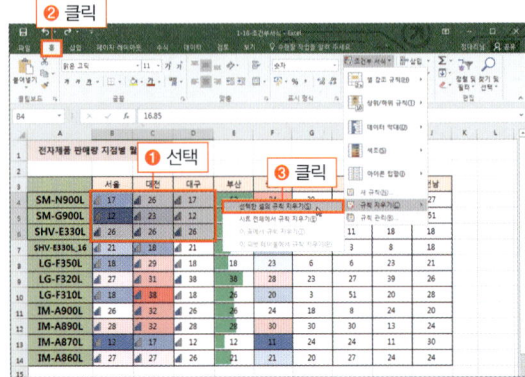 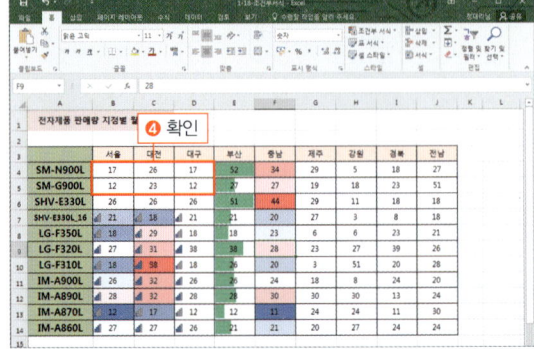

06 | 모든 규칙 지우기

이번에는 [홈] 탭-[스타일] 그룹에서 [조건부 서식]-[규칙 지우기]-[시트 전체에서 규칙 지우기]를 클릭합니다. 작업 중이던 워크시트 전체를 대상으로 적용된 조건부 서식들을 한 번에 제거합니다.

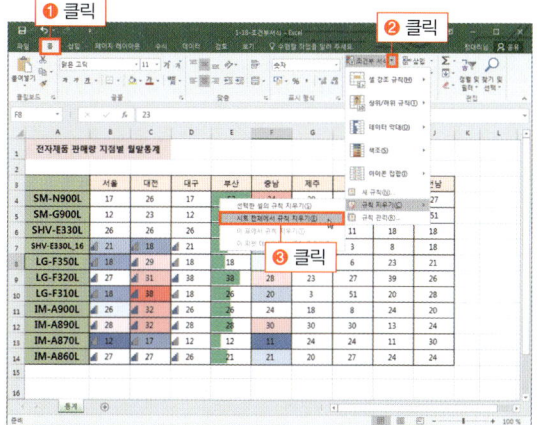 

POINT 03 세분화된 데이터 조건 설정

01 | 상위/하위 10개

[C4] 셀에서 [C14] 셀까지를 선택합니다. 이어서 [홈] 탭-[스타일] 그룹에서 [조건부 서식]-[상위/하위 규칙]-[상위 10개 항목]을 클릭합니다. [상위 10개 항목] 대화상자에서 '진한 녹색 텍스트가 있는 녹색 채우기'를 선택하고 [확인]을 클릭합니다. 설정이 적용되어 상위 10개 셀의 데이터 색상과 배경이 녹색으로 변합니다.

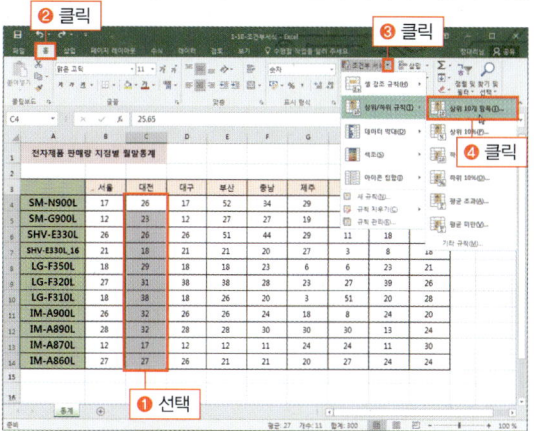 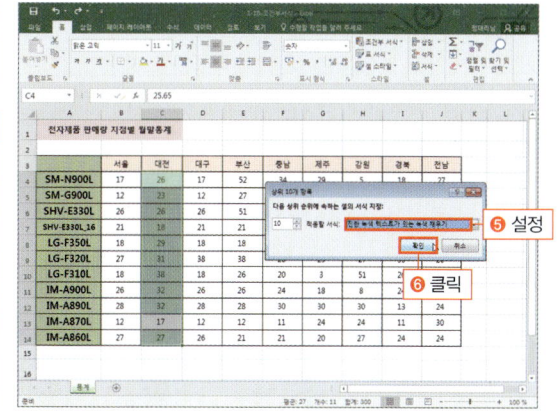

TIP [상위/하위 규칙] 목록에서 [상위 10%]를 선택해 과정을 적용할 수도 있습니다. 이때 기준이 되는 개수나 %는 사용자 의도에 맞게 수정할 수도 있습니다.

02 | 보다 큼

[D4] 셀에서 [E14] 셀까지를 선택하고 [홈] 탭-[스타일] 그룹에서 [조건부 서식]-[셀 강조 규칙]-[보다 큼]을 클릭합니다. [보다 큼] 대화상자에서 '20'을 입력한 후 선택 목록에서 '사용자 지정 서식'을 선택하고 [셀 서식]-[채우기] 탭에서 '배경 색'을 '노랑'으로 설정합니다.

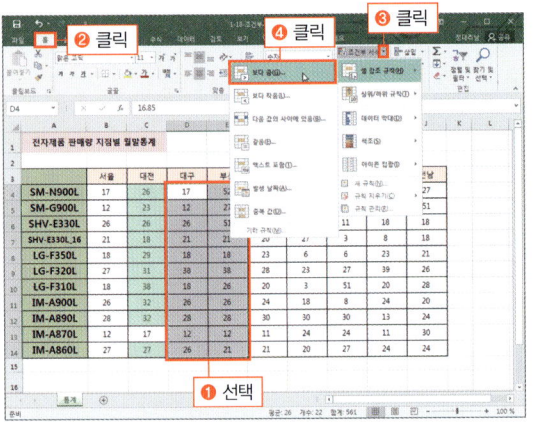 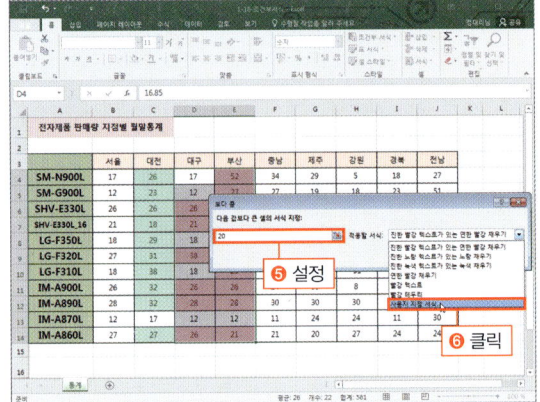

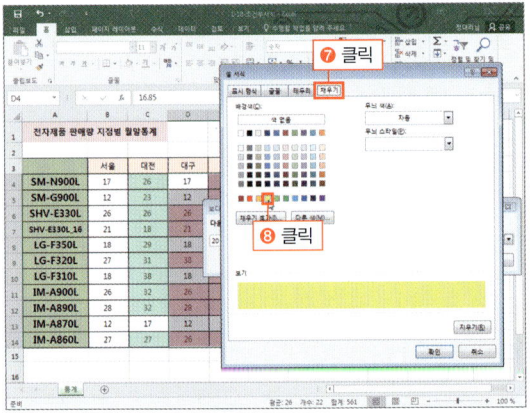

03 | 결과 확인

[셀 서식] 대화상자의 [글꼴] 탭에서 [글꼴 스타일]을 '굵게', [색]을 '빨강'으로 설정하고 [확인]을 클릭합니다. 선택된 영역에서 '20'이 넘는 수치의 셀들은 방금 설정한 서식으로 변경됩니다. [보다 큼] 대화상자의 [확인]을 클릭하여 작업을 마무리합니다.

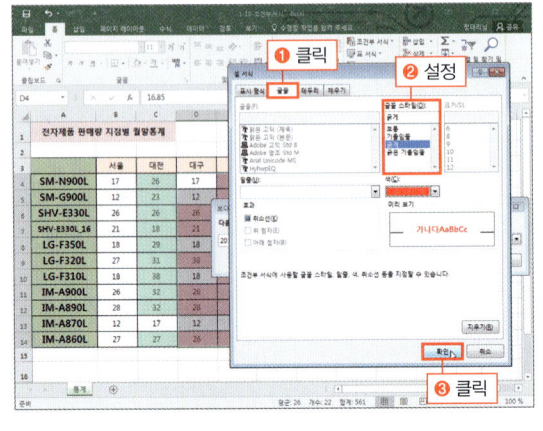 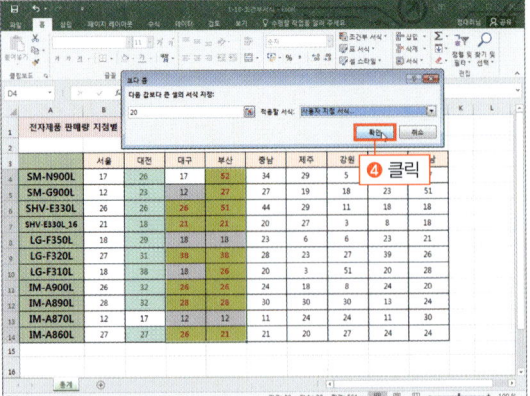

POINT 04 규칙 관리하기

01 조건부 서식 중복 적용

[C4] 셀부터 [E14] 셀까지를 선택하고 [홈] 탭-[스타일] 그룹에서 [조건부 서식]-[아이콘 집합]-[5가지 원(흑백)]을 클릭합니다. 이적 작업에서 설정한 조건부 서식과 지금 설정한 아이콘 집합이 중복되어 표시됩니다.

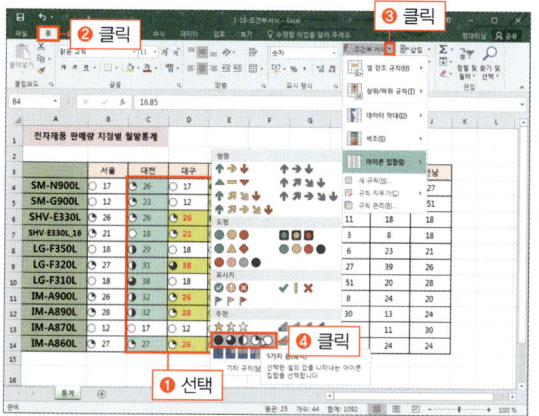 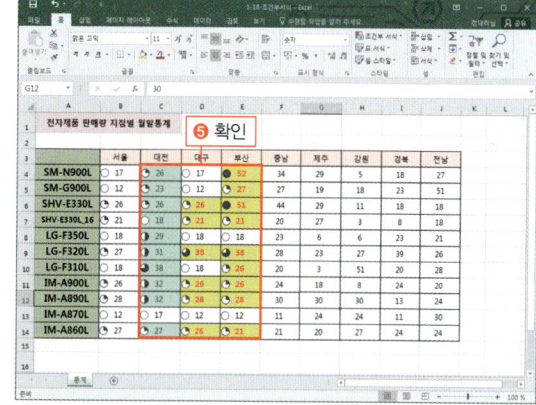

> TIP 같은 속성의 조건부 서식들은 중복 적용이 되지 않습니다. 예를 들어 아이콘 집합에서 다른 아이콘 집합, 색조에서 다른 색조 등으로 변경하는 것들은 서식이 중복되지 않고 나중에 적용한 옵션으로 서식이 변경됩니다.

02 규칙 편집 실행하기

[D8] 셀을 선택하고 [홈] 탭-[스타일] 그룹에서 [조건부 서식]-[규칙 관리]를 클릭합니다. [조건부 서식 규칙 관리자] 대화상자를 보면 현재 선택된 [D8] 셀에 적용된 조건들로 '아이콘 집합'과 '셀 값 >20' 등이 설정된 것을 확인할 수 있습니다. 이들 중 '셀 값>20'을 선택하고 [규칙 편집]을 클릭합니다.

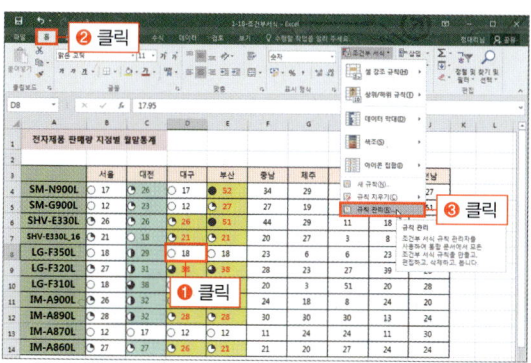

> TIP [조건부 서식 규칙 관리자] 대화상자의 [서식 규칙 표시]는 기본적으로 '현재 선택 영역'에 포함된 조건부 서식들을 목록으로 표시합니다. 이 목록을 다시 선택해 '현재 워크시트' 전체의 조건부 서식, 다른 워크시트의 조건부 서식들을 선택해 표시할 수도 있습니다.

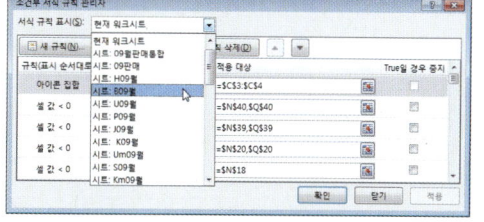

03 | 서식 조건 변경하기

[서식 규칙 편집] 대화상자가 나타나면 [규칙 유형 선택]을 '평균보다 크거나 작은 값만 서식 지정'으로 설정합니다. 이어서 [선택한 범위의 평균]을 '미만'으로 설정하고 [확인]을 클릭합니다.

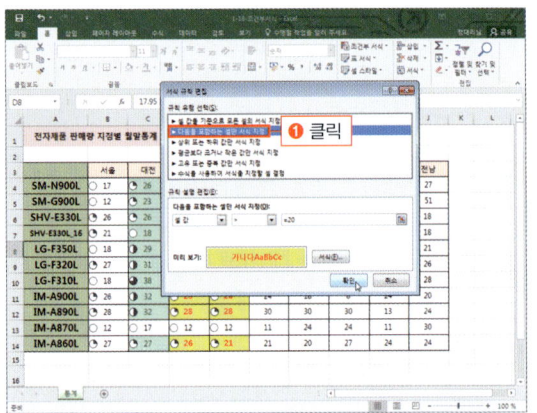
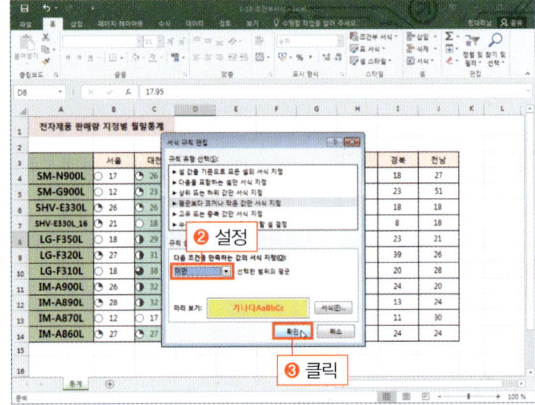

04 | 결과 확인

[조건부 서식 규칙 관리자] 대화상자를 보면 수정된 규칙의 명칭이 '평균 미만'으로 수정되어 있습니다. [확인]을 클릭해 보면 [D4] 셀부터 [E14] 셀 영역의 평균 이하 수치들을 대상으로 설정된 조건부 서식이 적용됩니다.

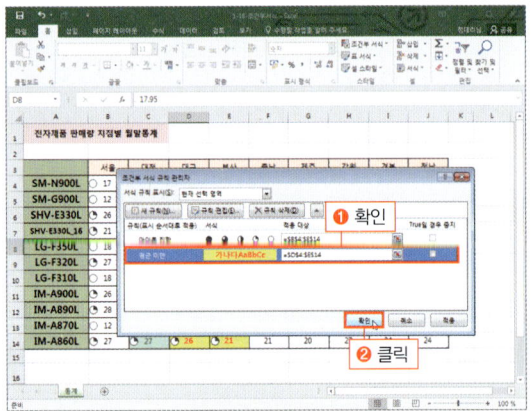
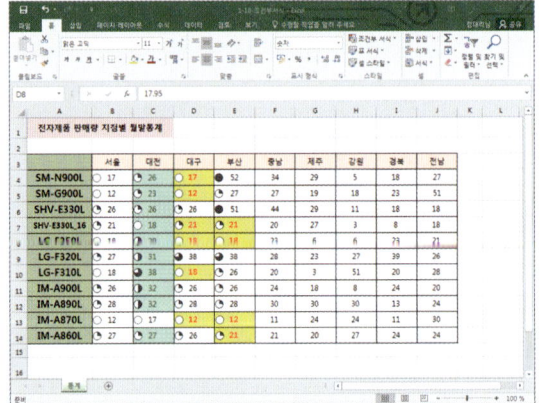

05 | 일부 규칙만 삭제

[D8] 셀이 선택된 상태에서 [홈] 탭-[스타일] 그룹에서 [조건부 서식]-[규칙 관리]를 클릭합니다. [조건부 서식 규칙 관리자] 대화상자에서 [아이콘 집합]을 선택하고 규칙 삭제를 클릭합니다.

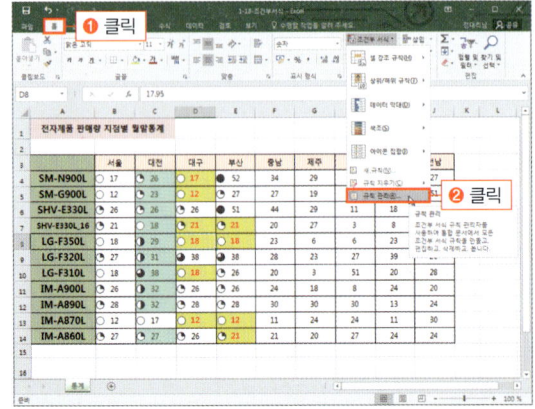
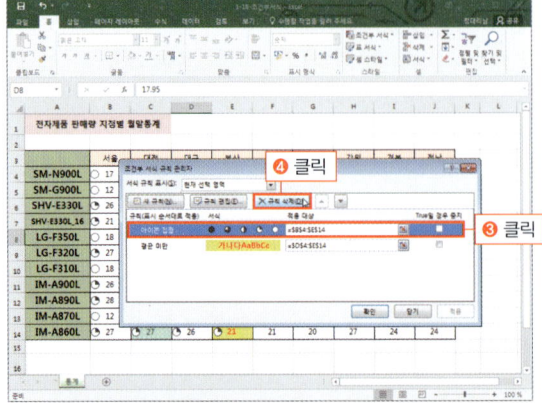

06 | 결과 확인

[조건부 서식 규칙 관리자] 대화상자에서는 '아이콘 집합' 조건이 사라졌습니다. [확인]을 클릭하면 [아이콘 집합]의 아이콘들이 한 번에 제거된 것을 확인할 수 있습니다.

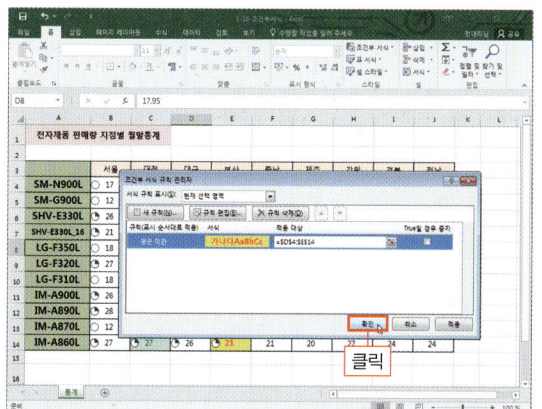 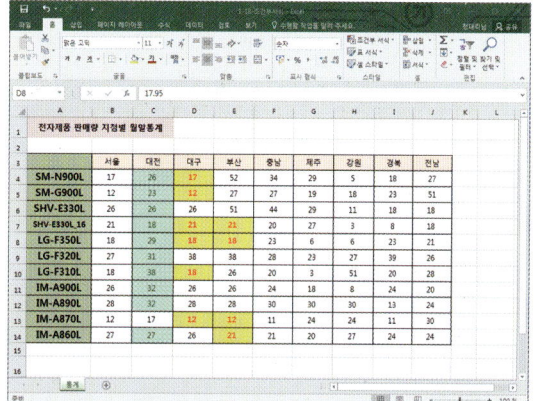

 TIP 아래의 그림은 조건부 서식과 나중에 배우는 함수식을 활용해 여섯 가지 지역의 수치 비교를 하는 시트입니다. '서울'의 수치 목록이 기준이며, 다른 지역 목록들의 크기가 동일하므로 선택된 셀의 대응 위치에 있는 값들을 비교하여 가장 높은 값이 눈에 띄도록 서식 설정을 했습니다. '이런 활용법도 있구나'하고 가볍게 보면 됩니다.

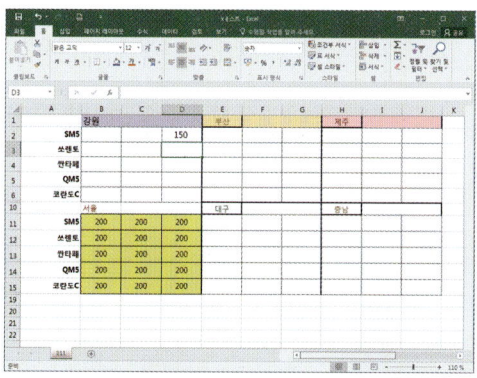
▲ [D11] 셀과 [D2] 셀 수치 비교

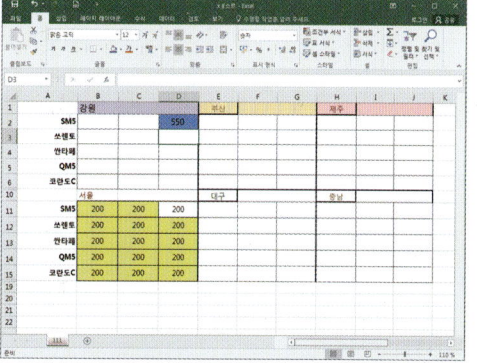
▲ [D2] 셀 수치가 커지며 조건부 서식 적용됨

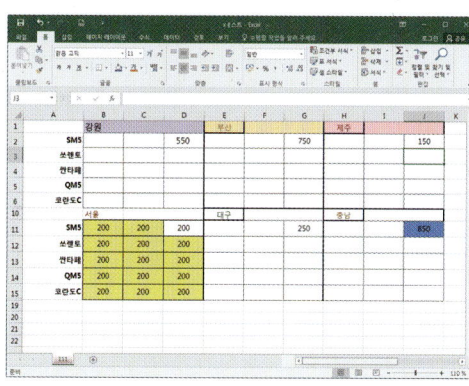
▲ [D11] 셀에 대응되는 수치들 중 [J11] 셀이 가장 높은 값

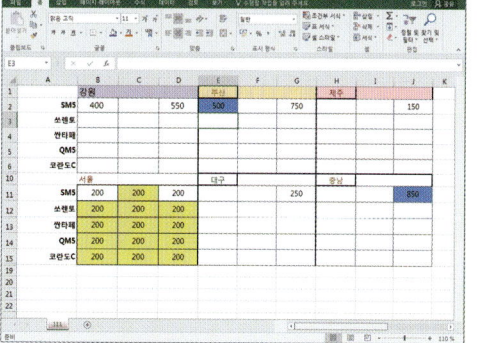
▲ [B11] 셀과 대응되는 셀 값들 테스트

셀 스타일, 조건부 서식

• 동영상 : 12—셀 스타일, 조건부 서식.wmv

01 | 태블릿 버전에서는 새로운 조건부 서식은 설정할 수 없지만, 이미 조건부 서식이 적용되어 있는 문서의 서식 조건은 그대로 활용할 수 있습니다. 태블릿에서도 입력된 데이터 수치에 따라 서식이 변경되는 것을 강좌에서 확인해 봅니다.

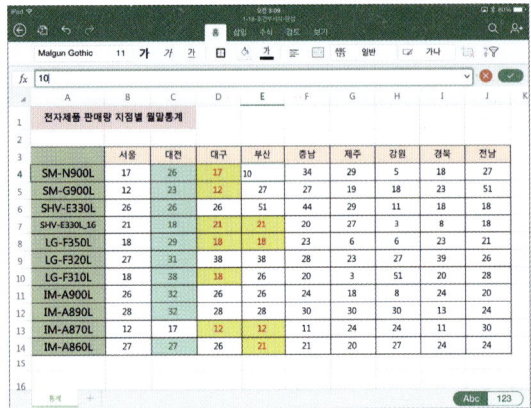

▲ 데이터 수치 변화에 따른 서식 변화

02 | 태블릿에서도 기본 제공되는 '셀 스타일' 목록을 통해 쉽고 간편하게 셀 서식을 적용할 수 있습니다. 다만, PC에서처럼 새로운 셀 스타일을 목록에 등록하고 재사용하는 기능은 지원하지 않습니다.

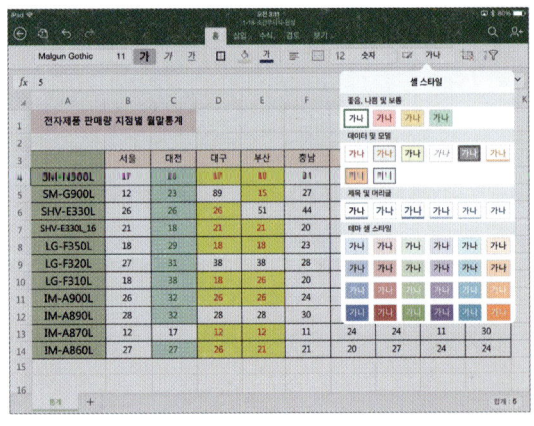
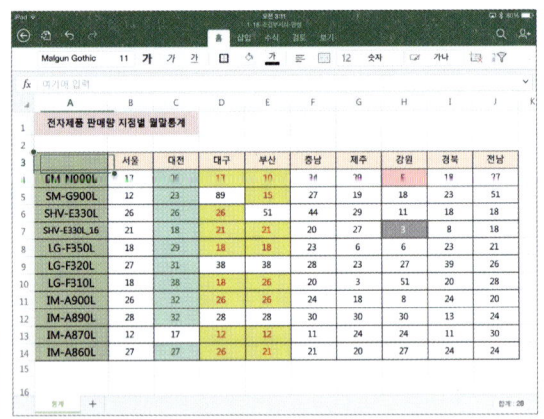

 참고로 조건부 서식이 적용된 데이터 목록에 사용자가 직접 서식을 설정하는 경우에는 조건부 서식 설정이 우선하여 표시됩니다. 물론 어디까지는 겹치는 서식 요소에만 해당하는 것입니다. 예를 들어 색상 채우기만으로 조건부 서식이 표현되는 경우, 사용자는 색상 채우기를 할 수 없지만 그 외 테두리 설정이나 글꼴 종류, 크기 등은 수정할 수 있는 것입니다.

SECTION 19

붙여넣기 옵션 이해하기

내용을 복사하고 붙여넣은 후 주변 상황이나 작성 문서의 목적에 따라 다양한 형태의 붙여넣기 옵션을 적용할 수 있습니다. 이곳에서는 내용을 복사한 후 붙여넣기 옵션을 변경하는 경우를 비교해 보겠습니다.

l 예제파일 l 1-19-붙여넣기.xlsx l 완성파일 l 1-19-붙여넣기-완성.xlsx

POINT 01 | 다른 시트 내용 붙여넣기

01 | 데이터 복제하기

'1-19-붙여넣기.xlsx' 파일을 열고 [B2] 셀부터 [B7] 셀까지를 선택한 후 **Ctrl** + **C**를 눌러 해당 영역의 내용을 복사합니다. 이어서 [D2] 셀을 선택하고 [홈] 탭-[클립보드] 그룹에서 [붙여넣기]를 클릭합니다. 이전 영역에서 복사된 서식과 데이터 내용이 그대로 복제됩니다.

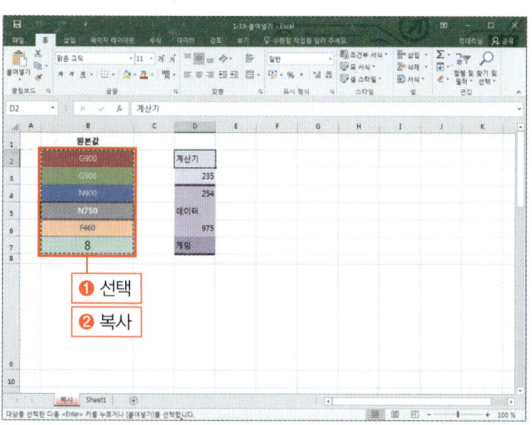 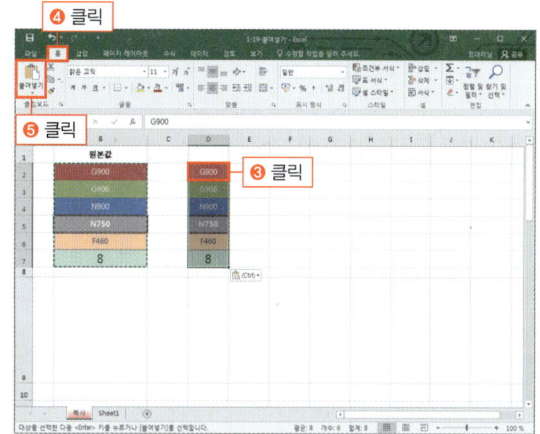

02 | 원본 열 너비 유지

복제된 영역 우측 하단의 [붙여넣기 옵션] 단추를 클릭하면, 다양한 옵션들이 목록으로 펼쳐집니다. 이들 중 [원본 열 너비 유지]를 클릭하면, 원본 셀의 너비를 복제된 셀들에도 동일하게 재현됩니다.

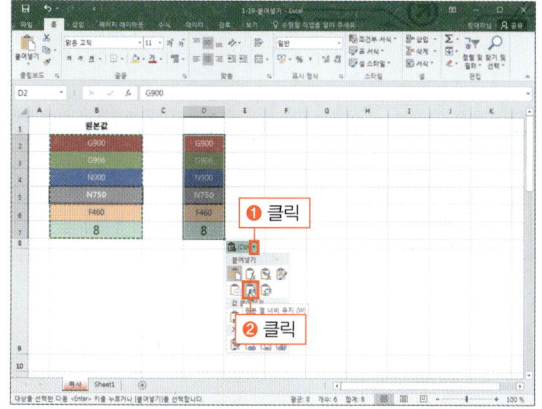 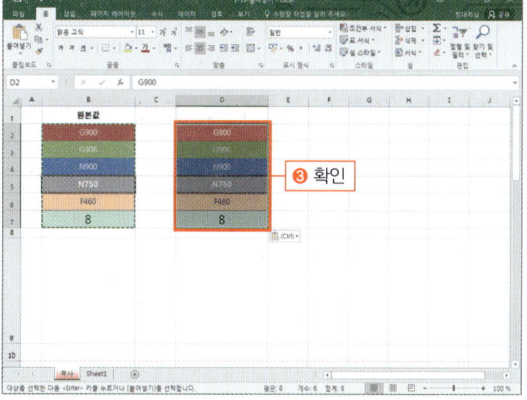

03 | '값'만 붙여넣기

[붙여넣기 옵션]에서 [값]을 선택해 봅니다. 원본 영역의 데이터는 그대로 가져오지만, 복제 영역의 원래 서식이 그대로 유지됩니다.

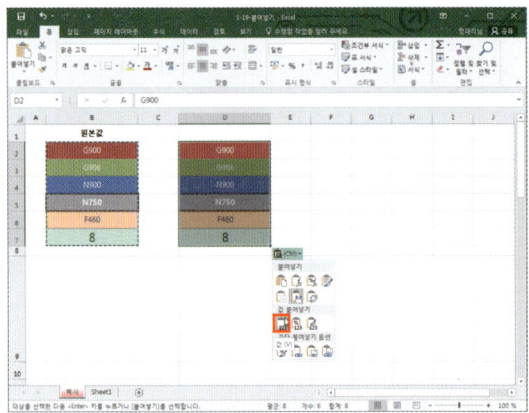 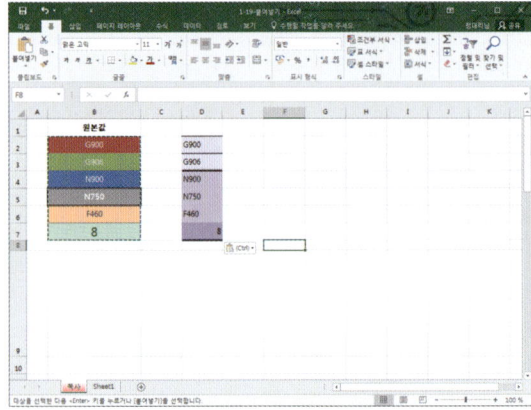

04 | '서식' 붙여넣기

[붙여넣기 옵션]에서 [서식]을 선택해 봅니다. 원본 영역의 서식은 그대로 가져오지만, 복제 영역의 데이터는 그대로 유지됩니다.

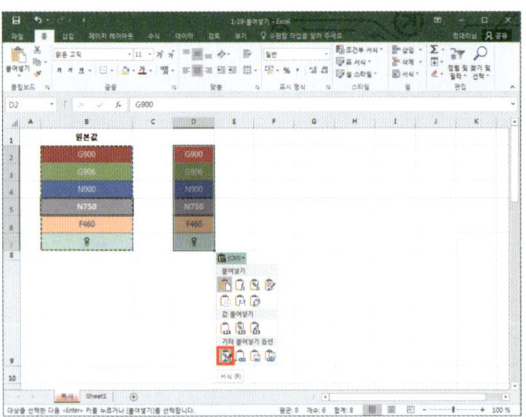 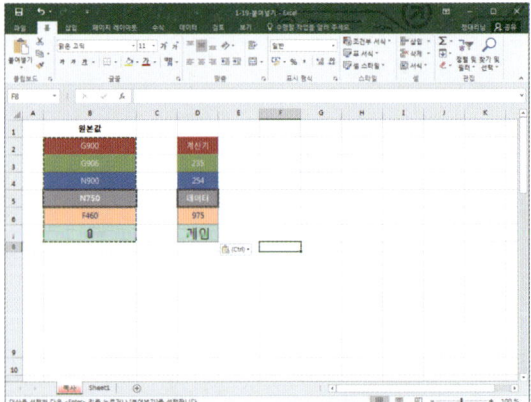

05 | '바꾸기' 붙여넣기

[붙여넣기 옵션]에서 [바꾸기]를 선택해 봅니다. 복제 대상과 동일한 세로 방향이 아닌, 가로 방향으로 변경되어 붙여넣기가 됩니다.

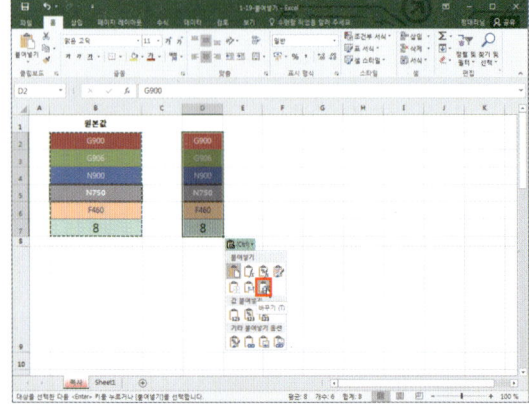 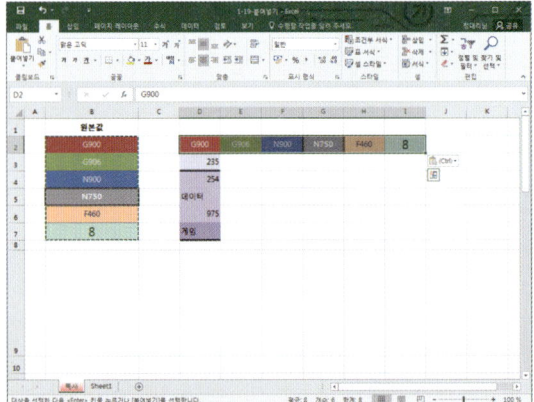

| POINT 02 | 그림 붙여넣기 |

01 | 그림 복사하기

'Sheet1' 시트에서 [B3] 셀부터 [G14] 셀까지를 선택한 후 **Ctrl** + **C** 를 눌러 영역을 복사합니다. 이어서 '복사' 시트의 한 셀을 선택하고 **Ctrl** + **V** 를 눌러 붙여 넣습니다. 두 워크시트 영역의 셀 너비와 높이가 다르기 때문에 이처럼 복제 결과가 이상하게 표시됩니다.

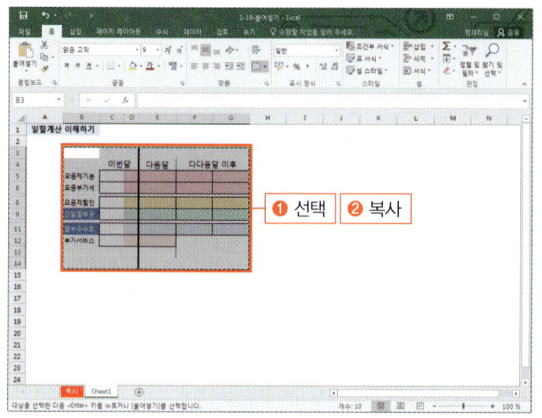
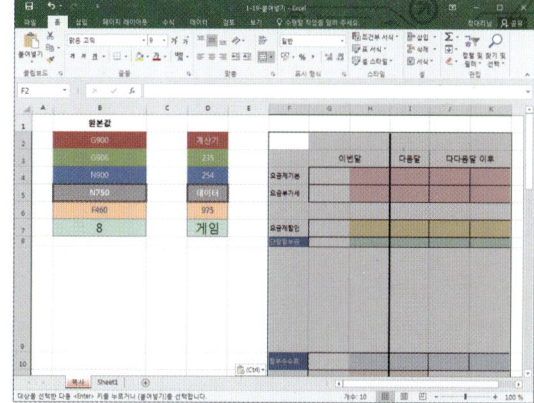

▲ '복사' 시트에 붙여넣기

02 | '연결된 그림' 붙여넣기

이전 작업의 [붙여넣기 옵션]에서 [연결된 그림]을 클릭합니다. 이렇게 되면 복제 대상이 '그림' 속성으로 인식되어, 붙여넣기 되는 셀들의 크기와 상관없이 원본 크기 그대로 삽입됩니다. 테두리 조절점을 드래그해 크기를 조정하고 안쪽을 드래그해 그림과 같이 비슷한 위치로 조정합니다.

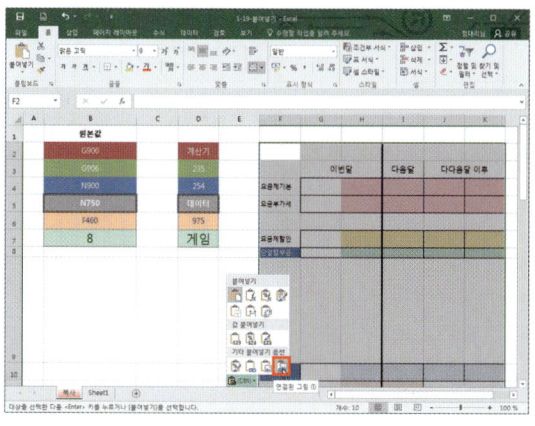
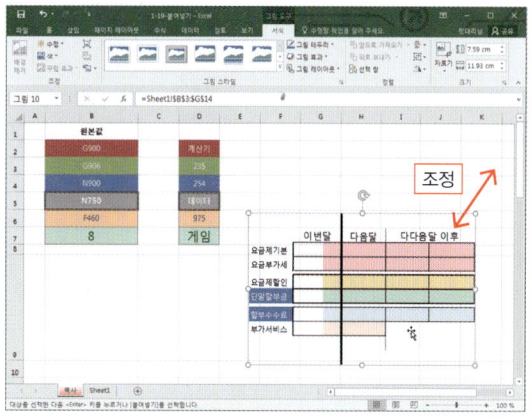

 TIP 예제에서는 그림을 복제한 뒤, [붙여넣기 옵션]에서 [연결된 그림]을 선택했습니다. 하지만 붙여넣기 단계에서 [홈] 탭-[클립보드] 그룹의 [붙여넣기]-[연결된 그림]을 바로 적용할 수도 있습니다.

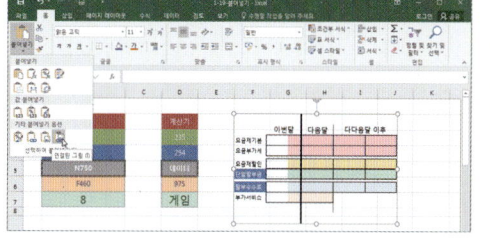

03 | 다른 내용으로 변경 작업

'Sheet1' 시트에서 [C9] 셀부터 [D12] 셀까지를 선택하고 [홈] 탭-[글꼴] 그룹에서 [글꼴 색]-[연한 파랑]을 클릭해 설정합니다. '복사' 시트를 선택해 보면, 이전에 붙여넣기 한 그림에도 변경된 내용이 그대로 적용된 것을 확인할 수 있습니다. [연결된 그림]으로 붙여넣기 옵션을 설정했기 때문에, 원본 영역의 내용 변경 시 복제된 그림에도 영향이 가는 것입니다.

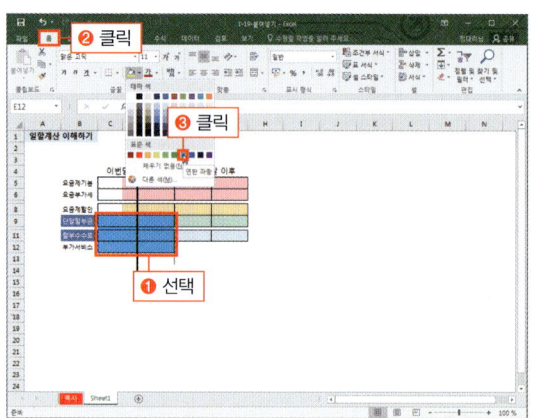 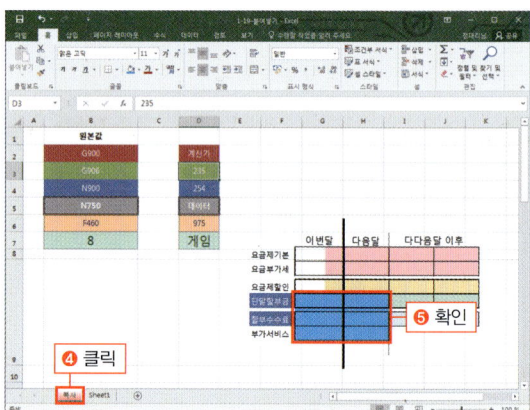

> **TIP** [붙여넣기 옵션]을 [그림]으로 설정하는 경우에는 [연결된 그림]과 달리 원본과는 별개의 독립된 개체로 복제가 됩니다. 이에 따라 원본의 특정 부위를 수정해도 복제된 영역에는 아무런 변화가 없습니다.
>
>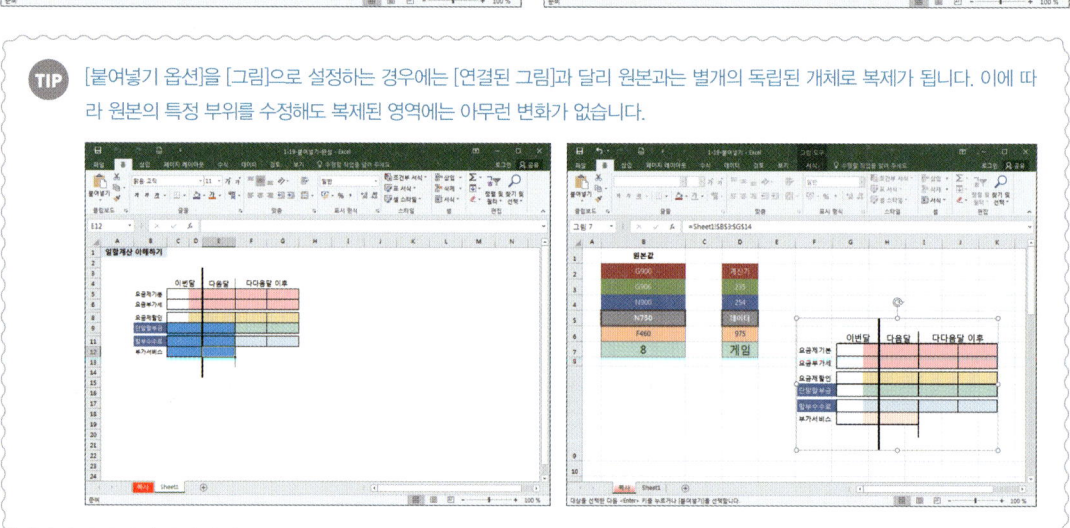

SECTION 20

직관적인 데이터 흐름, 스파크라인

스파크라인 기능을 이용하면 설정된 영역의 수치 데이터들을 분석하여, 그래프 형태로 표시할 수 있습니다. 이것이 차트와 다른 이유는 하나의 셀에 속한 형태라는 점이며, 관련 옵션을 통해 손쉽게 그래프의 형태를 수정하거나 강조할 수 있습니다.

| 예제파일 | 1-20-스파크라인.xlsx | 완성파일 | 1-20-스파크라인-완성.xlsx

POINT 01 | 스파크라인 적용하기

01 | [열] 스파크라인 설정하기

'1-20-스파크라인.xlsx' 파일을 열고 [P9] 셀을 선택한 후 [삽입] 탭-[스파크라인] 그룹에서 [열]을 클릭합니다. [스파크라인 만들기] 대화상자의 [데이터 범위]에 마우스 포인터를 위치시키고, 바로 [B9] 셀부터 [O9] 셀까지를 드래그해 영역으로 설정합니다.

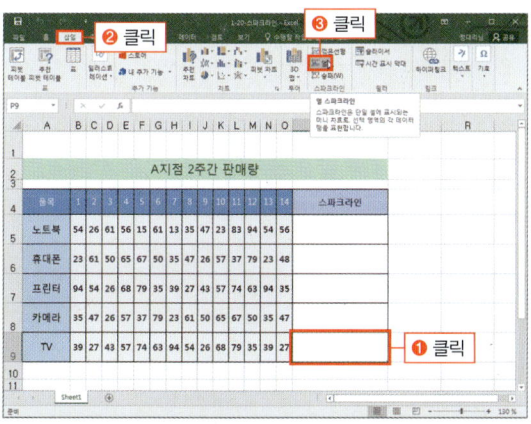

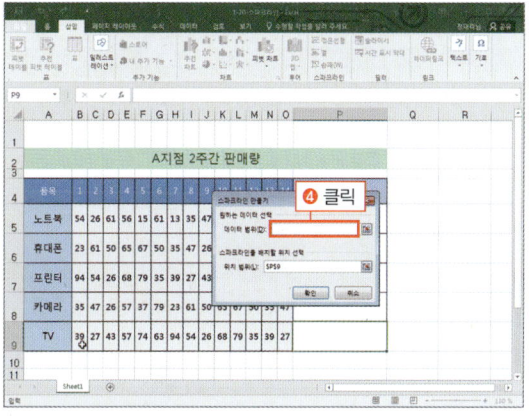

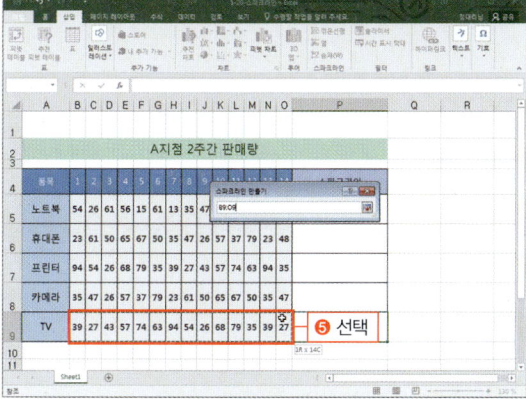

> **TIP** [스파크라인 만들기] 대화상자의 [위치 범위]는 처음 선택한 셀 주소가 들어가 있습니다. 만약 엉뚱한 셀 위치를 클릭한 상태에서 스파크라인 명령을 실행했다면, 이곳에서 스파크라인이 나타날 셀 주소로 수정해야 합니다.

02 | 결과 확인

설정한 영역이 [데이터 범위]에 들어온 것을 체크하고 [확인]을 클릭합니다. 결국 선택된 [P9] 셀에 '열' 속성의 스파크라인이 채워집니다.

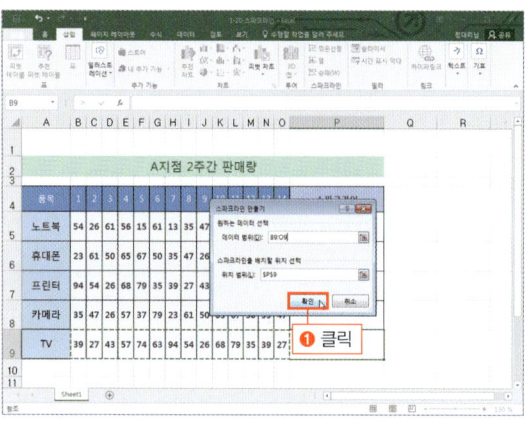 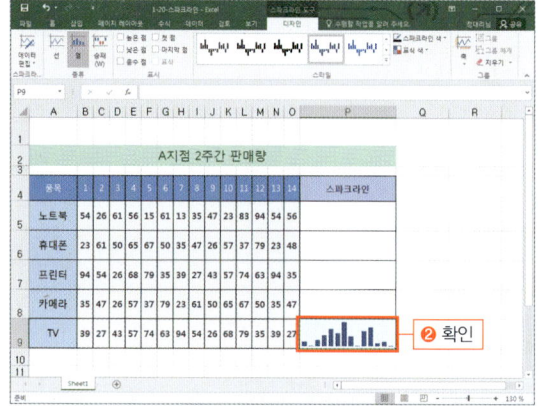

03 | [꺾은선형] 스파크라인 적용

[P8] 셀을 선택하고 [삽입] 탭–[스파크라인] 그룹에서 [꺾은선형]을 클릭합니다. 이전 과정을 참조해 [스파크라인 만들기] 대화상자의 [데이터 범위]가 [B8] 셀부터 [O8] 셀까지의 영역이 되도록 설정합니다.

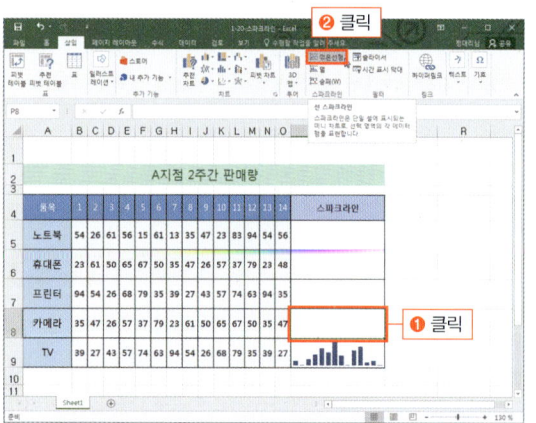 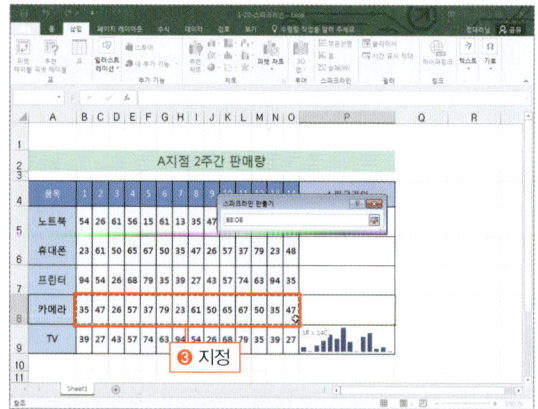

04 | 결과 확인

설정된 영영이 [데이터 범위]에 들어선 것을 체크하고 [확인]을 클릭합니다. 선택된 [P8] 셀에 '꺾은선형' 속성의 스파크라인이 채워집니다.

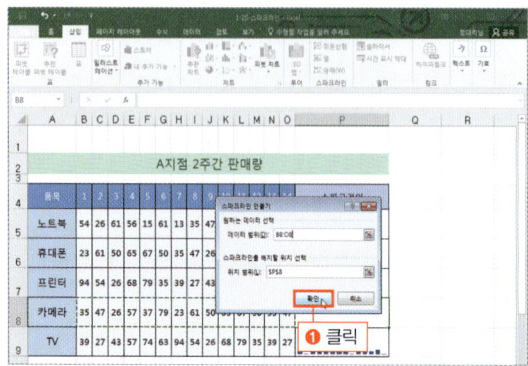 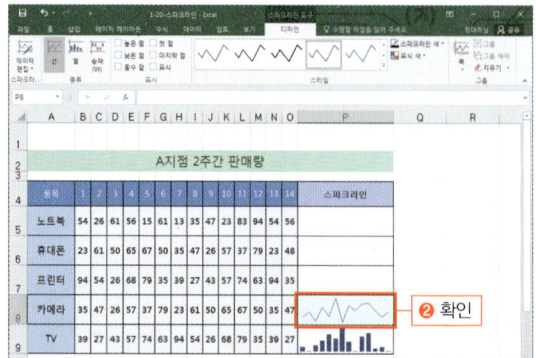

05 | 열 너비 조정하기

P열과 Q열 사이에 경계선을 우측으로 드래그해 그림과 비슷하도록 셀의 너비를 조정합니다. 확장된 셀 너비에 맞추어 스파크라인 그래픽도 알맞게 조정되는 것을 확인할 수 있습니다.

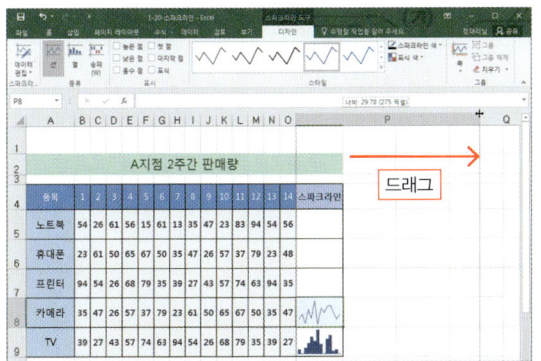 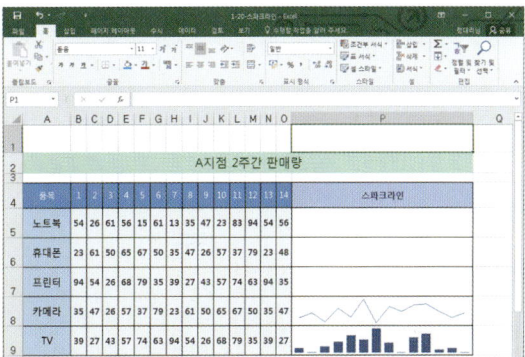

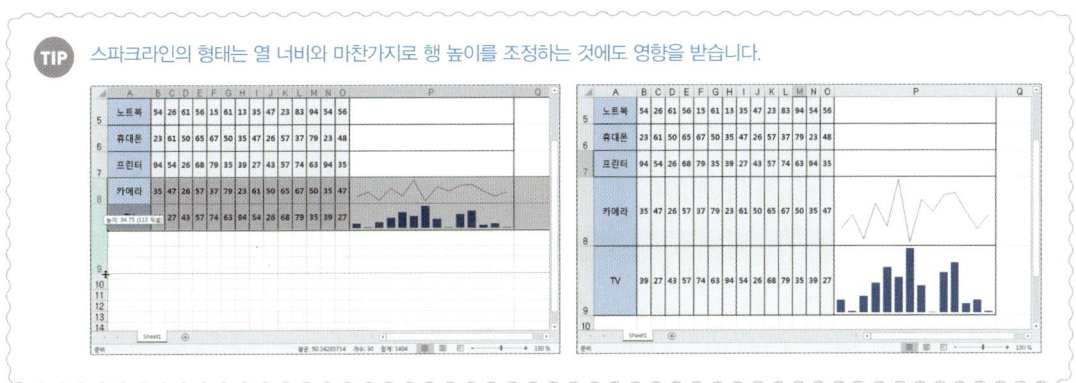

TIP 스파크라인의 형태는 열 너비와 마찬가지로 행 높이를 조정하는 것에도 영향을 받습니다.

POINT 02 | 스파크라인 표시 조정

01 | 자동 채우기로 복제하기

[P8] 셀을 선택하고 위쪽 셀들로 자동 채우기를 합니다. 이전 과정을 돌이켜보면, [P8] 셀에 적용된 스파크라인의 [데이터 범위]로 상대 참조 형식인 'B8:O8'이 적용되었습니다. 결국 이를 자동 채우기하면, 복제된 행에 알맞게 [데이터 범위]가 수정됩니다. 즉, 각 행 데이터들에 알맞은 스파크라인이 표시되는 것입니다.

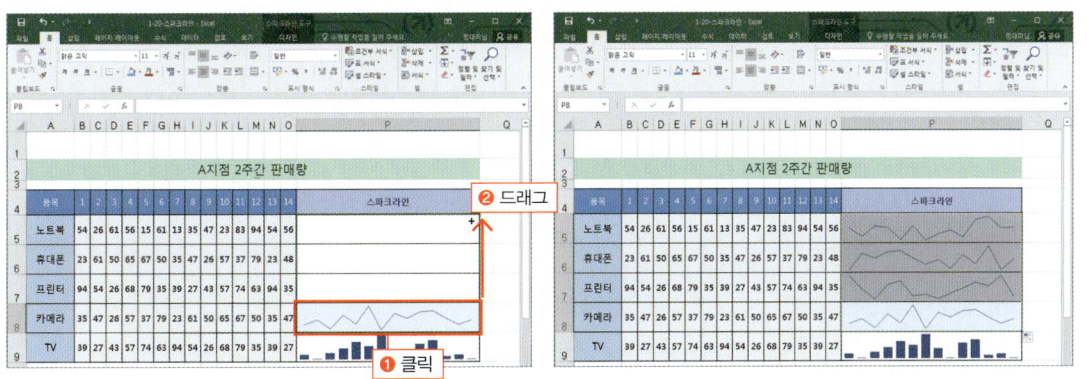

02 | 두께 조정

시트에 적용된 '꺾은선형' 스파크라인을 선택한 후 [스파크라인 도구]-[디자인] 탭-[스타일] 그룹에서 [스파크라인 색]-[두께]-[3pt]를 클릭합니다. 설정된 두께로 '꺾은선형' 스파크라인의 선 굵기가 수정됩니다.

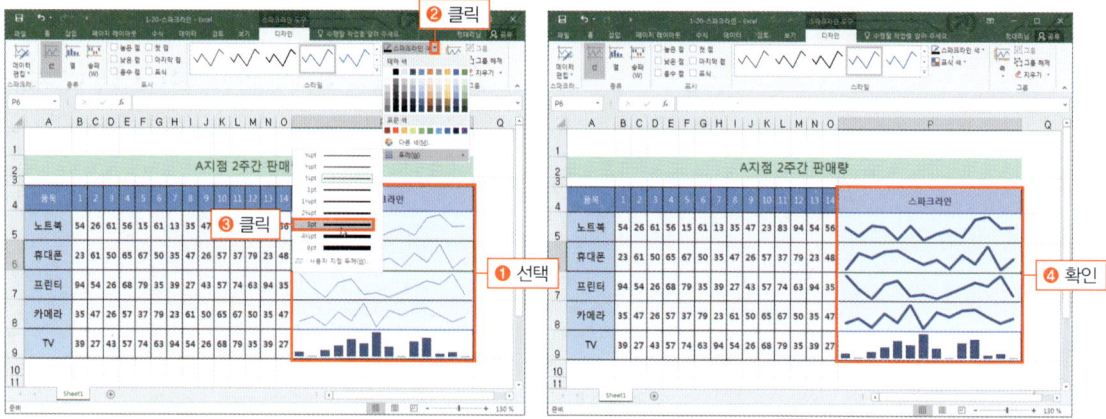

03 | 높은 점/낮은 점 강조

이번에는 [스파크라인 도구]-[디자인] 탭-[표시] 그룹에서 [높은 점], [낮은 점]들에 체크해 봅니다. 스파크라인 그래픽 중 가장 높거나 낮은 수치에 붉은색 강조점이 표시됩니다.

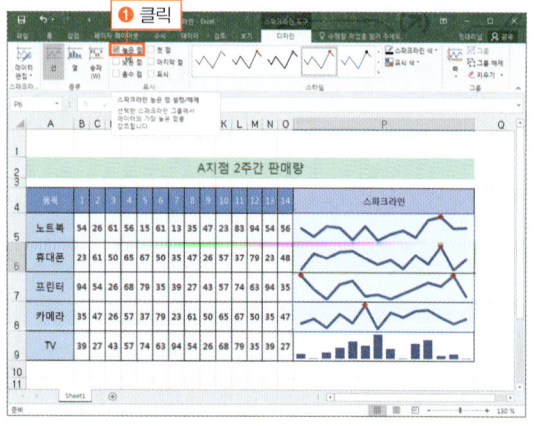 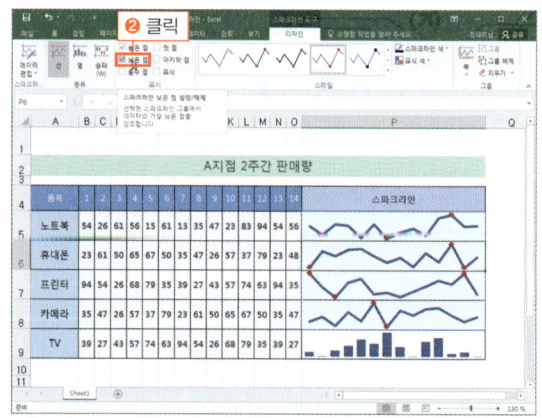

04 | 점 색상 설정하기

[스파크라인 도구]-[디자인] 탭-[스타일] 그룹에서 [표시 색]-[낮은 점]-[주황]을 클릭합니다. 이미 표시되고 있는 낮은 점이 설정된 주황색으로 변경됩니다. 이런 식으로 다양한 강조점들을 표시하고 원하는 색상으로 수정할 수 있습니다.

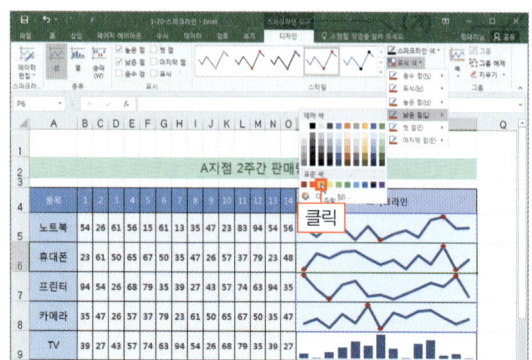 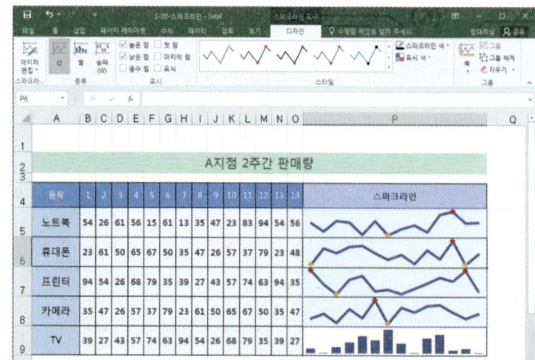

05 | 스파크라인 종류 변경

여전히 '꺾은선형' 스파크라인이 선택된 상태에서 [스파크라인 도구]-[디자인] 탭-[종류] 그룹에서 [열]을 클릭합니다. 설정된 영역의 그래픽이 '열' 스파크라인 형태로 쉽게 변형됩니다.

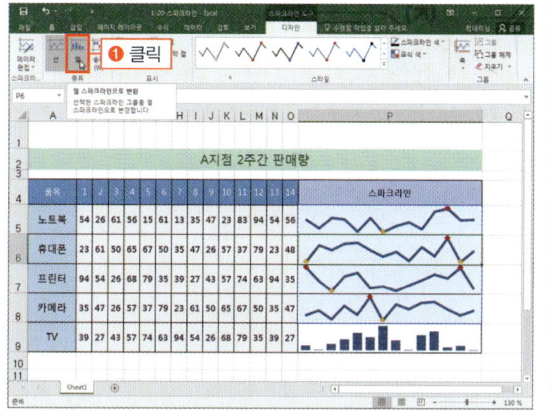
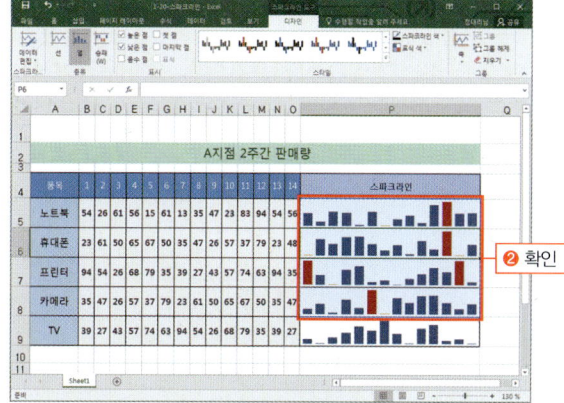

06 | 스파크라인 제거하기

스파크라인의 제거 역시 간단합니다. [스파크라인 도구]-[디자인] 탭-[그룹] 그룹에서 [지우기]-[선택한 스파크라인 그룹 지우기]를 클릭합니다. 선택된 셀과 같은 그룹의 스파크라인들이 모두 제거됩니다.

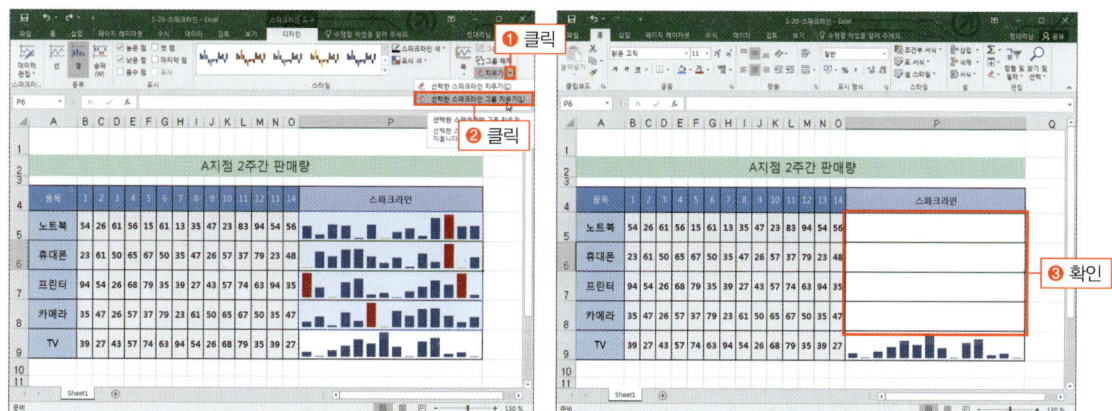

암호 열기, 스파크라인

• 동영상 : 13-암호열기, 스파크라인.wmv

01 | 이미 암호가 설정되어 있는 파일을 열면, 암호 입력을 위한 팝업 창이 나타납니다. 이곳에 열기 암호를 입력하여 문서를 열 수 있습니다.

▲ 암호 설정된 파일을 불러오면 나타나는 팝업 창

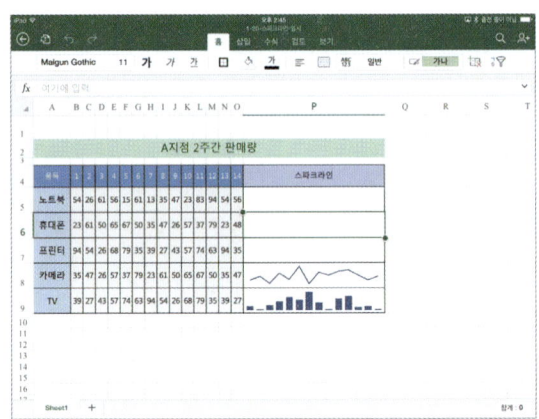

02 | 태블릿에서 스파크라인을 새로 설정할 수는 없지만, 이미 작성된 스파크라인을 워크시트에서 확인하는 것은 가능합니다. 이를 활용해 이미 작성된 스파크라인을 복사하여 다른 셀에 붙여넣기를 해보면, 변경된 대상 영역에 걸맞게 복제된 스마트라인이 수정됩니다.

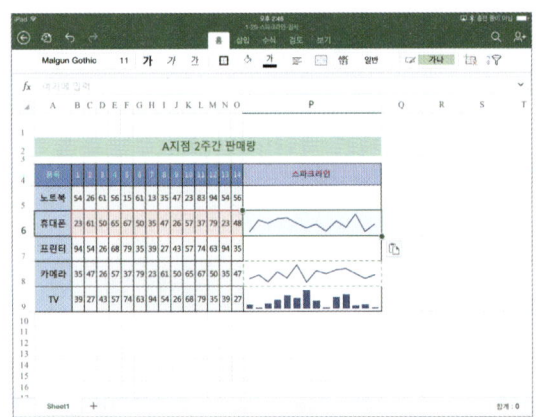

▲ 아래쪽 '꺾은선형' 스파크라인 위쪽 셀에 복제한 결과

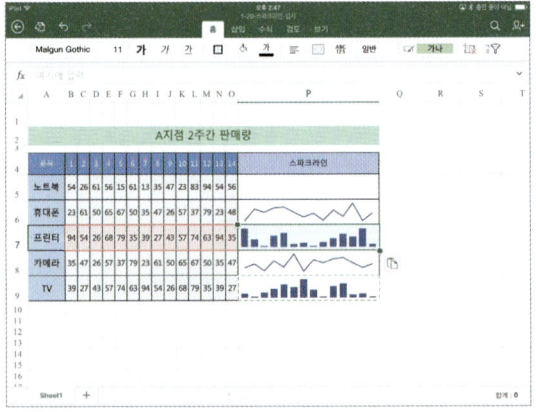

▲ 아래쪽 '열' 스파크라인 위쪽 셀에 복제한 결과

SECTION 21

차트 만들기

복잡한 개념이나 수치 흐름을 간단명료하게 설명하고 이해시키기 위한 도구로써 '차트'는 컴퓨터 시대 이전부터 활용되어 왔습니다. 그만큼 문서 작성 시 중요한 요소이기에 기본 생성 방식과 수정 과정에 대해 자세히 살펴봅니다.

l 예제파일 l 1-21-차트생성.xlsx   l 완성파일 l 1-21-차트생성-완성.xlsx

POINT 01 　막대형 차트 생성

01 | 차트 삽입하기

'1-21-차트생성.xlsx' 파일을 열고 [C5] 셀을 선택한 후 [삽입] 탭-[차트] 그룹에서 [세로 막대형 차트 삽입]-[묶은 세로 막대형]을 클릭합니다. [C5] 셀을 둘러싼 데이터 목록을 분석하여 '묶은 세로 막대형' 차트가 삽입됩니다.

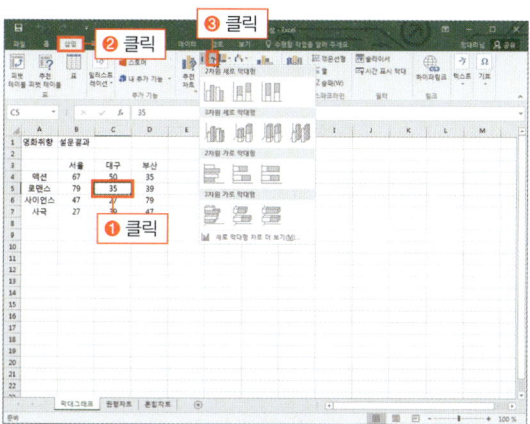 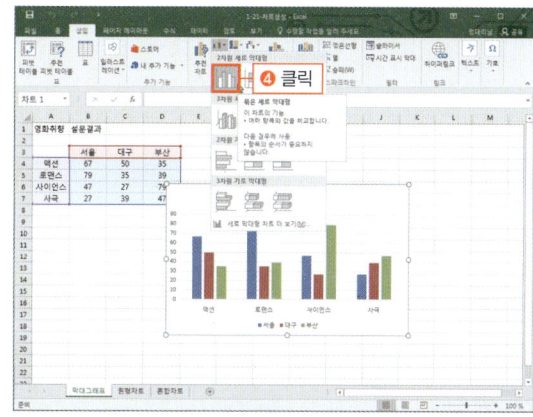

> **TIP** [삽입] 탭-[차트] 그룹의 목록 위로 마우스 포인터를 위치시키면, 차트의 적용 모습을 실시간 미리 보기로 확인할 수 있습니다.

02 | 차트 크기 및 위치 조정

삽입된 차트 안쪽을 클릭한 후 드래그해 그림과 같은 위치로 이동합니다. 이어서 차트 모서리 조절점을 드래그해 시트에 꽉 차는 크기가 되도록 조정합니다.

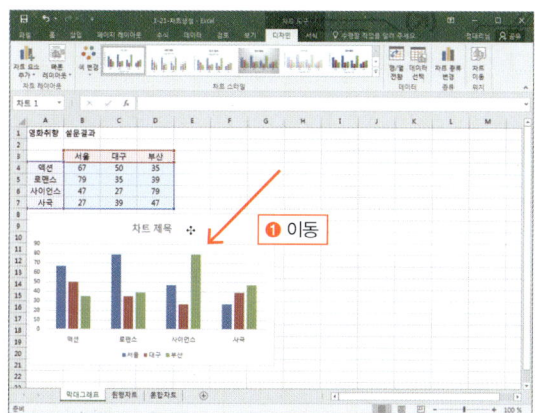 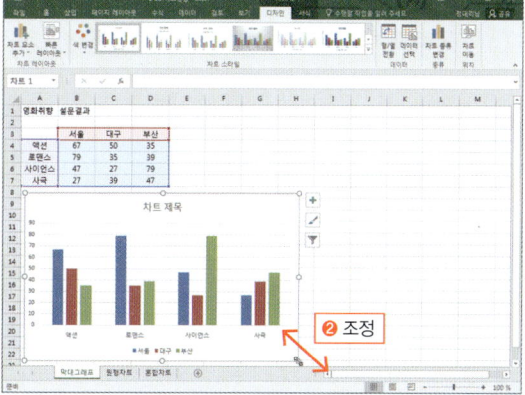

03 | 데이터 범위 수정

차트를 구성하는 데이터 목록의 모서리 조절점을 드래그해 '사극'과 관련 데이터들이 목록 범위에서 제외되도록 합니다. 삽입된 차트가 데이터 목록 변화에 맞추어 실시간으로 변경됩니다.

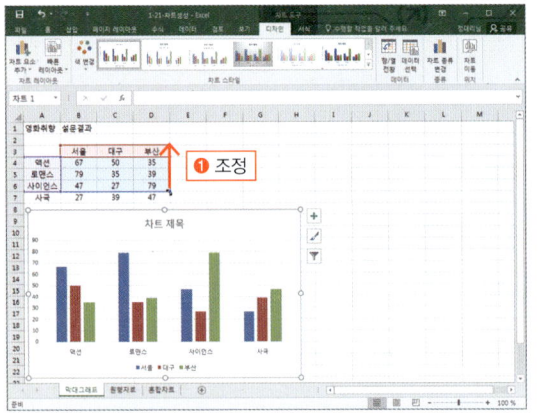 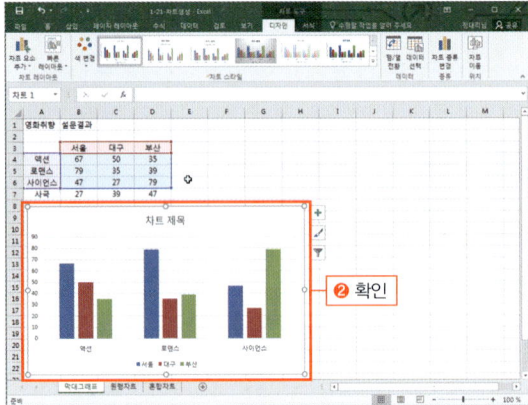

04 | 데이터 수치 조정

[C6] 셀의 수치 데이터를 '27'에서 '73'으로 수정합니다. 데이터 수정에 맞추어 차트에 적용된 막대그래프의 높이도 실시간으로 재설정됩니다.

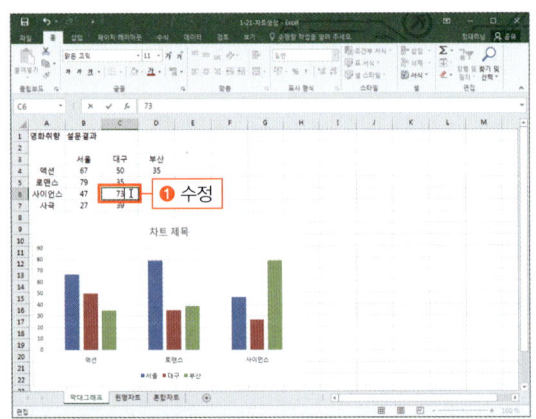 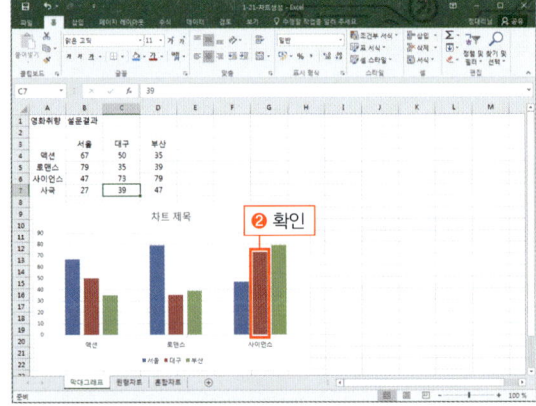

05 | 차트 제목 설정

'차트 제목' 부분을 클릭하고 '설문결과'라는 문구를 제목으로 입력합니다. 이렇게 설정된 제목에 [홈] 탭-[글꼴] 그룹에서 [채우기 색]-[황록색, 강조 3, 80% 더 밝게]를 클릭하여 적용합니다.

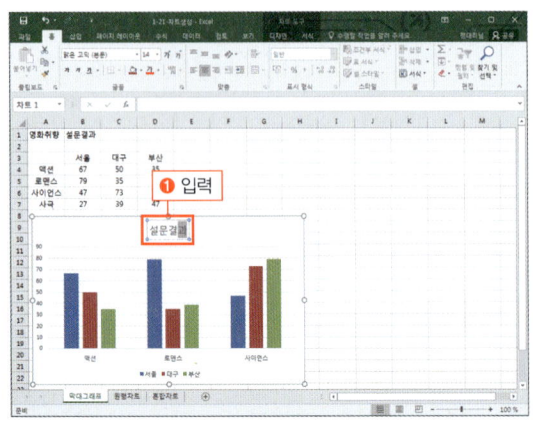 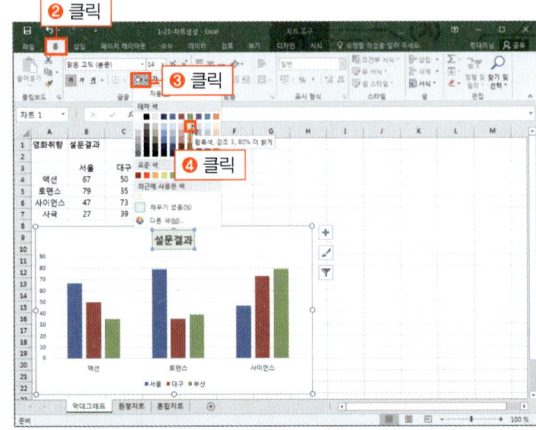

POINT 02 꺾은선형 차트 생성

01 | 차트 종류 변경_01

차트가 선택된 상태에서 [차트 도구]-[디자인] 탭-[종류] 그룹에서 [차트 종류 변경]을 클릭합니다. [차트 종류 변경]에는 현재 시트에 적용된 [묶은 세로 막대형]이 기본으로 선택되어 있습니다.

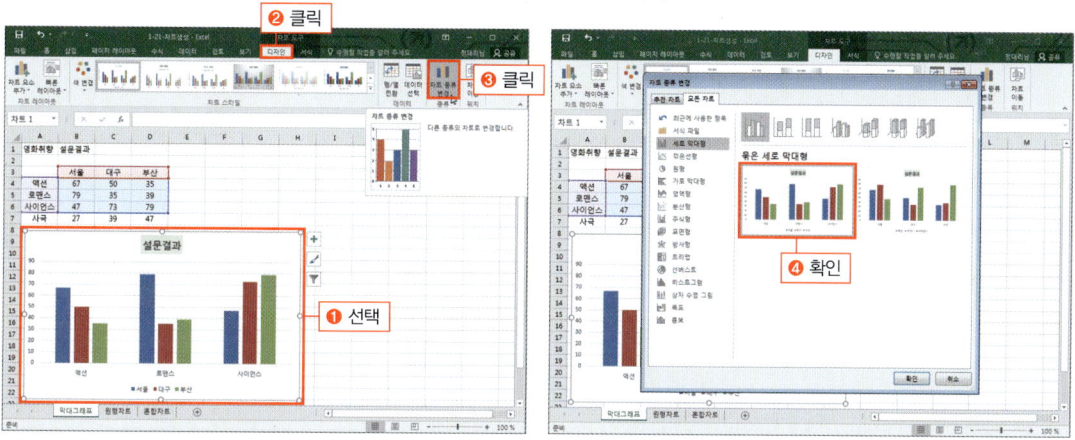

> **TIP** [차트 종류 변경] 명령은 차트 위에서 마우스 오른쪽 버튼을 클릭하면 나타나는 메뉴에서도 선택할 수 있습니다.

02 | 차트 종류 변경_02

[모든 차트] 탭에서 [꺾은선형]-[표시가 있는 꺾은선형]을 선택한 후 [확인]을 클릭합니다. 이전의 '세로 막대형' 차트가 '꺾은선형' 차트 형식으로 변경된 것을 확인할 수 있습니다. 참고로 이전에 설정했던 차트 제목과 서식은 그대로 있습니다.

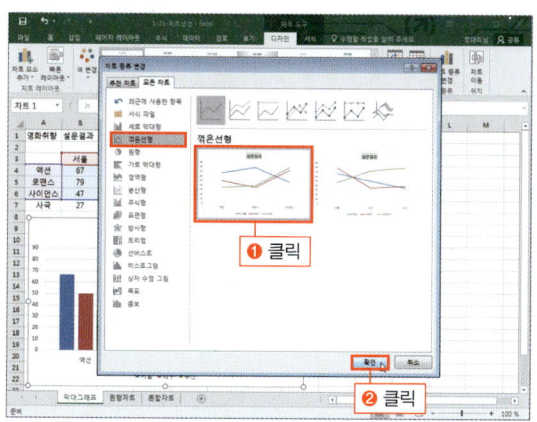
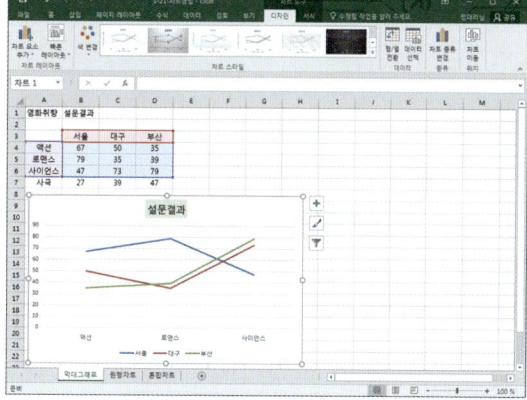

03 | 데이터 범위 수정

차트를 구성하는 데이터 목록의 모서리 조절점을 드래그해 '사극'과 관련 데이터들이 목록 범위에 포함되도록 설정합니다. 데이터 목록 변화에 맞추어 '꺾은선형' 그래프가 실시간 수정되어 표시됩니다.

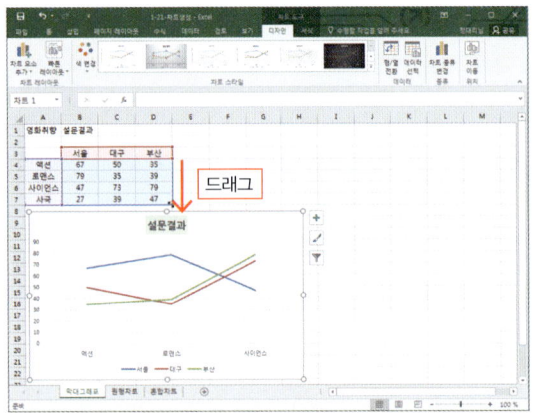 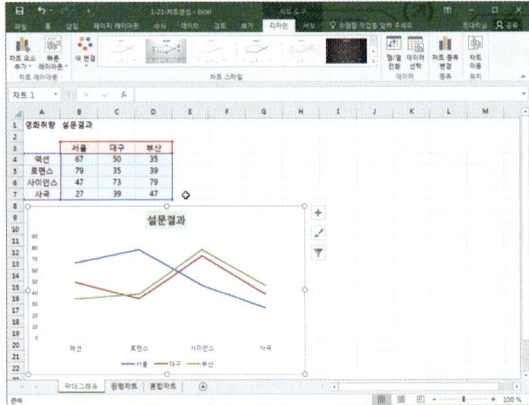

POINT 03 원형 차트 생성

01 | 원형 차트 삽입하기

'원형차트' 시트에 작성된 목록을 드래그해 선택한 후 [삽입] 탭-[차트] 그룹에서 [원형 또는 도넛형 차트 삽입] 목록 위로 마우스 포인터를 위치시키면, 해당 옵션이 적용된 차트 결과를 실시간 미리 보기로 확인할 수 있습니다. 이들 중에서 '2차원 원형' 속성의 '원형' 차트를 선택합니다.

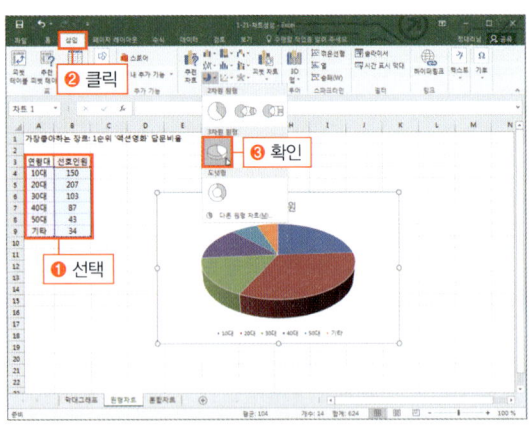 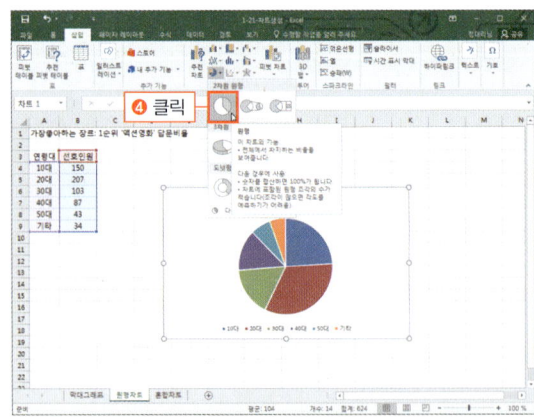

▲ 마우스 포인터 위치에 따른 실시간 미리 보기

> **TIP** [삽입] 탭-[차트] 그룹에서 [추천 차트] 탭을 클릭해 설정된 영역에 어울리는 차트 종류를 쉽게 선택할 수도 있습니다.

02 | 크기 및 위치 조정

삽입된 차트 안쪽을 클릭한 후 드래그해 그림과 같은 위치로 이동시킵니다. 이어서 차트 모서리 조절점을 드래그해 시트에 꽉 차는 크기로 조정합니다.

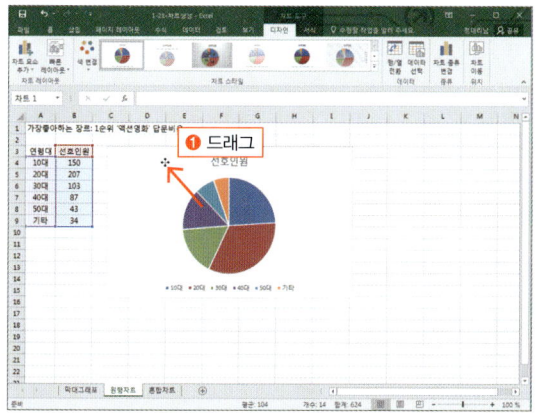
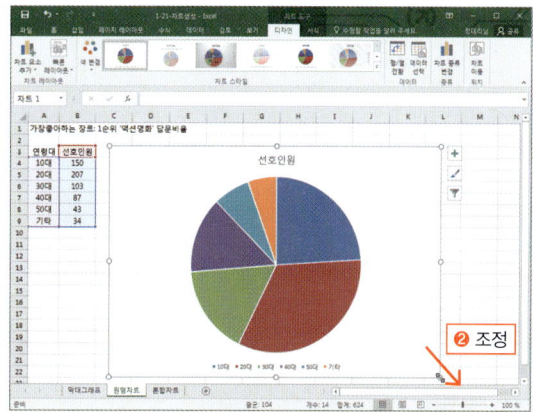

03 | 데이터 범위 수정

차트를 구성하는 데이터 목록의 모서리 조절점을 드래그해 '50대', '기타'와 관련 데이터들이 목록 범위에서 제거되도록 설정합니다. 데이터 목록 변화에 맞추어 원형 차트가 실시간으로 수정되어 표시됩니다.

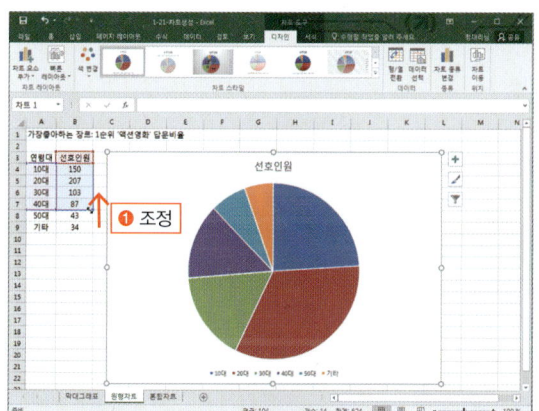
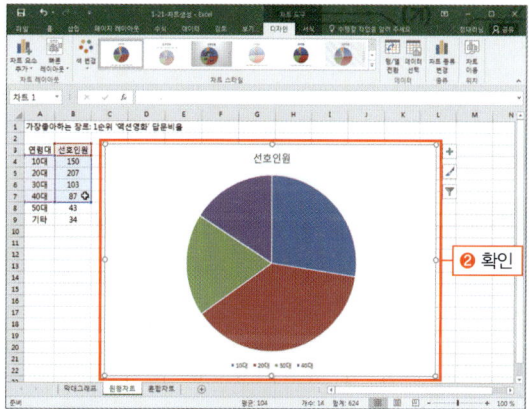

> **TIP** 참고로 작성된 원형 차트는 차트를 구성하는 데이터 목록의 수치를 변경하는 것에도 실시간으로 반응하게 됩니다.

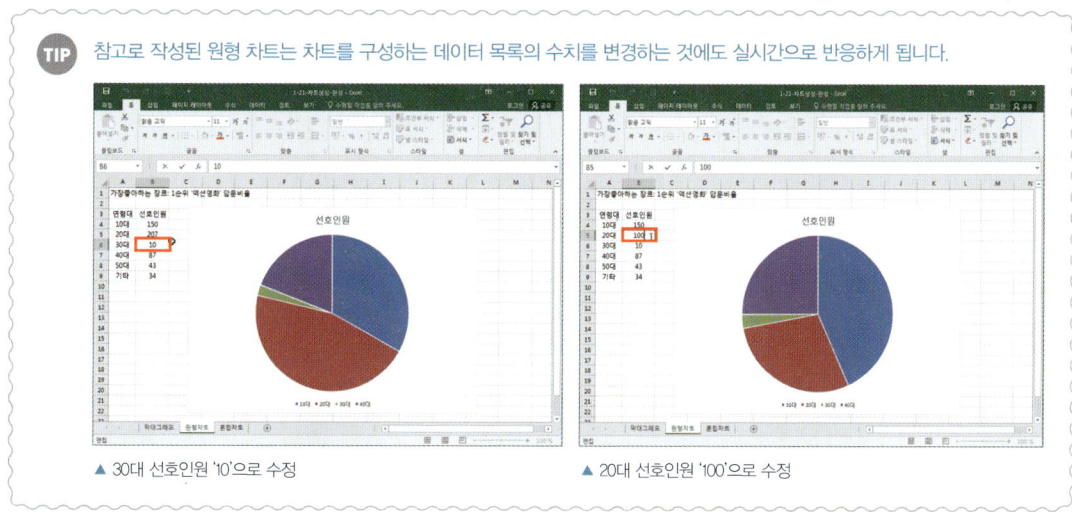

▲ 30대 선호인원 '10'으로 수정   ▲ 20대 선호인원 '100'으로 수정

POINT 04 | 콤보 차트 생성

01 | 혼합형 차트 삽입하기

'혼합차트' 시트에 작성된 목록을 드래그한 후 [삽입] 탭-[차트] 그룹에서 [콤보 차트 삽입]-[묶은 세로 막대형]-[꺾은선형]을 클릭합니다. '막대형' 차트와 '꺾은선형' 차트가 혼합된 형태의 차트가 삽입됩니다. 이어서, 차트의 크기와 위치를 조정합니다.

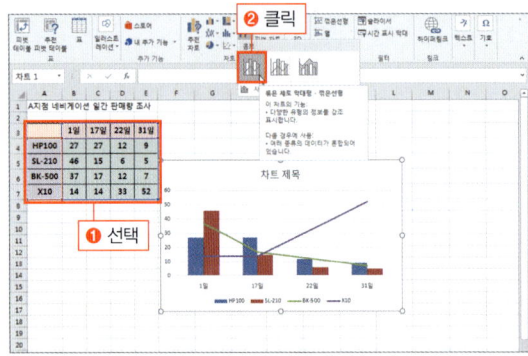
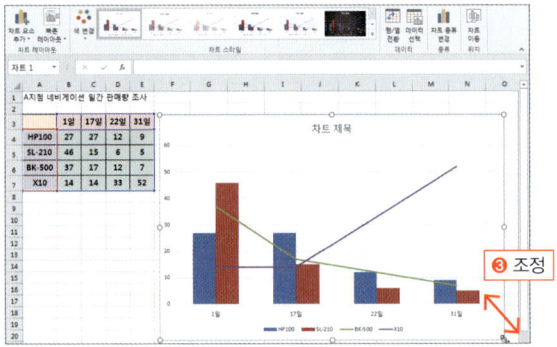

02 | 일부 차트 형태 수정하기

[차트 도구]-[디자인] 탭-[종류] 그룹에서 [차트 종류 변경]을 클릭하여 [차트 종류 변경] 대화상자를 불러옵니다. 데이터 계열 중 'BK-500'의 차트 목록을 클릭하고 [영역형]을 선택한 후 [확인]을 클릭합니다.

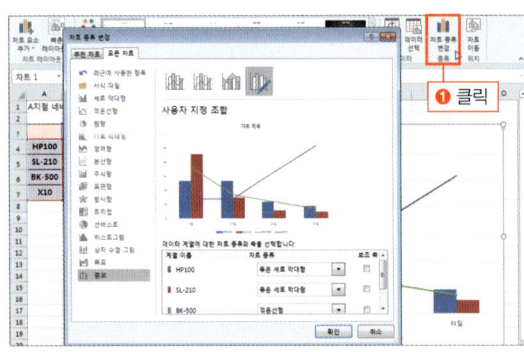
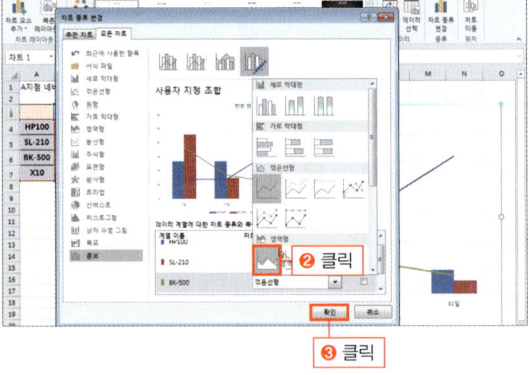

03 | 결과 확인

이전 작업에 이어서 데이터 계열 중 'X10'의 차트 목록을 '묶은 세로 막대형'으로 변경하고 [확인]을 클릭합니다. 결국 선택된 데이터 계열의 차트 형식이 다른 형태의 혼합 차트로 수정됩니다.

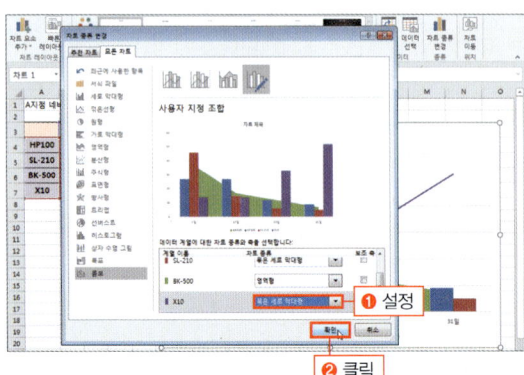
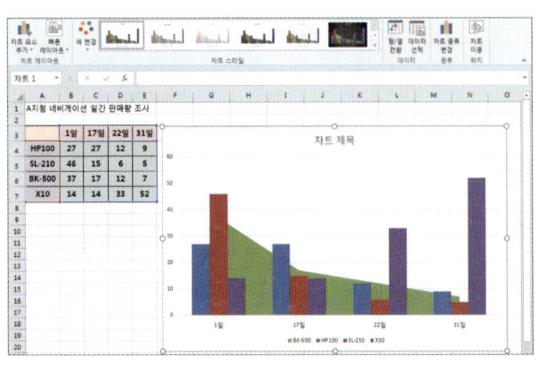

차트 작성하기

• 동영상 : 14-차트 작성하기.wmv

01 | 태블릿에서도 차트를 만들기 위해서는, 가장 먼저 대상 목록 안쪽 셀이 선택된 상태인 것이 좋습니다. 이어서 [삽입] 탭-[차트] 목록에서 입체 모양의 '세로 막대형' 차트를 터치해 문서에 삽입해 봅니다.

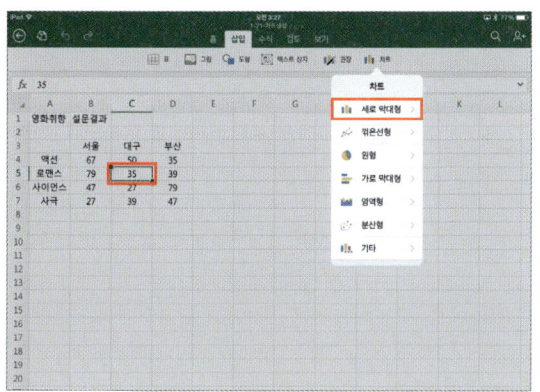 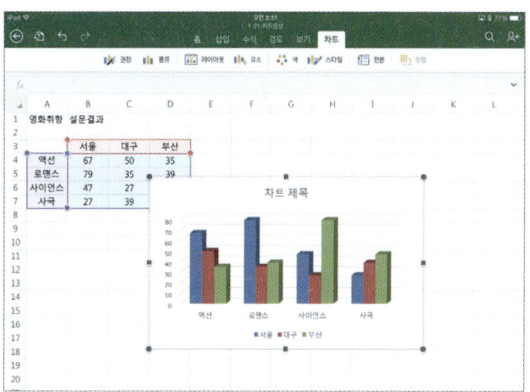

02 | 차트 제목 부분을 터치해 원하는 이름으로 수정할 수 있습니다. 이어서 테두리 조절점을 드래그하거나, 차트 내부를 직접 드래그해 차트의 크기 및 위치 변경을 할 수 있습니다. 물론 차트 구성의 기본이 되는 데이터 목록의 범위를 수정함으로써 작성된 차트가 실시간으로 수정되는 것은 PC와 차이가 없습니다.

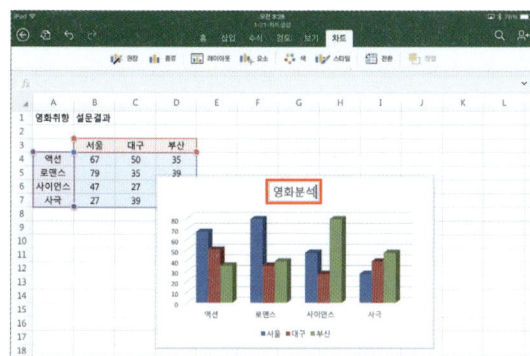 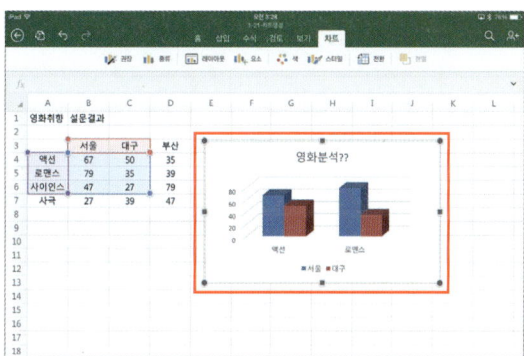

03 | '원형차트' 시트의 대상 목록을 선택하고 [삽입] 탭-[권장] 목록에서 설정된 데이터 목록에 알맞은 추천 차트를 확인할 수 있습니다. '원형' 차트를 삽입해보고, [차트] 탭-[종류]를 통해 다른 스타일의 차트로 변경하는 과정 등을 유심히 살펴봅니다.

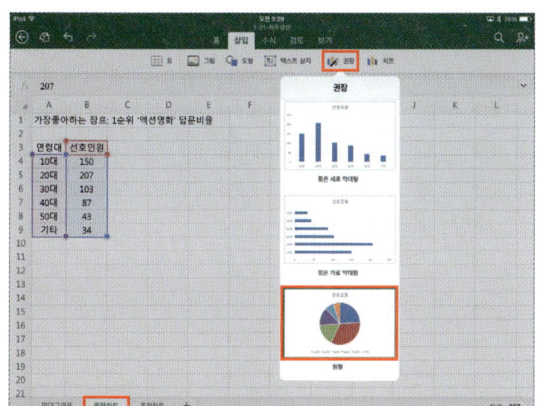 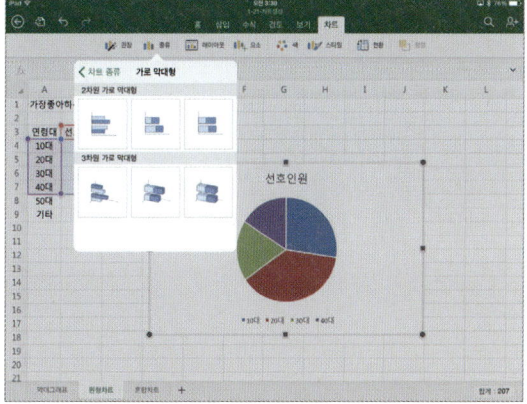

SECTION 22

차트 서식 조정하기

작성된 차트를 보기 좋게 만들기 위한 구성 요소들이 '차트 요소'로써 숨겨져 있습니다. 이들을 하나씩 체크해 차트에 표시되도록 설정하고 간단한 서식 수정까지 해보겠습니다.

| 예제파일 | 1-22-차트서식조정.xlsx | 완성파일 | 1-22-차트서식조정-완성.xlsx

POINT 01 | 막대형 차트 서식 조정하기

01 | 범례 위치 변경

'1-22-차트서식조정.xlsx' 파일에서 '막대그래프' 시트를 선택합니다. 이어서 차트 우측 상단의 [차트 요소]를 클릭하고 [범례]-[위쪽]을 클릭합니다. 결국 차트 아래에 배치된 범례 표시가 차트 위쪽으로 변경됩니다.

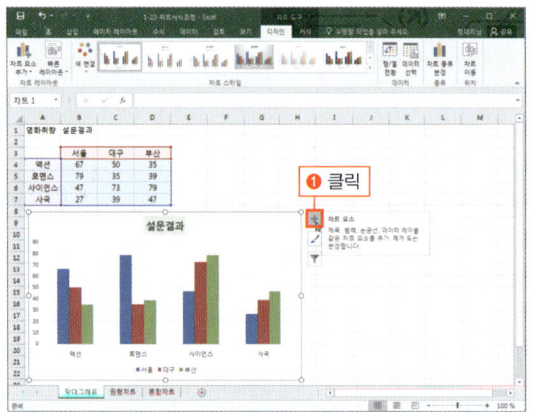
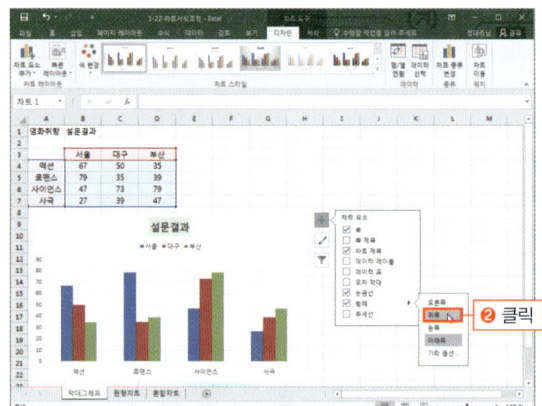

02 | 범례 제거/표시

[차트 요소]에서 [범례]의 체크를 해제하면, 차트 영역 안에서 범례 표시는 제거됩니다. 다시 [범례]에 체크한 후 [범례]-[오른쪽]을 클릭하여 그림과 같은 위치로 조정합니다.

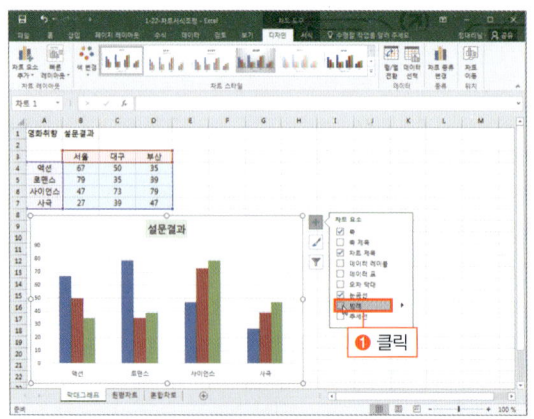
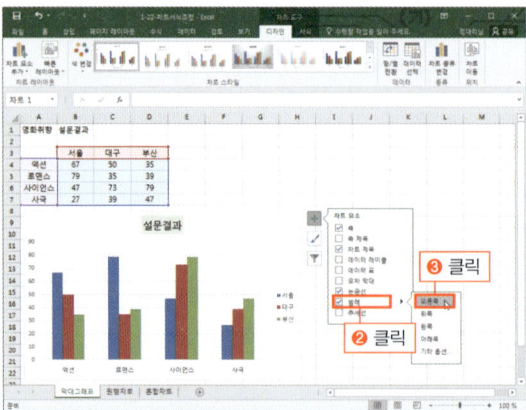

> **TIP** [차트 도구]-[디자인] 탭-[차트 레이아웃] 그룹의 [차트 요소 추가]를 이용해도 다양한 차트 요소 옵션들을 선택할 수 있습니다.

03 | 축 제목 표시하기

[차트 요소]에서 [축 제목]에 체크합니다. 차트 왼쪽과 아래쪽에 '축 제목'들이 표시됩니다. [차트 요소]에서 [축 제목]-[기본 세로]의 체크를 해제하여 차트 아래쪽에만 '축 제목'이 표시되도록 합니다.

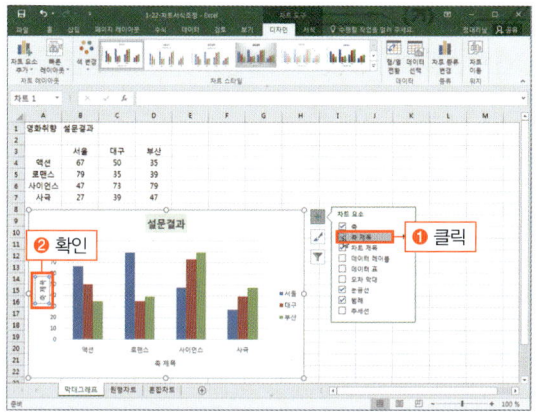
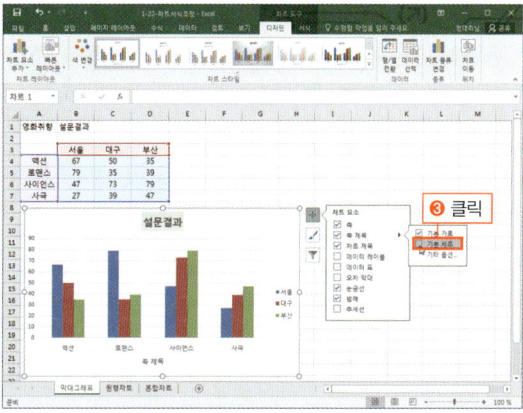

04 | 가로 축 제목 작성하기

차트 아래쪽 '축 제목'을 클릭하고 '영화 장르분석'을 입력합니다. 이어서 [홈] 탭-[글꼴] 그룹에서 [채우기 색]-[주황, 강조 6, 40% 더 밝게]로, [글꼴 색]은 [진한 빨강]으로 설정합니다.

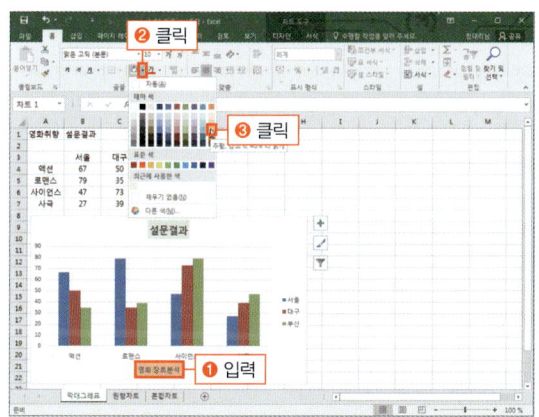
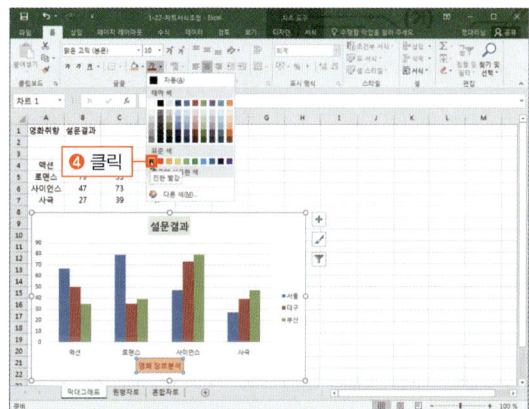

05 | 차트 영역 채우기

차트 안쪽 빈 곳에서 마우스 오른쪽 버튼을 클릭한 후 [채우기]-[황갈색, 배경 2]를 클릭합니다. 설정된 색으로 차트 영역이 채워집니다.

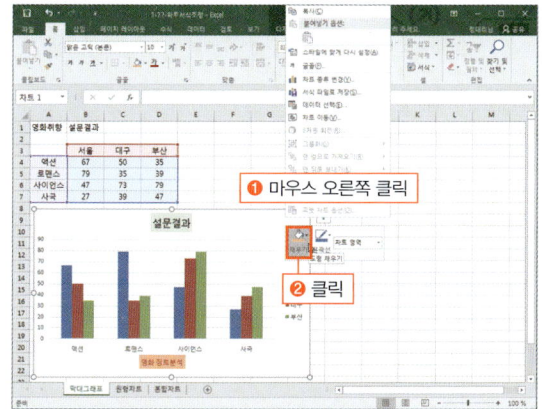
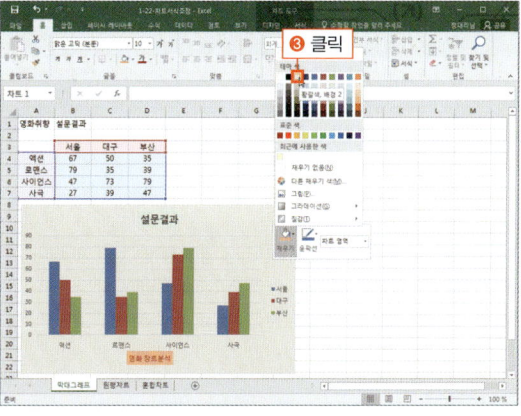

06 | 데이터 레이블 생성

[차트 요소]-[데이터 레이블]에 체크한 후 [데이터 레이블]-[안쪽 끝에]를 클릭합니다. 참고로 선택 과정 중 마우스 포인터의 위치에 따라 해당 옵션이 적용된 결과를 실시간 미리 보기로 확인할 수 있습니다. 이를 활용해 다른 옵션들의 적용 결과도 확인합니다.

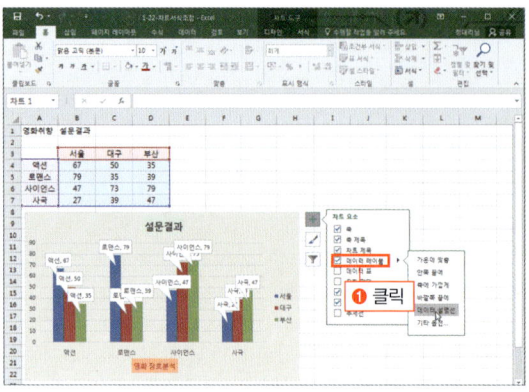
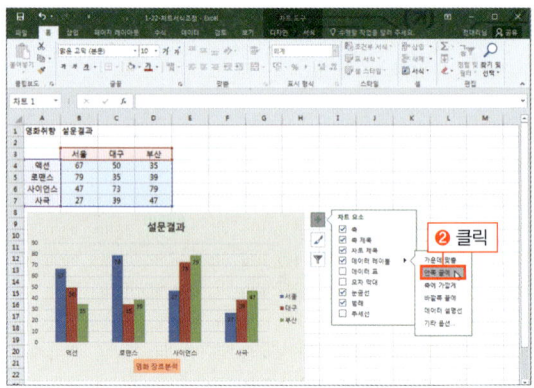

07 | 데이터 레이블 색상 채우기

파란색 막대그래프 안쪽의 데이터 레이블을 하나 선택하고, [홈] 탭-[글꼴] 그룹에서 [채우기 색]-[바다색, 강조 5, 80% 더 밝게]를 클릭합니다. 설정된 색상이 데이터 레이블의 배경으로 채워집니다. 같은 방식으로 다른 데이터 레이블들에도 그림과 같은 색상이 채워지도록 설정합니다.

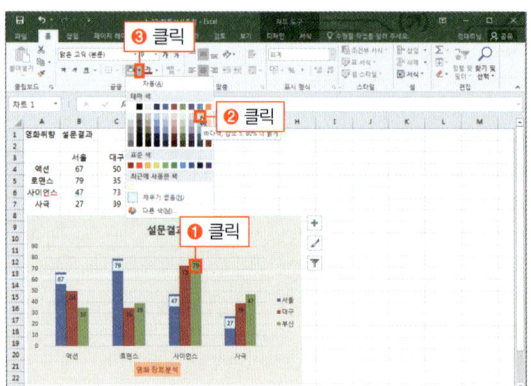
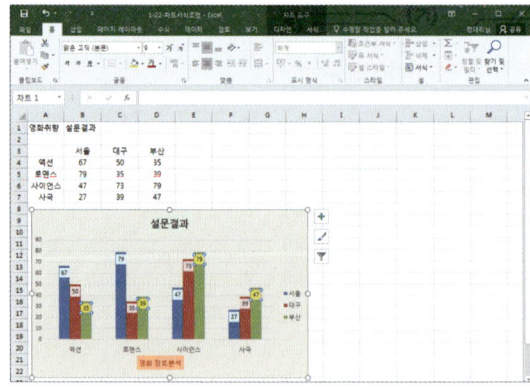

08 | 데이터 표

[차트 요소]-[데이터 표]에 체크한 후 [데이터 표]-[범례 표지 없음]을 클릭합니다. 데이터 표가 설정되면 차트를 구성하는 데이터들이 목록으로 정리되어 차트 안쪽에 삽입됩니다.

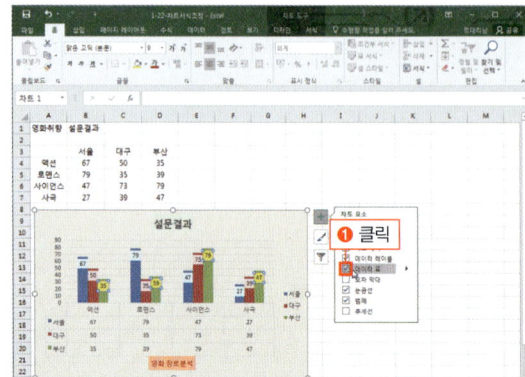
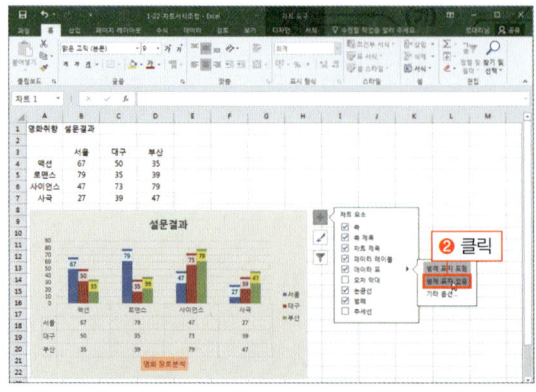

POINT 02 원형 차트 서식 조정하기

01 | 데이터 레이블 표시하기

'원형차트' 시트의 차트를 선택하고 [차트 요소]-[데이터 레이블]-[데이터 설명선]을 클릭해 보기 좋은 형태가 되도록 설정합니다. 참고로 [차트 요소]에 체크 표시가 되어있지 않아도, 바로 하위 옵션을 선택해 표시하는 것이 가능합니다.

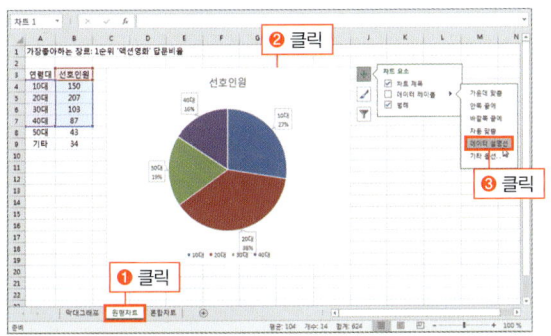 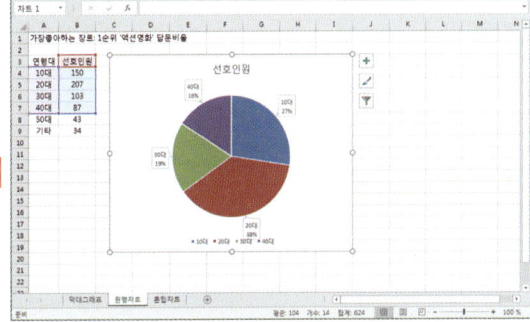

02 | 범례 위치 조정

[차트 요소]-[범례]-[오른쪽]을 클릭하여 범례 위치를 옮깁니다. 이어서 [차트 제목]의 체크를 해제해, 차트 영역에 꽉 차는 크기의 차트가 되도록 설정합니다.

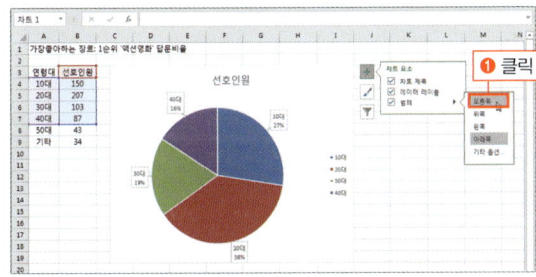 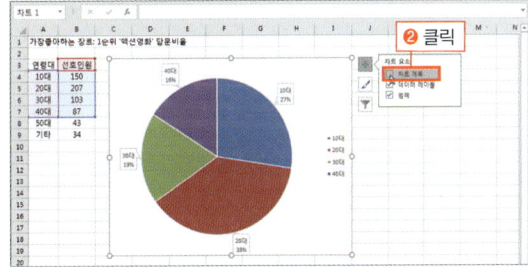

03 | 데이터 계열 이동하기

차트를 구성하는 데이터 계열을 직접 클릭합니다. 처음 클릭하면 모든 데이터 계열들, 두 번째 클릭하면 해당 데이터 계열만 선택됩니다. 이 상태에서 살짝 오른쪽으로 드래그하면 사진처럼 독립적인 느낌이 들도록 위치 조정을 할 수 있습니다.

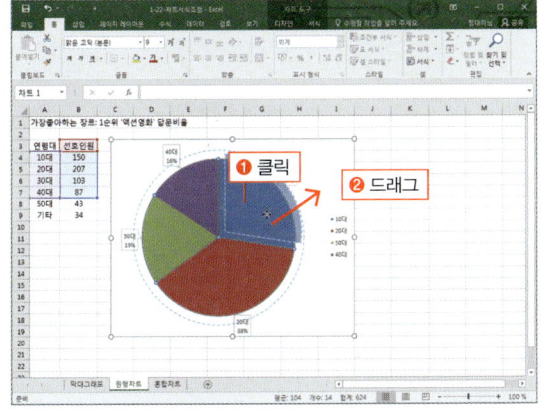 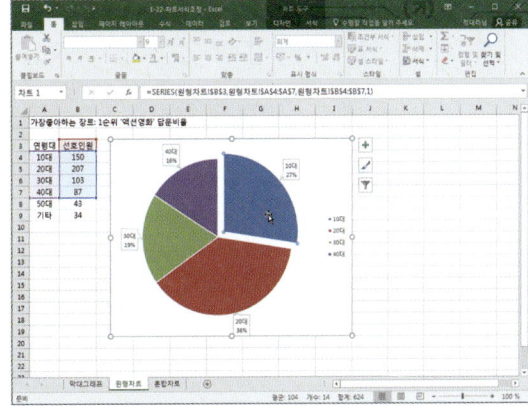

차트 서식 조정

• 동영상 : 15-차트 서식 조정.wmv

01 | 차트를 선택하면 [차트] 탭이 새로 표시됩니다. 이곳의 [요소]에서 차트의 세부 구성을 조정할 수 있습니다. [차트] 탭-[요소]-[차트 제목]-[없음]을 터치해 제목 없이 차트만 표시되도록 설정해 봅니다.

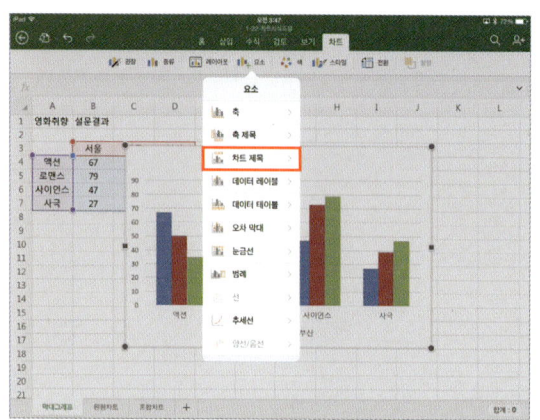 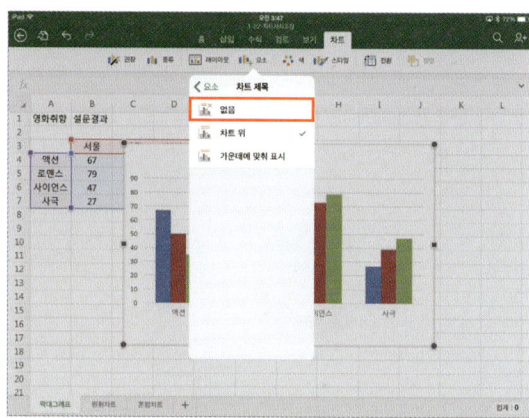

02 | 차트를 선택하고 [차트] 탭-[요소]-[범례]-[왼쪽]을 터치해, 차트에 포함된 범례 위치를 변경합니다. 같은 방식으로 [차트] 탭-[요소]-[눈금선]-[세로 눈금선]을 적용해 세로 방향의 눈금선이 표시되도록 합니다. 이렇듯 [요소] 목록을 활용해 차트의 세부 구성을 변경할 수 있습니다.

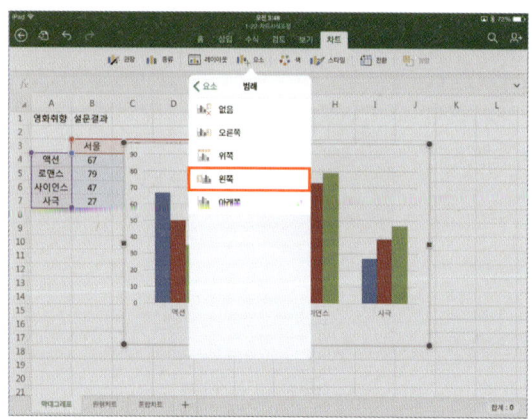 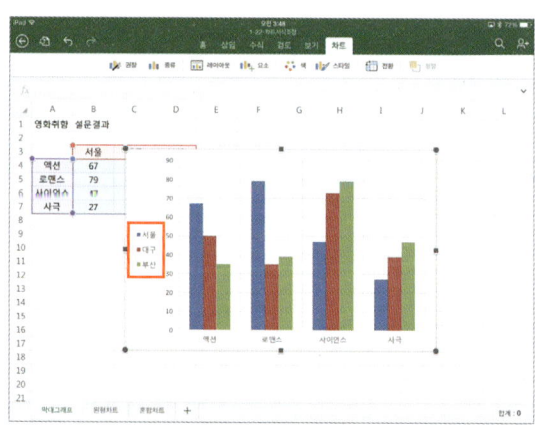

03 | 이미 작성된 차트의 종류를 전혀 다른 분류로 변경할 있습니다. 강좌에서는 작성된 '가로 막대형 입체' 차트를 '세로 막대형 입체' 차트로 수정하였습니다.

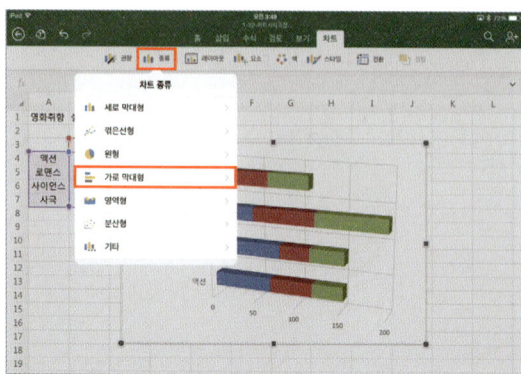 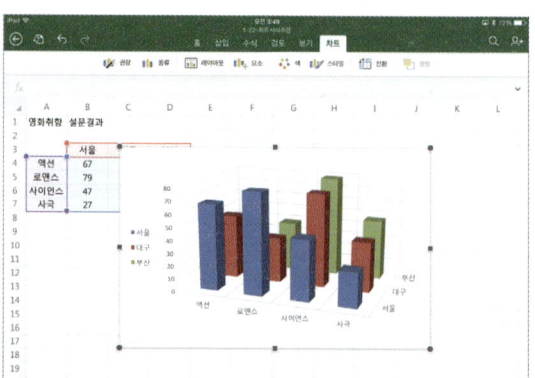

SECTION 23

차트 스타일로 강조하기

엑셀에는 차트를 구성하는 요소들의 거리, 크기, 서식 등을 달리하는 다양한 레이아웃들이 배치되어 있습니다. 이들을 확인하는 것과 함께 3차원 차트를 적용하고 서식을 수정하는 과정들도 알아보겠습니다.

l 예제파일 l 1-23_차트스타일.xlsx l 완성파일 l 1-23-차트스타일-완성.xlsx

POINT 01 | 차트 레이아웃 변경하기

01 | 막대형 레이아웃 변경

'1-23-차트스타일.xlsx' 파일을 열고 '막대그래프' 시트의 차트를 선택합니다. 이어서 [차트 도구]-[디자인] 탭-[차트 레이아웃] 그룹에서 [빠른 레이아웃]-[레이아웃 10]을 클릭합니다. 선택된 옵션에 해당하는 레이아웃으로 차트 구성이 변합니다.

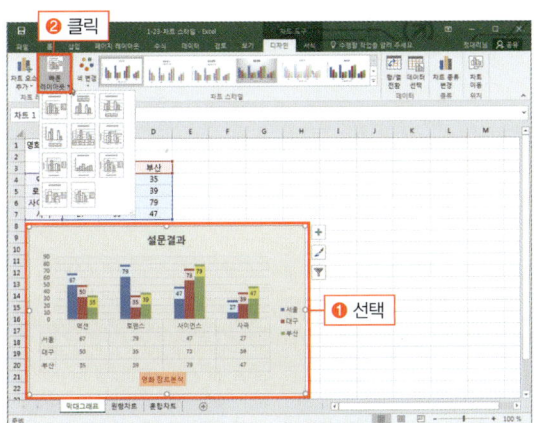
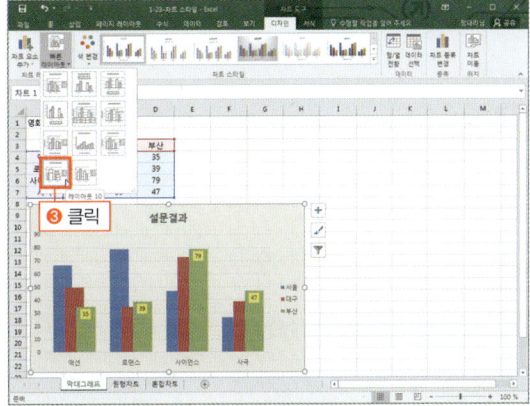

02 | 원형 레이아웃 변경

'원형차트' 시트에서 차트를 선택하고 [차트 도구]-[디자인] 탭-[차트 레이아웃] 그룹에서 [빠른 레이아웃]-[레이아웃 5]를 클릭합니다. '원형' 차트 역시 선택 옵션에 해당하는 레이아웃으로 구성이 변경됩니다.

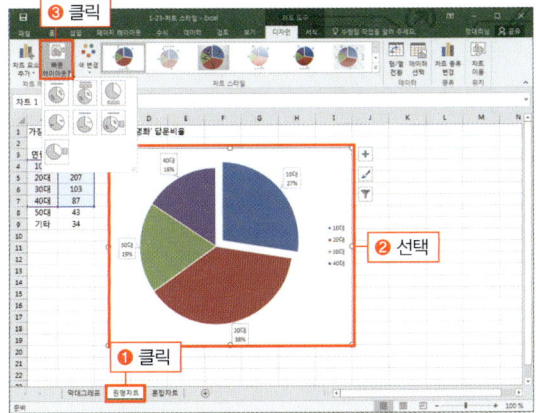
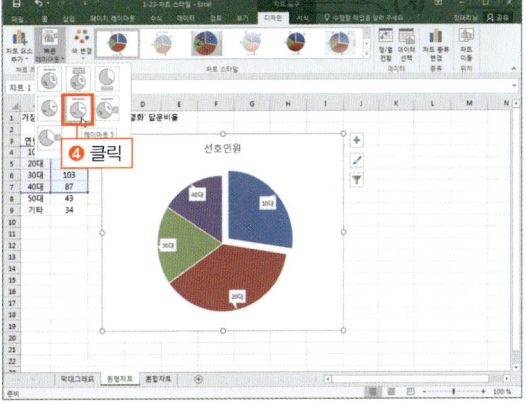

03 | 콤보 레이아웃 변경

'혼합차트' 시트에서 차트를 선택하고 [차트 도구]-[디자인] 탭-[차트 레이아웃] 그룹에서 [빠른 레이아웃]-[레이아웃 5]를 클릭합니다. '콤보' 차트 역시 선택 옵션에 해당하는 레이아웃으로 구성이 변경됩니다.

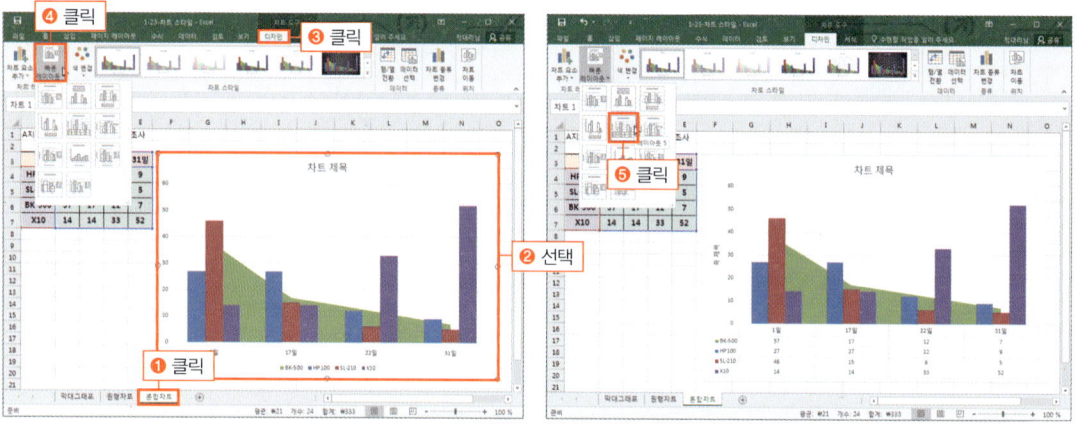

POINT 02 차트 스타일 변경

01 | 차트 스타일 변경

'막대그래프' 시트의 차트를 선택한 후 [차트 도구]-[디자인] 탭-[차트 스타일] 그룹을 보면 차트 배경, 글꼴, 채우기 등의 관련 서식들이 다양하게 배합된 스타일들을 목록에서 선택할 수 있습니다. 이들 목록 위로 마우스 포인터를 움직여 보면 실시간 미리 보기가 적용됩니다. 이들 중 [스타일 4]를 클릭하여 적용합니다.

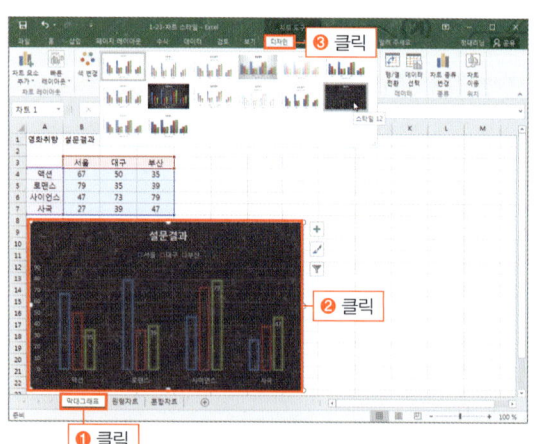
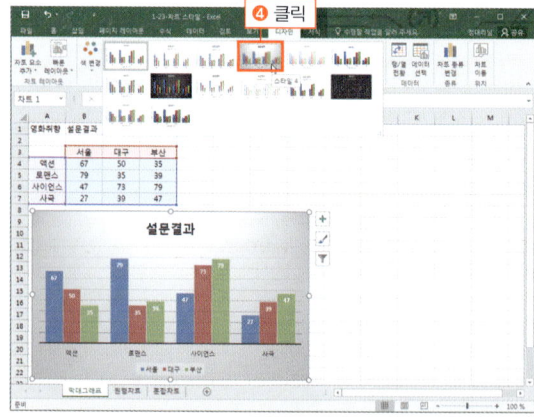

02 | 색 구성 변경

설정된 차트 스타일의 색상 배합 패턴을 변경할 수도 있습니다. 이전 작업에 이어서 [차트 도구]-[디자인] 탭-[차트 스타일] 그룹에서 [색 변경]-[색2]를 클릭합니다. 실시간 미리 보기로 다른 옵션들의 적용 결과도 확인합니다.

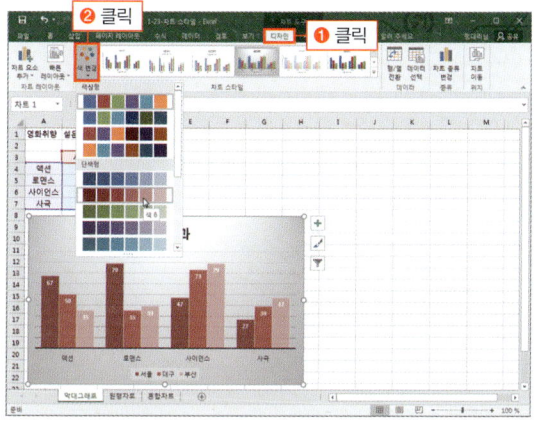 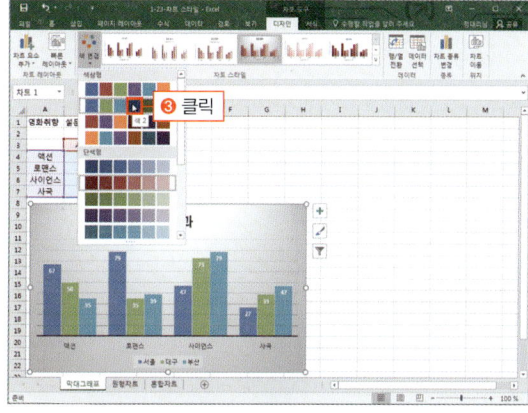

03 | 원형 차트 스타일 변경

'원형 차트' 시트의 차트를 선택합니다. 이어서 [차트 도구]-[디자인] 탭-[차트 스타일] 그룹에서 다양한 옵션들을 확인해보고 최종적으로는 [스타일 3]을 클릭합니다.

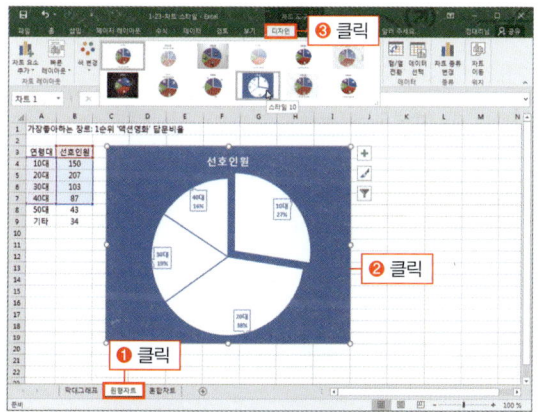 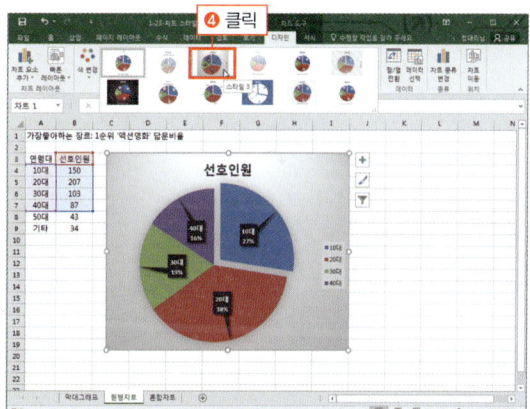

POINT 03 | 3차원 차트 설정

01 | 차트 종류 변경_01

[차트 도구]-[디자인] 탭-[종류] 그룹에서 [차트 종류 변경]을 클릭합니다. [차트 종류 변경] 대화상자를 보면 현재의 차트 형식인 [원형]을 표시하고 있습니다.

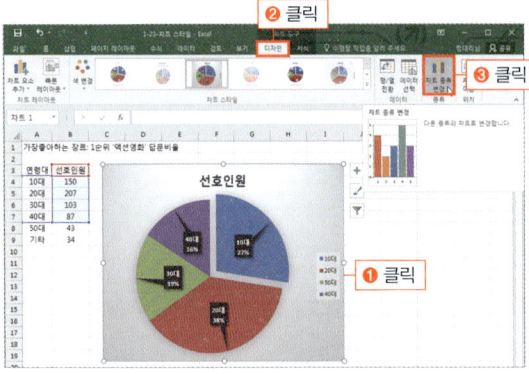
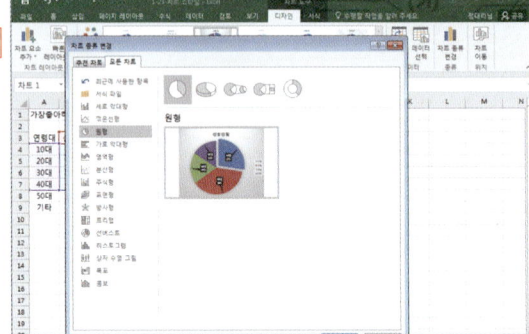

02 | 차트 종류 변경_02

[모든 차트] 탭-[원형]-[3차원 원형]을 선택하고 [확인]을 클릭합니다. 이전과 달리 입체감 있는 3차원 원형으로 차트 종류가 변경됩니다.

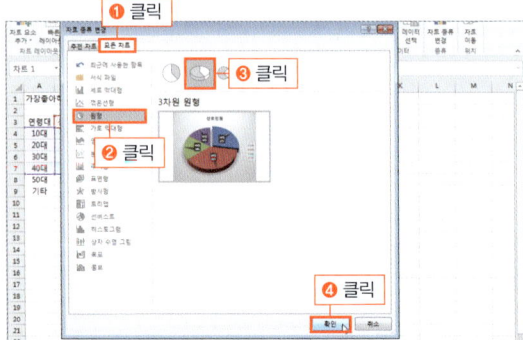

03 | 회전각/원근감 조정하기

보다 입체감을 높여보겠습니다. 차트 영역에서 마우스 오른쪽 버튼을 클릭한 후 [3차원 회전]을 선택합니다. [차트 영역 서식] 창이 나타나면 [3차원 회전]에서 [X회전]은 '90', [Y회전]은 '35', [원근감]은 '30'으로 설정합니다. 이런 식으로 차트의 원근감과 회전 각도를 조정할 수 있습니다.

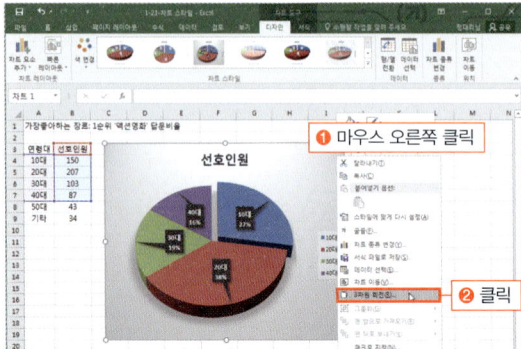
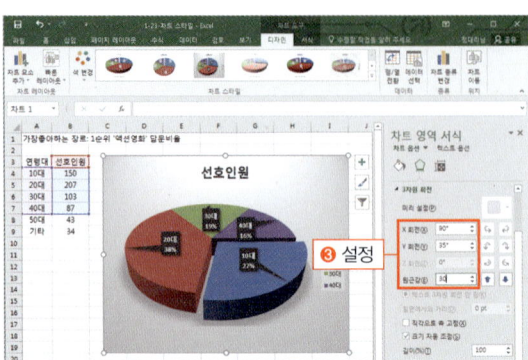

04 | 차트 스타일 변경하기

[차트 도구]-[디자인] 탭-[차트 스타일] 그룹의 옵션들을 실시간 미리 보기로 확인하고 최종적으로는 [스타일 6]을 선택해 스타일을 변경합니다.

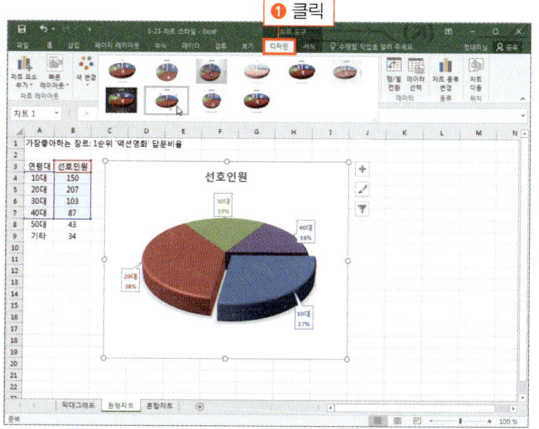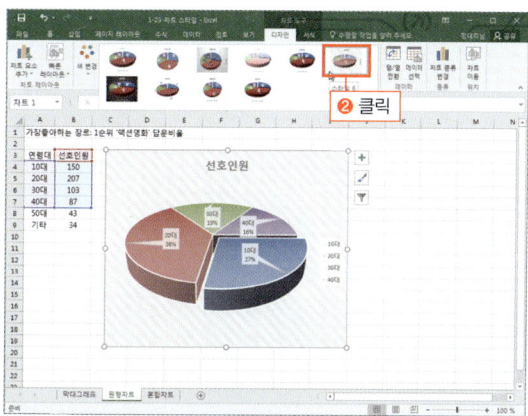

▲ [차트 스타일] 목록에서 실시간 미리 보기

05 | 3차원 막대형 차트로 변형

'막대그래프' 시트의 차트를 선택하고 [차트 도구]-[디자인] 탭-[종류] 그룹에서 [차트 종류 변경]을 클릭합니다. [차트 종류 변경] 대화상자가 나타나면 [3차원 묶은 세로 막대형]을 선택하고 [확인]을 클릭합니다.

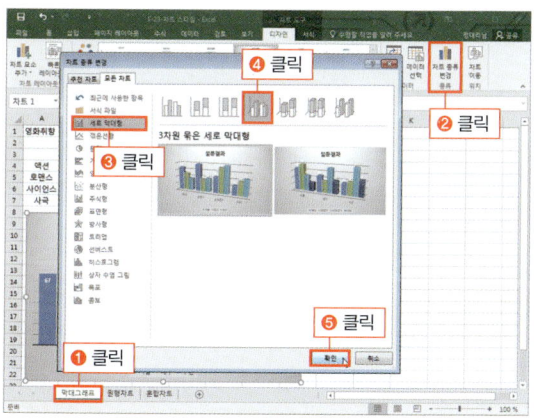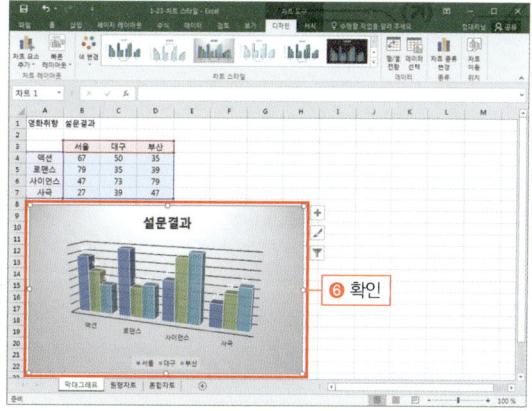

06 | 행/열 전환

[차트 도구]-[디자인] 탭-[데이터] 그룹에서 [행/열 전환]을 클릭하면, 차트를 구성하는 행/열 데이터 구성이 뒤바뀌어 표시됩니다.

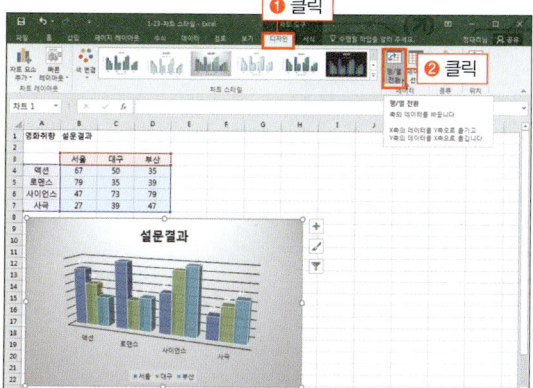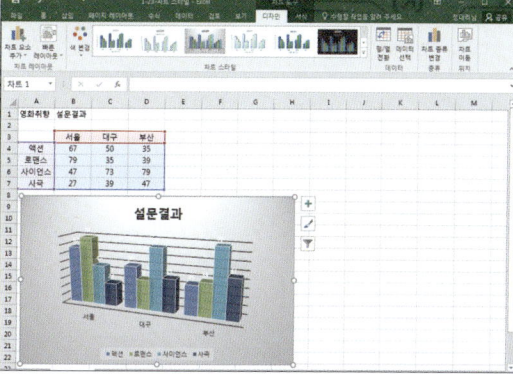

차트 스타일 변경

• 동영상 : 16-차트 스타일 변경.wmv

01 | [차트] 탭-[레이아웃]의 아이콘들을 보면 차트 제목, 범례, 눈금선 등의 다양한 차트 요소들이 새롭게 재구성되어 있습니다. 이를 선택해 기존 차트의 레이아웃을 새롭게 변경할 수 있습니다.

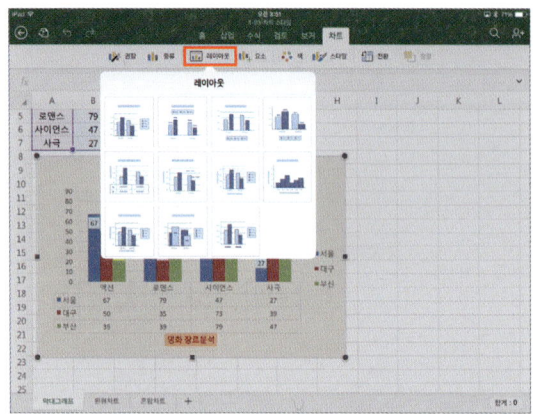 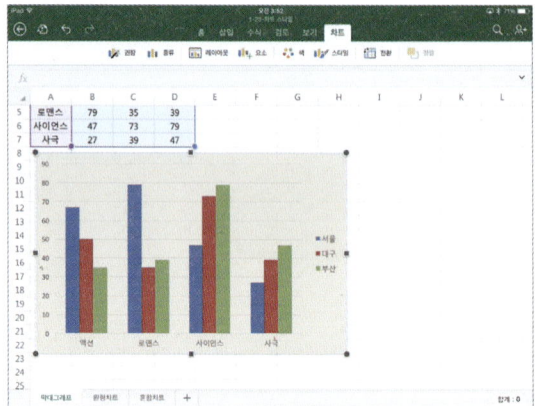

02 | [차트] 탭-[색]을 터치하여, 선택된 차트의 요소별 색상들을 새롭게 재구성할 수 있습니다.

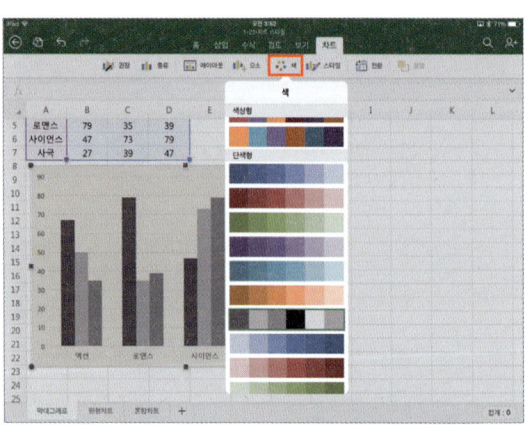 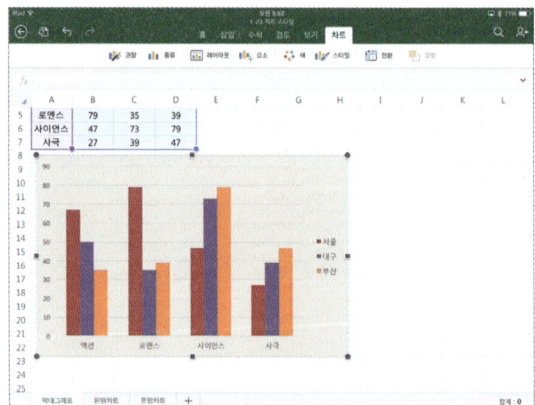

03 | [차트] 탭-[스타일]에서는 설정된 차트에 새로운 그래픽 스타일을 덧씌울 수 있습니다.

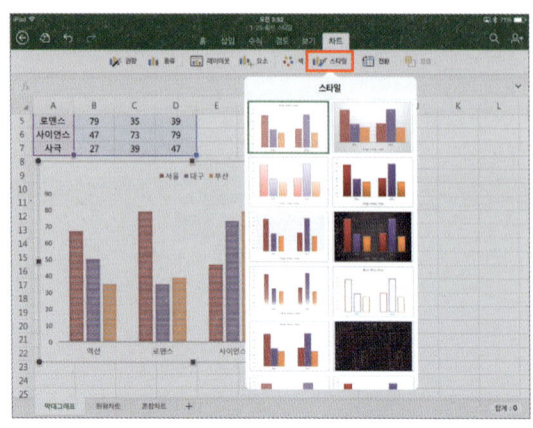 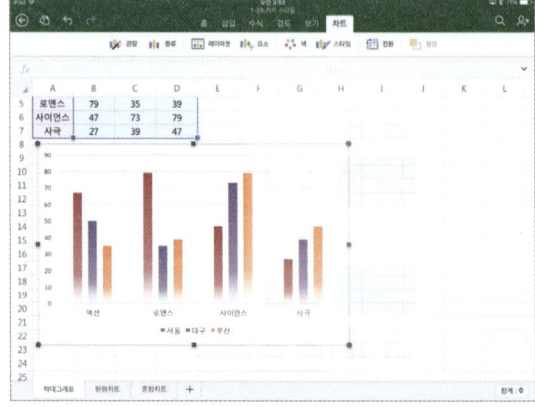

SECTION 24

작업 효율성을 위한 보조 기능들

자주 사용하는 주요 기능들의 선택이나 적용을 보다 빠르게 할 수 있는 다양한 보조 기능들이 있습니다. 빠른 실행 도구를 비롯해 영역을 설정하는 것만으로 서식, 합계, 스파크라인, 차트 등을 한 번에 적용할 수 있는 빠른 분석까지 살펴보겠습니다.

l 예제파일 l 1-24-빠른도구.xlsx l 완성파일 l 1-24-빠른도구-완성.xlsx

POINT 01 | 빠른 실행 도구 모음 추가

01 | 빠른 실행 도구 모음 추가

'1-24-빠른도구.xlsx' 파일을 열어보면 화면 상단에 자주 사용하는 명령들이 아이콘으로 표시됩니다. 이들을 빠른 실행 도구 모음이라고 하며, 목록 버튼을 눌러 나오는 메뉴에서 [새로 만들기], [빠른 인쇄], [오름차순 정렬] 등을 클릭해 보면, 해당 기능들이 아이콘을 추가되는 것을 확인할 수 있습니다.

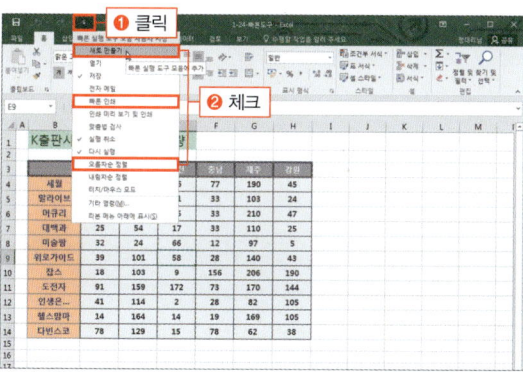
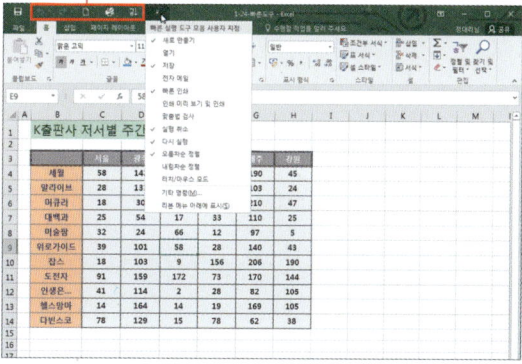

02 | 빠른 실행 도구 모음 제거

빠른 실행 도구 모음의 목록 앞에 체크 표시를 해제하면, 화면 상단에 추가된 아이콘이 자동으로 제거됩니다.

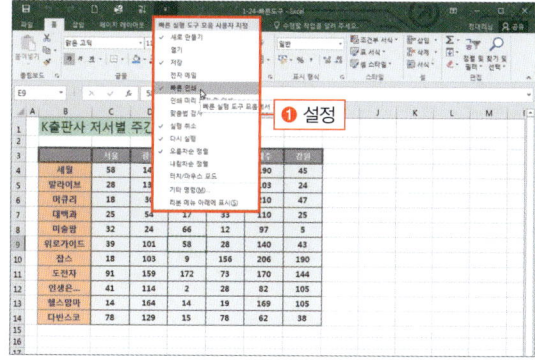
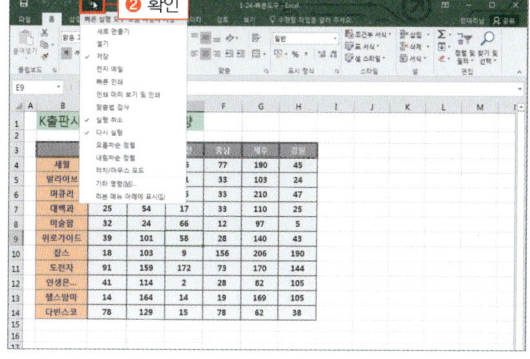

> **TIP** 빠른 실행 도구 모음 위에서 마우스 오른쪽 버튼을 클릭하고 [빠른 실행 도구 모음에서 제거]를 선택해도 해당 아이콘을 제거할 수 있습니다.

03 | 기타 명령 실행

백스테이지 화면에서 [내보내기]-[PDF/XPS 문서 만들기]를 빠른 실행 도구 모음에 추가하려고 합니다. 물론 현재의 빠른 실행 도구 목록에는 없는 명령이므로, 목록에서 [기타 명령]을 클릭합니다.

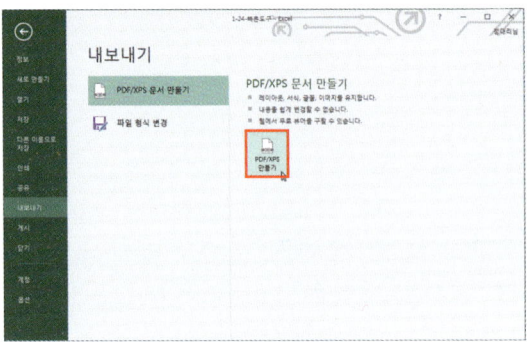 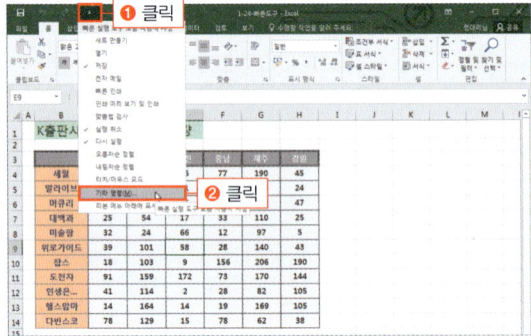

04 | PDF 게시 명령 추가하기

[Excel 옵션] 대화상자-[빠른 실행 도구 모음]의 [명령 선택]에서 '파일 탭'을 선택합니다. 이어서 목록에서 'PDF 또는 XPS로 게시'를 선택한 후 [추가]를 클릭합니다. 오른쪽 목록에 추가된 명령을 선택하고 [위로 이동]을 클릭하여 '저장' 명령 다음에 위치하도록 설정합니다. [확인]을 클릭하여 설정 작업을 마무리합니다.

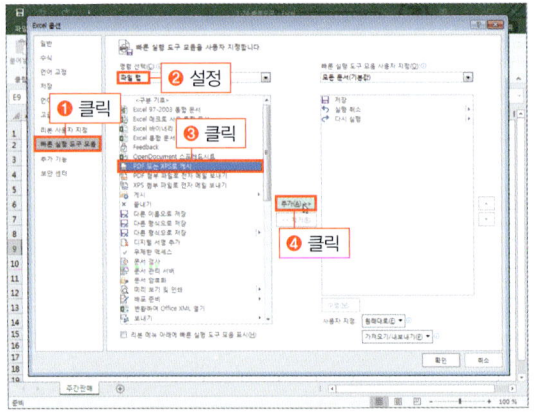 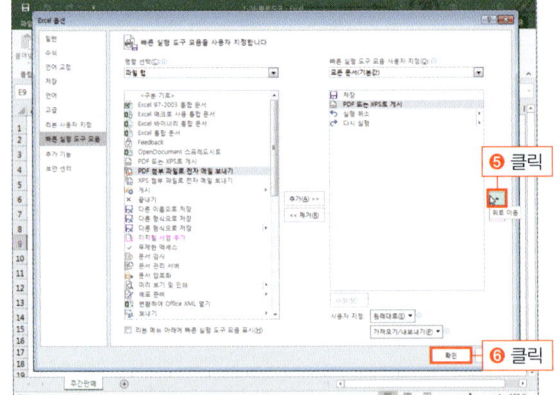

05 | 빠른 실행 도구 모음의 위치 조정

빠른 실행 도구 모음에서 [리본 메뉴 아래에 표시]를 클릭합니다. 리본 메뉴 아래쪽으로 빠른 실행 도구 모음이 재배치되며, 다시 목록에서 [리본 메뉴 위에 표시]를 적용해 원래대로 되돌릴 수도 있습니다. 사용자 작업 스타일에 맞는 위치로 조정하고 활용하면 됩니다.

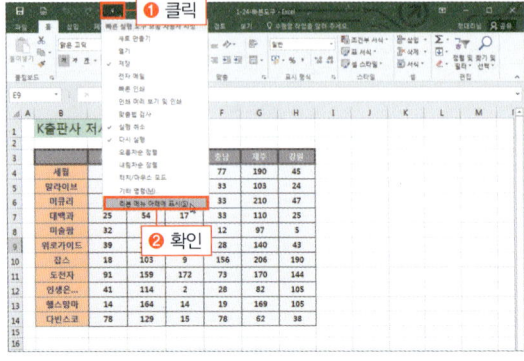 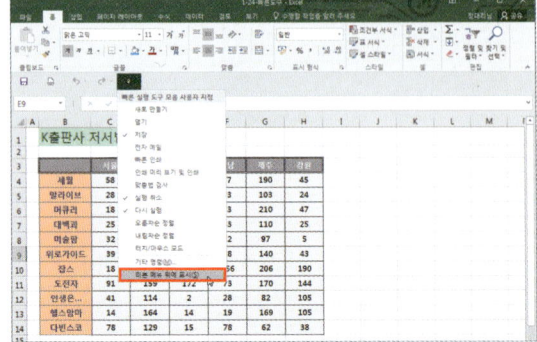

POINT 02 | 빠른 분석 도구

01 | 빠르게 합계 표시하기

[B3] 셀에서 [H14] 셀까지를 드래그하면 영역 우측 하단에 [빠른 분석] 단추가 나타납니다. 이를 클릭하고 [합계]-[합계]를 클릭합니다. 설정된 영역을 분석하여 각 열 방향 수치를 모두 더한 값이 목록 하단에 표시됩니다.

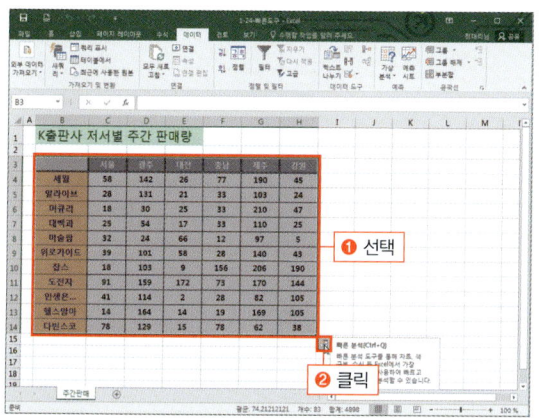
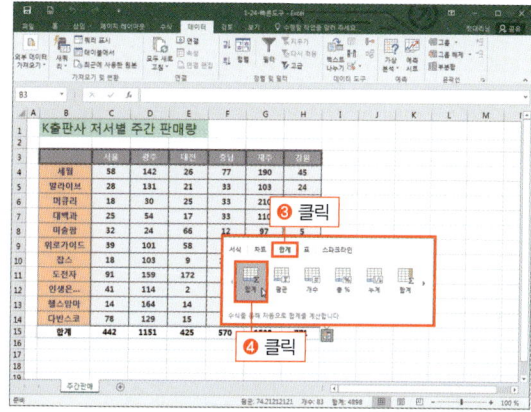

TIP [빠른 분석]의 목록에서는 한정된 공간 안에서 옵션들을 보여주기에, 미처 표시되지 못한 옵션들을 좌우에 배치된 화살표 기호를 클릭해 볼 수 있도록 하였습니다. 숨겨져 있는 다른 옵션들을 확인해 봅니다.

02 | 평균 확인

이전과 동일한 영역이 선택된 상태에서 [빠른 분석]을 클릭하고 [합계]의 오른쪽에 숨겨져 있는 [평균]에 마우스 포인터를 위치시킵니다. 결국 데이터 목록의 [평균]이 오른쪽 세로 방향으로 표시되며, 마우스 포인터를 다른 영역으로 이동하는 것으로 실시간 미리 보기를 해제할 수 있습니다.

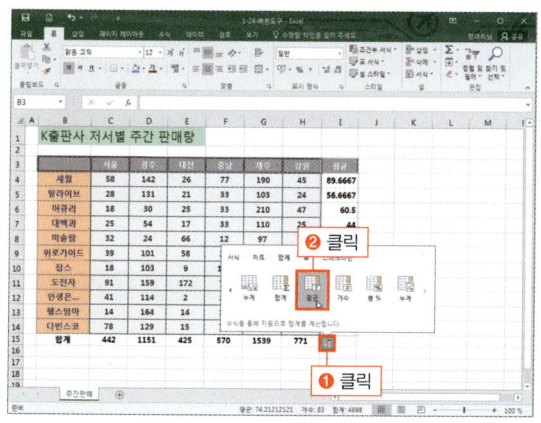
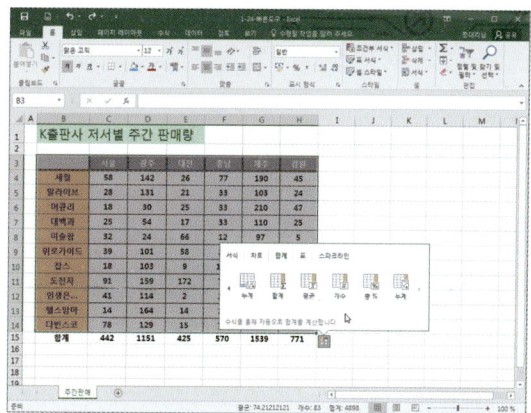

TIP 이미 하단에 '합계'가 적용된 상태에서 다시 하단 영역에 빠른 분석이 표시되도록 설정한다면, 이전에 만들어둔 '합계' 데이터들을 지우고 새로 계산한 빠른 분석 데이터를 표시할 것인지를 묻는 경고 창이 나타납니다.

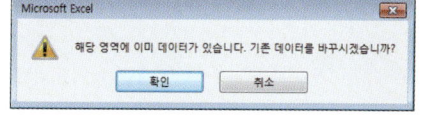

03 | 스파크라인 빠른 분석

이번에는 [B3] 셀에서 [H6] 셀까지를 드래그해 선택하고 [빠른 분석]-[스파크라인]-[선]을 클릭합니다. 설정된 영역 수치의 흐름을 선 형태로 보여주는 스파크라인이 I열에 표시됩니다.

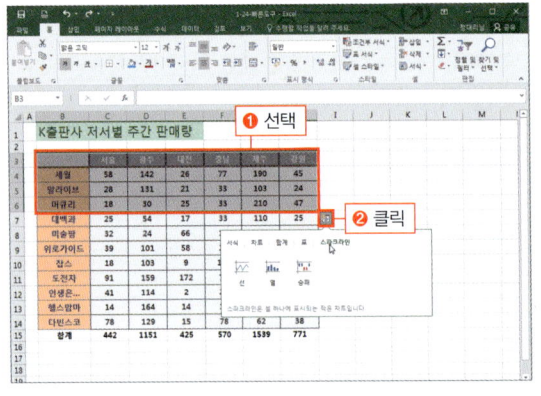 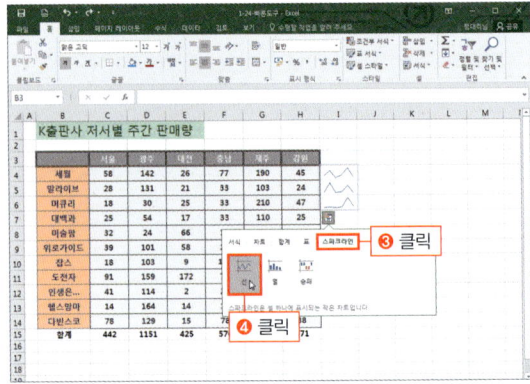

04 | 서식 조정하기

[F4] 셀에서 [H7] 셀까지를 선택한 뒤 [빠른 분석]-[서식]을 클릭합니다. 다양한 서식 옵션들이 있으며 마우스 포인터의 위치에 따라 [아이콘]이나 [색조]들의 적용 결과를 실시간으로 확인할 수 있습니다. 이들 중 [색조]를 적용해 결과를 표시합니다.

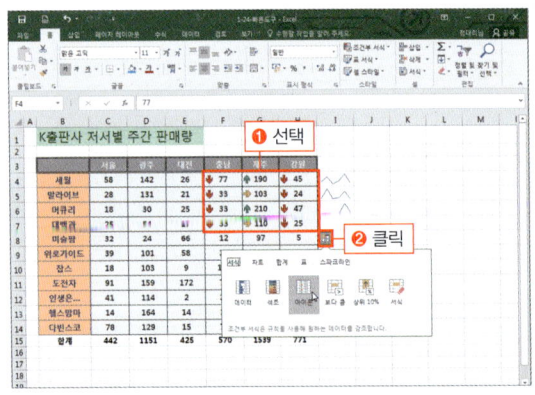 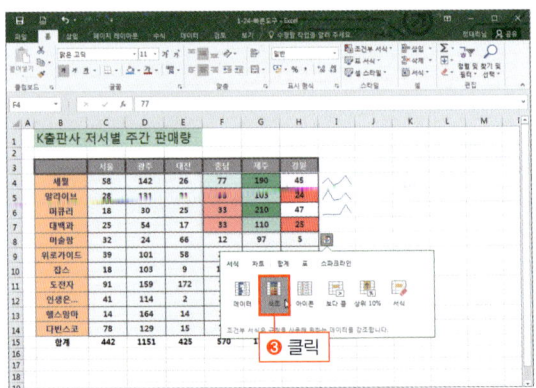

05 | 묶은 세로 막대형 차트

[B3] 셀부터 [E6] 셀까지를 드래그해 선택한 후 [빠른 분석]-[차트]-[묶은 세로 막대형]에 마우스 포인터를 위치시킵니다. 설정된 영역을 분석하여 묶은 세로 막대형으로 실시간 미리 보기를 확인할 수 있습니다.

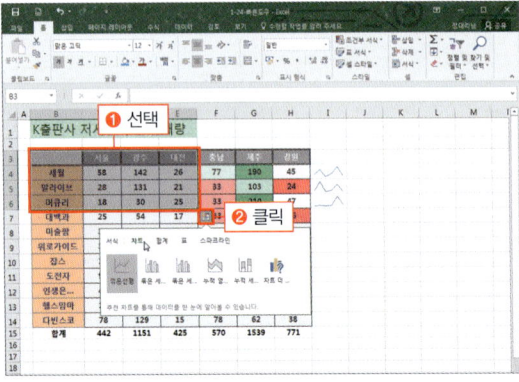 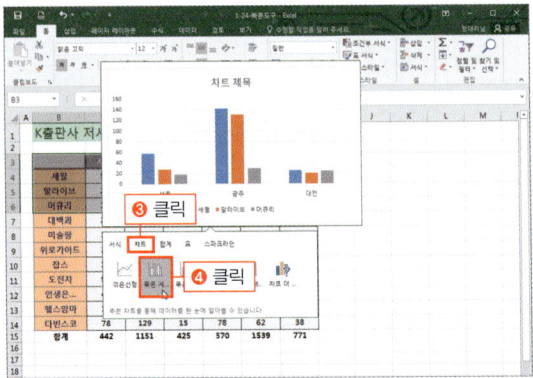

06 | 원형 차트 작성

[B3] 셀부터 [C10] 셀까지를 드래그해 선택하고 [빠른 분석]-[차트]-[원형] 위로 마우스 포인터를 위치시킵니다. 설정된 영역을 분석하여 원형의 차트 서식을 실시간 미리 보기로 확인할 수 있습니다.

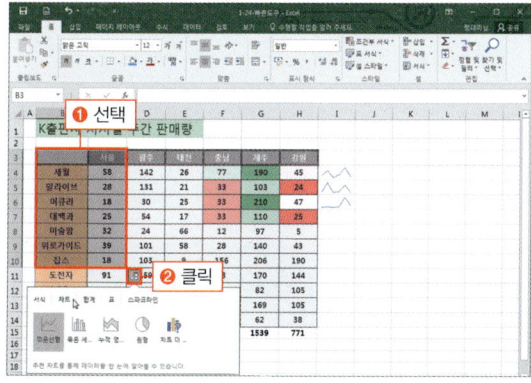 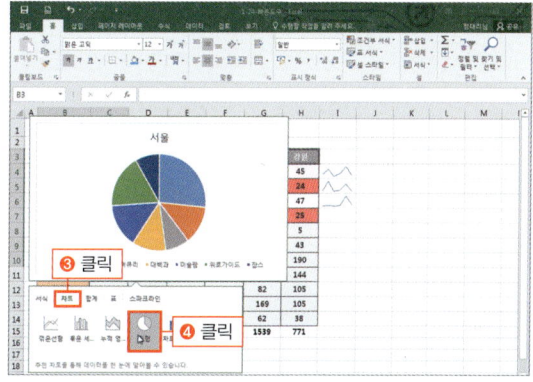

07 | 차트 이동하기

워크시트에 공간이 작아서 한눈에 차트와 목록을 보기 어려운 경우에는 생성된 차트를 다른 시트로 이동시킬 수도 있습니다. 차트 위에서 마우스 오른쪽 버튼을 클릭하고 [차트 이동]을 선택합니다. [차트 이동] 대화상자에서 [새 시트]에 체크하고 '차트전용보기'로 이름을 입력한 후 [확인]을 클릭합니다.

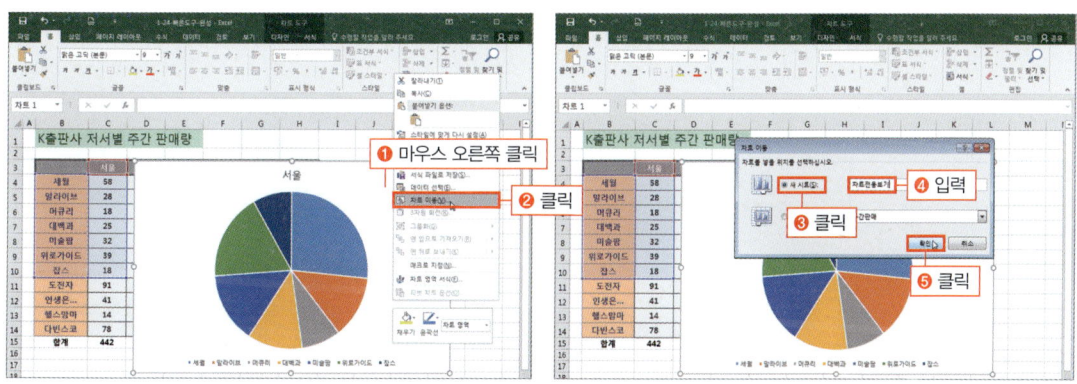

08 | 결과 확인하기

이전 작업의 결과 '차트전용보기' 시트에 원형 차트가 삽입된 것을 알 수 있습니다. 원래 차트가 위치하던 '주간판매' 시트에는 이동된 차트의 흔적이 없습니다.

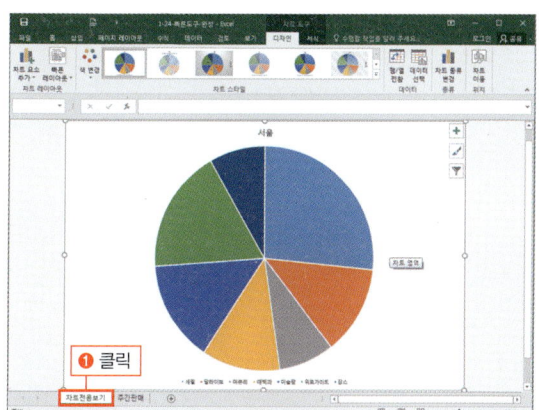 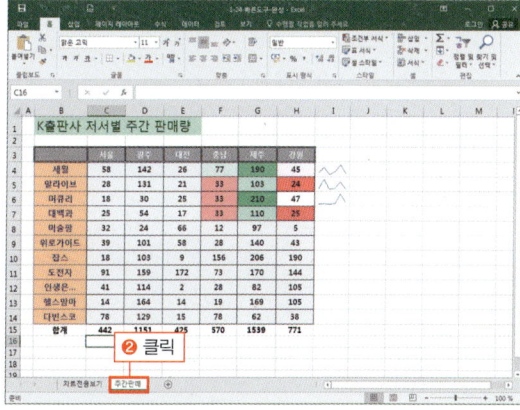

CHAPTER THREE

세 번째 챕터

데이터 분석 및 활용

사용자가 설정한 기준에서 잘 정리된 데이터 목록들은
함수나 계산식을 적용하지 않더라도 엑셀의 데이터 분석 도구들을 통해
쉽고 간단하게 합계, 평균, 최대, 최소, 통합, 차트 비교 등을 할 수 있습니다.
해당 내용들을 하나씩 따라해보며
자신에게 적합한 데이터 관리 및 분석 기능들을 눈여겨 봐둡니다.

SECTION 25

데이터 정렬 순서 조정하기

정렬은 데이터 목록을 구성하는 각 행의 배치 순서를 재조정하는 것입니다. 다양한 정렬 명령들을 살펴보고, [정렬] 대화상자를 통한 정렬 명령의 사용법을 살펴보겠습니다.

l 예제파일 l 1-25-정렬하기.xlsx l 완성파일 l 1-25-정렬하기-완성.xlsx

POINT 01 | 자동 필터에서 정렬하기

01 | 필터 적용하기

'1-25-정렬하기.xlsx' 파일을 열고 데이터 목록 안쪽의 아무 셀이나 클릭합니다. 이어서 [데이터] 탭-[정렬 및 필터] 그룹에서 [필터]를 클릭하면, 데이터 목록의 머리글들에 화살표 단추가 표시됩니다.

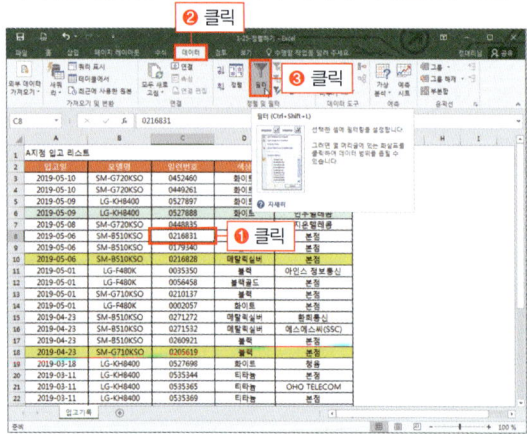
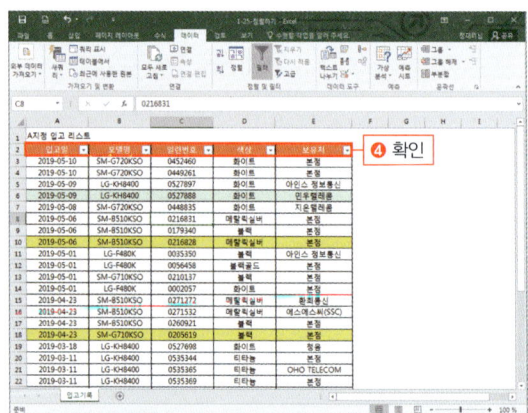

 [필터] 실행 후 필터링 단추 생성

02 | 숫자 오름차순 정렬

[일련번호] 단추를 클릭한 후 펼쳐지는 목록에서 [텍스트 오름차순 정렬]을 선택합니다. 수치 데이터를 대상으로 [텍스트 오름차순 정렬]이 적용되면, 적은 값일수록 위쪽으로 배치가 바뀝니다. 물론 해당 수치가 있던 행 전체의 데이터들이 함께 이동 배치됩니다.

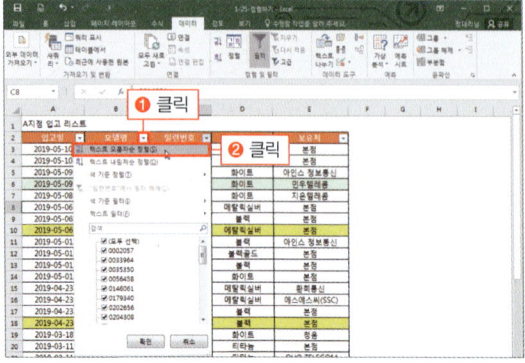

▲ '일련 번호' 기준 오름차순 정렬

03 | 문자 오름차순 정렬

[보유처] 단추를 클릭한 후 펼쳐지는 목록에서 [텍스트 오름차순 정렬]을 선택합니다. 문자 데이터를 대상으로 [텍스트 오름차순 정렬]이 적용되면, 가나다순으로 배치가 바뀝니다. 물론 해당 수치가 있던 행 전체의 데이터들이 함께 이동되며, 이전에 적용되었던 '일련번호' 기준 정렬은 해제됩니다.

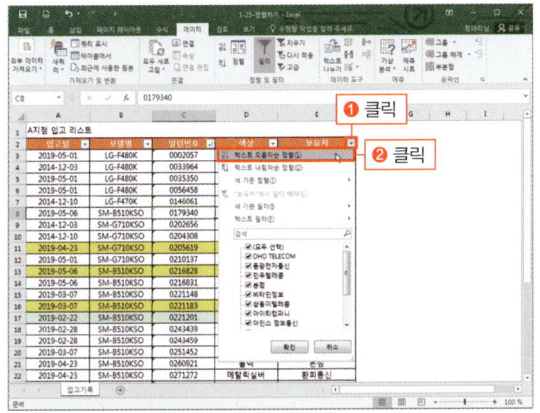

▲ '보유처' 기준 오름차순 정렬

04 | 리본 메뉴에서 정렬하기

'입고일' 데이터가 있는 [A5] 셀을 선택하고 [데이터] 탭–[정렬 및 필터] 그룹에서 [날짜/시간 내림차순 정렬]을 클릭합니다. 현재 선택된 셀의 열을 대상으로 '내림차순 정렬' 명령이 적용됩니다. 참고로 '내림차순 정렬'은 숫자는 큰 수부터, 문자는 가다나의 역순, 날짜나 시간은 가장 최근 순으로 데이터 정렬을 하게 됩니다.

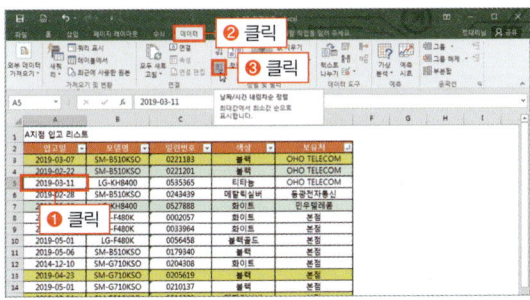
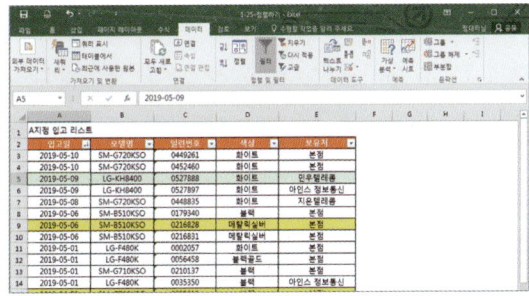

05 | 색 기준 정렬

[색상] 단추 목록에서 [색 기준 정렬]–[노랑]을 클릭합니다. '색상' 열을 대상으로 바탕색이 '노랑'인 데이터들을 위쪽으로 옮기며 목록이 재배치됩니다.

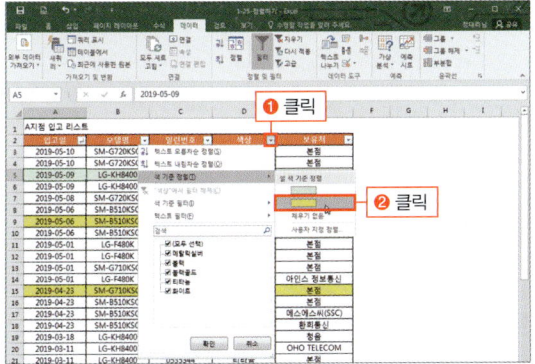
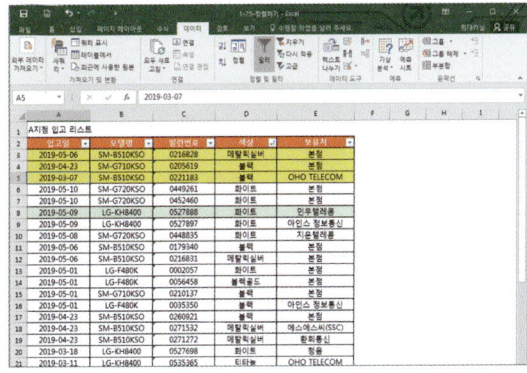

POINT 02 | 다중 조건으로 정렬하기

01 | [정렬] 명령 실행

'일련번호'가 입력된 [C10] 셀을 선택하고 [데이터] 탭-[정렬 및 필터] 그룹에서 [정렬]을 클릭합니다. [정렬] 대화상자를 보면 현재 적용된 데이터 목록의 [열]의 [정렬 기준]은 '색상'이며, [정렬 기준]은 '노랑'입니다. 마지막으로 적용된 '정렬' 명령은 '위에 표시'하는 것임을 확인할 수 있습니다. 이곳에 새로운 기준으로 추가하기 위해 [기준 추가]를 클릭합니다.

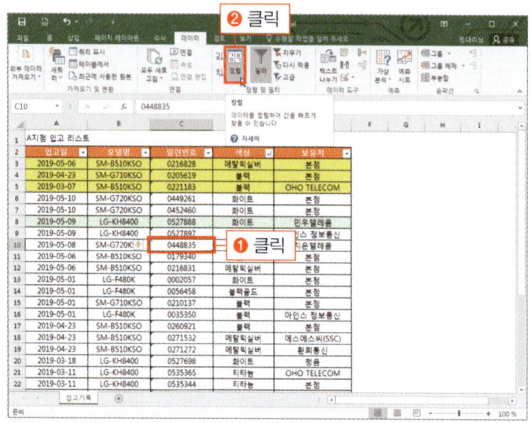
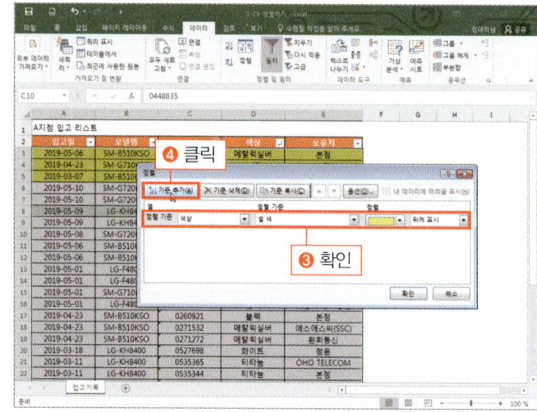

02 | 두 번째 조건 추가

'다음 기준'이 실행되면 정렬 대상으로 '입고일'을 선택하고, [정렬 기준]은 '값'으로 설정해 줍니다. 마지막으로 정렬 명령으로써 '오름차순'을 적용하고 [확인]을 클릭합니다. '노랑색'이 제일 위로 정렬된다는 첫 번째 조건을 깨지 않는 범위에서, '입고일'을 기준으로 오름차순 정렬이 중복 정렬됩니다.

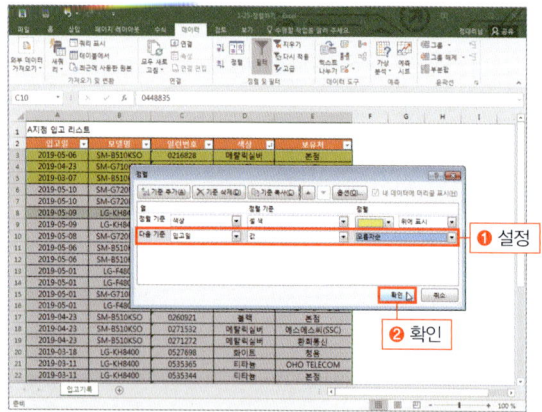
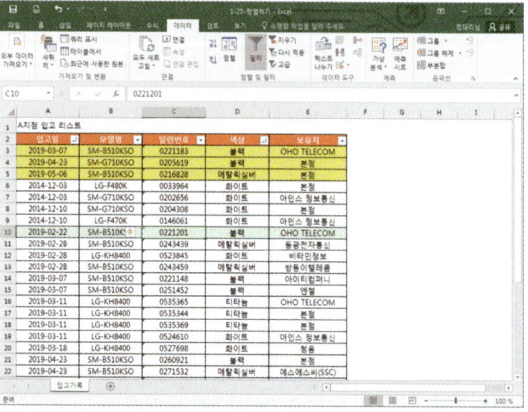

> **TIP** 일반적인 상황에서 한 번 적용된 명령을 되돌리는 것은 Ctrl + Z 를 누르거나, 빠른 실행 도구 모음의 을 클릭합니다. [필터] 상태에서의 정렬 결과 역시 같은 방법으로 이전의 목록 상태로 되돌릴 수 있습니다.

03 | 세 번째 조건 추가

[데이터] 탭-[정렬 및 필터] 그룹에서 [정렬]을 클릭하고 [기준 추가]를 한 번 더 클릭합니다. [정렬 대상]으로 '보유처', [정렬 기준]은 '값', [정렬 명령]은 '내림차순'으로 설정하고 [확인]을 클릭합니다. 역시 이전에 적용된 두 개의 조건을 깨지 않는 범위에서 '보유처'를 기준으로 하는 내림차순 정렬이 중복 적용됩니다.

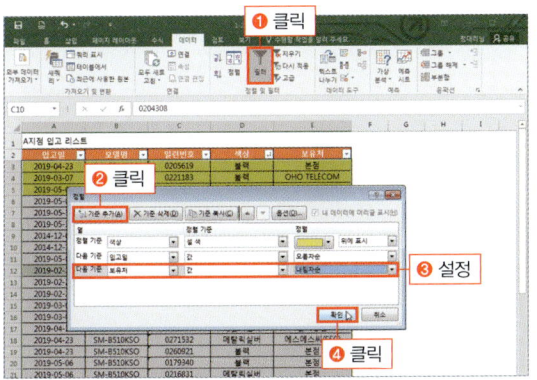

04 | 조건 적용 순서 변경하기

[데이터] 탭-[정렬 및 필터] 그룹에서 [정렬]을 다시 클릭하고 [정렬] 대화상자의 '색상' 정렬 기준을 선택합니다. 이어 [아래로 이동] 클릭하고 '색상' 정렬 기준이 가운데 위치하도록 설정한 후 [확인]을 클릭합니다. 결국 정렬 명령의 적용 순서가 바뀌어 이전과 다른 결과가 됩니다.

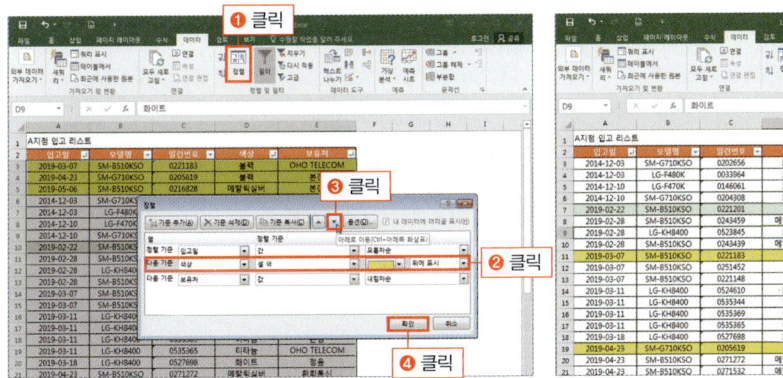
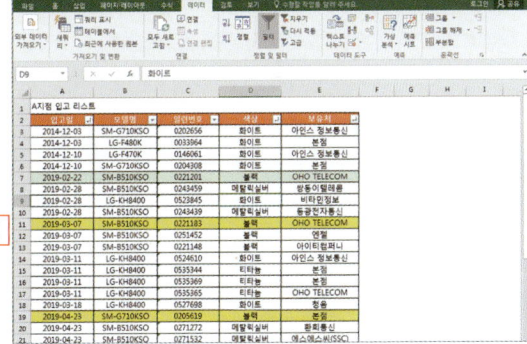

05 | 기준 삭제하기

[데이터] 탭-[정렬 및 필터] 그룹에서 [정렬]을 다시 클릭하고 [정렬] 대화상자의 '입고일' 정렬 기준을 선택합니다. [기준 삭제]를 클릭하여 '입고일' 정렬 기준을 제거하고 [확인]을 클릭합니다. 결국 정렬 명령의 적용 결과가 달라집니다.

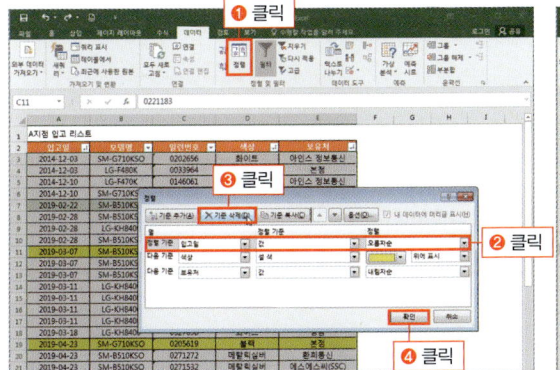

SECTION 26

조건에 맞는 내용들만 표시하기

필터는 데이터 목록을 구성하는 각 행 데이터들을 대상으로 사용자가 설정한 조건에 만족하는 내용들만 화면에 표시되도록 설정하는 것입니다. 다양한 필터 명령들을 살펴보고, 이들을 중복 적용하거나 색상, 부등호를 활용한 필터링 과정 등도 알아보겠습니다.

| 예제파일 | 1-26-필터링하기.xlsx | 완성파일 | 1-26-필터링하기-완성.xlsx

POINT 01 | 필터로 데이터 걸러보기

01 | '판매점' 기준 필터 실행

'1-26-필터링하기.xlsx' 파일을 열고 [판매점명] 단추를 클릭합니다. 펼쳐지는 목록에서 [(모두 선택)]을 클릭해 모든 체크를 해제합니다. 참고로 필터 단추들 데이터 목록 안쪽을 선택하고 [데이터] 탭-[정렬 및 필터] 그룹에서 [필터]를 클릭해 표시하거나 해제할 수 있습니다.

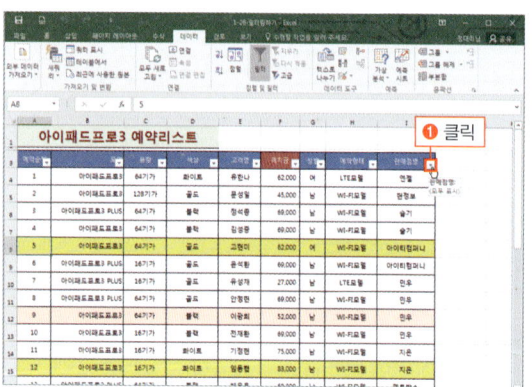
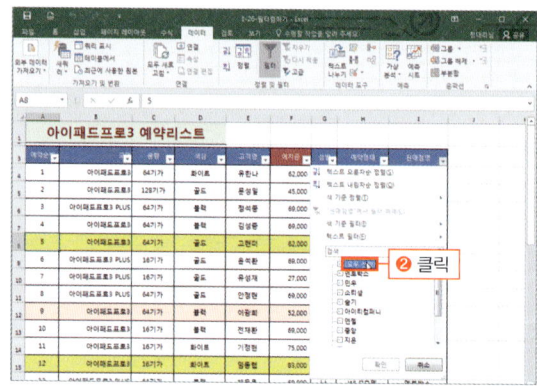

> **TIP** 참고로 [데이터] 탭-[정렬 및 필터] 그룹에서 [필터]를 클릭해 데이터 목록 상단에 표시되는 필터 단추를 표시하거나 해제할 수 있습니다.

02 | 업체정보로 필터링

이전 작업에 이어서 선택 창에서 [민우]와 [아이티컴퍼니]에 체크한 후 [확인]을 클릭합니다. 결과적으로 [판매점명]이 [민우]와 [아이티컴퍼니]인 행 정보들만 화면에 표시됩니다.

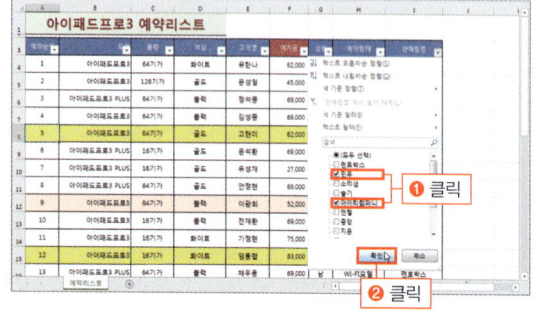

03 | 필터링 해제하기

[판매점명] 단추를 클릭한 후 펼쳐지는 메뉴에서 ['판매점명'에서 필터 해제]를 선택합니다. 필터링되어 숨겨졌던 모든 데이터 목록들이 다시 화면에 표시됩니다.

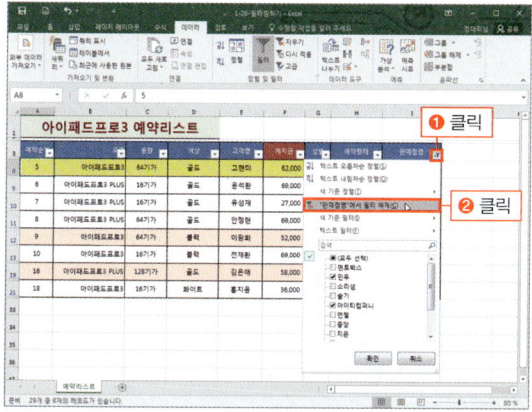
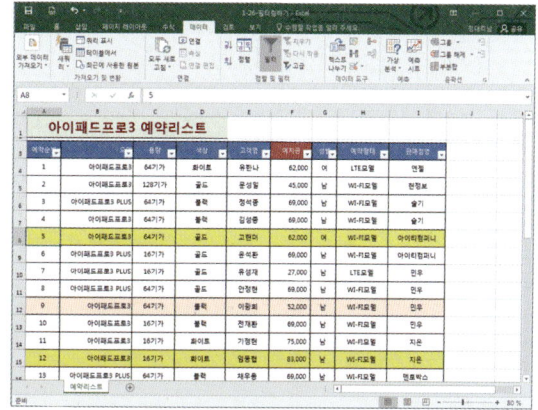

04 | 검색으로 필터링하기

[고객명] 단추를 클릭한 후 검색 창에 '이용상'을 입력합니다. 입력된 내용과 키워드가 일치하는 항목들만 선택 창에 표시됩니다. [확인]을 클릭해 보면, 이렇게 검색된 항목만 필터링되어 화면에 나타납니다. 확인 후, 필터링을 해제해 둡니다.

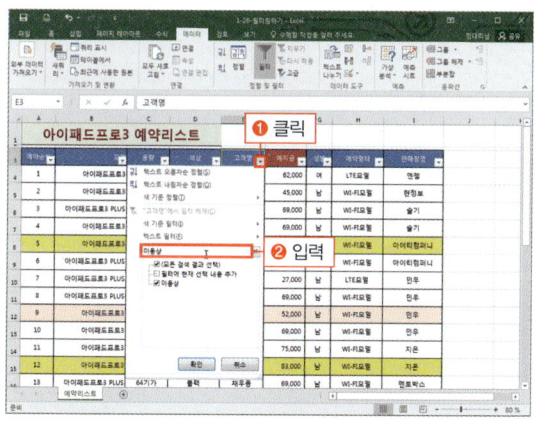
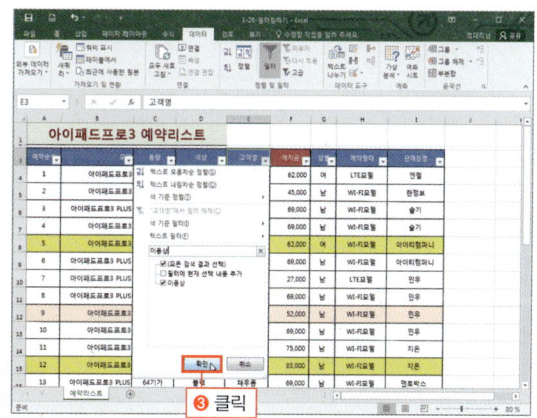

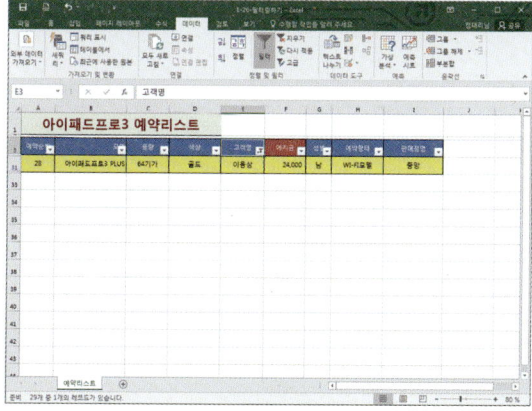

> **TIP** 이전 SECTION에서 배운 별표(*), 물음표(?)를 활용한 검색은 필터링 검색에서도 적용 가능합니다.

05 | 성별로 필터링하기

[성별] 단추를 클릭하고 [남]에만 체크한 후 [확인]을 클릭합니다. 데이터 목록에서 성별이 '남'으로 구분되는 행들의 내용들만 화면에 표시됩니다.

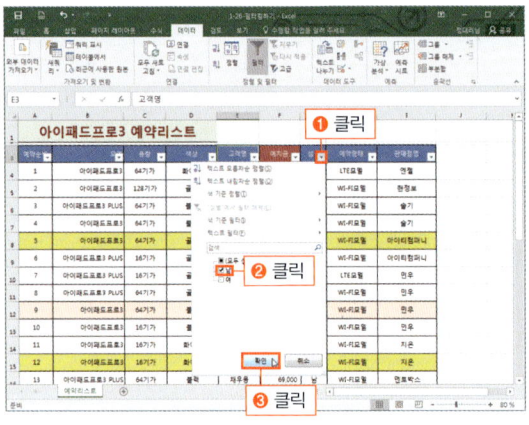
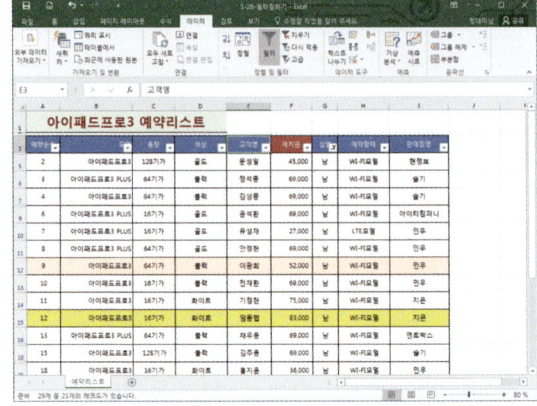

06 | 두 번째 필터링 추가

[용량] 단추를 클릭하고 [64기가]만 체크한 후 [확인]을 클릭합니다. 이전에 적용된 성별이 '남'인 필터링된 데이터 목록을 대상으로 용량이 '64기가'인 행의 내용들이 추가로 필터링되어 화면에 표시됩니다.

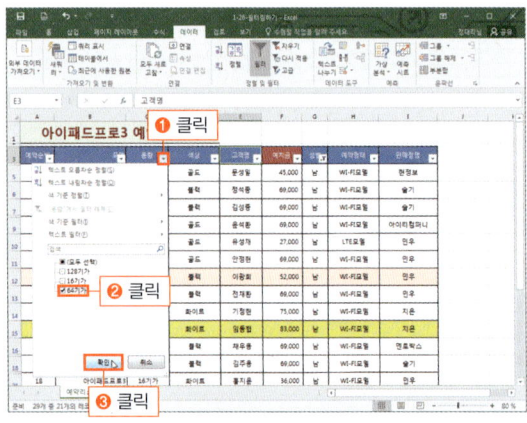
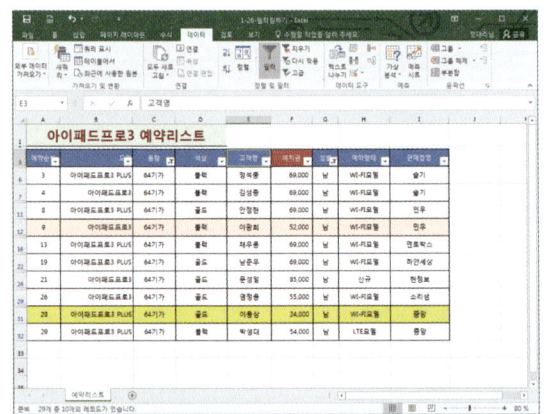

07 | 세 번째 필터링 추가

[색상] 단추를 클릭하고 [골드]만 체크한 후 [확인]을 클릭합니다. 이전에 적용된 성별이 '남'이고 용량이 '64기가'인 데이터 목록들을 대상으로 '색상'이 '골드'인 행의 내용들이 추가로 필터링됩니다.

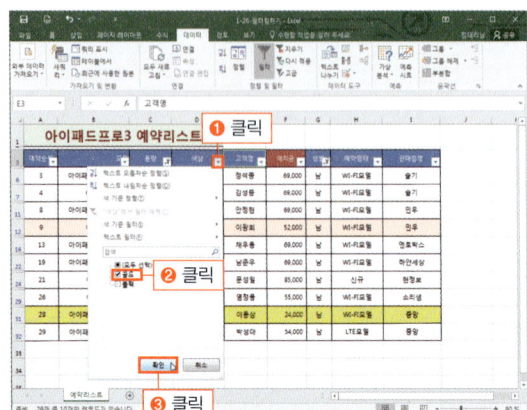
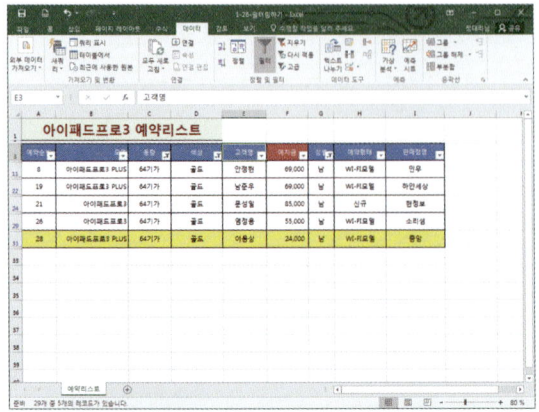

08 | 한 번에 모든 필터 조건 제거

이전 작업에 이어서 [데이터] 탭-[정렬 및 필터] 그룹에서 [지우기]를 클릭합니다. 결과적으로 데이터 목록에 적용된 다중 필터 조건들이 한 번에 제거됩니다. 참고로 [데이터] 탭-[정렬 및 필터] 그룹에서 [필터]를 클릭하면, 목록에 적용된 필터 기능 자체가 해제된다는 차이점이 있습니다.

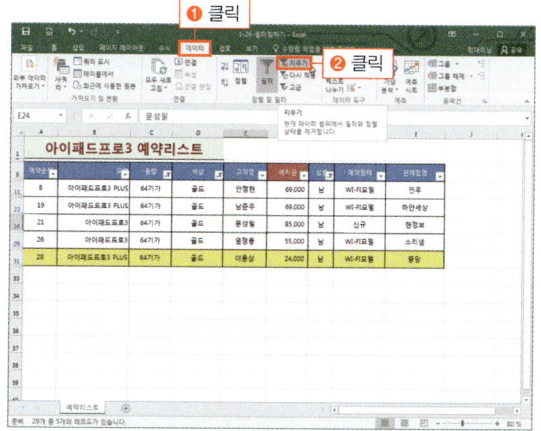 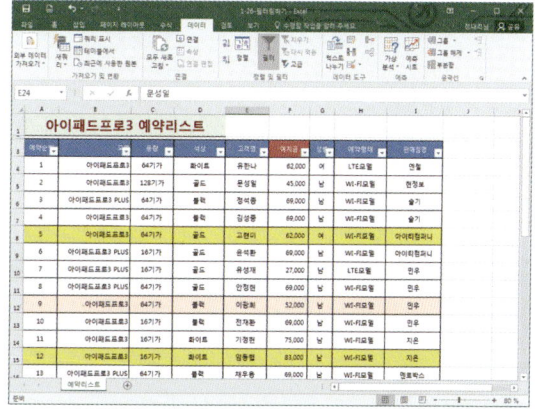

POINT 02 | 기타 정렬 방법 살펴보기

01 | 색 기준으로 필터링

[용량] 단추를 클릭하고 [색 기준 필터]-[노랑]을 클릭합니다. 데이터 목록의 '색상' 열을 대상으로 바탕색이 '노랑'인 행의 내용들만 걸러져 화면에 표시됩니다. 확인 후 필터링을 해제합니다.

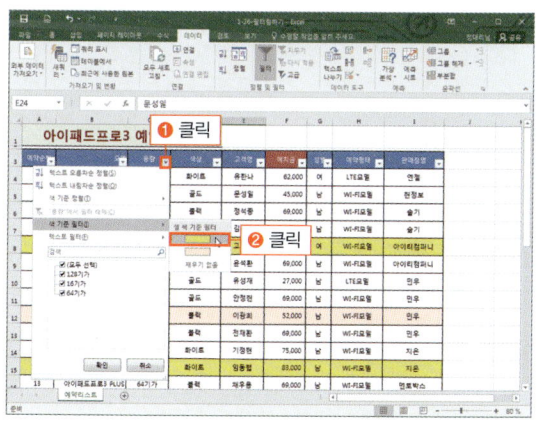 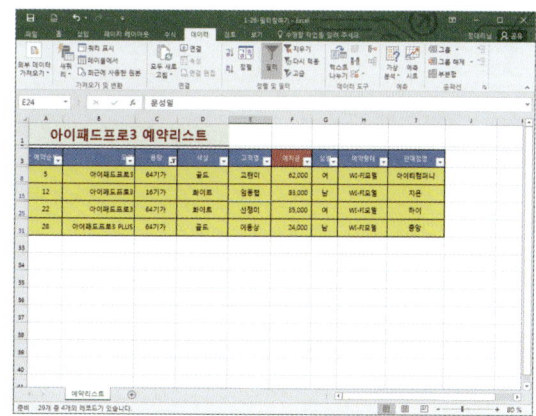

> **TIP** [데이터] 탭-[정렬 및 필터] 그룹에서 [고급]을 클릭하면, [고급 필터] 대화상자에서 사용자가 직접 필터링 될 내용을 시트에 설정해서 활용할 수도 있지만, 많이 사용하는 기능은 아니기에 본문에서는 설명을 생략했습니다.

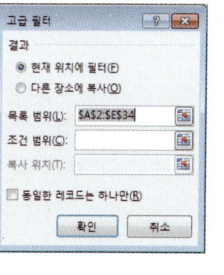

02 | 숫자 대상으로 필터링

[예치금] 단추에서 [숫자 필터]-[보다 큼]을 클릭합니다. [사용자 지정 자동 필터] 대화상자의 필터 기준으로 부등호 '>'가 지정되어 있습니다. 이곳의 필터 기준 값으로 '70000'으로 설정하고 [확인]을 클릭합니다. 결국 예치금이 7만 원보다 큰 행의 내용들만 화면에 필터링됩니다.

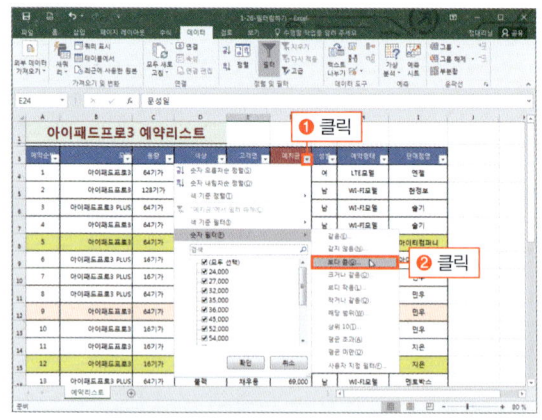

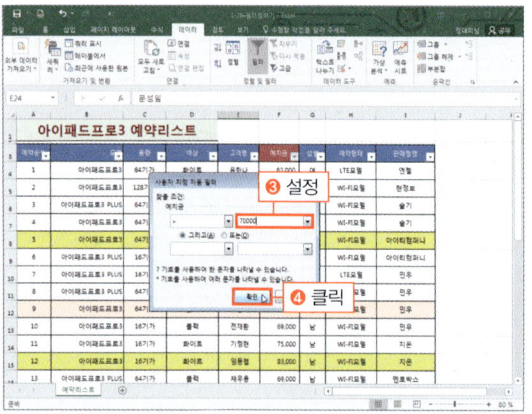

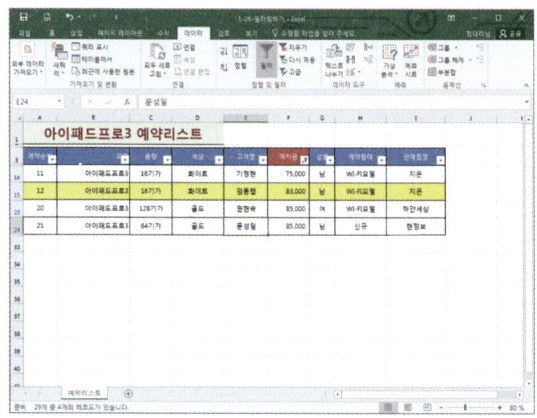

03 | 텍스트 기준 필터링

[고객명] 단추에서 [텍스트 필터]-[끝 문자]를 클릭합니다. [사용자 지정 자동 필터] 대화상자의 고객명 필터 조건으로 '끝 문자'가 지정되어 있습니다. 이곳의 필터 기준 값으로 '현'을 입력한 후 [확인]을 클릭합니다. 결국 '현'으로 끝나는 이름의 고객 정보들만 화면에 필터링됩니다.

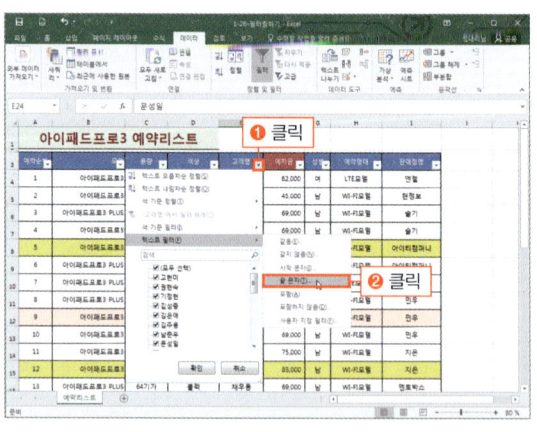

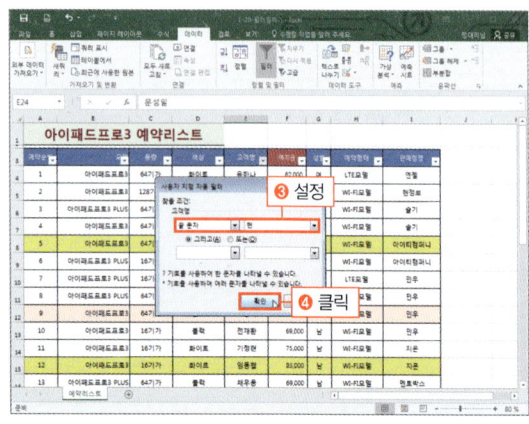

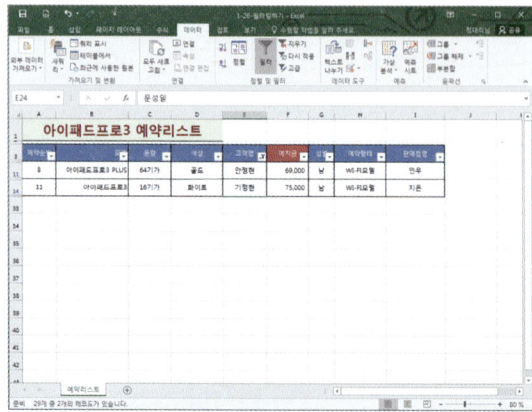

정렬 및 필터

• 동영상 : 17-정렬 및 필터.wmv

01 | 목록에서 하나의 기준으로 데이터를 재배치하기 위해 정렬 명령을 활용할 수 있습니다. 태블릿에서는 오름차순/내림차순 정렬 명령을 사용할 수 있습니다. 강좌에서는 '용량'과 '고객명'을 기준으로 오름차순 정렬을 테스트하였습니다.

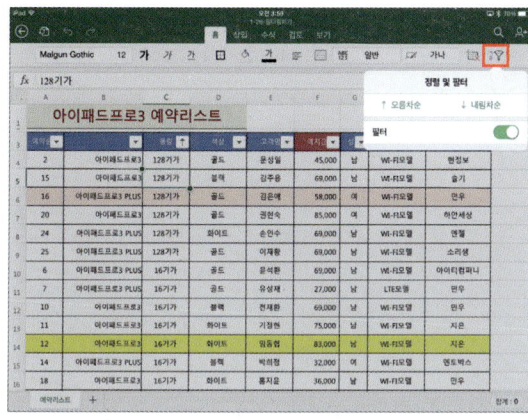

02 | '용량'의 필터링 단추를 터치한 후 '128기가'만 표시되도록 필터링합니다. 용량이 128기가가 아닌 데이터 정보들은 필터링되어 화면에서 숨겨집니다.

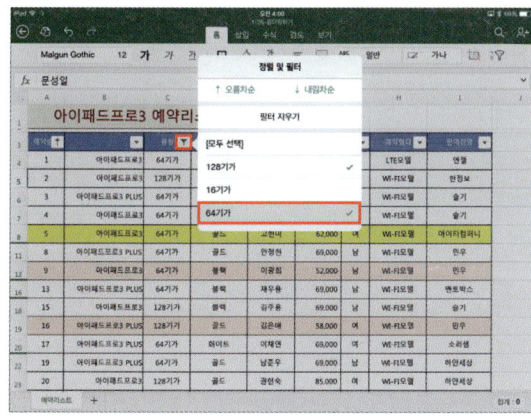
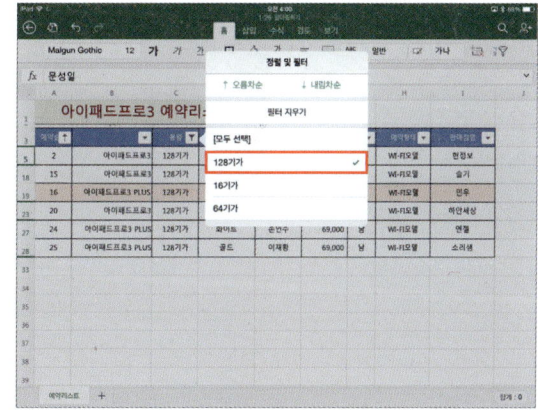

03 | 이어서 '색상'의 필터링 단추를 터치하고 '블랙'만 표시되도록 설정합니다. 이전에 작성된 '용량' 필터링에 새로운 필터 설정이 추가되어, 128기가 용량이면서 블랙 색상인 데이터 정보들만 화면에 표시됩니다. 이렇게 적용된 필터 명령은 필터 메뉴의 [필터 지우기]를 터치해 해제할 수 있습니다.

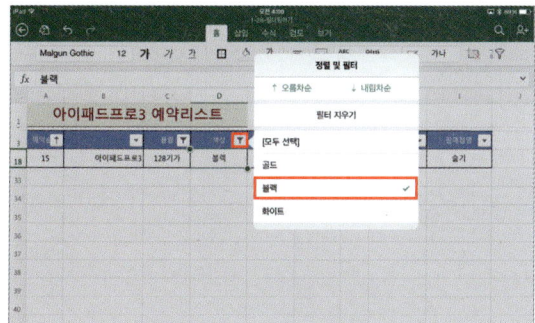

SECTION 27

표 서식으로 목록 조정

'표 서식'을 활용하면 작성된 데이터 목록에 적합한 디자인을 바로 적용할 수 있습니다. 이렇게 적용된 표 서식에서는 필터 및 정렬이 가능하며, 추가로 내용을 입력하거나 제거하는 과정에서도 목록에 적용된 디자인이 자동으로 수정되는 장점들이 있습니다.

| 예제파일 | 1-27-표서식활용.xlsx | 완성파일 | 1-27-표서식활용-완성.xlsx

POINT 01 | 표 서식 적용하기

01 | 표 서식 선택하기

'1-27-표서식활용.xlsx' 파일을 열고 데이터 목록 안쪽을 클릭한 후 [홈] 탭-[스타일] 그룹에서 [표 서식]-[표 스타일 보통 9]를 선택합니다. [표 서식] 대화상자에서 [머리글 포함]에 체크하고 [확인]을 클릭합니다.

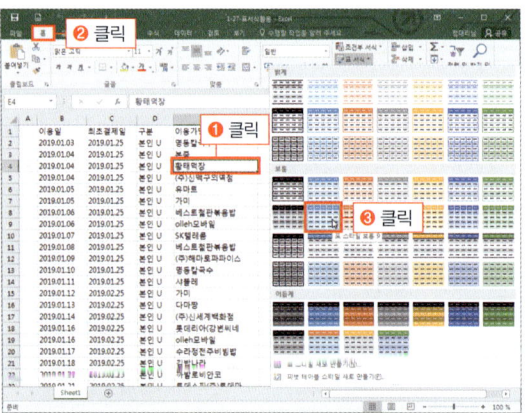
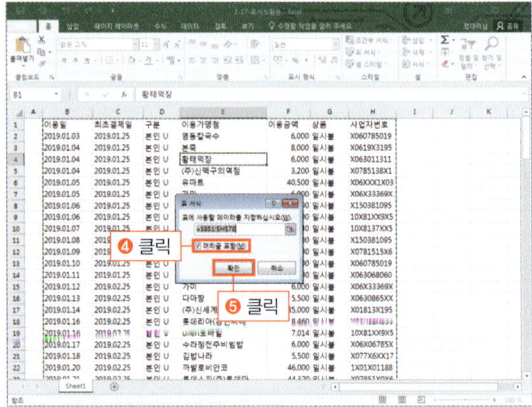

> **TIP** 처음에 표 서식 대상이 될 목록 안쪽을 선택했기에, 해당 셀이 포함된 목록 범위가 [표에 사용할 데이터를 지정하십시오]에 기본으로 설정되어 있습니다. 만약 설정된 영역이 의도와 다르다면 셀 주소를 직접 입력할 수도 있습니다.

02 | 결과 확인

이전 작업의 결과, 데이터 목록 첫 줄의 머리글이 포함된 표 서식이 적용되었습니다. 참고로 목록 내용이 길게 입력된 표 서식을 아래쪽으로 내려보면, 표 상단에 입력된 [머리글] 제목들이 열 머리글에 표시되는 특징이 있습니다.

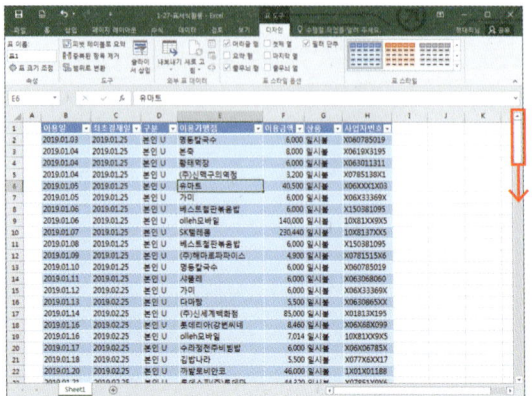

03 | 표 디자인 바꾸기

표 서식이 적용된 목록 안쪽이 선택된 상태에서 [표 도구]-[디자인] 탭-[표 스타일] 그룹에서 목록을 펼칩니다. 목록 위에 마우스 포인터가 위치하는 곳에 따라 해당 스타일이 적용된 결과를 실시간 미리 보기로 확인할 수 있습니다. 이곳에서 [표 스타일 밝게 17]을 클릭해 서식 디자인을 변경합니다.

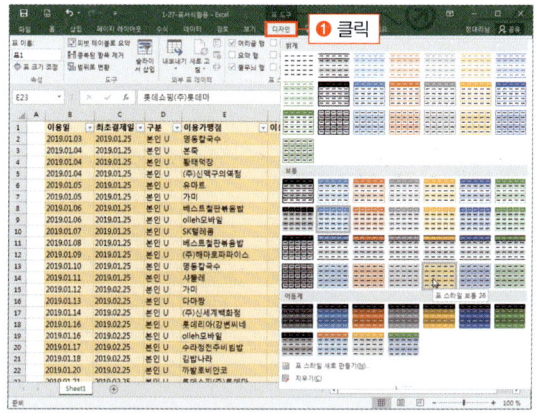 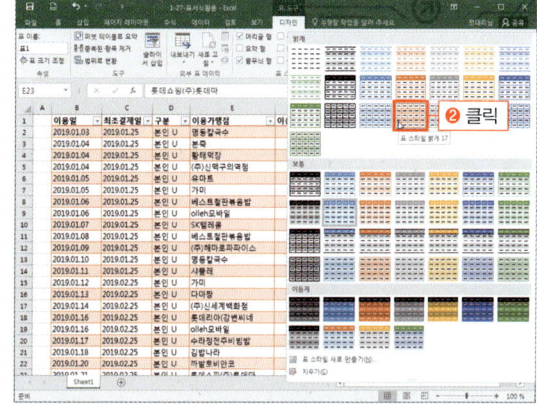

04 | 표 서식에 새로운 행 삽입

12행 머리글 위에서 마우스 오른쪽 버튼을 클릭한 후 [삽입]을 선택합니다. 새로운 행이 삽입되며, 기존 내용들은 한 칸 아래쪽으로 이동시킵니다. 이때 표 서식은 새로 삽입된 행과 전체 데이터 목록 서식이 어울리도록 자동으로 재설정됩니다.

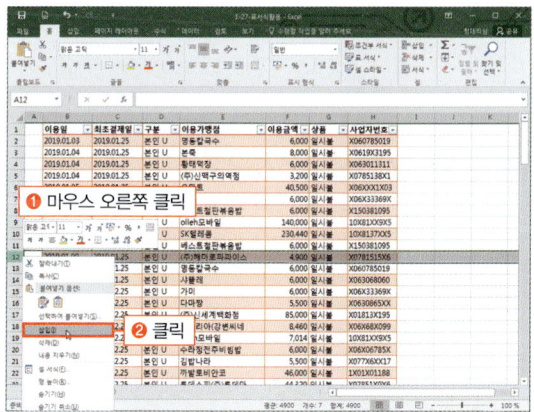 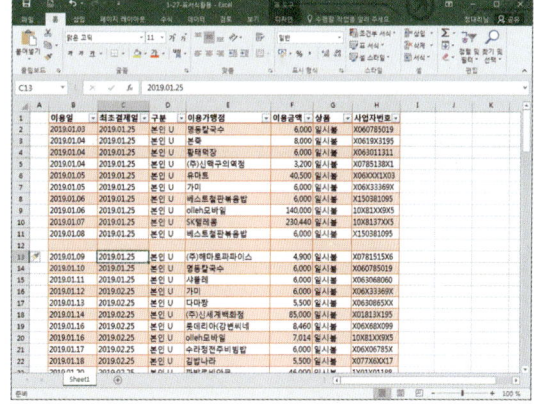

05 | 이어서 내용 입력

표 서식이 적용되지 않은 데이터 목록에 인접한 바깥 셀을 선택하고 내용을 입력합니다. 목록과 인접한 데이터 입력을 표 서식의 연장으로 인식하고 자동으로 서식 설정이 됩니다.

 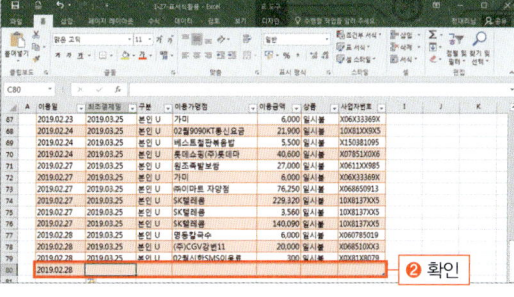

POINT 02 | 표 서식의 분석 기능

01 | 표 서식에서 필터링

표 서식이 적용된 머리글에는 정렬과 필터를 적용할 수 있는 단추가 기본으로 설정되어 있습니다. [이용가맹점] 단추를 클릭하고 선택 창에서 [olleh모바일]과 [SK텔레콤]에 체크한 뒤 [확인]을 클릭합니다. 해당 키워드가 있는 행의 내용들만 화면에 표시됩니다.

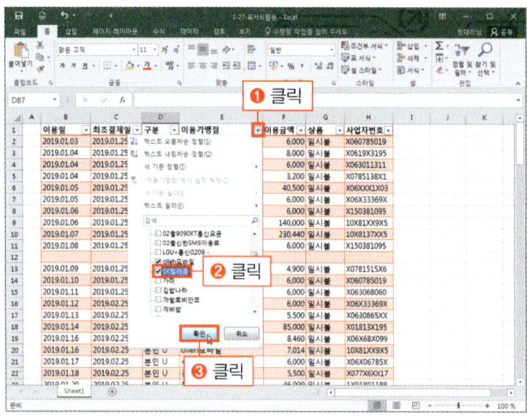
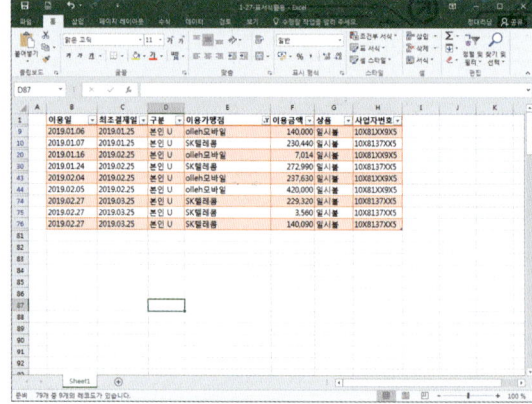

02 | 필터 조건 추가하기

'이용금액' 목록에서 [숫자 필터]-[보다 큼]을 클릭합니다. [사용자 지정 자동 필터] 대화상자를 보면 '>' 부등호가 설정되어 있습니다. 이곳의 필터 기준 값을 '200000'으로 설정하고 [확인]을 클릭합니다. 결국 기존 필터링 결과에서 이용금액이 '200000'원 보다 큰 내용들로 새롭게 필터링이 진행됩니다.

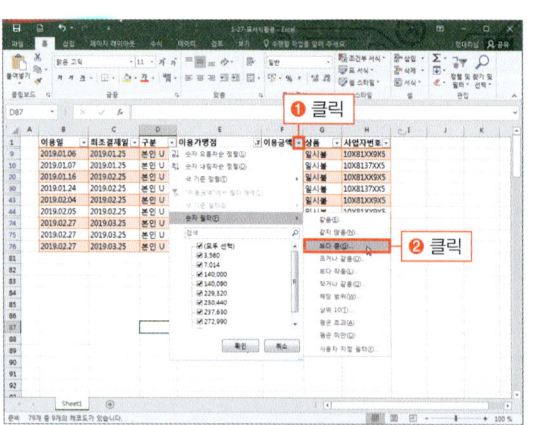
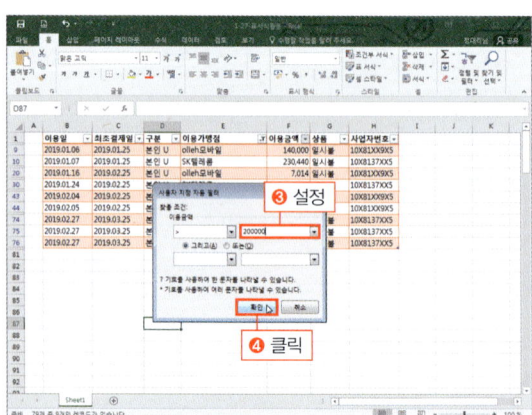

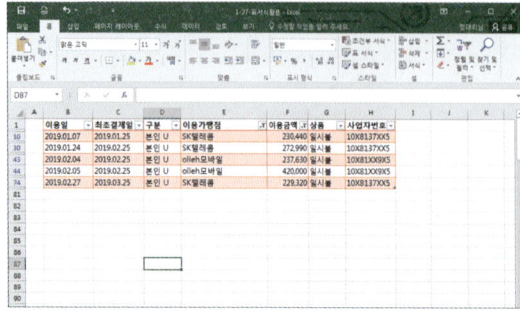

03 | 필터 해제 및 정렬

[데이터] 탭-[정렬 및 필터] 그룹에서 [지우기]를 클릭해 이전 과정에서 적용된 필터 조건들을 제거합니다. 이어서 '이용가맹점' 목록에서 [텍스트 내림차순 정렬]을 클릭합니다. 설정에 따라 '이용가맹점'의 데이터들이 가나다의 역순으로 정렬되는 것을 확인할 수 있습니다.

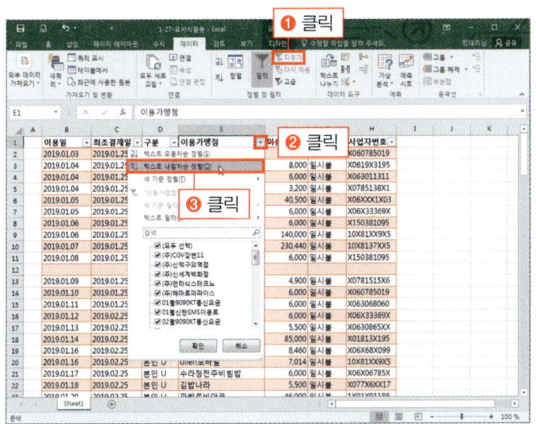 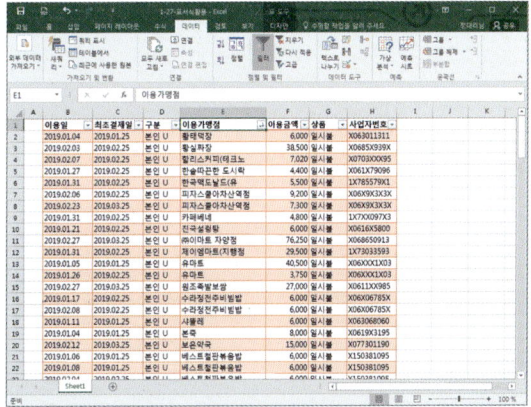

POINT 03 | 기타 [디자인] 탭 기능들

01 | 표 스타일 옵션

[표 도구]-[디자인] 탭-[표 스타일 옵션] 그룹에서 [머리글 행]의 체크를 해제하면 데이터 목록의 머리글이 사라집니다. 물론 다시 체크하여 머리글을 다시 표시할 수도 있습니다. 참고로 이곳의 [첫째 열], [마지막 열]을 체크하여 목록의 첫째, 마지막 열을 굵은 글씨로 강조 표시할 수도 있습니다.

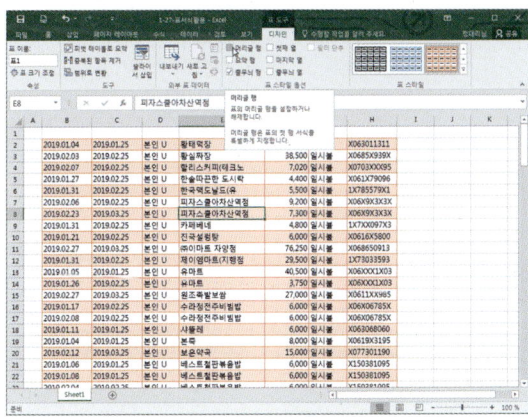 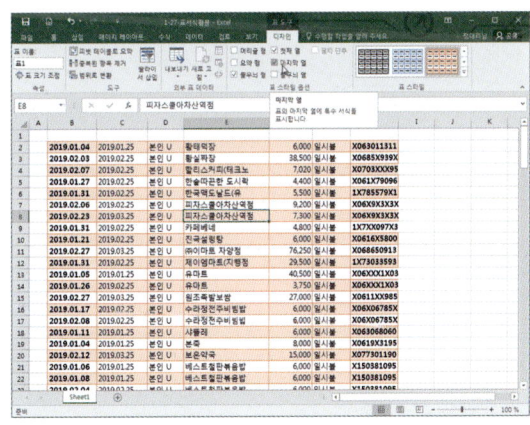

▲ 목록 상단의 머리글 숨김 　　　　　　　　　　　▲ 목록 좌/우 열의 데이터 강조

02 | 표 스타일 없애기

[표 도구]-[디자인] 탭-[표 스타일] 그룹에서 [없음]을 클릭하고, [표 스타일 옵션] 그룹-[필터 단추]를 해제합니다. 결국 목록에 적용된 표면적인 디자인 서식이 사라지지만, 디자인만 제거된 것일 뿐 목록에 적용된 표의 속성은 제거된 것이 아닙니다. 결과 확인 후 마음에 드는 스타일로 다시 설정해 줍니다.

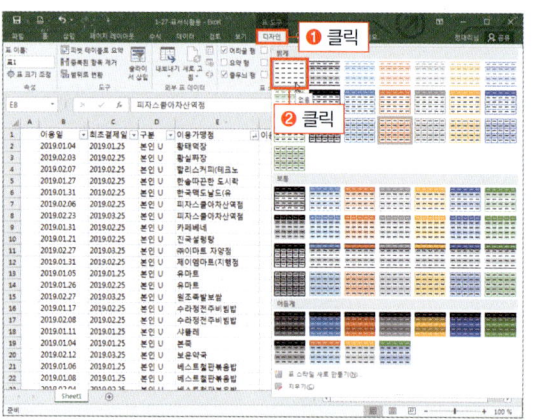
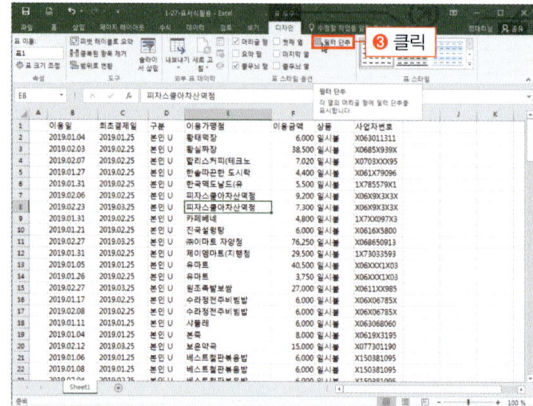

03 | 범위로 변환

[표 도구]-[디자인] 탭-[도구] 그룹에서 [범위로 변환]을 클릭하면, '표를 정상 범위로 변환하시겠습니까?'라고 묻는 창이 나타납니다. [예]를 클릭하면 표에 적용된 디자인 서식은 그대로지만, 필터 단추 등의 표 속성이 완전히 제거된 것을 확인할 수 있습니다.

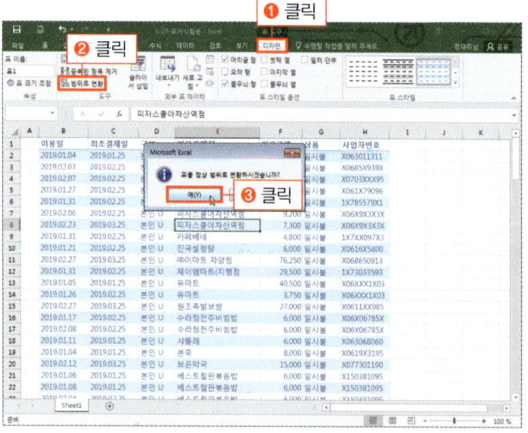
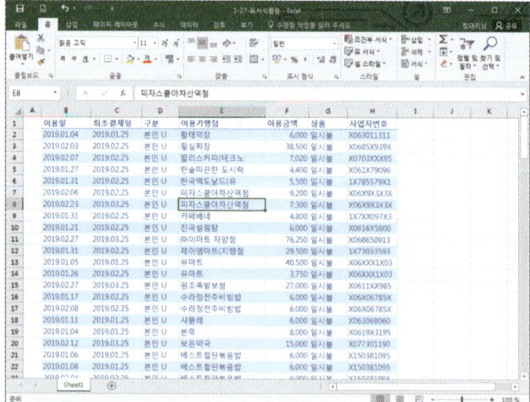

> **TIP** 표 서식은 대상 영역에서 관련 서식 설정이 되어있지 않은 곳에 적용되는 명령입니다. 따라서 예제 결과로 작성된 목록에 다시 표 서식을 적용하면, 기존 서식이 남아있는 곳은 설정된 표 서식이 반영되지 않는 점을 확인할 수 있습니다.

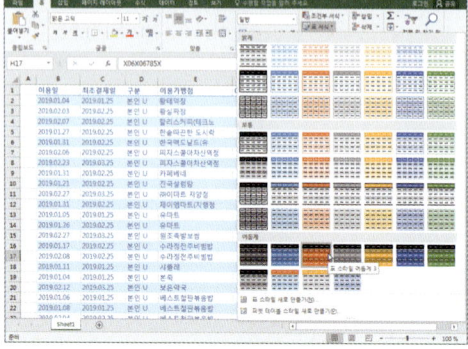
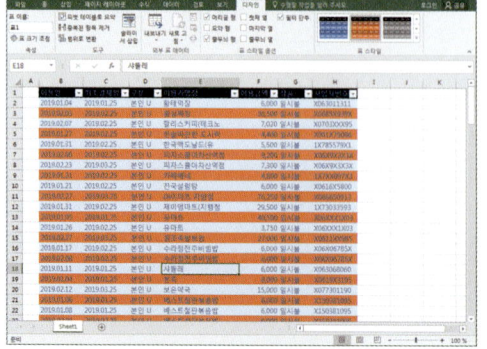

SECTION 28

유효성 검사로 입력 형태 제한하기

여러 사람이 함께 공유 작업을 하거나 반복되는 데이터 입력 작업을 하는 경우에는 데이터의 입력 형태나 내용을 지정해두는 것이 작업 효율에 많은 도움을 줍니다. 유효성 검사를 통해 이런 데이터 입력을 제한할 수 있습니다.

l 예제파일 l 1-28-입력제한.xlsx l 완성파일 l 1-28-입력제한-완성.xlsx

POINT 01 | 유효성 검사 적용하기

01 | 유효성 검사 실행

'1-28-입력제한.xlsx' 파일을 열고 [D5] 셀부터 [D8] 셀까지 드래그해 선택합니다. 이어서 [데이터] 탭-[데이터 도구] 그룹에서 [데이터 유효성 검사]를 클릭한 후 [데이터 유효성] 대화상자가 나타나면 [제한 대상]을 '목록'으로 설정합니다.

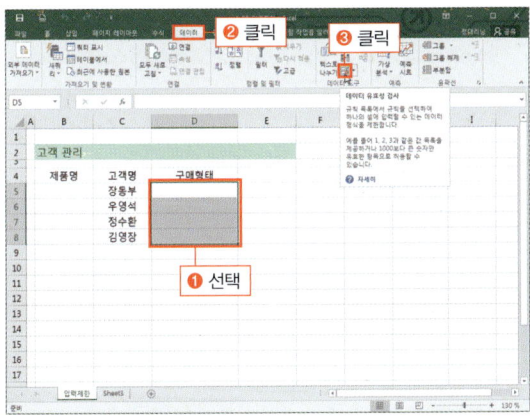 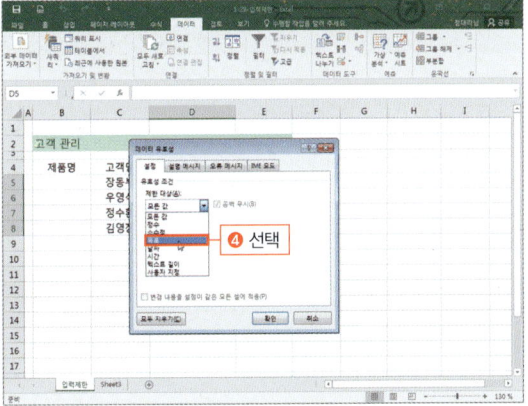

02 | 선택 목록 입력하기

[데이터 유효성] 대화상자의 [원본]에 '할부, 현금, 카드'를 입력하고 [확인]을 클릭합니다. 설정된 영역의 셀을 선택하면, 유효성 조건으로 입력한 내용들이 목록으로 표시됩니다. 이들 중 하나를 선택해 적용하면 됩니다.

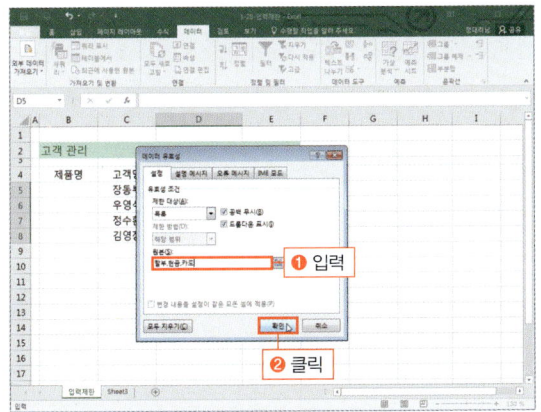 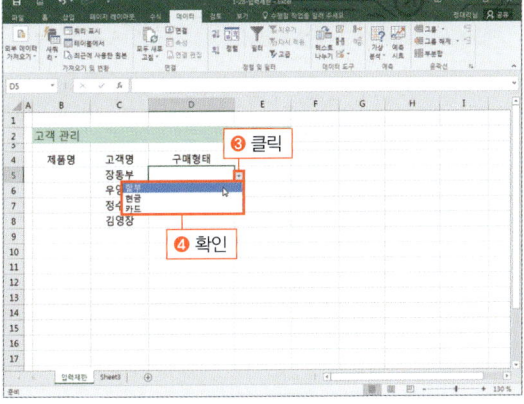

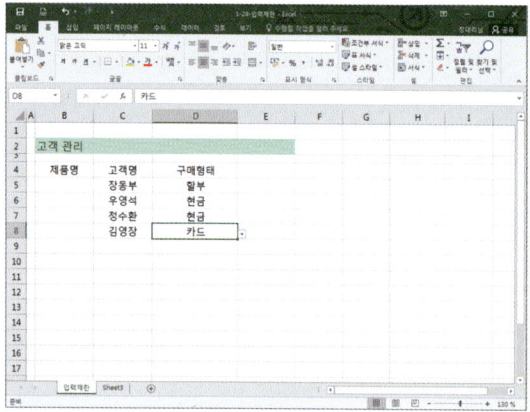

▲ 설정된 목록에서 데이터 선택 입력

03 | 작성된 목록으로 데이터 제한

데이터 입력을 제한할 새로운 영역으로 [B5] 셀부터 [B8] 셀까지 선택하고 [데이터] 탭-[데이터 도구] 그룹에서 [데이터 유효성 검사]를 클릭합니다. [데이터 유효성] 대화상자의 [제한 대상]을 '목록'으로 설정하고 [원본] 오른쪽의 설정 단추를 클릭합니다. 'Sheet3' 시트의 목록을 드래그해 영역으로 설정합니다.

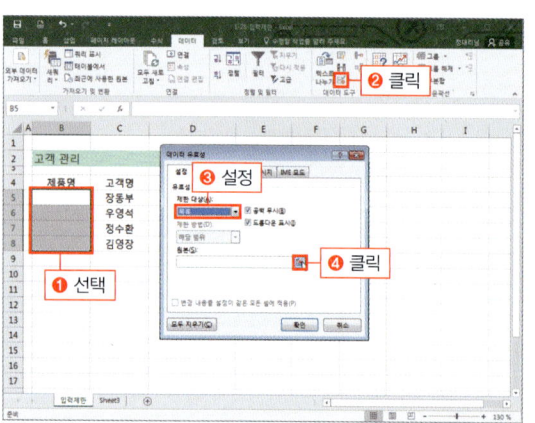
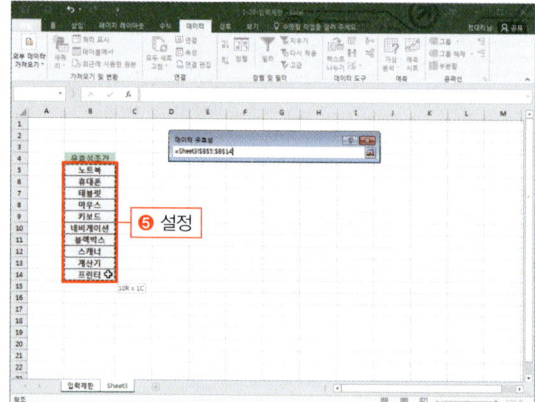

04 | 결과 확인

[원본]에 이전 과정에서 설정한 영역이 입력된 것을 확인하고 [확인]을 클릭합니다. 목록으로 미리 만들어둔 내용들이 설정된 영역의 선택 목록으로 표시되는 것을 확인할 수 있습니다.

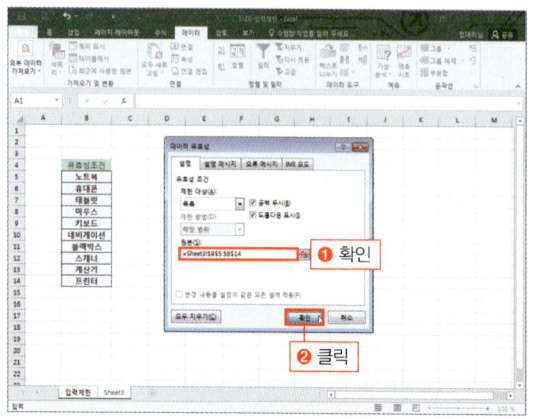
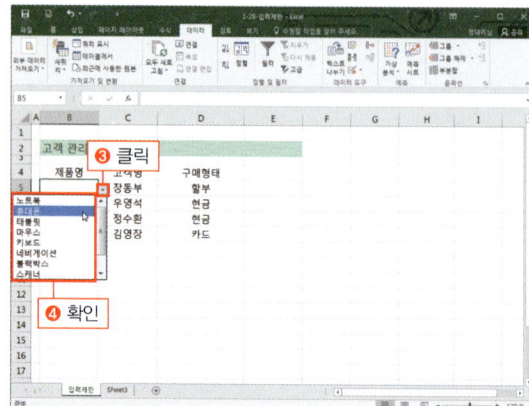

05 | 텍스트 길이 제한하기

[E5] 셀을 선택하고 [데이터] 탭-[데이터 도구] 그룹에서 [데이터 유효성 검사]를 클릭합니다. [데이터 유효성 검사] 대화상자에서 [제한 대상]을 '텍스트 길이'로 설정하고 [최소값]은 '1'로, [최대값]은 '3'으로 설정한 후 [확인]을 클릭합니다. [E4] 셀에 4글자인 '24개월'을 작성하면 그림과 같은 오류 메시지가 나타납니다. 3글자 이내의 데이터만 입력이 가능해진 것입니다.

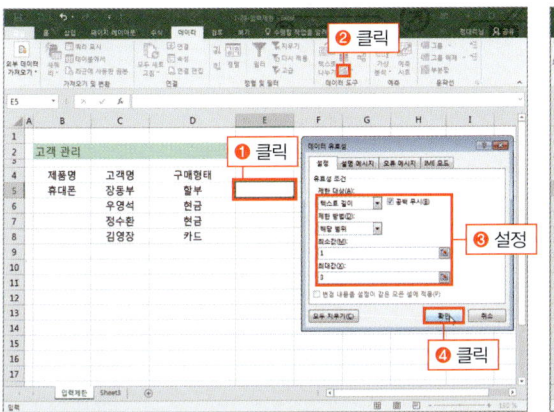
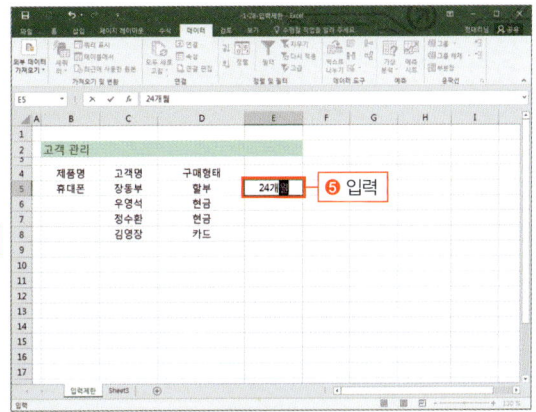
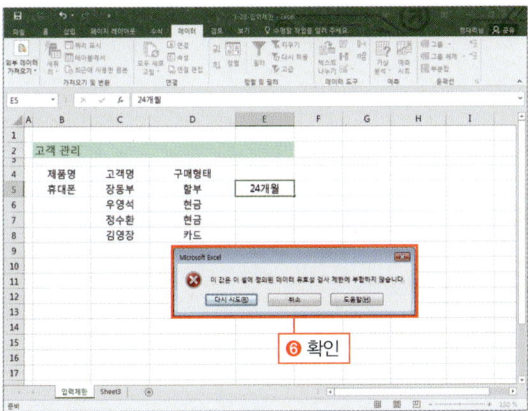

> **TIP** 예제에서 설정한 '텍스트 길이'의 제한 방법을 다르게 설정할 수도 있습니다. [제한 방법]을 클릭하고 '>' 기호를 선택합니다. 이어 [최소값]을 '5'로 설정하면, 데이터가 최소한 다섯 글자 이상이어야만 셀에 데이터 입력이 됩니다.
>
>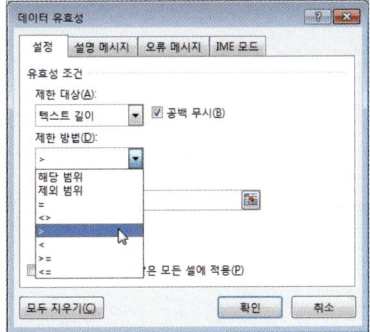
>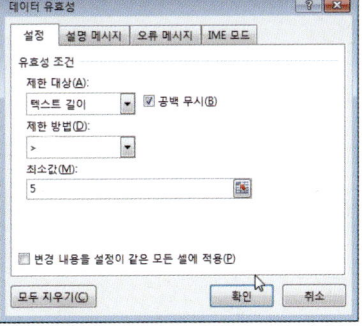

POINT 02 유효성 메시지 설정

01 | 유효성 조건 확인

[B6] 셀을 선택하고 설정된 조건이 아닌 데이터를 입력하면 오류 메시지가 나타납니다. [취소]를 클릭한 후 [데이터] 탭-[데이터 도구] 그룹에서 [데이터 유효성 검사]를 클릭합니다. [데이터 유효성] 대화상자에는 [B6] 셀에 적용된 유효성 조건의 설정이 표시되고 있습니다.

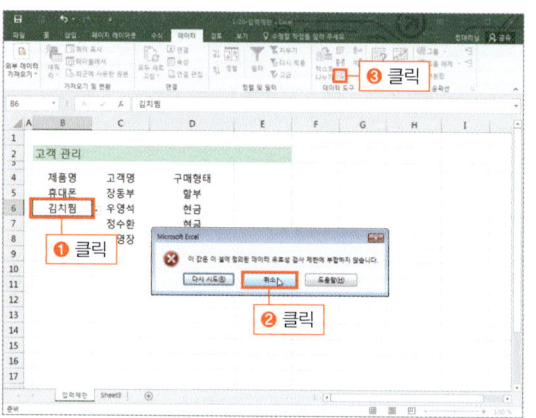
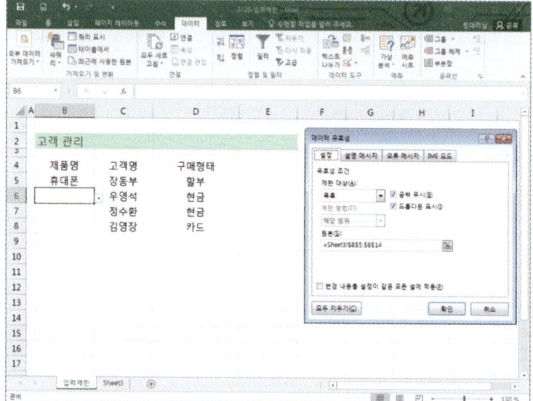

> TIP 오류 메시지에서 [도움말]을 클릭하면, 웹을 검색해 데이터 유효성 검사에 관한 설명들을 찾아볼 수 있습니다.

02 | 오류 메시지 해제하기

[데이터 유효성] 대화상자의 [오류 메시지] 탭에서 [유효하지 않은 데이터를 입력하면 오류 메시지 표시]의 체크를 해제하고 [확인]을 클릭합니다. [B6] 셀에 다시 유효성 조건이 아닌 '김치찜'을 입력해 보면, 오류 메시지가 나타나지 않고 잘 입력되는 것을 확인할 수 있습니다.

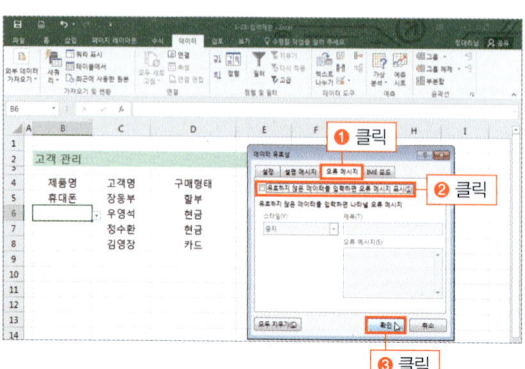
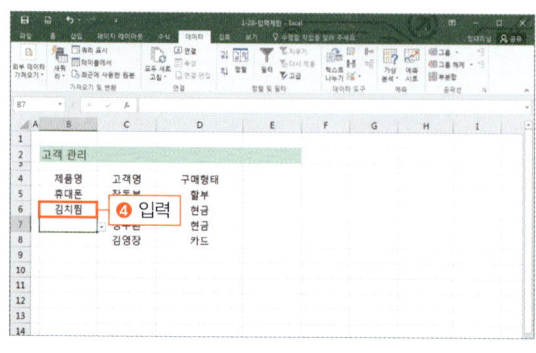

03 | 오류 메시지 작성하기

[D8] 셀을 선택하고 [데이터] 탭–[데이터 도구] 그룹에서 [데이터 유효성 검사]를 클릭합니다. [데이터 유효성] 대화상자의 [오류 메시지] 탭에서 [제목]과 [오류 메시지]를 그림과 비슷하게 입력하고 [확인]을 클릭합니다. 해당 셀에 다른 내용을 입력해 보면 설정한 제목과 내용으로 오류 메시지가 표시됩니다.

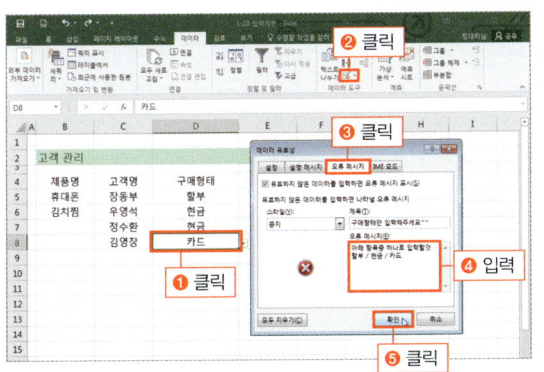
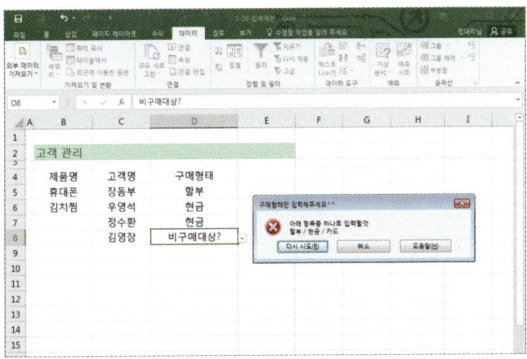

04 | 설명 메시지 조정

[B7] 셀과 [B8] 셀을 선택하고 [데이터] 탭–[데이터 도구] 그룹에서 [데이터 유효성 검사]를 클릭합니다. [데이터 유효성] 대화상자의 [설명 메시지] 탭에서 [제목]과 [오류 메시지]를 그림과 비슷하게 입력하고 [확인]을 클릭합니다. 해당 셀을 선택하면 설명 메시지가 표시됩니다.

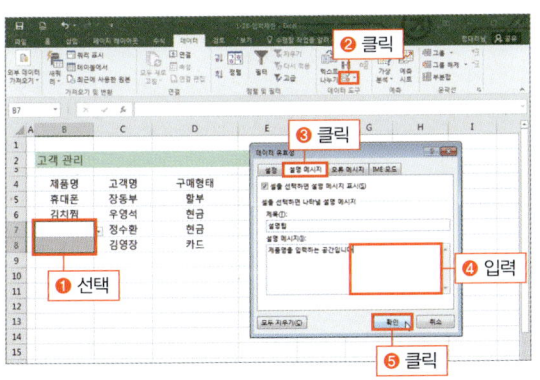
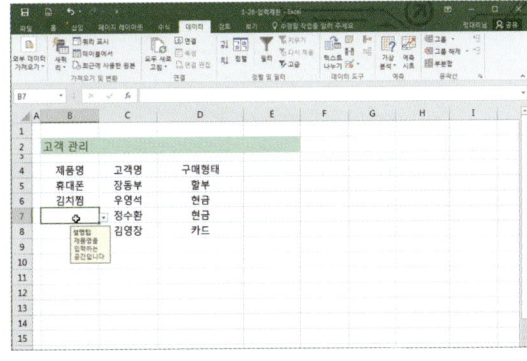

05 | 선택된 셀만 조건 제거

[D8] 셀을 선택하고 [데이터] 탭–[데이터 도구] 그룹에서 [데이터 유효성 검사]를 클릭합니다. [데이터 유효성] 대화상자의 [설정] 탭에서 [모두 지우기]를 클릭하고 [확인]을 클릭합니다. 결국 선택된 [D8] 셀에 적용된 데이터 유효성이 제거됩니다.

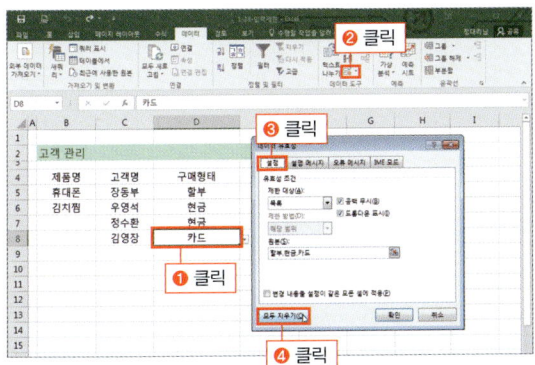
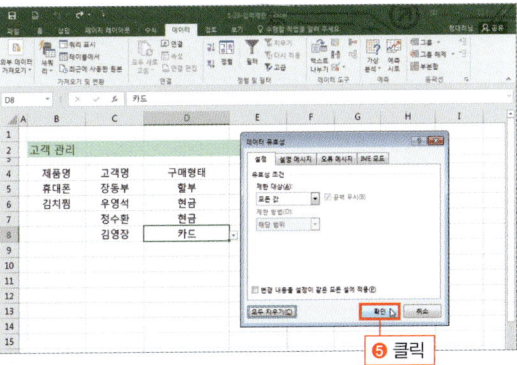

06 | 설정이 같은 조건 모두 제거

[D7] 셀을 선택하고 [데이터] 탭–[데이터 도구] 그룹에서 [데이터 유효성 검사]를 클릭합니다. [데이터 유효성] 대화상자의 [설정] 탭에서 [변경 내용을 설정이 같은 모든 셀에 적용]에 체크합니다. 이어서 [모두 지우기]를 클릭하고 [확인]을 클릭합니다. 결국 같은 데이터 유효성이 적용된 [D5] 셀에서 [D7] 셀까지의 유효성 검사가 모두 제거됩니다.

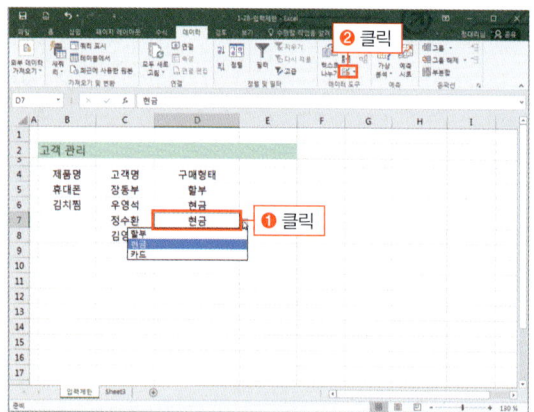 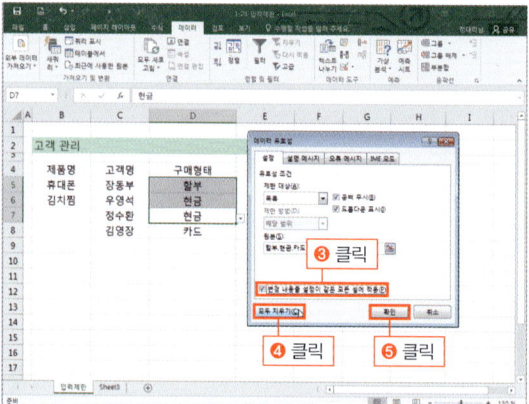

TIP 다른 방법으로 유효성 검사를 제거할 수도 있습니다. 대상 영역을 선택하고 [데이터 유효성 검사] 명령을 적용합니다. [데이터 유효성] 대화상자에서 [제한 대상]을 '모든 값'으로 설정하고 [확인]을 클릭합니다. 결국 설정된 셀들은 입력 과정에 제한이 없는 기본 설정으로 돌아옵니다.

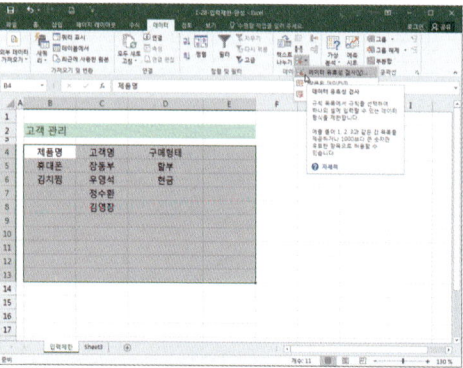 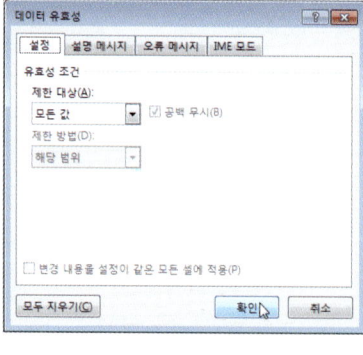

SECTION 29

쉽고 빠른 데이터 분석, 부분합

부분합은 데이터 목록에서 하나의 기준으로 정렬된 열을 대상으로 합계, 평균, 최대, 최소 등을 항목별로 표시할 수 있습니다. 특히 계산 결과를 중복하여 적용할 수 있기에, 수치 분석 과정에서 유용하게 활용할 수 있습니다.

| 예제파일 | 1-29-부분합분석.xlsx | 완성파일 | 1-29-부분합분석-완성.xlsx

POINT 01 | 부분합 적용하기

01 | 직업 기준으로 정렬

'1-29-부분합분석.xlsx' 파일을 열고 [D3] 셀을 선택한 후 [데이터] 탭-[정렬 및 필터] 그룹에서 [텍스트 오름차순 정렬]을 클릭합니다. '직업' 데이터들이 가나다순으로 오름차순 정렬합니다. 이처럼 부분합 전에는 사용자가 정한 기준열을 정렬시키는 과정이 꼭 필요합니다.

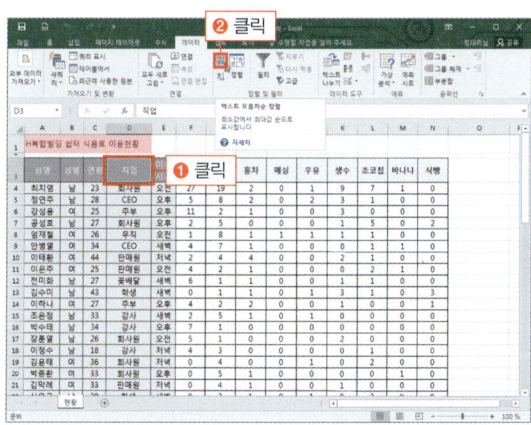 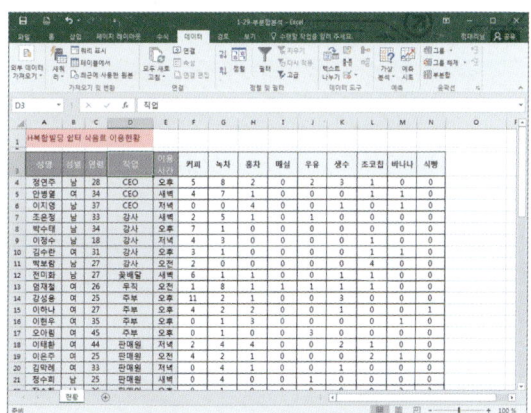

02 | 부분합 실행하기

[D3] 셀이 선택된 상태에서 [데이터] 탭-[윤곽선] 그룹에서 [부분합]을 클릭합니다. [부분합] 대화상자의 [그룹화할 항목]으로 앞서 정렬해두었던 [직업]을 선택합니다.

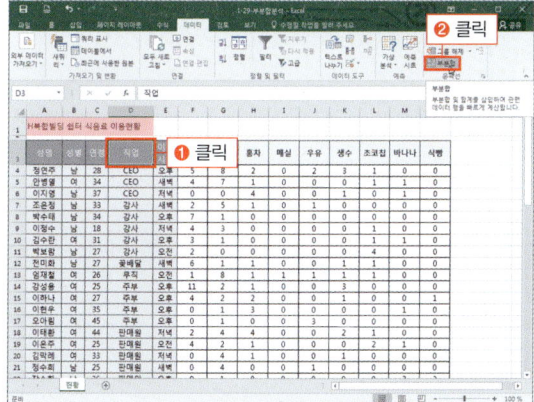 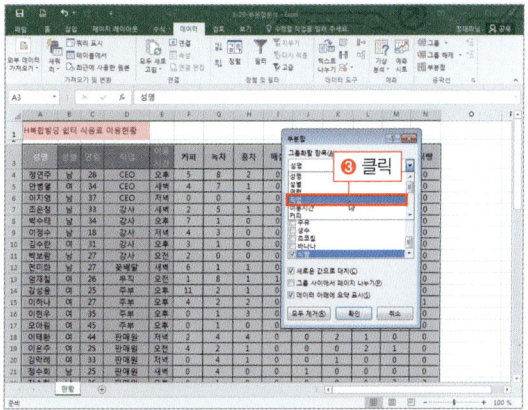

03 | 사용할 함수, 계산 대상 선택

[부분합] 대화상자의 [사용할 함수]에서 '평균'을 선택하고, [부분합 계산 항목]으로 [커피, 녹차, 홍차]만 체크되도록 설정합니다.

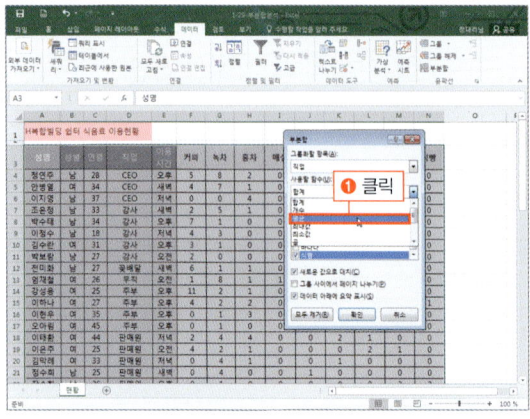
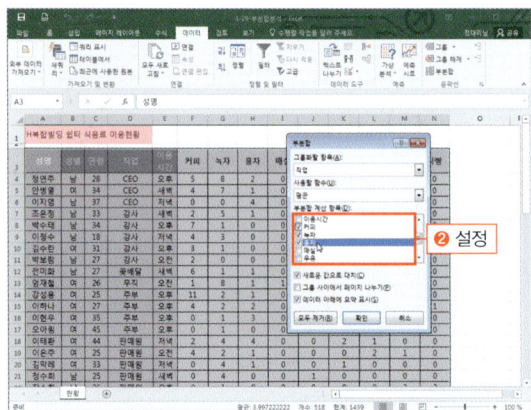

04 | 결과 확인

[부분합] 대화상자의 [확인]을 클릭하여 이전 과정의 설정을 적용합니다. 결국 '직업'의 항목별로 평균값이 계산되어 목록 안에 삽입됩니다.

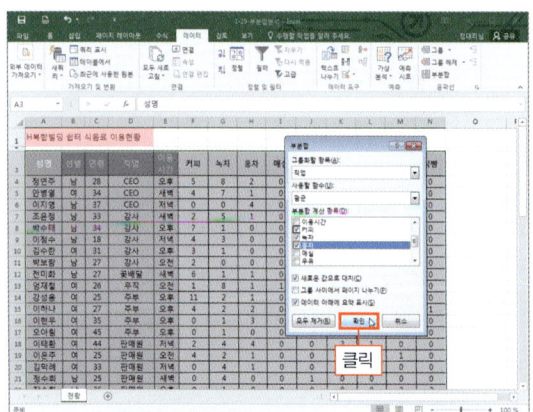
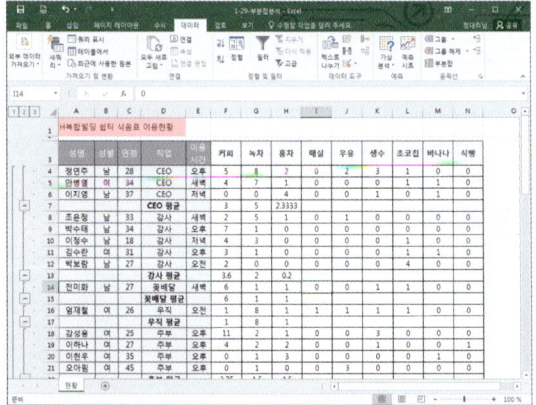

TIP 데이터 아래에 요약 표시

[부분합] 대화상자의 [데이터 아래에 요약 표시]에 체크를 해제하고 [확인]을 클릭하면, 정렬된 항목들 바로 위쪽에 부분합 결과가 표시됩니다. 맨 위에는 전체를 대상으로 부분합 결과가 함께 표시됩니다.

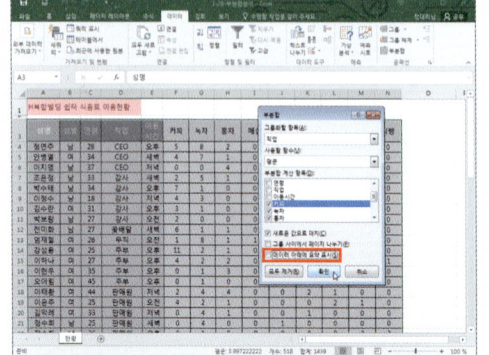
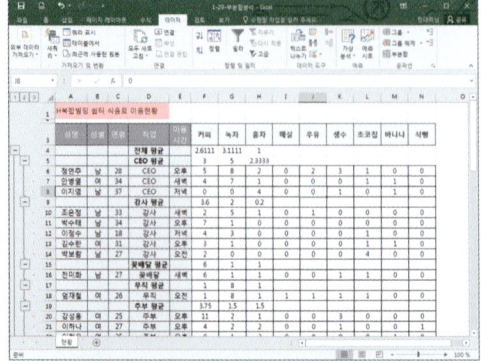

05 | 윤곽 줄이기

부분합이 설정되면 화면 좌측에 윤곽선 단추가 표시됩니다. [2]번 줄의 [−]을 누르면 윤곽이 포함하는 범위의 데이터들이 숨겨지며, 숨겨진 데이터들의 부분합 결과만 표시됩니다. 다른 [−]들도 모두 클릭해 봅니다.

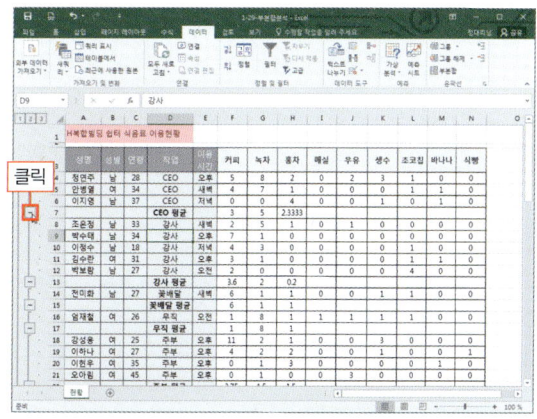

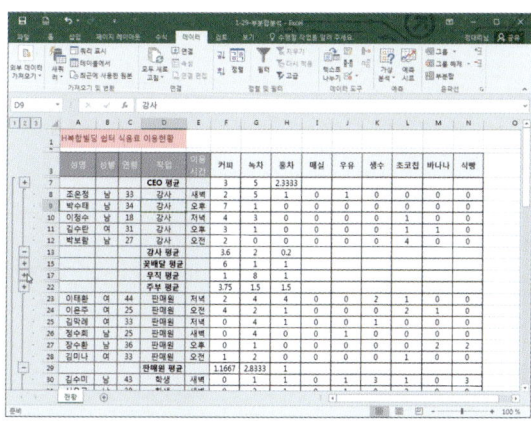

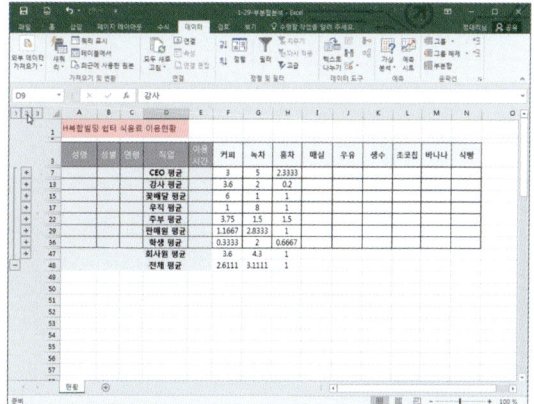

06 | 윤곽 펼치기

[2]번 줄의 [+]을 누르면 윤곽이 닫히며 숨겨졌던 데이터들이 다시 펼쳐지게 됩니다. 모든 범위를 포함하는 [1]번 줄의 윤곽선 단추도 여러 번 클릭하여 속성을 확인합니다.

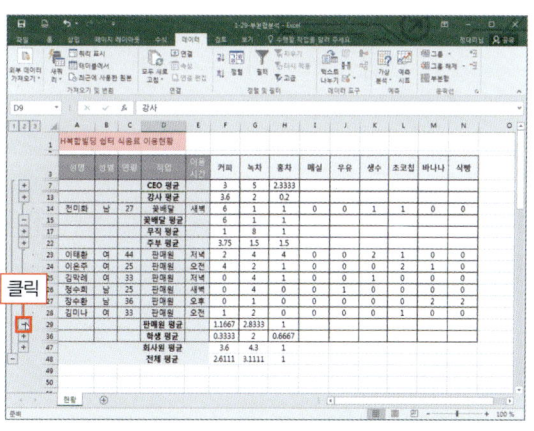

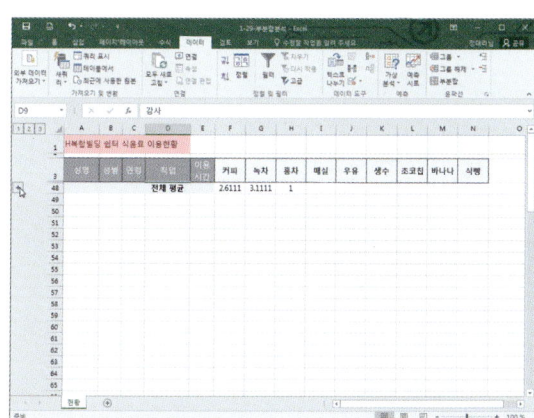

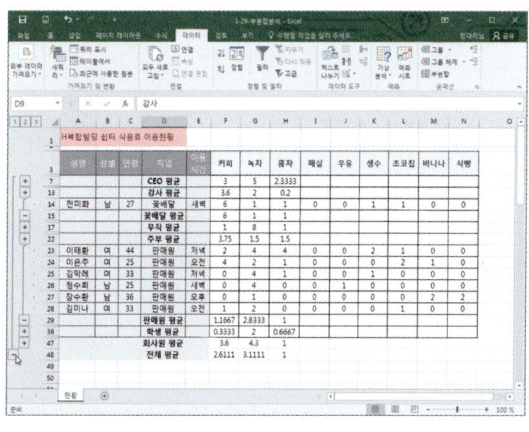

07 | 모든 윤곽선 펼치기

[2]번 줄 혹은 [1]번 줄의 윤곽 단추가 [+]로 변한 상태에서 [3]번 줄을 클릭하면 순식간에 모든 윤곽선이 펼쳐지게 됩니다.

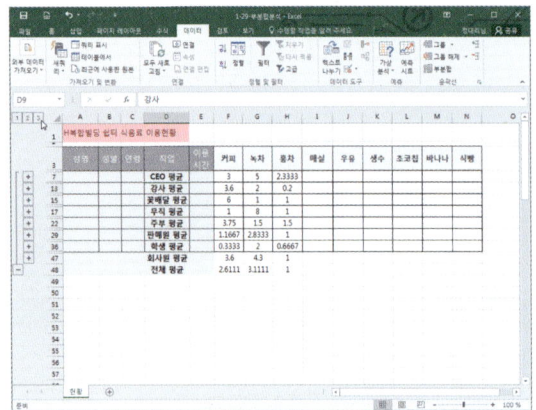 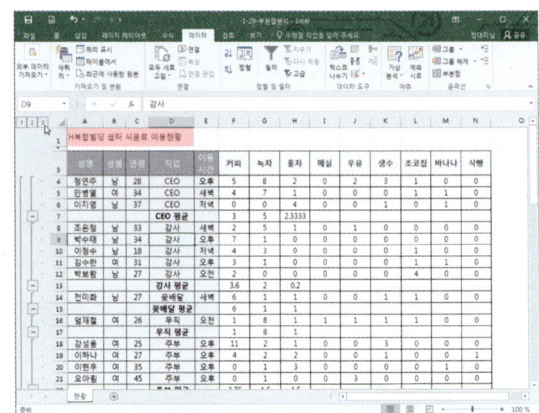

> **TIP** 참고로 윤곽의 최소 단위는 가장 처음에 정렬해둔 '직업' 열의 구성 요소들입니다. 이에 따라서 윤곽 단추에 의해서는 CEO, 강사, 주부 등의 직업군 단위 그룹이 숨겨지거나 보이는 것입니다.

POINT 02 | 부분합 복제하기

01 | 윤곽 줄이고 복제하기

그림과 같이 윤곽 단추를 설정하고 [A3] 셀부터 [H22] 셀까지를 드래그해 선택합니다. 이어서 Ctrl + C 를 눌러 영역을 복사하고 [A52] 셀을 선택하고 Ctrl + V 를 눌러 붙여넣습니다. 결과를 보면 윤곽선을 닫아 숨겨졌던 내용들까지 복제되었습니다. 확인이 끝나면 Ctrl + Z 를 눌러 이전 상태로 되돌립니다.

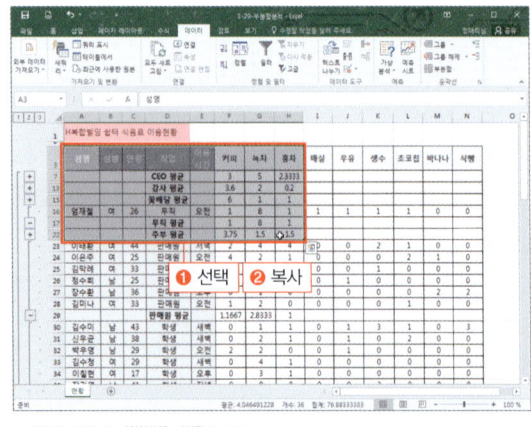 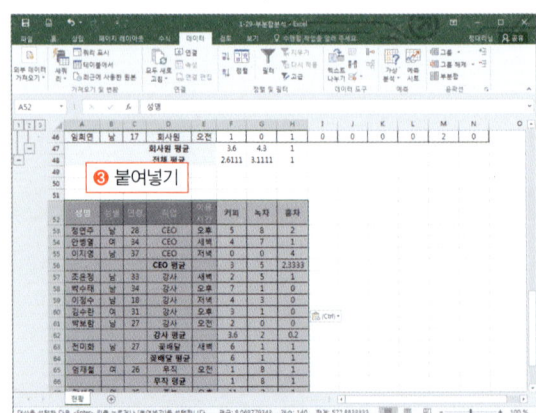

▲ 영역 선택 후 Ctrl + C 로 복사   ▲ 다른 셀을 선택하고 붙여넣은 결과

02 | 이동 옵션 : 화면에 보이는 셀만

`Esc`를 눌러 이전의 복사 대기 점선이 해제되도록 합니다. 이어서 [A3] 셀부터 [H22] 셀까지가 선택된 상태에서 [홈] 탭-[편집] 그룹에서 [찾기 및 선택]-[이동 옵션]을 클릭하고, [이동 옵션] 대화상자가 나타나면 [화면에 보이는 셀만]에 체크한 뒤 [확인]을 클릭합니다.

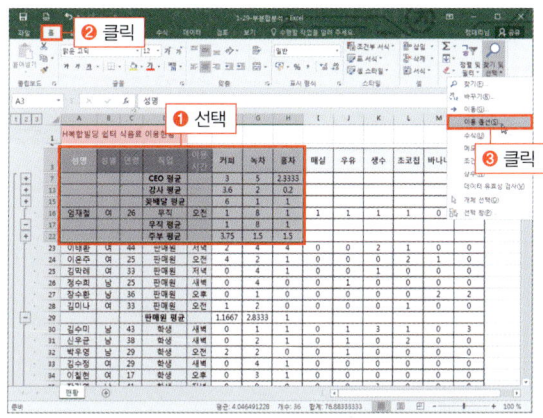 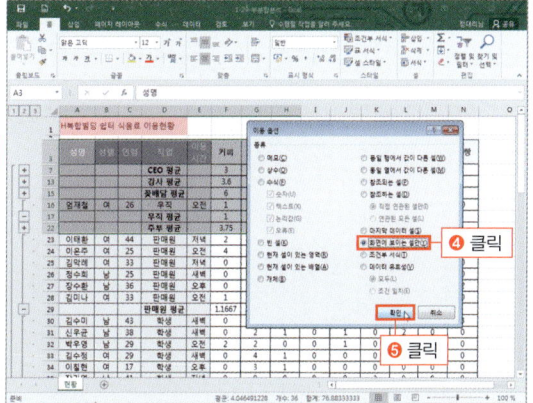

03 | 결과 확인

이전 작업에 이어서 `Ctrl`+`C`를 눌러 영역을 복사하고 [A53] 셀을 선택한 후 `Ctrl`+`V`를 눌러 붙여넣습니다. 결과를 보면 이전과 달리 화면에 표시되던 내용들만 복제되어 붙여진 것을 확인할 수 있습니다.

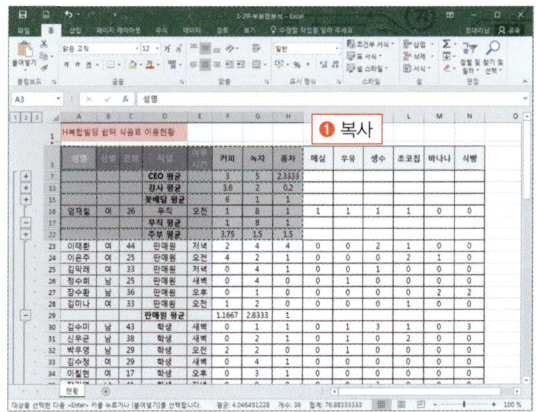 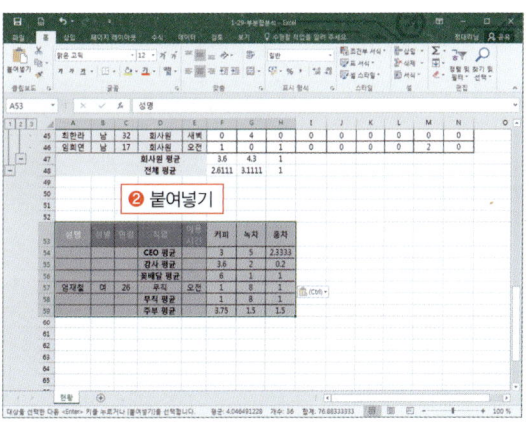

> **TIP** 참고로 일반적인 데이터 목록에 필터 명령이 적용되었을 경우, 필터링된 결과 범위를 복사하면 기본 속성으로 화면에 보이는 셀들만 붙여넣기 된다는 점이 부분합과 다르다는 것을 알아둡니다.

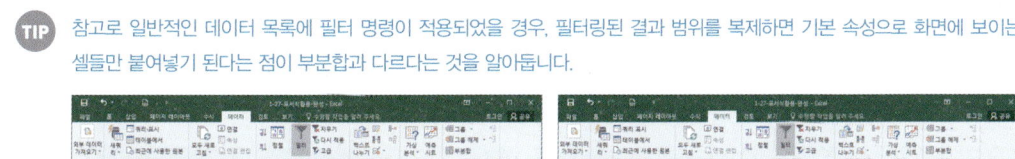

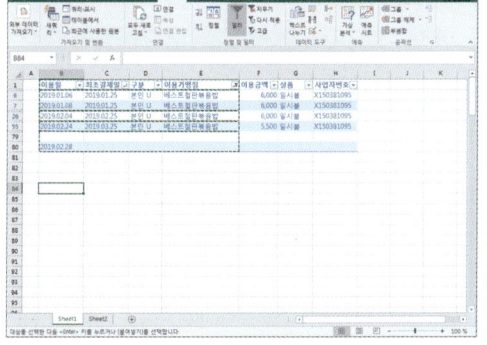 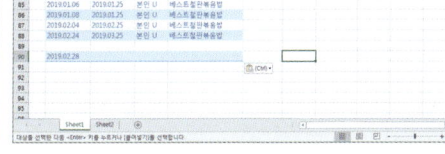

▲ 필터링된 영역 복사하기   ▲ 다른 위치에 붙여넣은 결과

POINT 03 부분합 수정하기

01 │ 다른 부분합 추가_01

부분합이 적용된 데이터 목록 안쪽을 클릭한 상태로 [데이터] 탭–[윤곽선] 그룹에서 [부분합]을 클릭합니다. [부분합] 대화상자의 [사용할 함수]를 '합계'로 변경합니다.

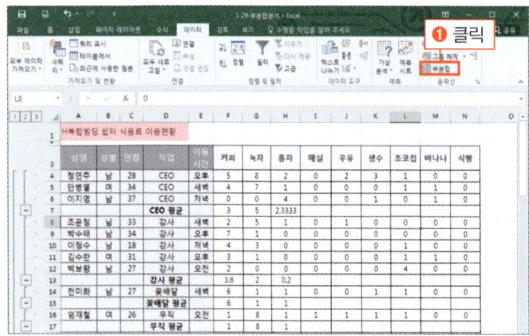 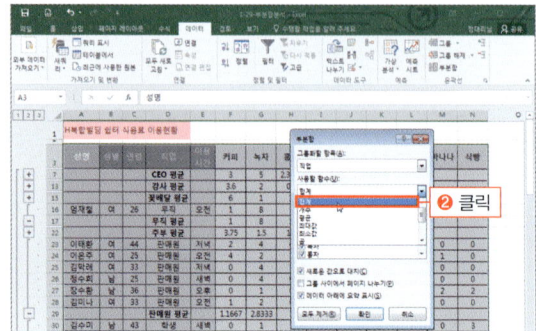

02 │ 다른 부분합 추가_02

[부분합 계산 항목]에서 [매실, 우유, 생수]에 추가로 체크합니다. 이어서 기존의 부분합 평균값이 사라지지 않도록 [새로운 값으로 대치]의 체크를 해제한 후 [확인]을 클릭합니다. 결국 새로운 '합계' 부분합 계산 결과가 기존 데이터에 추가되어 표시됩니다.

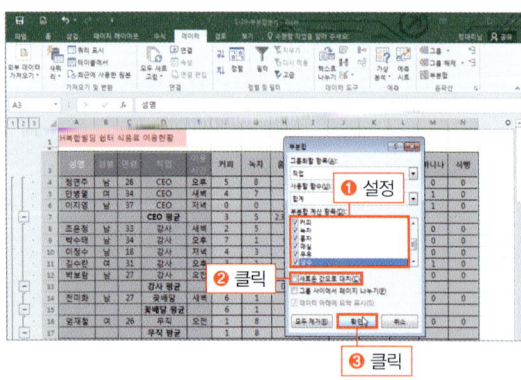 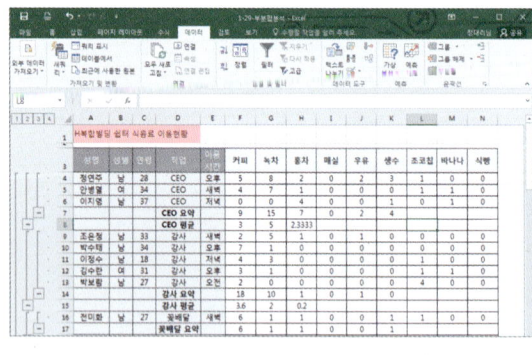

03 │ 부분합 제거하기

[데이터] 탭–[윤곽선] 그룹에서 [부분합]을 클릭한 후 [부분합] 대화상자에서 [모두 제거]를 클릭합니다. 워크시트에 적용된 부분합 데이터들이 화면에서 모두 제거됩니다.

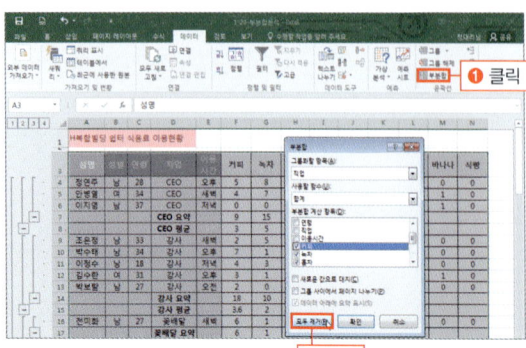 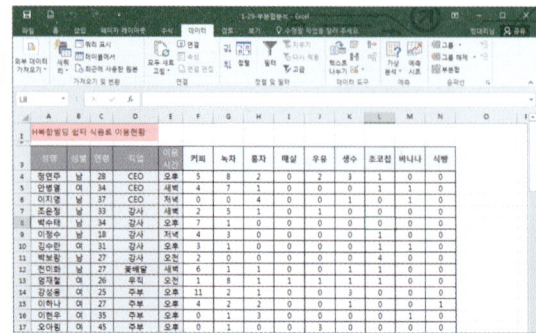

입력 제한 및 부분합

•동영상 : 18-입력 제한 및 부부합.wmv

01 | 작성자 의도에 알맞는 입력 내용만 유도하는 유효성 검사는 태블릿에서 새로 설정할 수는 없지만, PC에서 작성한 내용을 활용하는 것은 가능합니다. 강좌에서는 미리 유효성 검사를 설정해둔 문서를 열고 작성 과정을 확인합니다.

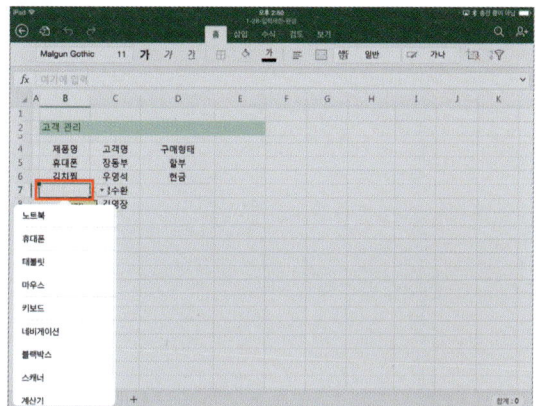 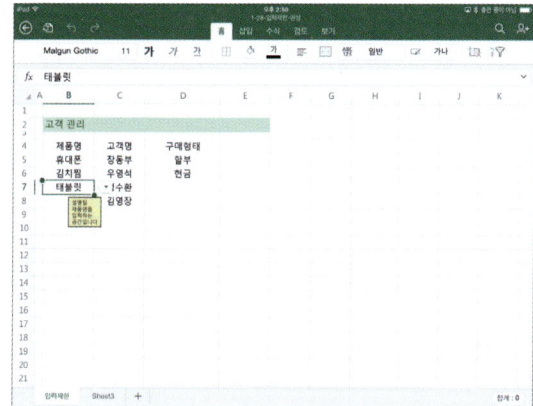

02 | 만약 유효성 검사에 적합하지 않은 내용이 입력되는 경우에는 '입력한 값이 잘못되었습니다'라는 경고 창이 나타납니다.

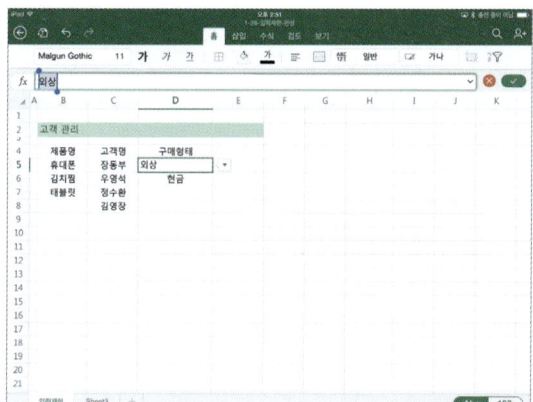 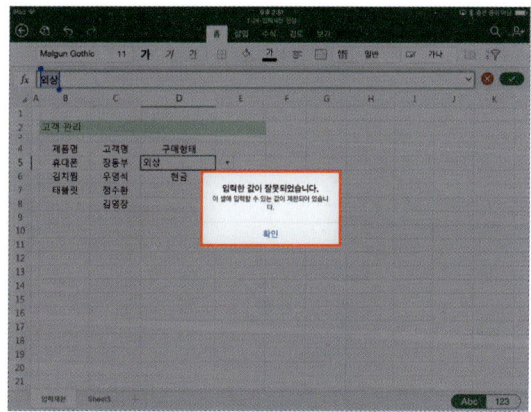

03 | 대상 목록의 일부 데이터들을 통계낼 수 있는 부분합 기능도 태블릿에서 새로 작성할 수 없습니다. 물론 PC에서 작성된 부분합을 체크하는 것은 가능하며, 부분합 계산 대상을 펼치거나 숨기는 화면 좌측의 윤곽선 단추도 조절이 가능합니다.

 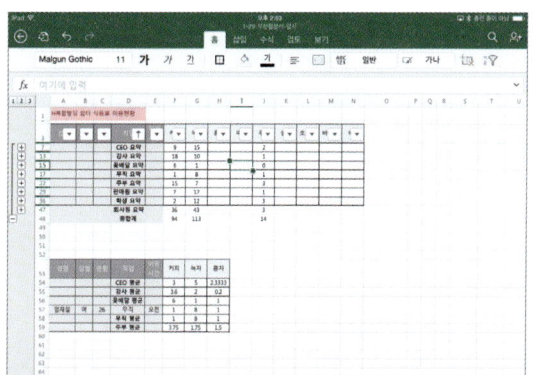

SECTION 30

분석의 재구성, 피벗 테이블

피벗 테이블은 다양한 정보들로 구성된 데이터 목록을 대상으로, 필요한 분석 대상과 계산 대상만 조합하여 계산 결과를 다채롭게 도출할 수 있습니다. 이곳에서는 행/열 레이블, 필드, 값 필드 등의 생소한 이름들을 지양하고, 최대한 쉬운 말로 적용 과정을 표현하였습니다.

I 예제파일 I 1-30-피벗적용.xlsx I 완성파일 I 1-30-피벗적용-완성.xlsx

POINT 01 | 피벗 테이블 적용하기

01 | 피벗 테이블 실행하기

'1-30-피벗적용.xlsx' 파일을 열고 데이터 목록 안쪽의 셀을 아무거나 하나 선택합니다. 이어서 [삽입] 탭-[표] 그룹에서 [피벗 테이블]을 클릭합니다.

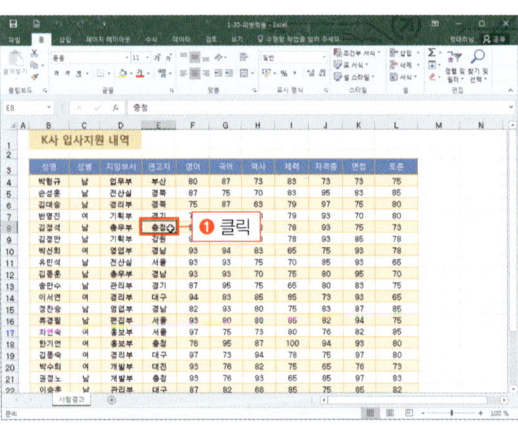
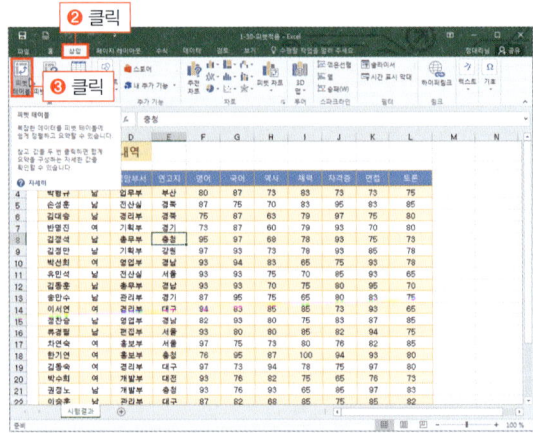

02 | 결과 확인

[피벗 테이블 만들기] 대화상자의 [표/범위]를 보면 이미 데이터 목록의 범위가 설정되어 있으며, 생성되는 피벗 테이블의 보고서가 '새 워크시트'로 체크되어 있습니다. 별다른 수정 사항이 없으므로 [확인]을 클릭합니다. 새로운 워크시트가 삽입되며 밋밋한 피벗 테이블 화면이 나타납니다.

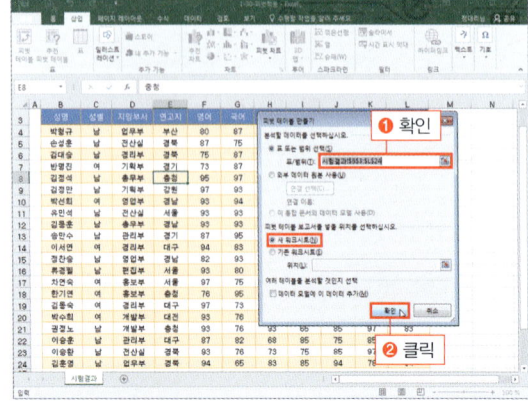
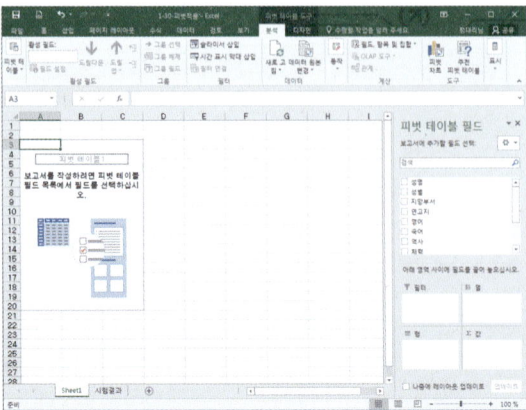

POINT 02 분석 기준 설정하기

01 | 분석 대상 선택하기

[보고서에 추가할 필드 선택]에서 [성별]과 [지망부서]에 체크합니다. 체크된 대상들은 문자 데이터로 구성되어 있으며, 이에 따라 행 방향 데이터 목록으로 배치됩니다. 체크한 순서에 따라 [성별] 기준이 1순위 정렬 기준이 되며, [지망부서] 기준은 2순위로 정렬되어 데이터 목록으로 나타납니다.

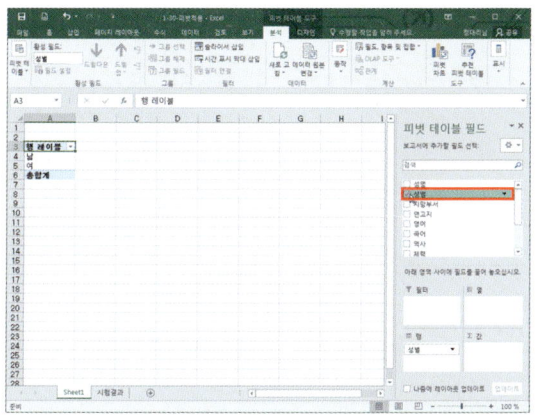 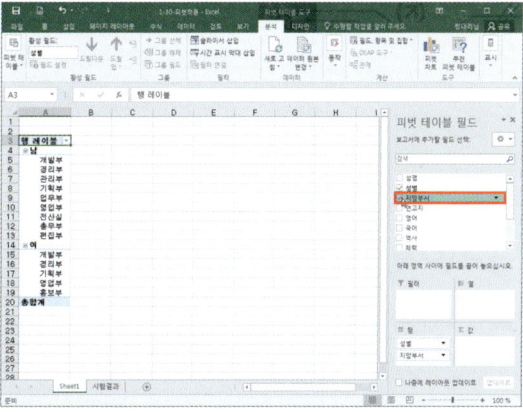

 TIP 분석 대상으로 설정한 [성별], [지망부서]는 체크된 순서에 따라 정렬 기준이 정해집니다. 이에 따라 1순위, 2순위 정렬 기준을 바꾸고 싶다면, 체크를 해제하고 원하는 순서대로 다시 체크하면 됩니다.

02 | 계산 대상 선택하기

[보고서에 추가할 필드 선택]에서 [국어], [역사], [면접]에 체크합니다. 체크된 대상들은 숫자 데이터로 구성되어 있으며, 이에 따라 열 방향 데이터 목록으로 배치됩니다. 정렬 기준에 근거해 보여주는 통계 명령으로는 [합계]가 기본으로 설정되어 있어, [국어], [역사], [면접]의 합계 값들이 표시됩니다.

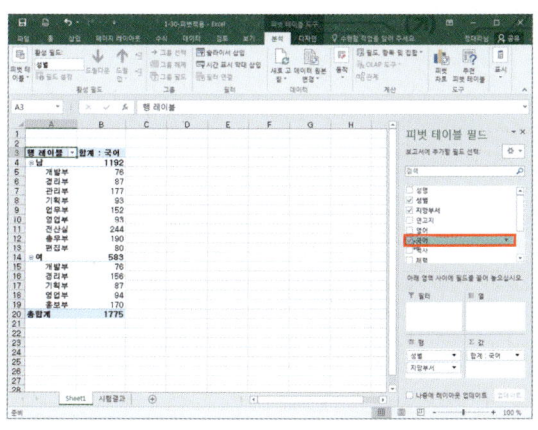 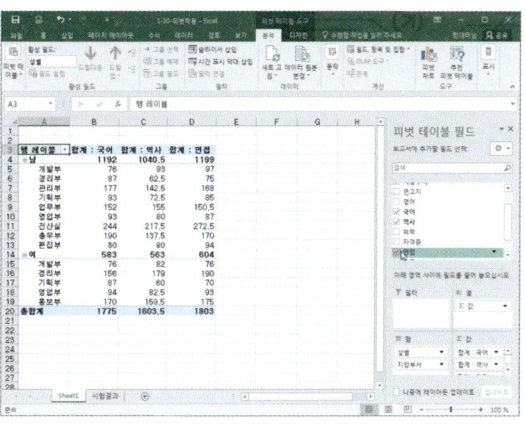

 TIP 계산 대상으로 설정한 [국어], [역사], [면접]역시 체크된 순서에 따라 목록 배치가 달라집니다. 이들의 배치 순서를 바꾸고 싶다면, 체크를 해제하고 다시 순서대로 과정을 진행하면 됩니다.

03 | 계산 대상 순서 조정

[피벗 테이블 필드] 창 하단의 [값] 필드 목록에서 [합계:면접]을 선택한 후 펼쳐지는 메뉴에서 [처음으로 이동]을 선택합니다. 결국 [값] 필드 목록의 최상단으로 위치가 바뀌게 되며, 워크시트에서는 '합계 : 면접' 열이 목록의 처음 값으로 순서가 조정됩니다.

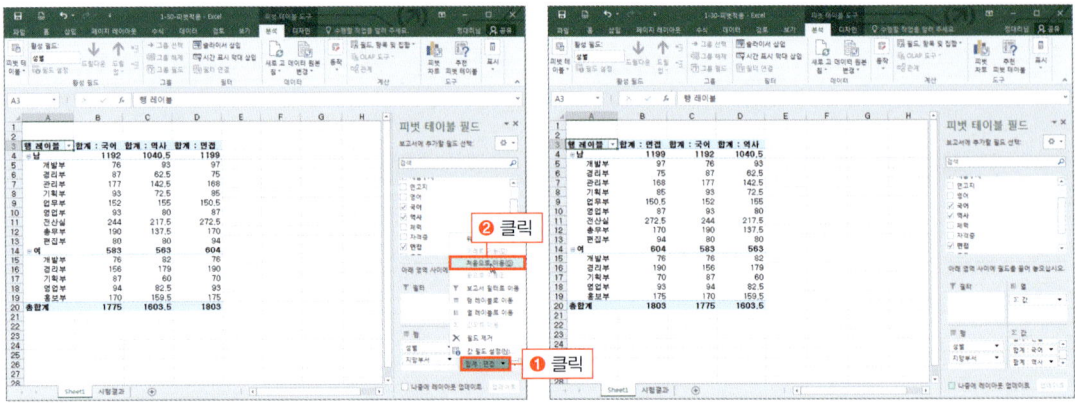

04 | 계산 유형 변경하기

[피벗 테이블 필드] 창 하단의 [값] 필드 목록에서 [합계:역사]를 클릭한 후 펼쳐지는 메뉴에서 [값 필드 설정]을 클릭합니다. [값 필드 설정] 대화상자에서 [선택한 필드의 데이터]를 '평균'으로 선택하고 [확인]을 클릭합니다.

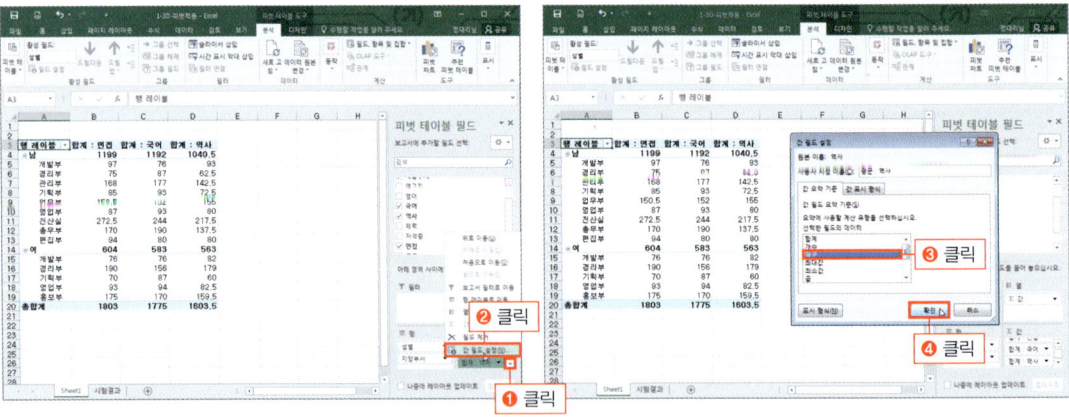

05 | 결과 확인

이전 작업의 결과 '역사' 데이터들의 정렬 기준 통계값은 '평균'으로 변경된 것을 확인할 수 있습니다. 같은 방식으로 '면접'은 '최소값'을, '국어'는 '최대값'을 표시하도록 [값]의 설정을 수정해 봅니다.

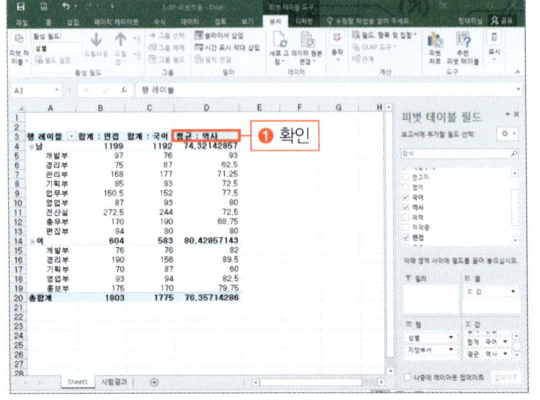
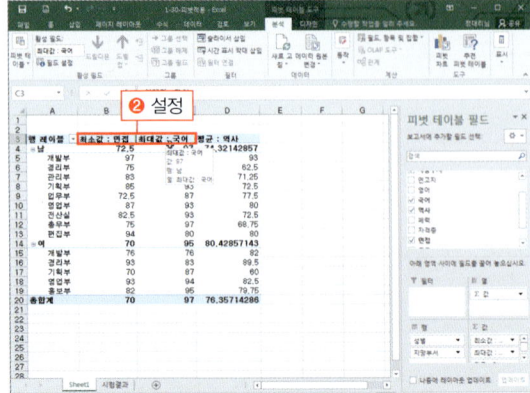

06 | 분석/계산 대상 수정

[보고서에 추가할 필드 선택]에서 기존의 [성별] 체크를 해제하고, [성명]에 체크합니다. 이에 따라 목록에 정렬 기준으로서 [지망부서]가 1순위, [성명]이 2순위가 됩니다. 이어서 계산 대상으로 [체력]을 추가합니다.

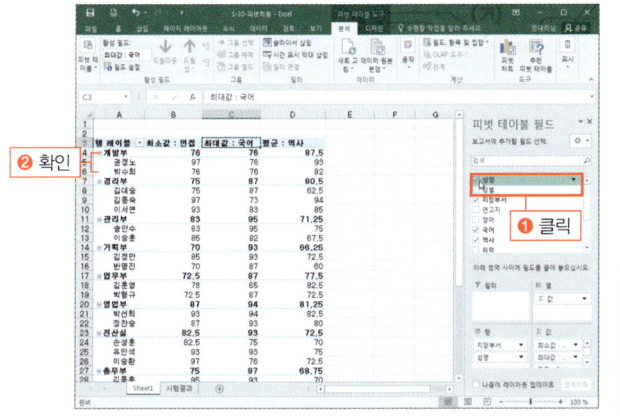
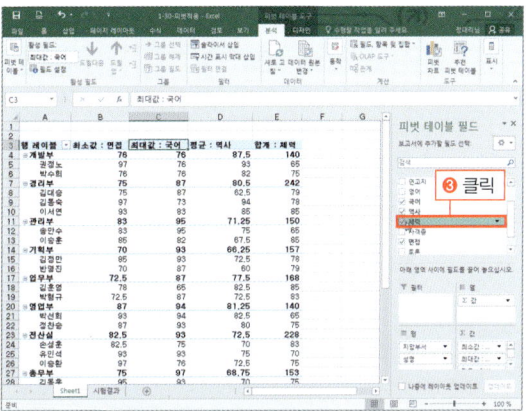

POINT 03 | 보기 좋게 서식 조정하기

01 | 표시 형식 조정

피벗 테이블의 행 목록에 표시되는 [+], [-]을 클릭하면, 하위에 포함된 정렬 목록들이 숨겨지거나 펼쳐지는 것을 확인할 수 있습니다. 이어서 C열에 표시되는 평균값들의 소수점 이하 자릿수들을 통일시키기 위해서는 대상 목록을 선택하고 [홈] 탭-[표시 형식] 그룹에서 [자릿수 줄임]을 여러 번 클릭하면 됩니다.

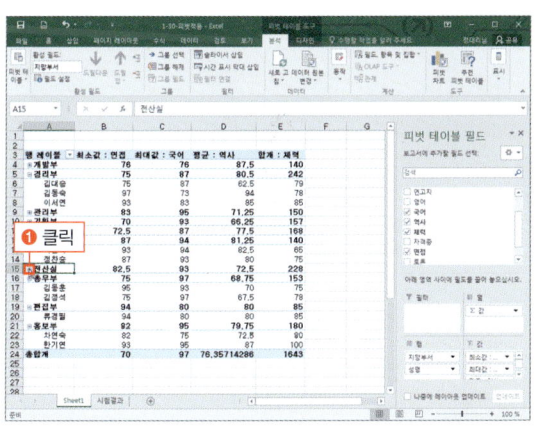
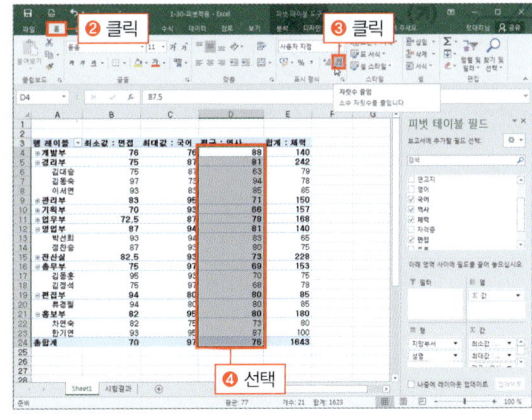

> **TIP** 피벗 테이블 역시 일반적인 데이터 목록과 마찬가지로 [홈] 탭-[글꼴] 그룹, [맞춤] 그룹 등의 명령을 활용해 사용자가 직접 서식 설정을 할 수도 있습니다.
>
>

02 | 피벗 스타일 설정

피벗 테이블 안쪽 셀이 선택된 상태에서 [피벗 테이블 도구]-[디자인] 탭-[피벗 테이블 스타일] 그룹을 클릭하여 목록을 펼칩니다. 이곳에 마우스 포인터가 위치하는 것에 따라 해당 스타일이 실시간 미리 보기가 가능하며, 예제에서는 [피벗 스타일 밝게 11]을 클릭하여 적용합니다.

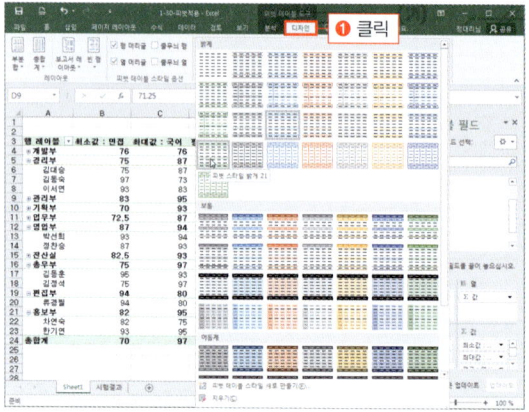 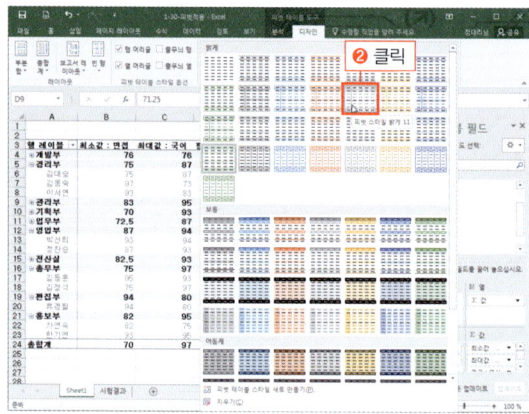

03 | 레이아웃 변경하기

[피벗 테이블 도구]-[디자인] 탭-[레이아웃] 그룹에서 [보고서 레이아웃]을 이용하여 피벗 테이블의 구성 형식을 조정할 수 있습니다. 이곳에서는 [테이블 형식으로 표시]를 선택하고, 이어서 [디자인]-[레이아웃] 탭-[빈 행] 그룹에서 [각 항목 다음에 빈 줄 삽입]을 클릭하여 시각적으로 주요 내용들이 구분될 수 있도록 설정합니다.

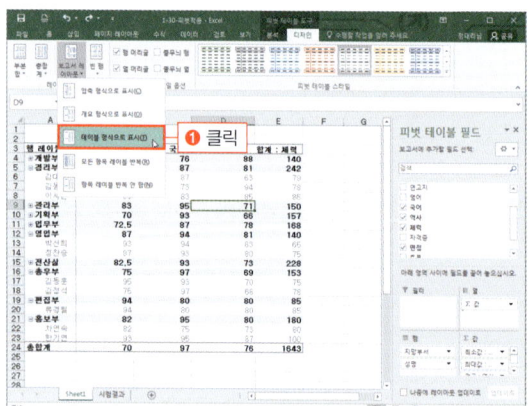 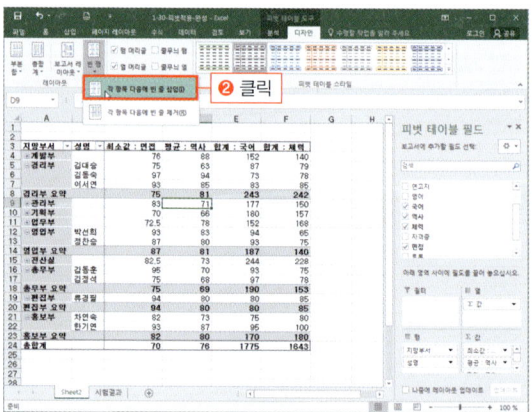

SECTION 31

슬라이서와 피벗 차트

상황에 따라 피벗 테이블의 필터링을 빠르고 효율적으로 하기 위해 슬라이서를 활용할 수 있으며, 피벗 차트를 통해 피벗 테이블에서 정리된 내용을 실시간으로 시각화할 수도 있습니다. 이들에 대한 개념을 살펴보겠습니다.

ㅣ예제파일ㅣ 1-31-피벗활용하기.xlsx 완성파일ㅣ 1-31-피벗활용하기-완성.xlsx

POINT 01 | 슬라이서로 필터링하기

01 | 슬라이서 삽입하기

'1-31-피벗활용하기.xlsx' 파일을 열고 [삽입] 탭-[필터] 그룹에서 [슬라이서]를 클릭합니다. [슬라이서 삽입] 대화상자에는 이미 피벗 테이블에 사용된 데이터 목록의 머리글들이 표시됩니다. 이들 중 [성별], [지망부서], [연고지]를 체크하고 [확인]을 클릭합니다.

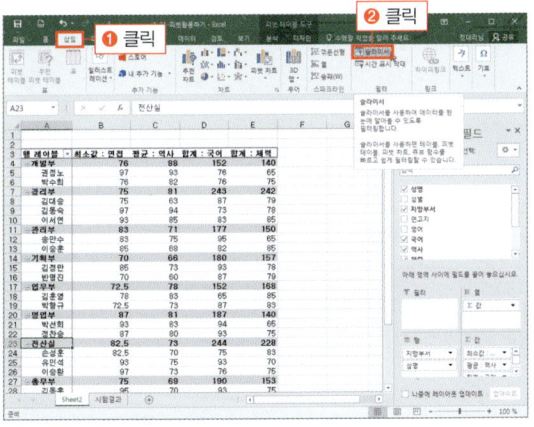 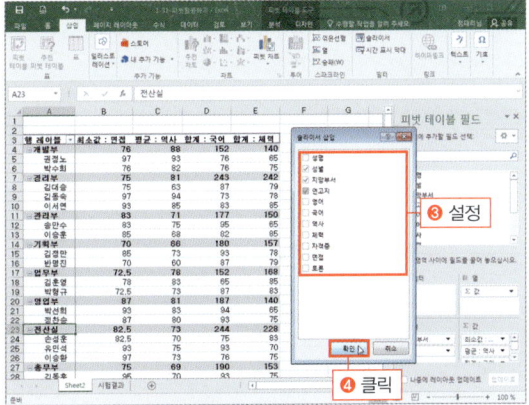

02 | 슬라이서 배치하기

이전 과정의 결과 [성별], [지망부서], [연고지]별로 하위 데이터들이 포함된 슬라이서 창들이 나타납니다. 제목 부분을 드래그해 그림과 비슷한 위치가 되도록 보기 좋게 배치합니다.

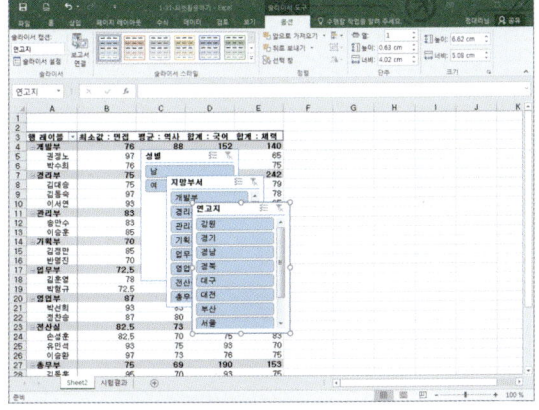

03 | 슬라이서로 필터 적용/해제

'성별' 슬라이서에서 [남]을 클릭합니다. 설정대로 [남자]에 해당하는 행의 정보들만 걸러져 화면에 표시됩니다. 슬라이서 우측 상단의 [필터 지우기]를 클릭해 원래의 상태로 되돌립니다.

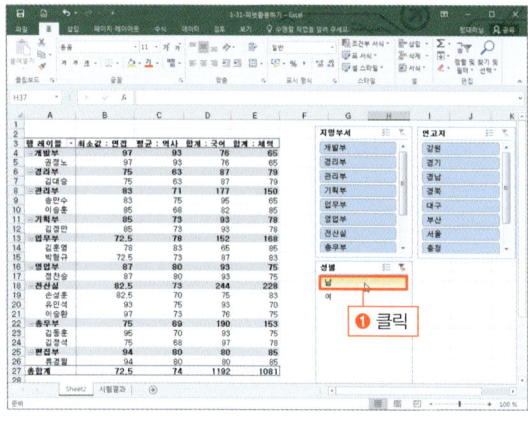 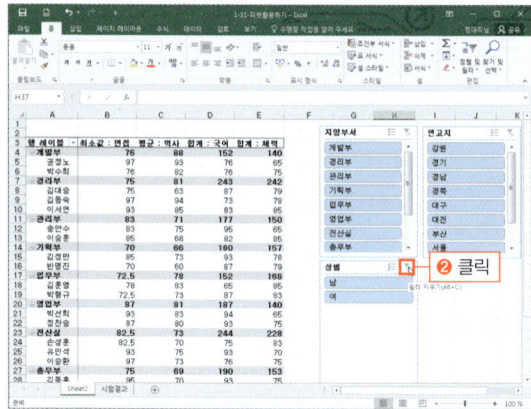

04 | 중복 필터링하기

이번에는 '성별' 슬라이서에서 [여]를 클릭하고, 이어서 '연고지' 슬라이서에서 [대구]를 클릭합니다. 결국 성별이 '여자'이고 '연고지'가 '대구'인 행들의 정보만이 화면에 표시됩니다.

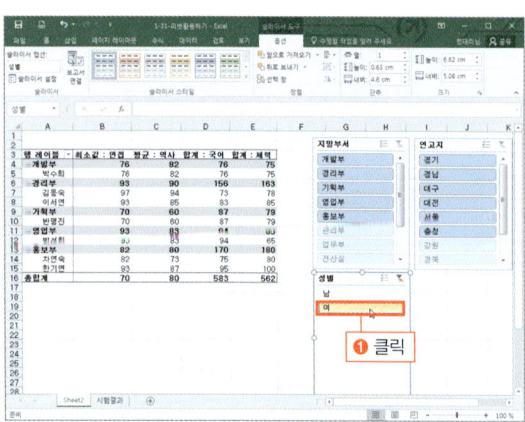 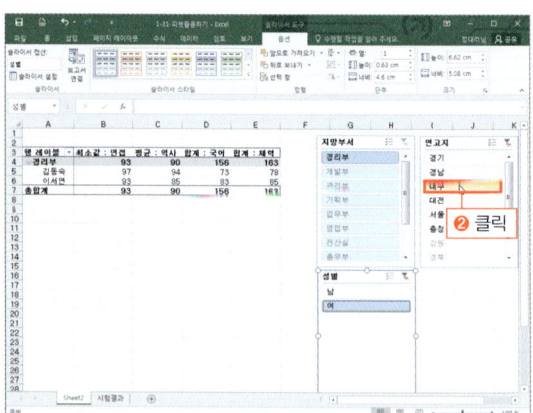

05 | 스타일 설정하기

'지망부서' 슬라이서가 선택된 상태로 [슬라이서 도구]-[옵션] 탭-[슬라이서 스타일] 그룹에서 [슬라이서 스타일 어둡게 2]를 클릭합니다. 다른 슬라이서들에도 색상을 다르게 설정해 봅니다.

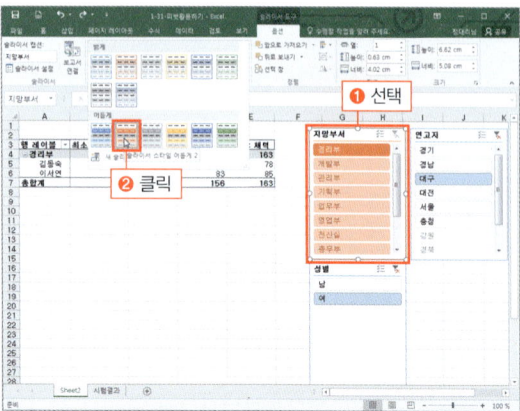 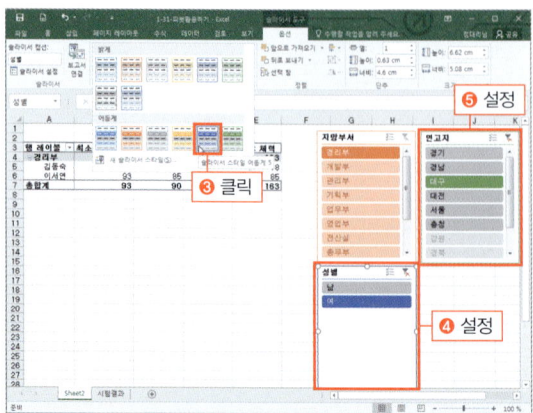

06 | 슬라이서 제거

'연고지' 슬라이서를 선택한 상태에서 Delete 를 눌러 슬라이서를 제거할 수 있습니다. 이때 슬라이서로 필터링된 내용들은 원상 복구됩니다. 같은 방식으로 다른 슬라이서들도 모두 제거해 봅니다.

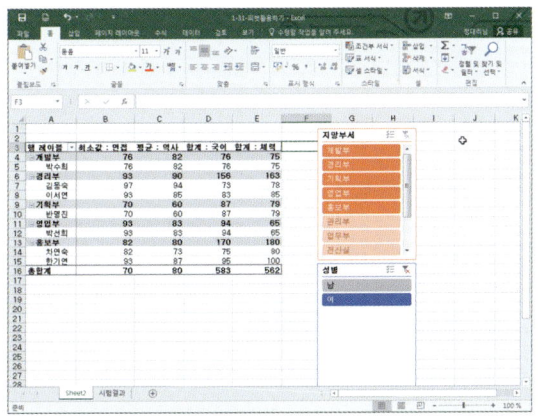 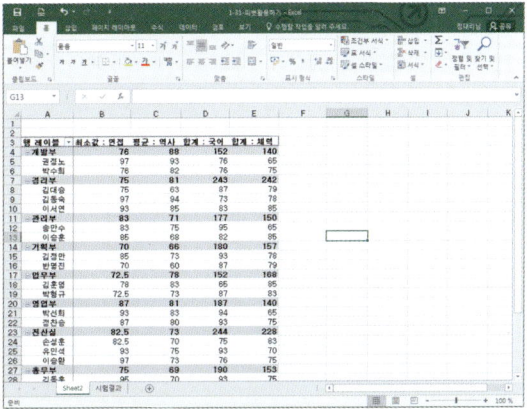

POINT 02 | 피벗 차트 적용하기

01 | 피벗 차트 실행하기

피벗 테이블 안쪽이 선택된 상태에서 [피벗 테이블 도구]-[분석] 탭-[도구] 그룹에서 [피벗 차트]를 클릭합니다. [차트 삽입] 창이 나타나면 [세로 막대형]-[묶은 세로 막대형]을 선택하고 [확인]을 클릭합니다.

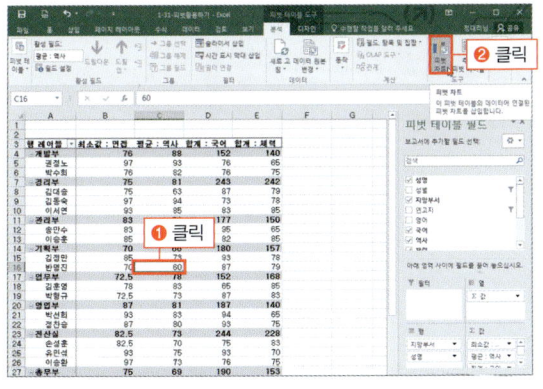 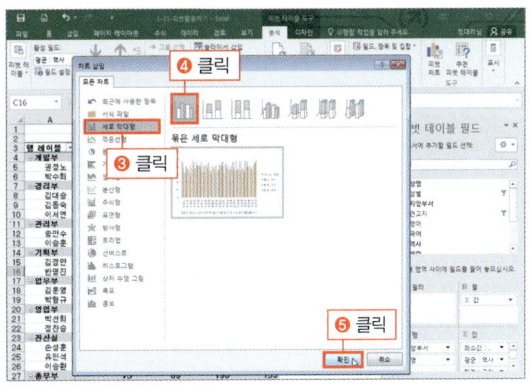

> **TIP** [삽입] 탭-[차트] 그룹에서 [피벗 차트]-[피벗 차트]를 이용해도 위와 동일하게 [차트 삽입] 대화상자를 불러올 수 있습니다.

02 | 새로운 시트로 차트 이동

워크시트에 생성된 차트는 피벗 테이블 목록과 겹쳐져 혼잡스러워 보입니다. 이를 새로운 곳으로 옮기기 위해 [피벗 차트 도구]-[분석] 탭-[작업] 그룹에서 [차트 이동]을 클릭합니다. [차트 이동] 대화상자에 [새 시트]를 체크한 후 [확인]을 클릭합니다.

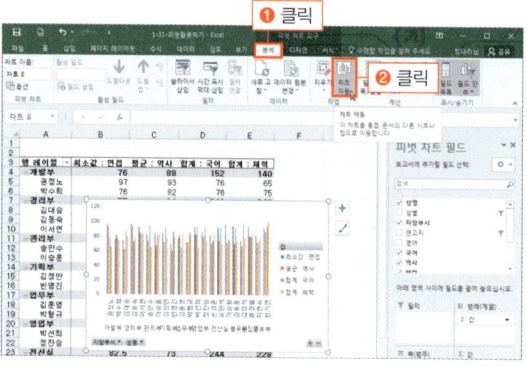
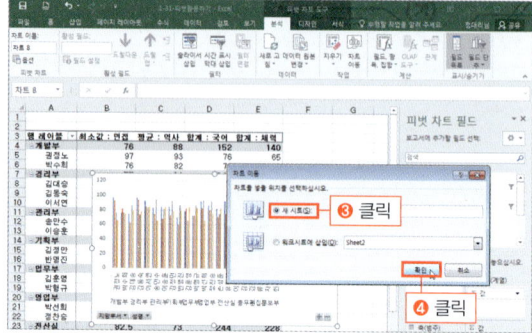

03 | 필터링 조건 변경

새로 생성된 'Chart1' 시트에 이전에 만들어둔 피벗 차트가 옮겨집니다. 이어서 [피벗 차트 필드] 창의 [보고서에 추가할 필드 선택]에서 [성명]과 [국어], [체력]의 체크를 해제합니다. 결국 '지망부서'별로 '면접'과 '역사' 점수들만 표시하도록 피벗 차트가 간결하게 수정되었습니다.

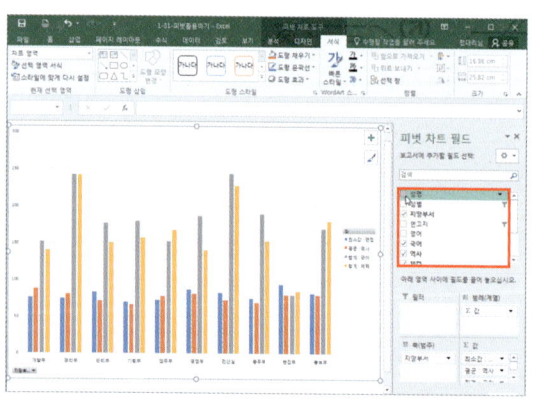
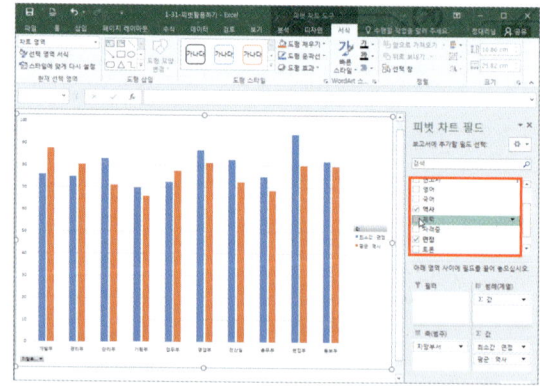

04 | 레이아웃 수정하기

[피벗 차트 도구]-[디자인] 탭-[차트 레이아웃] 그룹에서 [빠른 레이아웃]을 펼쳐보면, 마우스 포인트의 위치에 따라 해당 레이아웃이 적용된 결과를 실시간 미리 보기로 확인할 수 있습니다. 예제에서는 [레이아웃 10]을 선택하였습니다.

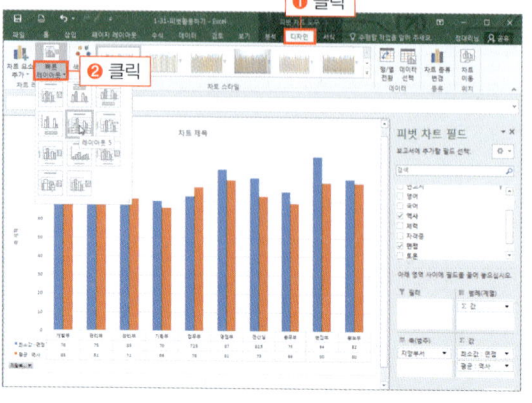
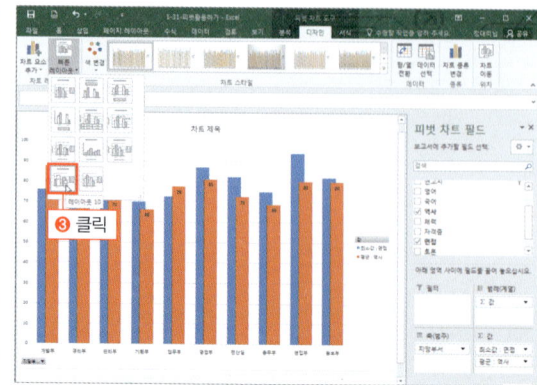

05 | 차트 스타일 변경

[피벗 차트 도구]-[디자인] 탭-[차트 스타일] 그룹에서 마우스 포인트의 위치에 따라 해당 스타일이 적용된 결과를 실시간 미리 보기로 확인할 수 있습니다. 예제에서는 [스타일 3]을 최종 선택하였습니다.

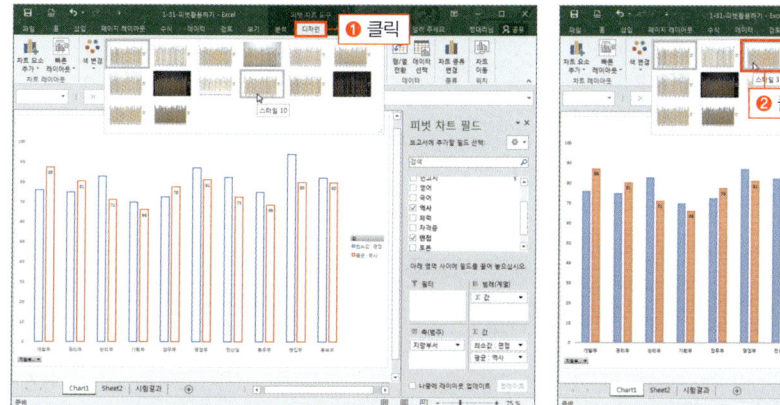

06 | 계산 유형 변경하기

[피벗 차트 필드] 창 하단의 [값] 필드 목록에서 [합계:면접]을 클릭한 후 펼쳐지는 메뉴에서 [값 필드 설정]을 선택합니다. [값 필드 설정] 대화상자의 [선택한 필드의 데이터]에서 '합계'로 선택하고 [확인]을 클릭합니다. 결국 피벗 차트에 적용된 [면접]의 수치들은 [합계]로 변경되어 표시됩니다.

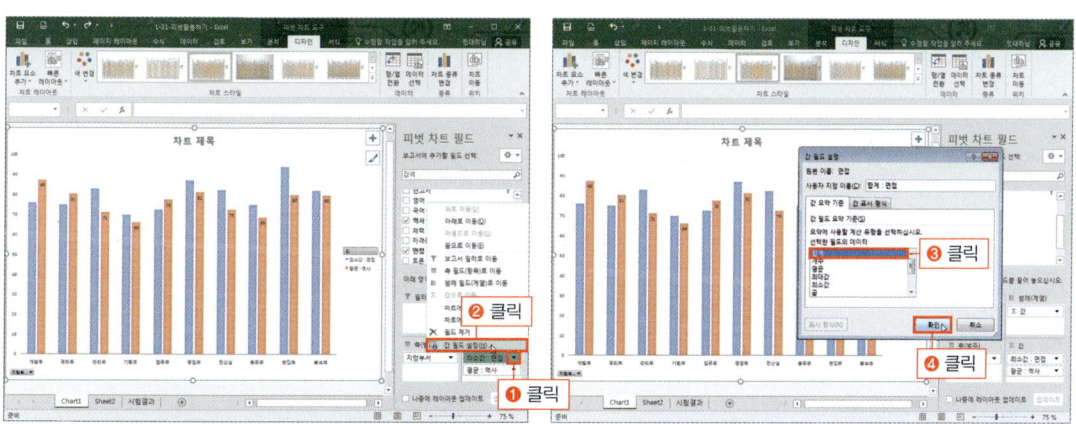

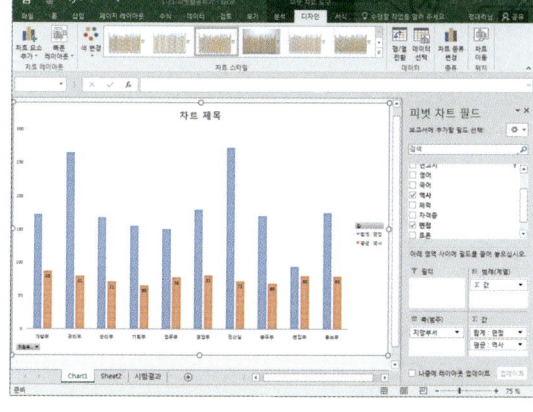

> **TIP** 피벗 테이블을 활용해 만든 피벗 차트는 일반적인 차트의 모든 속성을 그대로 가지고 있으며, 예제에서 살펴본 것과 같이 계산 근거를 수정하여 차트에 실시간으로 반영하는 특성이 있습니다.

SECTION 32

상황별 비교 분석, 시나리오

다양한 경우의 수를 다른 사람에게 설명하거나 한 눈에 비교하기 위해 시나리오 기능을 사용할 수 있습니다. 이곳에서는 간단한 상황을 설정하여 3가지 경우의 시나리오를 작성하고 비교해 보겠습니다.

| 예제파일 | 1-32-시나리오.xlsx | 완성파일 | 1-32-시나리오-완성.xlsx

POINT 01 | 시나리오 적용하기

01 | 선택 영역에서 이름 만들기

'1-32-시나리오.xlsx' 파일을 열고 [B3] 셀부터 [C7] 셀까지를 선택한 후 [수식] 탭-[정의된 이름] 그룹에서 [선택 영역에서 만들기]를 클릭합니다. [선택 영역에서 이름 만들기] 대화상자에서 [왼쪽 열]만 체크한 뒤 [확인]을 클릭합니다.

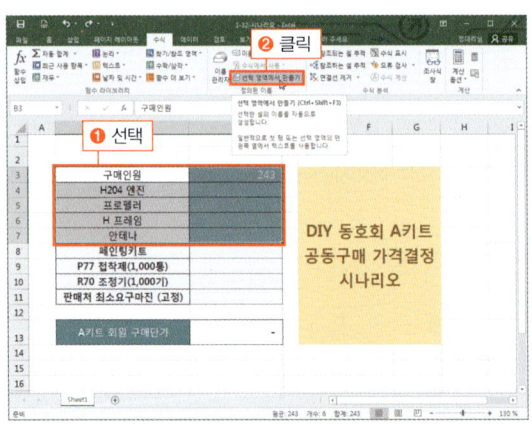 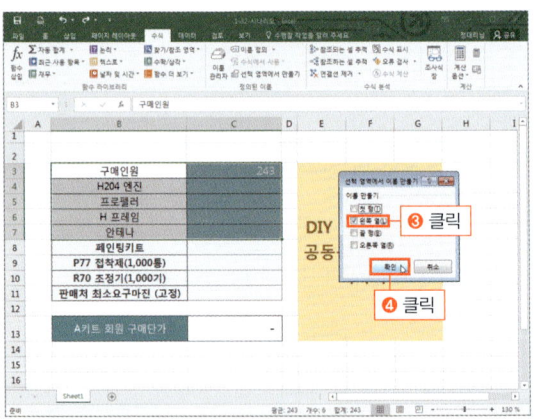

02 | 이름 정의 결과 확인

[C9] 셀을 선택하고 [이름 상자]를 보면 'C9'가 셀 주소로 표시됩니다. 이어서 이전 단계에서 작업한 영역 등 [C3] 셀을 선택하고 [이름 상자]를 보면, 왼쪽 열 데이터 내용인 '구매인원'이 [C3] 셀 주소로 이름 정의된 것을 확인할 수 있습니다.

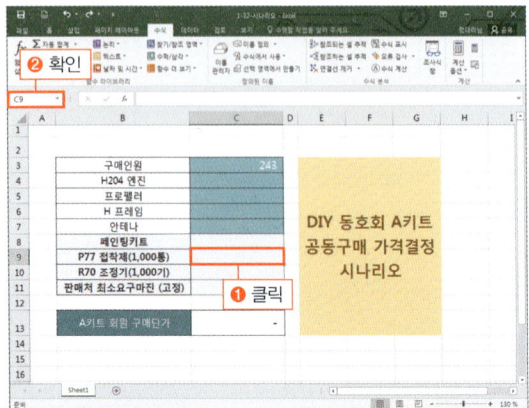 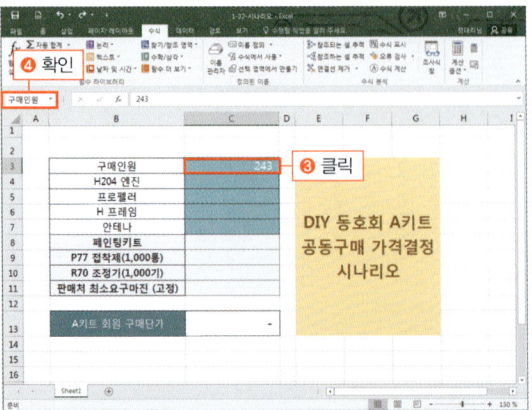

03 | 기본 가격 입력하기

구매 인원과 상관없이 고정 지출되는 비용을 [C8] 셀부터 [C11] 셀까지 입력합니다. 예제에서는 [C8] 셀부터 [C11] 셀까지를 '870,000', '2,457,450', '40,572,860', '9,800,000'으로 입력했습니다. 이어서 이전에 이름 정의 했던 [C3] 셀부터 [C7] 셀까지의 영역에도 그림과 동일한 수치가 입력되도록 설정합니다. [C13] 셀에서는 입력된 수치 데이터들을 조합하여 'A키트 회원 구매단가'를 표시합니다.

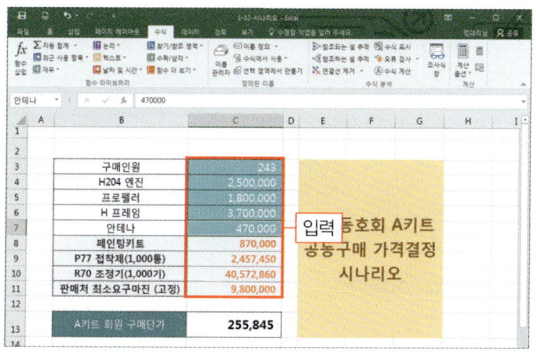
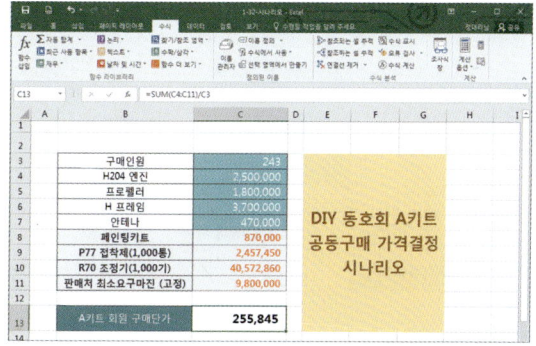

04 | 시나리오 관리자 실행

이제 시나리오 작성을 해보겠습니다. [데이터] 탭-[데이터 도구] 그룹에서 [가상 분석]-[시나리오 관리자]를 클릭한 후 [시나리오 관리자] 대화상자의 [추가]를 클릭합니다.

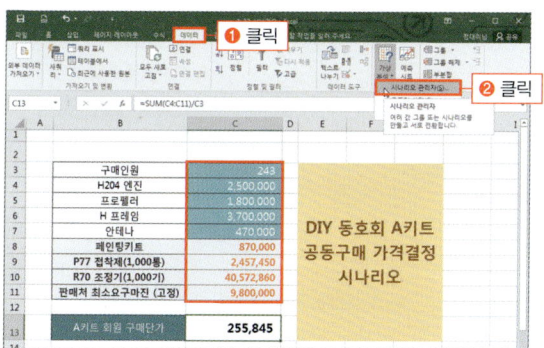
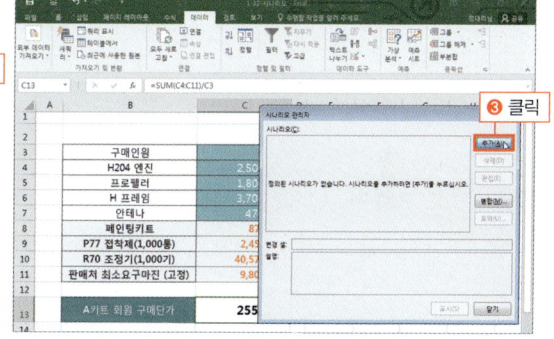

05 | 시나리오 이름 : '보통인원구매' 설정

[시나리오 추가] 대화상자의 [시나리오 이름]에 '보통인원구매'를 입력합니다. 이어서 [변경 셀]의 영역 설정 단추를 클릭한 후 [C3] 셀부터 [C8] 셀까지를 영역으로 설정하고 [확인]을 클릭합니다.

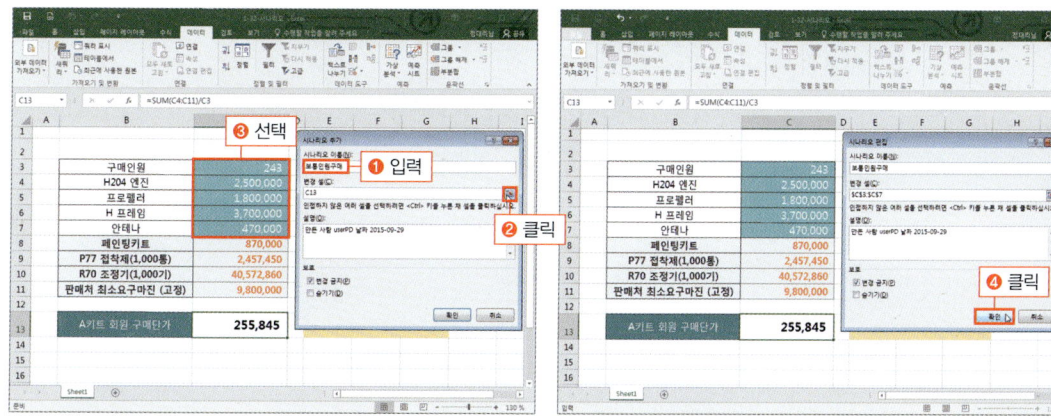

06 | 시나리오 값 설정 및 확인

[시나리오 값] 대화상자는 상황에 따라 변할 수 있는 셀 값들이 표시되며, 현재 시트에 입력해둔 값들이 작성되어 있습니다. 이들을 현재의 시나리오 값으로 설정하기 위해 [확인]을 클릭합니다. [시나리오 관리자] 대화상자를 보면 '보통인원구매'의 시나리오가 만들어졌습니다. 다음 시나리오 작성을 위해 [추가]를 클릭합니다.

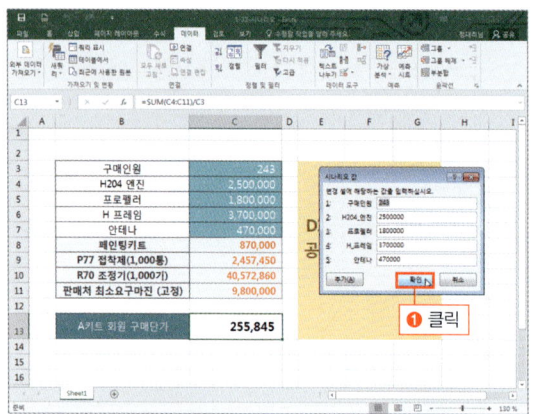 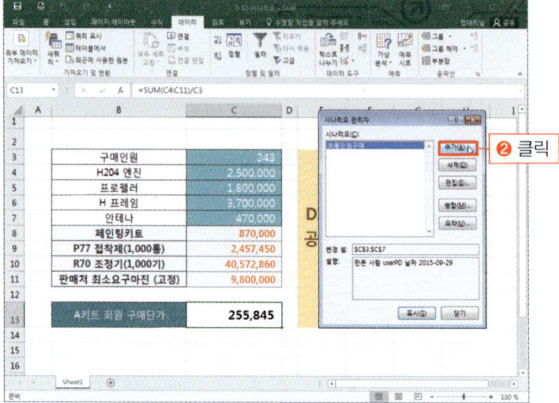

> **TIP** 앞서 '선택 영역에서 이름 만들기'를 적용하지 않았다면, [시나리오 값] 대화상자의 변경 셀 이름들이 각 셀들의 주소로써 표시되었을 것입니다.

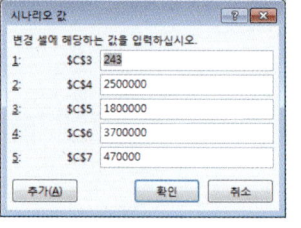

07 | '최소구매인원' 시나리오 설정

[시나리오 추가] 대화상자의 [시나리오 이름]에 '최소인원구매'를 입력합니다. [변경 셀]에는 이전에 설정했던 영역이 들어서 있으므로 바로 [확인]을 클릭합니다. 이어서 [시나리오 값] 대화상자에서는 최소인원구매를 가정하여 그림과 같은 데이터들로 내용을 수정하고 [추가]를 클릭합니다.

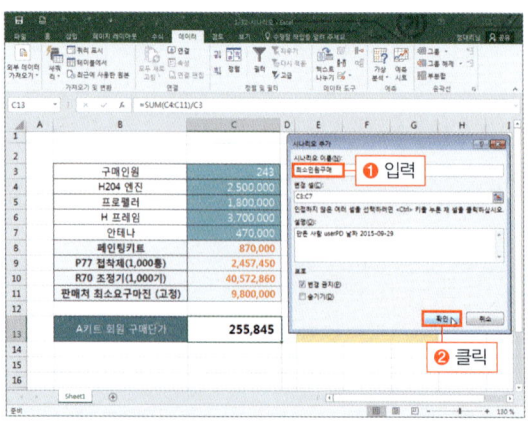 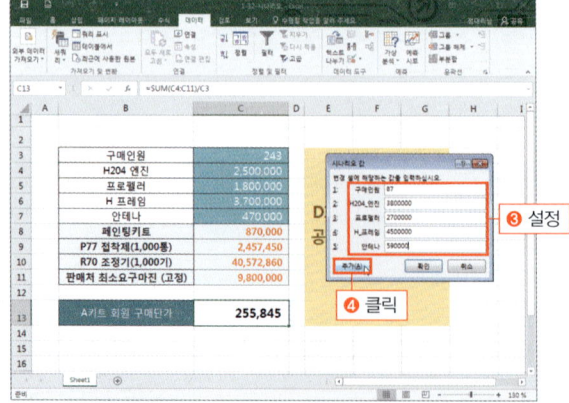

08 | '최대구매인원' 시나리오 추가

이번에는 [시나리오 추가] 대화상자의 [시나리오 이름]을 '최대인원구매'로 설정하고 바로 [확인]을 클릭합니다. 이어서 [시나리오 값] 대화상자에서는 최대인원구매를 가정하여 그림과 같은 데이터들로 내용을 수정하고 [확인]를 클릭합니다. [시나리오 관리자]를 보면 '최소인원구매', '최대인원구매' 시나리오들이 추가되어 있습니다. [닫기]를 클릭하여 설정을 마무리합니다.

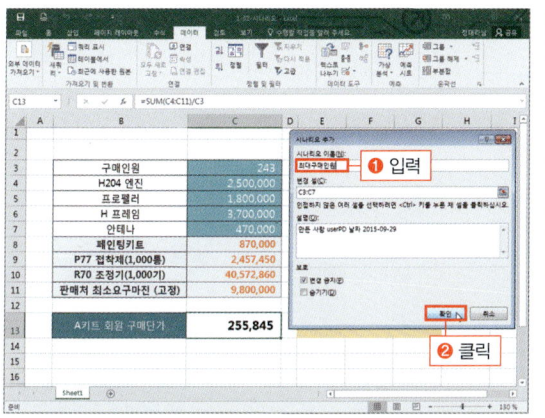 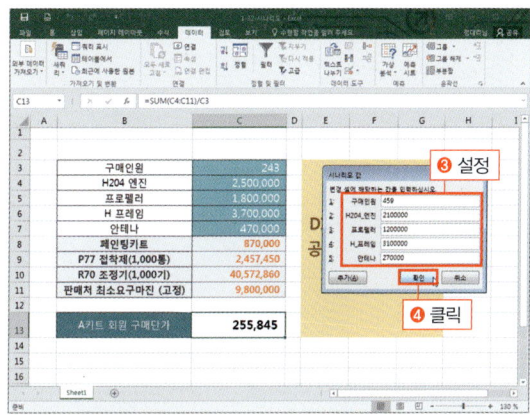

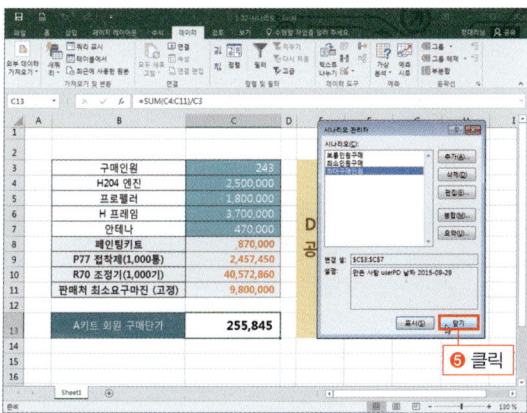

> **TIP** [데이터] 탭-[예측] 그룹에서 [가상 분석]-[목표값 찾기]는 수식으로 작성된 결과 값에 맞춰 대상 셀의 데이터를 자동으로 변경하는 명령입니다. 많이 사용되는 기능은 아니어서 본문에서는 생략했지만, [도움말] 등을 통해 한번 개념을 살펴보는 것도 좋습니다.
>
>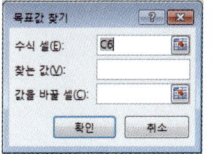

POINT 02 | 시나리오 확인하기

01 | 시나리오 실행

처음 파일을 열었다고 가정하고 작성된 시나리오를 불러와 보겠습니다. [데이터] 탭-[데이터 도구] 그룹에서 [가상 분석]-[시나리오 관리자]를 클릭합니다. [시나리오 관리자] 대화상자에는 이전에 설정해둔 상황별 시나리오들 3개가 준비되어 있습니다.

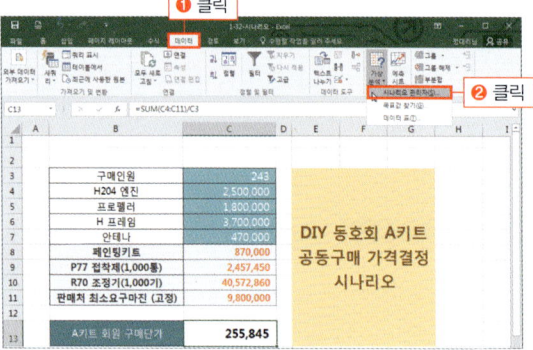
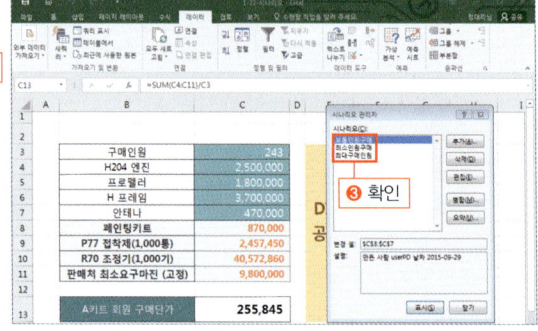

02 | '최소인원구매' 시나리오 확인

'최소인원구매'를 선택하고 [표시]를 클릭합니다. '최소인원구매'를 가정하여 시나리오 값으로 설정했던 수치들이 워크시트에 나타나며, 이를 바탕으로 'A키트 회원 구매단가'가 새로 계산되어 표시됩니다.

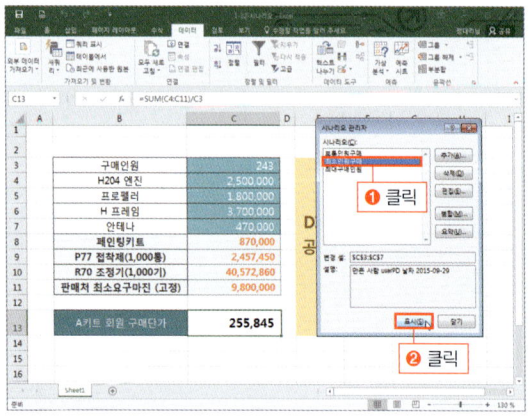
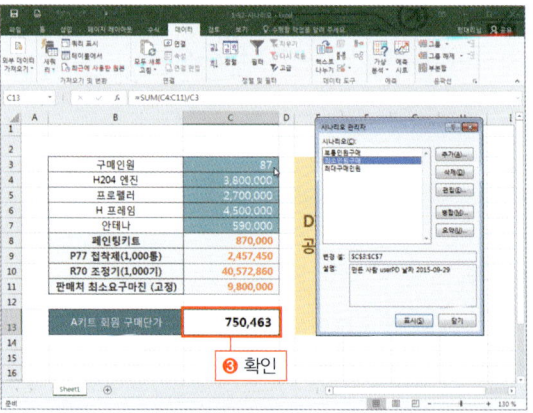

> **TIP** [시나리오 관리자] 대화상자는 [닫기]를 클릭하기 전까지는 계속 창이 띄워져 있습니다. 때문에 작성된 여러 시나리오들을 하나씩 표시하고 최선의 방법을 따져보는 과정이 매우 편리합니다.

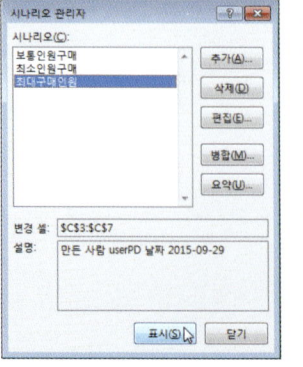

03 | '최대인원구매' 시나리오 확인

'최대인원구매'를 선택하고 [표시]를 클릭합니다. '최대인원구매'를 가정하여 시나리오 값으로 설정했던 수치들이 워크시트에 나타나며, 이를 바탕으로 'A키트 회원 구매단가'가 새로 계산되어 표시됩니다.

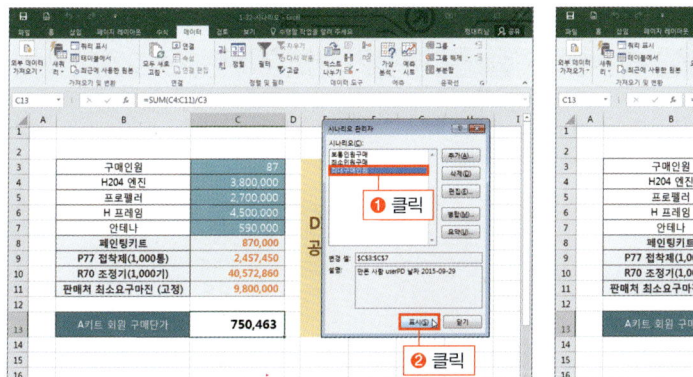
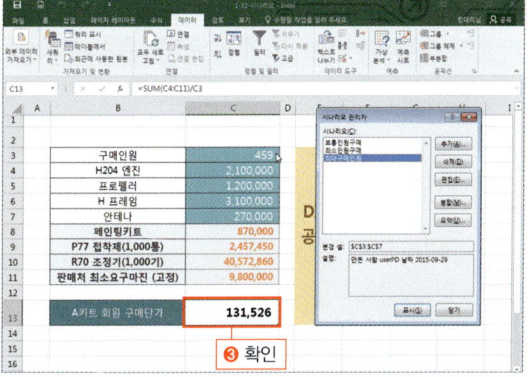

04 | 시나리오 편집_01

'최소인원구매'를 선택하고 [편집]을 클릭합니다. '시나리오 이름'이 '최소인원구매'인 이전 설정 안으로 들어서게 됩니다. [확인]을 클릭합니다.

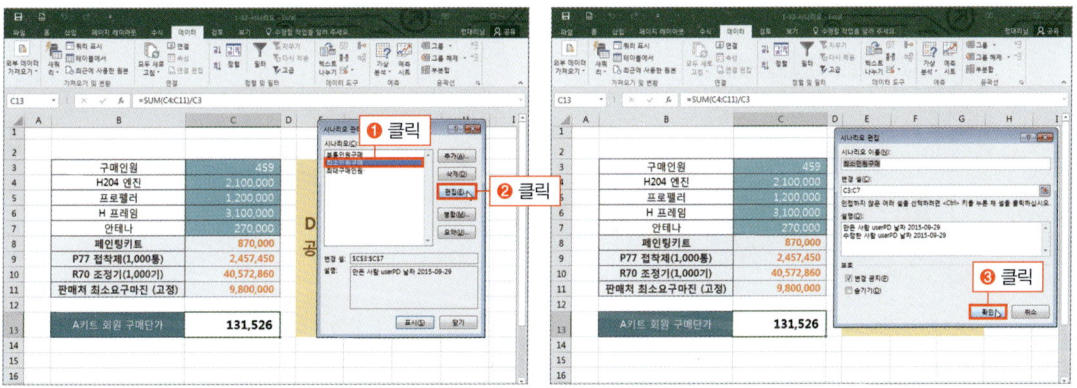

05 | 시나리오 편집_02

[시나리오 값] 대화상자에는 '최소인원구매'로 작성한 수치 데이터들을 보입니다. 이들 중 몇몇 항목을 다른 데이터로 수정하고 [확인]을 클릭합니다. 이어서 [시나리오 관리자] 대화상자에서 '최소인원구매'를 선택하고 [표시]를 클릭하면 방금 수정한 값들로 시나리오 결과가 달라지는 것을 확인할 수 있습니다.

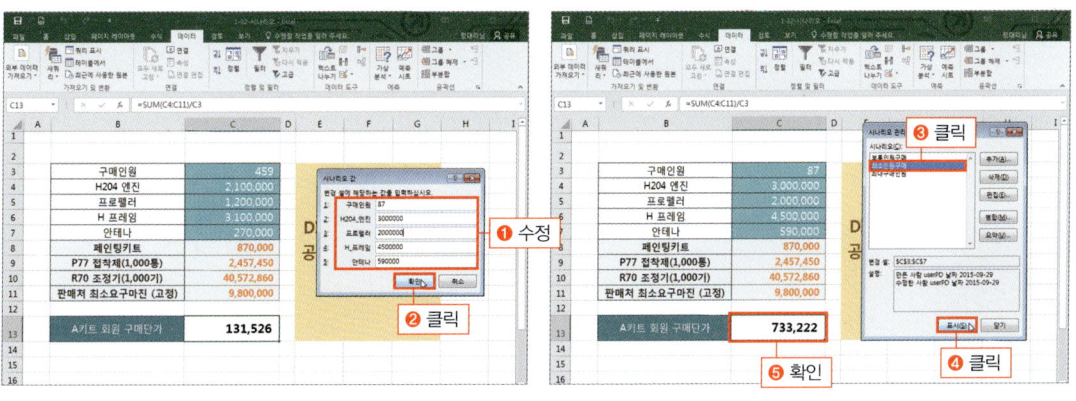

06 | 시나리오 요약

'최소인원구매' 시나리오가 선택된 상태에서 [요약]을 클릭한 후 [시나리오 요약] 대화상자의 [시나리오 요약]이 체크된 상태에서 [확인]을 클릭합니다. 이때 [결과 셀]에는 수식이 입력된 [C13] 셀이 표시되어야 합니다. 결국 새로운 '시나리오 요약' 시트에, 다양한 시나리오 비교 목록이 삽입됩니다.

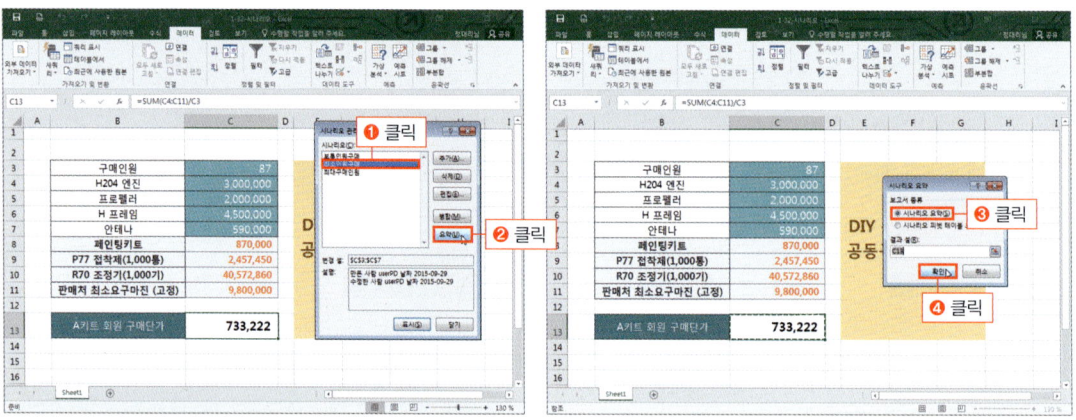

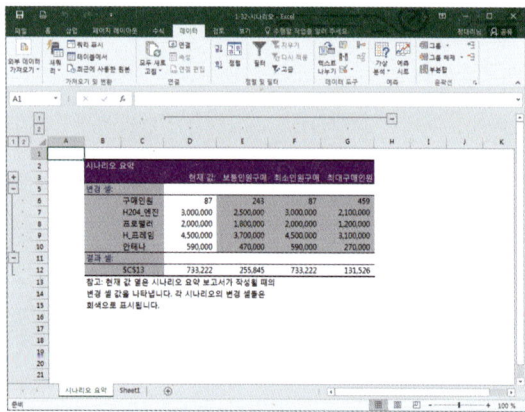

SECTION 33

분산 데이터 통합하기

동일한 양식을 주기적으로 새로 작성하며 늘려나가는 경우, 서로 다른 시트에 있는 셀들의 통합 계산을 수행하는 것이 '통합' 기능입니다. 알아두면 유용하게 활용할 수 있는 기능이므로 주의하며 익혀두는 것이 좋습니다.

| 예제파일 | 1-33-통합분석.xlsx | 완성파일 | 1-33-통합분석-완성.xlsx

POINT 01 | 통합 적용하기

01 | 계산 대상 분석

'1-33-통합분석.xlsx' 파일을 열고 '01월', '02월', '03월', '04월' 시트들을 각각 클릭하여 구성을 확인해 봅니다. 모두들 해당 월 표시와 판매총액만 다를 뿐, 목록의 구성이 같습니다. 이런 상황에서 이들을 통합하여 계산해 보겠습니다.

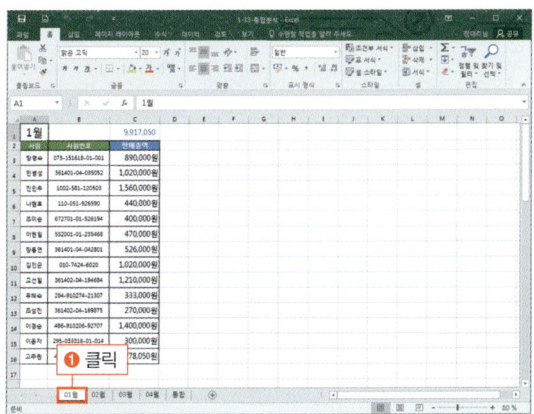
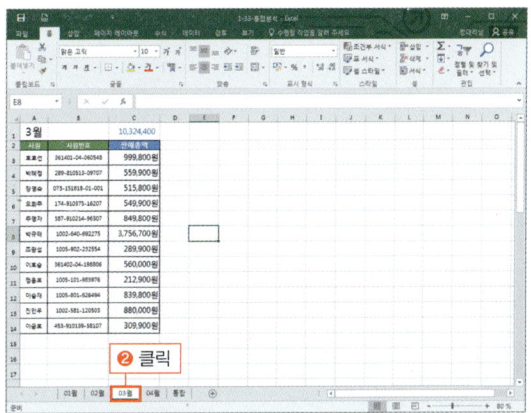

02 | 통합 실행하기

'통합' 시트의 [B2] 셀을 선택하고 [데이터] 탭-[데이터 도구] 그룹에서 [통합]을 클릭합니다. [통합] 대화상자의 [함수]가 '합계'로 된 것을 확인하고 [참조]의 영역 설정 아이콘을 클릭합니다.

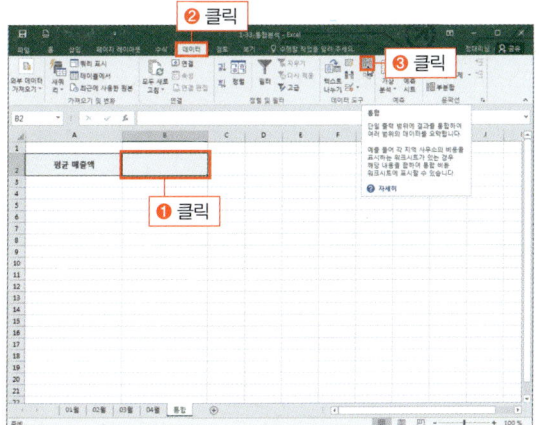
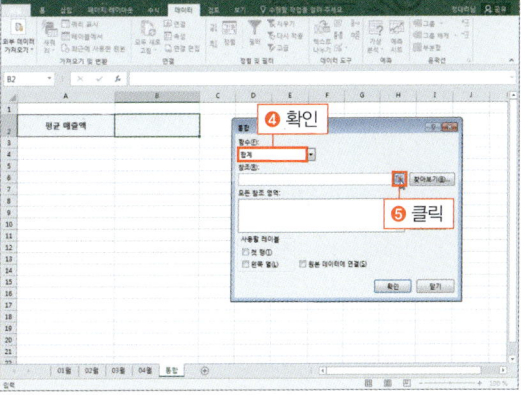

03 | 통합 대상 영역 추가

[통합-참조] 대화상자의 영역으로 '01월' 시트의 [C1] 셀을 선택하고 설정 아이콘을 클릭합니다. 결국 [참조]에 해당 영역 주소인 '01월'!$C$1이 입력됩니다. [추가]를 클릭하여 설정한 영역을 참조 영역으로 추가합니다.

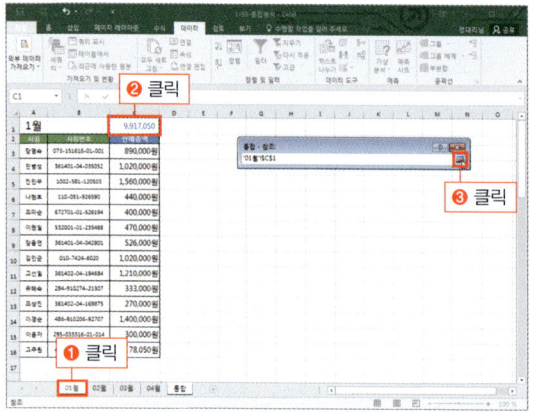 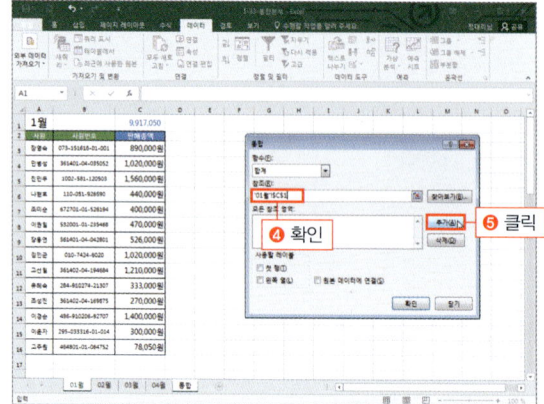

04 | 다른 영역 추가_01

이전 작업에서 설정했던 영역이 [모든 참조 영역]에 추가되어 있습니다. 같은 방식으로 '02월' 시트의 [C3] 셀의 영역도 [모든 참조 영역]에 추가해 봅니다.

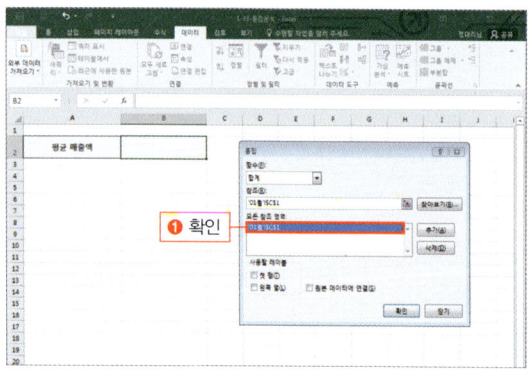 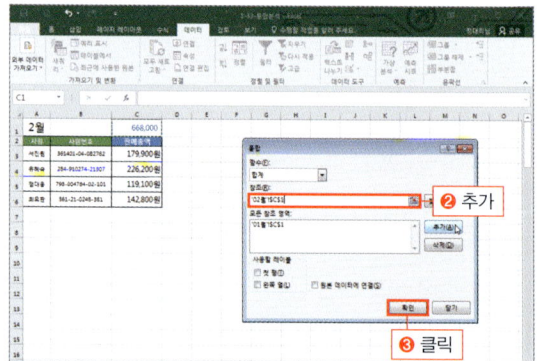

05 | 다른 영역 추가_02

마지막으로 '03월' 시트에서 [C3] 셀의 영역을 [모든 참조 영역]에 추가한 후 [확인]을 클릭합니다. 결국 앞서 설정했던 '01월', '02월', '03월' 시트의 [C3] 셀 값들이 '합계' 함수에 의해 통합 계산되어 결과 값을 표시하게 됩니다.

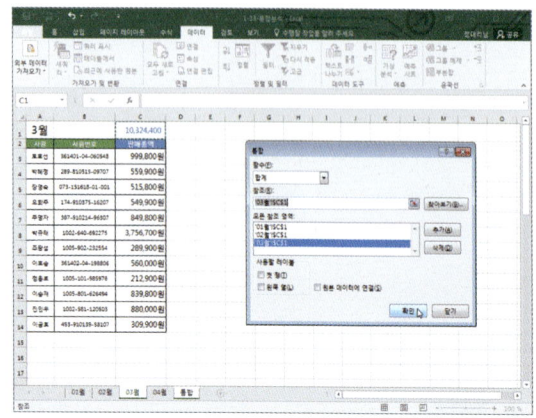 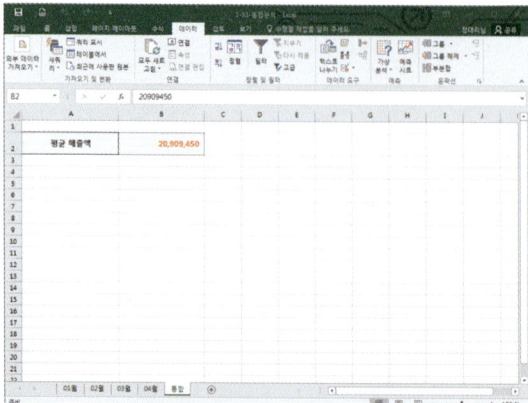

POINT 02 | 통합 대상 수정하기

01 | 특정 영역 제거하기

[B2] 셀이 선택된 상태에서 [데이터] 탭–[데이터 도구] 그룹에서 [통합]을 클릭합니다. [통합] 대화상자를 보면 이전에 적용했던 설정들이 그대로 나타납니다. 이들 중에 [모든 참조 영역]의 '01월'!$C$1을 선택하고 [삭제]를 클릭합니다. 해당 영역이 통합 대상에서 제거됩니다.

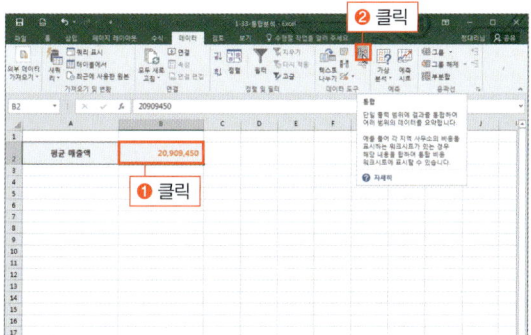
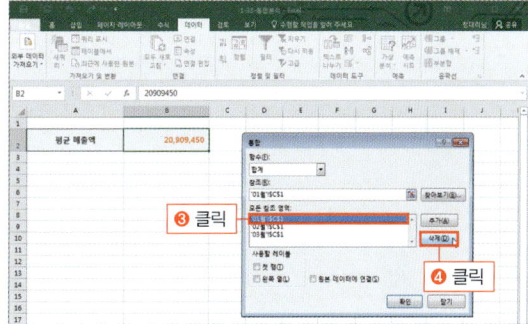

02 | 다른 통합 대상 추가

'04월' 시트에서 [C3] 셀의 영역을 [모든 참조 영역]에 추가합니다. 결국 모든 참조 영역에는 '02월', '03월', '04월' 시트의 [C3] 셀 값들이 목록으로 배치됩니다.

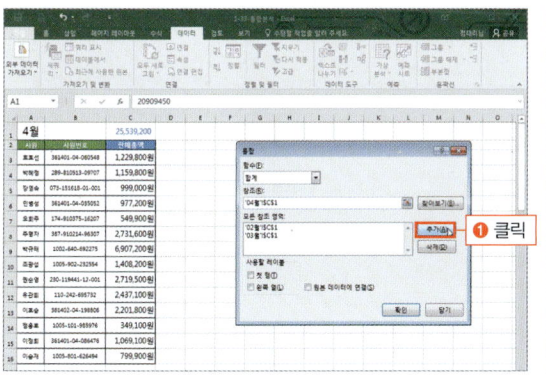
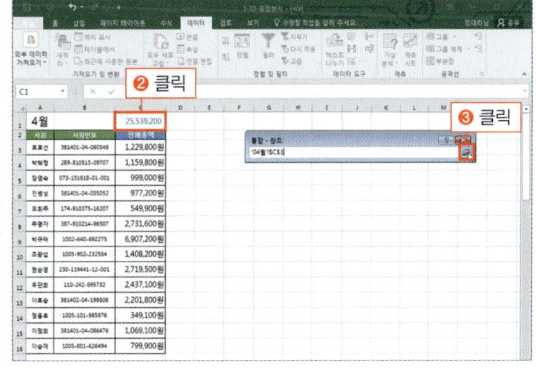

03 | 통합 함수 변경

[함수]를 '평균'으로 변경하고 [확인]을 클릭합니다. 그러면 '평균' 함수에 의해 통합 계산되어 수정된 결과 값을 확인할 수 있습니다.

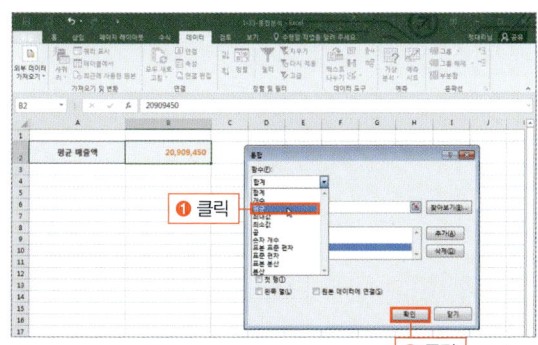
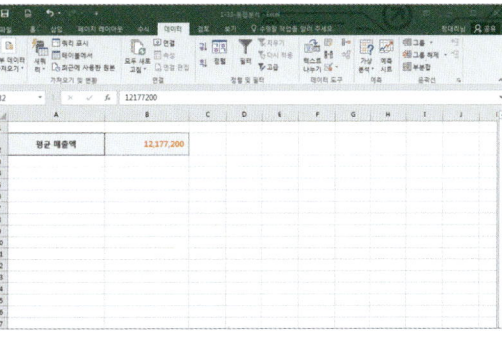

CHAPTER FOUR

네 번째 챕터

습관처럼 사용하는
주요 함수들

함수는 복잡한 계산식을 단순하게 만드는 엑셀의 핵심 기능이지만,
종류가 많기 때문에 일반인들이 지레 겁을 먹게 만드는 요소가 되기도 합니다.
하지만 실제 일반적인 문서 양식에 활용되는 함수는
이 책에서 다루는 2~30가지를 넘지 않는다고 확신합니다.
저자와 함께 책장을 넘기며 쉽고 간단하게 작성할 수 있는 주요 함수들을 살펴보겠습니다.

SECTION 34

함수식 작성하기

동일한 함수라고 하더라도, 해당 함수를 활용한 함수식들은 굉장히 다양한 방식으로 작성할 수 있습니다. 주요한 작성 방식들을 한 번씩 짚어보고, 자신에게 맞는 입력 방식을 찾아봅니다.

l 예제파일 l 1-34-함수식작성.xlsx l 완성파일 l 1-34-함수식작성-완성.xlsx

POINT 01 | 함수식과 인수 관계 이해

01 | 자동 함수로 작성 : 평균

'1-34-함수식작성.xlsx' 파일을 열고 [G4] 셀을 선택합니다. 이어서 [홈] 탭-[자동 합계] 그룹에서 [평균]을 클릭합니다. 평균을 구하는 함수 'AVERAGE'가 자동으로 셀에 입력되며, 인접해 있는 영역을 평균을 구할 대상으로 초기 설정하게 됩니다.

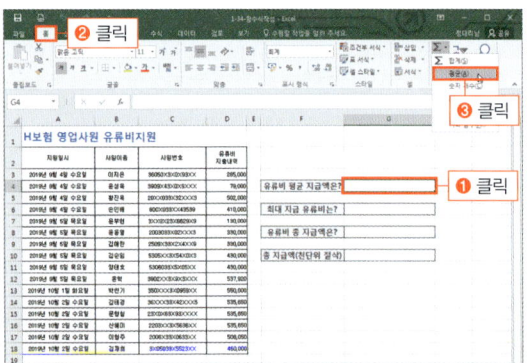
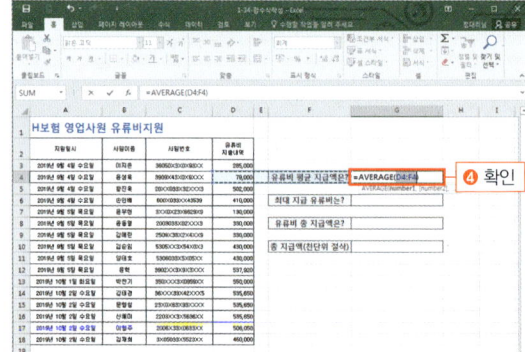

02 | 대상 범위 조정 : 인수 설정

이전 작업에서 '평균' 명령을 설정한 직후 [D3] 셀에서 [D18] 셀까지를 드래그하면, [G4] 셀에 적용된 AVERAGE 함수의 대상 범위(인수)가 자동으로 설정됩니다. Enter 를 눌러 클릭을 해제하면 설정된 내용에 의거한 평균 결과 값이 [G4] 셀에 나타납니다.

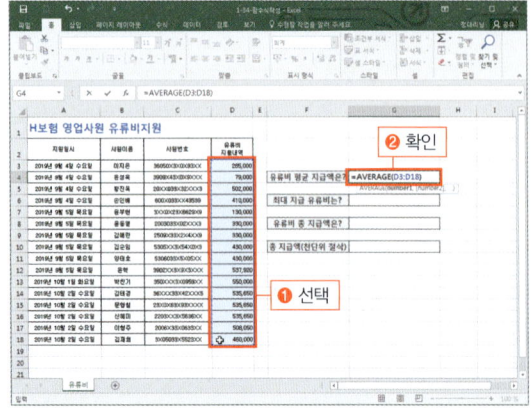
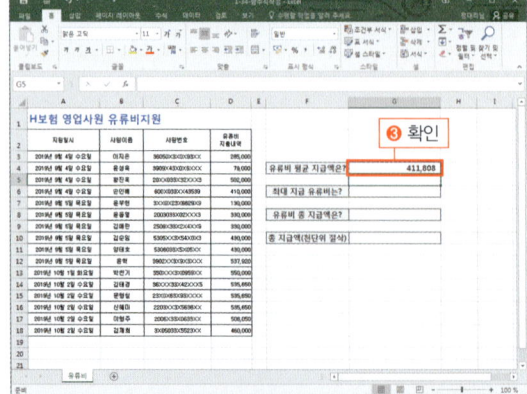

> **TIP** 참고로 [G4] 셀을 선택하면 수식 입력줄에 적용된 함수식을 확인할 수 있으며, 직접 수정할 수도 있습니다.

03 | 함수 직접 입력 : 최대값

함수는 셀에 직접 입력할 수도 있습니다. [G6] 셀을 선택하고 '=MAX(D3:D18)'를 입력한 후 Enter 를 누릅니다. 결국 [D3] 셀에서 [D18] 셀까지의 수치 데이터들 중에서 최대값을 표시하는 함수를 작성해본 것입니다.

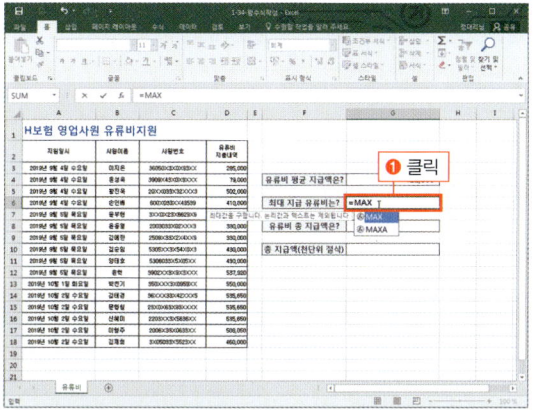
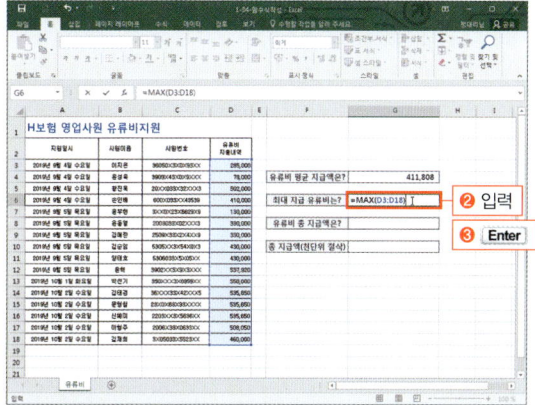

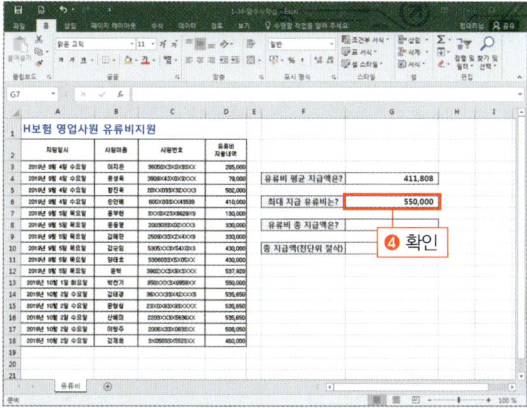

04 | 함수 라이브러리 : 합계_01

[G8] 셀을 선택하고 [수식] 탭–[함수 라이브러리] 그룹에서 [수학/삼각]–[SUM]을 클릭하면, 선택한 함수마다 다른 인수 값을 가지게 되는 [함수 인수] 대화상자가 나타납니다. 참고로 이곳의 [Number1]의 인수는 합계 함수 SUM의 인수를 설정하는 공간이며, 이곳을 클릭해 커서를 위치시킵니다.

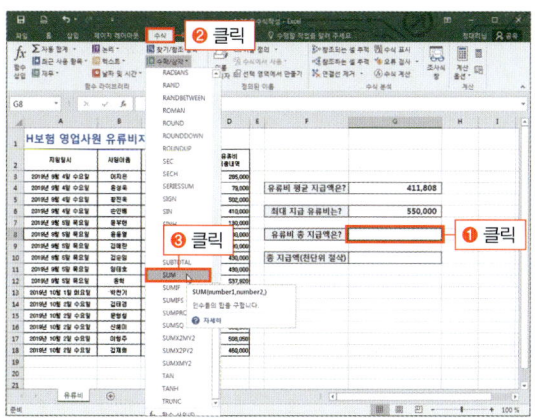
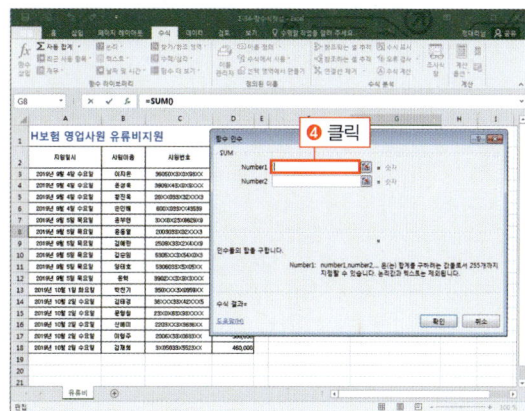

05 | 함수 라이브러리 : 합계_02

이전 작업에 이어서 바로 [D3] 셀부터 [D18] 셀까지를 드래그해 'Number1' 인수의 영역으로 'D3:D18'이 설정되도록 합니다. [확인]을 클릭하면 설정된 영역이 반영된 SUM 함수의 결과 값이 나타납니다.

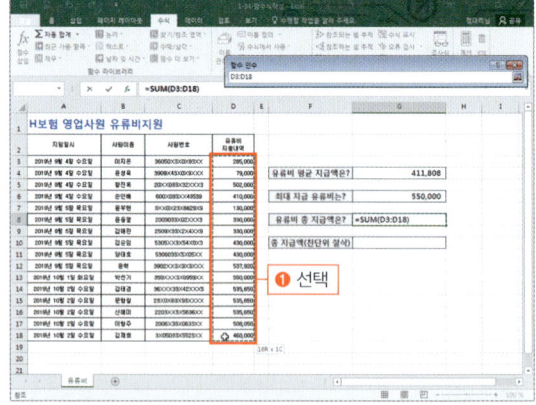

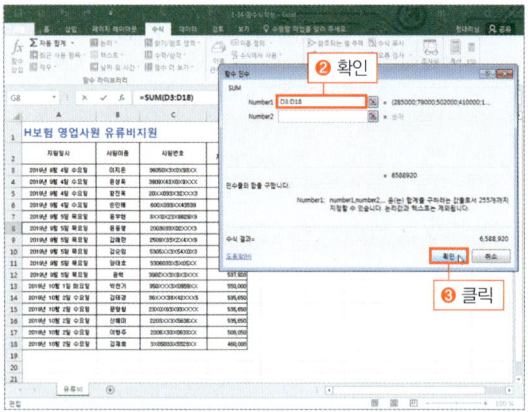

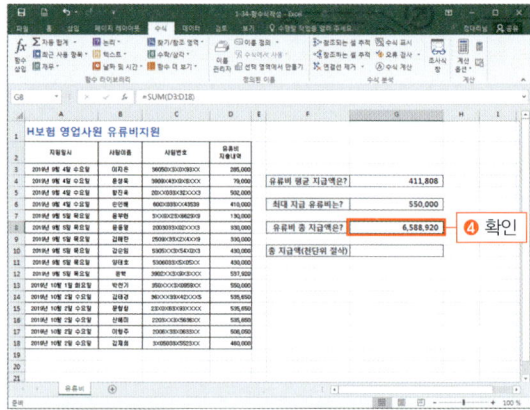

POINT 02 | 인수가 두 개인 경우

01 | 함수 마법사로 작성 : 내림

[G10] 셀을 선택하고 [수식] 탭-[함수 라이브러리] 그룹에서 [함수 삽입]을 클릭합니다. [함수 마법사] 대화상자의 [범주 선택]은 '수학/삼각'으로 [함수 선택]은 'ROUNDDOWN'으로 선택하고 [확인]을 클릭합니다. 참고로 ROUNDDOWN 함수는 선택된 값을 원하는 자릿수에서 '0'으로 만드는 내림 함수입니다.

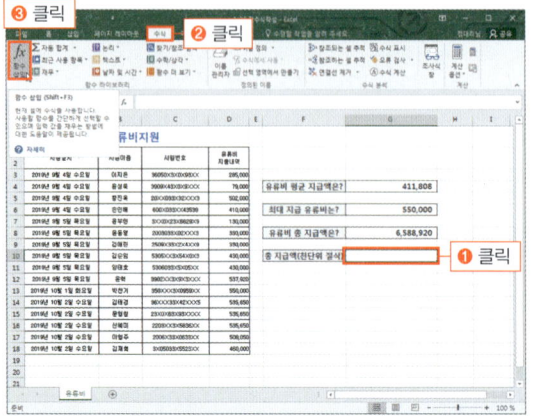

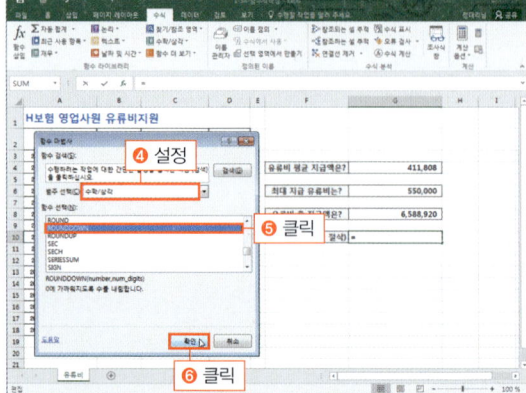

02 | 내림 적용할 셀 위치, 자릿수 설정

[함수 인수] 대화상자에서 [Number1]의 인수는 내림을 적용할 대상 셀의 주소를 설정하는 곳입니다. 예제에서는 [Number1]의 인수로써 'G8'을 입력하였으며, 대상 데이터의 내림 자릿수인 [Num_digits] 인수로 '-3'으로 설정합니다. 참고로 '-3'은 데이터의 왼쪽 세 번째 자릿수를 가리키며, [함수 상자] 하단을 보면 현재 설정의 적용 예상 값으로 '6588000'이 나타납니다.

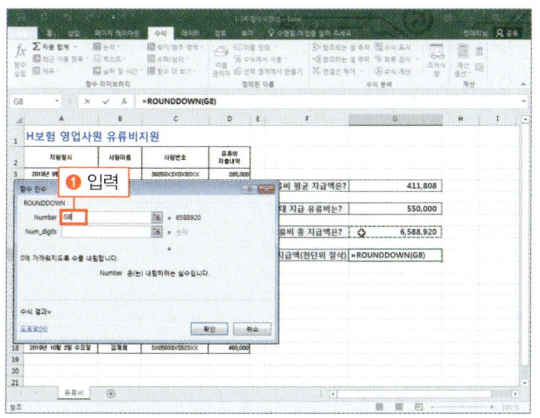 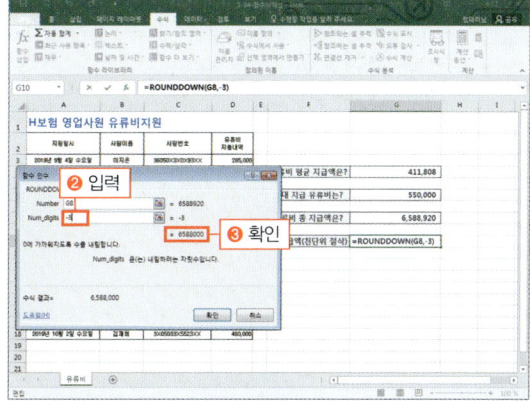

03 | 내림할 자릿수 수정

이전 과정에 이어서 [Num_digits] 인수를 '-4'로 수정합니다. [G8] 셀의 데이터는 '6588920'인데 왼쪽 4번째 자릿수에서 내림하는 것으로 수정되었기에 '6580000'로 예상 결과 값이 표시됩니다. 마음에 드는 설정이 되었으므로 [확인]을 클릭합니다.

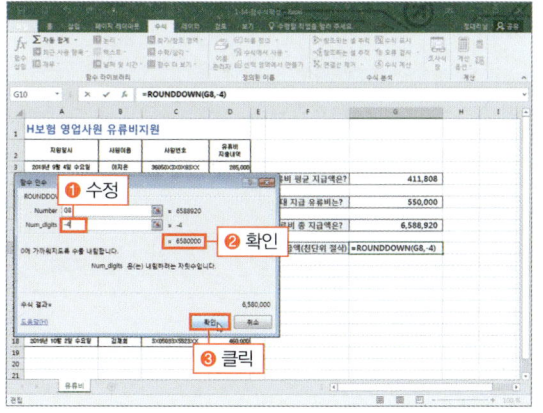 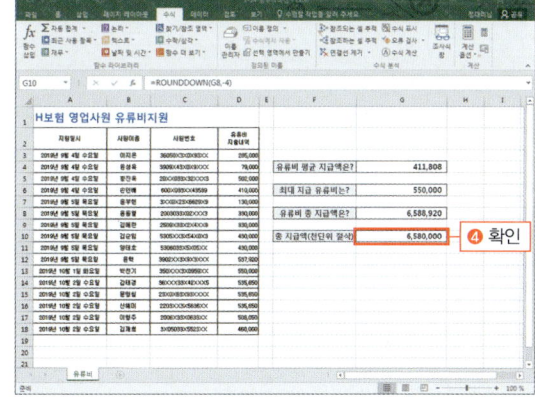

> **TIP** [수식] 탭-[함수 라이브러리] 그룹의 [수학/삼각]에서 [ROUND]를 선택해 반올림을, [ROUNDUP]을 선택해서는 올림을 구할 수 있습니다. 함수의 구성 인수는 ROUNDDOWN 함수와 동일한 [number] 인수, [Num_digits] 인수로 구성됩니다.

함수식 작성하기

01 | PC에서는 자동 합계, 함수 라이브러리, 함수 삽입, 직접 입력 등의 다양한 함수 입력 방식이 있었습니다. 태블릿 버전의 경우에도 자동 합계 함수, 직접 입력, 함수 라이브러리 등을 통한 함수 작성이 가능합니다.

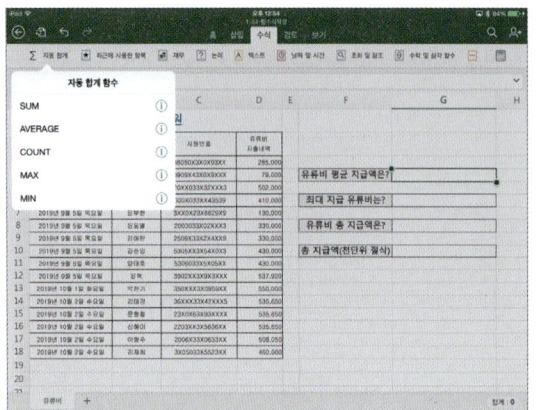 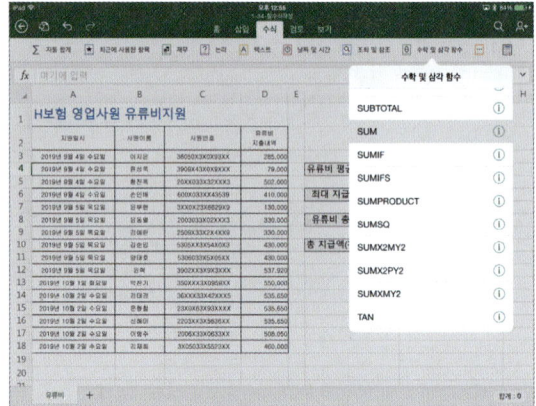

02 | SUM 함수의 경우 함수명 안쪽 괄호'( )'안에 더하기 될 대상 영역을 설정하게 됩니다. 강좌에서는 콤마(,) 기호를 사용해 이어지지 않는 독립된 영역들이 모두 더하기 되도록 설정하였습니다.

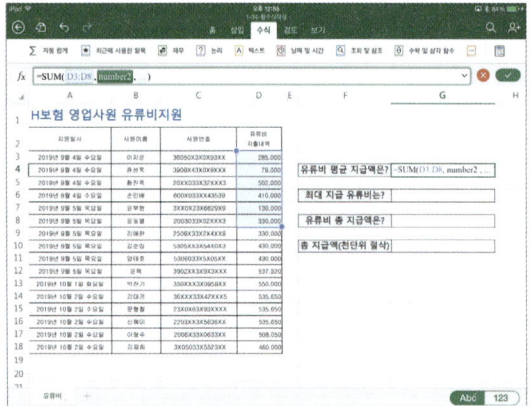 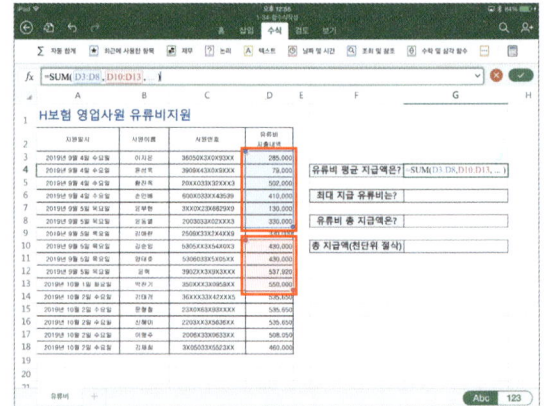

03 | 실제로 자주 사용하면서 MIN과 같이 간단한 구성의 함수라면, 직접 함수식을 작성하는 것이 더욱 효율적인 작업이 될 수도 있습니다. 강좌를 참고해 함수식 작성을 해보겠습니다.

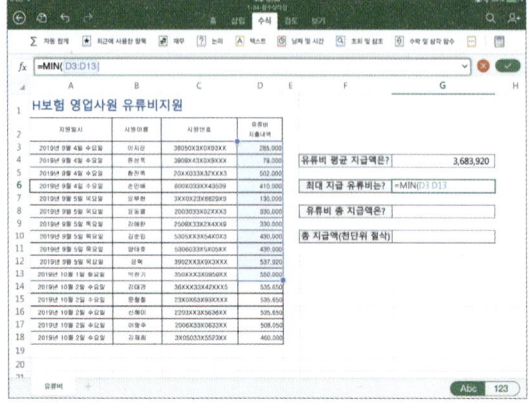 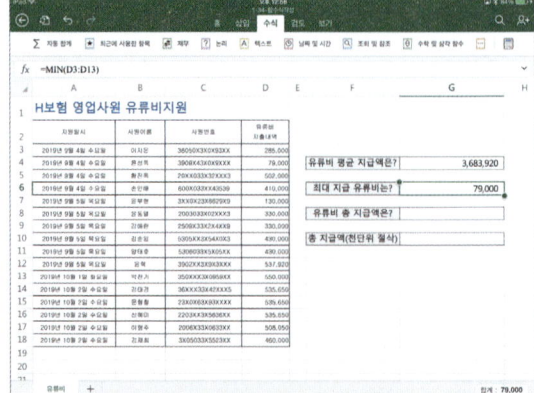

SECTION 35

선별된 데이터만 합산 – SUMIF/SUMIFS

SUMIF/SUMIFS 함수는 하나 또는, 여러 개의 조건을 만족하는 데이터의 수치 정보들만 합산하는 함수식입니다. 개념은 비슷하지만 2개 이상의 다중 조건에 활용할 수 있는 SUMIFS 함수가 좀 더 활용도가 높으므로 주의 깊게 살펴봅니다.

| 예제파일 | 1-35-데이터합산.xlsx · 완성파일 | 1-35-데이터합산-완성.xlsx

POINT 01 | 한 개의 조건 만족 데이터만 합산하기

01 | 단일 조건 합계 : SUMIF 함수 실행

'1-35-데이터합산.xlsx' 파일을 열고 [J4] 셀을 선택합니다. 이어서 [수식] 탭-[함수 라이브러리] 그룹에서 [수학/삼각]-[SUMIF]를 클릭합니다. 주어진 조건을 만족하는 경우에만 지정된 셀들을 합산하는 SUMIF 함수를 실행한 것입니다. 이를 통해 '오후 시간대 총매출액'을 구해보겠습니다.

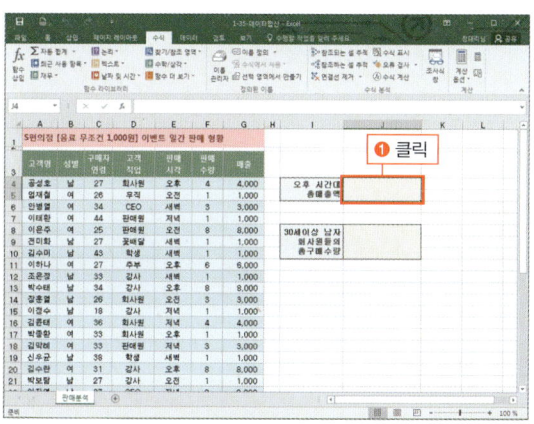 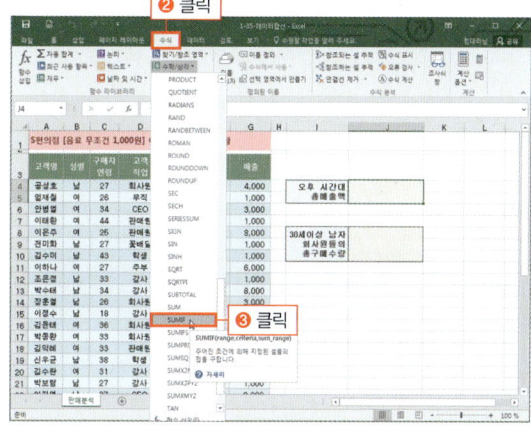

02 | 조건 검토 범위 설정 : Range 인수

[함수 인수] 대화상자의 [Range]는 조건을 비교할 대상 영역이며, 이에 따라 [Range] 인수로써 판매시각이 입력된 'E4:E39'를 영역으로 설정합니다.

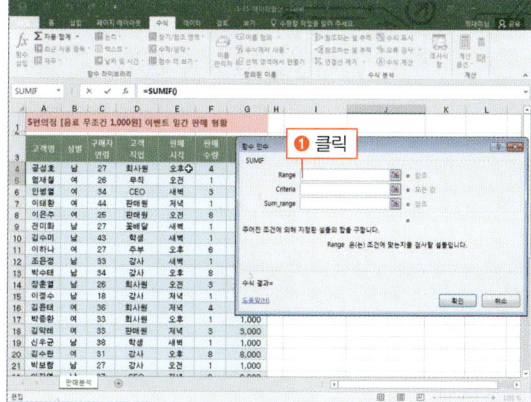 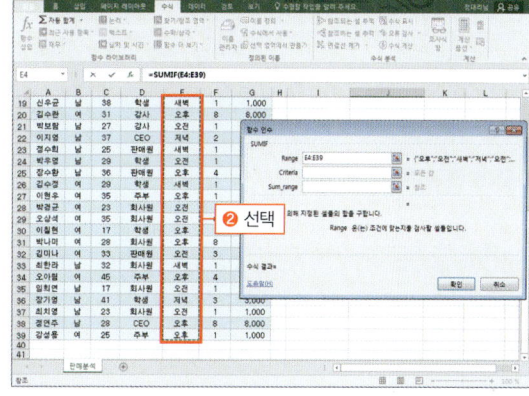

03 | 조건 입력하기 : Criteria 인수

앞서 설정한 [Range] 인수를 검색할 조건은 [Criteria] 인수에서 설정하게 됩니다. 이곳에서 '오후'라는 단어를 입력합니다. 참고로 직접 함수식을 작성하는 경우에는 문자를 입력할 때 큰 따옴표("")를 붙여야 하지만, [함수 인수] 대화상자에서는 단어 입력 후, 다른 입력란을 클릭해 작성 과정을 종료하면 자동으로 따옴표가 반영됩니다. 작성 중인 수식은 수식 입력줄에서도 확인이 가능합니다.

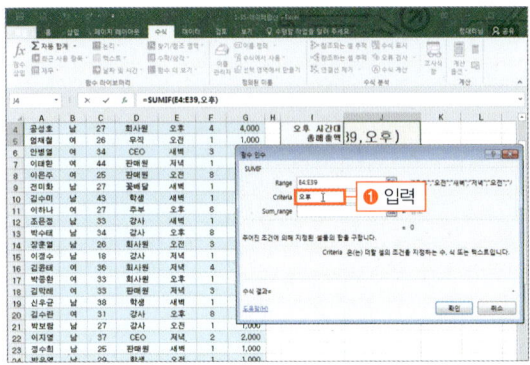 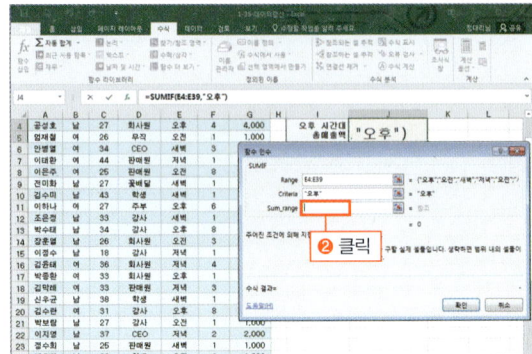

04 | 합계 대상 범위 설정 : Sum_range 인수

이제 마지막으로 조건을 만족할 경우 합산에 사용할 데이터 범위를 설정해야 합니다. [Sum_range]를 클릭하고 매출액이 입력되어 있는 [G4:G39] 영역을 드래그해 선택합니다. 모든 작성 과정이 끝났으므로 [확인]을 클릭합니다.

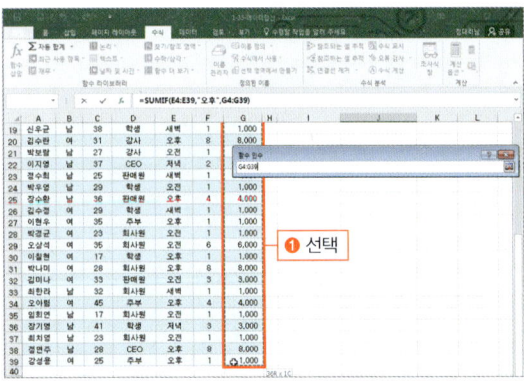 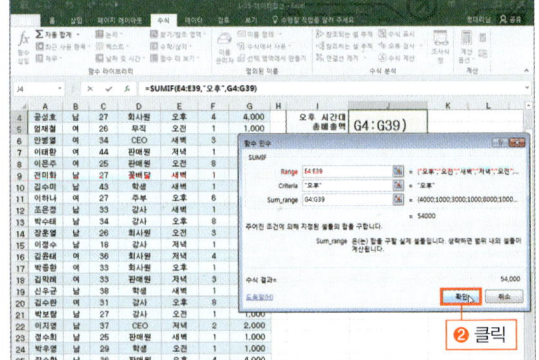

05 | 결과 확인

이전 작업의 결과 '오후 시간대 총매출액'이 '54,000'으로 계산됩니다. [J4] 셀을 선택해 보면 이곳에 적용된 SUMIF 함수식을 확인할 수 있습니다. 직접 입력 방식으로 입력할 경우를 가정하고 함수식의 내용과 작성 과정을 유추해 봅니다.

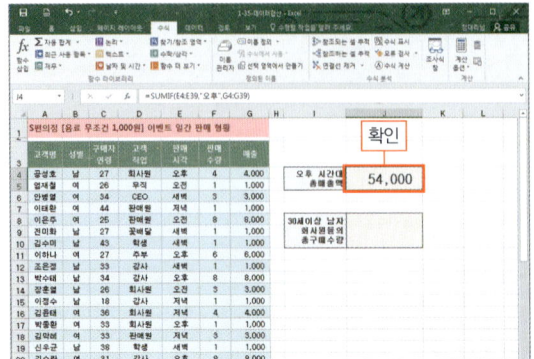 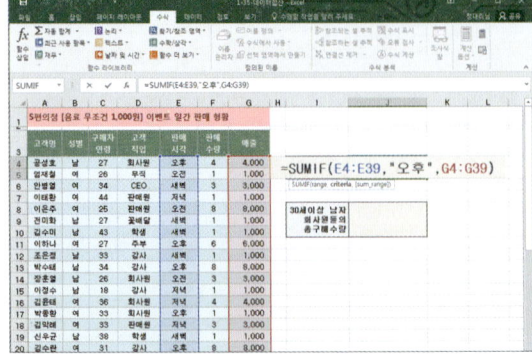

POINT 02 세 개의 조건을 모두 만족하는 데이터만 합산

01 | 다중 조건 합계 : SUMIFS 함수 실행

[J8] 셀을 선택합니다. 이어서 [수식] 탭–[함수 라이브러리] 그룹에서 [수학/삼각]–[SUMIFS]를 클릭합니다. 주어진 다중 조건을 모두 만족하는 경우에만 지정된 셀들을 합산하는 SUMIFS 함수를 실행할 것입니다. 이를 통해 '30세이상 남자 회사원들의 총구매수량'을 구해보겠습니다.

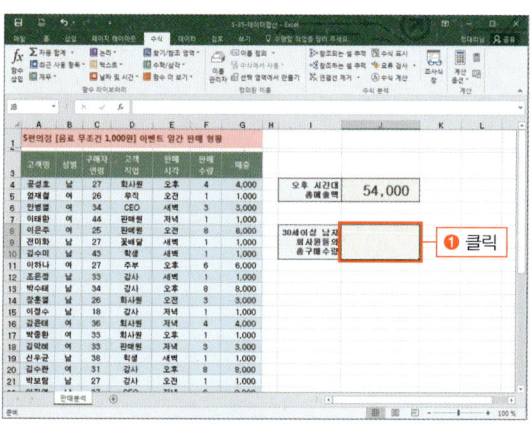 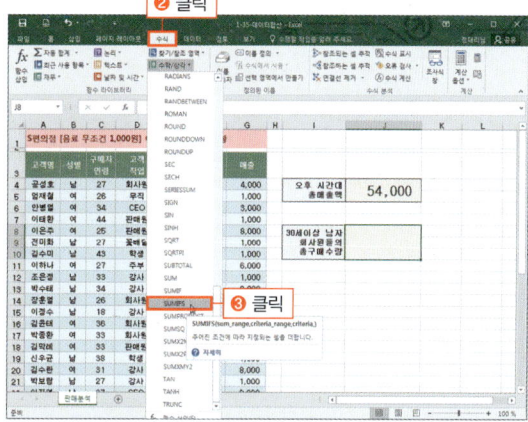

02 | 합계 대상 범위 설정 : Sum_range 인수

SUMIF 함수와 달리 SUMIFS 함수는 조건을 만족할 경우의 합산 데이터 범위를 [Sum_range] 인수로써 가장 먼저 설정합니다. 이곳을 클릭하고 판매수량이 입력되어 있는 [F4:F39]의 영역을 직접 입력합니다.

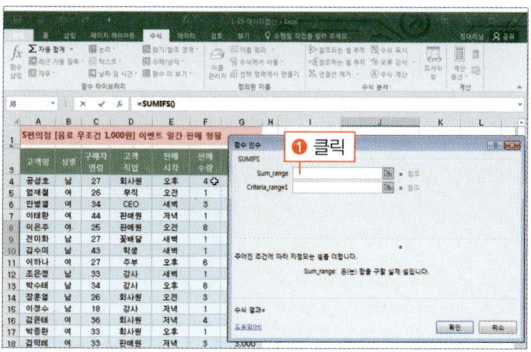 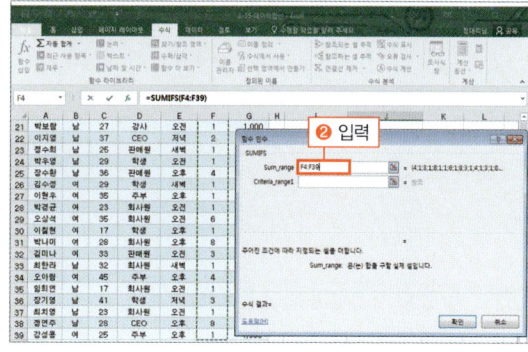

> **TIP** 각각의 인수를 입력할 때 [함수 인수] 대화상자 하단을 보면, 입력 대상 인수에 관한 안내 및 예상 결과 값들을 확인할 수 있습니다. 이를 참조해 인수 입력 과정에 도움을 받을 수 있습니다.

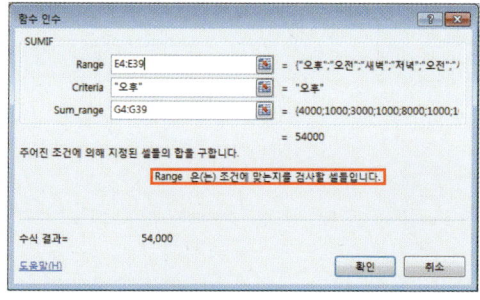 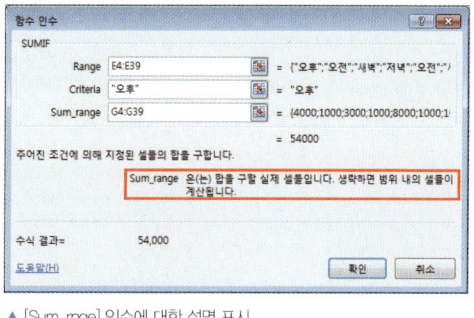

▲ [Range] 인수에 대한 설명 표시   ▲ [Sum_range] 인수에 대한 설명 표시

03 | 첫 번째 조건 범위와 조건식 입력

첫 번째 조건 범위를 [Criteria_range1] 인수로써 설정하기 위해, 구매자 연령이 입력된 'C4:C39'를 직접 입력합니다. 이어서 설정된 영역에 적용할 조건으로 [Criteria1] 인수를 '>=30'으로 입력합니다.

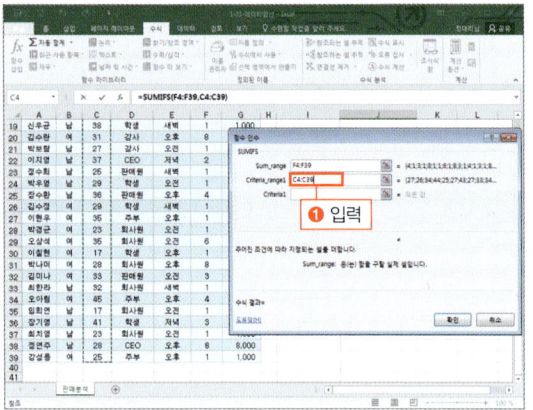 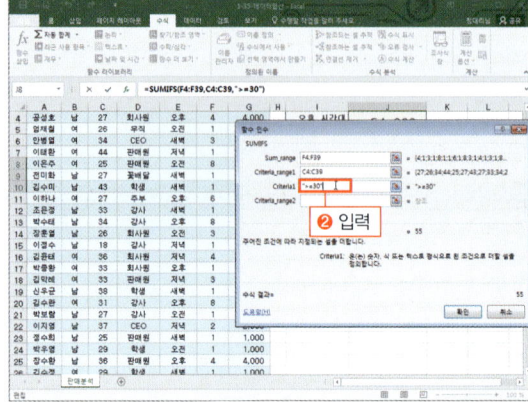

04 | 두 번째 조건 범위와 조건식 입력

두 번째 조건 범위를 [Criteria_range2] 인수로써 설정하기 위해, 고객 직업이 입력된 'D4:D39'를 직접 입력합니다. 이어서 설정된 영역에 적용할 조건으로 [Criteria2] 인수를 '회사원'으로 설정합니다.

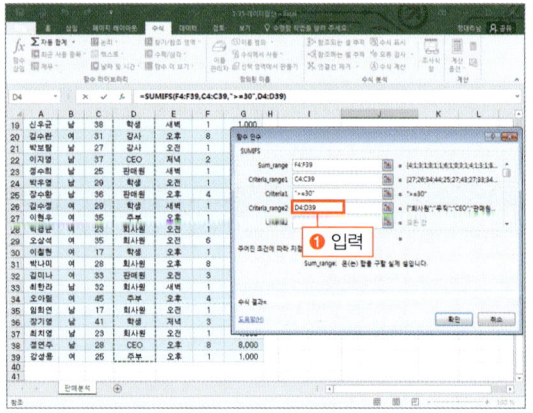 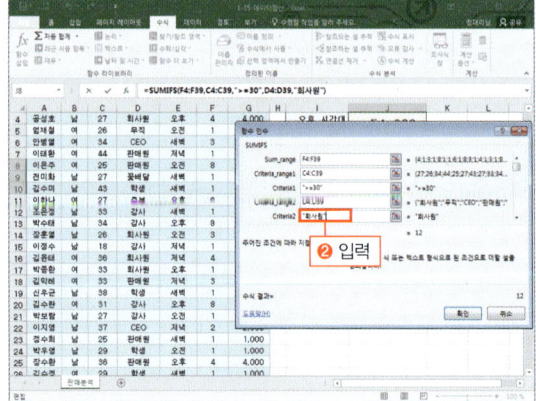

05 | 세 번째 조건 범위와 조건식 입력

세 번째 조건 범위를 [Criteria_range3] 인수로써 설정하기 위해, 성별이 입력된 'B4:B39'를 직접 입력합니다. 이어서 설정된 영역에 적용할 조건으로 [Criteria3] 인수를 '남'으로 입력한 후 [확인]을 클릭합니다.

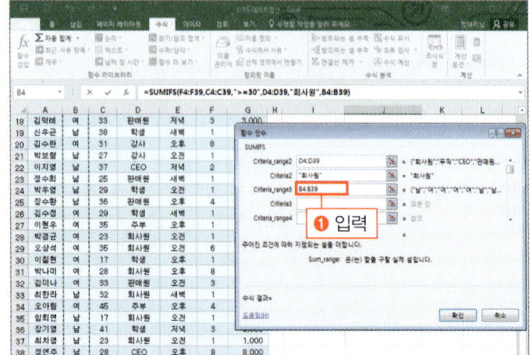 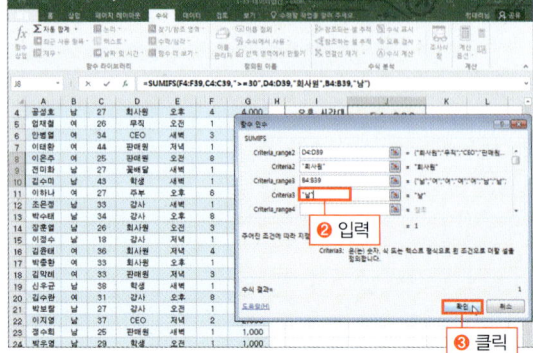

06 | 결과 확인

이전 작업의 결과 [J8] 셀에는 숫자 데이터 '1'이 입력된 것을 확인할 수 있습니다. [J8] 셀을 선택해 보면 이곳에 적용된 함수식을 워크시트나 수식 입력줄에서 확인할 수 있습니다.

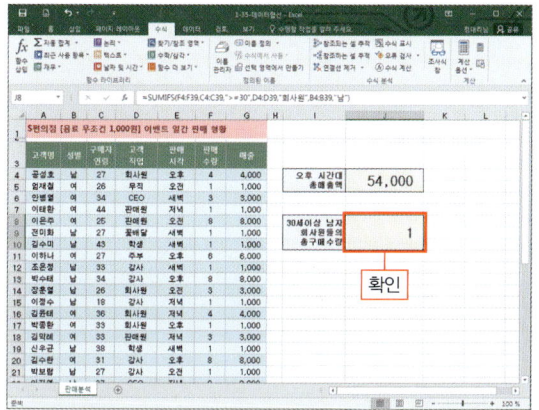 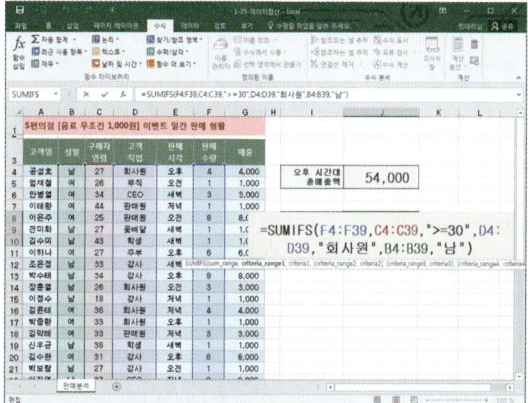

> **TIP** [J8] 셀이 선택된 상태에서 [수식] 탭-[함수 라이브러리] 그룹-[함수 삽입]을 클릭하면 작성된 함수식이 담겨있는 [함수 인수] 대화상자가 나타납니다. 예제보다 더 많은 조건이 들어가는 함수식이 되도록 수정해 봅니다. 아래 그림에서는 "20세 이상 새벽 파트 남자 판매원들의 총 구매수량"을 구하려는 의도였기에 [1) 20세 이상, 2) 남자, 3) 판매원, 4) 새벽파트] 이렇게 4가지의 조건이 되도록 설정하였습니다.

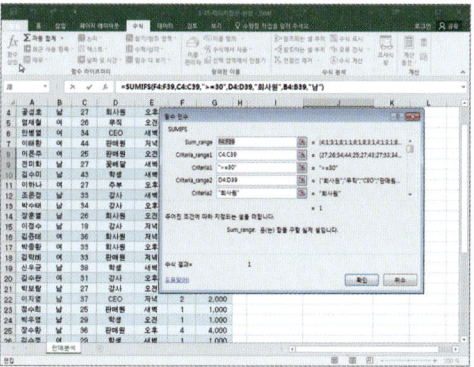 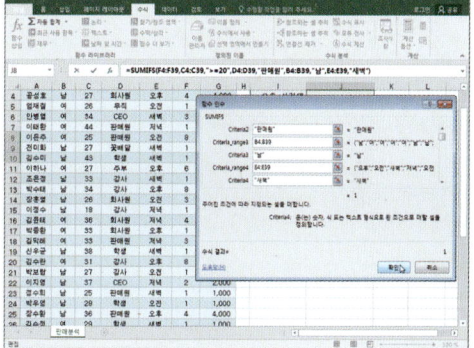

SECTION 36

선별된 데이터만 평균 및 통계내기

이전에 살펴보았던 SUMIFS 함수의 개념을 활용하여 평균을 구하는 AVERAGE 함수, 데이터 개수를 구하는 COUNT 함수에 적용하여 만들어진 것이 AVERAGEIFS 함수, COUNTIFS 함수들입니다. SUMIFS 함수와 마찬가지로 알아두면 유용한 함수들이므로 주의 깊게 살펴보겠습니다.

| 예제파일 | 1-36-조건별결과분석.xlsx | 완성파일 | 1-36-조건별결과분석-완성.xlsx

POINT 01 | 두 개의 조건을 만족하는 데이터 평균 구하기

01 | 다중 조건 평균 : AVERAGEIFS 함수 실행

'1-36-조건별결과분석.xlsx' 파일을 열고 [J4] 셀을 선택합니다. 이어서 [수식] 탭-[함수 라이브러리] 그룹에서 [함수 더 보기]-[통계]-[AVERAGEIFS]를 클릭합니다. 주어진 조건을 만족하는 경우에만 지정된 셀들의 평균값을 구하는 AVERAGEIF 함수를 실행한 것입니다. 이를 통해 '오전에 음료를 구매한 판매원들의 평균 연령'을 구해보겠습니다.

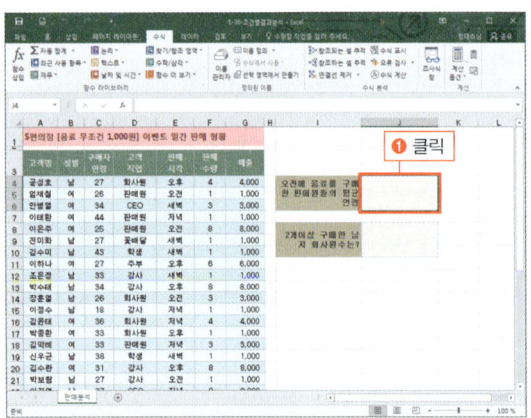
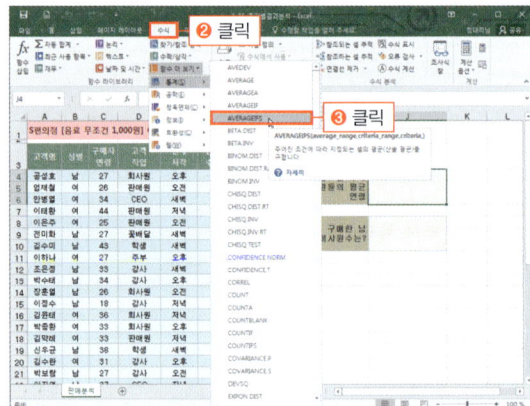

02 | 조건 검토 범위 설정 : Range 인수

AVERAGEIFS 함수는 조건을 만족할 경우의 평균 데이터 범위를 [Average_range] 인수로써 가장 먼저 설정합니다. 이에 따라 가장 먼저 구매자연령이 입력되어 있는 [C4:C39] 영역을 직접 입력합니다.

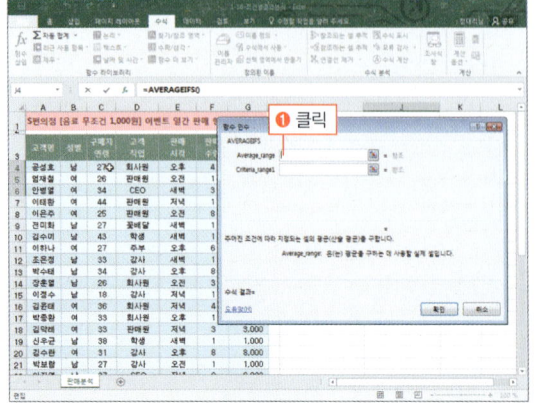
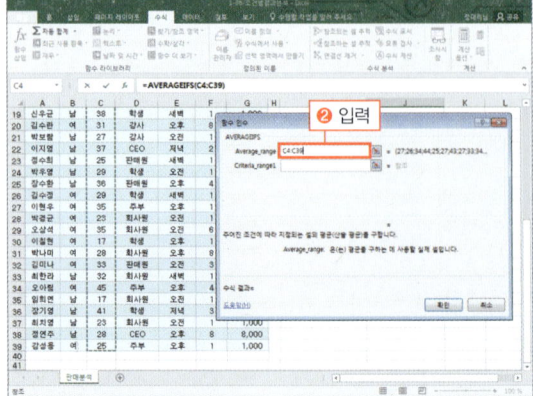

03 | 첫 번째 조건 범위와 조건식 입력

첫 번째 조건 범위를 [Criteria_range1] 인수로써 설정하기 위해, 판매 시각이 입력된 [E4:E39]를 직접 입력합니다. 이어서 설정된 영역에 적용할 조건으로 [Criteria1] 인수를 '오전'으로 설정합니다.

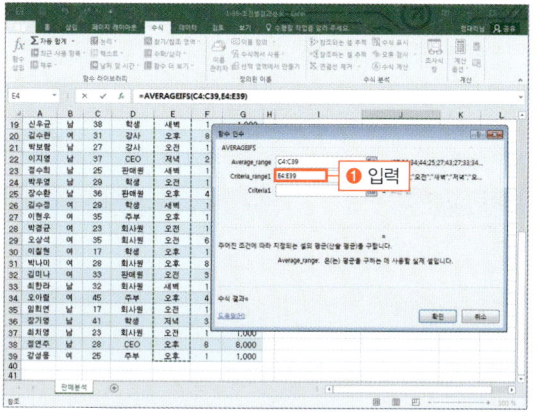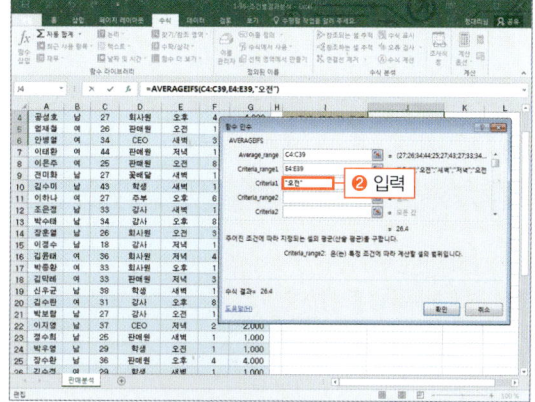

04 | 두 번째 조건 범위와 조건식 입력

두 번째 조건 범위를 [Criteria_range2] 인수로써 설정하기 위해, 고객 직업이 입력된 [D4:D39]를 직접 작성합니다. 이어서 설정된 영역에 적용할 조건으로 [Criteria2] 인수를 '판매원'으로 설정하고 [확인]을 클릭합니다.

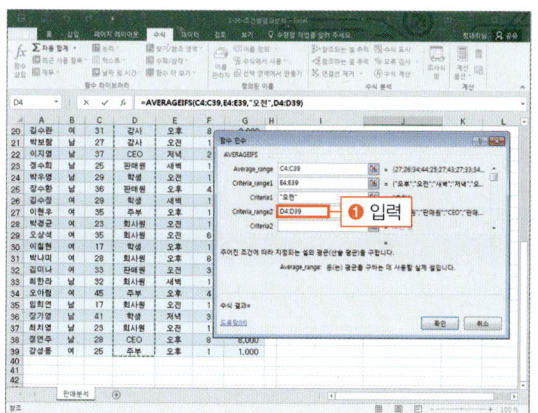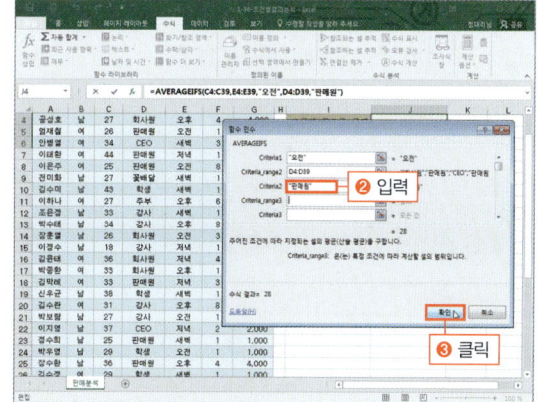

05 | 결과 확인

이전 작업의 결과 [J4] 셀에는 '28'이 입력된 것을 확인할 수 있습니다. [J4] 셀을 선택해 보면 이곳에 적용된 함수식을 워크시트나 수식 입력줄에서 확인할 수 있습니다.

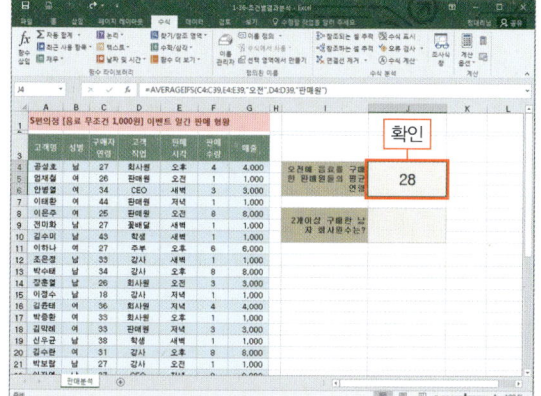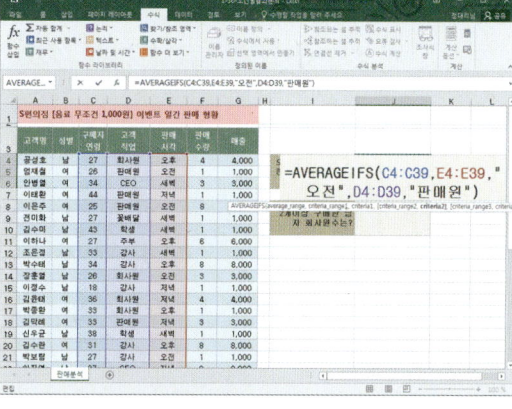

POINT 02 | 두 개 조건을 만족하는 데이터 통계

01 | 다중 조건 합산 : COUNTIFS 함수 실행

[J8] 셀을 선택하고 [수식] 탭-[함수 라이브러리] 그룹에서 [함수 더 보기]-[통계]-[COUNTIFS]를 클릭합니다. 주어진 조건을 만족하는 경우에만 지정된 셀들의 수를 셈하는 COUNTIFS 함수를 실행한 것입니다. 이를 통해 '두 개 이상 구매한 남자 회사원수는?'을 구해보겠습니다.

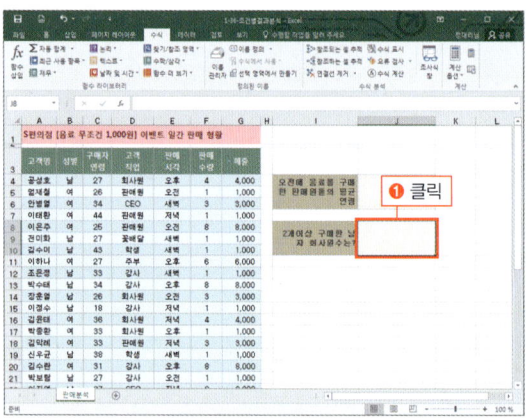
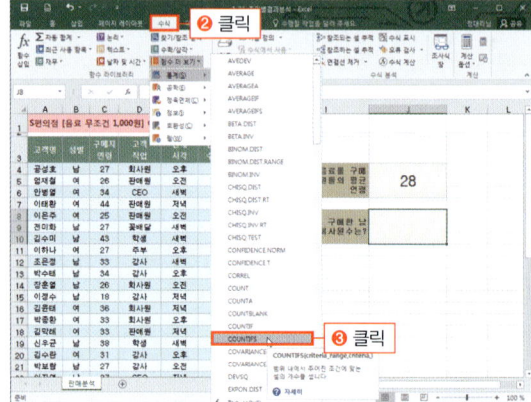

02 | 첫 번째 조건 범위와 조건식 입력

COUNTIFS 함수는 조건을 만족하는 데이터의 개수를 구하는 것이기에 곧바로 조건 범위와 조건식 입력 과정으로 넘어갑니다. 첫 번째 조건 범위를 [Criteria_range1] 인수로써 설정하기 위해, 판매 수량이 입력된 [F4:F39]를 직접 입력합니다. 이어서 설정된 영역에 적용할 조건으로 [Criteria1] 인수를 '>=2'로 입력합니다.

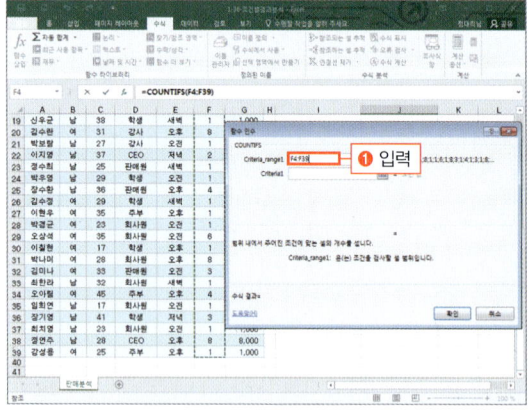
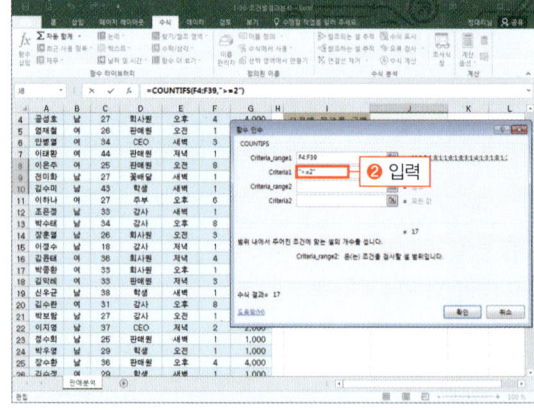

> **TIP** 앞서 찾기/바꾸기에서 활용되었던 별표(*), 물음표(?) 등의 와일드카드 기호들은 함수의 조건식에서도 유용하게 사용할 수 있습니다. 예를 들어 '전'씨 성을 가진 모든 이름을 조건으로 인수란에 입력하는 경우에는 "전**"을 입력하면 됩니다.

03 | 두 번째 조건 범위와 조건식 입력

두 번째 조건 범위를 [Criteria_range2] 인수로써 설정하기 위해, 성별이 입력된 [B4:B39]를 직접 입력합니다. 이어서 설정된 영역에 적용할 조건으로 [Criteria2] 인수를 '남'으로 입력합니다.

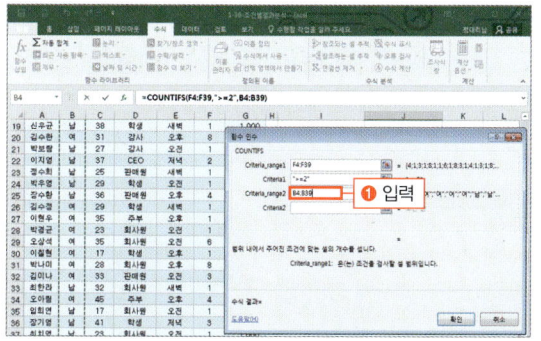 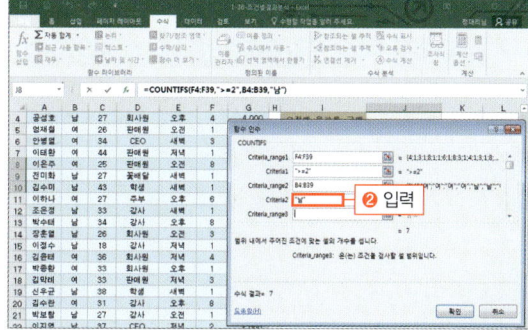

04 | 세 번째 조건 범위와 조건식 입력

세 번째 조건 범위를 [Criteria_range3] 인수로써 설정하기 위해, 판매 수량이 입력된 [D4:D39]를 직접 입력합니다. 이어서 설정된 영역에 적용할 조건으로 [Criteria3] 인수를 '회사원'으로 입력합니다.

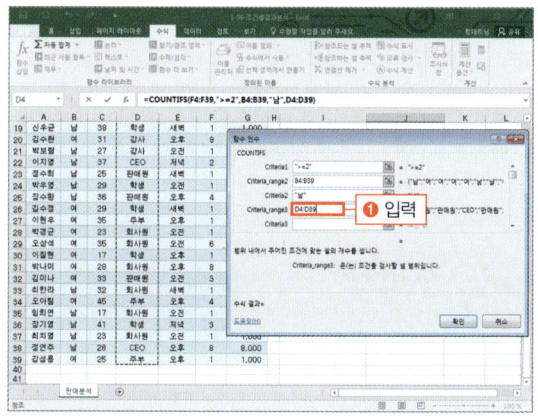 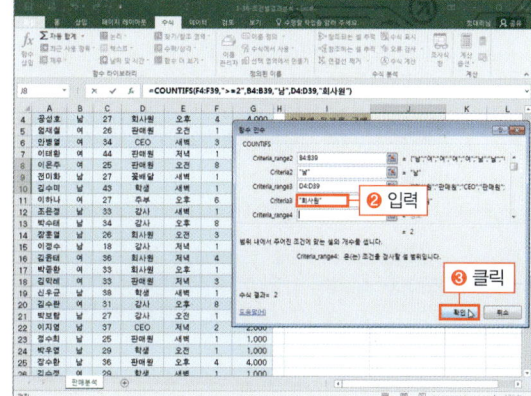

05 | 결과 확인 및 수정

이전 작업의 결과 [J8] 셀에는 '2'가 입력됩니다. 생각해 보니 동일 조건에서 구매자가 여자인 경우의 데이터 수는 몇 개인지 확인해 보고 싶어집니다. 수식 내용을 수정하기 위해 [J8] 셀이 선택된 상태에서 [수식] 탭-[함수 라이브러리] 그룹에서 [함수 삽입]을 클릭합니다.

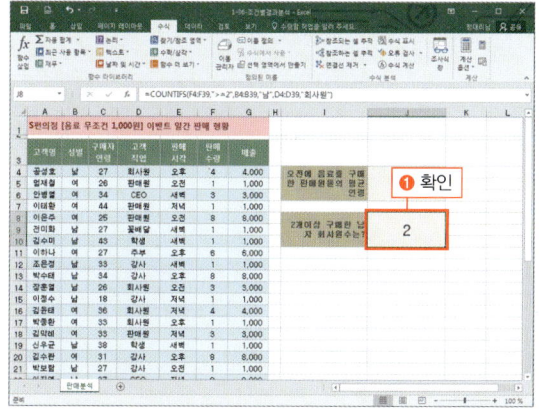 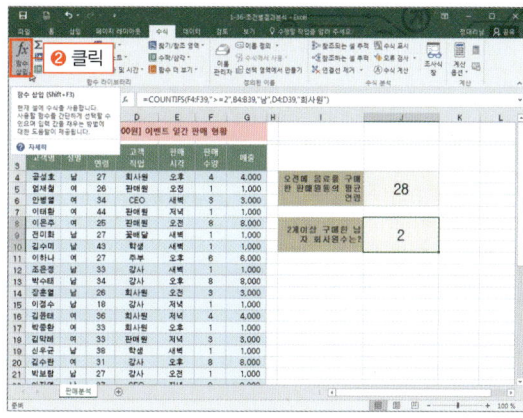

06 | 조건식 수정하기

[함수 인수] 대화상자와 이곳에 적용된 모든 인수들을 확인할 수 있습니다. 이들 중에 성별의 조건식이었던 [Criteria2] 인수를 '여'로 변경하고 [확인]을 클릭합니다. 결국 동일 조건에서 성별이 여자로 바뀐 경우를 만족하는 데이터 수는 '3' 이라는 것을 확인할 수 있습니다.

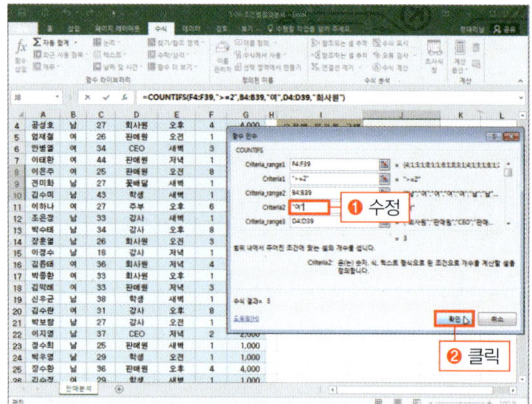
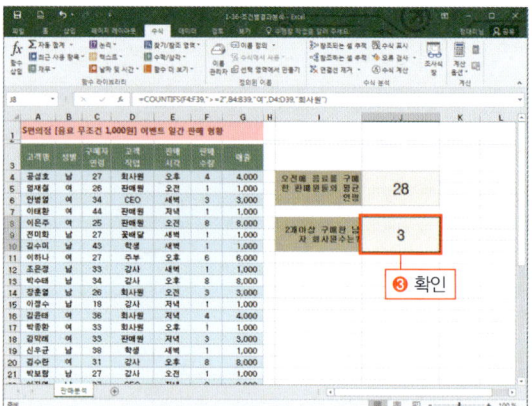

> **TIP** 이번 섹션에서 다루었던 COUNTIFS와 AVERAGEIFS 함수는 여러 개의 조건을 만족하는 경우의 데이터 개수, 평균값을 구하는 함수식입니다. [수식] 탭–[함수 라이브러리] 그룹에서 [함수 더 보기]–[통계]에 'S'가 빠진 COUNTIF나 AVERAGEIF 함수를 선택해 한 가지 조건을 만족하는 데이터 개수 및 평균값을 구할 수도 있습니다. 여러분의 경우 다중 조건을 수행하는 함수식을 이미 익혔기에 크게 어렵지 않게 살펴볼 수 있을 것입니다.

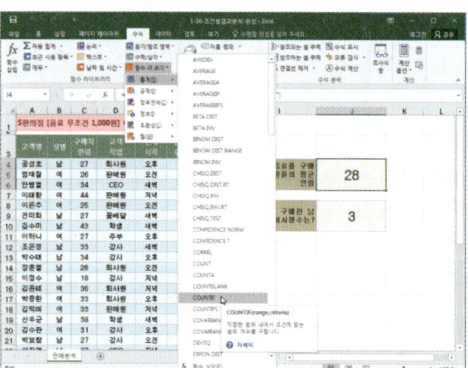

▲ [통계]–[COUNTIF] 선택　　　　　　　　　▲ [통계]–[AVERAGEIF] 선택

다중 조건 계산하기

• 동영상 : 20-다중조건 계산하기.wmv

01 | 함수 작성 과정에 대한 정확한 이해만 있다면, PC이나 태블릿 모두 함수 사용에 제약은 없습니다. 이전에 비해 작성할 인수 개수가 많은 COUNTIFS 함수를 직접 입력해 보고, 개념만 알면 어려울 것이 없다는 점을 확인해 봅니다.

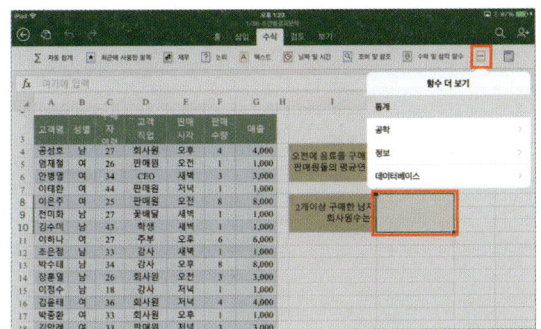
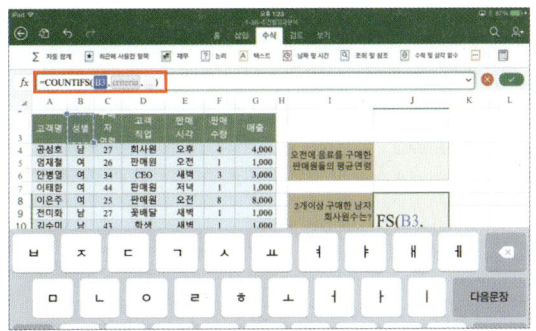

02 | COUNTIFS 함수는 조건을 검색할 범위, 그리고 설정된 범위에 적용할 조건식, 이렇게 두 가지가 계속 반복되는 인수를 가집니다. 사용자가 원하는 만큼 조건 범위와 조건식을 작성해 해당 조건들을 모두 만족하는 셀의 개수를 구할 수 있습니다. 강좌에서는 3가지 조건 범위와 조건식을 적용해 보았습니다.

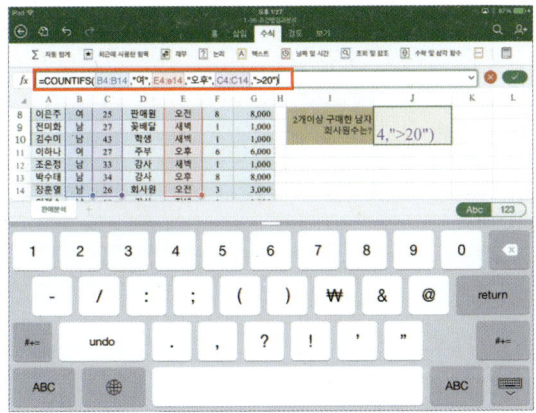
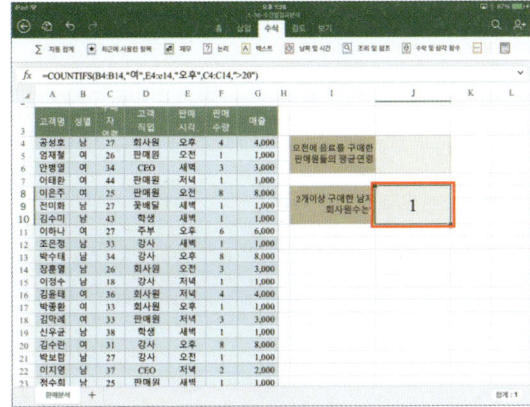

03 | SUMIFS 함수는 더할 대상 영역을 가장 처음의 인수로써 작성합니다. 이어서 사용자가 의도한 개수만큼 조건 범위와 조건식을 추가할 수 있습니다. 강좌에서는 두 가지 조건 범위와 조건식들을 만족하는 경우에만 특정 셀 값이 더해지도록 설정하였습니다.

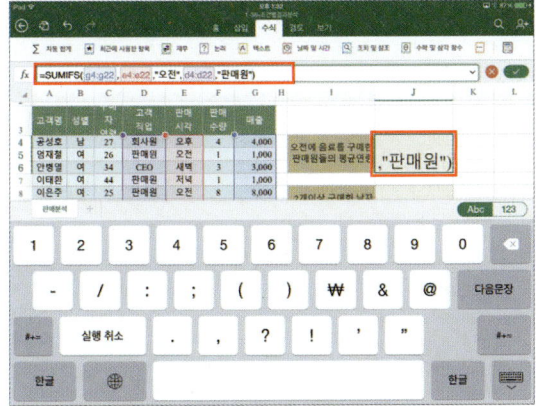
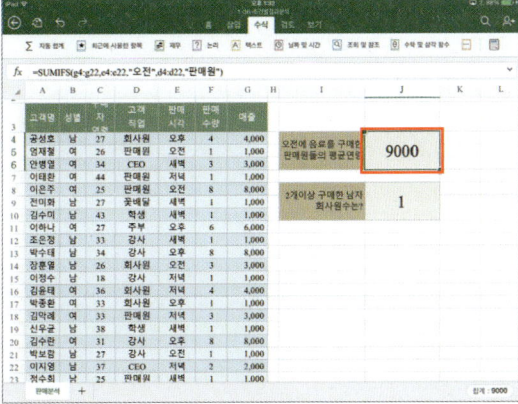

SECTION 37

날짜 및 시간 관련 함수들

문서가 열리는 시점마다 날짜나 시간을 새로 갱신하기 위한 방법으로 날짜 및 시간 관련 함수들을 사용합니다. 물론 이외에도 날짜를 참조하여 함수식을 작성하거나 설정한 기간 사이 간격을 구할 수도 있습니다. 이에 대해 알아보겠습니다.

l 예제파일 l 1-37-날짜시간함수.xlsx l 완성파일 l 1-37-날짜시간함수-완성.xlsx

POINT 01 | 시간 함수 살펴보기

01 | 지금 시각 확인 : NOW 함수

'1-37-날짜시간함수.xlsx' 파일을 열고 [F4] 셀을 선택합니다. 이어서 [수식] 탭-[함수 라이브러리] 그룹에서 [날짜 및 시간]-[NOW]를 클릭합니다. NOW는 현재의 날짜와 시간을 표시하는 함수로써 [함수 인수] 대화상자는 나타나지만 별도로 인수를 입력할 필요가 없는 함수입니다. 그러므로 [확인]을 클릭하여 NOW 함수 설정을 종료합니다.

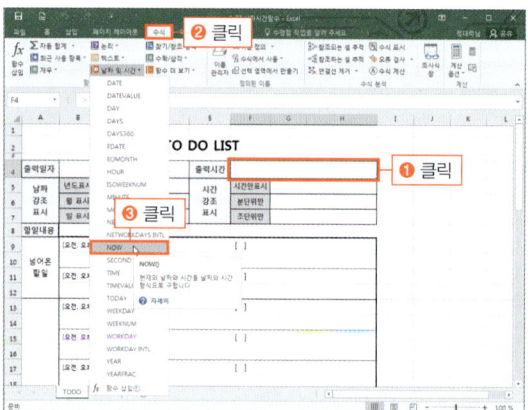
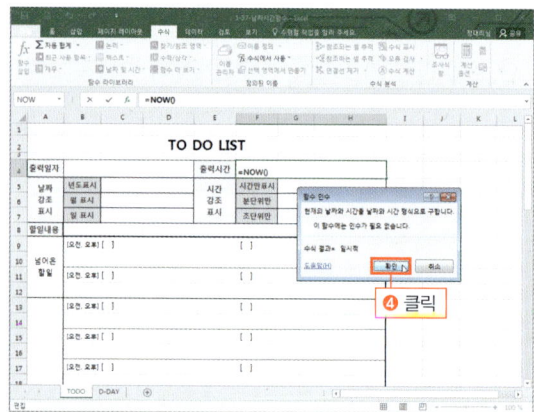

02 | 표시 형식 변경

이전 작업에서 NOW 함수를 설정한 결과로 현재의 시간이 표시됩니다. [F4] 셀이 선택된 상태로 [홈] 탭-[표시 형식] 그룹에서 [시간]으로 변경합니다. 이렇게 설정된 현재 날짜 및 시간의 보이기 형식을 표시 형식을 통해 다른 형태로 변경할 수도 있습니다.

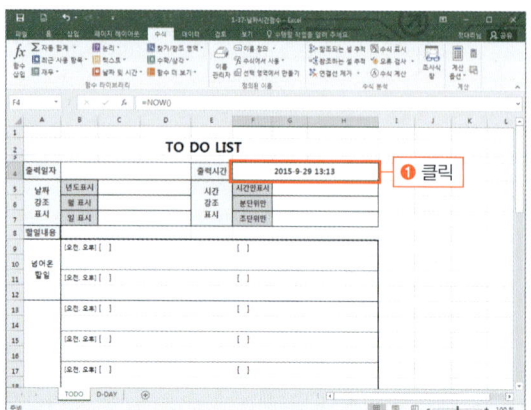
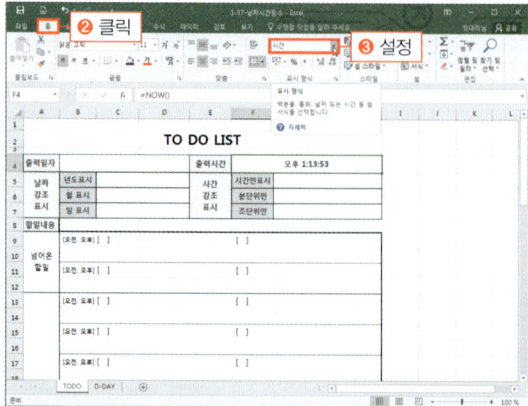

TIP [홈] 탭-[표시 형식] 그룹의 목록에는 가장 많이 활용되는 숫자, 통화, 회계, 간단한 날짜, 자세한 날짜, 시간 등의 대표 표시 형식들이 펼쳐집니다. 예제에서는 목록 중에서 '시간'을 선택한 결과를 보여주고 있습니다.

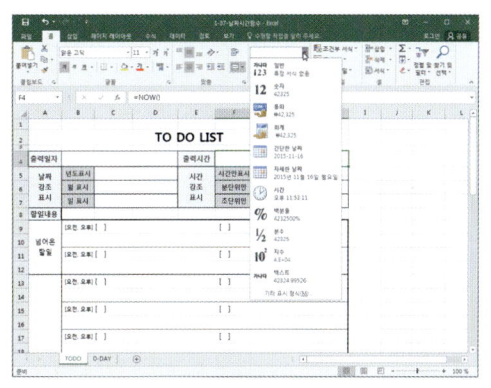

03 | 시간만 표시 : HOUR 함수

[G5] 셀을 선택하고 [수식] 탭-[함수 라이브러리] 그룹에서 [날짜 및 시간]-[HOUR]를 클릭합니다. HOUR는 현재의 시간을 표시하는 함수로써 [함수 인수] 대화상자의 [Serial_number] 인수에는 현재 시간을 작성해 주어야 합니다.

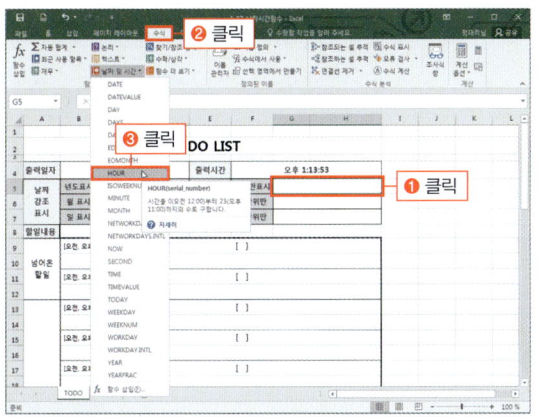
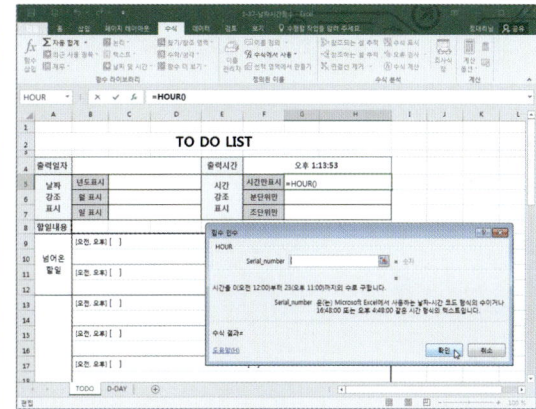

04 | 현재 시간을 인수로 설정

[Serial_number] 인수는 직접 입력하거나 다른 셀에 작성된 시간 정보를 참고할 수도 있습니다. 따라서 NOW 함수로 현재 날짜와 시간을 표시하고 있는 [F4] 셀의 주소 'F4'를 입력하고 [확인]을 클릭합니다. 참고로 HOUR 함수는 시간을 0~23까지의 숫자로 표시하며, 예제에서는 오후 1시이므로 '13'이 표시됩니다. 또, 문서를 여는 시각에 따라 NOW 함수가 달라지므로, HOUR 함수 결과 역시 바뀝니다.

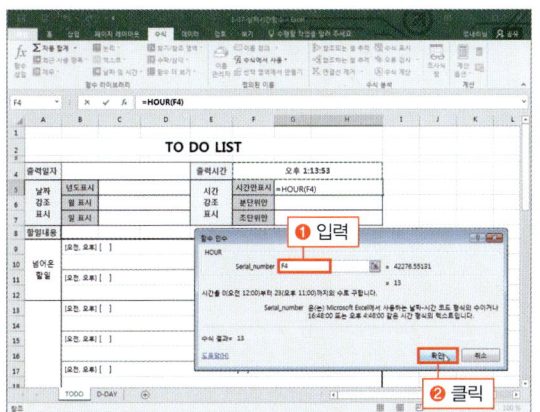
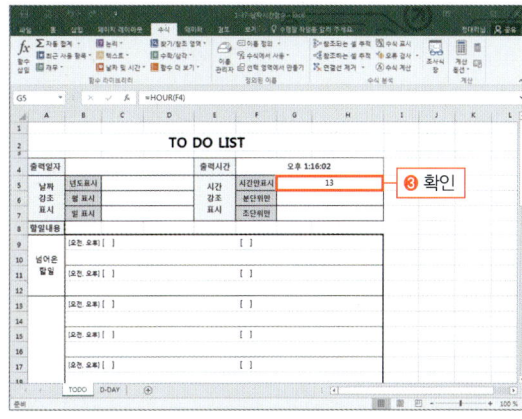

05 | 현재 시각의 분/초 단위만 표시

직접 입력 방식으로 함수 작성을 해보겠습니다. [G6] 셀을 선택하고 '=MINUTE(NOW())'를 입력합니다. MINUTE 함수는 현재 시각 중에서 '분 단위'의 숫자를 표시하며, 인수로써 현재 시간을 설정해 주어야 합니다. 이에 따라 MINUTE 함수의 인수로는 현재 시간을 실시간으로 계산해서 표시하는 NOW 함수를 사용하였습니다. 같은 원리로 [G7] 셀에는 현재 '초 단위' 숫자를 표시하기 위해 'SECOND(NOW())'를 작성하고 결과를 확인합니다.

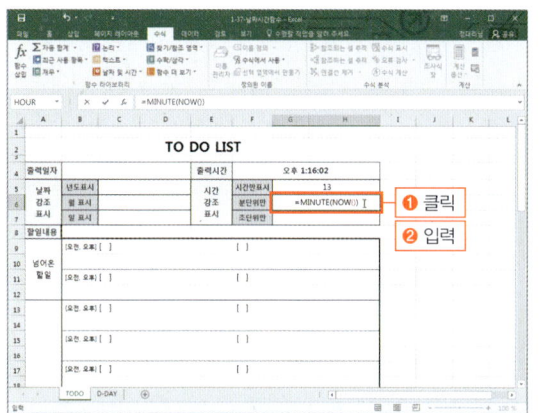
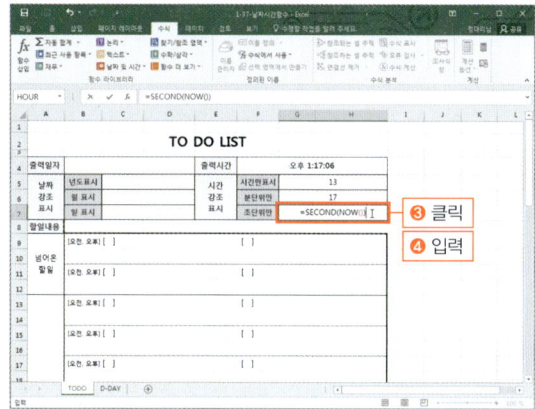

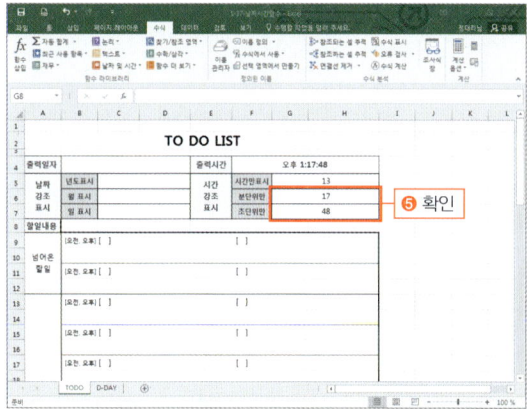

TIP NOW 함수는 실시간으로 시간을 체크해 표시해주는 함수입니다. 때문에 작성이 끝나고 저장된 파일을 나중에 다시 열어보면, 다시 시트를 열어본 시, 분, 초를 표시합니다.

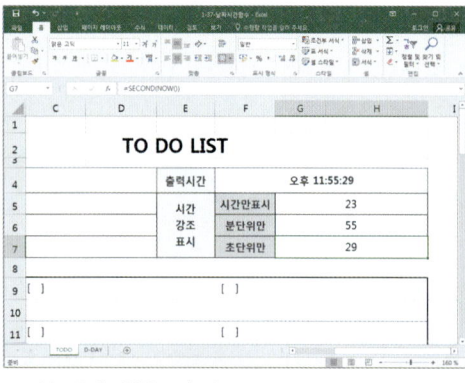

▲ 55분 29초에 작업 완료 된 모습   ▲ 01분 56초에 열어본 문서 파일

POINT 02 날짜 관련 함수

01 | 지금 날짜 확인 : TODAY 함수

[B4] 셀을 선택하고 '=TODAY()'를 입력합니다. TODAY함수는 현재의 날짜 정보를 보여주는 함수로써 별다른 인수를 필요로 하지 않습니다. 따라서 함수명 뒤의 인수 작성 공간은 비워두고 빈 괄호'()'만 작성합니다. [홈] 탭−[표시 형식] 목록에서 [자세한 날짜]를 적용해 보기 좋은 형태로 변경합니다. 참고로 하나의 함수명 뒤에는 반드시 하나의 괄호가 열고 닫혀야 한다는 점을 명심합니다.

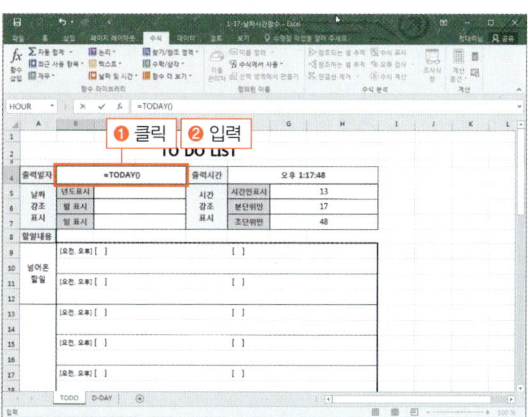
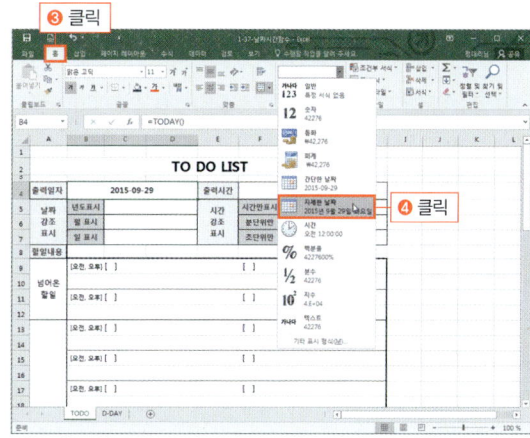
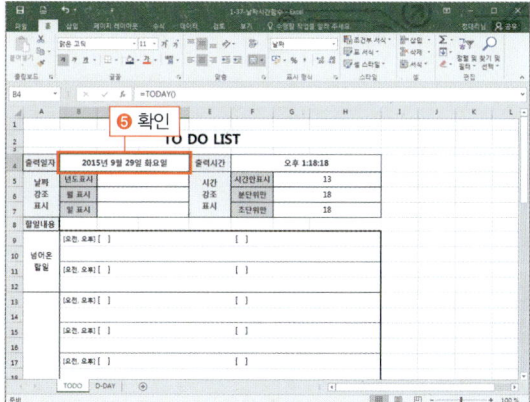

> **TIP** 아무래도 날짜는 자주 사용하는 데이터 형태이기 때문에, 엑셀에서는 데이터를 입력하는 방법에 따라 자동으로 날짜 표시 형식이 나타나기도 합니다. 아무 서식도 없는 빈 워크시트에 '10-24'를 입력하면 자연스럽게 '10월24일'이 표시됩니다.

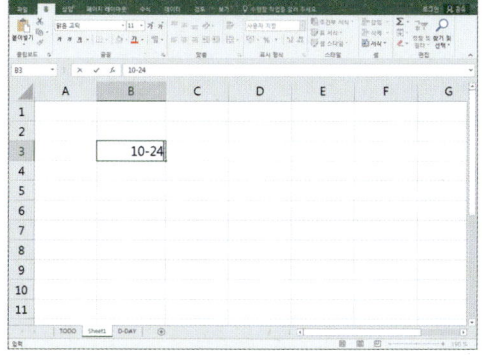

02 | 현재 연도만 표시 : YEAR 함수

[C5] 셀을 선택하고 '=YEAR()'를 입력한 후 Enter 를 누르면 그림과 같은 경고 창이 나타납니다. YEAR는 날짜의 '연도' 정보를 표시하는 함수로써 인수에 대상 날짜 정보를 지정해주어야 합니다. 때문에 인수를 작성하지 않은 채로 함수를 종료하려다보니 에러 메시지가 표시되는 것입니다. 인수로써 오늘 날짜가 나타나도록 '=YEAR(TODAY())'로 수정하고 결과를 확인해 봅니다.

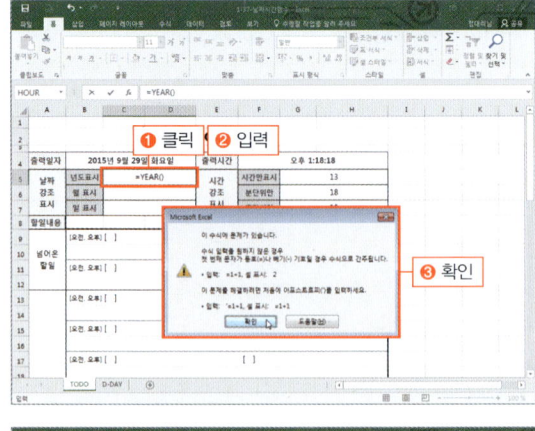

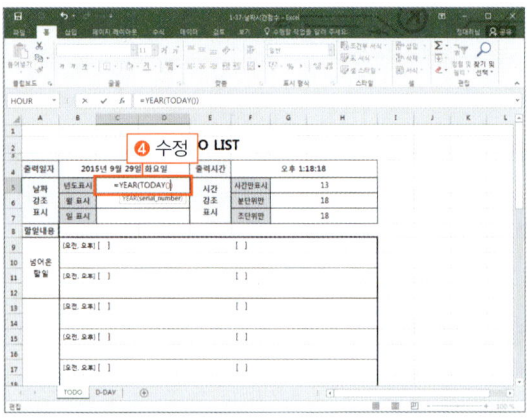

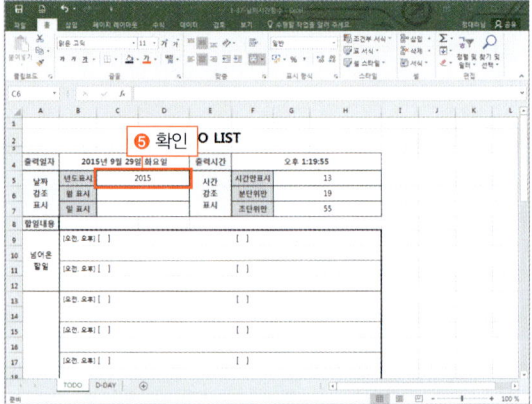

03 | 월/일 단위만 표시 : MONTH/DAY 함수

[C6] 셀을 선택하고 '=MONTH(TODAY())'를 입력합니다. MONTH 함수는 '월 단위' 숫자를 표시하며, 인수로써 날짜 정보가 설정되어야 합니다. 이에 따라 MONTH 함수의 인수로는 현재 날짜를 실시간으로 표시하는 TODAY 함수를 사용하였습니다. 같은 원리로 [C7] 셀에는 '일 단위' 숫자를 표시하기 위해 'DAY(TODAY())'를 작성합니다.

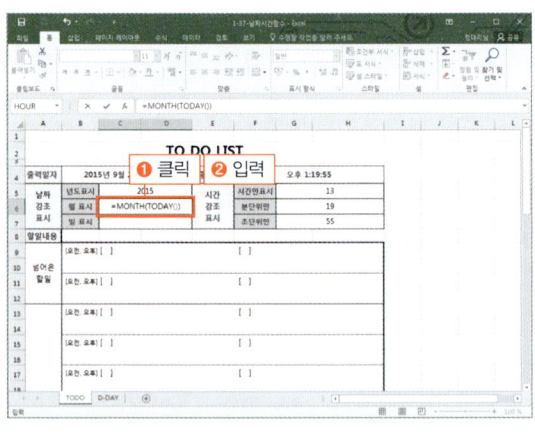

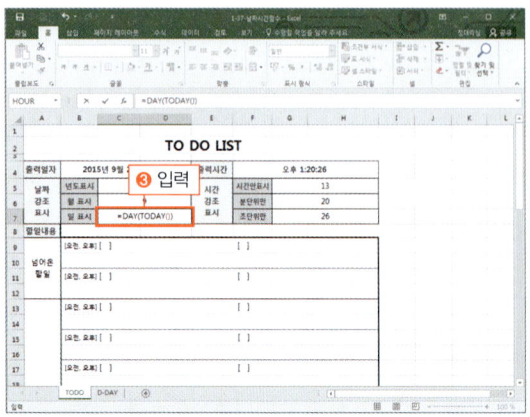

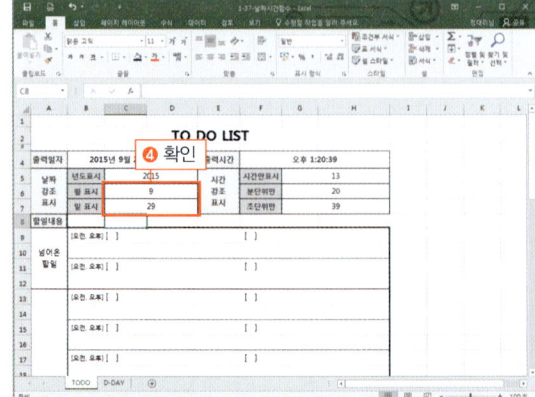

POINT 03 | 날짜 간격 계산하기

01 | 설정 기간의 총 요일 수 : DATEDIF 함수

'D-Day' 시트에서 [E3] 셀을 선택하고 '=DATEDIF(C2,C3,"D")'를 입력합니다. DATEDIF는 설정된 시간들 사이의 간격을 계산하는 함수입니다. 첫 번째 인수는 시작 날짜를, 두 번째 인수는 종료 날짜를 설정해주고, 마지막 인수로는 연월일을 가리키는 문자 'Y', 'M', 'D'중 하나를 작성합니다. 예제에서는 요일 수를 구하기 위해 'D'를 입력했습니다.

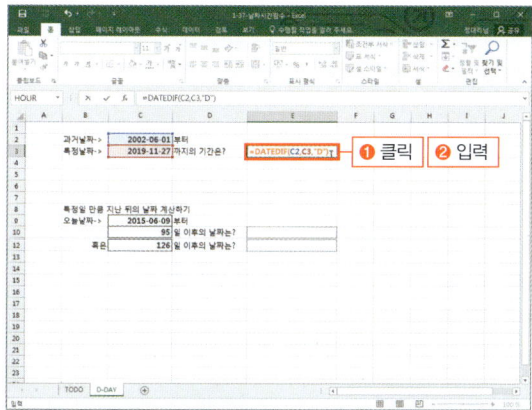 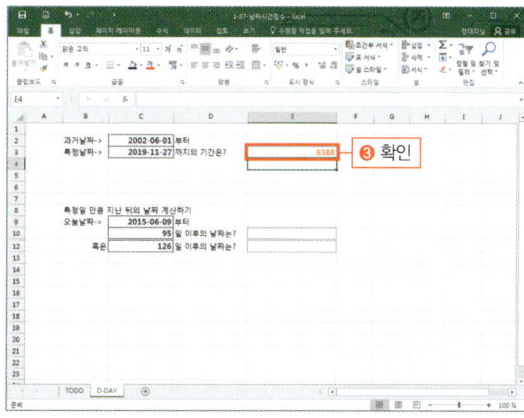

> **TIP** TODAY 함수와 함께 활용하기
>
> [E3] 셀을 더블클릭하고 두 번째 인수를 'TODAY()' 함수로 수정하면, 설정된 시작일로부터 오늘까지의 날짜를 결과 값으로 표시합니다. 만약 내일 파일을 열어본다면 결과 값이 자동으로 하루만큼 늘어나 표시됩니다.

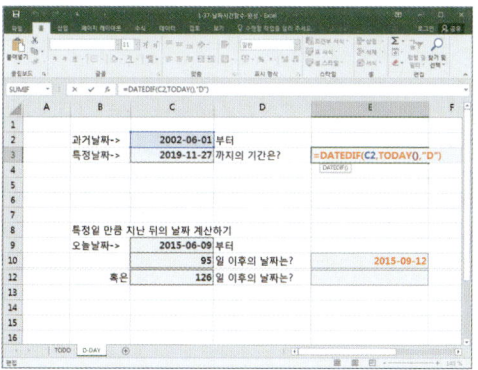 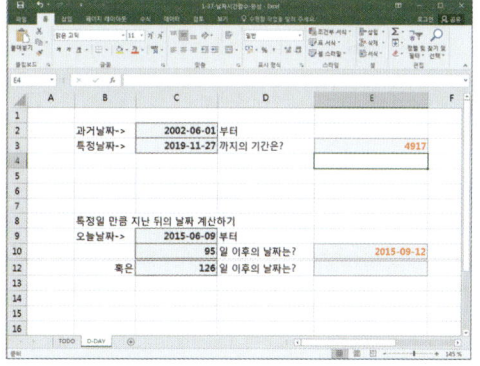

만약 위의 예제에서 두 번째가 아닌 첫 번째 인수에 'TODAY()' 함수를 입력하면, 오늘부터 특정 날짜까지의 남은 요일 수를 결과 값으로 표시합니다. 만약 내일 파일을 열어본다면 결과 값이 자동으로 하루만큼 변합니다.

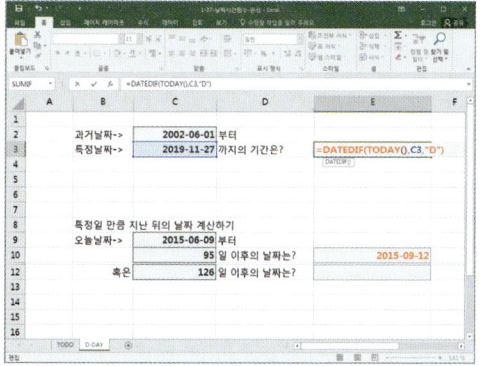

02 | 설정 기간의 총 개월 수 : DATEDIF 함수

앞의 예제에서 설정한 날짜 사이의 개월 수를 구하기 위해 [E3] 셀을 선택하고 '=DATEDIF(C2,C3,"M")'으로 설정을 변경합니다. 'M'으로 수정된 함수식이 적용되어 설정 기간의 총 개월 수 '209'가 표시됩니다.

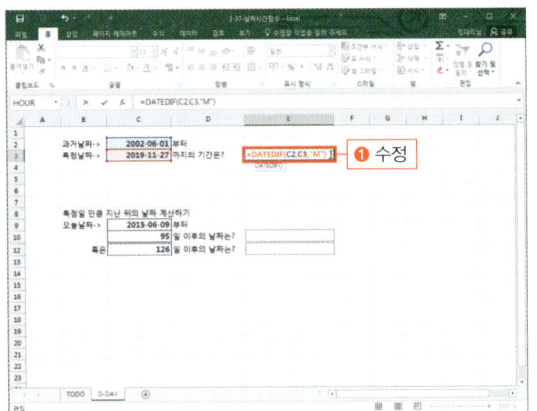
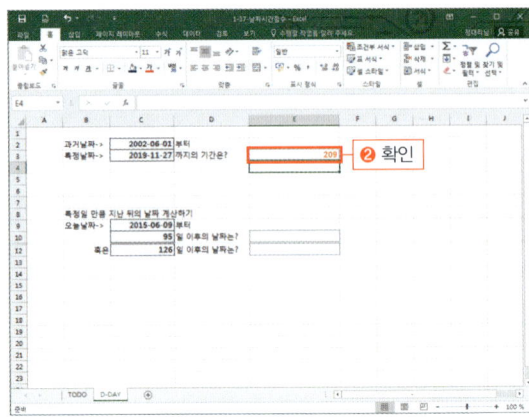

03 | 특정일 이후의 날짜 계산

설정한 기간만큼 지나간 날짜를 계산하는 것은 간단합니다. 예제에서는 오늘 날짜를 기준으로 95일 이후의 날짜를 구하려고 합니다. 이에 따라 [E10] 셀에 '=C9+C10'을 입력하면, 오늘 날짜 2015년 6월 9일로부터 95일이 지나간 날짜가 결과 값으로 표시됩니다.

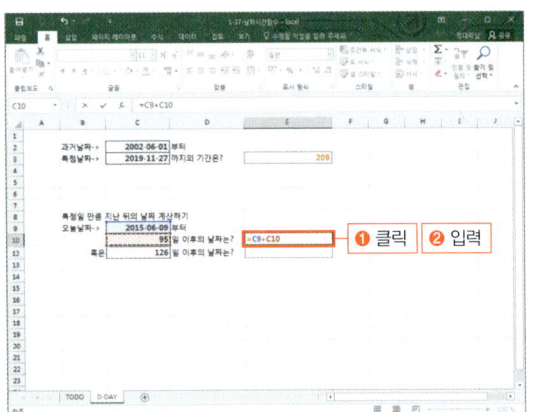
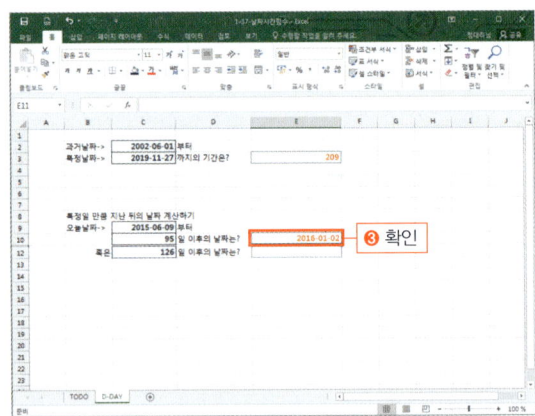

SECTION 38

쉽고 간단하게 적용하는 기본 함수들

ROW, COLUMN, COUNT, LARGE와 같이 함수명이 간단하고 인수 작성도 어렵지 않아서 무시당하는 함수들이 있습니다. 하지만 실제 문서 작업에서는 구성 요소마다 알차게 활용할 수 있는 함수들이므로, 비슷한 함수들 사이의 차이점을 확실히 알아두는 것이 좋습니다.

l 예제파일 l 1-38-기본함수들.xlsx l 완성파일 l 1-38-기본함수들-완성.xlsx

POINT 01 | 데이터 목록 번호 설정하기

01 | 행 번호 표시하기 : ROW 함수

'1-38-기본함수들.xlsx' 파일을 열고 [A5] 셀을 선택합니다. 이어서 [수식] 탭-[함수 라이브러리] 그룹에서 [찾기/참조 영역]-[ROW]를 클릭합니다. ROW는 설정된 셀 위치의 행 번호를 숫자로 표시하는 함수입니다. [함수 인수] 대화상자의 인수란은 비워두고 [확인]을 클릭하면, [A5] 셀의 행 번호 '5'가 표시됩니다.

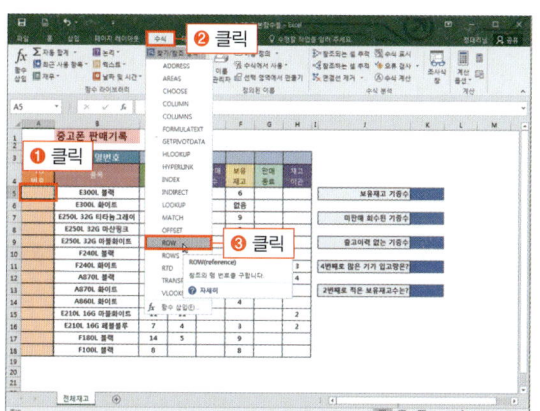

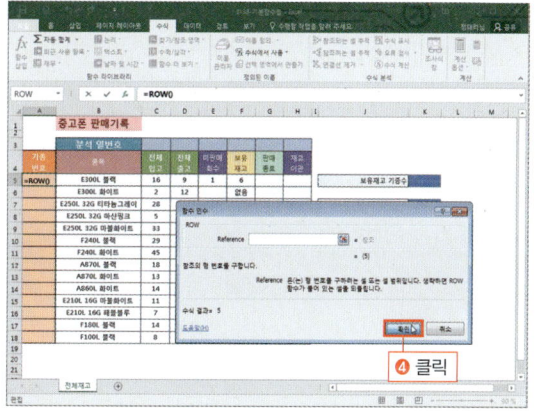

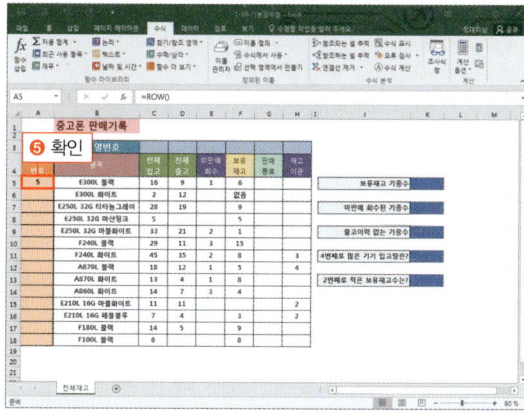

▲ 5행의 행 머리글 숫자와 동일함

 TIP 많은 데이터 목록을 작성하다 보면, 중간 행이나 열의 전체 내용을 삭제하는 경우가 있습니다. 이때 목록에 매겨둔 순번을 삭제와 동시에 자동 갱신하도록 ROW 함수를 활용하는 것입니다.

02 | 목록에 맞도록 수정하기

다시 [A5] 셀을 선택하고 기존 함수식을 '=ROW()-4'로 수정합니다. ROW 함수로 계산된 숫자에서 -4를 무조건 뺀 값을 표시하라는 내용이며, 설정대로 [A5] 셀에는 숫자 '1'이 표시됩니다. 이를 아래쪽으로 자동 채우기를 하면 숫자 1씩 증가하는 '기종' 번호를 나타내게 됩니다.

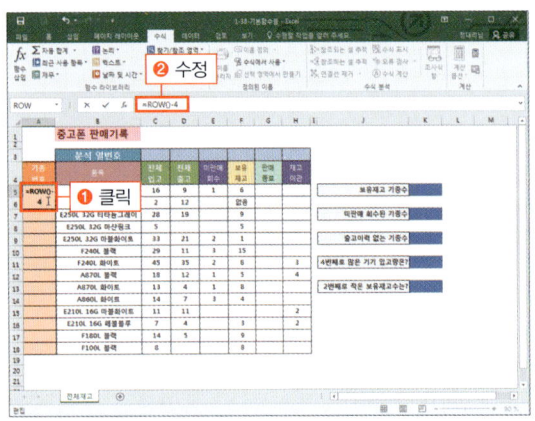 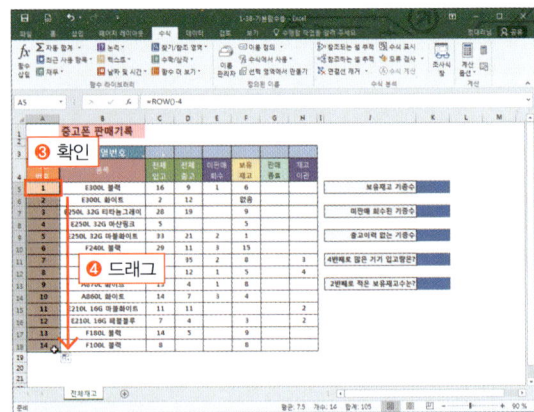

03 | 열 번호 표시하기 : COLUMN 함수

이번에는 [C3] 셀을 선택하고 [수식] 탭-[함수 라이브러리] 그룹에서 [찾기/참조 영역]-[COLUMN]을 클릭합니다. COLUMN은 설정된 셀 위치의 열 번호를 숫자로 표시하는 함수입니다. [함수 인수] 대화상자의 인수란은 비워둔 채로 [확인]을 클릭하면, [C3] 셀의 열 번호 '3'이 표시됩니다.

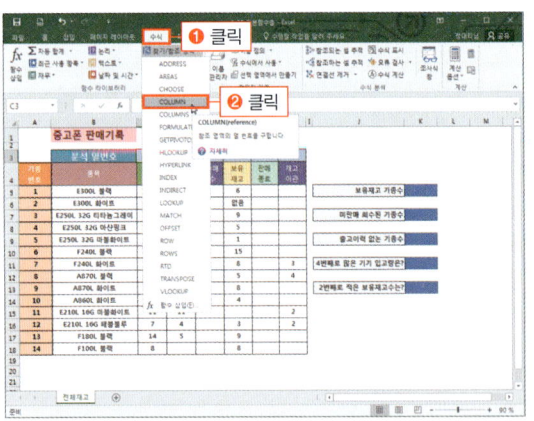 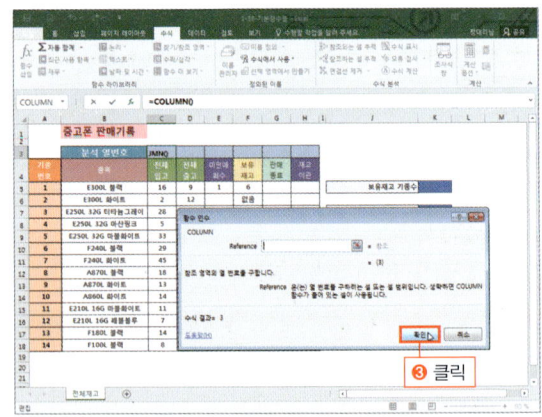

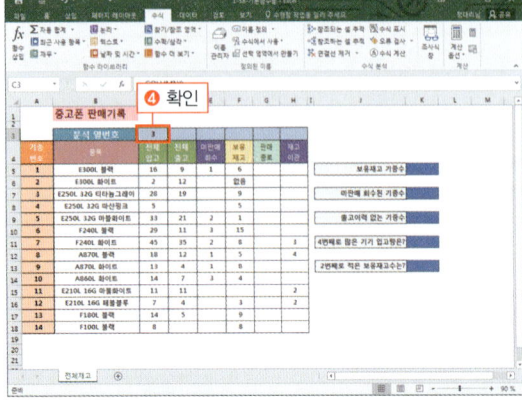

04 | 목록에 맞도록 수정하기

다시 [C3] 셀을 선택하고 기존 함수식을 '=COLUMN()-2'로 수정합니다. COLUMN 함수로 계산된 숫자에서 '-2'를 무조건 뺀 값을 표시하라는 내용이며, 설정대로 [C3] 셀에는 숫자 '1'이 표시됩니다. 이를 오른쪽으로 자동 채우기를 하면 숫자 1씩 증가하는 '분석 열번호'를 나타내게 됩니다.

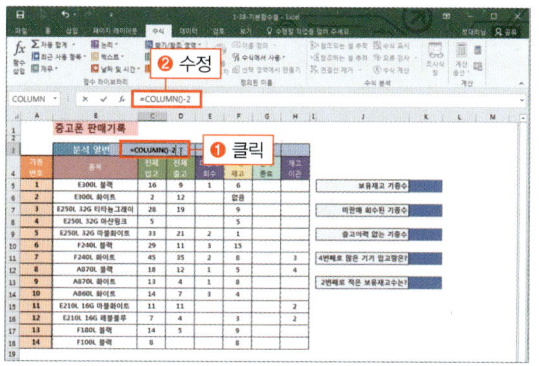
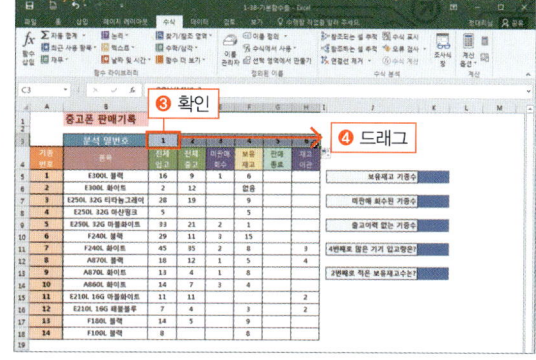

05 | 특정 열 삭제하기

G열 머리글에서 마우스 오른쪽 버튼을 클릭한 후 [삭제]를 선택합니다. 기존 G열의 데이터가 제거되고 우측에 있던 내용들이 한 칸씩 좌측으로 이동하게 됩니다. 이때 COLUMN 함수를 통해 작성된 [G3] 셀의 열 번호는 기존 열을 제거하는 것에 영향 없이, 여전히 '5'를 표시하게 됩니다. ROW 함수도 마찬가지로 기존 목록의 추가/삭제에 영향 없이 위치한 목록 번호를 자연스럽게 나타냅니다.

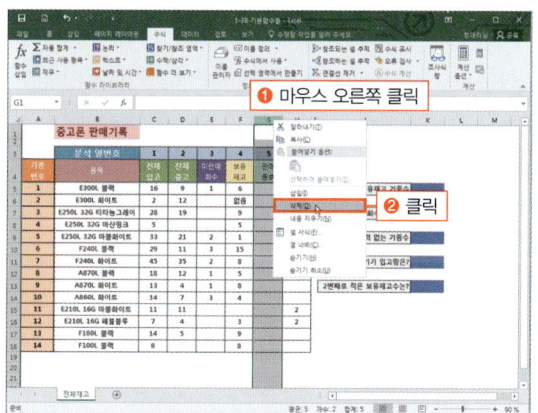
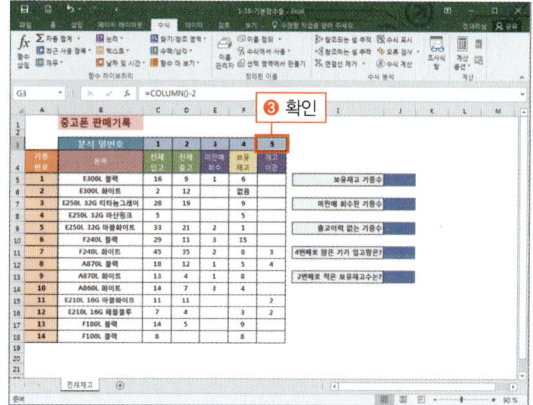

> **TIP** 위와 같이 작성된 목록에서 새로운 빈 열을 삽입하는 경우에는, 순번이 입력된 셀의 함수식을 빈 칸에 복제해 넣으면 됩니다.

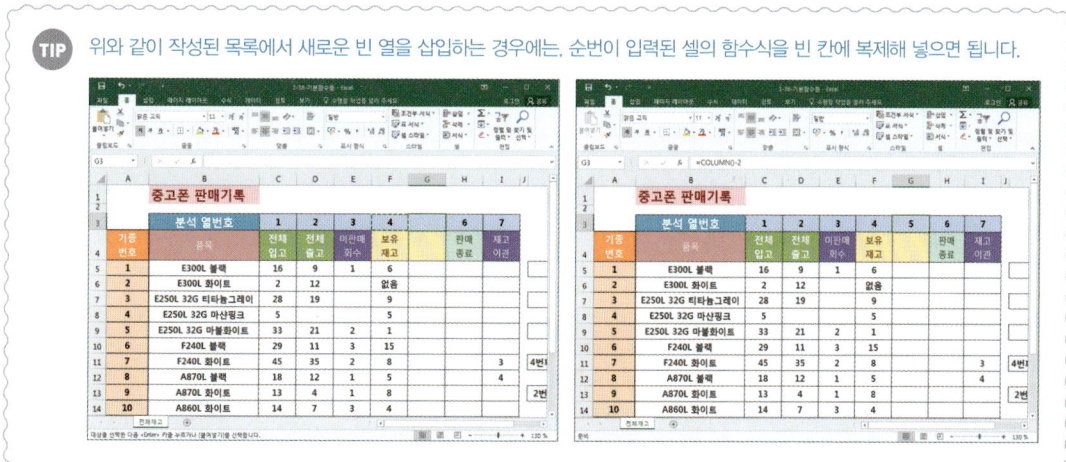

POINT 02 | 데이터 개수 파악하기

01 | 입력된 데이터 개수 : COUNT 함수

[J5] 셀을 선택하고 [수식] 탭–[함수 라이브러리] 그룹에서 [함수 더 보기]–[통계]–[COUNT]를 클릭합니다. COUNT는 설정된 영역에서 '숫자'가 포함된 셀의 개수를 구하는 함수입니다. [함수 인수] 대화상자의 [Value1] 인수로써 'F5:F18'을 입력하고 [확인]을 클릭합니다. 설정된 영역의 셀의 개수는 14개이지만, 아무것도 없는 공란 하나와 '없음'이라는 문자가 입력된 셀 하나를 제외한 '12'가 결과 값으로 표시됩니다.

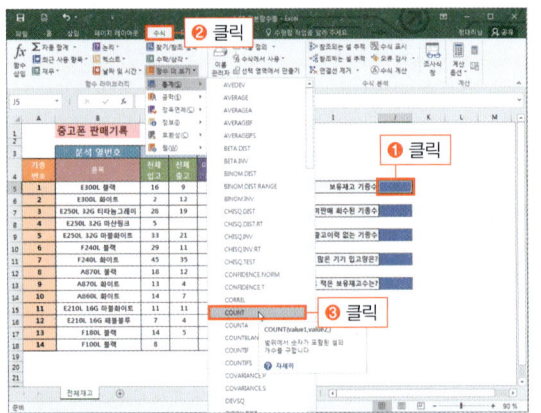
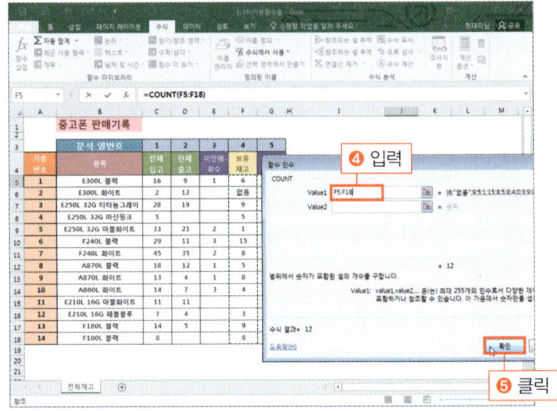
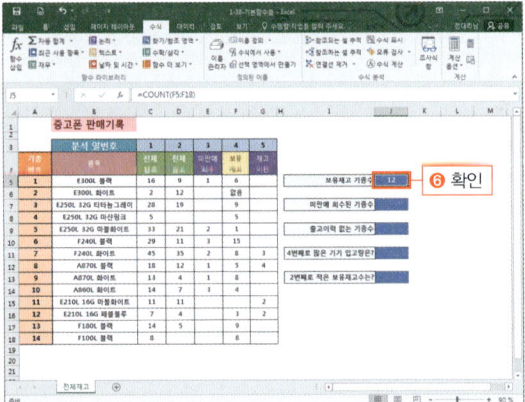

> **TIP** 이곳의 COUNT 함수는 [홈] 탭–[편집] 그룹에서 자동 함수인 [합계]–[숫자 개수]를 클릭해 설정하는 COUNT 함수와 동일한 함수입니다.

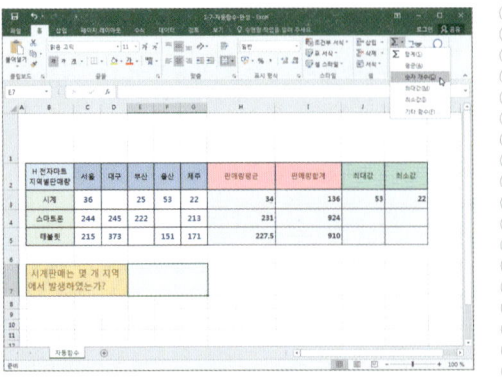

02 | 비어있지 않은 셀의 총 개수 : COUNTA 함수

[J7] 셀을 선택하고 [수식] 탭-[함수 라이브러리] 그룹에서 [함수 더 보기]-[통계]-[COUNTA]를 클릭합니다. COUNTA는 설정된 영역에서 비어있지 않은 셀의 개수를 구하는 함수입니다. [함수 인수] 대화상자의 [Value1] 인수로써 'E5:E18'을 입력하고 [확인]을 클릭합니다. 설정된 영역에서 데이터가 입력된 셀의 개수는 '7'인 결과 값으로 표시됩니다.

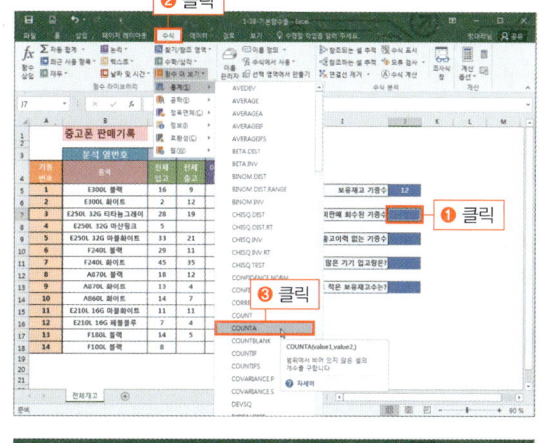

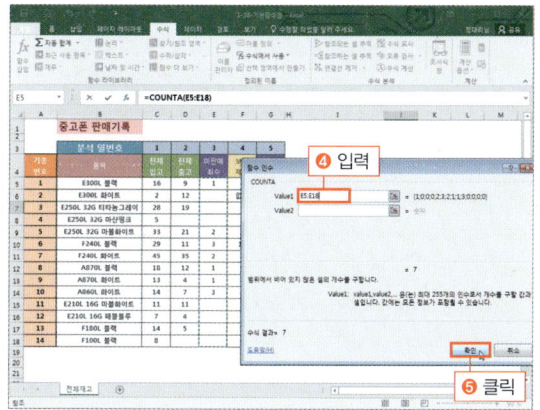

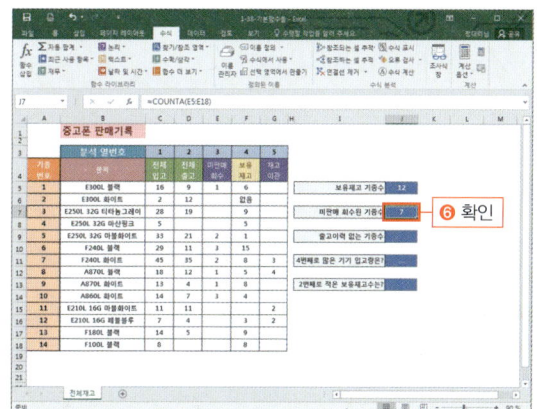

03 | 영역 내 공란 개수 : COUNTBLANK 함수

[J9] 셀을 선택하고 [수식] 탭-[함수 라이브러리] 그룹에서 [함수 더 보기]-[통계]-[COUNTBLANK]를 클릭합니다. COUNTBLANK는 설정된 영역에서 아무것도 입력되지 않은 셀의 개수를 구하는 함수입니다. [함수 인수] 대화상자의 [Value1] 인수로써 'D5:D18'을 입력하고 [확인]을 클릭합니다. 설정된 영역의 공란 개수 '2'가 결과 값으로 표시됩니다.

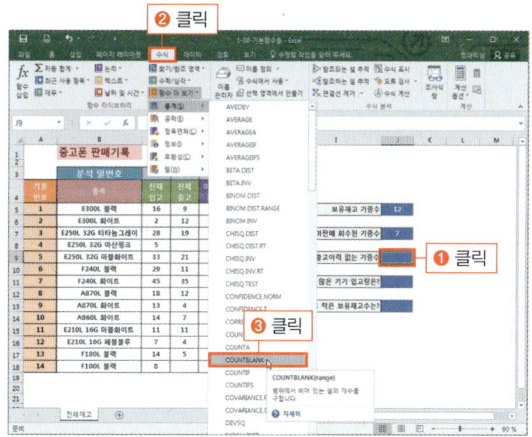

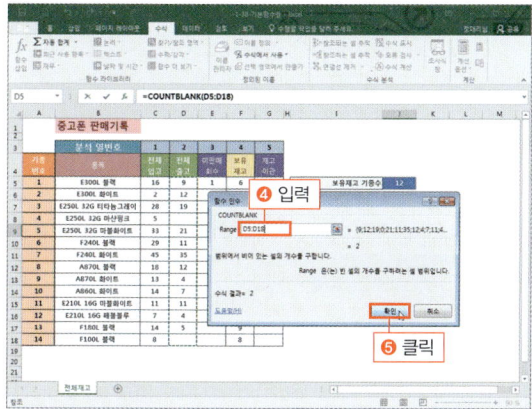

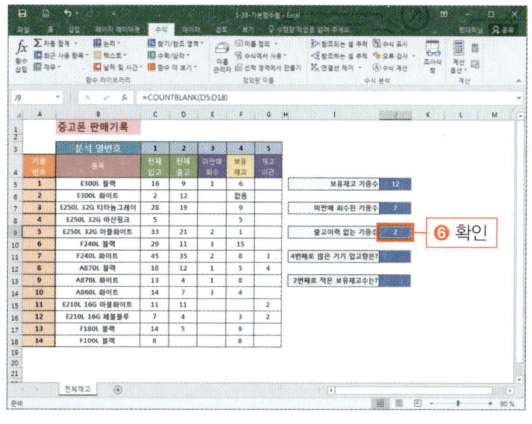

POINT 03 특정 순위의 숫자 데이터 가져오기

01 | K번째로 큰 수 가져오기_01

[J11] 셀을 선택하고 [수식] 탭-[함수 라이브러리] 그룹에서 [함수 더 보기]-[통계]-[LARGE]를 클릭합니다. [함수 인수] 대화상자의 [Array] 인수로써 'C5:C18'을 입력합니다. LARGE는 설정된 영역에서 K번째로 큰 값을 그대로 표시해주는 함수이며, [Array] 인수는 LARGE 함수를 수행할 대상 영역을 설정하는 곳입니다.

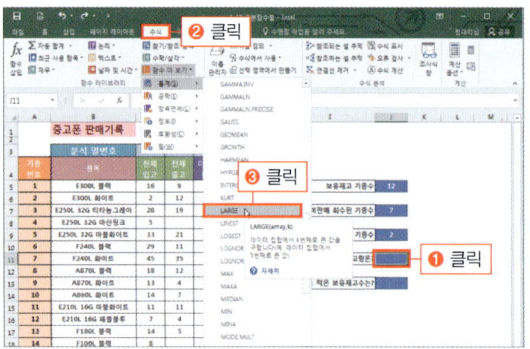
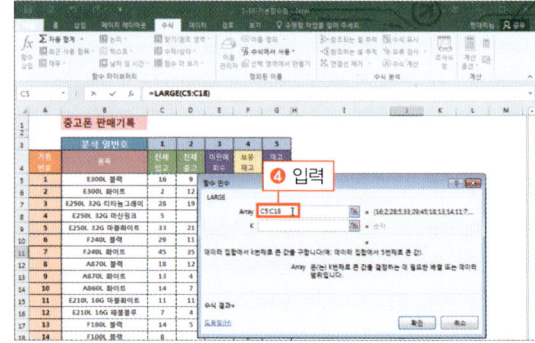

02 | K번째로 큰 수 가져오기_02

[K] 인수는 앞서 설정한 영역에서 몇 번째로 큰 값을 가져올 것인지 작성하는 곳입니다. 이곳에 '4'를 입력하고 [확인]을 클릭합니다. 결국 C열에서 4번째로 큰 수 '28'이 결과 값으로 표시됩니다.

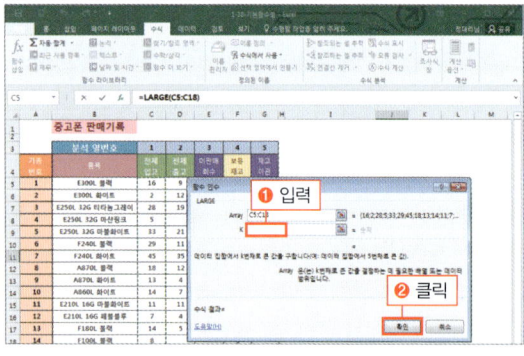

03 | 작은 순위의 데이터 : SMALL 함수

[J13] 셀을 선택하고 [수식] 탭-[함수 라이브러리] 그룹에서 [함수 더 보기] 목록에서 [통계]-[SMALL]을 클릭합니다. [함수 인수] 대화상자의 [Array] 인수로써 'F5:F18'을 입력하고, K인수로는 '2'를 설정합니다. SMALL은 설정된 영역에서 K번째로 작은 값을 가져오는 함수이며, 결국 설정된 영역에서 2번째로 작은 수 '3'이 결과 값으로 표시됩니다.

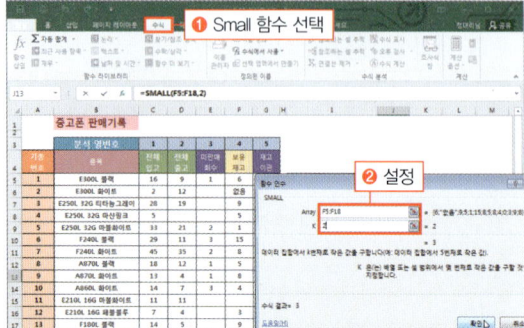

간단한 기본 함수들

• 동영상 : 21-간단한 기본 함수들.wmv

01 | 데이터 목록을 작성하다 보면 특정 행이나 열을 삽입하거나 제거할 경우가 있습니다. 이런 상황에서 각 목록의 순번 데이터를 자동으로 갱신하기 위해 COLOUM이나 ROW 함수를 사용할 수 있습니다. 강좌에서는 태블릿에서 COLOUM 함수 작성 과정에 대해 알아봅니다.

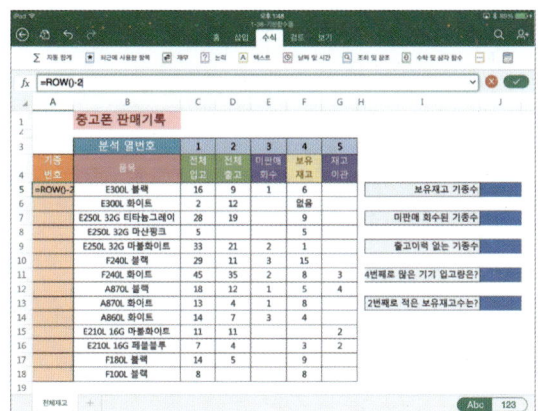

02 | 이전 COLOUM 함수와 비슷한 개념인 ROW 함수를 목록에 적용해보고, 특정 영역의 공란 개수를 도출하는 COUNTBLANK 함수도 간단하게 작성합니다.

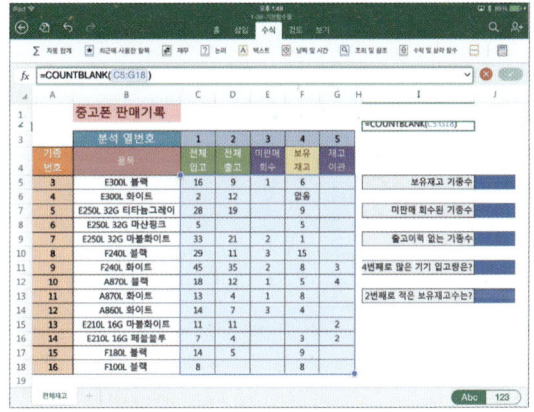

03 | 설정해둔 영역의 수치 데이터를 대상으로 특정 순위의 값을 가져오기하는 LARGE 함수에 대해 알아봅니다. LARGE 함수의 인수는 대상 영역과 가져올 순번, 이렇게 두 가지로 구성되어 있습니다.

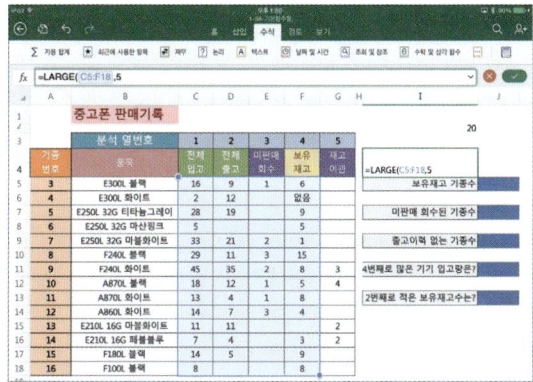

SECTION 39

필터링된 내용들만 계산, SUBTOTAL

SUBTOTAL은 특정 기준으로 필터링 된 데이터 목록에서 화면에 표시되는 데이터들만을 대상으로 합계, 평균, 최대/최소값 등을 구하는 함수입니다. 굉장히 유용한 함수이므로 꼭 주의 깊게 학습하기 바랍니다.

l 예제파일 l 1-39-필터링분석하기.xlsx 완성파일 l 1-39-필터링분석하기-완성.xlsx

POINT 01 | 필터링 후 합산하기

01 | 필터링 후 총계 확인, SUM 함수

'1-39-필터링분석하기.xlsx' 파일을 열면 필터 기능이 적용된 데이터 목록이 있습니다. 이곳의 [직위] 단추를 클릭하고 선택 창에서 [대리]만 체크한 후 [확인]을 클릭합니다. 결국 대리 직급에 해당하는 행 정보들만 화면에 표시되지만, SUM 함수로 계산된 합산총액은 여전히 숨겨진 데이터들까지 더하고 있습니다. 다음 과정을 위해 [K54] 셀의 함수식을 제거한 후 데이터 목록에 적용된 필터도 해제합니다.

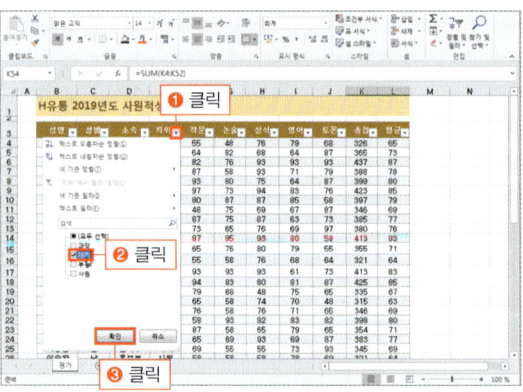
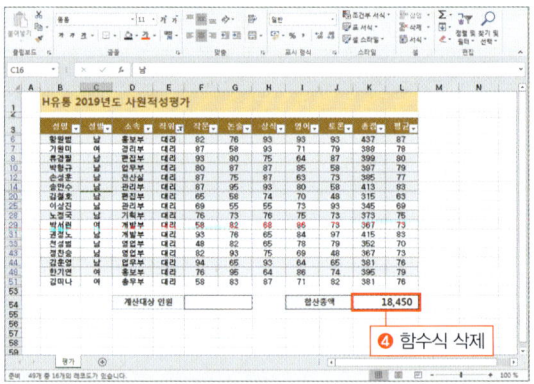

02 | SUBTOTAL 함수_01, 기능 번호 설정

이제 [K54] 셀을 선택하고 SUBTOTAL 함수를 입력합니다. SUBTOTAL은 필터링과 상관없이 화면에 표시되는 데이터들을 대상으로 계산이 이루어지는 함수이며, 첫 번째 인수는 1부터 11까지를 입력할 수 있습니다. 직접 입력 과정 중에는 그림과 같이 첫 번째 인수로 삽입되는 번호별 관련 기능들이 표시됩니다. 예제에서는 합계 기능 번호 '9'를 입력하였습니다.

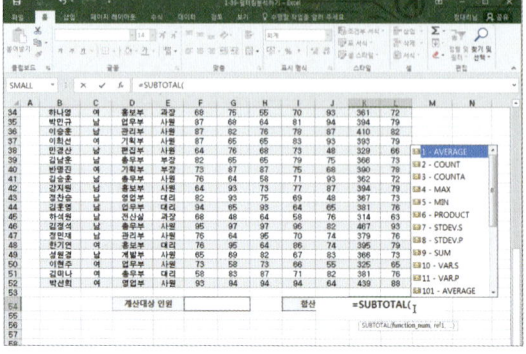
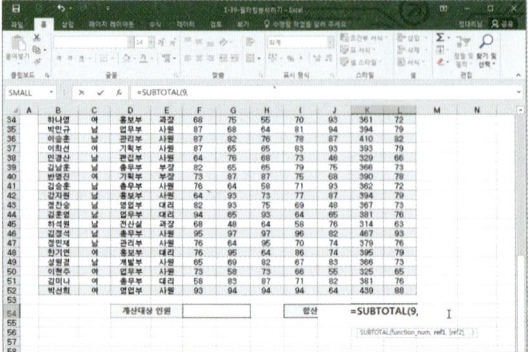

03 | SUBTOTAL 함수_02, 대상 범위 설정

이전 작업에 이어서 SUBTOTAL 함수의 대상 범위로 [K4] 셀부터 [K52] 셀까지를 영역으로 설정한 후 Enter 를 누릅니다. 아직 필터링이 적용되기 전이기에 모든 총점들의 합계 값이 '18,450'이 표시됩니다.

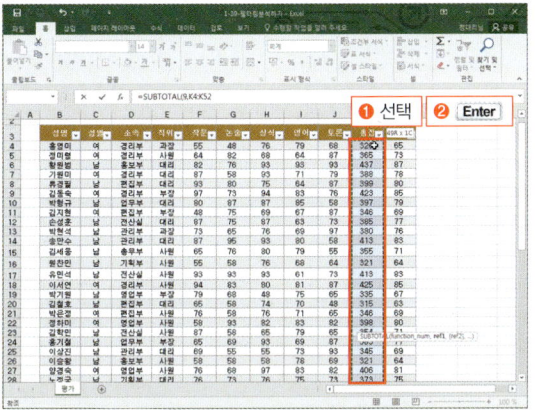 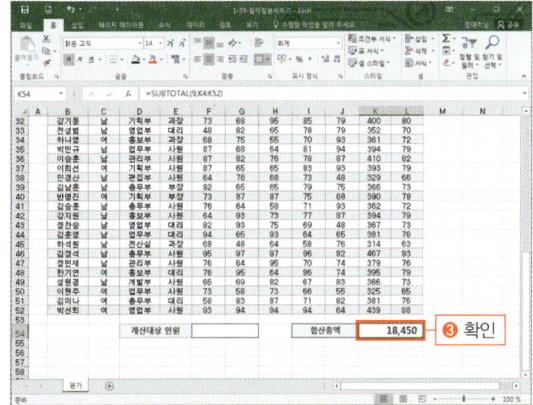

04 | '소속'으로 필터링하기

데이터 목록의 [소속] 단추를 클릭하고 선택 창에서 [경리부]만 체크한 후 [확인]을 클릭합니다. 결국 경리부 소속에 해당하는 행 정보들만 화면에 표시되며, 이들의 총점들만을 대상으로 하는 합계값 '1,926'이 [K54] 셀에 표시됩니다.

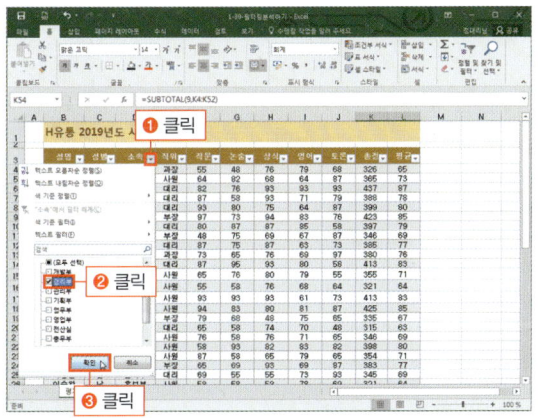 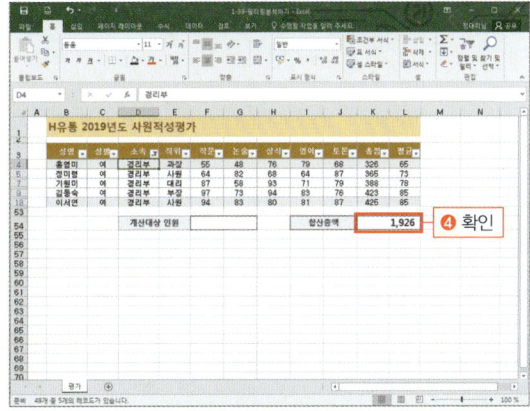

05 | '직위'로 필터링하기

데이터 목록의 [직위] 단추를 클릭하고 선택 창에서 [사원]만 체크한 후 [확인]을 클릭합니다. 결국 직급이 사원인 행 정보들만 화면에 표시되며, 이들의 총점들만을 대상으로 하는 합계값 '790'이 [K54] 셀에 표시됩니다.

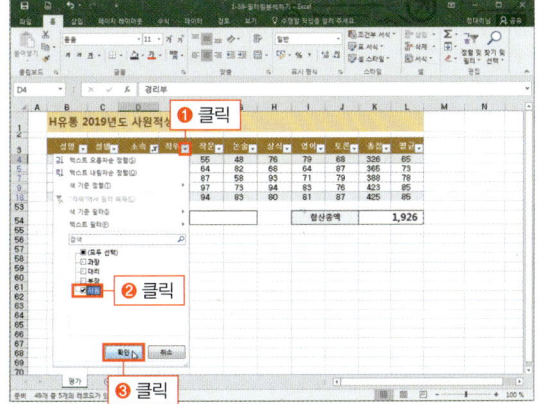 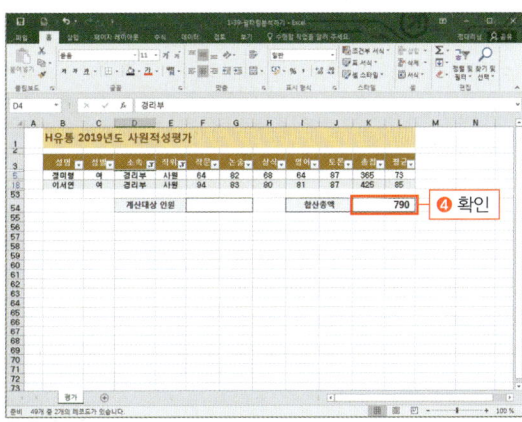

POINT 02 다른 내용을 필터링 계산하기

01 | SUBTOTAL 함수 수정

[데이터] 탭-[정렬 및 필터] 그룹에서 [지우기]를 클릭해 데이터 목록에 적용된 필터를 제거합니다. 이어서 [K54] 셀을 선택하고 적용된 SUBTOTAL 함수식의 인수 부분을 지우고 다시 작성합니다. 먼저 첫 번째 인수로는 평균 기능 번호인 '1'을 입력합니다.

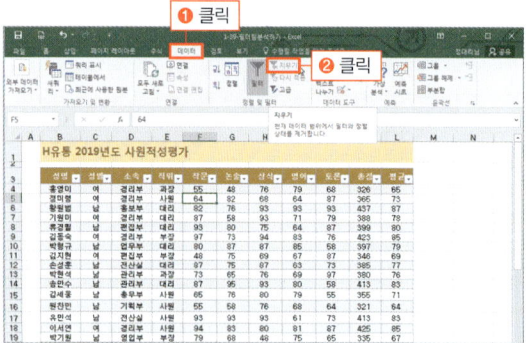
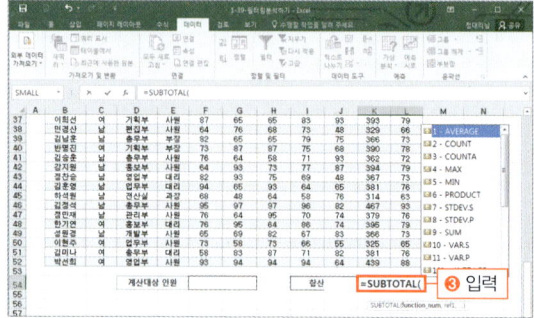

02 | 대상 범위 설정하기

두 번째 인수로는 평균 데이터들이 모여 있는 [L4] 셀부터 [L52] 셀까지는 영역으로 작성합니다. 같은 방식으로 셀들의 개수가 표시되도록 [F54] 셀에 '=SUBTOTAL(2,L4:L52)'를 입력합니다.

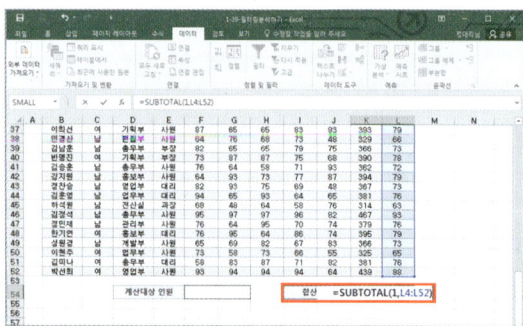
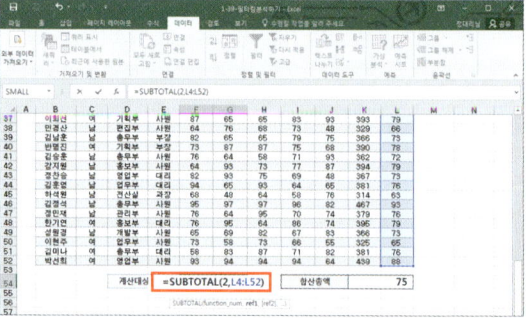

03 | 결과 확인

데이터 목록의 [직위] 단추를 클릭하고 선택 창에서 [부장]만 체크한 후 [확인]을 클릭합니다. 결국 직급이 부장인 행 정보들만 화면에 표시되며, 이들의 평균 데이터들만을 대상으로 하는 평균값 '75'가 [K54] 셀에 표시됩니다. 물론 화면에 걸러져 표시되는 평균 데이터들의 셀 개수도 [F54] 셀에서 확인할 수 있습니다.

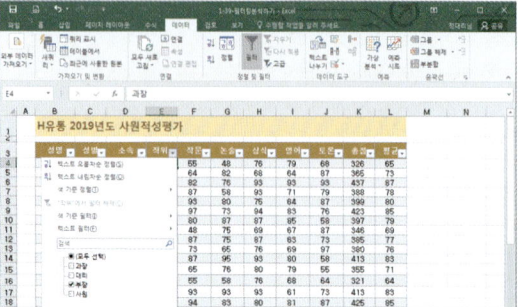

SUBTOTAL 함수로 필터링 계산

• 동영상 : 22-SUBTOTAL로 필터링 계산.wmv

01 | 필터링되어 화면에 표시되는 데이터들을 계산 대상으로 하는 SUBTOTAL 함수는 매우 유용하게 활용되며, 1부터 9까지의 번호를 인수로 활용하여 함수 기능을 조정할 수 있습니다. 강좌에서는 작문 데이터의 총합을 구하기 위해 '=SUBTOTAL(9,F4:F52)'를 입력합니다.

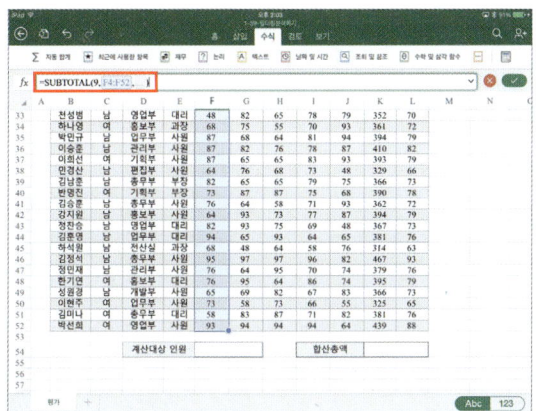 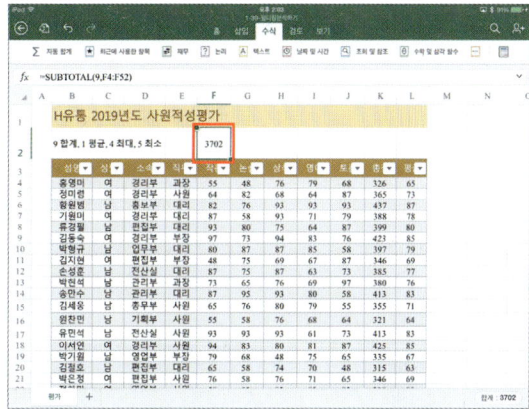

02 | [소속] 필터 단추를 터치하고 '경리부'만 필터링되도록 목록을 조정합니다. 결국 경리부 소속의 데이터 정보들만 화면에 표시되며, 필터링된 작문 점수들의 총점이 자동으로 갱신되어 표시됩니다.

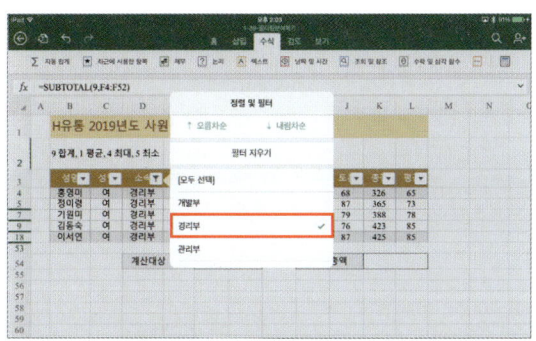 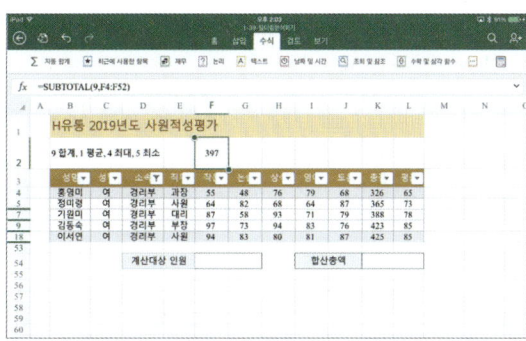

03 | SUBTOTAL 함수로 다른 연산을 수행할 수 있습니다. '논술'의 평균을 구하기 위해 '=SUBTOTAL(1,G4:G52)'를 입력하고, '성별'을 '여'로 필터링해 달라지는 계산 결과를 확인합니다. 같은 방식으로 다른 기능 번호들을 테스트해 봅니다.

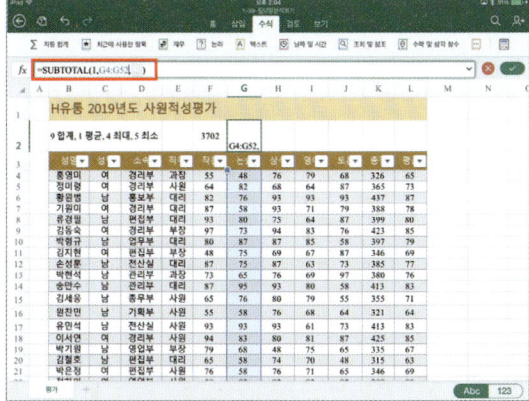 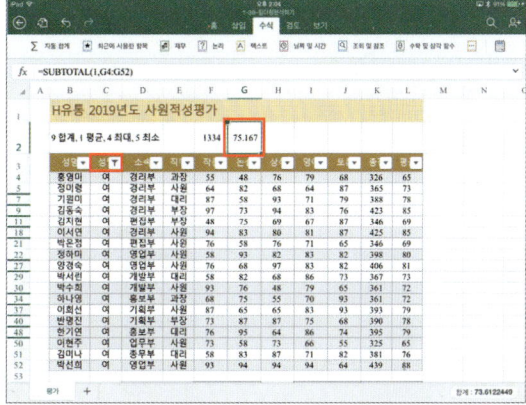

SECTION 40

참과 거짓에 따른 조건식 만들기, IF 함수

실무에서 많이 사용하는 IF 함수는 조건식, 참, 거짓, 이렇게 3개의 인수를 가지고 있습니다. 먼저 상황에 맞는 조건식을 작성하고, 이를 만족/불만족하는 경우에 출력될 내용을 작성하는 단순한 구조입니다.

| 예제파일 | 1-40-참거짓IF함수.xlsx | 완성파일 | 1-40-참거짓IF함수-완성.xlsx

POINT 01 | IF 함수 활용하기

01 | IF 함수_01, 조건식 만들기

'1-40-참거짓IF함수.xlsx' 파일을 열고 [F5] 셀을 선택합니다. 이어서 [수식] 탭-[함수 라이브러리] 그룹에서 [논리]-[IF]를 클릭합니다. IF는 설정된 조건을 기준으로 참과 거짓을 판단하여 이에 알맞은 결과 값을 표시하는 함수입니다. 첫 번째 인수인 [Logical_test]에는 'C5>2000'을 입력하여 [C5] 셀의 데이터가 '2000'보다 큰 수치인지를 판단하는 조건식을 만들어 봅니다.

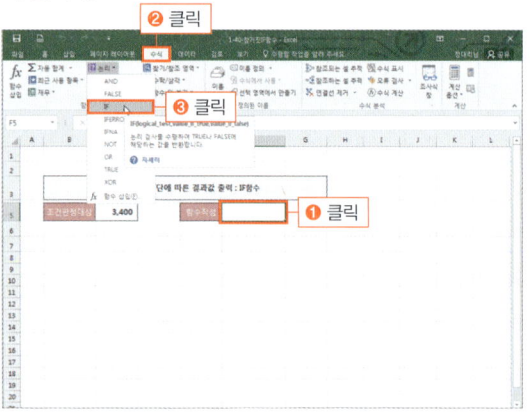 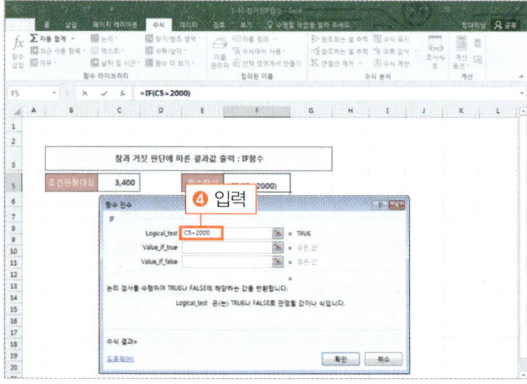

02 | IF 함수_02, 조건식의 참/거짓 출력값

[Value_if_true]는 앞서 만든 조건식이 참인 경우 출력할 내용을 작성하는 인수입니다. 이곳에는 '비싼가격'을 설정한 후 조건이 거짓일 경우의 출력값인 [Value_if_false] 인수로는 '저렴한편'을 작성합니다. [확인]을 클릭하여 설정을 종료합니다.

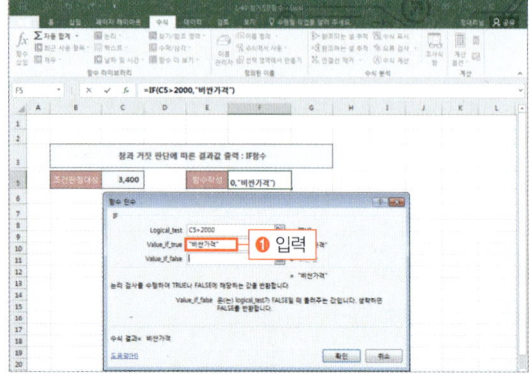 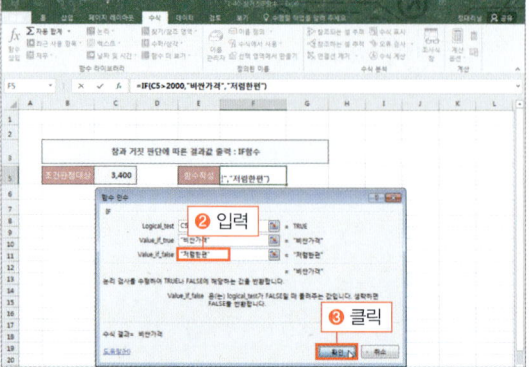

03 | 결과 확인

[C5] 셀에는 '2000'보다 큰 수치인 '3400'이 입력되어 있기에, 참값인 '비싼가격'이 출력됩니다. [C5] 셀의 데이터를 '2000'보다 작은 수치인 '1500'으로 수정해보면, [F5] 셀에 적용된 IF 함수는 '저렴한편'을 결과값으로 출력합니다.

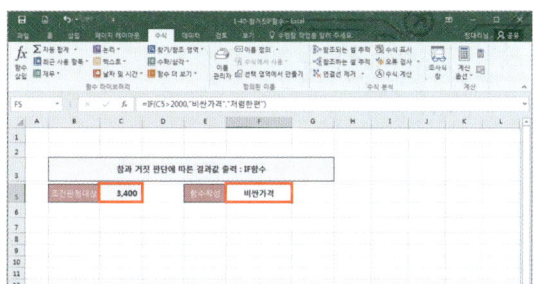
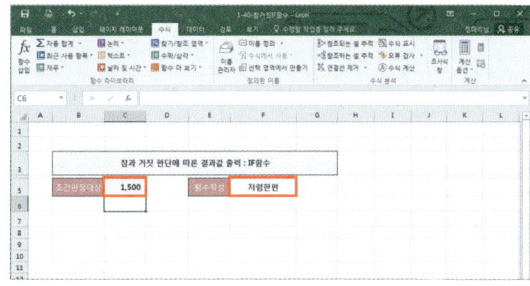

04 | 새로운 조건식 만들기

'논리2' 시트의 [F5] 셀을 선택한 후 [수식] 탭-[함수 라이브러리] 그룹에서 [논리]-[IF]를 클릭합니다. 이어서 조건식을 작성하는 [Logical_test] 인수로는 'C5="더하기"'를 입력합니다. [C5] 셀의 데이터가 문자 형식이며, '더하기'라는 단어를 가져야 참인 조건식을 만든 것입니다.

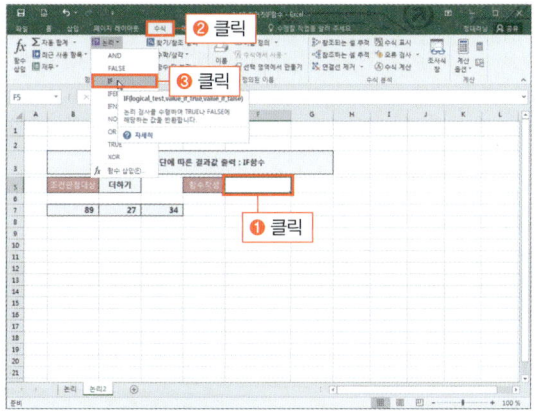
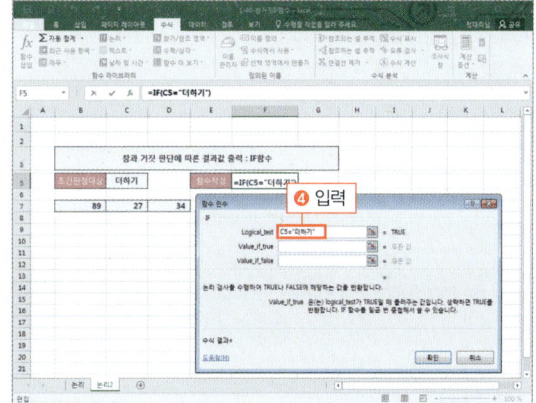

05 | 결과 확인

이전에 만든 조건을 만족하는 경우의 출력값인 [Value_if_true] 인수는 'B7+C7+D7'을 입력하고, 조건이 거짓일 경우에는 'B7-C7-D7'이 출력되도록 [Value_if_false] 인수를 설정합니다. 결국 현재 [C5] 셀에 입력된 데이터는 '더하기'이므로, 아래에 있는 세 수치 데이터들의 합계 결과인 '150'이 IF 함수의 결과로 표시됩니다.

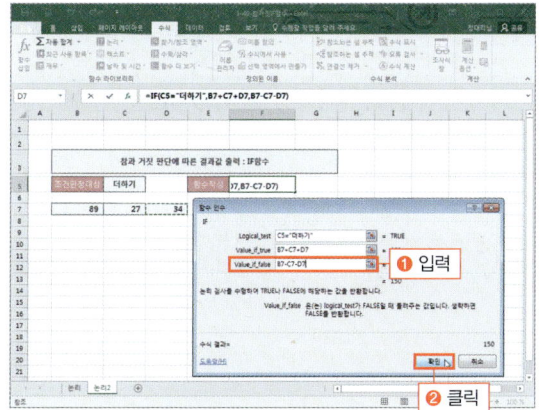
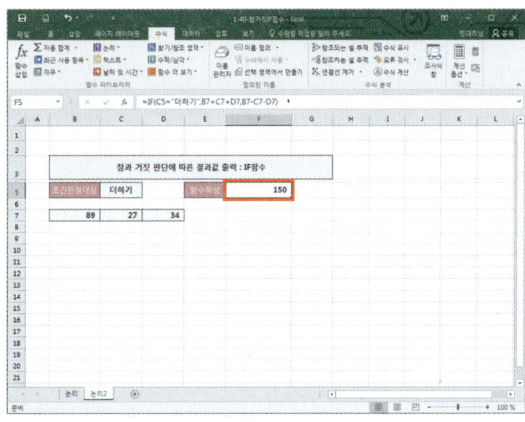

IF 함수 활용하기

01 | IF 함수는 조건식을 설정하고, 이를 만족하는 경우와 아닌 경우의 진행을 달리 적용할 수 있는 논리 함수입니다. 강좌에서는 '3000'을 넘으면 'very good', '3000'미만이면 'bad'를 출력하도록 함수식 작성을 하였습니다.

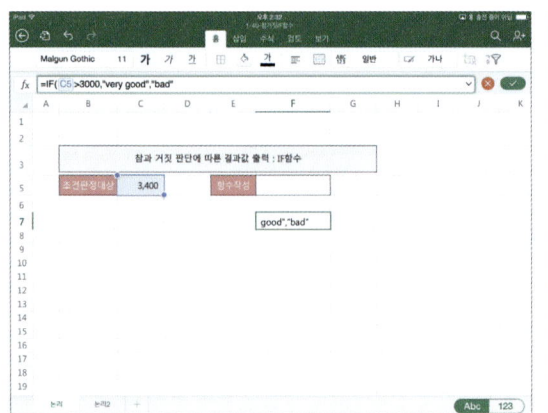 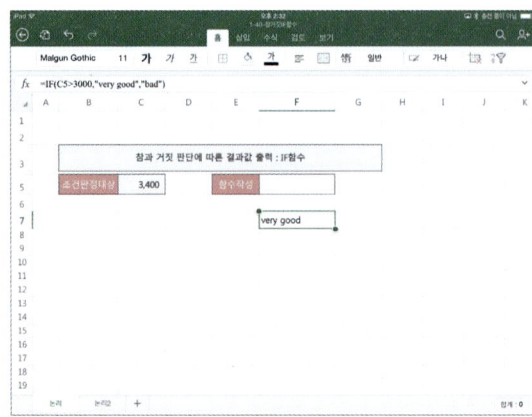

▲ IF 함수 작성 결과

02 | 이번에는 다른 셀을 선택하고 숫자 '2000' 이상이면 'good'을 '2000' 미만이면 'bad'를 출력하는 IF 함수를 만들어 봅니다.

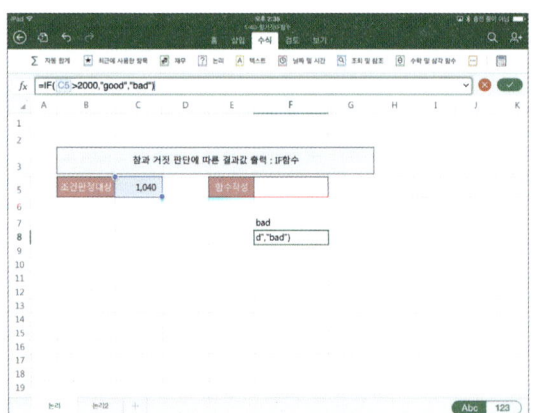 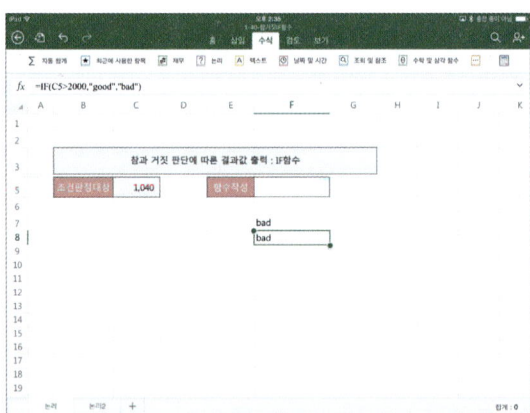

03 | 이전에 만든 IF 함수들을 조합해 중복 사용해 봅니다. 결국 '3000' 이상이면 'very good', '2000' 이상이면 'good', '2000' 미만이면 'bad'가 출력되도록 설정하였습니다. 이렇게 IF 함수를 중복해 입력된 데이터에 따라 결과 값이 3가지가 되도록 설정할 수 있습니다.

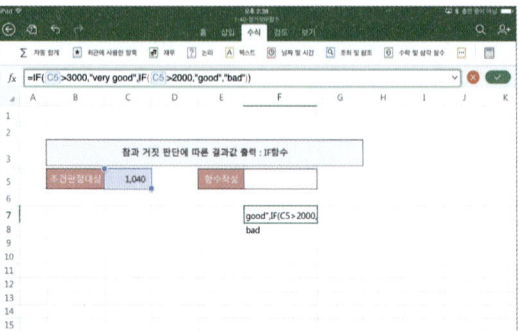 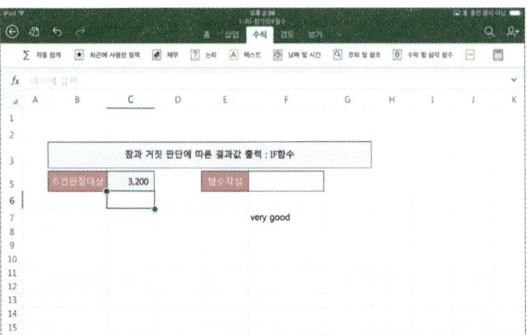

SECTION 41

논리 판정식의 소스로 활용, OR/AND

IF 함수는 하나의 조건식만 설정할 수 있습니다. 이런 제약을 뛰어넘기 위한 방법으로써 OR나 AND함수를 활용할 수 있으며, 참과 거짓을 판단하는 기준의 차이에 따라 두 함수를 선별하여 사용해야 합니다. 이에 대해 알아보겠습니다.

| 예제파일 | 1-41-다중조건판정.xlsx | 완성파일 | 1-41-다중조건판정-완성.xlsx

POINT 01 | OR 함수의 판정 결과

01 | 하나만 만족해도 참 : OR 함수

'1-41-다중조건판정.xlsx' 파일을 열고 [D4] 셀을 선택한 후 [수식] 탭-[함수 라이브러리] 그룹에서 [논리]-[OR]을 클릭합니다. OR 함수는 설정된 조건식 인수 중에 하나만 참이어서도 참값을 출력합니다. 첫 번째 인수인 [Logical1]에 'E2>4'를 입력합니다.

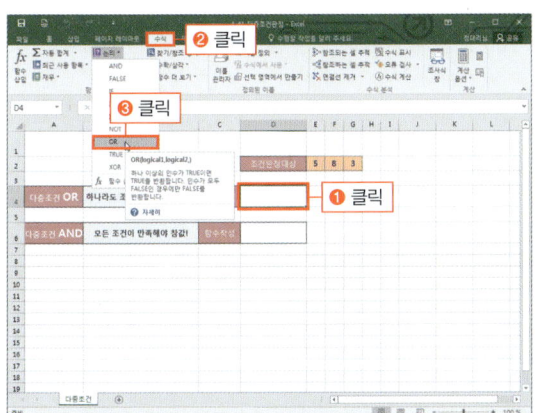
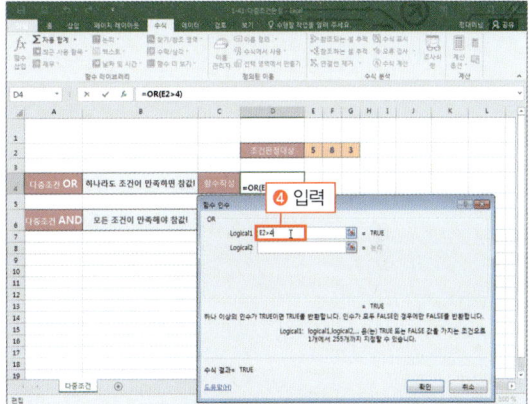

02 | 조건식 추가하기

이전 작업에 이어서 두 번째 조건 'F2>5'를 [Logical2] 인수로, 세 번째 조건 'G2>6'을 [Logocal3] 인수로 설정하고 [확인]을 클릭합니다. 결국 [G2] 셀의 데이터가 6보다 작아 거짓 판정이 났지만, 나머지 두 조건이 참이므로 결과는 참값입니다. OR과 AND 함수는 자체적으로 참/거짓일 때의 출력값을 입력할 수 없으므로, 참이면 'TRUE'를 거짓이면 'FALSE'를 출력합니다.

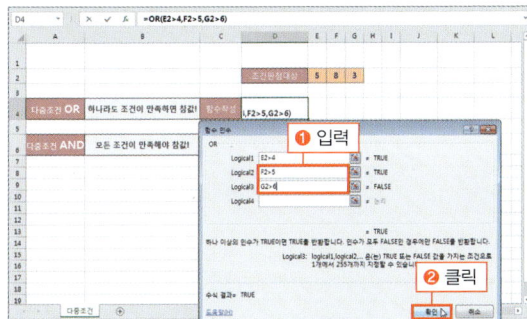
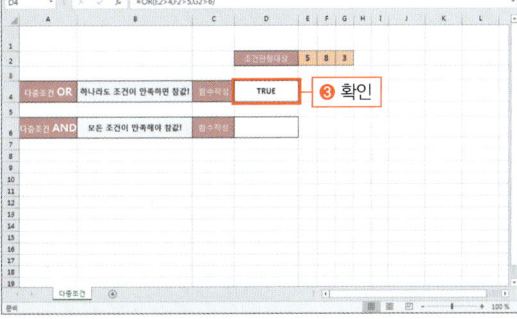

POINT 02 | AND 함수의 판정 결과

01 | 모두가 만족해야 참 : AND 함수

[D6] 셀을 선택하고 [수식] 탭-[함수 라이브러리] 그룹에서 [논리]-[AND]를 클릭합니다. AND는 설정된 조건식 인수들 모두가 '참'이어야 참값을 출력합니다. 첫 번째 인수인 [Logical1]로 'E2>4', 두 번째 인수로써 'F2>5'를 [Logical2]에 입력합니다.

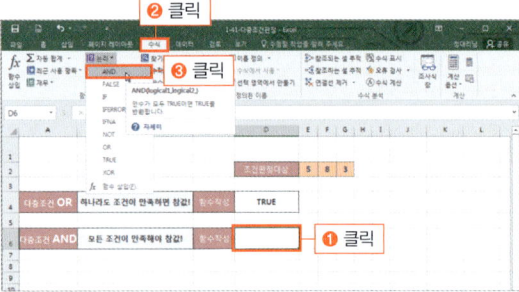 

02 | 조건식 추가하기

이전 작업에 이어서 세 번째 조건 'G2>6'을 [Logical3] 인수로 설정하고 [확인]을 클릭합니다. 결국 [G2] 셀의 데이터가 '6'보다 작아 거짓 판정이 났으므로, 결과는 거짓값인 'FALSE'를 출력합니다.

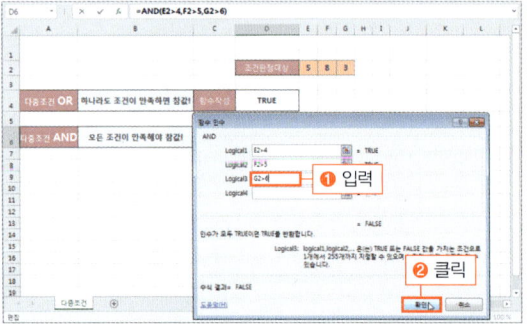 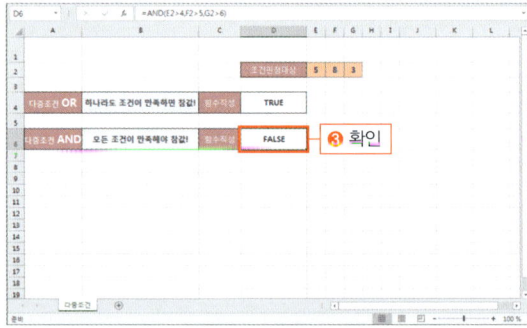

03 | 함수식 수정하기

AND 함수가 입력된 [D6] 셀을 선택하고 [수식] 탭-[함수 라이브러리] 그룹에서 [함수 삽입]을 클릭합니다. 이전에 설정했던 모든 인수들 중에 [Logical3]을 'G2<6'으로 수정하고 [확인]을 클릭합니다. 결국 거짓이었던 세 번째 인수마저도 수정된 조건식에 의해 참으로 변하면서 참값인 'TRUE'를 출력하게 됩니다.

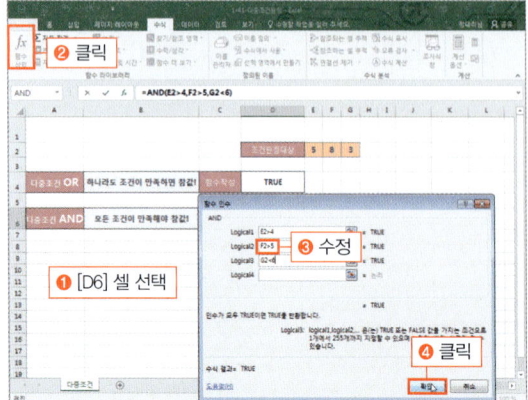 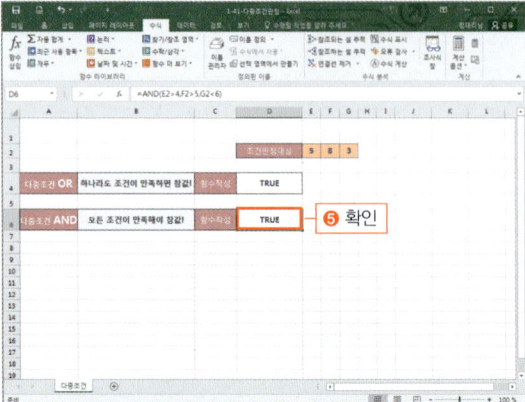

SECTION 42

IF 함수에서 다중 조건 설정하기

AND나 OR 함수를 IF 함수의 조건 인수로써 대입하여 다중 조건에 대한 판정식을 만들 수 있습니다. 본문에서는 [함수 인수] 대화상자에서 모든 설정을 하고 있으나, 항상 작성 결과를 직접 입력 방식으로 만들 수 있도록 연습하는 것이 좋습니다.

| 예제파일 | 1-42-다중판정식.xlsx | 완성파일 | 1-42-다중판정식-완성.xlsx

POINT 01 | 모든 조건 만족 시 참값

01 | IF 함수 실행하기

'1-42-다중판정식.xlsx' 파일을 열고 [I4] 셀을 선택합니다. 이어서 [수식] 탭-[함수 라이브러리] 그룹에서 [논리]-[IF]를 클릭합니다. 조건식, 참값, 거짓값, 이렇게 세 가지를 입력할 수 있는 [함수 인수] 대화상자가 나타납니다.

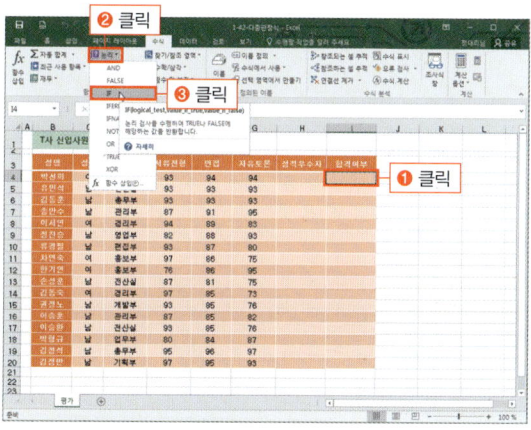
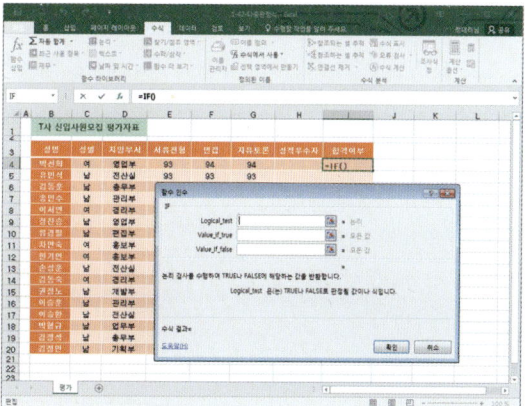

02 | 함수의 참값/거짓값

사실 작성 순서는 상관없지만, 이해를 돕기 위해 참과 거짓 인수를 먼저 입력하겠습니다. [Value_if_true] 인수로는 '합격'을 [Value_if_false] 인수로는 '불합격'을 작성합니다.

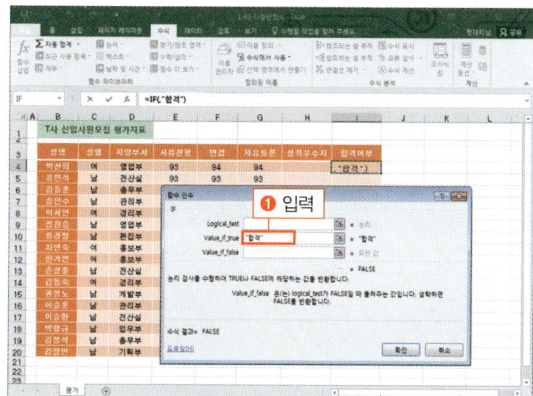
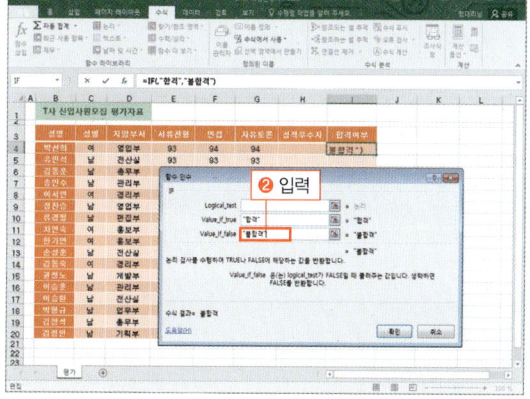

03 | Logical_test 인수 : AND 함수 적용

하나의 조건식만 입력할 수 있는 [Logical_test] 인수로써 AND 함수를 중첩 적용하여 다중 조건이 되도록 해보겠습니다. [Logical_test] 인수 안쪽이 선택된 상태에서, [이름 상자]의 목록 중 '함수 추가'를 클릭합니다. [함수 마법사] 대화상자에서 [범주 선택]은 '논리'로, [함수 선택]은 'AND'로 설정하고 [확인]을 클릭합니다.

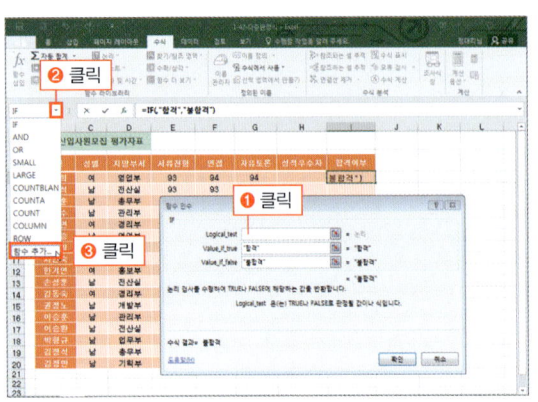 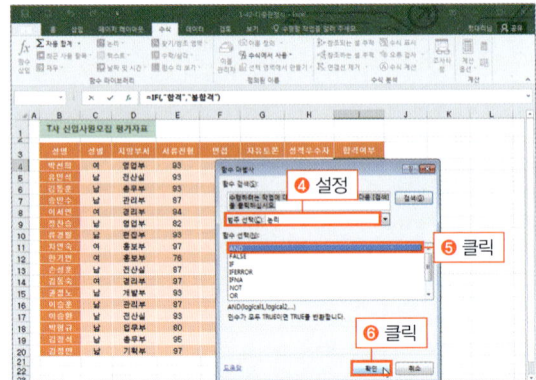

04 | 다중 조건식 작성하기

AND 함수의 [함수 인수] 대화상자가 나타나면 그림과 같이 세 가지 조건 'E4>90', 'F4>80', 'G4>70'을 입력해 봅니다. 다중 조건식 작성이 끝나면 [확인]을 클릭하여 설정을 적용합니다.

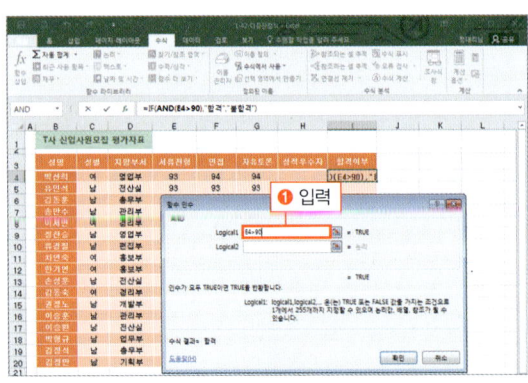 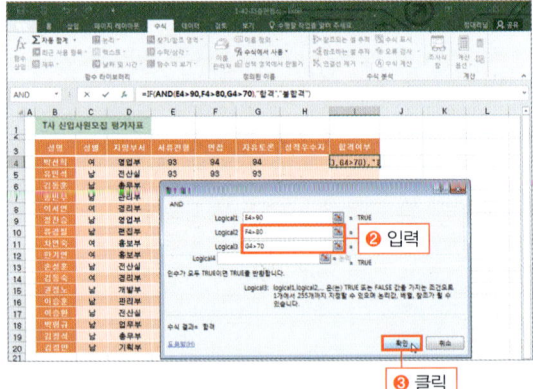

05 | 결과 확인

[I4] 셀을 선택하고 수식 입력줄을 보면 IF 함수의 조건식으로 AND 함수가 중첩 사용된 것을 확인할 수 있습니다. 이로 인해 '박선희'씨의 평가지표들이 조건식들을 모두 만족했기에 '합격'이 출력됩니다. 함수식을 아래쪽으로 드래그해 각 행 마다의 합격 여부를 표시해 봅니다.

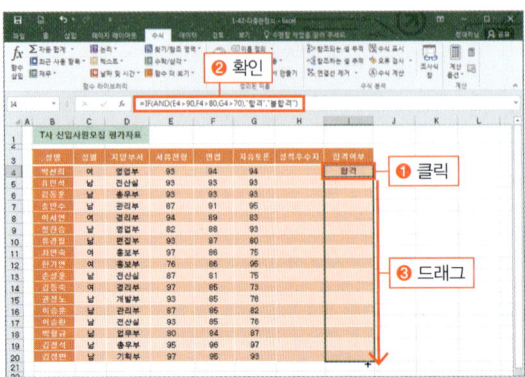 

POINT 02 조건 하나만 만족해도 참값

01 | IF 함수 실행하기

[H4] 셀을 선택하고 [수식] 탭-[함수 라이브러리] 그룹에서 [논리]-[IF]를 클릭합니다. 조건식, 참값, 거짓값, 이렇게 세 가지를 입력할 수 있는 [함수 인수] 대화상자가 나타납니다.

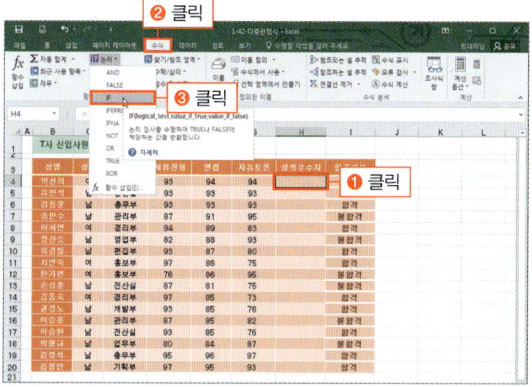 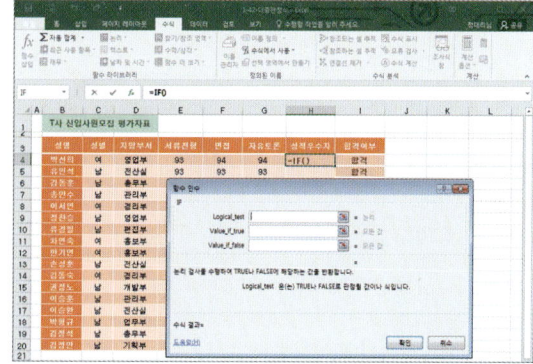

02 | 함수의 참값/거짓값

OR 함수를 활용한 조건식 작성에 앞서 참과 거짓 인수를 먼저 채워 넣겠습니다. [Value_if_true] 인수로는 '일부미달'을 [Value_if_false] 인수로는 '성적우수'를 작성합니다.

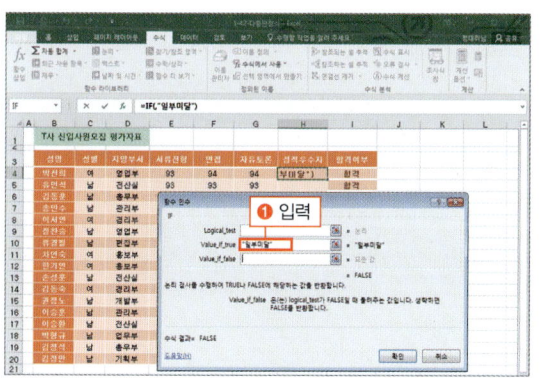 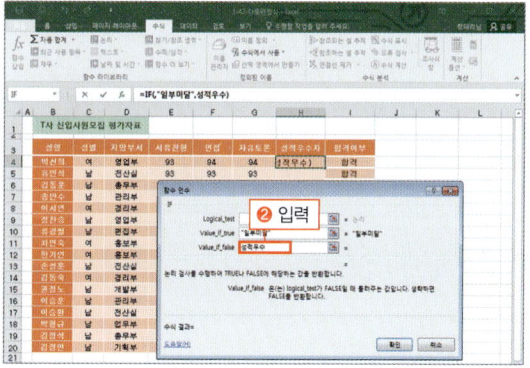

> **TIP** AND나 OR 함수 단독으로 작성된 함수식은 '참'과 '거짓'에 대한 판정만 합니다. 예를 들어, AND 함수이고 모든 인수가 참인 함수식을 작성했다면 '참' 판정식인 'TRUE'를 화면에 출력하게 됩니다.

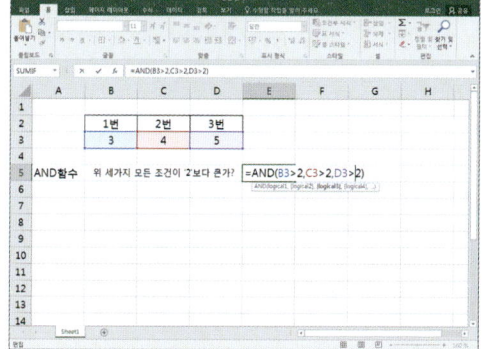 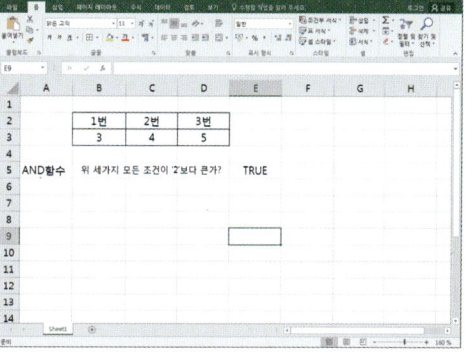

03 | Logical_test 인수 : OR 함수 적용

[Logical_test] 인수로써 OR 함수를 중첩 적용하여 다중 조건을 만들겠습니다. [Logical_test] 인수 안쪽이 선택된 상태에서, 이름 상자의 목록 중 '함수 추가'를 클릭합니다. [함수 마법사] 대화상자에서 [범주 선택]은 '논리'로, [함수 선택]은 'OR'로 설정하고 [확인]을 클릭합니다.

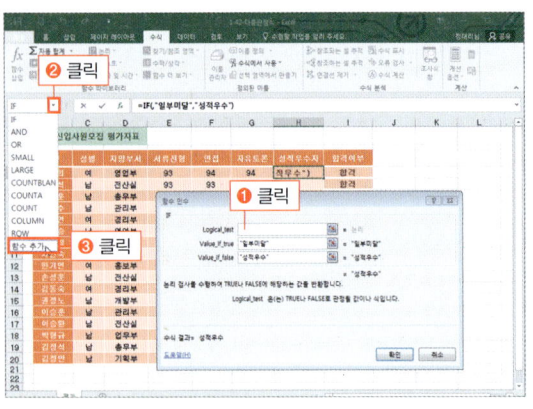
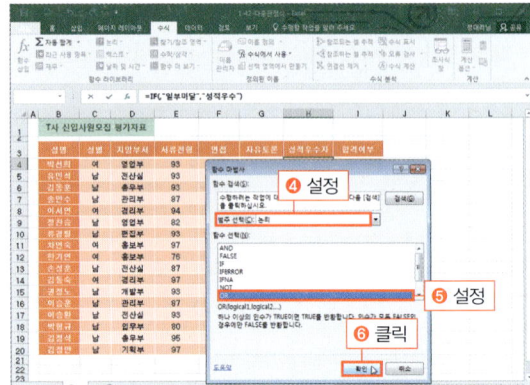

04 | 다중 조건식 작성하기

OR 함수의 [함수 인수] 대화상자가 나타나면 그림과 같이 세 가지 조건 'E4<80', 'F4<80', 'G4<80'을 입력해 봅니다. 다중 조건식 작성이 끝나면 [확인]을 클릭하여 설정한 내용을 적용합니다.

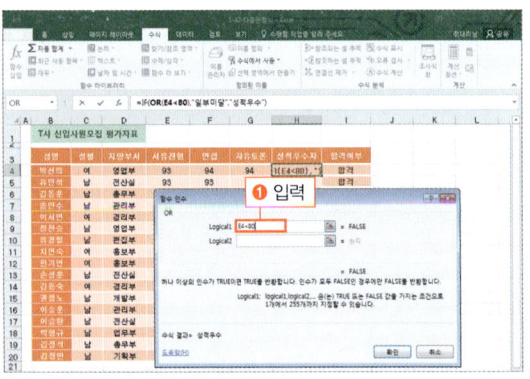
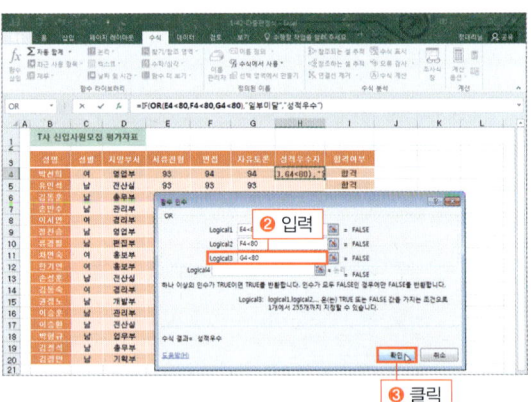

05 | 결과 확인

[H4] 셀을 선택하고 수식 입력줄을 보면 IF 함수의 조건식으로 OR 함수가 중첩 사용된 것을 확인할 수 있습니다. 결국 '박선희'씨의 평가지표들이 조건식들 하나 이상 만족했기에 '합격'이 출력됩니다. 함수식을 아래쪽으로 드래그해 각 행마다의 성적 우수 여부를 표시합니다.

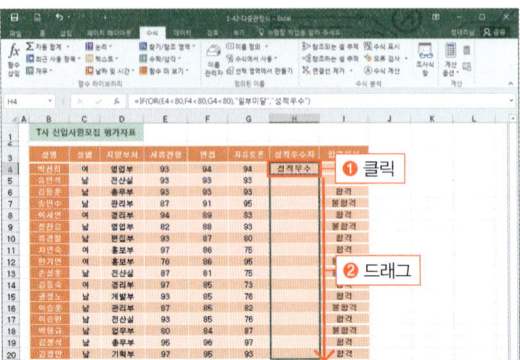
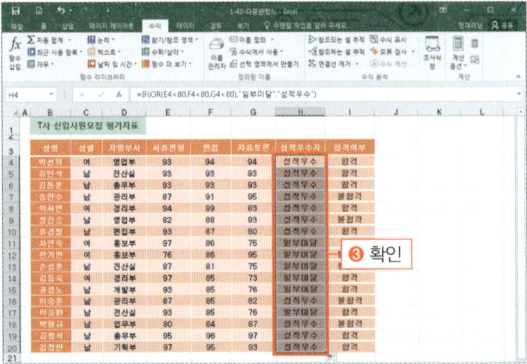

06 | 평가지표 수정하기

성적우수자 판정은 평가지표 중 하나라도 80점 이하면 '일부미달'을 출력합니다. 이에 [H14] 셀의 값을 기존 '73'에서 '85'로 수정해 보면, 자동으로 '성적우수'로 판정이 바뀌는 것을 확인할 수 있습니다. 좀 더 다양한 경우의 수를 가정하여 IF 함수를 구상해 봅니다.

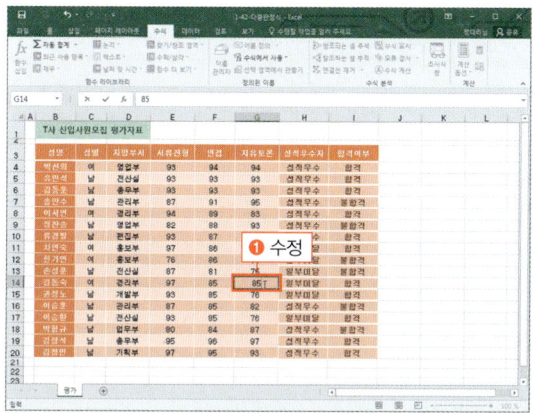
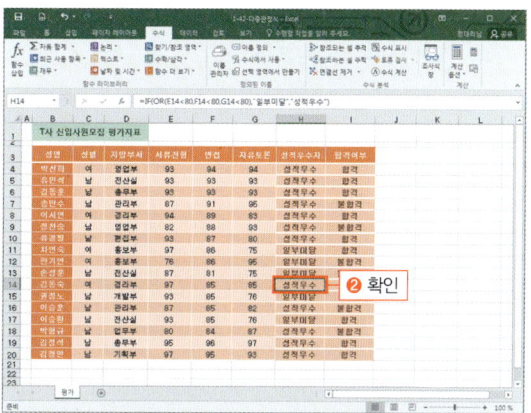

> **TIP** 앞서 만든 다중 조건식이 입력된 셀을 하나 선택하고 [수식] 탭-[함수 라이브러리] 그룹에서 [함수 삽입]을 클릭합니다. IF 함수의 세 가지 인수를 담은 [함수 인수] 대화상자가 나타납니다. 이곳을 보면 단순히 숫자나 문자 조건을 넣은 것은 바로 수정이 가능하지만, 인수로써 함수를 사용한 [Logical_if_true] 인수의 경우에는 OR 함수를 직접 수정해야 함을 짐작할 수 있습니다. 이런 이유 때문이라도 함수 작성의 구조를 익숙하게 사용할 수 있게 되면, 되도록 직접 입력 방식으로 함수를 작성하고 수정하는 습관을 들이는 것이 나중에는 더욱 편리해지게 됩니다.

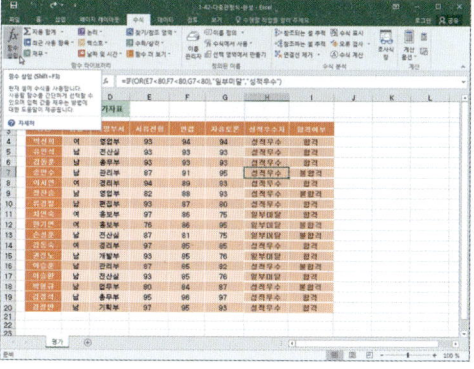
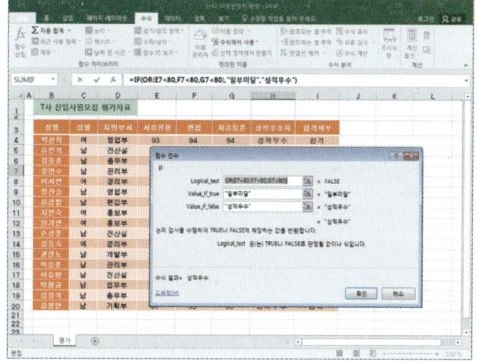

SECTION 43

요금 계산기 만들기, VLOOKUP 함수

어떤 형태든지 엑셀로 만든 데이터 목록이 있다면, VLOOKUP 함수를 통해 목록을 검색하고 원하는 정보를 바로 가져올 수 있습니다. 본문에서는 요금 계산기를 만드는 과정에 이것을 활용하였으며, 여러 번 반복되는 함수 작성 과정을 통해 결코 어려운 함수가 아니라는 점을 알았으면 합니다.

| 예제파일 | 1-43-요금상담기.xlsx | 완성파일 | 1-43-요금상담기-완성.xlsx

POINT 01 | 참조 대상 영역 이름 정의하기

01 | '기기정보'로 이름 정의

'1-43-요금상담기.xlsx' 파일을 열어보면 '상담계산' 시트가 펼쳐집니다. 차후 만들어지는 함수식을 단순하게 작성하기 위해 주요 목록들을 이름 정의를 해두는 것이 좋습니다. 이에 따라 '기본정보' 시트에서 [A2] 셀부터 [D22] 셀까지의 목록들을 드래그해 선택한 후 [이름 상자]에 '기기정보'를 입력합니다. 설정된 영역이 '기기정보'로 이름 정의된 것입니다.

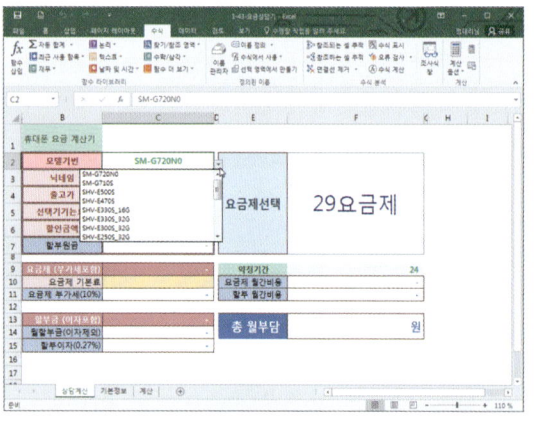
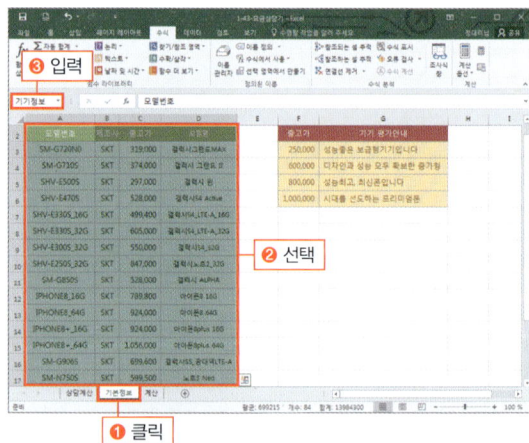

02 | '요금정보', '기기평가'로 이름 정의

이전 작업에 이어서 '계산' 시트의 [A1] 셀부터 [C12] 셀까지를 드래그해 '요금정보'로 이름 정의합니다. 마지막으로 '기본정보' 시트의 [F2] 셀부터 [G6] 셀까지를 드래그하고 '기기평가'로 이름 정의합니다.

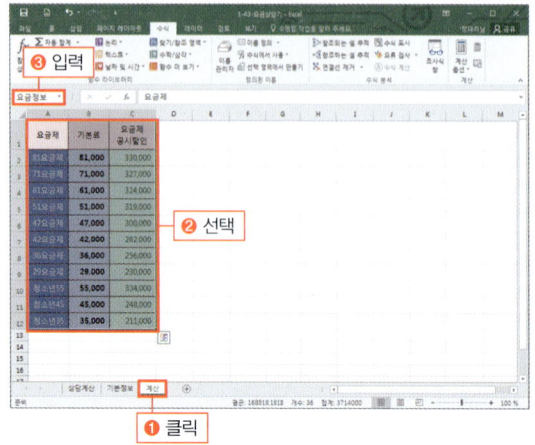
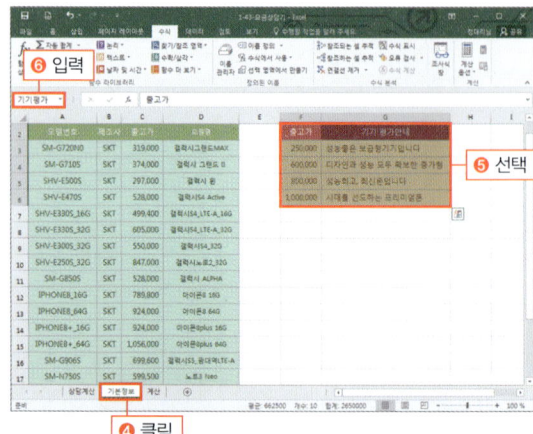

POINT 02 | VLOOKUP 함수로 정확한 정보 가져오기

01 | 찾을 데이터 값 설정, Lookup_value

'상담계산' 시트의 [C4] 셀을 선택하고 [수식] 탭-[함수 라이브러리] 그룹에서 [찾기/참조 영역]-[VLOOKUP]을 클릭합니다. VLOOKUP은 설정된 값을 지정된 목록의 첫 열에서 찾고, 해당 행의 특정 데이터를 가져오는 함수입니다. 먼저 찾을 데이터 값을 설정하는 [Lookup_value] 인수로 [C2] 셀을 설정합니다.

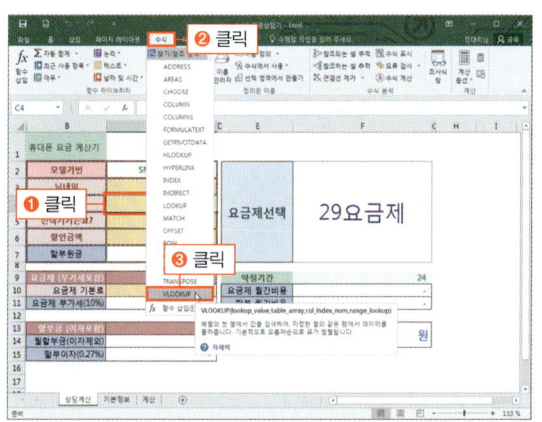
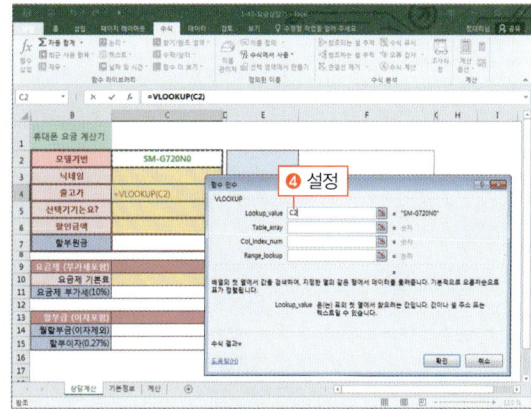

02 | 참조 목록 및 가져올 열 번호 설정

[Table_array] 인수는 정보를 가져올 데이터 목록을 설정하는 곳입니다. 이미 이전에 이름 정의해둔 '기기정보'로 인수 작성을 합니다. 이어서 해당 목록에서 몇 번째 열 정보를 가져올 것인지를 [Col_index_num] 인수로 입력합니다. 참고로 VLOOKUP 함수에서는 목록의 가장 왼쪽 열부터 1,2,3…으로 인식합니다. 예제에서는 숫자 '3'을 작성하여 '출고가' 정보를 가져오겠습니다.

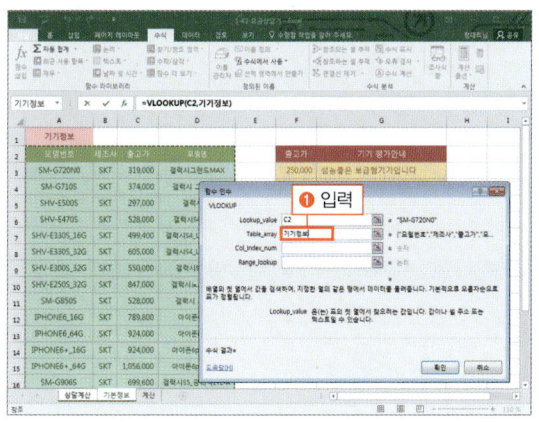
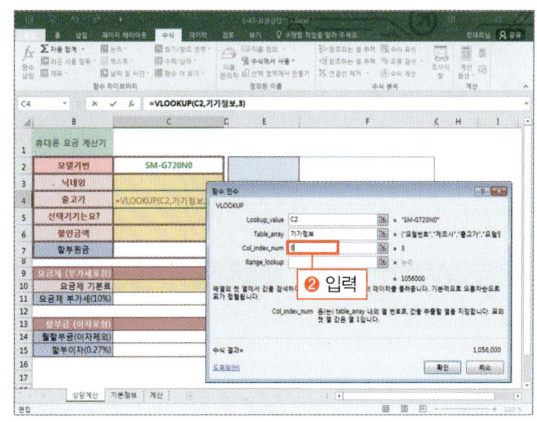

> **TIP** 만약 앞의 과정에서 이름 정의를 하지 않았다면 인수로 사용될 목록 범위를 해당 시트와 셀 주소로 길게 작성해야 합니다. 예를 들어 '기기정보'는 '기본정보!$A$2:$D$22'로 대체해 작성해야 하므로 비효율적인 작업이 되었을 것입니다.

03 | 찾을 대상과 값 일치 여부, Range_lookup

마지막으로 참조 목록을 검색할 때, 찾을 데이터 값과 정확히 일치하는 것을 찾을지 여부를 [Range_lookup] 인수로 설정해야 합니다. 물론 여기서는 정확한 값을 찾는 것이 중요하므로 '0'을 입력하고 [확인]을 클릭합니다. 결국 [C2] 셀에 입력된 'SM-G720N0' 모델명을 '기기정보' 목록에서 찾은 뒤, 해당 행의 3번째 열 정보인 출고가 '319,000'을 표시하게 되었습니다.

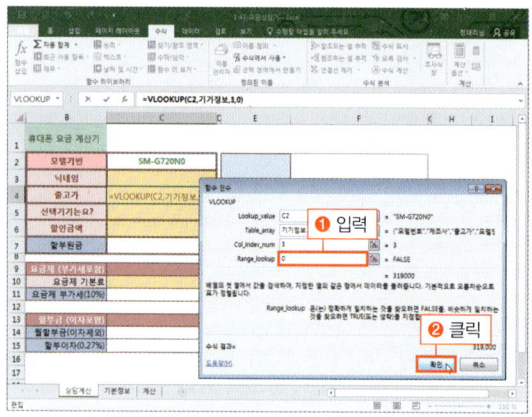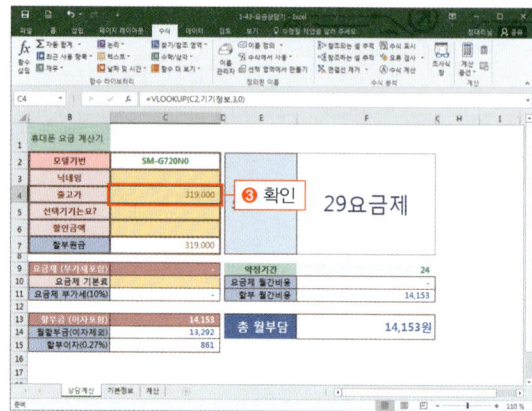

 TIP [수식] 탭–[라이브러리] 그룹에서 [찾기/참조 영역]–[HLOOKUP]은 VLOOKUP 함수와 개념 및 사용 방식이 거의 같습니다. 단지 VLOOKUP 함수는 행 방향으로 정보를 찾아 가져오고, HLOOKUP 함수는 열 방향으로 정보를 찾아 가져온다는 점이 다릅니다.

POINT 03 VLOOKUP 함수로 비슷한 정보 가져오기

01 | 찾을 데이터 값 설정, Lookup_value

'상담계산' 시트의 [C5] 셀을 선택하고 [수식] 탭–[함수 라이브러리] 그룹에서 [찾기/참조 영역]–[VLOOKUP]을 클릭합니다. 먼저 찾을 데이터 값을 설정하는 [Lookup_value] 인수로 [C4] 셀을 설정합니다. 즉, 앞서 설정했던 출고가를 참조하여 얼마나 비싼지 여부를 표시하려는 것입니다.

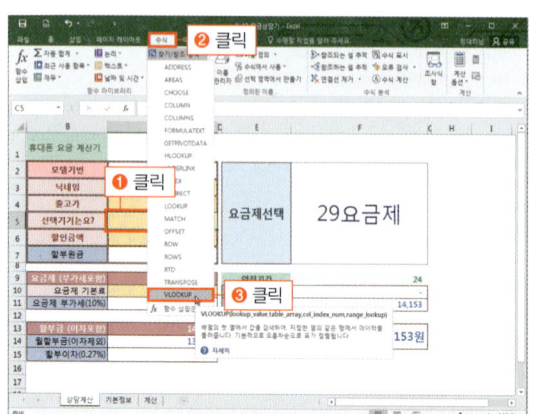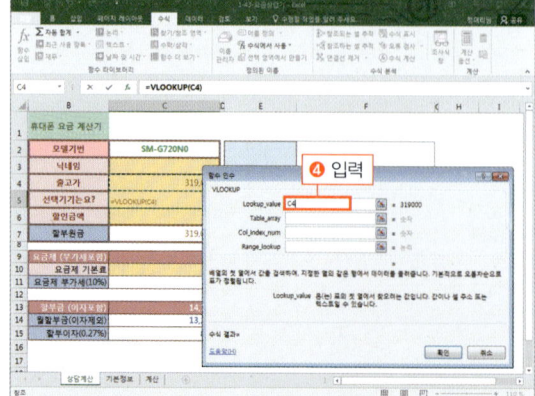

02 | 참조 목록 및 가져올 열 번호 설정

[Table_array] 인수는 정보를 가져올 데이터 목록을 설정하는 곳으로서, 미리 이름 정의해둔 '기기평가'로 인수 작성을 합니다. 이어서 몇 번째 열 정보를 가져올 것인지를 정하는 [Col_index_num] 인수로 '2'를 입력합니다.

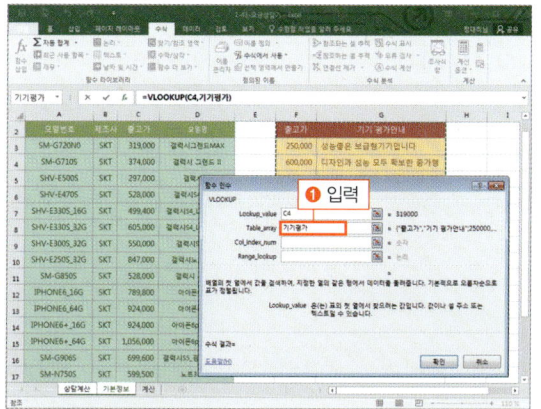 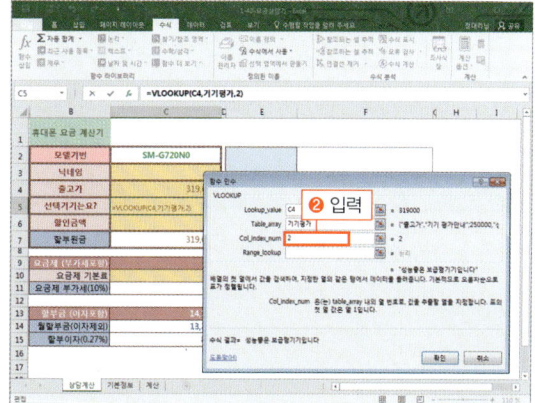

03 | 찾을 대상과 값 일치 여부, Range_lookup

마지막으로 참조 목록을 검색할 때, 찾을 데이터 값과 비슷한 값을 찾도록 [Range_lookup] 인수를 '1'로 설정합니다. [C4] 셀에 입력된 출고가 '319,000'은 '기기평가' 목록에 없는 수치이기 때문에 최대한 비슷한 데이터를 첫 열에서 찾아서 관련 정보를 가져와야 하기 때문입니다. [확인]을 클릭하면, '319,000'과 비슷한 수치 값의 2번째 열 정보가 [C5] 셀의 결과 값으로 표시됩니다.

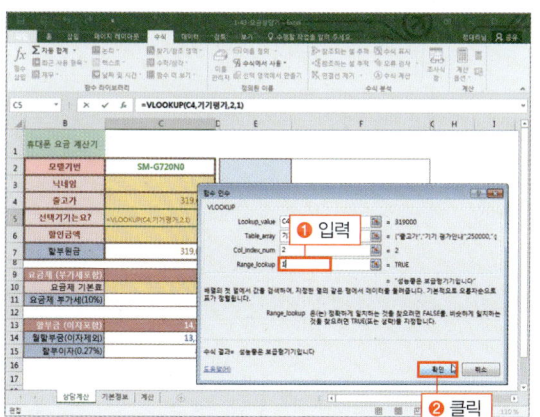 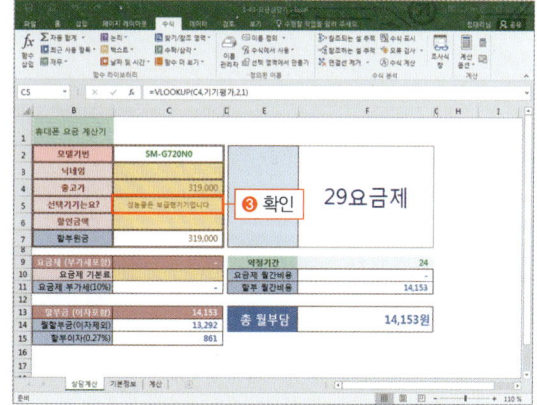

> **TIP** 위의 예제에서 사용한 '기기평가' 목록은 그림과 같은 내용입니다. 예제에서 찾는 '319,000'과 가장 가까운 수치는 '250,000'이 입력된 행이며, 이곳의 2번째 열에 있는 내용은 '성능 좋은 보급형기기입니다'입니다. 앞서 [Range_lookup] 인수를 비슷한 값으로 가져오는 '1'로 설정했기에 이것을 표시하는 것입니다.
>
> | 출고가 | 기기 평가안내 |
> |---|---|
> | 250,000 | 성능좋은 보급형기기입니다 |
> | 600,000 | 디자인과 성능 모두 확보한 중가형 |
> | 800,000 | 성능최고, 최신폰입니다 |
> | 1,000,000 | 시대를 선도하는 프리미엄폰 |

POINT 04 | 나머지 계산식 작성하기

01 | 찾을 데이터 값 설정, Lookup_value

'상담계산' 시트의 [C10] 셀을 선택하고 [수식] 탭-[함수 라이브러리] 그룹에서 [찾기/참조 영역]-[VLOOKUP]을 클릭합니다. 먼저 찾을 데이터 값을 설정하는 [Lookup_value] 인수로 [F2] 셀을 설정합니다. 작성된 요금제 정보를 참고하여 목록에서 기본료 정보를 가져오려는 것입니다.

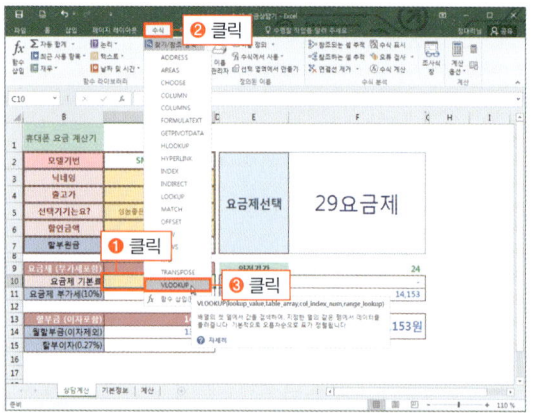 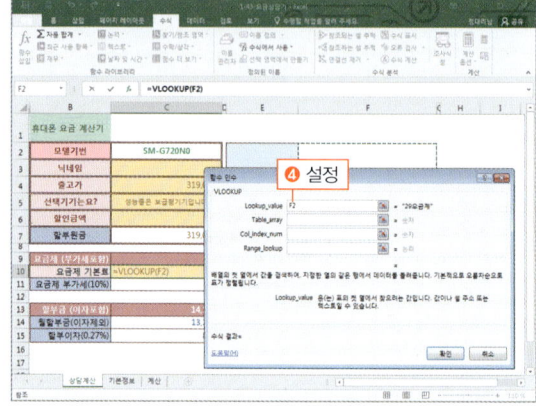

 세 번째 반복되는 VLOOKUP 함수의 예제이기에 점점 함수의 작성 구조에 익숙해지고 있을 것입니다. 머릿속으로 충분히 이해되었다면 함수식을 직접 방식으로도 작성해보길 권장합니다. 직접 입력 방식의 함수식 작성이 익숙해질수록 해당 함수식을 자신의 업무에 어떻게 활용해야 할지 아이디어가 떠오를 것이라 생각합니다.

02 | 참조 목록 및 가져올 열 번호 설정

[Table_array] 인수로는 이름 정의해둔 '요금정보'를 작성하고, 해당 목록의 2열에 있는 기본료 정보를 가져오기 위해 [Col_index_num] 인수로 '2'를 입력합니다.

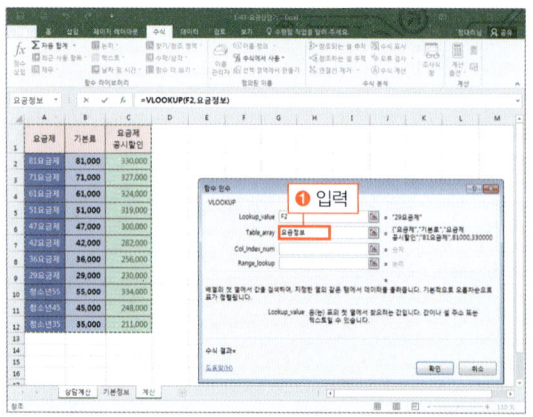 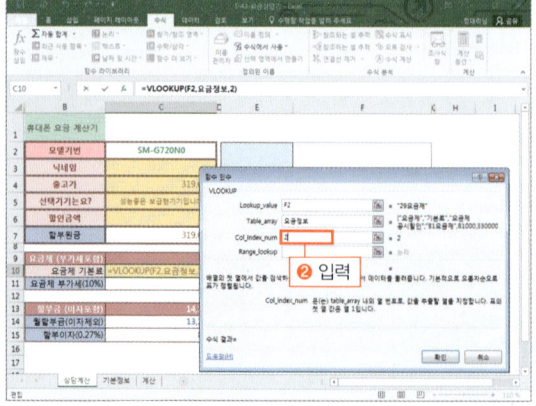

 결국 VLOOKUP 함수는 잘 정리된 목록의 특정 정보를 찾아 가져오는 함수로써, 가족 회원관리 명부, 포인트 등급, 성적기록 등 등을 빠르게 찾아 확인하기 위한 용도로 광범위하게 사용할 수 있습니다.

03 | 찾을 대상과 값 일치 여부, Range_lookup

마지막으로 참조 목록을 검색할 때, 찾을 데이터 값과 정확히 일치하도록 [Range_lookup] 인수를 '0'으로 설정하고 [확인]을 클릭합니다. 결국 [F2] 셀에 입력된 '29요금제'를 '요금정보' 목록에서 찾은 뒤, 해당 행의 2번째 열 정보인 기본료 '29,000'을 표시하게 되었습니다.

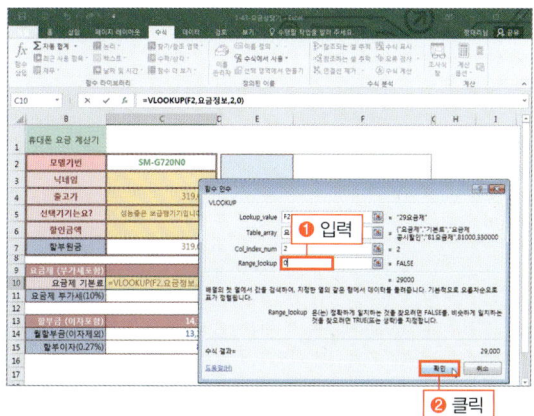 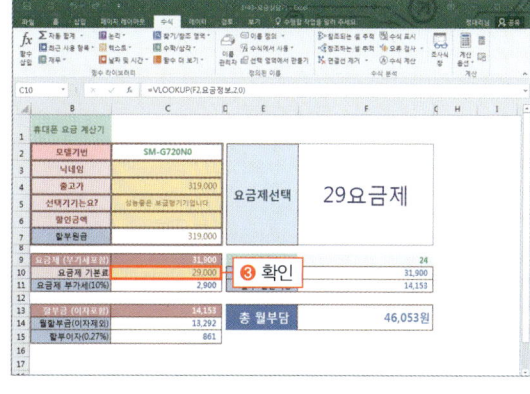

04 | 할인금액 가져오기_01

[C6] 셀을 선택하고 요금제에 따른 할인금액 정보를 가져오기 위해 VLOOKUP 함수를 실행합니다. 이곳의 [Lookup_value] 인수로 'F2'를 [Table_array] 인수로 이름 정의해둔 '요금정보'를 설정합니다.

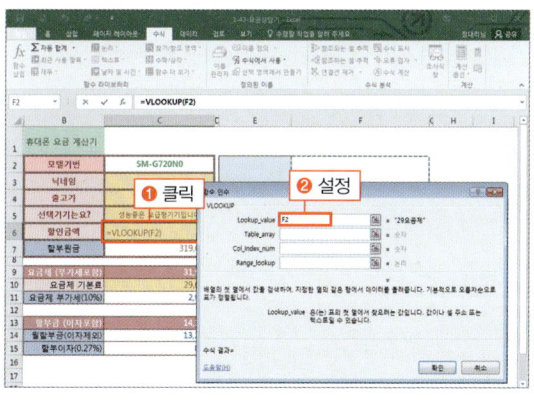 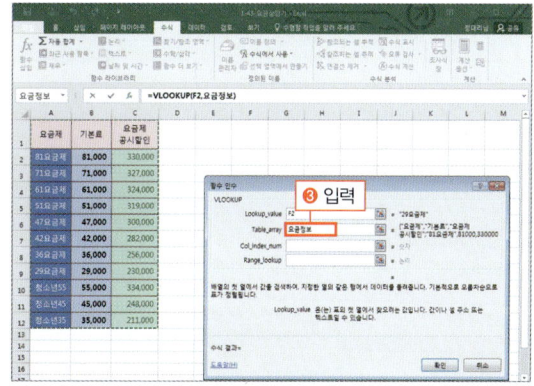

05 | 할인금액 가져오기_02

이전 작업에 이어서 몇 번째 열 정보를 가져올 것인지를 정하는 [Col_index_num] 인수로 '3'을 입력하고, 찾을 데이터 값과 일치하는 값을 찾도록 [Range_lookup] 인수를 '0'으로 설정합니다. [확인]을 클릭하면, [F2] 셀에 입력된 '29요금제'를 '요금정보' 목록에서 찾은 뒤, 해당 행의 3번째 열 정보인 할인금액 '230,000'이 표시됩니다.

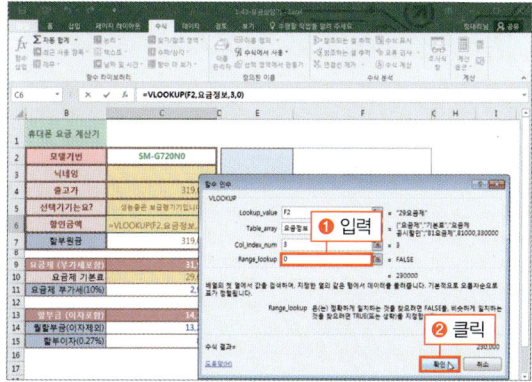 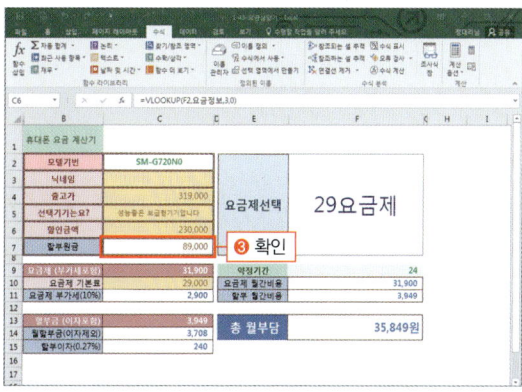

06 | 닉네임 가져오기_01

[C3] 셀을 선택하고 모델 기번에 따른 닉네임 정보를 가져오기 위해 VLOOKUP 함수를 실행합니다. 이곳의 [Lookup_value] 인수로 'C2'를, [Table_array] 인수로는 이름 정의해둔 '기기정보'를 설정합니다.

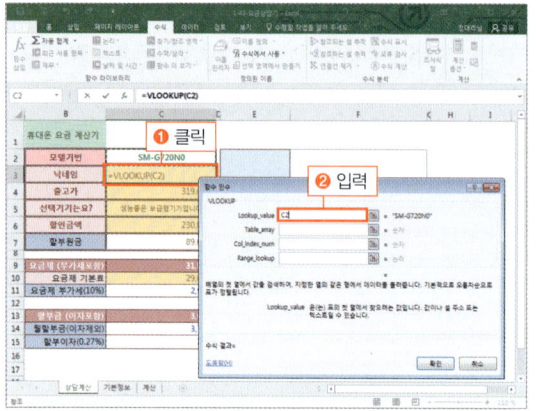 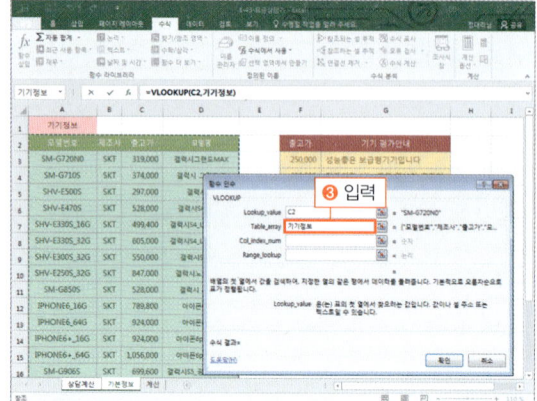

07 | 닉네임 가져오기_02

이전 작업에 이어서 몇 번째 열 정보를 가져올 것인지를 정하는 [Col_index_num] 인수로 '4'를 입력하고, 찾을 데이터 값과 일치하는 값을 찾도록 [Range_lookup] 인수를 '0'으로 설정합니다. [확인]을 클릭하면 [C2] 셀에 입력된 'SM-G72N0'를 '기기정보' 목록에서 찾은 뒤, 해당 행의 4번째 열 정보인 닉네임 '갤럭시그랜드MAX'가 표시됩니다.

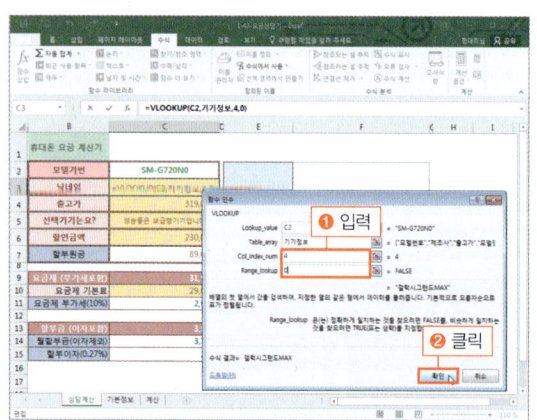 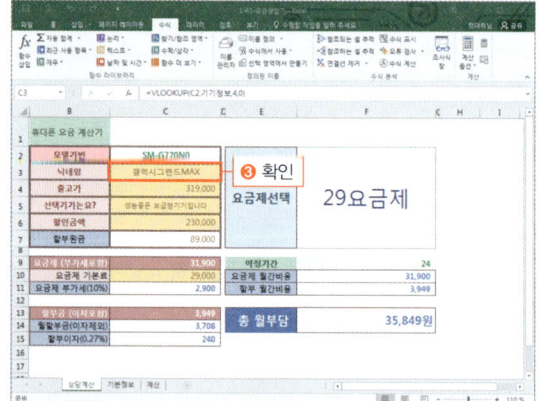

> **TIP** [수식] 탭-[라이브러리] 그룹에서 [찾기/참조 영역]-[INDEX]는 대상 목록의 행 정보, 열 정보를 동시에 입력하여, 행과 열이 교차하는 지점의 데이터 값을 가져오는 함수입니다. 특정 영화의 상영 시간 정보를 가져오거나, 직급과 근속 년에 따른 급여 정보를 가져오는 경우에 많이 사용됩니다. VLOOKUP 함수로도 어느 정도 상충할 수 있는 내용이므로 본문에서는 생략하였습니다.

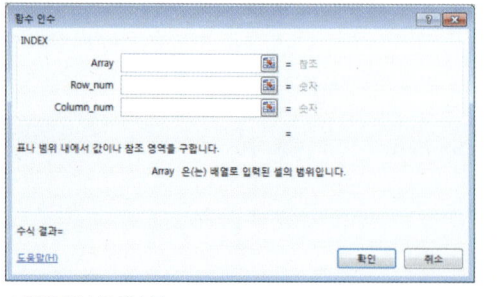

▲ INDEX 함수의 인수들

08 | 결과 확인_01, 기기정보 변경

[C2] 셀을 선택하고 목록에서 'IPHONE8+_64G'를 선택합니다. 변경된 모델 기번에 따라 '닉네임', '출고가', '선택기기는 요?' 정보가 알맞게 수정됩니다.

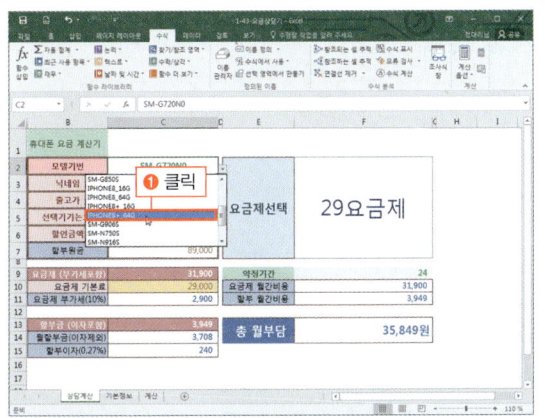 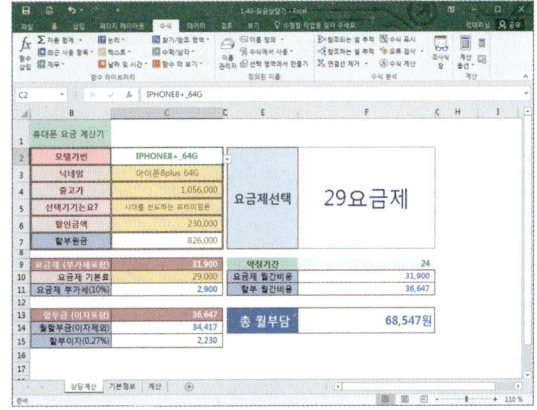

09 | 결과 확인_02, 요금제 변경

이번에는 [F2] 셀을 선택하고 목록에서 '51요금제'를 선택합니다. 변경된 요금제에 따라 '할인금액'과 '요금제 기본료' 정보가 알맞게 수정됩니다. 이처럼 VLOOKUP 함수는 정리해둔 데이터 목록을 참조하여 사용자 의도에 맞는 기획안, 보고서, 상담 양식 등의 문서들에 폭넓게 활용할 수 있습니다.

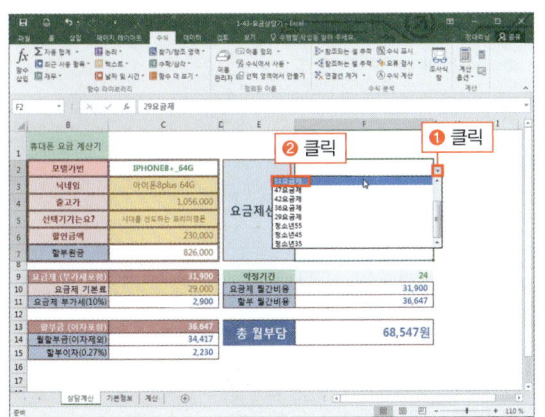 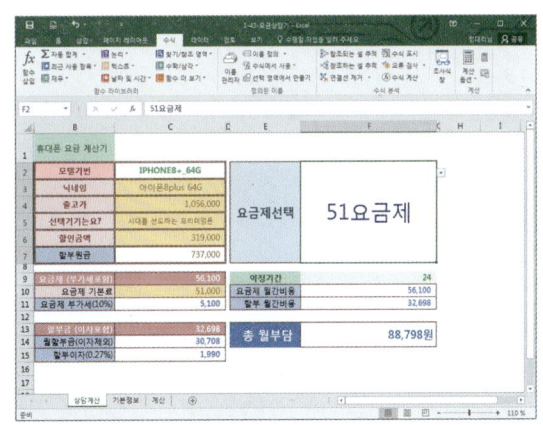

▲ 요금 계산기의 완성 모습

PART 2

파워포인트 2016

특정 제품이나 상황, 비전 등에 관한 프레젠테이션을 위한 설명 요소로써 파워포인트의 슬라이드 문서는 매우 중요하게 활용됩니다. 슬라이드 작성 과정에 더해 발표 과정까지 고려한 다양한 보조 기능들을 하나씩 알아보고, 실제 슬라이드 쇼를 진행하며 파워포인트만의 장점을 익혀봅니다.

CHAPTER ONE

첫번째 챕터

파워포인트 2016, 기본기 다지기

파워포인트 2016을 구성하는 기본 메뉴들을 확인하고,
작업을 위해 필수적으로 알아야 할 기초 내용들에 대해 짚어봅니다.
기본적인 문서 열고/닫기부터
여러 가지 형식의 데이터 입력,
슬라이드 작성과 관리, 인쇄 과정 등에 대해 알아봅니다.

SECTION 01

파워포인트 2016의 화면 구성 살펴보기

이곳에서는 파워포인트 2016을 구성하는 화면 구성 요소들에 대한 기본적인 정의를 알아봅니다. 본격적인 세부 기능별 주요 학습은 이후의 본문들에서 다루도록 하겠습니다.

POINT 01 | 백스테이지 화면 구성

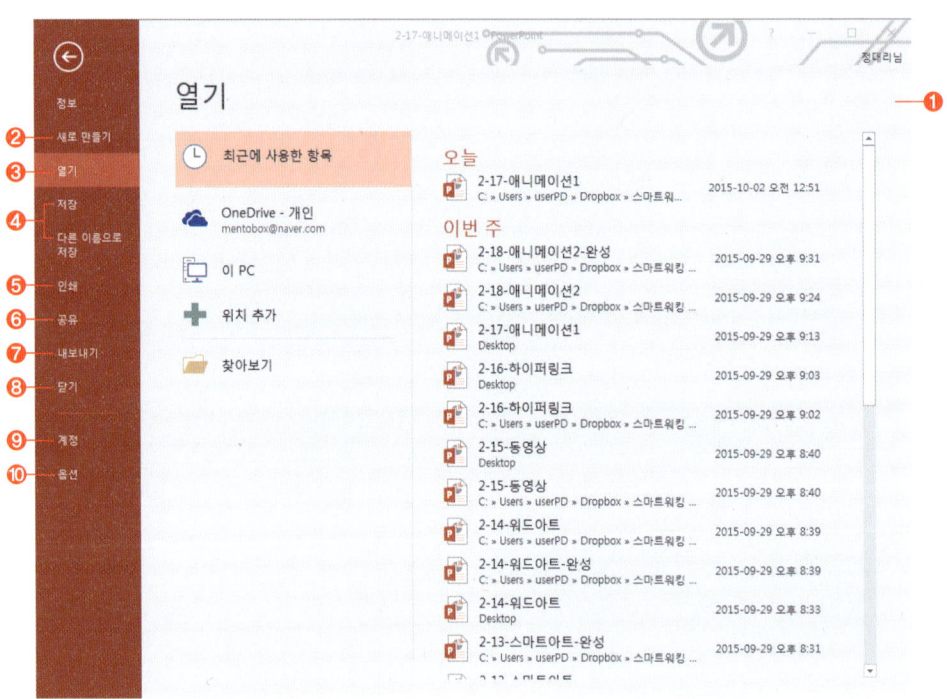

❶ **백스테이지** : 프레젠테이션 문서에 관련된 기본 정보 확인을 비롯해 문서의 열기, 닫기, 저장 등의 명령을 적용할 수 있습니다. 작업 중인 문서가 있다면, 화면 좌측 상단의 화살표 기호를 클릭해 작업 화면으로 돌아갈 수 있습니다.

❷ **새로 만들기** : 비어있는 새 프레젠테이션 문서나 다양한 서식들을 선택해 열 수 있습니다.

❸ **열기** : 다양한 방법으로 저장해둔 프레젠테이션 문서를 불러올 수 있습니다.

❹ **저장/다른 이름으로 저장** : 작업 문서를 현재의 이름, 혹은 다른 이름으로 저장합니다.

❺ **인쇄** : 문서를 출력하기 위한 다양한 보조 기능들이 화면에 표시됩니다.

❻ **공유** : 클라우드에 저장을 통해 다른 사용자와 공유하거나, 전자 메일로 파일을 전송할 수 있습니다.

❼ **내보내기** : 작업 중인 문서를 다양한 형식으로 내보낼 수 있습니다.

❽ **닫기** : 현재의 문서 작업을 종료합니다.
❾ **계정** : 사용자의 MS 계정으로 로그인할 수 있습니다.
❿ **옵션** : 파워포인트 2016의 다양한 세부 설정을 할 수 있습니다.

POINT 02 통합 문서의 작업 화면 구성

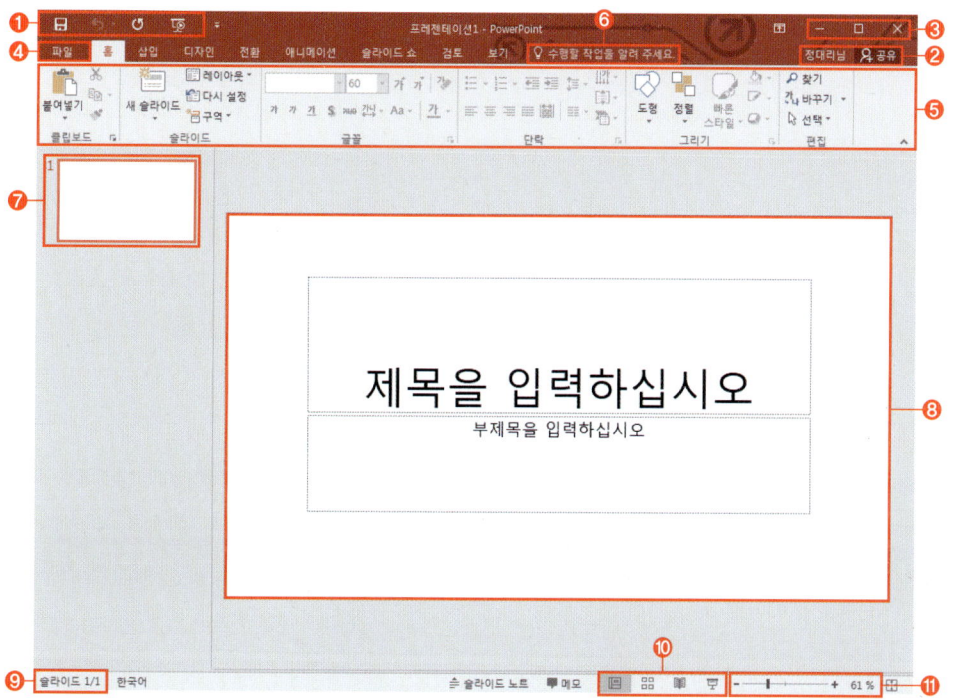

❶ **빠른 실행 도구 모음** : 사용자가 자주 사용하는 기능들을 한눈에 보이도록 꺼내놓은 곳입니다. 필요에 따라 추가/삭제가 가능합니다.

❷ **계정 표시** : MS에 등록한 계정으로 로그인하면, 이곳에 사용자의 계정이 표시됩니다.

❸ **프로그램 창 확대/축소** : 선택에 따라 작업 문서 창을 전체 화면으로 표시하거나 최소화, 혹은 작업 종료를 할 수 있습니다.

❹ **[파일] 탭** : 탭을 클릭하면 문서 자체의 정보를 확인하고 인쇄/열기/저장/닫기 등의 명령을 선택할 수 있는 백스테이지 화면으로 전환됩니다.

❺ **리본 메뉴** : 기능의 성격에 따라 탭-그룹-아이콘으로 체계화된 명령어들의 구분을 리본 메뉴라고 합니다. 각각의 탭을 클릭하면 이와 관련된 명령들이 여러 개의 그룹으로 분류되어 표시됩니다.

❻ **설명** : 작업에 필요한 기능을 검색하여 선택하거나, 관련 도움말들을 찾아 확인할 수 있습니다.

❼ **미리 보기 창** : 슬라이드를 아이콘 형태로 나타내는 곳으로, 슬라이드 생성, 복제, 순서 조정 등의 작업이 이루어집니다.

❽ **슬라이드 창** : 파워포인트 2016의 기본 작업 창으로, 데이터 입력 및 도형, 그림, 영상 등의 개체를 삽입하거나 편집할 수 있습니다.

❾ **슬라이드 번호** : '/' 기호 왼쪽에는 현재 커서가 위치한 곳의 페이지 번호, 오른쪽에는 문서 전체의 페이지 수를 표시합니다.

❿ **화면 보기 단추** : 작업 중인 문서를 다양한 보기 형식으로 확인할 수 있습니다.

⓫ **확대/축소 슬라이드 바** : 드래그하여 보기 배율을 조정할 수 있으며, 슬라이드 바 옆에 표시되는 숫자를 클릭해 직접 원하는 배율을 적용할 수도 있습니다.

태블릿 버전의 화면 구성

• 동영상 : 24-태블릿버전의 화면 구성.wmv

01 | 태블릿 버전의 파워포인트를 실행하면, 열기/최근/새로 만들기/계정을 선택할 수 있는 백스테이지 화면이 나타납니다.

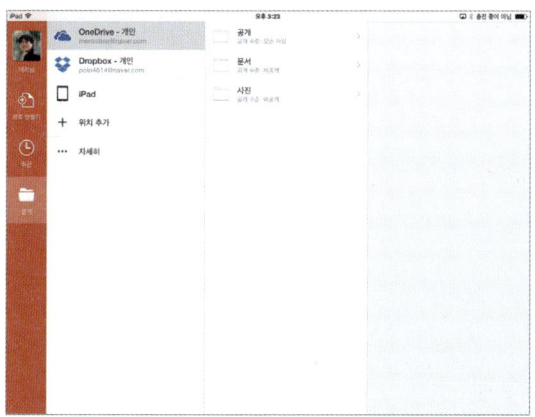

02 | '새 프레젠테이션'을 터치하면, 태블릿 버전의 작업 화면이 나타납니다. 태블릿 버전 역시 PC 버전과 비슷한 화면 구성으로 이루어져 있습니다.

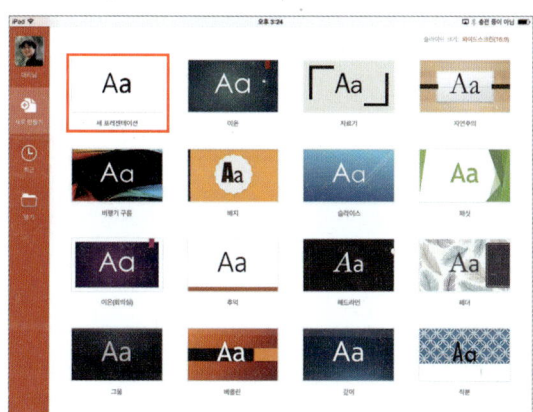
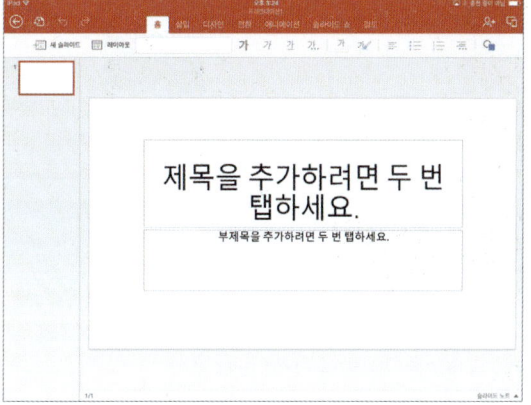

03 | 화면 상단의 리본 메뉴는 홈/삽입/디자인/전환/애니메이션/슬라이드 쇼/검토로 구성되어 있으며, PC 버전에 비해 축약되어 있습니다.

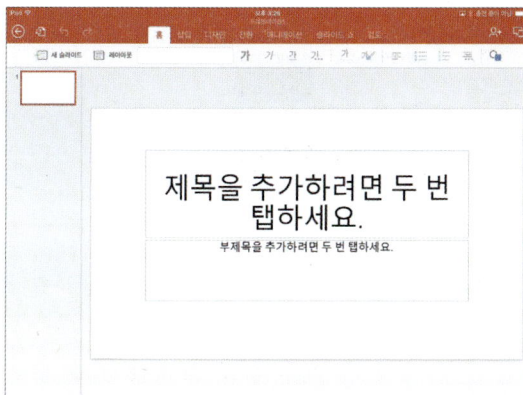
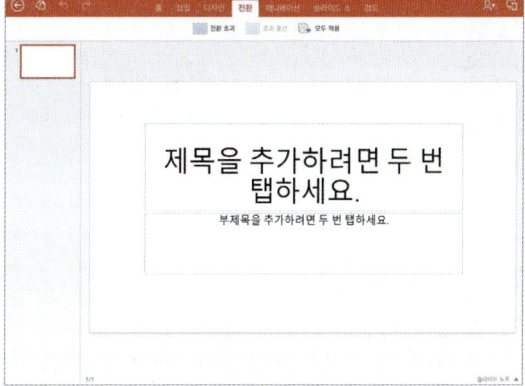

SECTION 02

작업 화면 불러오기

문서 작성을 위해 새 프레젠테이션 문서나 아직 미완성된 저장 파일을 불러오는 다양한 방법들에 대해 알아보고, 이들을 저장하거나 종료하는 과정들에 대해서도 확인해 봅니다.

POINT 01 | 백스테이지에서 프레젠테이션 문서 열기

01 | '새로 만들기'로 빈 프레젠테이션 파일 열기

파워포인트 2016을 실행한 후 [새로 만들기]-[새 프레젠테이션]을 클릭합니다. 새로운 작업을 시작할 수 있는 빈 슬라이드 공간이 나타납니다. 별도로 문서 이름을 지정하지 않는다면, 화면 상단의 '프레젠테이션…'이 현재 문서의 이름이 됩니다.

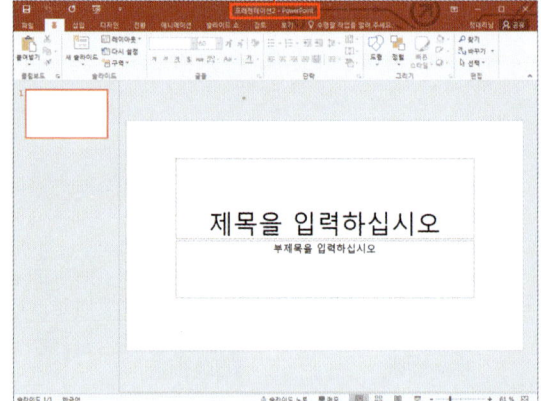

02 | 온라인 검색으로 서식 파일 열기

[새로 만들기]의 검색 창에 '도서'를 입력한 후 Enter 를 누릅니다. 설정된 키워드에 알맞은 슬라이드 서식들이 온라인 검색됩니다. 제공되는 서식을 기반으로 원하는 문서를 보다 빠르게 제작할 수 있습니다.

> **TIP** 서식 파일 살펴보기
>
> 아래의 그림들은 검색한 서식들을 더블클릭해 파워포인트 2016에서 열어본 화면입니다. 이를 통해 많이 활용되는 양식 형태를 참고할 수 있으며, 앞으로 배울 기능들이 슬라이드에서 어떻게 구현되는지 확인할 수 있습니다.

▲ 프로젝트 계획/보고서 서식

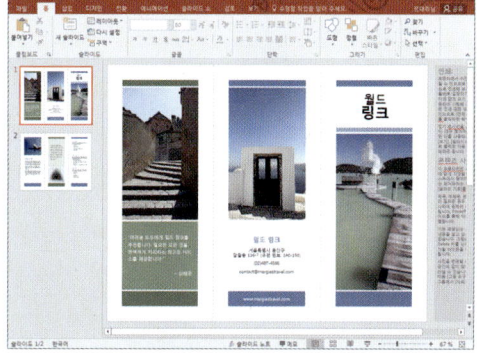
▲ 여행 브로슈어/팜플렛 서식

03 | 파일 탐색기에서 문서 열기

파일 탐색기를 이용하여 원하는 파워포인트 파일을 더블클릭합니다. 파워포인트 2016이 자동 실행되며, 선택한 프레젠테이션 문서 파일이 나타납니다.

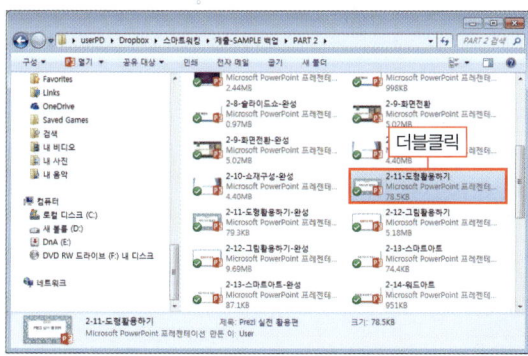
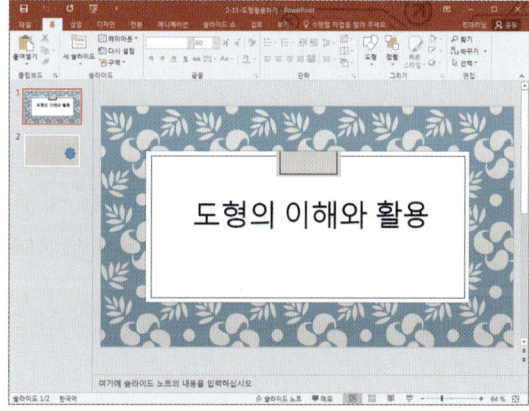

04 | '최근에 사용한 통합 문서'로 열기

[열기]-[최근에 사용한 항목]을 클릭하면, 최근 작업한 문서를 일목요연하게 보여줍니다. 이들 중 원하는 문서 명을 클릭해 해당 문서를 바로 실행할 수 있습니다.

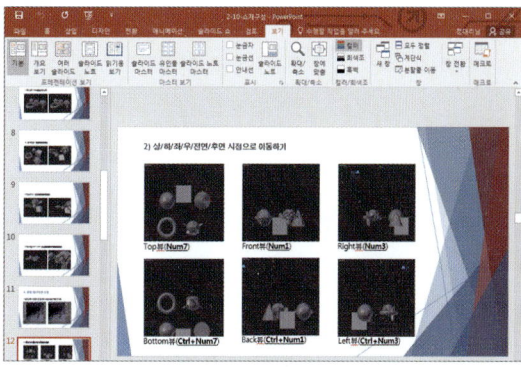

자주 쓰는 문서 고정하기

주간이나 월간 단위로 반드시 꺼내보고 업데이트하는 주요 문서라면 항상 [고정됨]에 표시되도록 핀 모양 아이콘을 클릭하여 고정할 수 있습니다. 이렇게 고정된 문서는 다시 핀 모양 아이콘을 클릭해 핀 고정을 해제할 수도 있습니다.

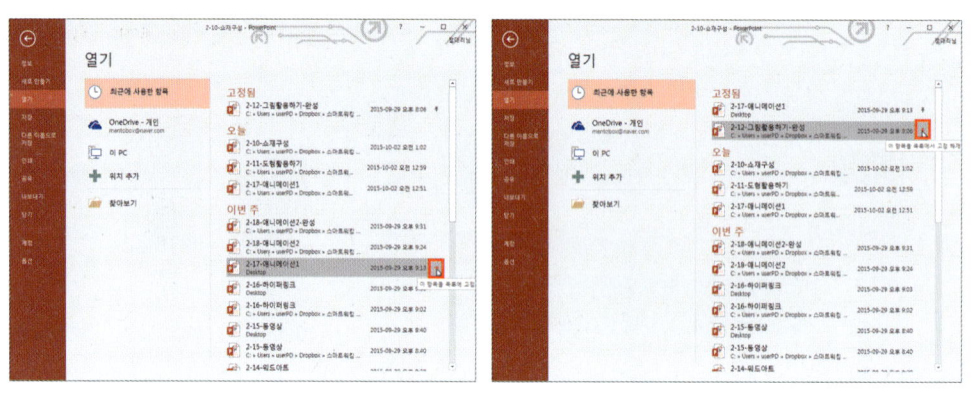

POINT 02 프레젠테이션 문서의 저장과 종료

01 | '저장'으로 파일 저장하기

빈 공간만 주어지는 '새 프레젠테이션' 문서 화면에 간단한 내용을 입력합니다. 이어 화면 상단에서 [저장]을 클릭하면, 백스테이지 화면의 [다른 이름으로 저장]이 선택됩니다. 아직 별도의 이름을 부여하지 않은 상태이기에 [다른 이름으로 저장]으로 넘어가는 것이므로, 이곳의 저장될 폴더로 [이 PC]-[Documents]를 클릭합니다.

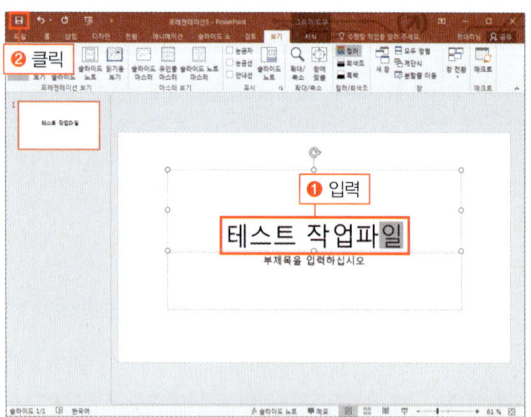
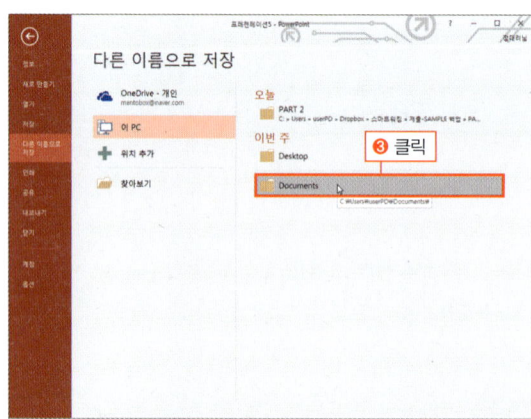

02 | 추가 작업 후 '저장'

[다른 이름으로 저장] 대화상자가 나타나면 경로 폴더가 설정된 것을 확인한 후 [파일 이름]에 '테스트 작업파일'을 입력하고 [저장]을 클릭합니다. 이어서 슬라이드 제목으로 '텍스트 작업파일'이라는 문구를 입력하고, 화면 상단의 [저장]을 클릭합니다. 이름 설정이 되었기에 이전과 달리 현재 문서명으로 덧씌워지며 저장됩니다.

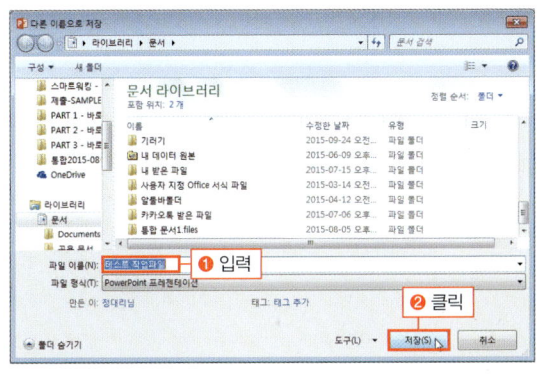
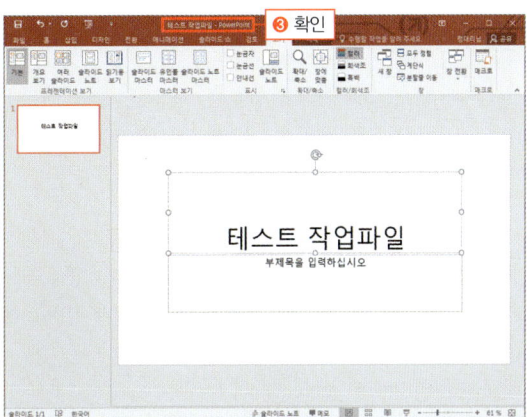

> **TIP 이전 버전 파일 열기 '호환 버전'**
>
> 문서를 저장할 때, 파일 형식을 'PowerPoint 97-2003 프레젠테이션'으로 설정한 뒤 저장하면 이전 버전 사용자들도 문서를 열어 확인할 수 있는 ppt 형식으로 저장됩니다. 이렇게 이전 버전으로 저장된 파일을 파워포인트 2016에서 열어보면 파일명 옆에 '호환 모드'라는 표시가 나타납니다.
>
>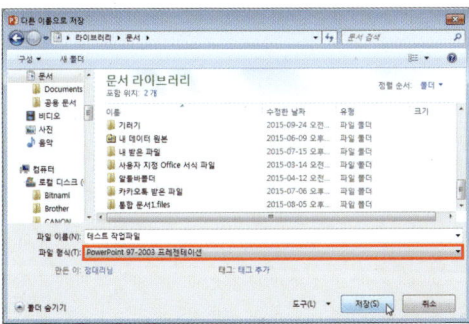
>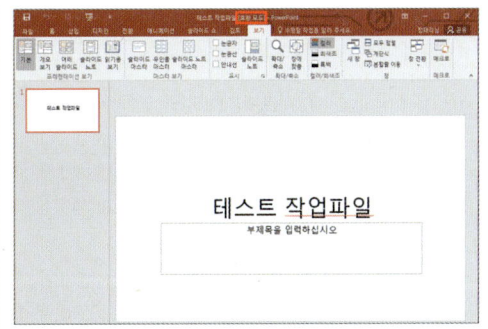

> **TIP 'PowerPoint 쇼' 형식으로 저장**
>
> 파워포인트가 설치되어 있지 않은 곳에서 프레젠테이션을 해야 하는 경우라면 백스테이지 화면에서 [내보내기]-[파일 형식 변경]-[PowerPont 쇼]를 클릭하고, 하단의 [다른 이름으로 저장]을 클릭해 저장 과정을 진행합니다. 이제 설정해둔 폴더에 저장된 파일을 클릭하면, 파워포인트가 설치되어 있지 않아도 슬라이드 쇼가 진행됨을 확인할 수 있습니다.
>
>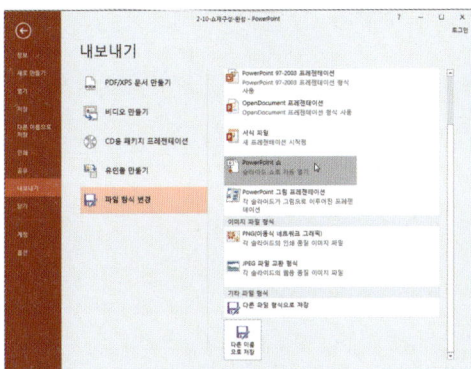
>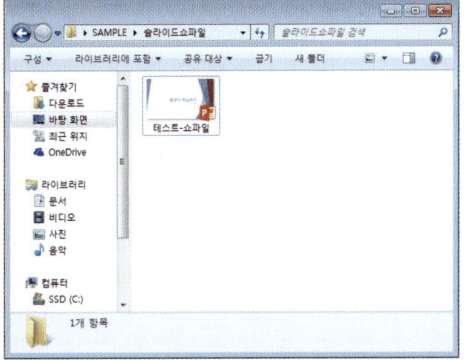

03 | '다른 이름으로 저장'으로 저장하기

이전 작업에 이어서 부제목 입력 공간에 '수정내용 입력하기'라는 내용을 추가 입력합니다. [저장]을 클릭하면 추가된 작업이 현재 파일명에 덧씌워져 저장됩니다. 반면 추가된 내용을 다른 이름의 새로운 문서 파일로 제작하고 싶다면, 백스테이지 화면의 [다른 이름으로 저장]을 클릭하고 과정을 진행하면 됩니다.

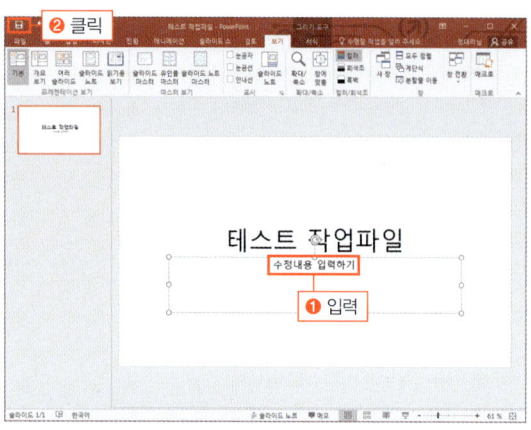
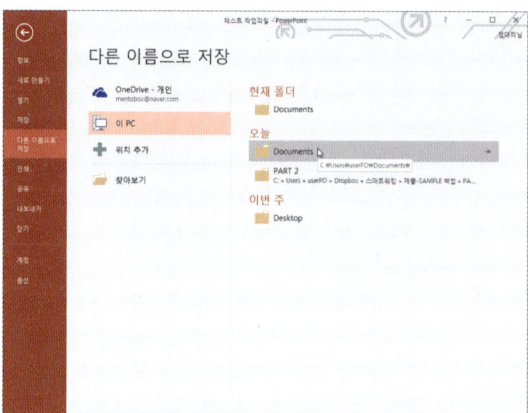

04 | '닫기'로 작업 종료하기

슬라이드 작성 화면 우측 상단의 [X]를 클릭하거나, 백스테이지 화면의 [닫기]를 클릭하면 현재 열려진 작업 문서가 종료됩니다. 단, 추가 작업 이후 별도의 저장 과정 없이 [닫기]를 클릭하면 작업 내용들을 저장할 것인지를 묻는 대화상자가 나타납니다.

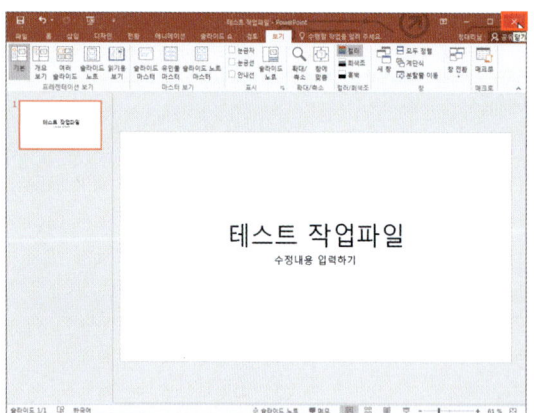
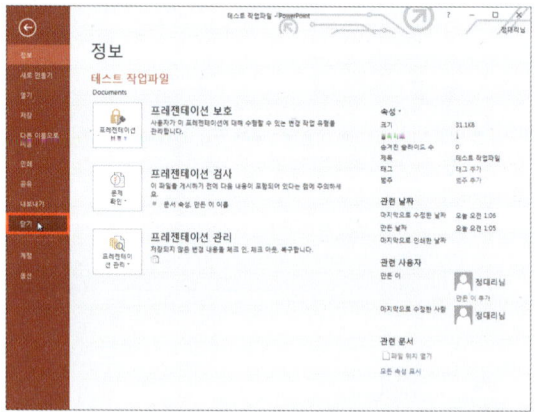

> **TIP** 다른 방식으로 작업 종료
> 화면 상단에서 마우스 오른쪽 버튼을 클릭하면 나오는 메뉴에서 [닫기]를 선택해 프레젠테이션 문서 작성을 종료하거나, 파워포인트 2016의 크기를 최소화/최대화할 수 있습니다.

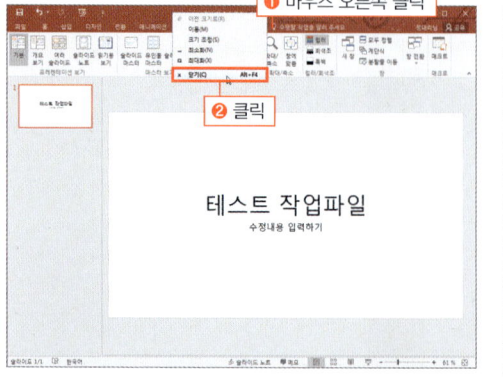

파워포인트 열고/닫기

• 동영상 : 25-파워포인트 열고 닫기.wmv

01 | 백스테이지 화면의 [새로 만들기]에서 기본으로 제공되는 각종 서식 문서들을 한 번의 터치로 열어 확인할 수 있습니다.

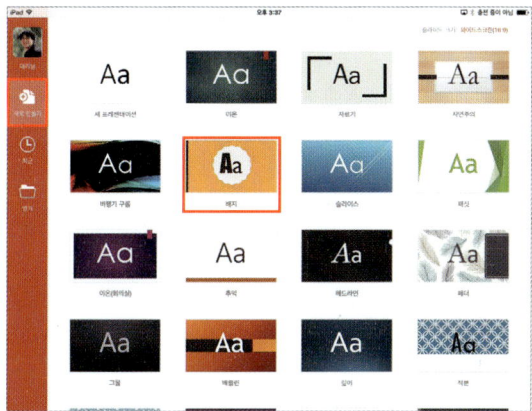
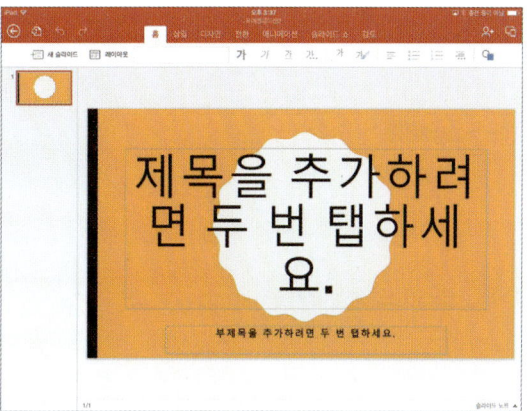

02 | 태블릿 버전에서는 자동 저장이 기본 설정이지만, [새로 만들기]를 통해 열려진 임시 문서는 수정 작업 후, 저장될 이름을 설정하기 위해 [다른 이름으로 저장] 팝업 창이 나타납니다.

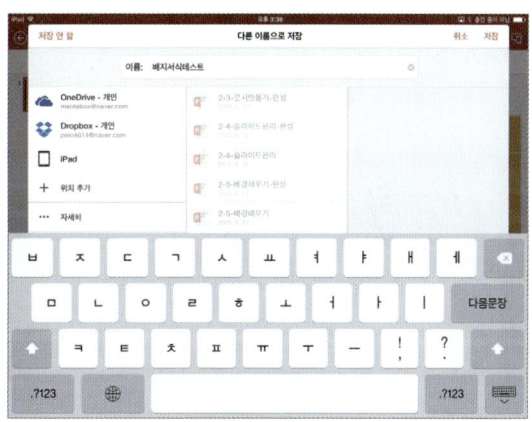

03 | 한 번 독립된 이름으로 저장된 문서는 다시 추가 작업을 하고 백스테이지 화면으로 돌아갈 때 해당 이름으로 자동 저장이 됩니다. 참고로 [최근] 항목에서 핀을 고정해 자주 사용하는 문서를 쉽게 선택할 수도 있습니다.

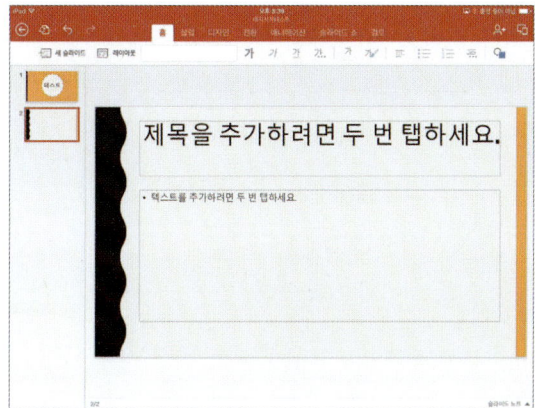

SECTION 03

슬라이드 작성하기

비어있는 슬라이드에 여러 가지 형식의 데이터를 입력해 보고, 문장을 돋보이게 만드는 기본 서식들을 적용해 봅니다. 아울러 작업의 기본이 되는 슬라이드의 생성과 제거, 이동, 레이아웃 수정 등에 관해서도 살펴봅니다.

| 예제파일 | 초기명함-앞.jpg | 완성파일 | 2-3-문서만들기-완성.pptx

POINT 01 | 슬라이드 만들기

01 | 슬라이드 생성하기

백스테이지에서 [새로 만들기]-[새 프레젠테이션]을 클릭해 빈 슬라이드 화면을 표시합니다. 이어서 [삽입] 탭-[슬라이드] 그룹에서 [새 슬라이드]를 클릭하면, 새로운 내용을 입력할 수 있는 빈 슬라이드가 삽입되는 것을 확인할 수 있습니다.

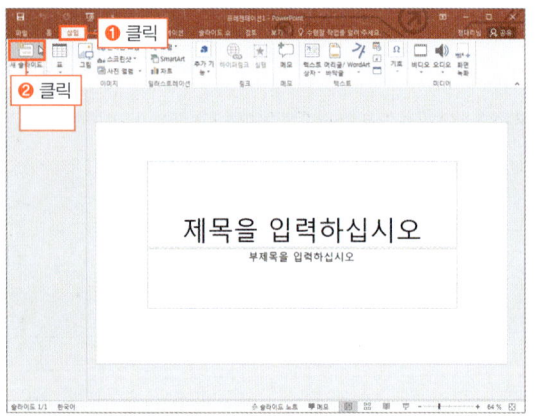
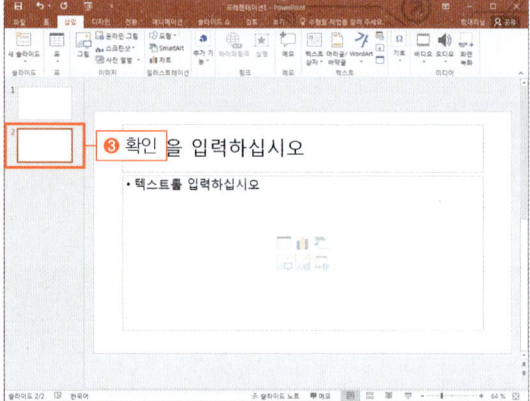

02 | 다른 레이아웃 삽입하기

이번에는 [삽입] 탭-[슬라이드] 그룹에서 [새 슬라이드]-[비교]를 클릭합니다. 이전에 삽입했던 '제목 및 내용'과는 다른 '비교' 레이아웃의 슬라이드가 삽입되는 것을 확인할 수 있습니다. 상단의 제목으로 각각 '프레젠테이션 '비교' 양식'을 입력합니다.

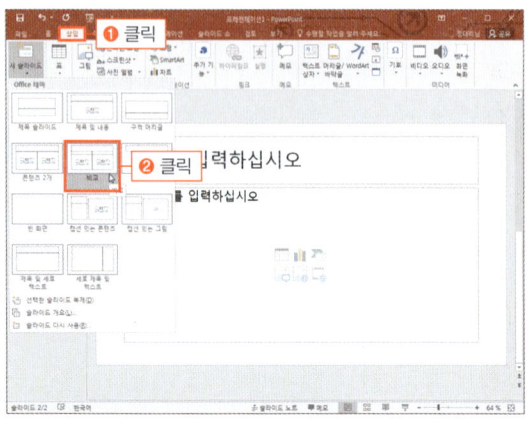
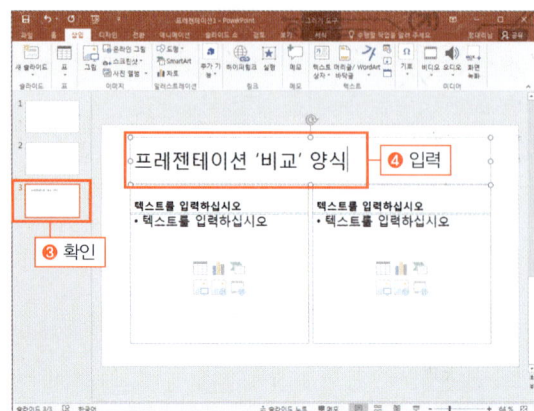

POINT 02 텍스트 개체 틀에 내용 입력하기

01 | 목록 입력하기

목록을 만들기 위해 그림과 같이 문장을 입력합니다. 하나의 목록 문장을 작성한 후 Enter 를 누르면, 줄 바꿈이 되어 다음 문장을 입력할 수 있습니다.

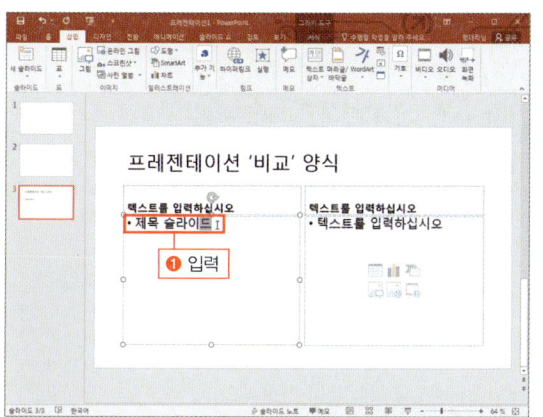
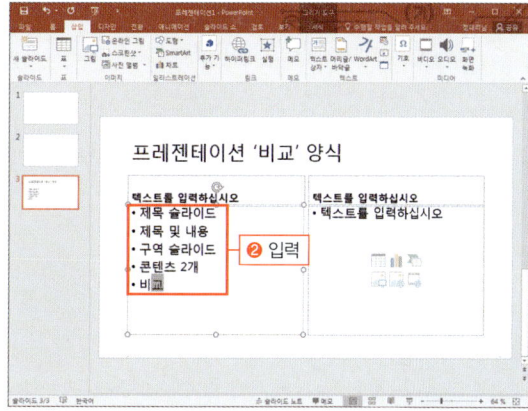

> **TIP** 텍스트 개체 틀에서는 데이터 입력과 더불어 차트, 스마트아트, 그림, 기타 개체 들을 삽입할 수 있는 희미한 아이콘들이 표시됩니다. 본문에서는 [삽입] 탭을 통한 해당 개체들의 삽입과 활용을 이어지는 Section들에서 다루고 있습니다.

02 | 일부 영역 글꼴 색/크기 조정

제목 문장 중에 '프레젠테이션'을 드래그하여 선택하고 [홈] 탭–[글꼴] 그룹에서 [굵게]를 클릭합니다. 이어서 [홈] 탭–[글꼴] 그룹에서 [글꼴 색]–[진한 빨강]으로 설정하고, [글꼴 크기 크게]를 '54'로 설정합니다.

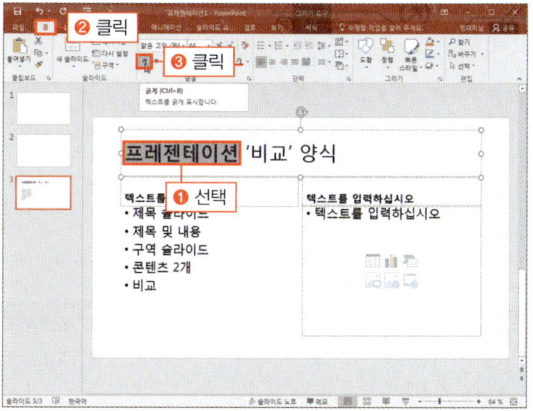
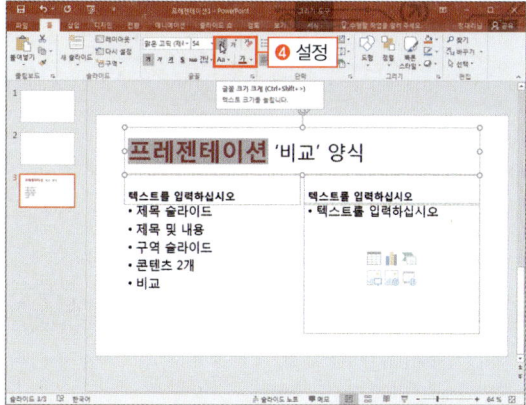

03 | 모든 문장 서식 적용

목록이 입력된 텍스트 개체 틀 가장자리를 클릭하면, 개체 틀이 실선으로 표시됩니다. 이 상태로 [홈] 탭-[글꼴] 그룹에서 [글꼴 색]-[녹색]으로 설정합니다. 개체 틀이 실선으로 변한 상태에서는 틀 안에 배치된 문장 전체가 한 번에 서식 조정되는 것을 확인할 수 있습니다.

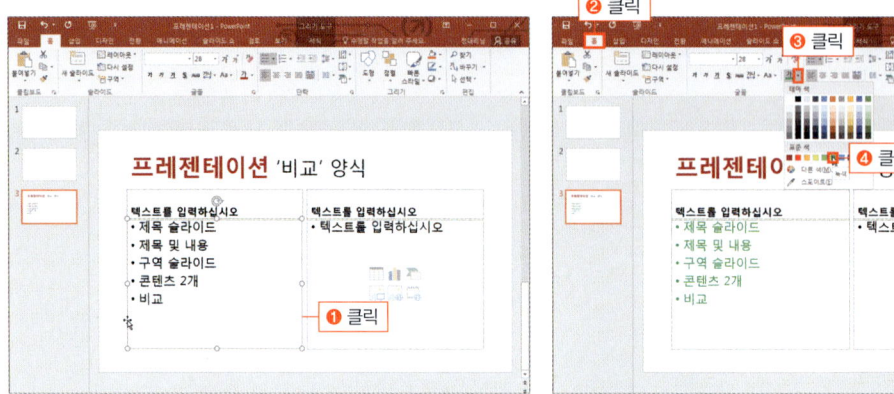

04 | 개체 틀 제거하기

필요 없는 개체 틀은 쉽게 제거할 수 있습니다. 슬라이드 우측 상단에 있는 개체 틀의 가장자리를 선택한 후 Delete 를 눌러 해당 개체 틀을 제거합니다.

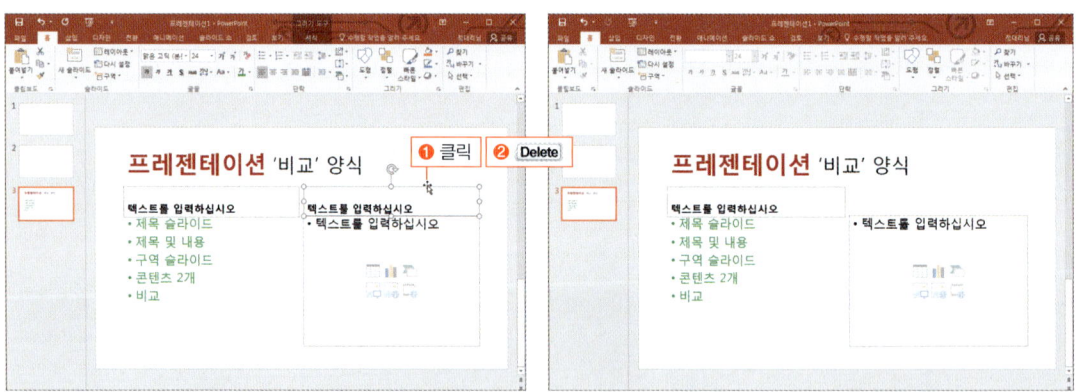

05 | 레이아웃 변경하기

[홈] 탭-[슬라이드] 그룹에서 [레이아웃]을 보면 현재 적용된 '비교' 레이아웃이 선택되어 있는 것으로 확인할 수 있습니다. 이곳에서 '캡션 있는 콘텐츠' 레이아웃을 선택하면, 기존 레이아웃이 설정에 맞도록 변경됩니다.

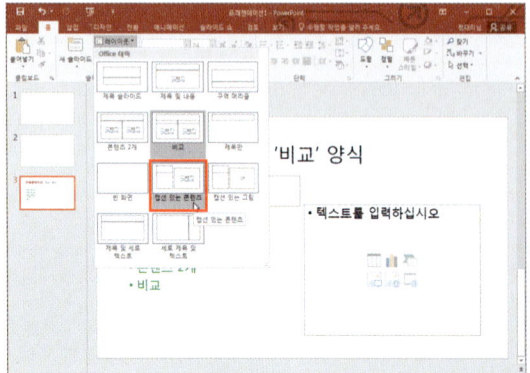 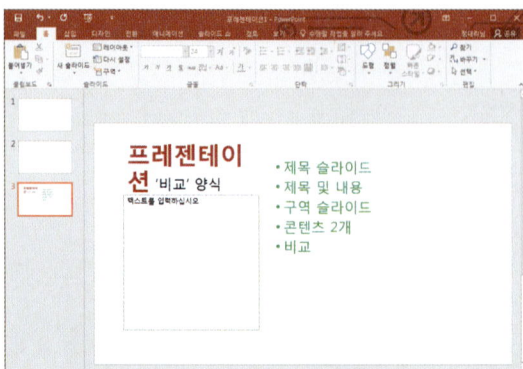

06 | 개체 틀 크기 및 위치 조정

변경된 레이아웃을 조금 더 수정해 보겠습니다. 좌측 하단의 텍스트 개체 틀을 선택하고 Delete 를 눌러 삭제합니다. 이어서 상단의 제목 개체 틀을 선택하고 우측의 조절점을 드래그해 그림과 비슷한 크기가 되도록 설정합니다.

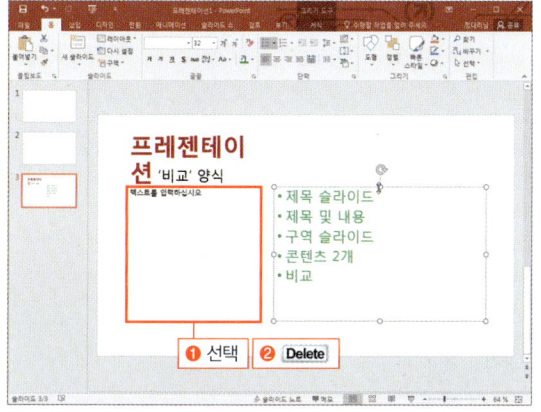
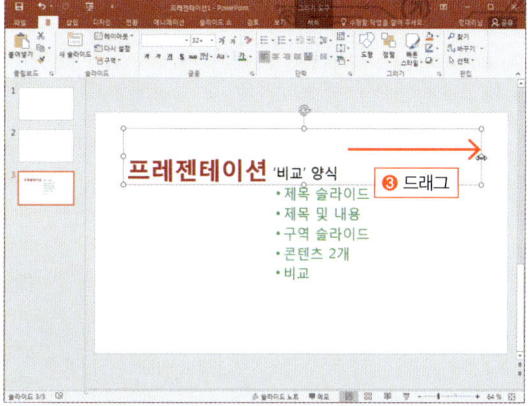

POINT 03 | 한자/특수 기호 삽입하기

01 | 한자 삽입

3번 슬라이드의 제목 문장에서 '비교' 단어를 선택하고 [검토] 탭-[언어] 그룹에서 [한글/한자 변환]을 클릭합니다. [한글/한자 변환] 대화상자에서 문장에 맞는 한자를 선택한 후 [입력 형태]를 [漢字(한글)]로 체크하고 [변환]을 클릭합니다.

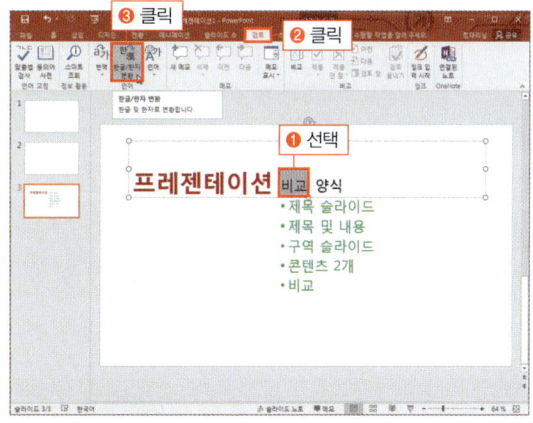

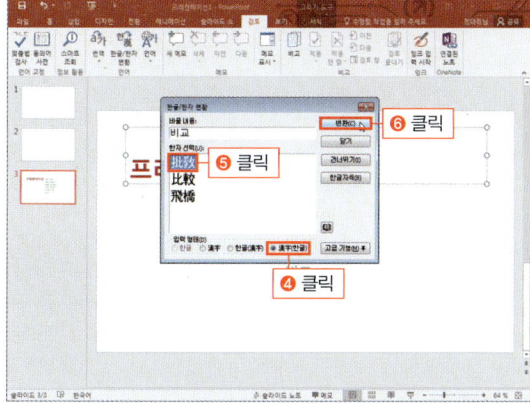
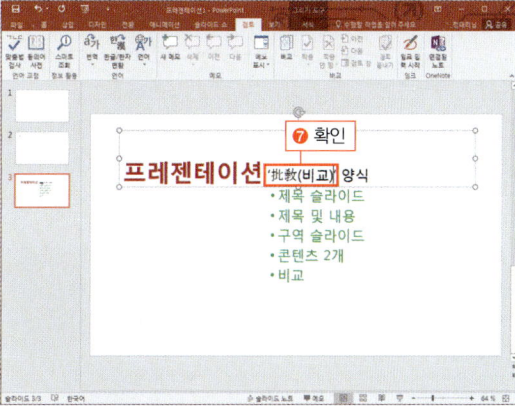

02 | 기호 삽입

제목 문장의 제일 앞에 커서를 위치시킨 후 [삽입] 탭–[기호] 그룹에서 [기호]를 클릭합니다. [기호] 대화상자에서 [하위 집합] 항목의 목록을 다르게 설정하면 숨어있는 다양한 기호들을 확인할 수 있습니다. 이들을 더블클릭하거나 선택한 후 [삽입]을 클릭하여 해당 기호들을 삽입해 봅니다.

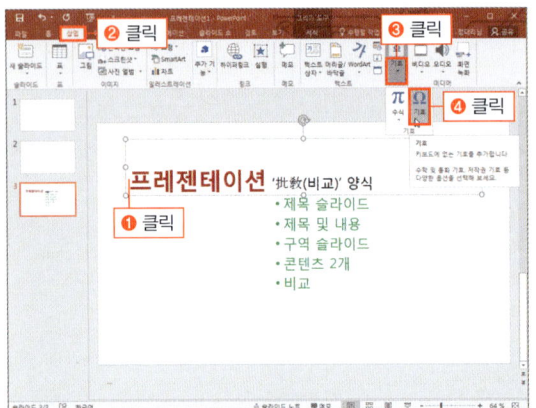
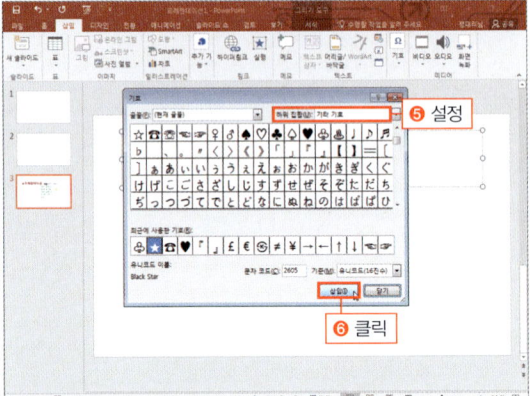

TIP [기호] 대화상자를 활용해 삽입하는 기호 형태는 대체로 '하위 집합' 목록이 '상자 그리기 기호', '네모/도형/기타/원형' 등으로 선택되었을 때 쉽게 찾아볼 수 있습니다. 목록에서 이들을 선택하고 각 항목 마다의 주요 기호 형태를 살펴봅니다.

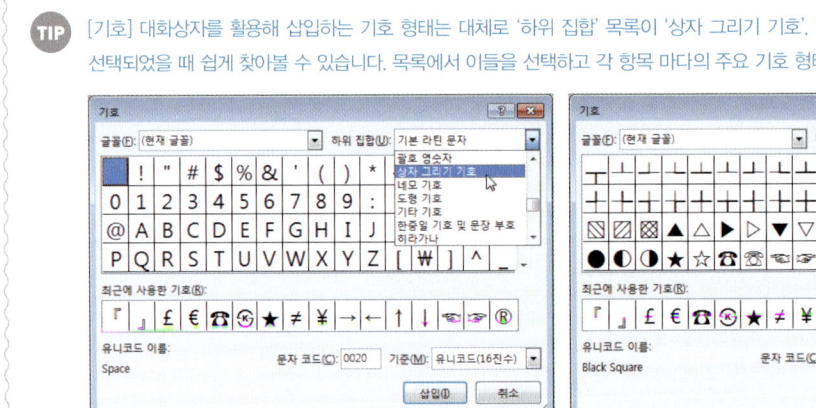

03 | 결과 확인

[기호] 대화상자의 [닫기]를 클릭한 후 이전에 삽입한 기호들을 확인합니다.

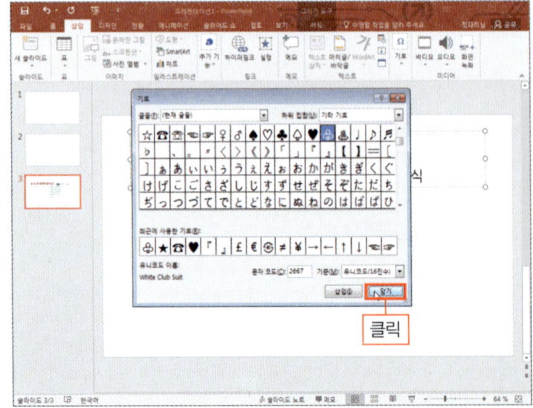
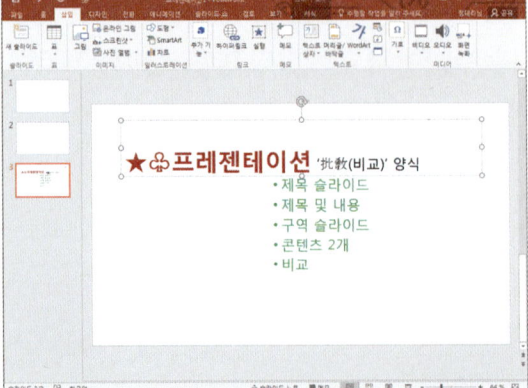

POINT 04 목록 조정 및 그림 삽입

01 | 번호 매기기/글머리 기호

목록이 입력된 개체 틀을 클릭한 후 [홈] 탭-[단락] 그룹에서 [글머리 기호]-[대조표 글머리 기호]를 클릭합니다. 옵션 선택 과정에서 마우스 포인터 위치에 따라 실시간 미리 보기가 되어 슬라이드에 어울리는 기호를 쉽게 선정할 수 있습니다. 같은 방식으로 [홈] 탭-[단락] 그룹에서 [번호 매기기]를 이용하여 그림과 같은 번호가 표시되도록 설정합니다.

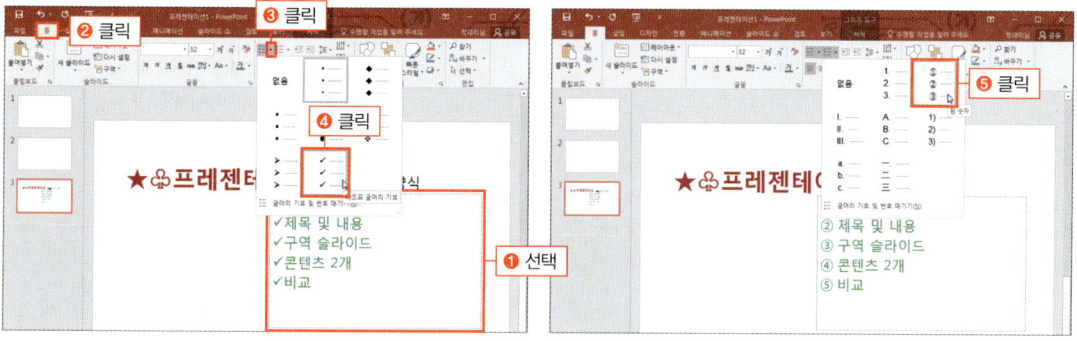

TIP 특수한 형태의 기호를 글머리 기호로 사용할 수 있습니다. [글머리 기호]-[글머리 기호 및 번호 매기기]를 선택한 뒤, [사용자 지정]을 클릭하면 원하는 형태의 기호를 [기호] 대화상자에서 설정하면 됩니다.

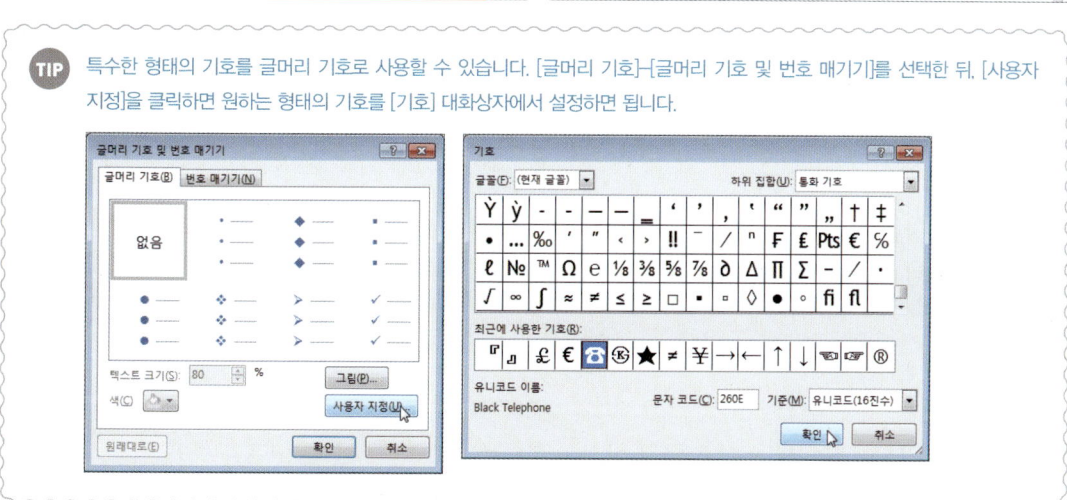

02 | 그림 삽입

3번 슬라이드가 선택된 상태로 [삽입] 탭-[이미지] 그룹에서 [그림]을 클릭합니다. [그림 삽입] 대화상자가 나타나면 '초기명함-앞.jpg' 파일을 선택하고 [삽입]을 클릭합니다.

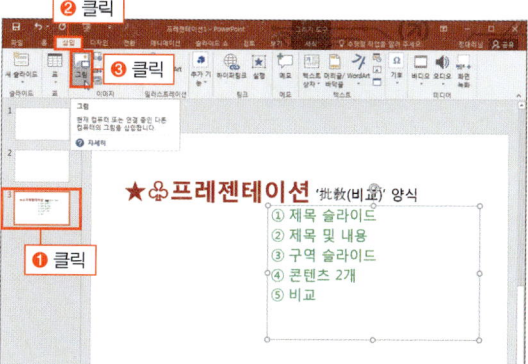
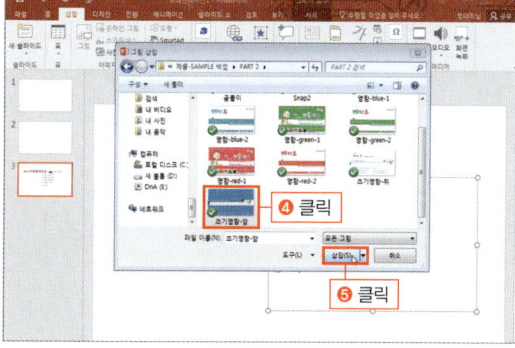

03 | 그림 크기 조정 및 배치하기

슬라이드에 삽입된 그림을 그림과 같은 위치로 이동시키고, 테두리 조절점을 드래그해 슬라이드와 어울리는 크기로 조정합니다. 이어서 우측 하단의 텍스트 개체 틀을 선택하고 [홈] 탭-[단락] 그룹에서 [줄 간격]-[1.5]의 줄 간격이 되도록 설정을 변경합니다.

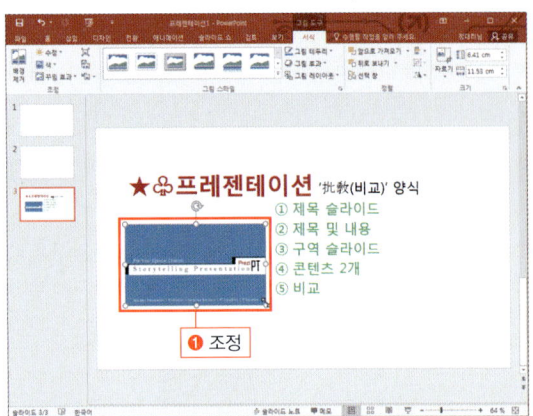
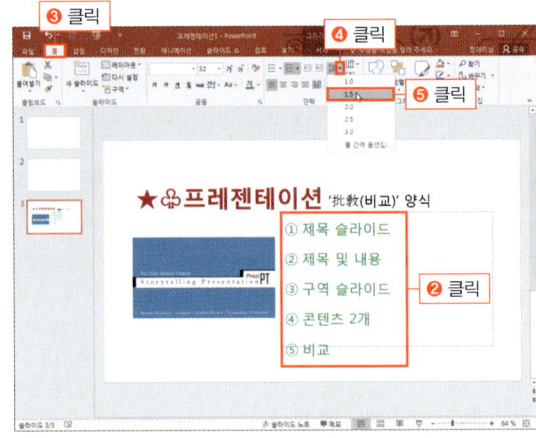

TIP 슬라이드에 삽입된 사진을 클릭한 상태에서 원하는 위치로 드래그해 이동시킬 수 있습니다. 사진을 이동시킬 때에는 주변 개체들과의 정렬을 위한 가상선이 자동으로 표시되어, 이를 참조해 쉽게 배치할 수 있습니다.

POINT 05 | 슬라이드 복제

01 | 슬라이드 복제하기

슬라이드 미리 보기 창의 3번 슬라이드 위에서 마우스 오른쪽 버튼을 클릭한 후 [중복 슬라이드]를 선택하면, 선택된 슬라이드 그대로의 복제품이 새롭게 삽입됩니다. Ctrl + D 를 눌러도 동일한 명령을 적용할 수 있습니다.

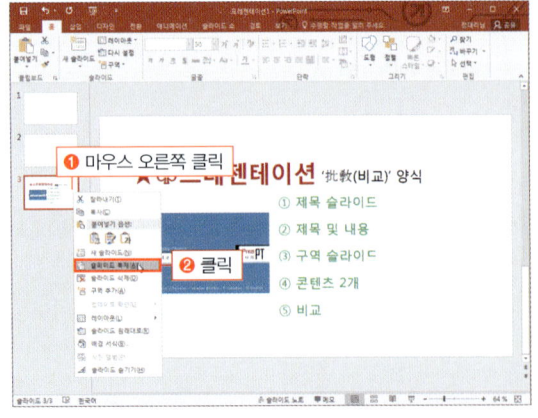
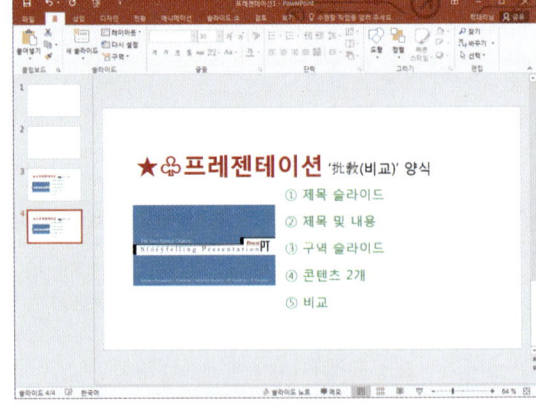

02 | 빈 슬라이드 삽입 및 제거하기

슬라이드 미리 보기 창에서 Enter 를 누르면, 이전 슬라이드와 동일한 레이아웃의 새 슬라이드가 삽입됩니다. 슬라이드 미리 보기 창에서 슬라이드를 선택하고 Delete 를 누르거나, 마우스 오른쪽 버튼을 클릭하고 [슬라이드 삭제]를 선택하면 해당 슬라이드를 제거할 수 있습니다.

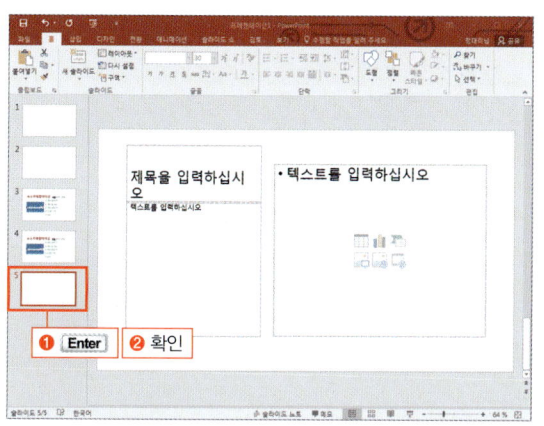
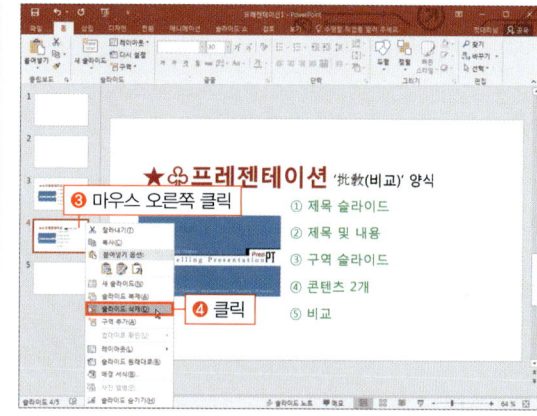

TIP 슬라이드 복제는 Ctrl + D 를 눌러서도 실행 가능합니다.

03 | 슬라이드 위치 이동

슬라이드 미리 보기 창에서 옮길 대상 슬라이드를 드래그하면, 쉽게 원하는 위치로 슬라이드를 이동할 수 있습니다.

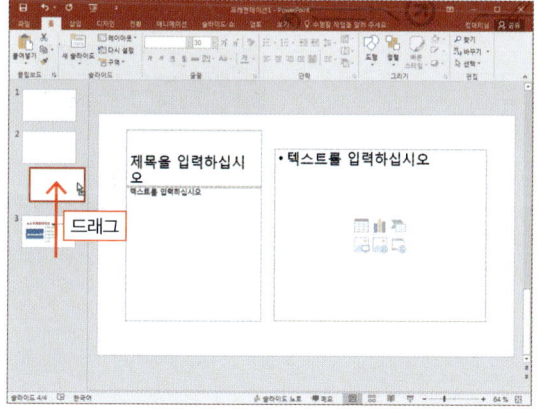
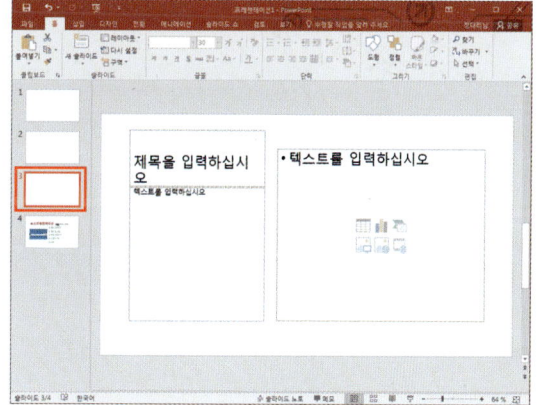

슬라이드 생성

• 동영상 : 26-슬라이드 생성.wmv

01 | 태블릿 버전에서도 슬라이드의 텍스트 개체 틀을 터치해, 다양한 서식 설정이 가능합니다. 강좌에서는 기본적인 글꼴 모양, 크기 조정, 굵기, 글꼴 색 등의 서식을 수정해 보고, 슬라이드 자체의 배경색도 다른 느낌으로 변경해보았습니다.

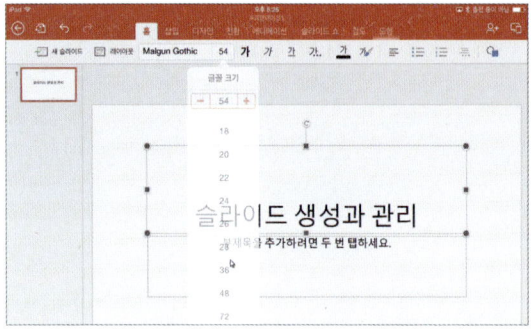 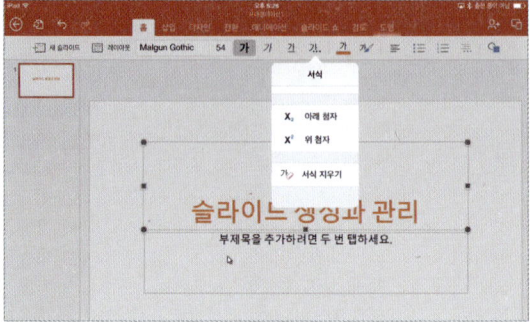

02 | [홈] 탭-[새 슬라이드]에서 다음 작업을 위한 다양한 레이아웃의 새 슬라이드를 선택할 수 있습니다. 생성된 슬라이드의 텍스트 개체 틀에 적절한 내용을 입력하고 서식 조정을 해봅니다. 아울러 슬라이드와 어울리는 그림 삽입 및 조절 방법도 간단하게 알아봅니다.

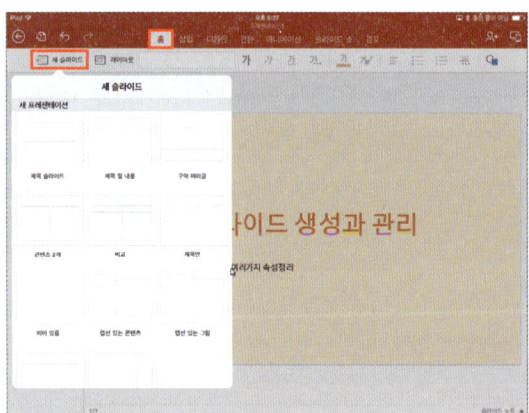 

03 | 화면 좌측 슬라이드 미리 보기 창에서 슬라이드를 그대로 복제할 수 있습니다. 또는, 선택된 슬라이드의 레이아웃을 다른 구성으로 변경하는 것도 가능합니다.

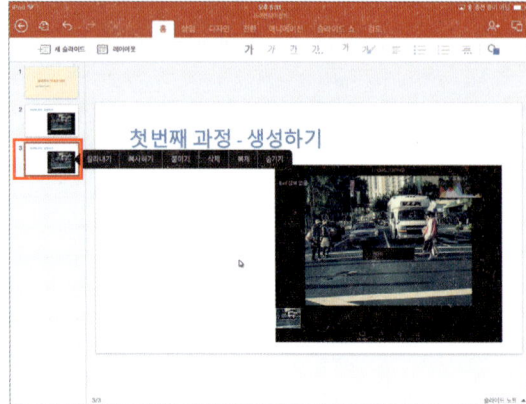 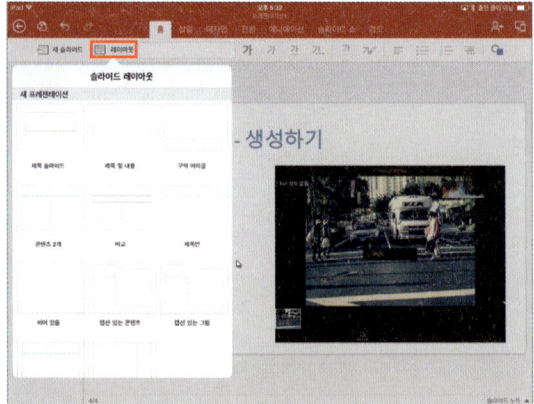

SECTION 04

슬라이드 관리하기

파워포인트 2016에서 제공하는 화면 보기 방식 중 '여러 슬라이드'는 매우 유용합니다. 슬라이드 전체의 흐름을 조망할 수 있으며, 구역을 나누거나 이동 및 복제 등의 관리 과정을 간편하게 적용할 수 있습니다.

| 예제파일 | 2-4-슬라이드관리.pptx | 완성파일 | 2-4-슬라이드관리-완성.pptx

POINT 01 | 여러 슬라이드 보기

01 | 슬라이드 재배치

'2-4-슬라이드관리.pptx' 파일을 열고 3번 슬라이드를 드래그하여 5번 슬라이드 뒤로 이동시킵니다.

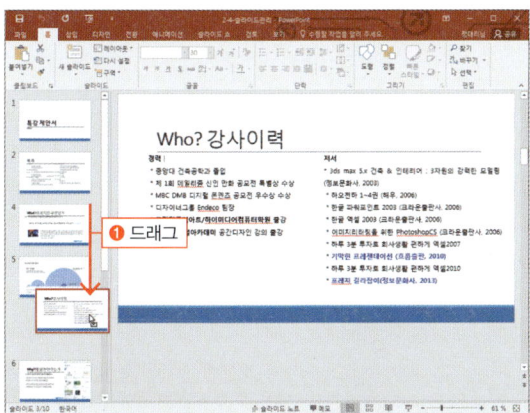
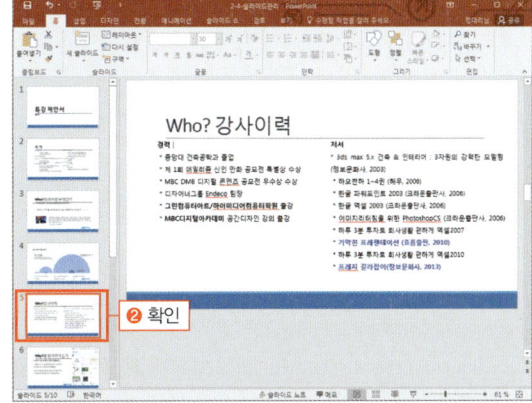

02 | 여러 슬라이드에서 배치

[보기] 탭-[프레젠테이션 보기] 그룹에서 [여러 슬라이드]를 클릭합니다. [기본]이었던 파워포인트의 화면 보기 방식이 수많은 슬라이드 아이콘으로 구성된 [여러 슬라이드]로 변경됩니다. `Ctrl`을 누르고 드래그하거나, 화면 우측 하나의 확대/축소 슬라이드 바를 드래그해 아이콘의 크기를 조정할 수 있습니다.

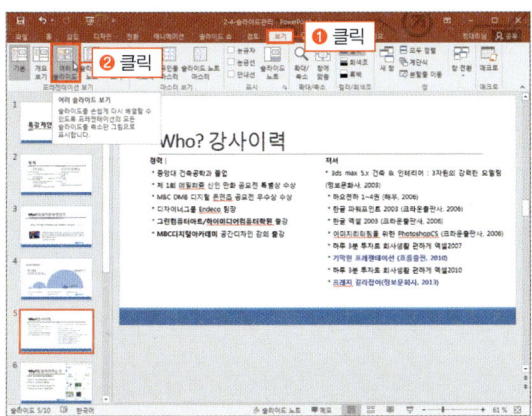
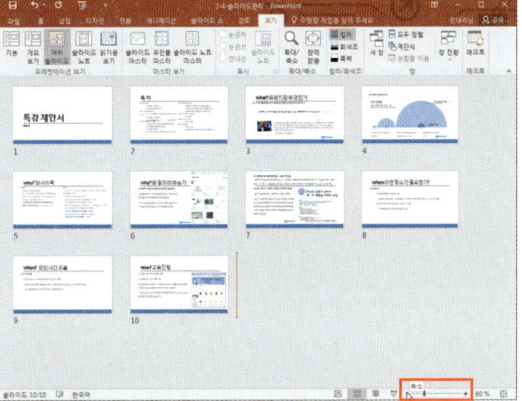

03 | 여러 슬라이드에서 이동하기

Ctrl을 누르고 3번, 4번 슬라이드를 다중 선택합니다. 이어서 이들을 7번 슬라이드 뒤로 드래그해 이동시킵니다.

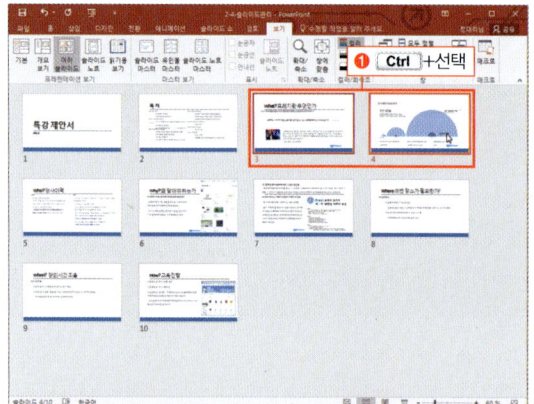
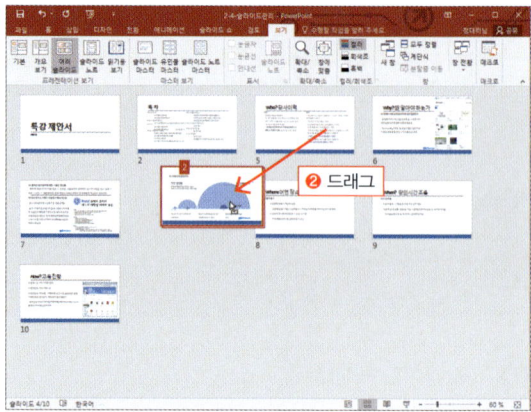

▲ 선택한 슬라이드 이동 중

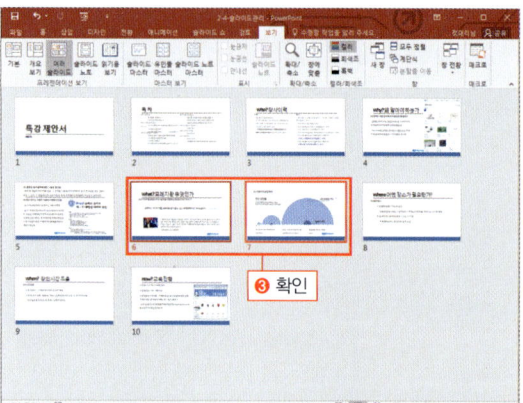

 TIP 슬라이드 선택 과정 중에 **Shift**를 누르면, 처음 선택한 슬라이드와 나중에 **Shift**를 누르며 선택한 슬라이드 사이에 있는 모든 슬라이드가 함께 선택됩니다.

04 | 여러 슬라이드에서 복제

Ctrl을 누른 상태로 2번 슬라이드를 드래그해 10번 슬라이드 뒤로 이동시킵니다. **Ctrl**을 눌렀기 때문에 원본인 2번 슬라이드는 그대로 있고, 해당 슬라이드 그대로가 복제되어 새로운 11번 슬라이드로 삽입됩니다.

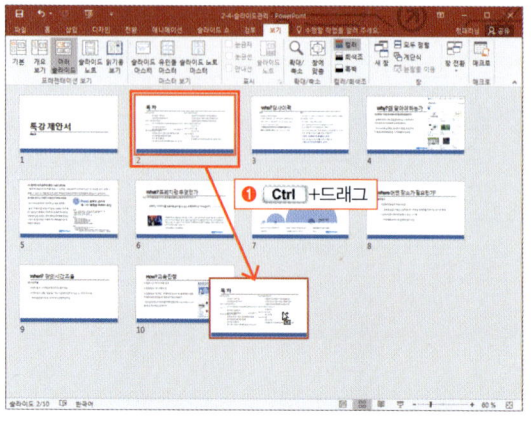
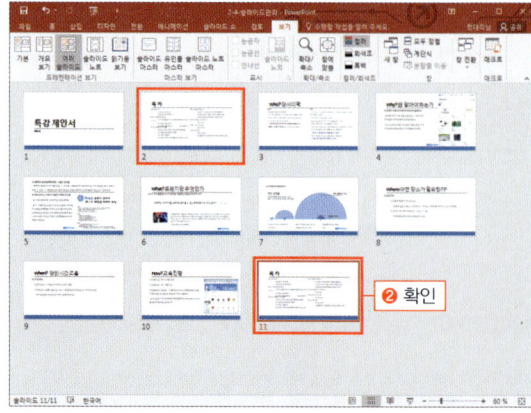

05 | 기본 보기 상태로 전환

[보기] 탭-[프레젠테이션 보기] 그룹에서 [개요 보기]를 클릭하면, 화면 좌측에 슬라이드의 텍스트 내용이 표시되는 [개요] 창이 나타납니다. 이렇듯 [프레젠테이션 보기] 그룹에는 상황에 맞춰 다양한 보기 형식을 설정할 수 있습니다. 이곳에서 [기본]을 클릭해 원래의 보기 상태로 되돌립니다.

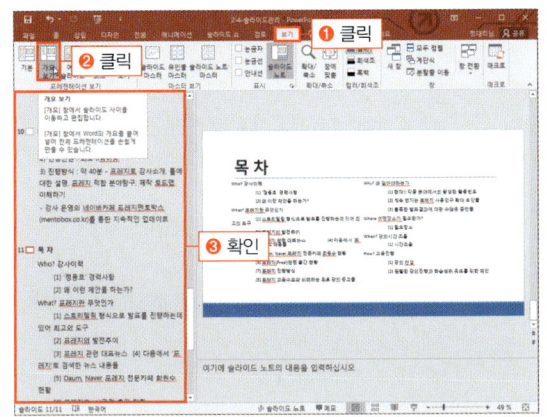 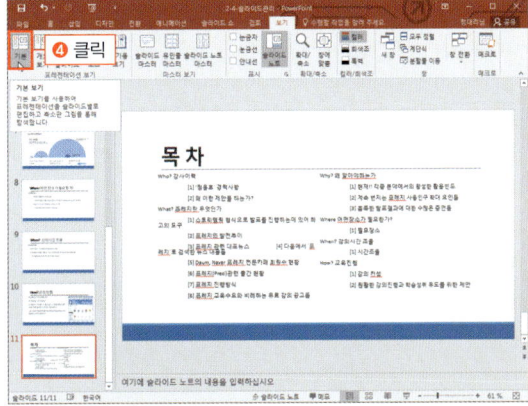

POINT 02 | 구역으로 분류하기

01 | 구역 추가하기

3번 슬라이드 위에서 마우스 오른쪽 버튼을 클릭한 후 [구역 추가]를 선택합니다. 3번 이하의 슬라이드들이 '제목 없는 구역'으로 설정되었으며, 구역 명칭 앞의 기호를 클릭하는 것에 따라 포함된 슬라이드들이 한 번에 숨겨지거나 다시 펼쳐집니다.

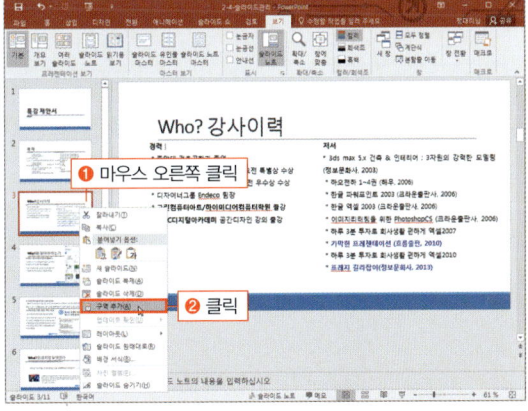

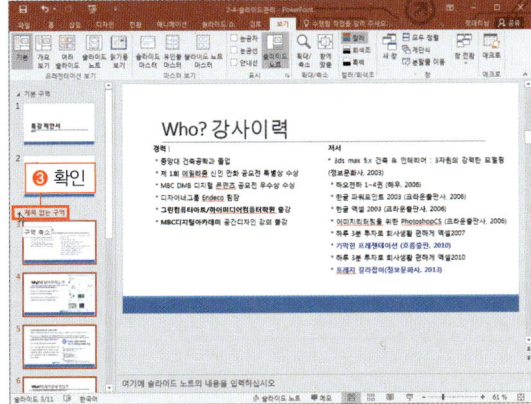 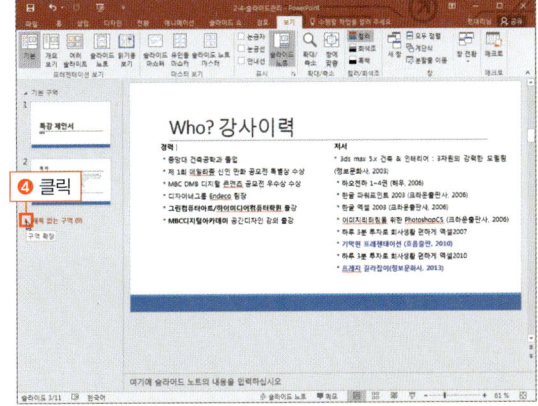

02 | 새 구역 추가하기

6번 슬라이드에서 마우스 오른쪽 버튼을 클릭한 후 [구역 추가]를 선택합니다. 같은 방식으로 10번 슬라이드를 선택한 후 [구역 추가]를 설정합니다.

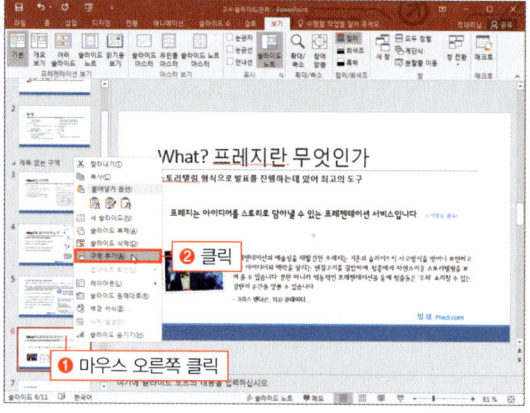
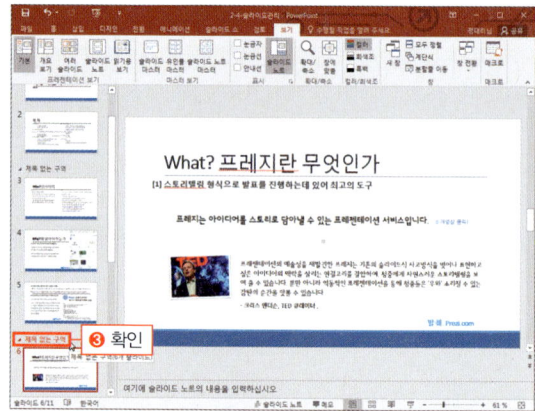

▲ 선택한 6번 슬라이드 기준으로 구역 삽입

03 | 구역 간 이동하기

[보기] 탭-[프레젠테이션 보기] 그룹에서 [여러 슬라이드]를 클릭해 보기 형식을 변경합니다. 다른 구역에 있는 3번 슬라이드를 드래그해 '기본 구역'으로 이동합니다. 이처럼 구역 간 이동도 매우 간단하게 적용됩니다.

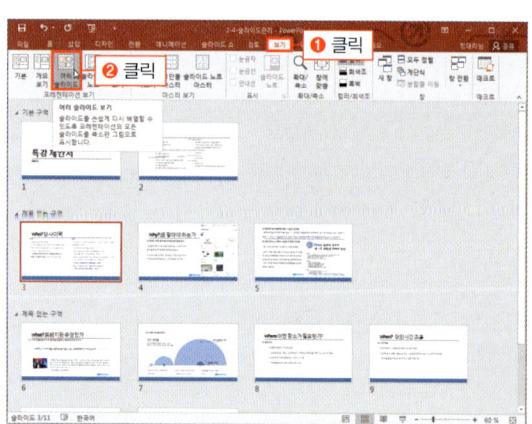
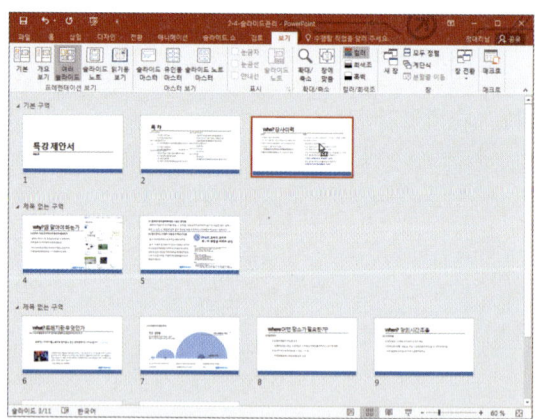

▲ 3번 슬라이드 구역 변경하기

04 | 구역 이름 변경하기

4번, 5번 슬라이드를 선택하고 구역 이름 위에서 마우스 오른쪽 버튼을 클릭한 후 [구역 이름 바꾸기]를 선택합니다. [구역 이름 바꾸기] 대화상자에서 '본문 오프닝'을 입력하고 [이름 바꾸기]를 클릭합니다. 같은 방식으로 아래쪽에 있는 구역은 '본문 본격진행'으로 이름을 변경합니다.

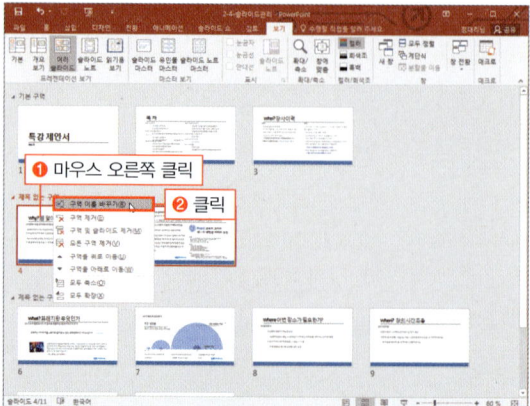

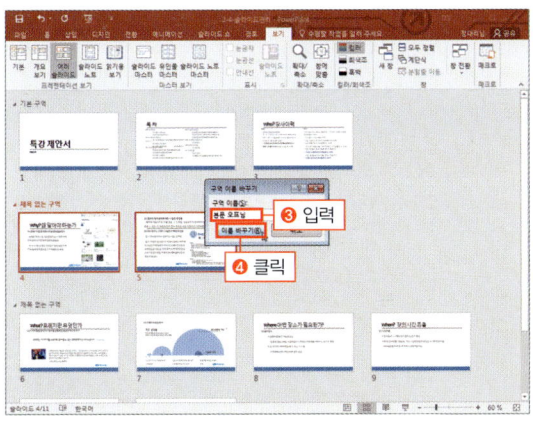 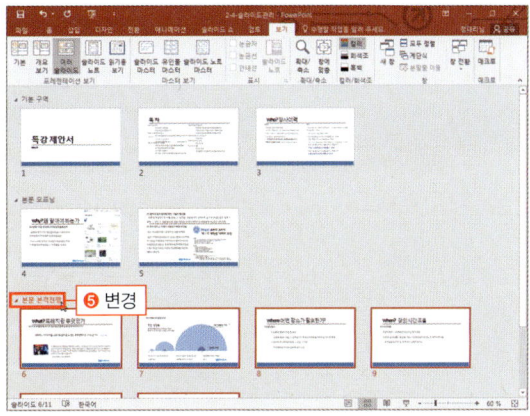

05 | 구역 전체 이동

'본문 본격진행' 구역 명칭을 클릭하면, 구역에 포함된 하위 슬라이드들이 모두 선택됩니다. 구역 명칭 위에서 마우스 오른쪽 버튼을 클릭한 후 [구역을 위로 이동]을 선택합니다. 선택된 구역 전체가 이전 구역 위로 이동합니다.

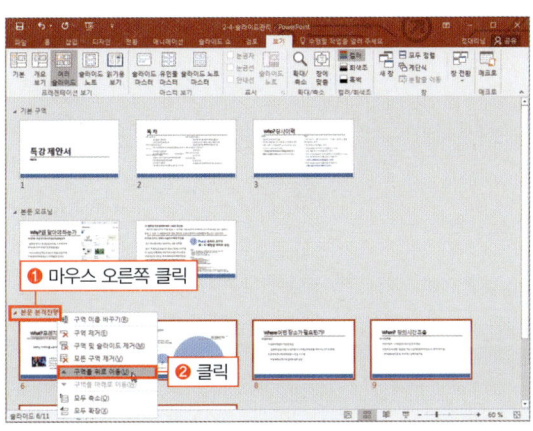 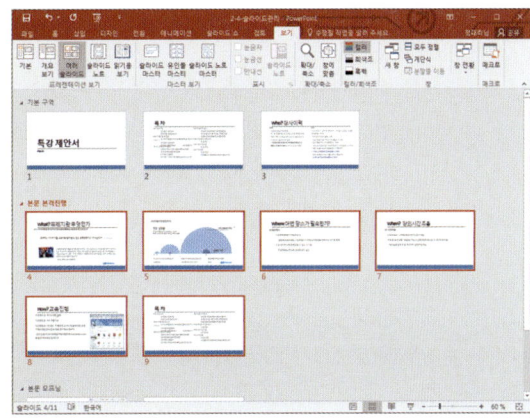

06 | 구역 축소/확장

구역 명칭 위에서 마우스 오른쪽 버튼을 클릭한 후 [모두 축소]를 선택합니다. 결과적으로 모든 구역의 슬라이드 아이콘은 숨겨지게 됩니다.

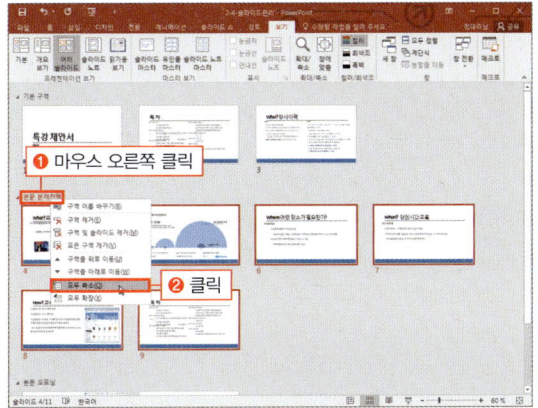 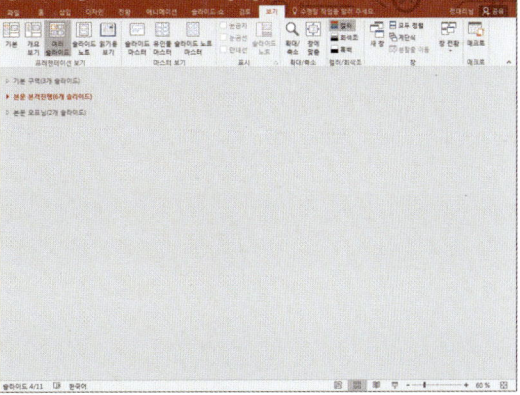

> **TIP** 위와 같은 방식으로 [모두 확장]을 클릭하여 축소된 구역을 다시 원래의 확장된 상태로 되돌릴 수 있습니다.

TIP 슬라이드 구역 제거하기

구역 명칭 위에서 마우스 오른쪽 버튼을 클릭한 후 [모든 구역 제거]를 선택하면 문서에 있는 모든 구역들이 제거됩니다. 이때 구역 안에 포함된 슬라이드가 삭제되는 것은 아닙니다. 물론 [구역 제거]를 선택하여 선택된 구역만 제거할 수도 있습니다.

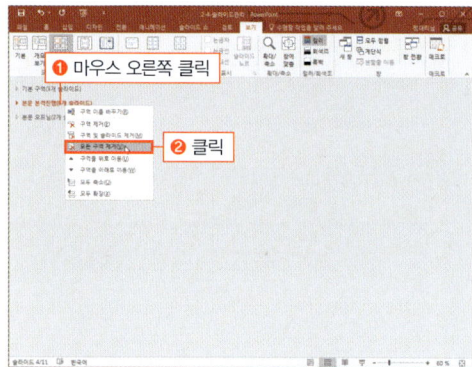 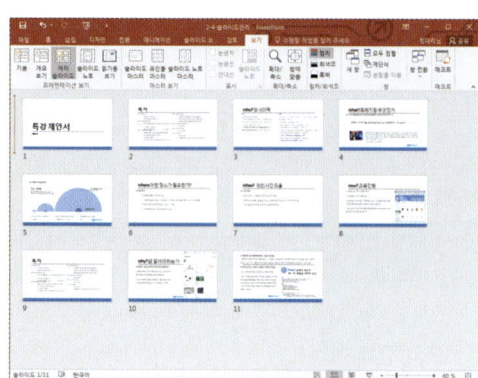

SECTION 05

슬라이드 배경 조정하기

슬라이드의 배경을 꾸미기 위한 요소로써, 색을 채우거나 질감, 그림 등을 배경으로 활용할 수 있습니다. 이들을 적용하는 과정들과 세부 조정을 돕는 기본 옵션에 대해 알아보겠습니다.

| 예제파일 | 2-5-배경채우기.pptx | 완성파일 | 2-5-배경채우기-완성.pptx

POINT 01 　단색 채우기

01 | 단색으로 채우기

'2-5-배경채우기.pptx' 파일을 열고 슬라이드 바탕 위에서 마우스 오른쪽 버튼을 클릭합니다. 이어지는 메뉴에서 [배경 서식]을 선택하면 [배경 서식] 창이 나타납니다. 이곳에서 [색]-[연한 녹색]을 클릭합니다.

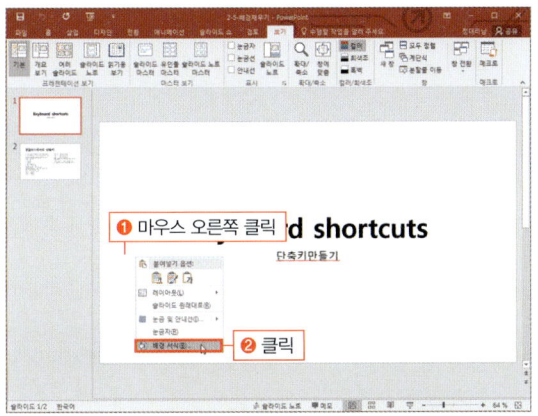

TIP [색] 목록에서 마음에 드는 색상이 없는 경우에는 [다른 색상]을 선택하고 원하는 색상을 지정하면 됩니다.

02 | 결과 확인 및 투명도 조정

이전 작업의 결과 '연한 녹색'으로 슬라이드 배경이 채워집니다. 이는 [배경 서식]이 '단색 채우기'로 설정되었기 때문이며, 이곳의 [투명도]를 조정해 색의 투명도를 조정할 수도 있습니다.

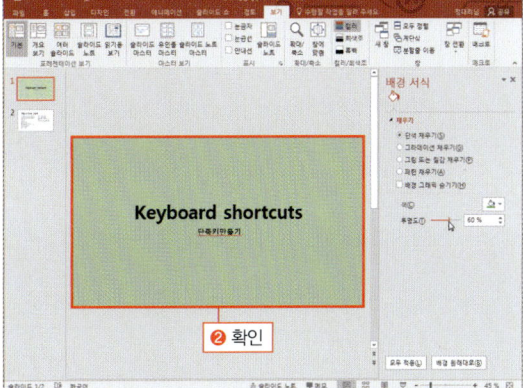

POINT 02 | 그라데이션 채우기

01 | 그라데이션으로 채우기

2번 슬라이드를 선택한 후 [배경 서식] 창의 [그라데이션 채우기]를 체크합니다. 이어서 [그라데이션 중지점 제거]를 클릭하여 그림처럼 중지점이 하나만 남도록 합니다.

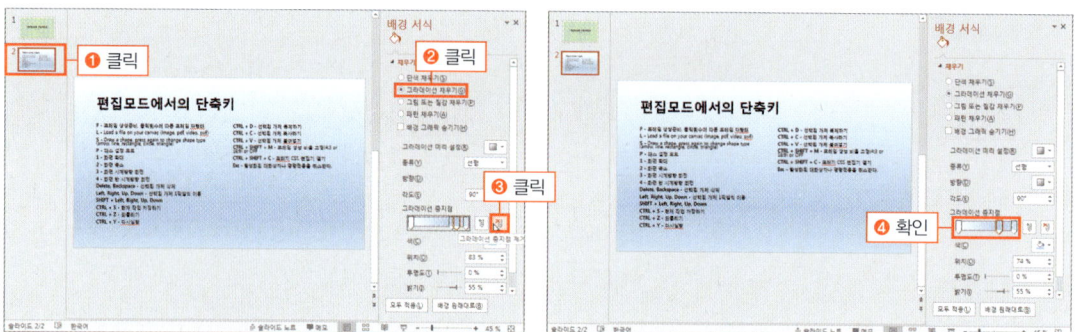

02 | 그라데이션 중지점 수정_01

가장 왼쪽 중지점을 선택한 후 [색]-[주황]을 적용합니다. 같은 방식으로 가장 오른쪽 중지점은 [파랑, 강조1]을 선택하고, 가운데 중지점은 노란색으로 설정합니다.

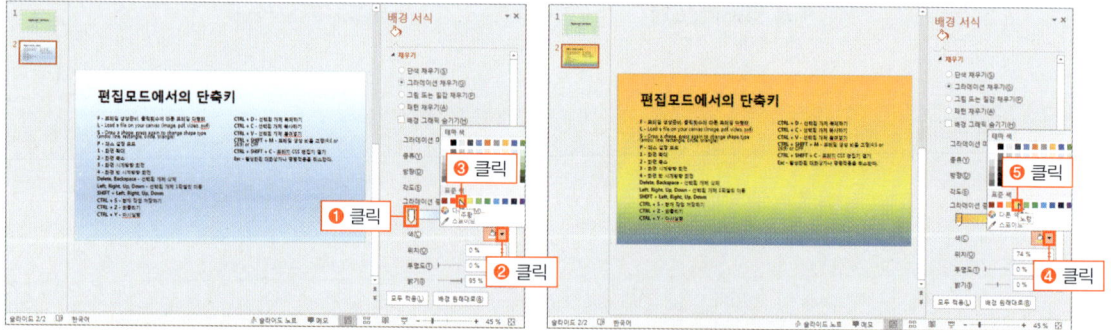

03 | 그라데이션 중지점 수정_02

가운데 중지점을 [위치]에서 '33%'가 되도록 이동시킵니다. 이어서 [밝기]를 '47%'로 설정한 후 채우기 결과를 확인합니다.

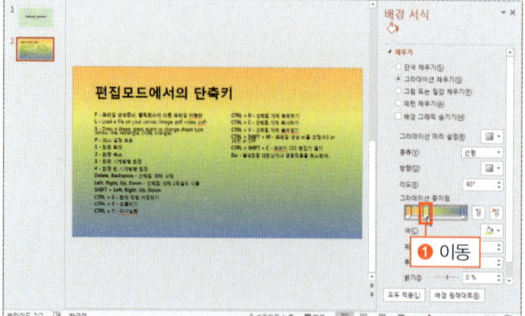 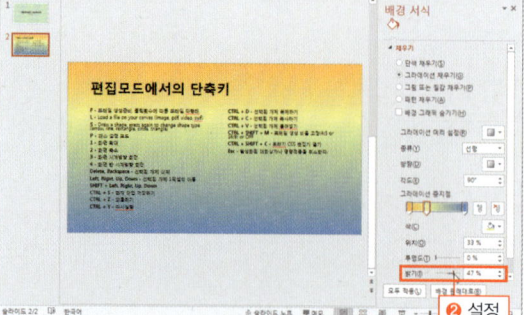

POINT 03 | 패턴 및 그림 채우기

01 | 패턴으로 채우기

1번 슬라이드를 선택하고 [배경 서식] 창의 [채우기]에서 [패턴 채우기]를 체크합니다. [패턴]에서는 '지붕 널' 패턴을 선택하고 [배경 색]으로 '황금색, 강조 4, 80% 더 밝게'를 적용해 결과를 확인합니다.

02 | 자체 질감으로 채우기

[배경 서식] 창의 [채우기]에서 [그림 또는 질감 채우기]를 클릭합니다. 이어서 [질감]에서 '물고기 화석'을 선택해 배경으로 설정해 봅니다.

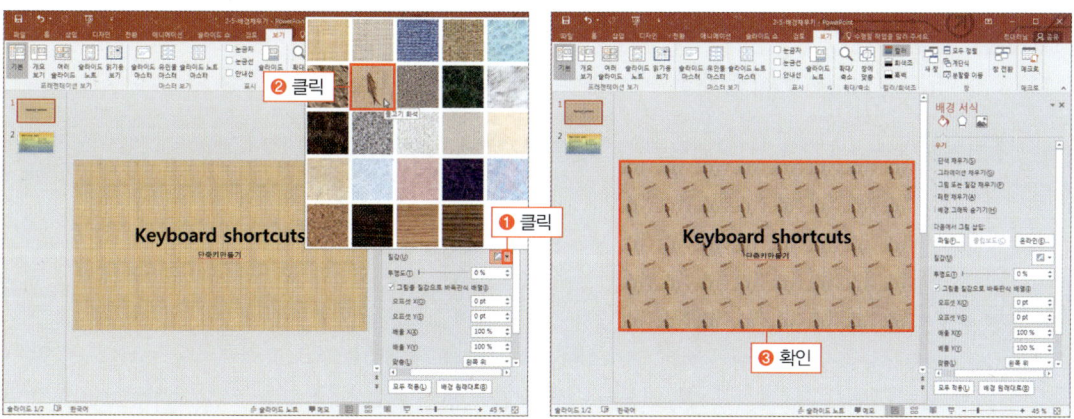

03 | 그림으로 채우기

[다음에서 그림 삽입]에서 [파일]을 클릭한 후 [그림 삽입] 대화상자에서 '아이소멘토.jpg' 파일을 선택하여 삽입합니다. 이어서 [투명도]의 수치를 '90%'로 설정하여, 삽입된 그림의 투명도를 조정합니다.

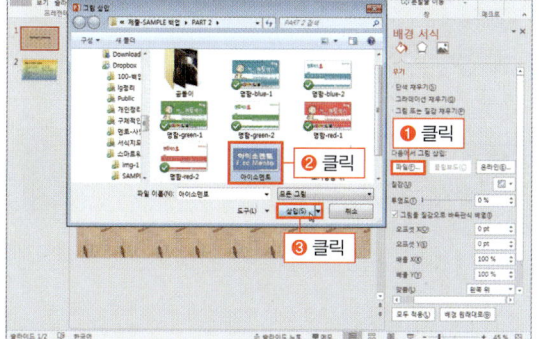
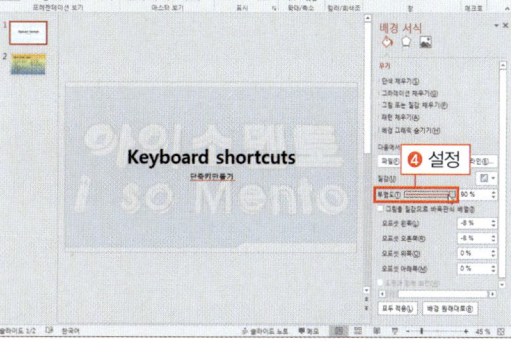

SECTION 06

슬라이드 서식 만들기

파워포인트 2016에서 제공하는 디자인 서식들을 활용해 한 번의 클릭으로 슬라이드를 돋보이는 디자인으로 변경할 수 있습니다. 이러한 서식은 슬라이드 마스터를 통해 원하는 형태로 제작해 사용할 수도 있습니다.

l 예제파일 l 2-6-서식설정하기.pptx   l 완성파일 l 2-6-서식설정하기-완성.pptx

POINT 01 | 디자인 서식 설정하기

01 | 디자인 서식 적용하기

'2-6-서식설정하기.pptx' 파일을 불러오면 눈에 띄는 서식 조정 없이 간단한 데이터 입력만 되어있는 슬라이드들이 나타납니다. 다양한 기본 서식들이 제공되는 [디자인] 탭-[테마] 그룹에서 마우스 포인터를 위치시키면, 서식 옵션이 실시간 미리 보기로 슬라이드에 적용됩니다. 최종적으로 '밴드' 서식을 선택합니다.

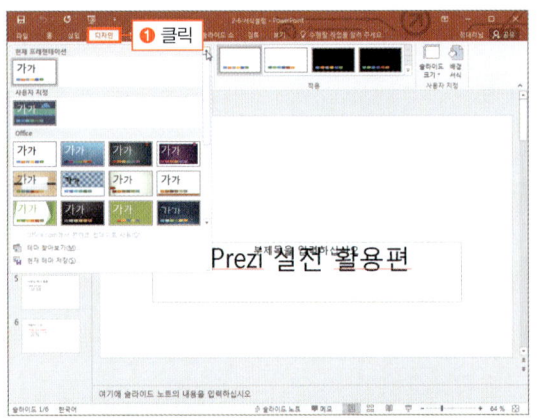 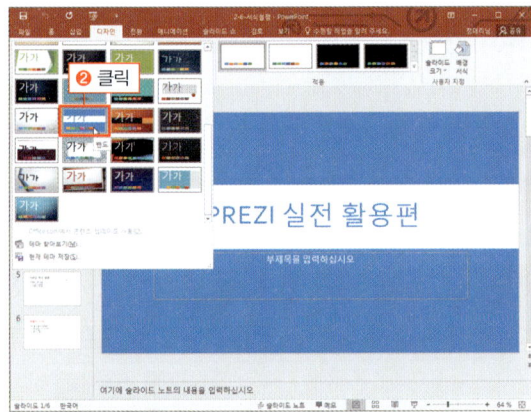

02 | 다른 테마 색 적용하기

[디자인] 탭-[적용] 그룹에서 줄무늬를 선택해, 초기 적용된 색상 스타일을 변경합니다. 이어서 적용된 색상 스타일 구성을 좀 더 바꿔보기 위해, [디자인] 탭-[적용] 그룹에서 [색]-[파랑 Ⅱ]를 선택합니다. 참고로 색 구성을 변경하는 과정 역시 실시간 미리 보기를 지원하므로 적용 전에 충분히 결과를 예측할 수 있습니다.

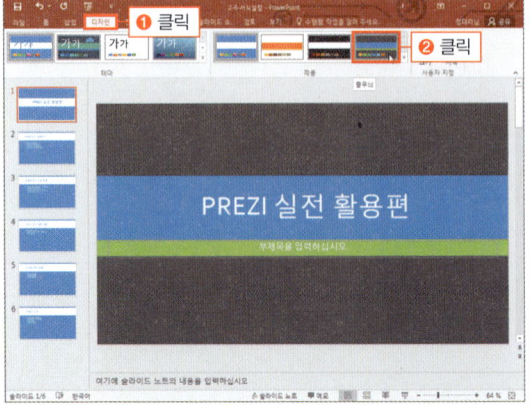 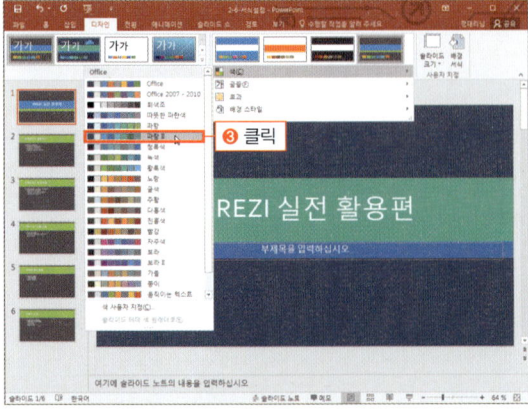

POINT 02 | 슬라이드 마스터로 스타일 변경

01 | 슬라이드 마스터 확인

[보기] 탭–[프레젠테이션 보기] 그룹에서 [슬라이드 마스터]를 클릭하면, [슬라이드 마스터] 탭과 관련 메뉴들이 화면에 표시됩니다. 파일을 열면 1번 슬라이드로써 표시되는 [제목 슬라이드 레이아웃]을 왼쪽 목록에서 선택합니다.

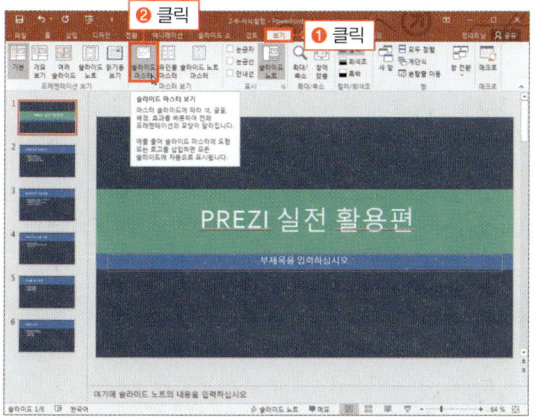
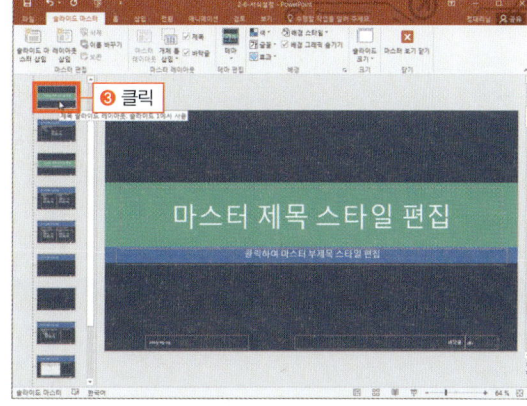

> **TIP** [마스터 보기] 그룹–[슬라이드 노트 마스터]는 실제 발표자 화면에는 보이지 않는 발표자가 참조할 사항을 따로 적어두는 메모와 비슷한 공간입니다. 활용성이 높지는 않으므로 본문에서는 생략하였습니다.

02 | 도형 삽입하기

[삽입] 탭–[일러스트레이션] 그룹에서 [도형]–[타원]을 클릭한 후 그림과 비슷한 크기로 만듭니다. 이어서 두 개의 '타원' 도형을 더 만들어 적절하게 배치합니다.

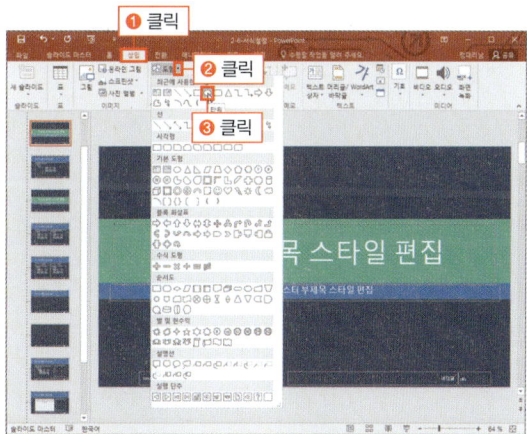

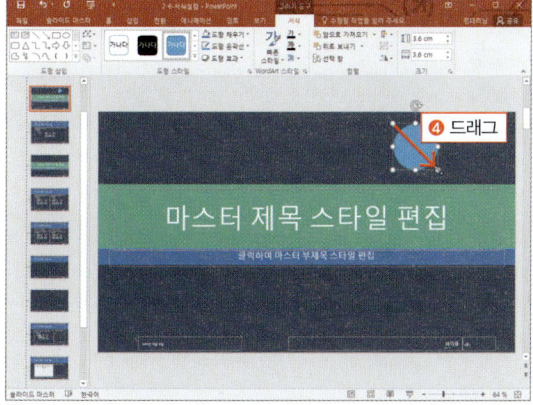
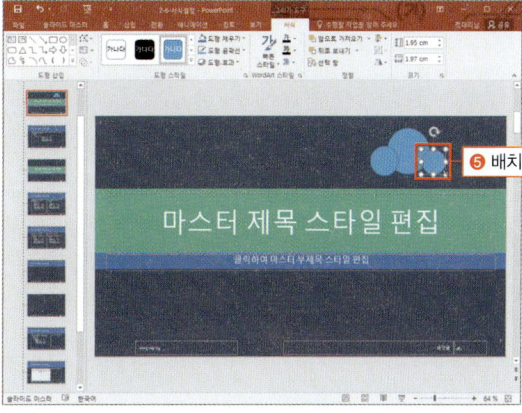

03 | 텍스트 배치하기

[삽입] 탭-[텍스트] 그룹에서 [텍스트 상자]-[가로 텍스트 상자]를 클릭한 후 드래그해 텍스트 개체 틀을 하나 만듭니다. 생성된 개체 틀에 '좋은 하루'라는 문구를 입력한 후 그림과 같이 배치합니다.

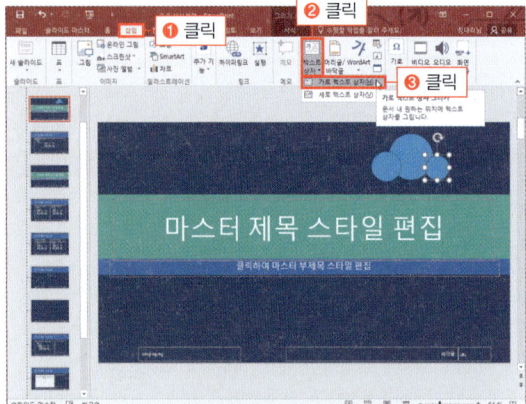
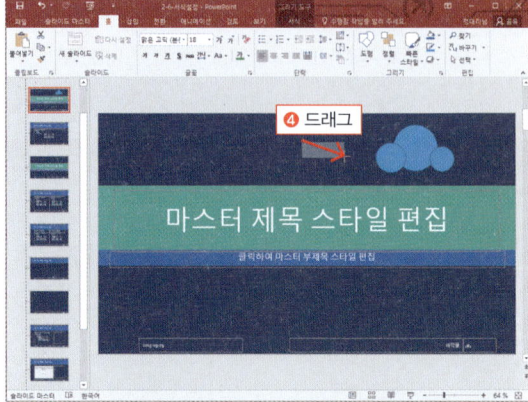
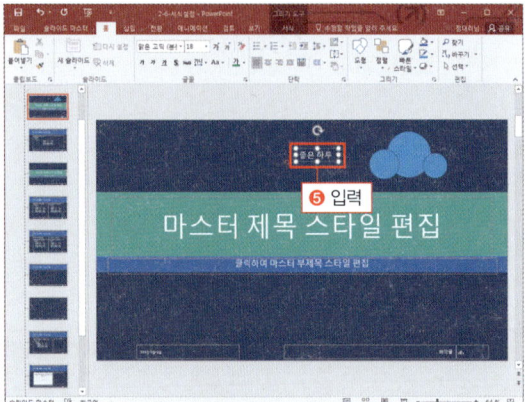
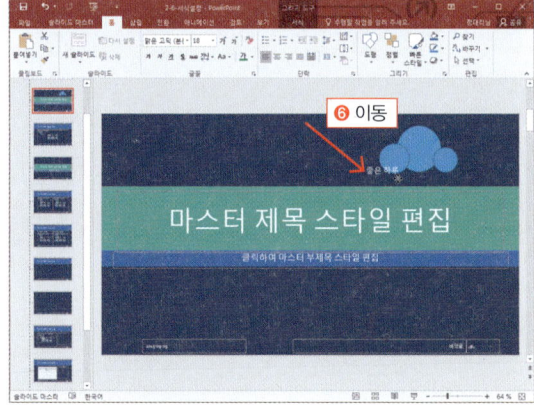

TIP [텍스트 상자]-[세로 텍스트 상자]를 선택하고 슬라이드에 내용을 작성하면 세로 방향의 문장을 입력할 수도 있습니다.

04 | 제목 및 내용 레이아웃 선택

일반적으로 많이 활용되는 '제목 및 내용 레이아웃'을 선택한 후 상단 텍스트 개체 틀을 선택합니다. 이어서 [홈] 탭-[글꼴] 그룹에서 [글꼴 크기 크게]를 여러 차례 클릭하여 '54'의 크기가 되도록 설정하고, [굵게]도 클릭하여 적용합니다.

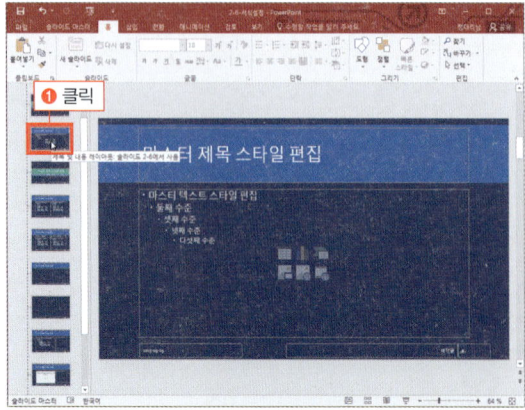
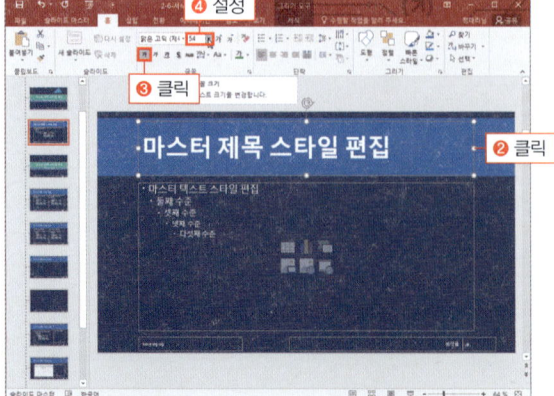

05 | 글꼴 크기 및 줄 간격 조정

내용을 입력할 아래쪽 텍스트 개체 틀을 선택하고 [홈] 탭-[글꼴] 그룹에서 [글꼴 크기]-[28]을 클릭해 크기를 설정합니다. 이어서 [홈] 탭-[단락] 그룹에서 [줄 간격]-[1.5]를 클릭하여 간격을 설정합니다.

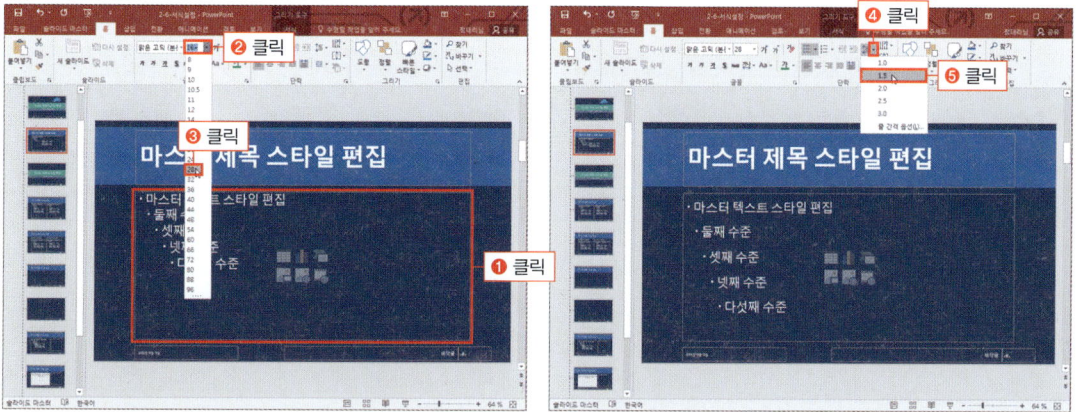

06 | 배경색 설정하기

슬라이드 바탕에서 마우스 오른쪽 버튼을 클릭한 후 [배경 서식]을 선택합니다. [배경 서식] 창이 나타나면 [채우기]가 [단색 채우기]로 되어 있습니다. 이곳의 [색]에서 '파랑, 강조 2, 25% 더 어둡게'를 선택한 후 [투명도]를 '25%'로 설정합니다.

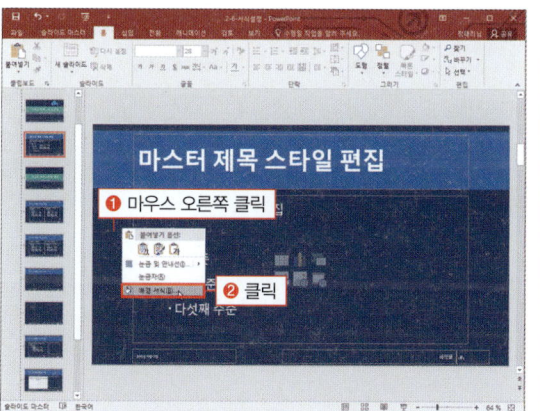
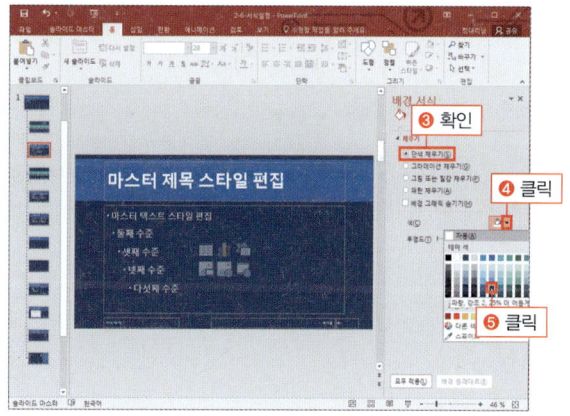
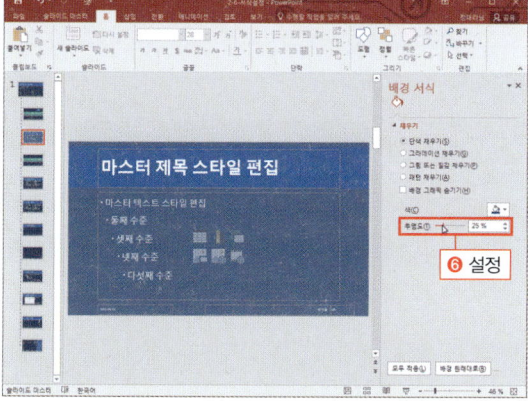

> **TIP** [색] 목록에서 마음에 드는 색상이 없다면, 목록 하단의 [다른 색]을 선택해 원하는 색상을 설정하면 됩니다.

07 | 결과 확인

[슬라이드 마스터] 탭–[닫기] 그룹에서 [마스터 보기 닫기]를 클릭하면, 서식 작성 화면이 종료됩니다. 원래 작업하던 슬라이드 화면에서 '제목 레이아웃'이 적용된 1번 슬라이드와 '제목 및 내용 레이아웃'이 적용된 다른 슬라이드들의 변화를 관찰합니다.

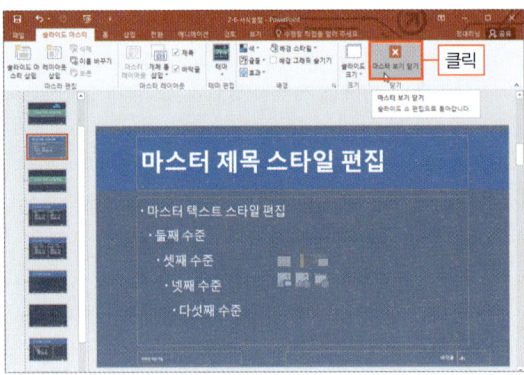
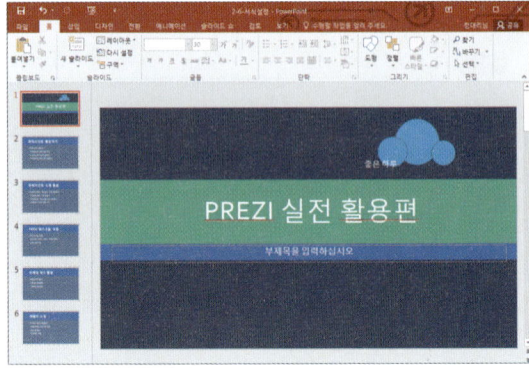

08 | 현재 서식 저장하기

[디자인] 탭–[테마] 그룹에서 [현재 테마 저장]을 클릭합니다. [현재 테마 저장] 대화상자에서 [파일 이름]에 '좋은하루'를 입력한 후 [저장]을 클릭합니다. 현재 슬라이드 내용이 아닌, [슬라이드 마스터]에서 작업했던 서식이 파일로 저장되는 것입니다.

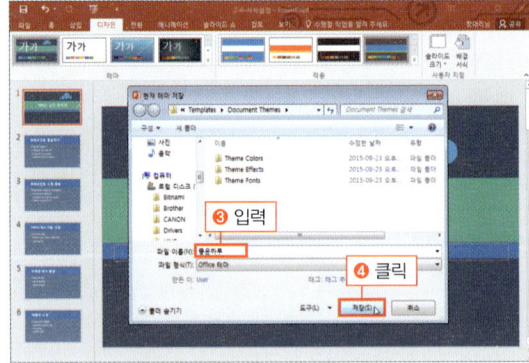

09 | 서식 적용하기

'2-5-배경채우기.pptx' 파일을 불러온 후 [디자인] 탭–[테마] 그룹에서 앞서 저장했던 '좋은하루' 서식을 선택합니다. 불러낸 파일의 내용을 유지하며, '좋은하루' 서식으로 슬라이드 디자인이 한 번에 변경됩니다.

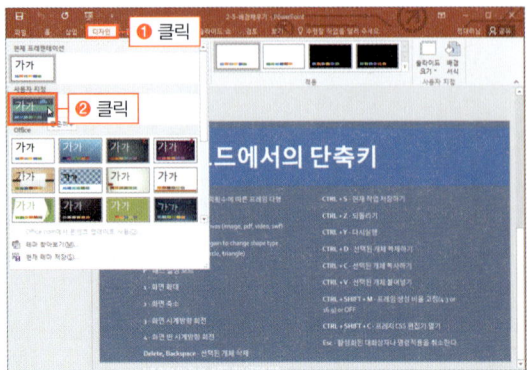

슬라이드 서식 조정

• 동영상 : 27-슬라이드 서식 조정.wmv

01 | [디자인] 탭-[테마]를 통해 태블릿에서 기본 제공하는 다양한 서식을 선택할 수 있습니다. 단순한 적용 과정으로 순식간에 기존 슬라이드의 스타일이 변경됩니다.

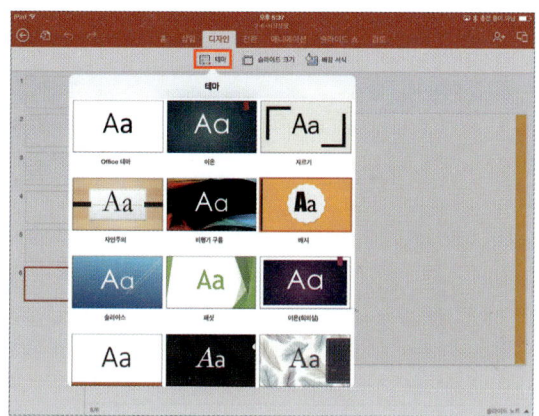

02 | 테마를 통해 적용된 슬라이드 스타일은 다른 레이아웃으로 슬라이드 구성이 변해도 그에 알맞은 디자인으로 변경할 수 있습니다.

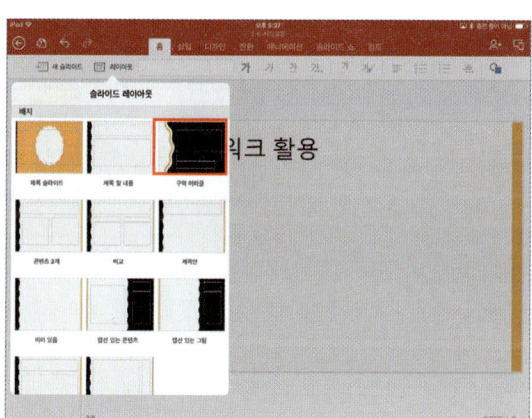
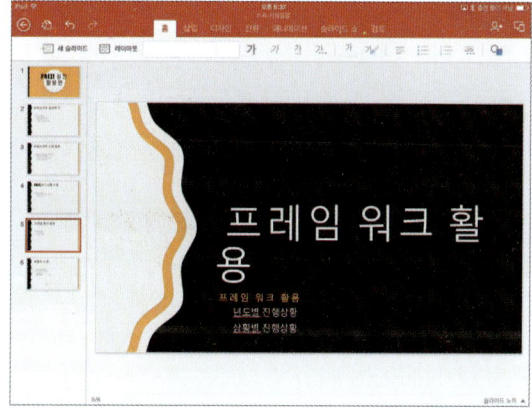

03 | [디자인] 탭-[배경 서식]에서 제공하는 기본색이나, 목록 아래에 [사용자 지정]을 통해 사용자가 원하는 색을 직접 찾아 적용할 수도 있습니다.

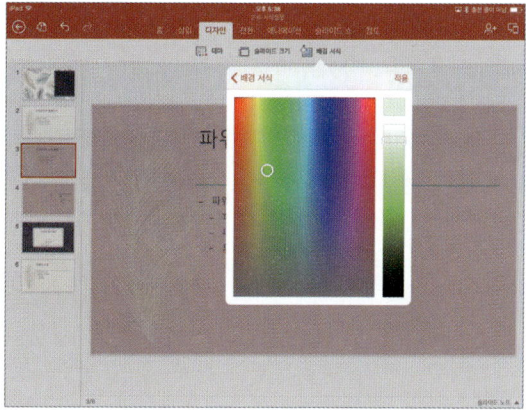

SECTION 07

슬라이드 인쇄 및 저장

파워포인트 2016의 슬라이드 제작은 기본적으로 인쇄보다는 발표를 위한 것이지만, 제작 과정 공유나 안내 유인물들을 만드는 상황에서는 '인쇄'가 필요한 경우가 있습니다. 이런 경우 활용할 수 있는 인쇄와 유인물 관련 옵션들에 대해 알아보겠습니다.

| 예제파일 | 2-7-슬라이드인쇄.pptx | 완성파일 | 2-7-슬라이드인쇄-완성.pptx

POINT 01 | 기초 인쇄 설정

01 | 인쇄 백스테이지

'2-7-슬라이드인쇄.pptx' 파일을 불러옵니다. 이어서 [파일]을 클릭해 나오는 백스테이지 화면에서 [인쇄]를 클릭하면 다양한 인쇄 옵션들이 표시됩니다. [복사본]에 원하는 인쇄본 개수를 설정한 후 옆에 있는 [인쇄]를 클릭하면 미리 보기 창에서 보이는 그대로 인쇄가 진행됩니다.

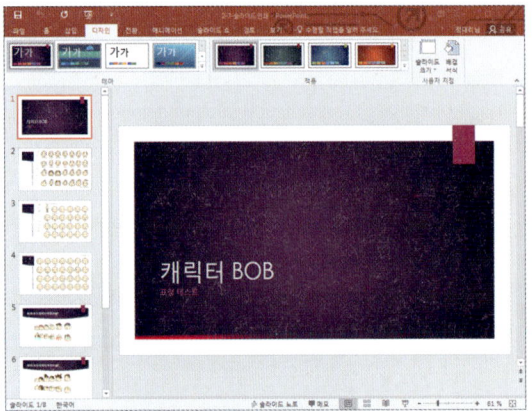
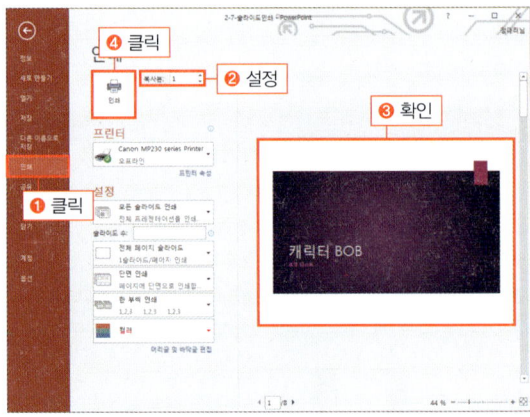

▲ 인쇄 옵션과 미리 보기 화면

> **TIP 프린터 속성**
>
> 여러 대의 프린터가 연결되어 있다면, [프린터]에서 대상 프린터를 선택하면 됩니다. 아래쪽에 배치된 [프린터 속성]을 클릭하면, 선택한 프린터 제조사의 속성 창이 나타납니다. 속성 창은 제조사별로 인터페이스나 구성 옵션들이 차이가 있으므로 꼭 확인합니다.

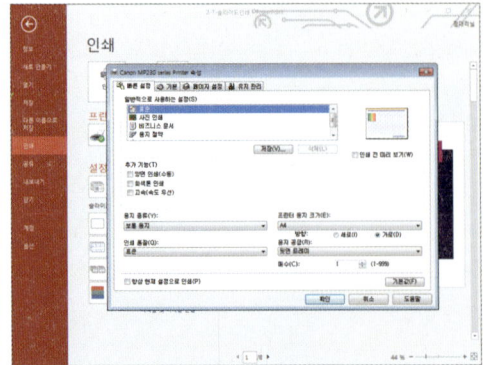

▲ 프린터 제조사에 따라 다른 속성 창이 나타남

02 | 특정 슬라이드만 인쇄

[모든 슬라이드 인쇄] 목록을 클릭하면, 선택에 따라 모든 슬라이드, 현재 슬라이드, 범위 지정 등의 옵션을 설정해 인쇄 범위를 조정할 수 있습니다. [한 부씩 인쇄]를 통해서는 여러 장의 슬라이드를 순차/비순차적으로 선택하여 출력할 수 있습니다.

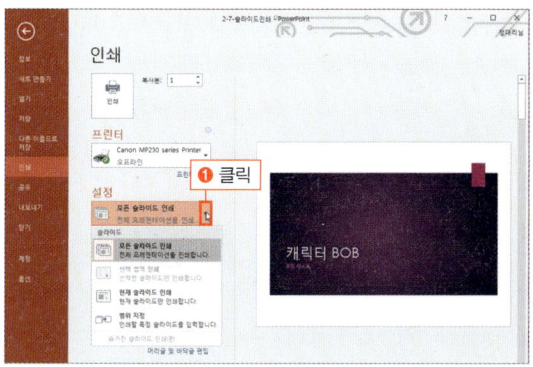 

03 | 컬러-회색조-흑백으로 인쇄

[컬러]에서는 선택에 따라 대상 슬라이드를 컬러나 흑백, 회색조로 수정하여 출력할 수 있습니다. 참고로 '회색조'는 슬라이드가 가진 채도만 제거하는 것이며, '흑백'은 중간 명도 단계를 없앤 단순한 흑백으로 슬라이드를 출력하게 됩니다.

 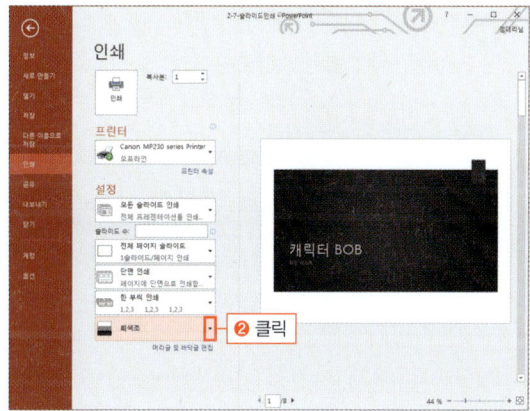

 **머리글 및 바닥글 편집**

화면 하단의 [머리글 및 바닥글 편집]을 클릭하면 [머리글/바닥글] 대화상자가 나타납니다. 이곳에서 슬라이드 여백에 표시될 [날짜 및 시간], [슬라이드 번호], [바닥글] 등의 내용을 설정하고 적용할 수 있습니다.

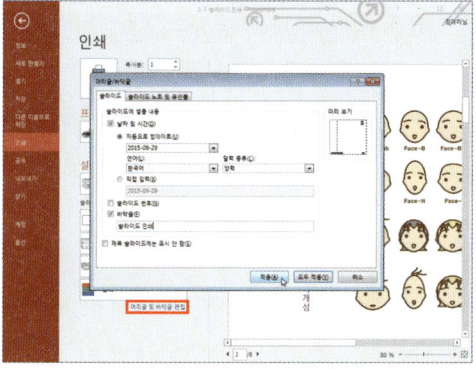 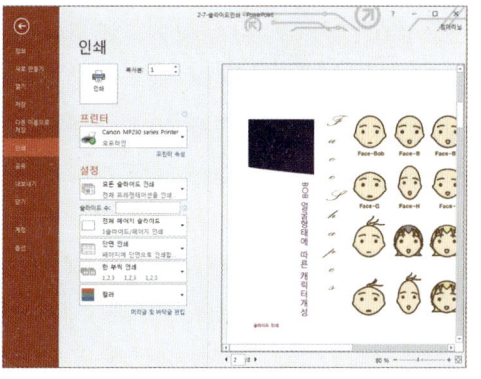

POINT 02 | 유인물 서식 수정하기

01 | 유인물 인쇄 형식

[전체 페이지 슬라이드]에서 [유인물]의 [6슬라이드 가로]를 클릭합니다. 인쇄 미리 보기 창에서 선택한 옵션이 적용되어 6장의 슬라이드가 한 페이지에 모여 출력될 수 있는 형태가 되었습니다.

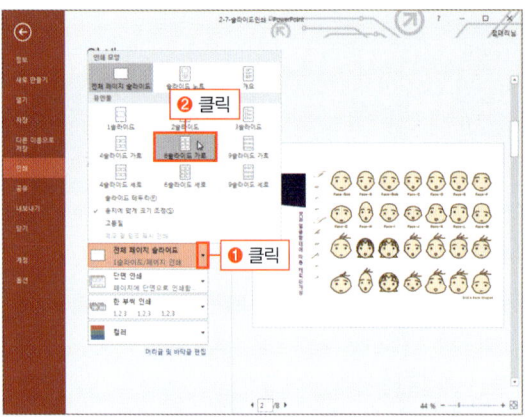
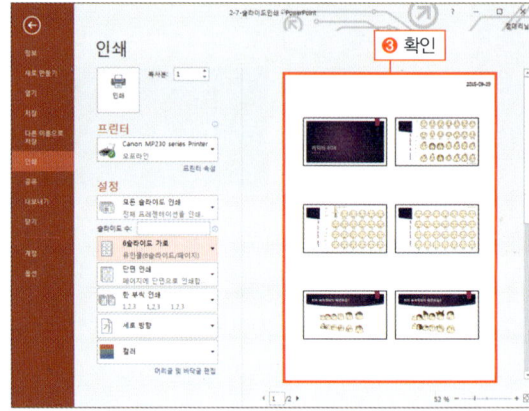

> **TIP** [유인물] 목록에서 선택에 따라 한 장에 출력되는 슬라이드 개수와 배치 상태를 조정할 수 있으며, [슬라이드 테두리]나 [용지에 맞게 크기 조정] 등의 옵션을 통해 문서와 슬라이드의 인쇄 관계를 조정할 수 있습니다.

02 | 유인물 마스터 실행

인쇄될 유인물의 페이지 서식을 조정해 보겠습니다. [보기] 탭-[마스터 보기] 그룹에서 [유인물 마스터]를 클릭합니다. [유인물 마스터] 탭이 생성되어 유인물 작성 공간이 되면, 슬라이드 바탕에서 마우스 오른쪽 버튼을 클릭합니다. 이어서 메뉴에서 [배경 서식]을 선택해 [배경 서식] 창이 나타나면, [색]에서 '황금색, 강조 4, 60% 더 밝게'를 선택합니다.

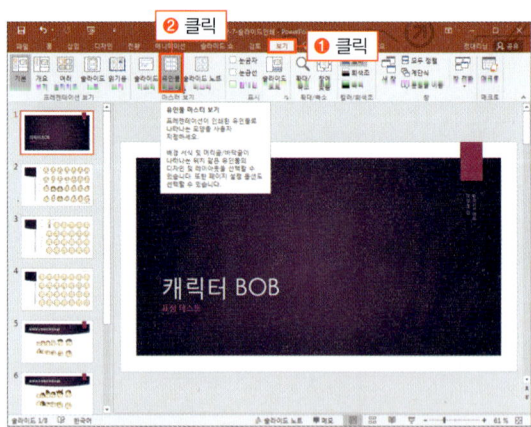

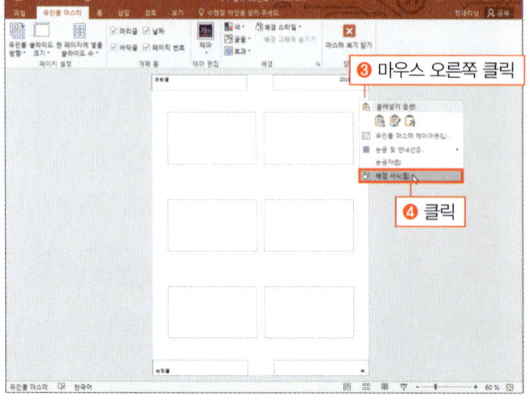
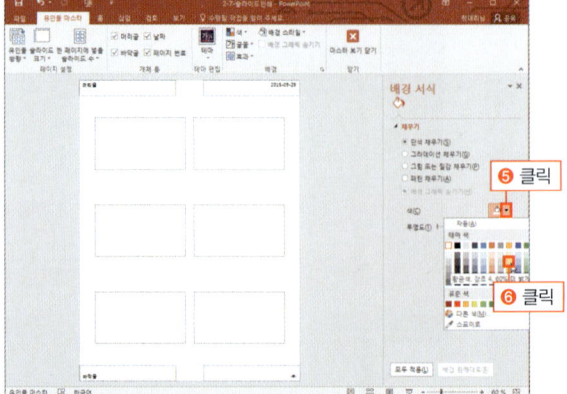

03 | 유인물 제목 입력

[삽입] 탭-[텍스트] 그룹에서 [가로 텍스트 상자]를 클릭한 후 그림과 비슷한 크기로 드래그해 개체 틀을 만듭니다. 이어서 이곳에 '유인물 인쇄형식'이라는 제목을 입력하고, [글꼴]은 '맑은 고딕'으로 [글꼴 크기]는 '18'로 설정합니다.

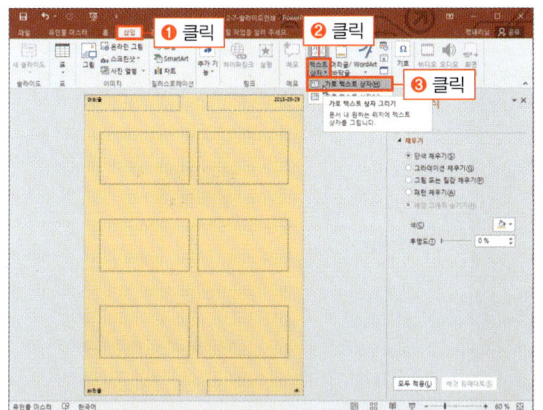 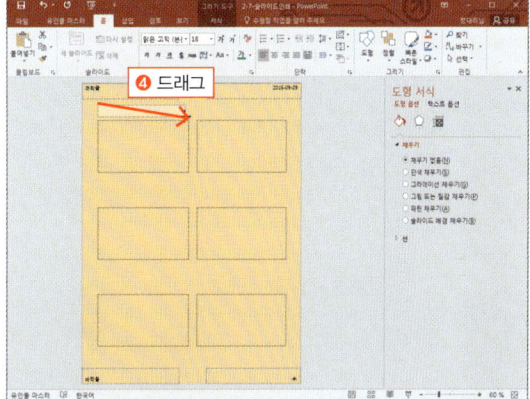

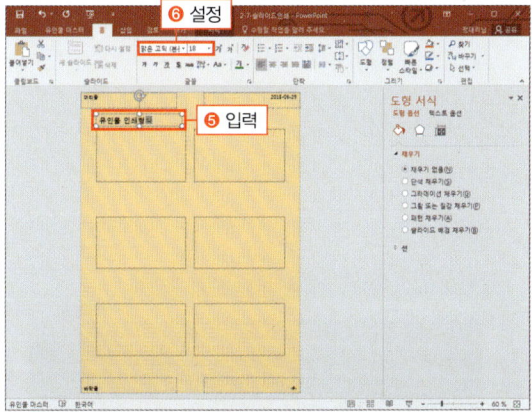

> **TIP** 유인물에서 설정하는 글꼴을 사용자의 PC에만 설치된 독특한 것으로 설정하는 경우 해당 글꼴이 설치되어 있지 않은 다른 PC에서 열어보면 기본 글꼴로 나타납니다. 글꼴의 변경은 그동안 작업했던 슬라이드의 레이아웃에도 영향을 줄 수 있으므로, 미리 배포본을 출력하거나, 다른 PC에도 해당 글꼴을 설치해야 합니다.

04 | 결과 확인

[유인물 마스터] 탭-[닫기] 그룹에서 [마스터 보기 닫기]를 클릭해 기본 작업 화면으로 돌아갑니다. 이어서 백스테이지 화면에서 인쇄 미리 보기 창을 통해, 유인물 마스터에서 설정한 대로 바탕색과 유인물 제목이 표시되는 것을 확인할 수 있습니다.

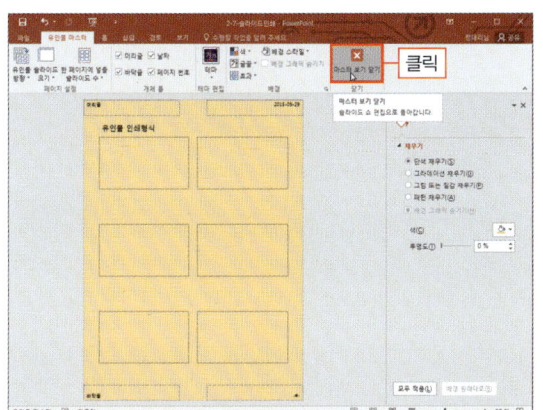 

05 | 머리글 설정하기

[인쇄] 화면에서 [머리글 및 바닥글 편집]을 클릭하고 [머리글/바닥글] 대화상자의 [슬라이드 노트 및 유인물] 탭을 선택합니다. [날짜 및 시간]과 [머리글]에 체크한 후 [머리글]의 내용으로 '향후 3일간 보안유지 부탁드립니다.'를 입력합니다. [모두 적용]을 클릭한 후 결과를 확인합니다.

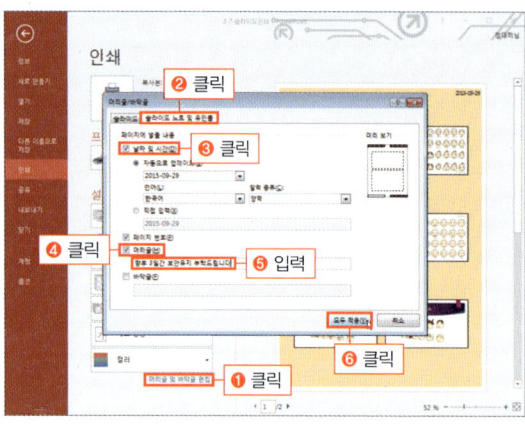 

06 | PDF 형식으로 저장

백스테이지 화면에서 [내보내기]-[PDF/XPS 문서 만들기]-[PDF/XPS 만들기]를 클릭하고 문서에 적합한 이름을 입력하면, 작성 중인 슬라이드 문서를 PDF 형식으로 저장할 수 있습니다.

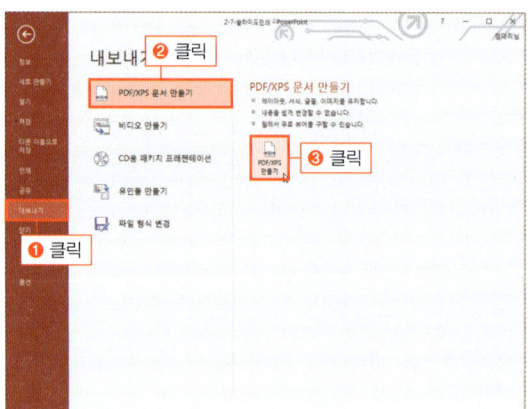 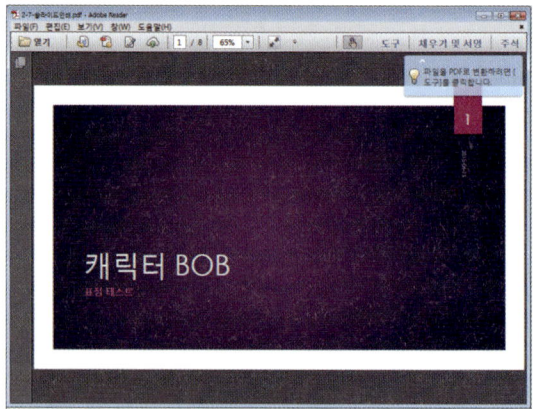

▲ PDF로 저장된 프레젠테이션 문서

 [파일] 탭-[내보내기]-[CD용 패키지 프레젠테이션]을 통해 슬라이드 문서를 CD로 제작할 수도 있습니다. 클라우드 서비스나 메일링 서비스, 휴대용 저장장치가 대중화된 요즘에는 잘 사용하지 않는 기능이므로 본문에서는 생략하였습니다.

MEMO

CHAPTER TWO

두번째 챕터

프레젠테이션 준비하기

파워포인트 작업의 목적은 발표입니다.
때문에 슬라이드 작성에 그치지 말고
실제 슬라이드 쇼를 진행하는 과정에 익숙해져야 합니다.
이를 위해 슬라이드 쇼의 진행과 상황에 맞는
쇼 재구성 등의 기능들에 대해 알아보겠습니다.

SECTION 08

슬라이드 쇼 진행하기

슬라이드 제작은 대부분 발표를 목적으로 합니다. 때문에 이곳에서는 '슬라이드 쇼'를 실행할 수 있는 관련 명령을 알아보고, 아울러 쇼 진행 과정 중 유용하게 활용할 수 있는 보조 기능들도 살펴보겠습니다.

l 예제파일 l 2-8-슬라이드쇼.pptx l 완성파일 l 2-8-슬라이드쇼-완성.pptx

POINT 01 | 슬라이드 쇼 실행하기

01 | '처음부터' 슬라이드 쇼 시작하기

'2-8-슬라이드쇼.pptx' 파일을 불러온 후 [슬라이드 쇼] 탭-[슬라이드 쇼 시작] 그룹에서 [처음부터]를 클릭합니다. 작업 중이던 슬라이드 번호에 상관없이 처음 슬라이드부터 시작하는 쇼 진행 화면이 나타납니다.

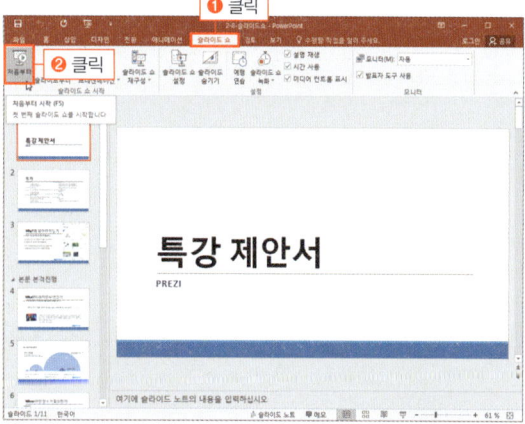
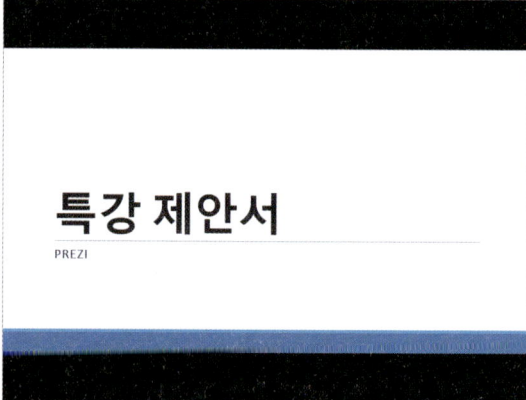

> **TIP** [처음부터] 명령은 F5 를 눌러도 쉽게 실행할 수 있습니다.

> **TIP** **'현재 슬라이드부터' 쇼 시작**
> 만약 1번 이외의 슬라이드 작업 중 [슬라이드 쇼] 탭-[슬라이드 쇼 시작] 그룹에서 [현재 슬라이드부터]를 클릭하면, 작업 중이던 슬라이드부터 쇼가 시작됩니다. Shift + F5 를 눌러도 동일한 명령을 실행할 수 있습니다.
>
>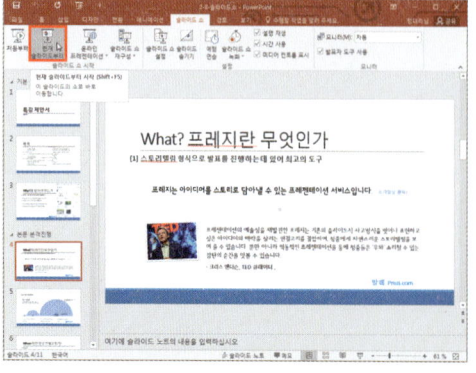
>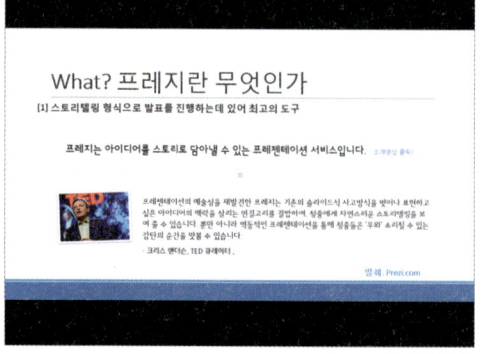

POINT 02 쇼 진행 옵션들

01 | 슬라이드 넘기기

슬라이드 쇼 진행 중, 화면 좌측 하단에 마우스 포인터를 위치시키면 여러 옵션들이 활성화됩니다. 이곳의 ◁, ▷을 클릭하여 슬라이드를 넘기거나 되돌리도록 설정할 수 있습니다. 물론 키보드의 <, >를 눌러도 동일한 과정을 수행할 수 있습니다.

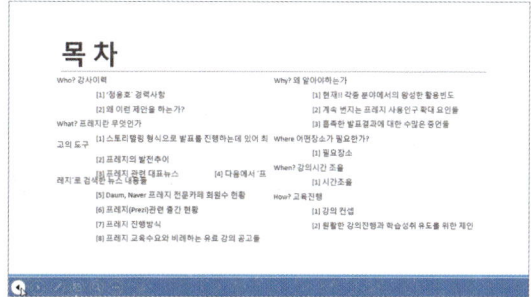

02 | 쇼 진행 중 구역 확인하기

현재의 예제 파일은 여러 장의 슬라이드들을 분류하여 독립적인 구역으로 할당해두었습니다. 이처럼 구역을 설정해 놓은 문서의 경우, 쇼 진행 중 🔲을 클릭하여 해당 문서의 구역을 확인하거나 바로 이동할 수 있습니다.

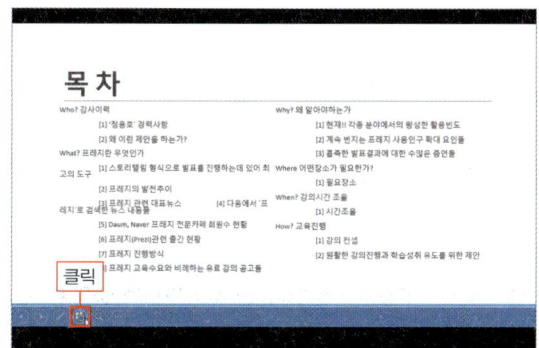
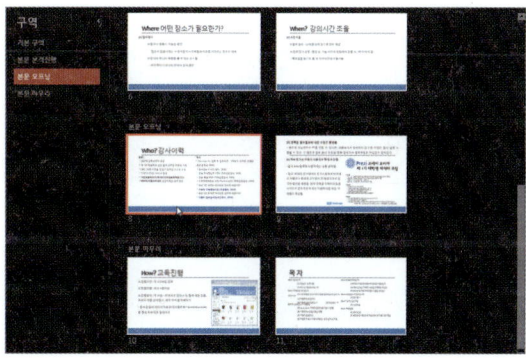

03 | 형광펜으로 강조하기

🖉을 클릭하면 나오는 메뉴 중, [형광펜]을 클릭합니다. 이어서 슬라이드 위를 드래그하면 마우스 포인터를 따라 형광펜이 그어져 내용이 강조됩니다. 참고로 형광펜의 색상은 메뉴 하단의 색상 탭을 클릭해 선택할 수 있습니다.

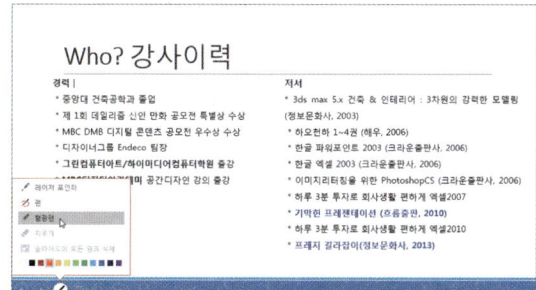
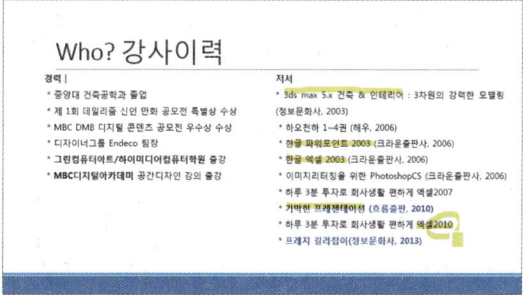

04 | 펜으로 밑줄 긋기

을 클릭하면 나타나는 메뉴에서 [펜]을 클릭합니다. 이어서 슬라이드 위를 드래그하면 마우스 포인터를 따라 펜이 그어져 내용이 강조됩니다. 물론 펜의 색상 역시 형광펜과 마찬가지로 메뉴 하단의 색상 탭을 클릭해 선택할 수 있습니다.

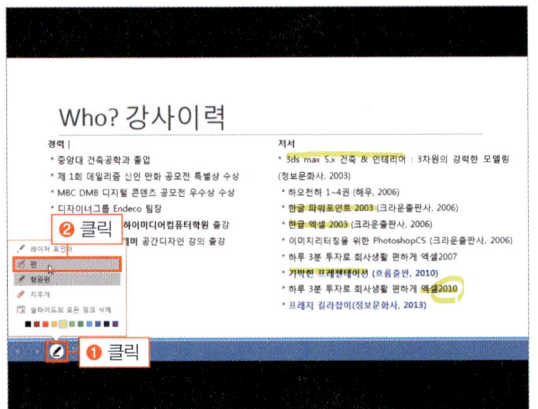
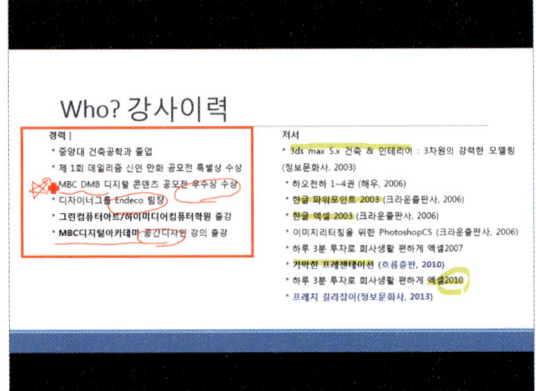

05 | 지우개로 펜 제거

을 클릭하면 나타나는 메뉴에서 [지우개]를 클릭합니다. 이어서 펜 또는, 형광펜으로 작성된 부분을 드래그하여 강조했던 부분을 복구할 수 있습니다.

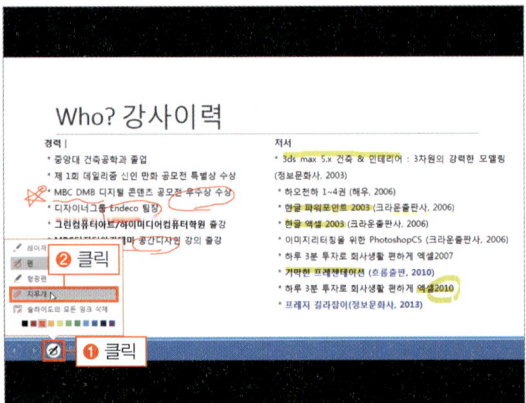
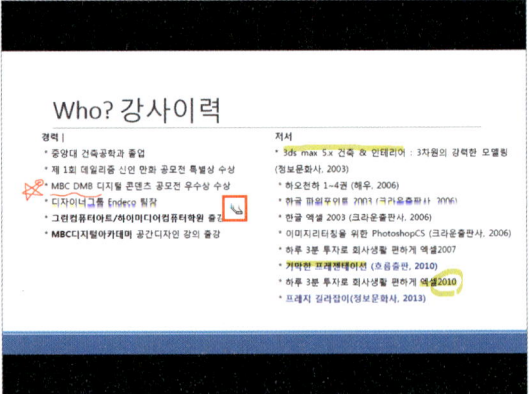

06 | 슬라이드 종료하기

마지막 슬라이드를 넘기면 '잉크 주석을 유지하시겠습니까?'를 묻는 창이 나타납니다. 슬라이드 쇼 진행 중 작성한 펜, 형광펜 영역을 개체로써 작업 화면에 표시할 것인지 묻는 것입니다. [예]를 클릭하고 결과를 확인합니다.

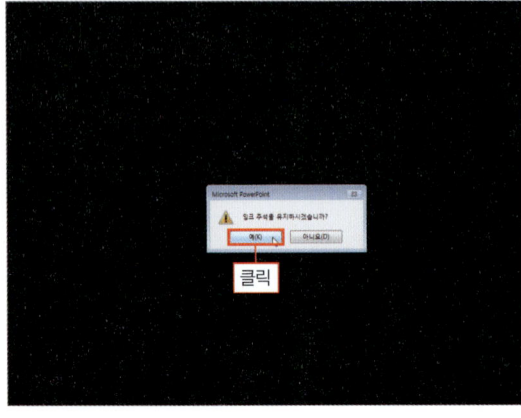
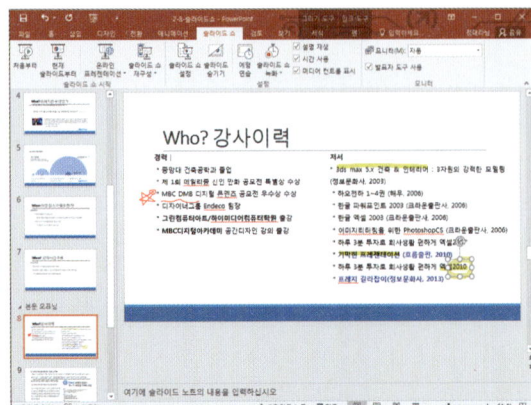

슬라이드 쇼 진행

01 | 4번 슬라이드가 선택된 상태에서 [슬라이드 쇼] 탭-[현재 슬라이드부터]를 터치하면, 현재 태블릿 화면에 띄워진 슬라이드부터 쇼 진행을 시작합니다. 쇼 진행 화면에서는 좌우로 미는 동작을 통해 이전/다음 슬라이드를 확인할 수 있습니다.

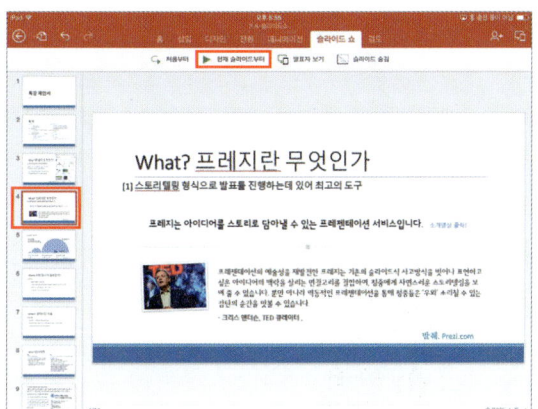 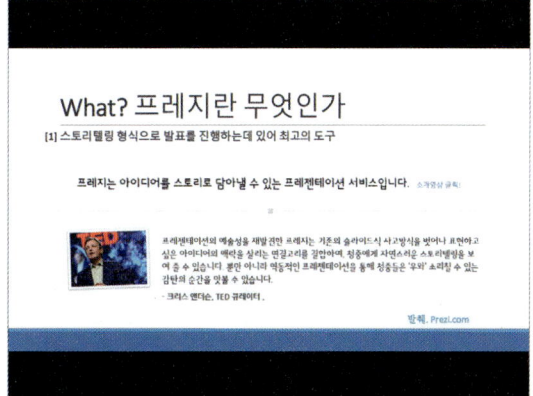

02 | 5번 슬라이드가 선택된 상태에서 [슬라이드 쇼] 탭-[처음부터]를 터치하면, 현재 태블릿 화면에 띄워진 슬라이드는 무시하고 처음부터 쇼 진행을 시작합니다.

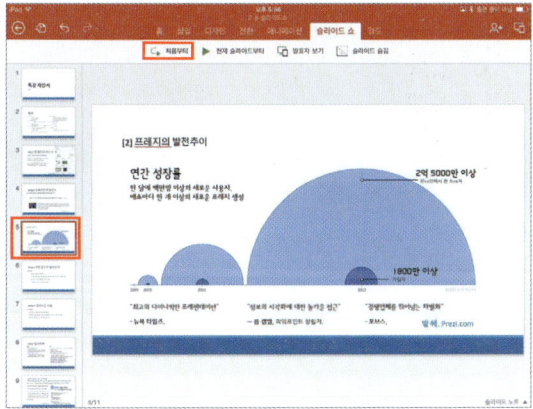 

03 | [슬라이드 쇼] 탭-[슬라이드 숨김]을 터치하면, 현재 선택된 슬라이드가 쇼 진행에서 숨겨집니다. 물론 다시 [슬라이드 숨김]을 터치해 숨겨진 슬라이드를 다시 보이도록 해제할 수도 있습니다.

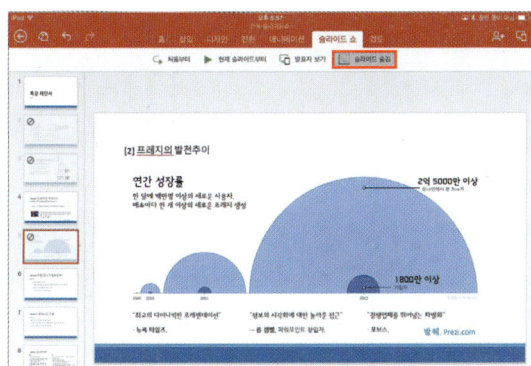 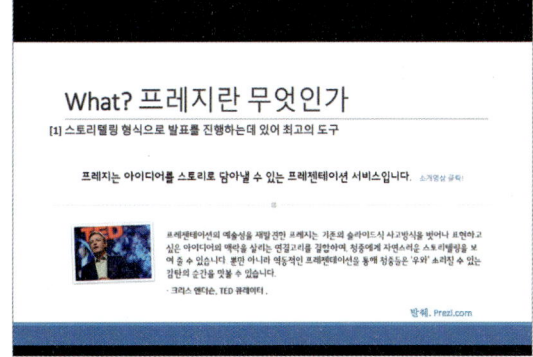

SECTION 09

화면 전환 설정하기

작성된 슬라이드를 넘기는 과정을 좀 더 극적으로 만들기 위해 다양한 애니메이션 효과를 첨가할 수 있습니다. 이러한 과정은 리본 메뉴 중 [전환] 탭을 통해 수행되며, 필수적인 관련 기능들을 살펴보겠습니다.

POINT 01 | 전환 효과 적용하기

01 | 화면 전환 적용

'2-9-화면전환.pptx' 파일을 열고 3번 슬라이드를 선택합니다. 이어서 [전환] 탭-[슬라이드 화면 전환] 그룹에서 [커튼]을 클릭하면, 선택한 전환 효과를 미리 보기로 확인할 수 있습니다. 물론 [전환] 탭-[미리 보기] 그룹에서 [미리 보기]를 클릭해 다시 전환 효과를 확인할 수도 있습니다. 참고로 전환 애니메이션이 적용된 이후에는 슬라이드 번호 아래에 별 모양의 기호가 표시됩니다.

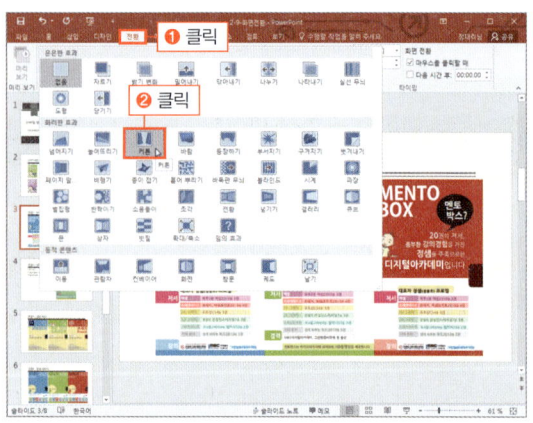
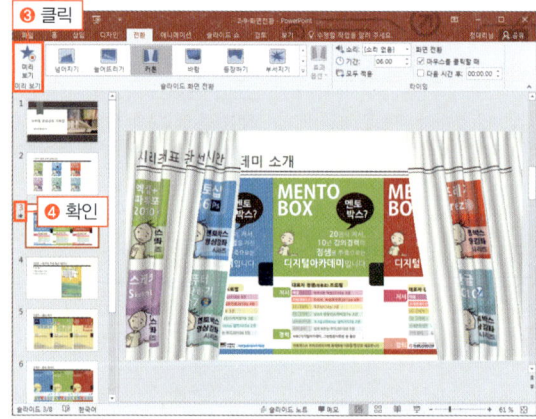

02 | 다른 효과 적용

2번 슬라이드를 선택한 후 [전환] 탭-[슬라이드 화면 전환] 그룹에서 [블라인드]를 클릭하여 적용합니다. 역시 선택한 효과를 미리 보기로 확인할 수 있고, 슬라이드 번호 아래에는 별 모양 기호가 표시됩니다.

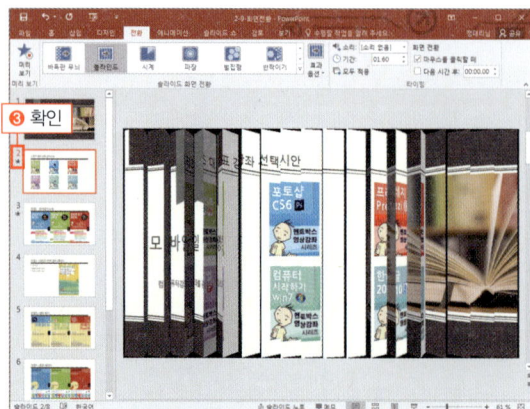

03 | 슬라이드 쇼에서 결과 확인

F5를 눌러 쇼 진행 상태를 만듭니다. 이어서 다음 슬라이드로 넘기면서 설정해둔 전환 효과들이 잘 적용되는 것을 확인해 봅니다.

> **TIP** Esc를 눌러 진행 중인 슬라이드 쇼를 종료할 수도 있습니다.

04 | 효과 옵션 변경

2번 슬라이드에 적용했던 '블라인드' 효과는 세로 방향으로 적용됩니다. 효과의 적용 방향 같은 세부 옵션도 조정할 수 있습니다. [전환] 탭-[슬라이드 화면 전환] 그룹에서 [효과 옵션]-[가로]를 클릭한 후 방향 변경된 전환 효과를 확인해 봅니다.

 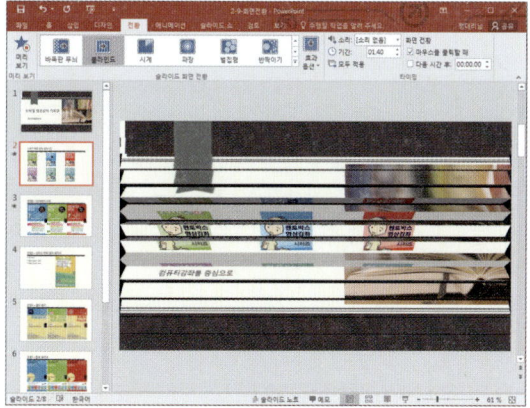

05 | 전환 속도 조정하기

3번 슬라이드를 선택해 보면 이전에 '커튼' 효과를 적용해둔 것을 확인할 수 있습니다. 하지만 전환 과정이 약간 느린 것 같아 이를 조정하려고 합니다. [전환] 탭-[타이밍] 그룹에서 [기간]을 '02.50'으로 수정하고, [전환] 탭-[미리 보기] 그룹에서 [미리 보기]를 클릭하여 결과를 확인합니다.

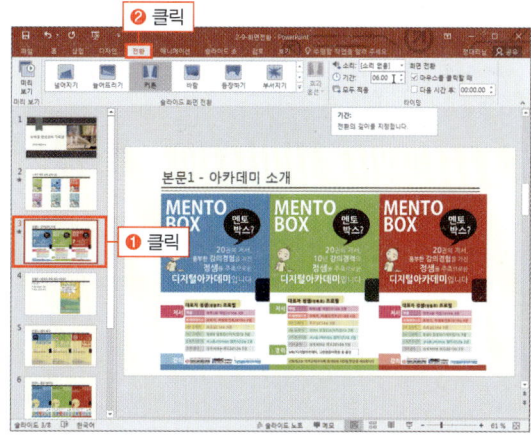

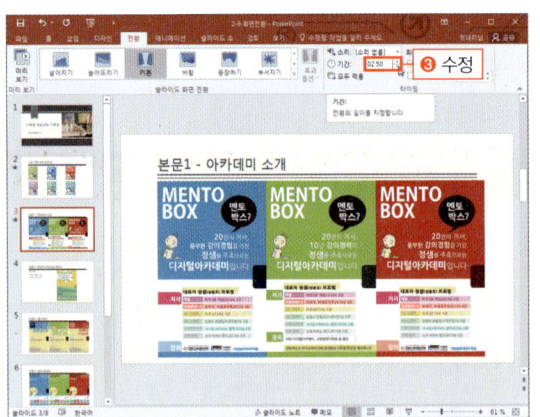 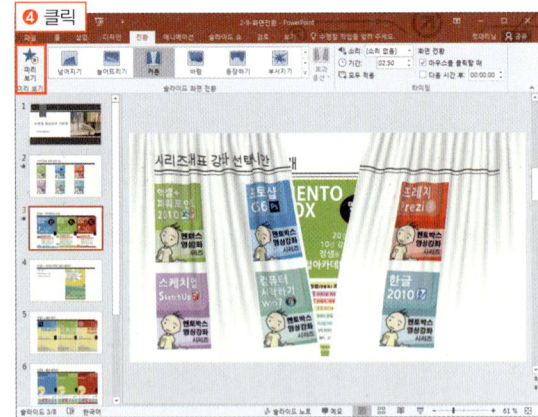

> **TIP** [전환] 탭-[타이밍] 그룹-[소리]를 클릭해, 전환 효과가 시작될 때 효과음이 실행되도록 설정할 수도 있습니다. 다시 [소리]-[소리 없음]을 선택해 설정된 효과음을 제거할 수도 있습니다.

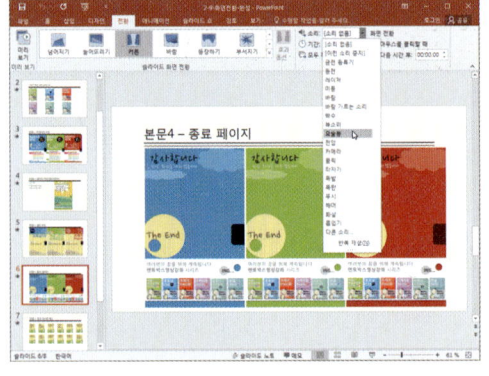

POINT 02 | 효과 모두 적용 및 제거

01 | 전환 효과 모두 적용하기

3번 슬라이드를 선택하고 [전환] 탭-[타이밍] 그룹에서 [모두 적용]을 클릭합니다. 3번 슬라이드에 적용된 '커튼' 효과가 모든 슬라이드에 적용되어, 각 슬라이드 번호 아래에 별 모양 기호가 표시됩니다.

02 | 결과 확인

7번 슬라이드를 선택한 후 [전환] 탭–[미리 보기] 그룹에서 [미리 보기]를 클릭하여 모두 적용된 '커튼' 효과를 확인해 봅니다.

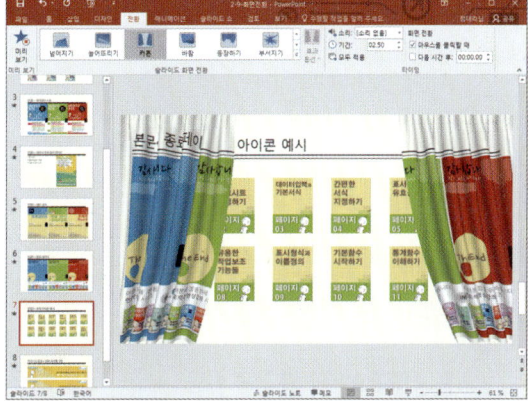

03 | 전환 효과 모두 제거

[전환] 탭–[슬라이드 화면 전환] 그룹에서 [없음]을 클릭해 선택된 슬라이드에 적용된 전환 효과를 제거할 수 있습니다. 이어서 [전환] 탭–[타이밍] 그룹에서 [모두 적용]을 클릭하면, '전환 효과 없음' 옵션을 모든 슬라이드로 확대 적용할 수 있습니다.

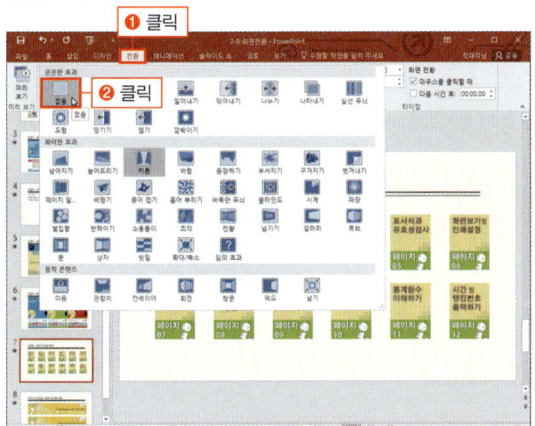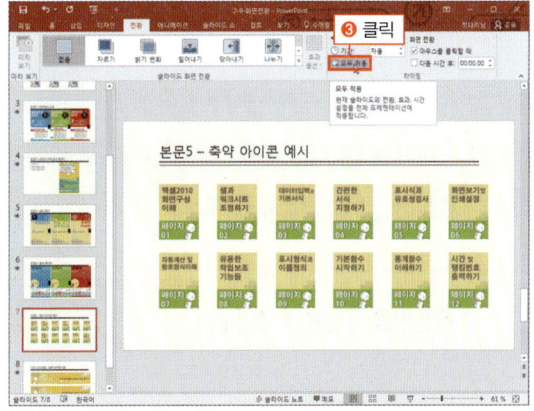

> **TIP** [전환] 탭–[타이밍] 그룹에서 [화면 전환]–[다음 시간 후]를 설정하면, 슬라이드 쇼에서 설정된 시간이 지날 때 마다 자동으로 화면 전환 작업이 이루어집니다. 실제 발표에서는 상황에 따른 신속한 대체가 중요하기에 자주 사용하는 옵션은 아닙니다.

화면 전환 설정하기

• 동영상 : 29—화면전환 설정하기.wmv

01 | 3번 슬라이드를 선택하고 [전환] 탭-[구겨지기]를 터치합니다. 이어서 슬라이드 쇼를 진행해 보면 설정한대로 3번 슬라이드가 나타날 때 '구겨지기' 전환 애니메이션이 나타납니다.

02 | 2번 슬라이드를 선택하고 [전환] 탭-[블라인드]를 적용합니다. 이어서 적용된 효과의 세부 옵션을 수정하기 위해 [전환] 탭-[효과 옵션]에서 기본값이 아닌 '가로'를 터치합니다. 블라인드 효과가 가로 방향으로 전개되도록 설정했습니다.

03 | 2번 슬라이드가 선택된 상태에서 [전환] 탭-[모두 적용]을 터치합니다. 모든 슬라이드에 가로 방향의 블라인드 효과가 적용되었습니다.

SECTION 10

다양한 청중들에 대비하는 쇼 재구성

발표 상황에 따라 일부 슬라이드들만 슬라이드 쇼를 진행하도록 설정할 수 있습니다. 이것이 쇼 재구성 기능이며, 다양한 순서로 여러 가지 '쇼 재구성' 목록을 만들 수 있습니다.

l 예제파일 l 2-10-쇼재구성.pptx l 완성파일 l 2-10-쇼재구성-완성.pptx

POINT 01 | 쇼 재구성하기

01 | 슬라이드 쇼 재구성 실행

'2-10-쇼재구성.pptx' 파일을 열고 [슬라이드 쇼] 탭-[슬라이드 쇼 시작] 그룹에서 [슬라이드 쇼 재구성]-[쇼 재구성]을 클릭합니다. [쇼 재구성] 대화상자가 나타나면 바로 [새로 만들기]를 클릭합니다.

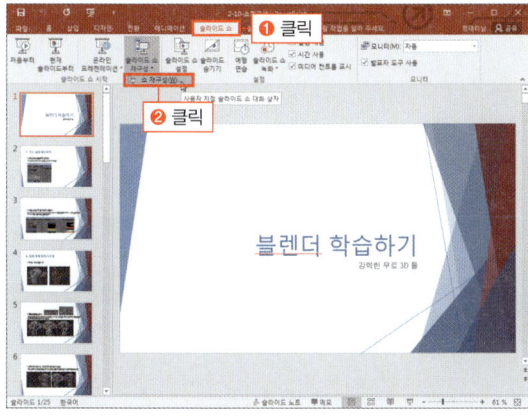 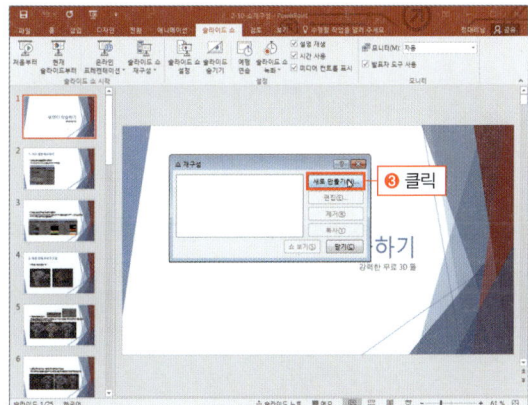

02 | 첫 번째 쇼 구성하기

[쇼 재구성하기] 대화상자가 나타나면 [슬라이드 쇼 이름]으로 '초급단계만'을 입력한 후 1~10번까지의 슬라이드들을 선택하고 [추가]를 클릭합니다. 이어서 [확인]을 클릭하여 구성 과정을 종료합니다.

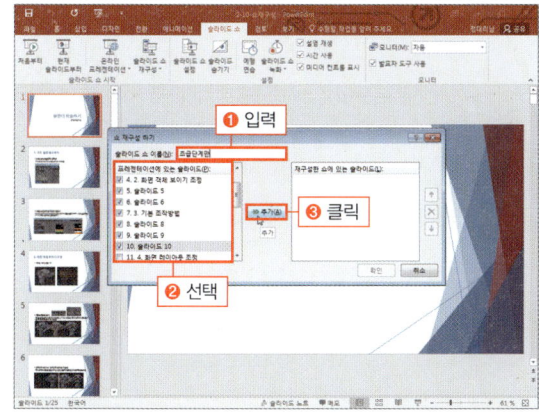 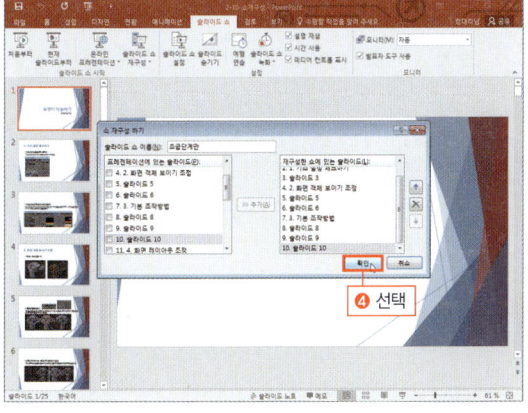

▲ 1~10번 슬라이드 선택

03 | 두 번째 쇼 구성하기

두 번째 쇼 구성을 위해 [쇼 재구성] 대화상자에서 [새로 만들기]를 다시 클릭합니다. 이어서 [슬라이드 쇼 이름]으로 '2번째 시간'을 입력한 후 11~18번까지의 슬라이드들을 체크하고 [추가]를 클릭합니다. 그리고 [확인]을 클릭하여 구성 과정을 종료합니다.

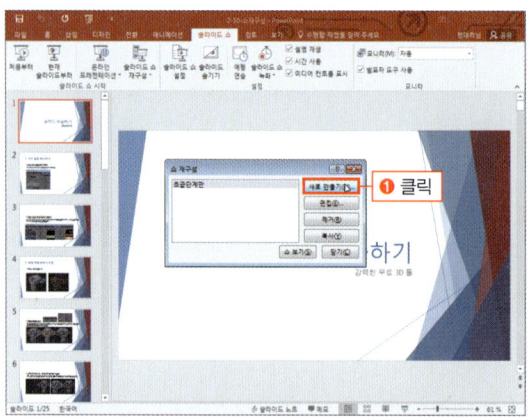

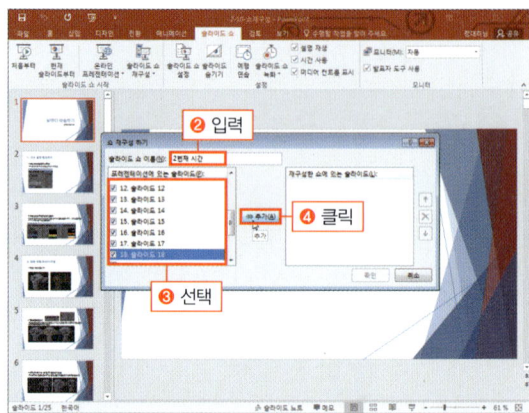

▲ 11~18번 슬라이드 선택

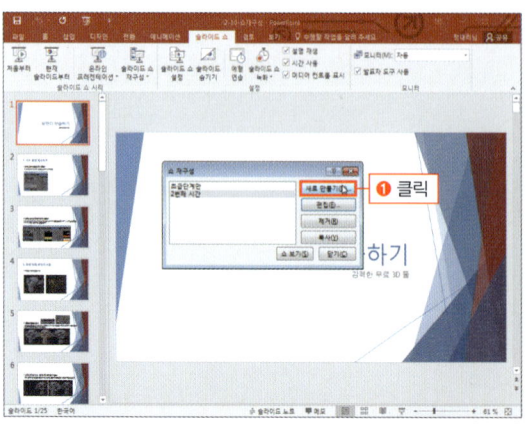

04 | 세 번째 쇼 구성하기

세 번째 쇼 구성을 위해 [쇼 재구성] 대화상자에서 [새로 만들기]를 다시 클릭합니다. 이어서 [슬라이드 쇼 이름]으로 '마지막 시간'을 입력한 후 19~25번까지의 슬라이드들을 체크하고 [추가]를 클릭합니다.

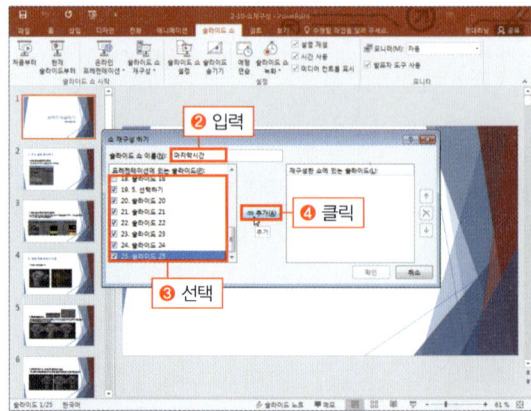

▲ 19~25번 슬라이드 선택

05 | 쇼 재구성 종료하기

[확인]을 클릭하여 [쇼 재구성하기] 대화상자를 종료하면, 이전에 작업했던 3가지의 슬라이드 쇼 이름들을 [쇼 재구성] 대화상자에서 확인할 수 있습니다. [닫기]를 클릭하여 쇼 재구성 과정을 종료합니다.

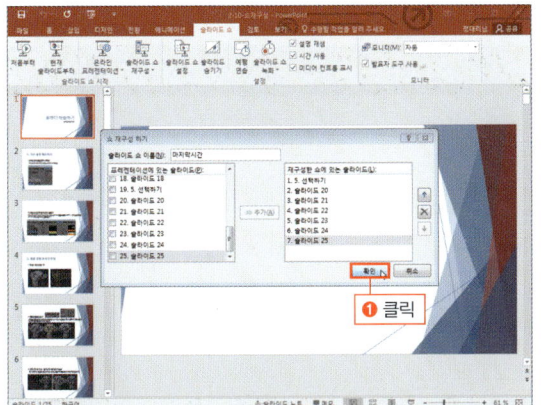
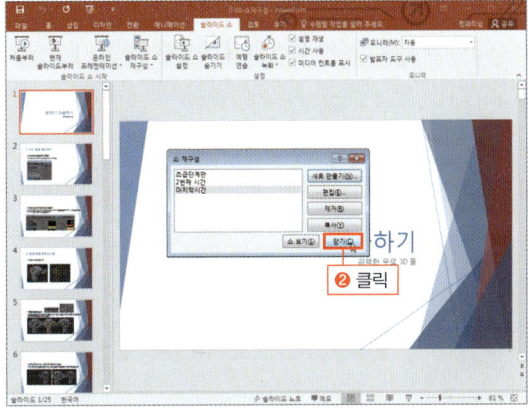

TIP [슬라이드 쇼 재구성] 대화상자에서는 재구성 목록을 선택하고 [편집]을 클릭하여 설정된 재구성 목록을 수정할 수 있습니다. 물론 [제거]를 클릭해 해당 재구성 목록을 삭제할 수도 있으며, [복사]를 통해 선택된 재구성 목록을 그대로 복제하고 이를 다시 편집해 원본과는 약간 다른 재구성 목록을 만들 수도 있습니다.

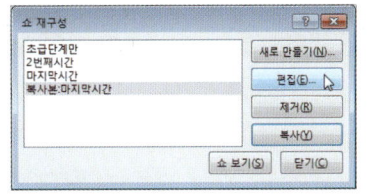

POINT 02 재구성한 쇼 진행

01 | 리본 메뉴에서 쇼 선택

[슬라이드 쇼] 탭-[슬라이드 쇼 시작] 그룹에서 [슬라이드 쇼 재구성]을 보면, 이전에 설정했던 슬라이드 쇼 이름들이 목록으로 나타납니다. 이들 중 '마지막 시간'을 클릭해 19번 슬라이드부터 쇼를 진행합니다.

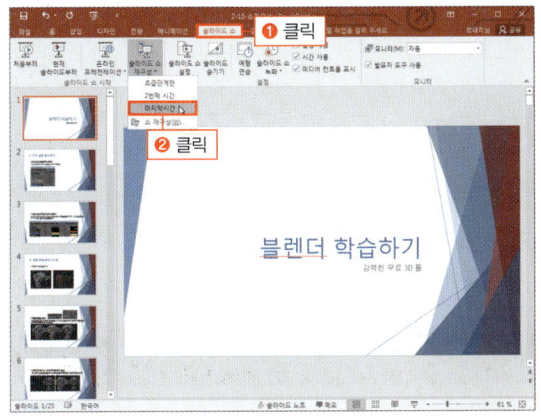
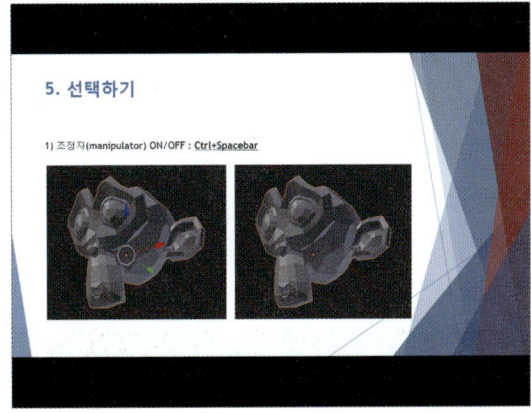

02 | 쇼 진행 중, 다른 재구성 쇼로 전환_01

[슬라이드 쇼] 탭-[슬라이드 쇼 시작] 그룹에서 [처음부터]를 클릭하면, 모든 슬라이드를 대상으로 쇼를 진행하게 됩니다. 이렇게 쇼를 진행하는 과정 중 마우스 오른쪽 버튼을 클릭하고 [쇼 재구성]을 선택할 수 있습니다. 그림과 같이 '2번째 시간' 목록을 선택하고 결과를 확인합니다.

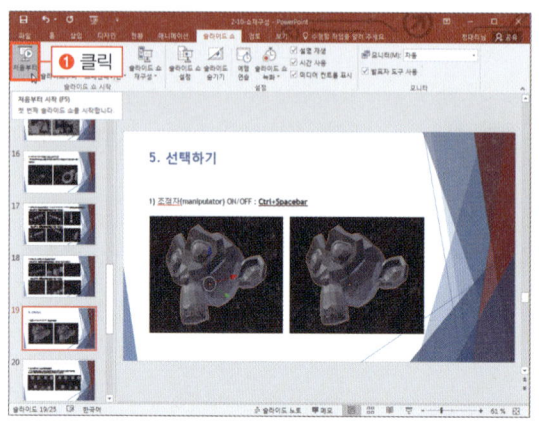
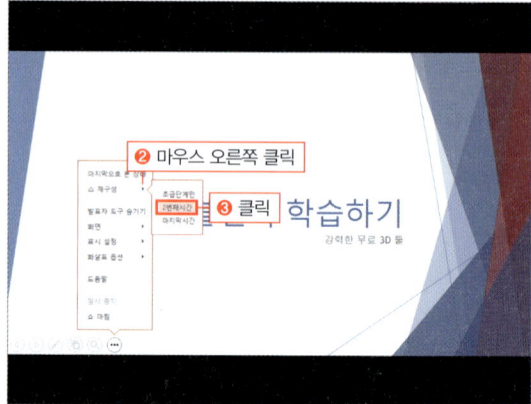

03 | 쇼 진행 중, 다른 재구성 쇼로 전환_02

재구성된 쇼를 진행하는 과정 중에도 다른 재구성 쇼로 전환이 가능합니다. 슬라이드 쇼 상태에서 마우스 오른쪽 버튼을 클릭한 후 다른 재구성 목록을 선택합니다. 그림과 같이 [초급단계만]을 선택하고 결과를 확인해 봅니다.

MEMO

CHAPTER THREE

세 번째 챕터

다양한 그래픽 개체 활용하기

슬라이드는 텍스트 이외에 도형, 그림, 스마트아트, 워드아트 등
다양한 개체들로 구성되는 것이 일반적입니다.
이에 따라 각 개체 특성에 맞는 생성 방식과 수정 과정을 익혀야 합니다.
이들에 대해 알아봅니다.

SECTION 11

도형의 이해와 활용

슬라이드 구성 요소로써 많이 활용되는 도형의 생성 및 변형 과정에 대해 알아보겠습니다. 아울러 수많은 도형들을 대상으로 하는 정렬 방식과 그룹화에 대해서도 함께 살펴보겠습니다.

| 예제파일 | 2-11-도형활용하기.pptx | 완성파일 | 2-11-도형활용하기-완성.pptx

POINT 01 | 도형 생성과 기초 속성

01 | 도형 만들기

'2-11-도형활용하기.pptx' 파일을 열고 2번 슬라이드를 선택합니다. 이곳에 [삽입] 탭-[일러스트레이션] 그룹에서 [도형]-['없음' 기호]를 클릭합니다. 슬라이드 화면을 드래그하면 선택한 도형이 만들어 집니다.

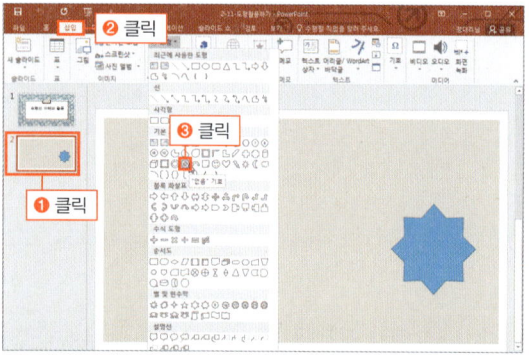
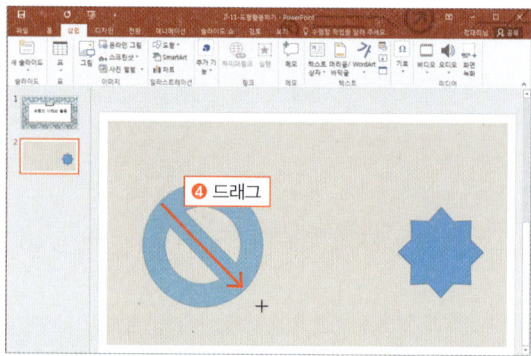
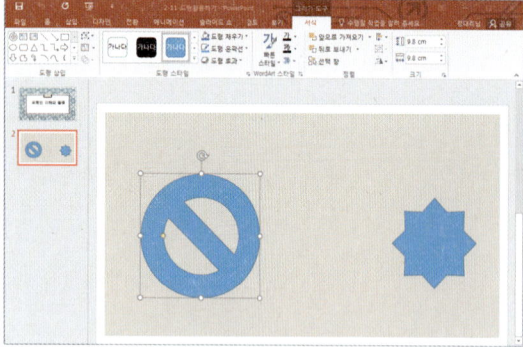

> **TIP** 도형을 자주 활용하는 경우라면, [도형] 목록의 옵션 위에서 마우스 오른쪽 버튼을 클릭하고 [빠른 실행 도구 모음에 갤러리 추가]를 선택합니다. 그러면 빠른 실행 도구 모음에서 도형 목록을 바로 확인할 수 있습니다.

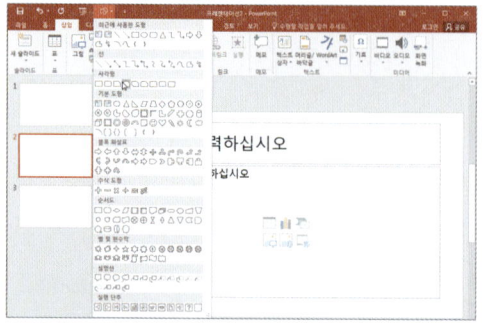

02 | 도형의 크기 조정

도형 테두리 조절점을 드래그하면, 커서 이동에 따라 도형의 가로 너비와 세로 높이가 달라집니다. 최대한 그림과 비슷한 형태가 되도록 설정합니다. 참고로 Shift 를 누른 상태로 조절점을 드래그하면, 삽입된 도형의 비율을 유지한 체 크기만 달라집니다.

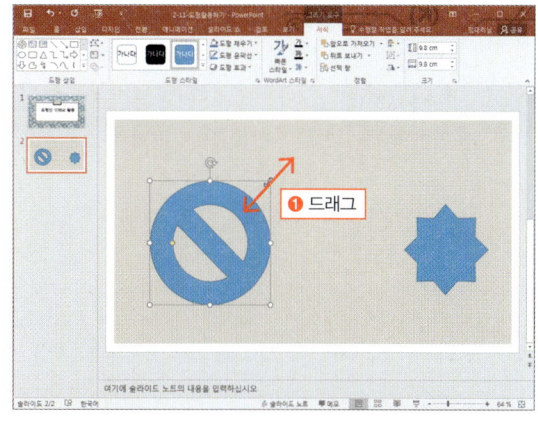

▲ 모서리 조절점 조정 모습

▲ Shift 를 누른 상태로 조절점 이동

03 | 도형 이동하기

이전 과정을 참조해 [도형] 목록에서 [모서리가 접힌 도형]을 만듭니다. 생성된 도형 안쪽을 클릭하고 드래그하면 마우스 포인터를 따라 도형이 이동합니다. 이동하는 과정 중에 가까운 도형과 중심축이 맞춰지게 되면 점으로 된 가상선이 표시됩니다. 이때 클릭을 해제해 도형의 중심을 일치시킵니다.

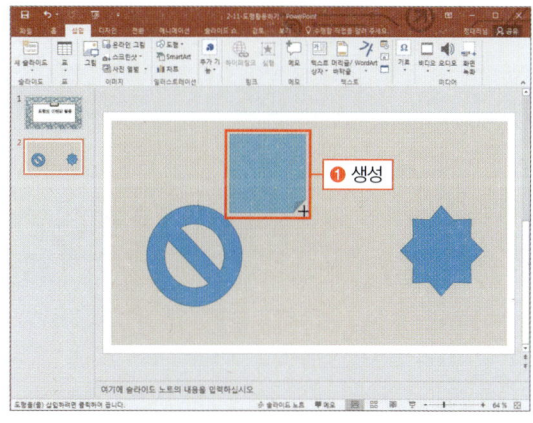

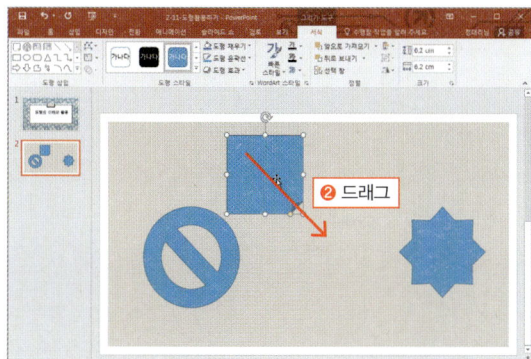

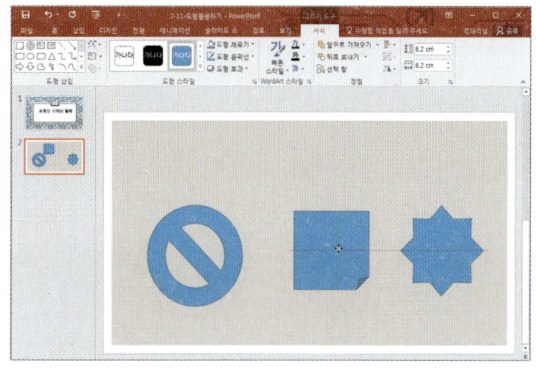

▲ 가상선 확인

04 | 도형의 회전 조절점

이어서 도형 상단 가운데에 있는 회절 조절점을 드래그해 원하는 만큼 회전시킵니다. 참고로 도형의 중심축이 회전 기준점이 되므로, 대부분의 도형이 제자리에서 회전하게 됩니다.

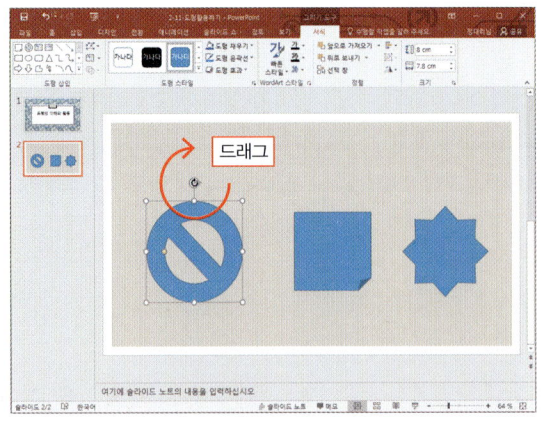

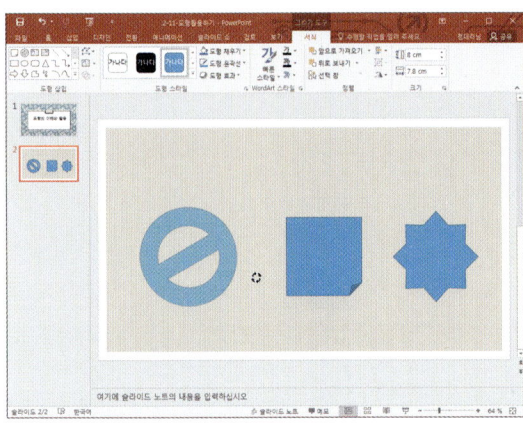

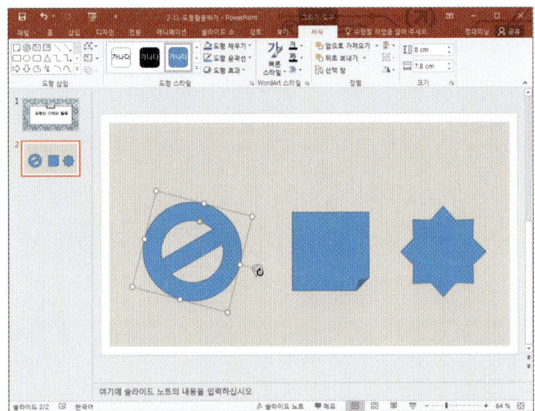

05 | 도형의 변형 조절점

'없음' 기호' 도형의 안쪽을 보면 노란색의 변형 조절점이 있습니다. 이것을 드래그하면 선택된 도형의 형태가 변하는 것을 확인할 수 있습니다.

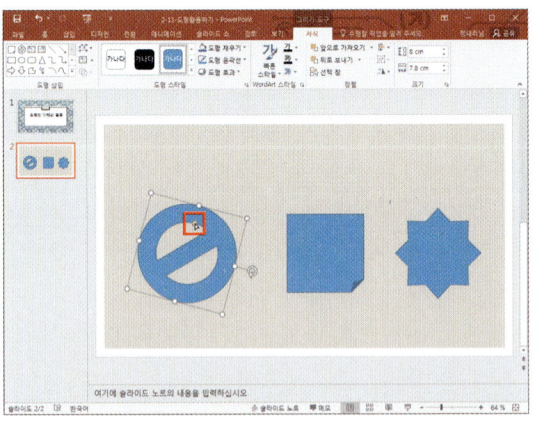

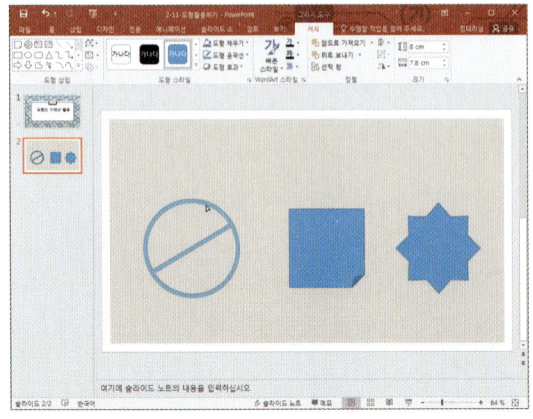

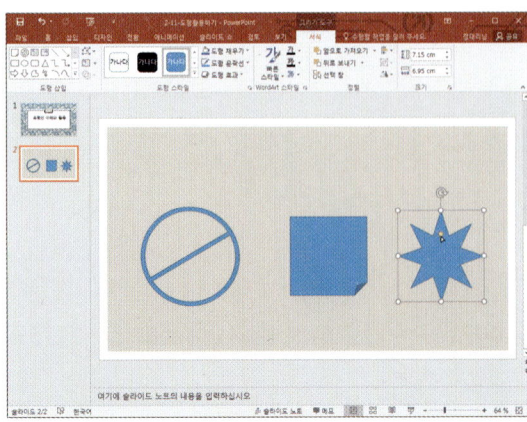

06 | 도형에 문장 입력하기

[모서리가 접힌 도형]을 선택한 상태에서 바로 원하는 문장을 입력합니다. 일반 텍스트 개체 틀에 문장을 입력하는 것과 동일하게 내용을 작성할 수 있습니다.

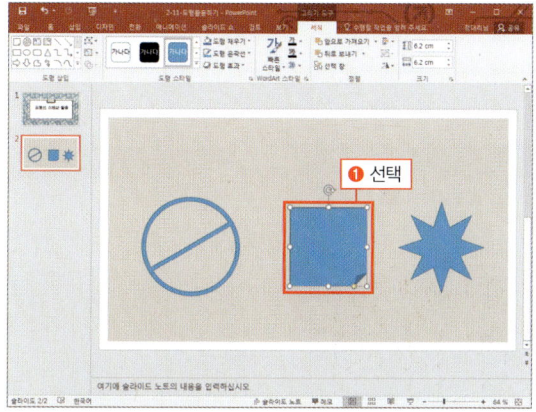
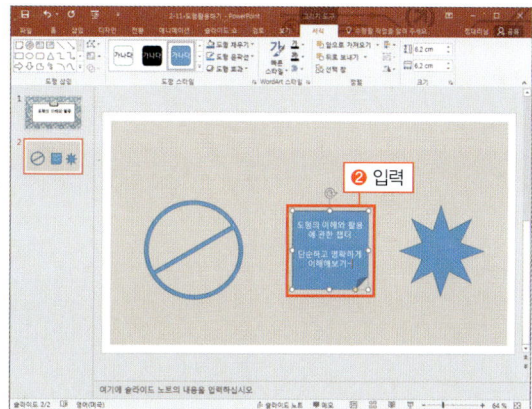

07 | 글 서식 변경

도형에서 일부 단어를 선택하고 [홈] 탭-[글꼴] 그룹에서 [글꼴 색]-[노랑]을 클릭합니다. 이어서 [글꼴 크기 크게]를 눌러 해당 글꼴 크기를 '24'로 설정합니다. 나머지 다른 단어들에도 적당한 글꼴 서식을 적용해 봅니다.

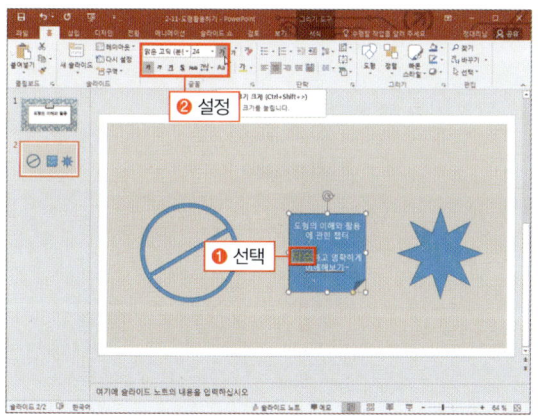
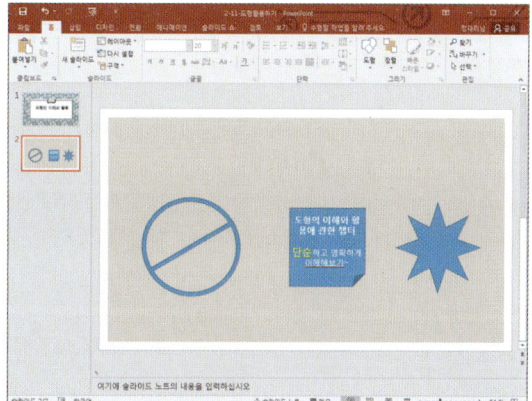

08 | 텍스트 정렬하기

도형 테두리를 클릭해 실선이 된 상태에서 [홈] 탭-[단락] 그룹에서 [왼쪽 맞춤]을 클릭합니다. 도형 안의 문장들이 모두 왼쪽을 기준으로 정렬합니다. 이어서 [홈] 탭-[단락] 그룹에서 [텍스트 방향]-[세로]를 클릭합니다. 해당 도형의 문장이 세로 쓰기 형식으로 변경됩니다.

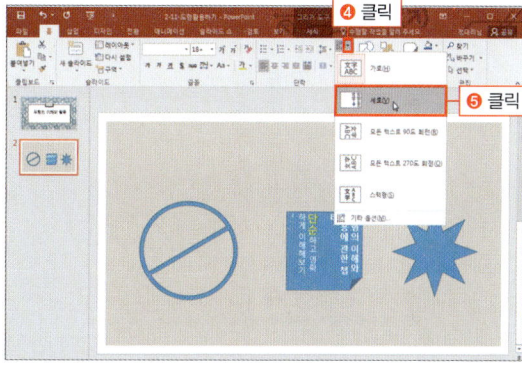

POINT 02 도형 스타일 조정하기

01 | 도형 채우기

"없음' 기호' 도형이 선택된 상태에서 [그리기 도구]-[서식] 탭-[도형 스타일] 그룹에서 [도형 채우기]-[빨강]을 클릭합니다. 같은 방식으로 '모서리가 접힌' 도형에는 [도형 채우기] 목록에서 [연한 녹색]을 적용합니다.

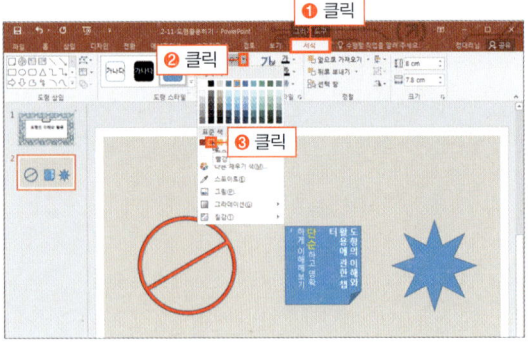
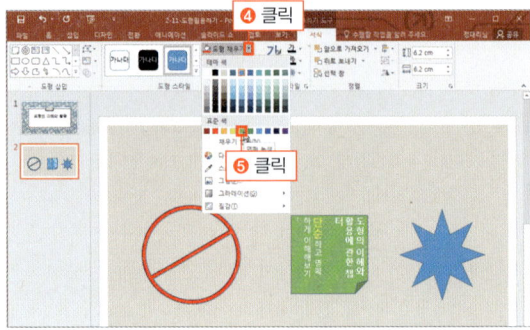

02 | 윤곽선 두께, 색 변경

"없음' 기호' 도형을 선택한 후 [그리기 도구]-[서식] 탭-[도형 스타일] 그룹에서 [도형 윤곽선]-[두께]-[4 1/4pt]를 클릭합니다. 이어서 [도형 윤곽선] 목록에서 [노랑]을 클릭해 두꺼운 노란 테두리선을 도형에 적용합니다.

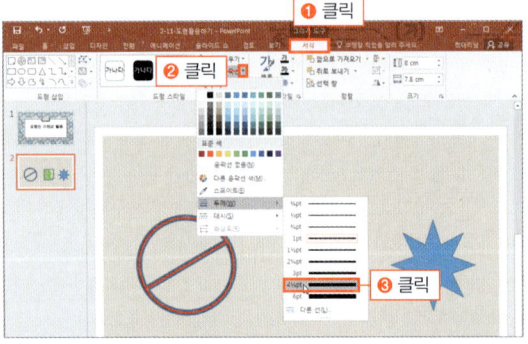
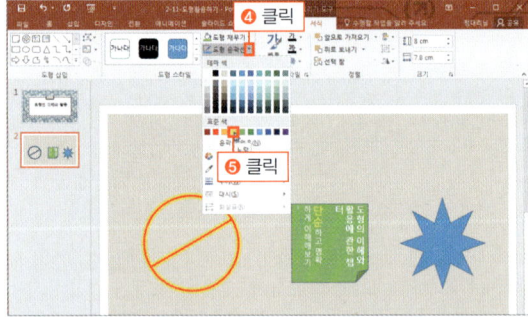

03 | 도형 스타일 변경

슬라이드 우측에 있는 '포인트가 8개인 별' 도형을 선택한 후 [그리기 도구]-[서식] 탭-[도형 스타일] 그룹에 마우스 포인터를 위치시키면, 포인터가 위치한 스타일을 실시간 미리 보기로 확인할 수 있습니다. 예제에서는 [미세 효과 – 진한 녹색, 강조 5]를 선택했습니다.

POINT 03 | 도형 순서 조정하기

01 | 뒤로 보내기

도형들을 포개지도록 배치해 보면 도형의 생성 순서에 따라 전후 배치가 되는 것을 확인할 수 있습니다. 이들 중 '모서리가 접힌' 도형을 선택하고 [그리기 도구]-[서식] 탭-[정렬] 그룹에서 [뒤로 보내기]-[뒤로 보내기]를 클릭합니다. 해당 도형이 한 칸 뒤로 보내지며, 이에 따라 이전에 뒤에 있던 "없음' 기호' 도형이 전면에 배치됩니다.

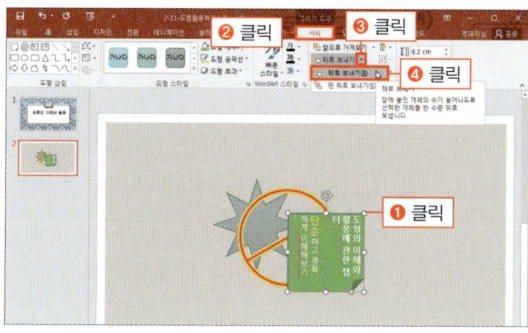

02 | 맨 앞으로 보내기

'포인트가 8개인 별' 도형을 선택하고, [그리기 도구]-[서식] 탭-[정렬] 그룹에서 [앞으로 가져오기]-[맨 앞으로 가져오기]를 클릭합니다. 결국 선택된 도형이 한 번에 맨 앞으로 배치됩니다.

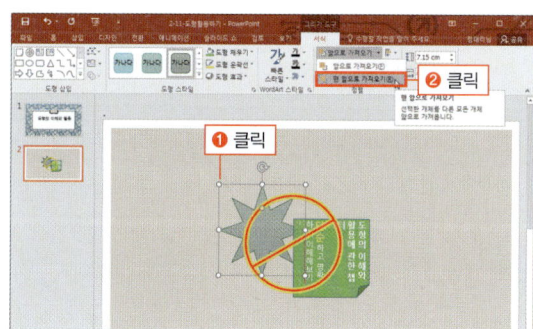

03 | 그룹 설정하기

'포인트가 8개인 별' 도형과 "없음' 기호' 도형을 중심이 일치하도록 서로 포개고 함께 선택한 후 [그리기 도구]-[서식] 탭-[정렬] 그룹에서 [그룹]-[그룹]을 클릭합니다. 선택된 도형들이 하나의 개체인 듯 묶이게 됩니다. 참고로 그룹으로 묶인 도형은 [그룹]-[그룹 해제]를 클릭하면 해제할 수 있습니다.

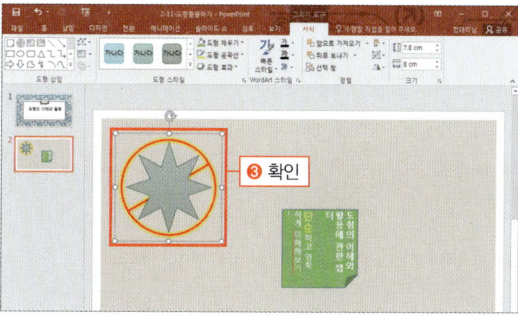

POINT 04　도형 입체 효과

01 | 그림자 효과 설정하기

그룹 설정된 개체를 선택하고 [그리기 도구]-[서식] 탭-[도형 스타일] 그룹에서 [도형 효과]-[그림자]-[원근감 대각선 오른쪽 아래]를 클릭합니다. 선택된 효과가 적용되어 개체에 알맞은 그림자가 슬라이드에 표시됩니다.

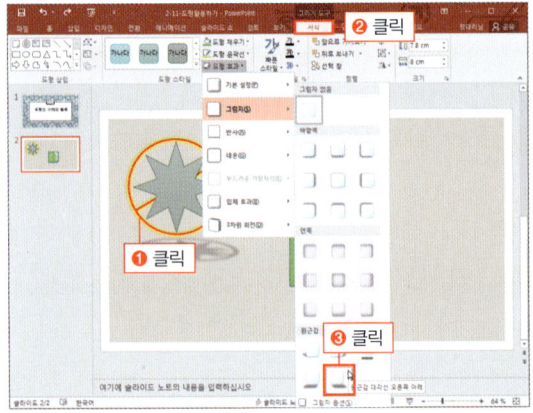
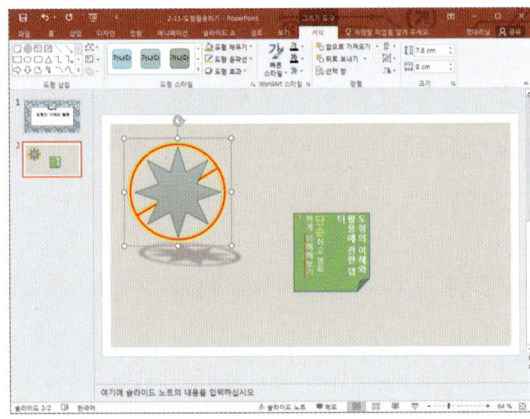

02 | 입체효과

이번에는 [그리기 도구]-[서식] 탭-[도형 스타일] 그룹에서 [도형 효과]-[입체 효과]-[딱딱한 가장자리]를 선택합니다. 선택된 도형에 효과가 적용되어 이전보다 입체감 있는 느낌으로 변한 것을 확인할 수 있습니다.

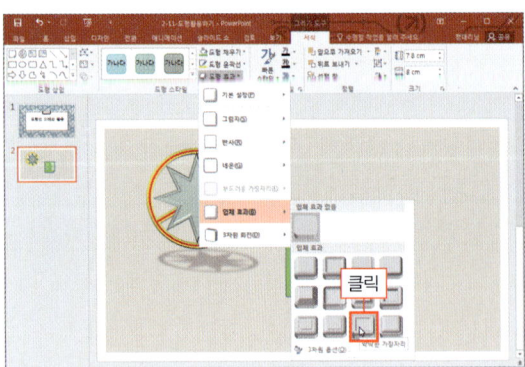

03 | 3차원 회전

마지막으로 [그리기 도구]-[서식] 탭-[도형 스타일] 그룹에서 [도형 효과]-[3차원 회전]-[축 분리 2 왼쪽으로]를 클릭합니다. 결국 선택된 도형에 효과가 적용되어 입체감 있게 회전한 것을 확인할 수 있습니다.

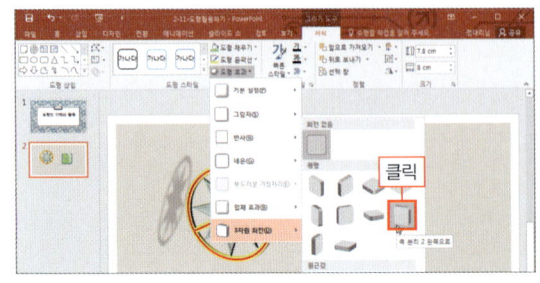

도형 삽입하기

• 동영상 : 30-도형 삽입하기.wmv

01 | [삽입] 탭-[도형] 목록을 통해 원하는 형태의 도형을 슬라이드에 삽입할 수 있으며, 생성된 도형은 테두리 조절점을 조정하여 크기 조정을 할 수도 있습니다.

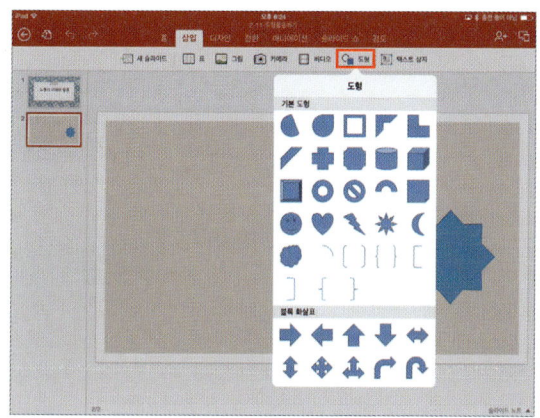 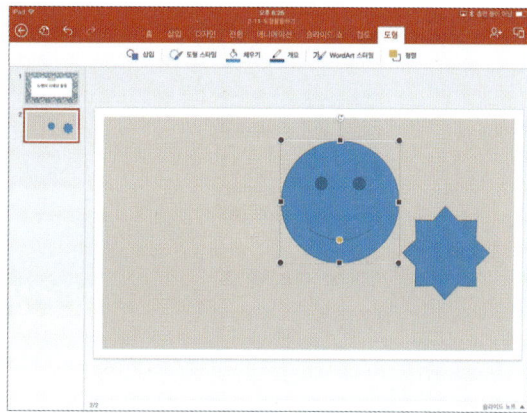

02 | 생성된 도형은 안쪽을 드래그하여 원하는 위치로 이동하거나, 테두리 바깥에 표시되는 회전 조절점을 드래그해 원하는 정도로 회전이 가능합니다.

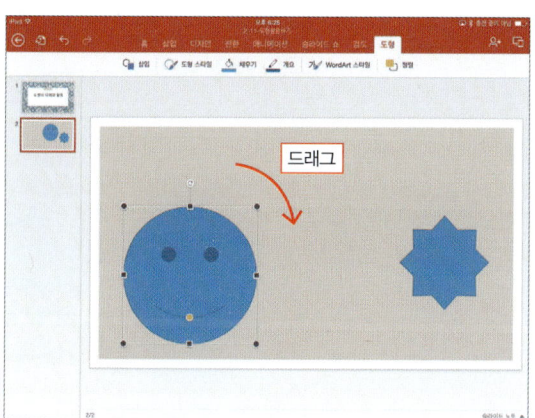 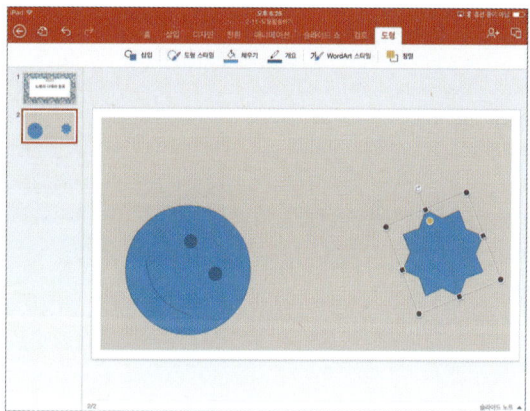

03 | 도형 안쪽에 표시되는 노란 조절점을 드래그해 도형의 형태를 변경할 수도 있습니다.

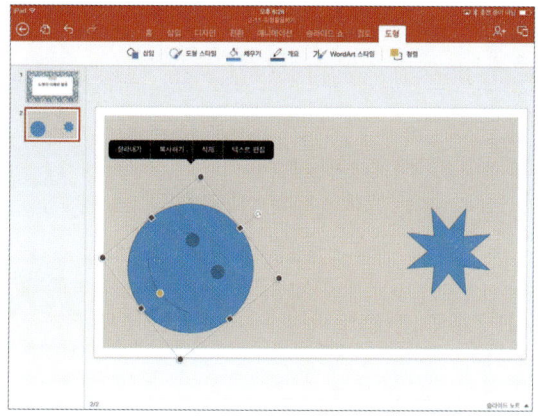 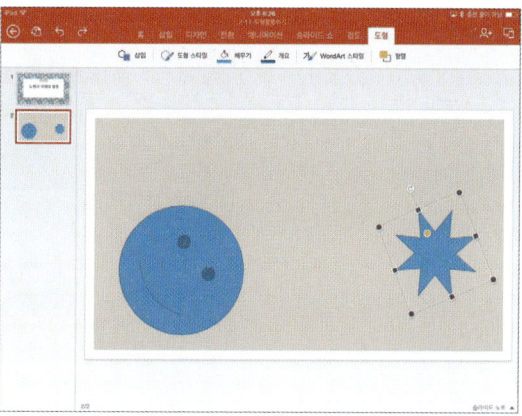

04 | [도형] 탭–[채우기]를 통해 도형 안쪽의 채우기 색상을 변경할 수 있고, [도형] 탭–[개요]를 통해서는 도형의 윤곽선의 색상을 조정할 수 있습니다. 참고로 태블릿 버전에서는 윤곽선의 두께 조정까지는 지원하지 않습니다.

05 | 도형이 선택된 상태에서 바로 문장 입력이 가능합니다. 작성한 문장에는 글꼴과 정렬 서식이 텍스트 개체 틀과 동일하게 적용할 수 있습니다.

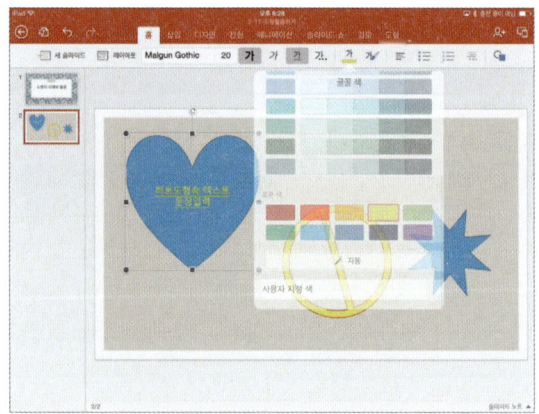

06 | 도형이 겹쳐진 상태에서는 생성 순서에 따른 정렬 관계를 확인할 수 있습니다. 도형을 선택하고 [도형] 탭–[정렬]의 명령들을 적용해 정렬 순서를 인위적으로 조절할 수도 있습니다.

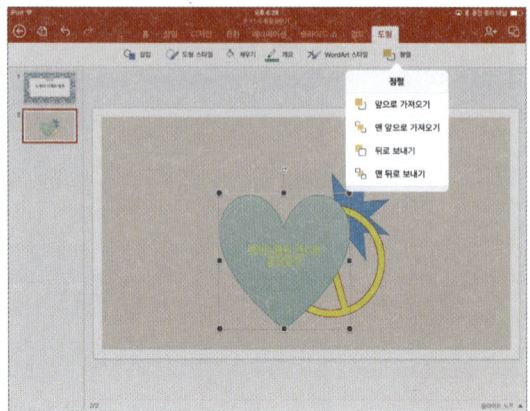
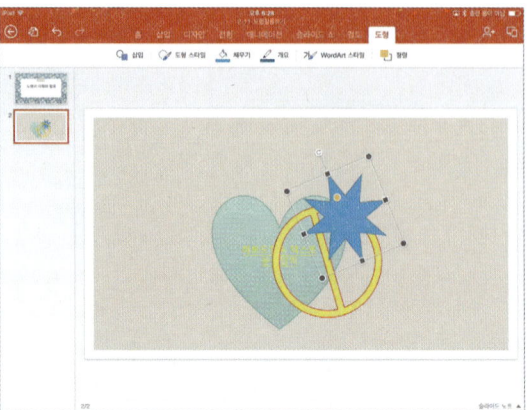

SECTION 12

그림 삽입과 활용

슬라이드를 구성하는 데 있어 그림은 매우 중요한 요소입니다. 이러한 그림을 삽입하고 슬라이드에 어울리도록 밝기 및 대비, 선명도, 다시 칠하기, 꾸밈 효과 등의 옵션을 적용하고 활용하는 과정에 대해 알아봅니다.

I 예제파일 I 2-12-그림활용하기.pptx, 동생들.jpg, 어린시절.jpg I 완성파일 I 2-12-그림활용하기-완성.pptx

POINT 01 그림 삽입하기

01 | 그림 삽입하기

'2-12-그림활용하기.pptx' 파일을 열고 2번 슬라이드를 선택합니다. 이어서 [삽입] 탭-[이미지] 그룹에서 [그림]을 클릭합니다. [그림 삽입] 대화상자가 나타나면 '동생들.jpg' 파일을 선택하고 [삽입]을 클릭합니다.

02 | 그림 크기 조정 및 이동

삽입된 그림은 도형과 동일한 방식으로 크기 조정 및 위치 이동이 가능합니다. 그림과 비슷한 크기와 위치가 되도록 설정합니다.

> **TIP** 삽입한 그림의 모서리 조절점을 드래그하면 해당 그림의 너비와 높이를 쉽게 설정할 수 있습니다. 이어 그림 안쪽을 클릭한 상태로 드래그하여 원하는 위치로 이동시키는 것도 가능합니다.

03 | 그림 스타일 설정하기

[그림 도구]-[서식] 탭-[그림 스타일] 그룹의 옵션들 위로 마우스 포인터를 가져가보면, 포인터 위치에 따라 선택된 그림에 여러 가지 스타일들이 실시간 미리 보기로 표시됩니다. 여러 스타일을 테스트해 보고 최종적으로 [회전, 흰색]을 적용합니다.

04 | 그림 테두리 색상 변경

[그림 도구]-[서식] 탭-[그림 스타일] 그룹에서 [그림 테두리]-[주황, 강조 2, 40% 더 밝게]를 클릭합니다. 이렇게 그림에 적용된 테두리 색상을 변경할 수 있습니다. 참고로 [그림 테두리] 메뉴를 활용해 테두리의 두께와 선 스타일을 변경할 수도 있습니다.

> **TIP 그림 원래대로**
>
> 다양한 서식이 적용된 그림은 [그림 도구]-[서식] 탭-[조정] 그룹에서 [그림 원래대로]를 클릭해, 서식 적용 이전의 상태로 되돌릴 수 있습니다.

POINT 02 여러 가지 서식 적용

01 | 그림 바꾸기_01

5번 슬라이드를 선택한 후 슬라이드 오른쪽 그림을 선택합니다. 선택된 그림을 다른 그림으로 교체해 보겠습니다. [그림 도구]-[서식] 탭-[조정] 그룹에서 [그림 바꾸기]를 클릭하고 [그림 삽입] 대화상자에서 [파일에서]를 클릭합니다.

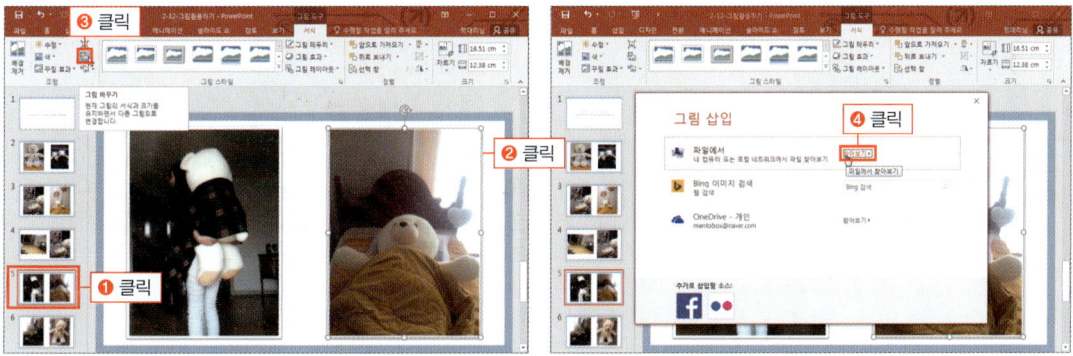

TIP 예제에서 [Bing 이미지 검색]을 선택하는 경우에는 키워드를 입력하고 Enter 를 눌러 검색 결과를 확인할 수 있습니다. 마음에 드는 그림을 더블클릭해 슬라이드에 삽입합니다.

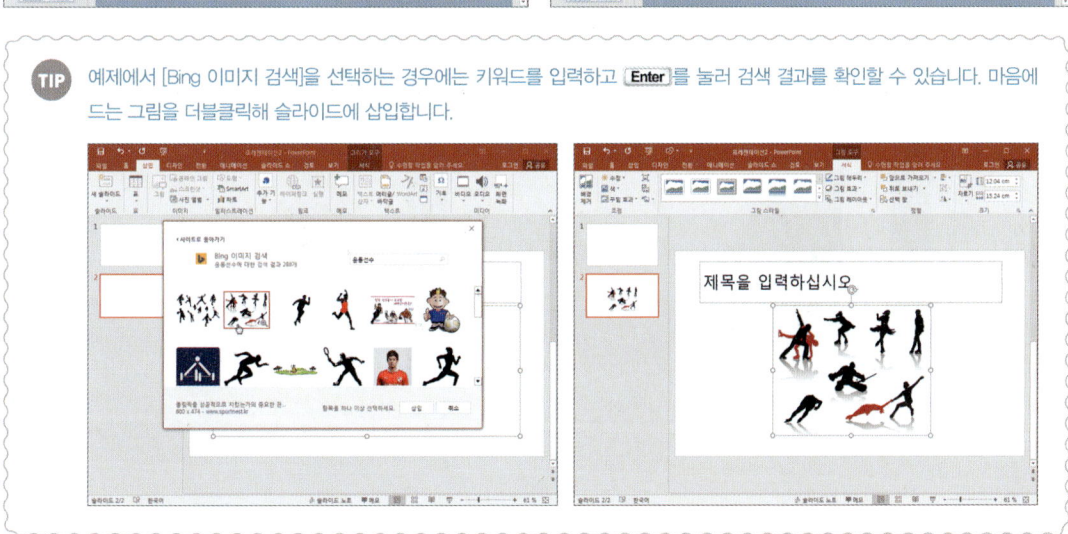

02 | 그림 바꾸기_02

[그림 삽입] 대화상자에서 '어린시절.jpg' 파일을 선택하고 [삽입]을 클릭합니다. 기존 그림이 선택한 파일로 손쉽게 대체됩니다.

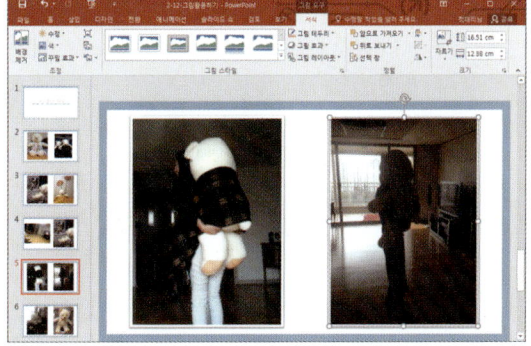

03 | 밝기 및 대비 보정

기존 삽입된 그림의 밝기를 조정해보겠습니다. [그림 도구]-[서식] 탭-[조정] 그룹에서 [수정]-[밝기/대비]에 마우스 포인터를 위치시키면 위치에 따라 결과를 미리 보기로 확인할 수 있습니다. 예제에서는 [밝기: +20%, 대비: -20%]를 선택했습니다.

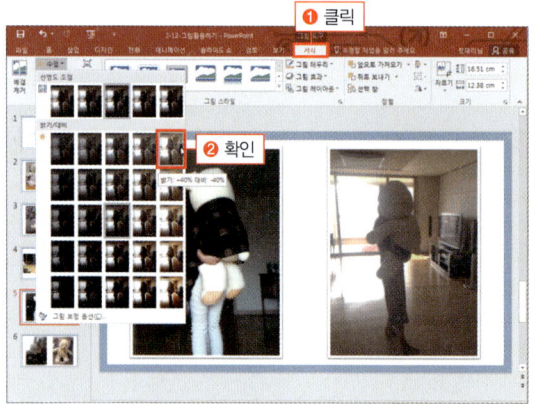 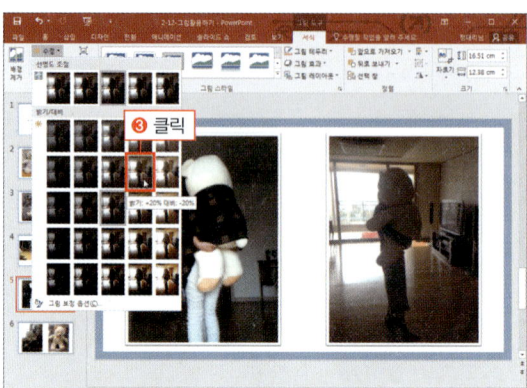

> **TIP** [그림 도구]-[서식] 탭-[조정] 그룹에서 [수정]-[그림 보정 옵션]을 선택하면 우측에 [그림 서식] 창이 나타납니다. 이곳에서 선택한 그림의 선명도, 밝기, 대비 값 등을 조정할 수 있습니다.

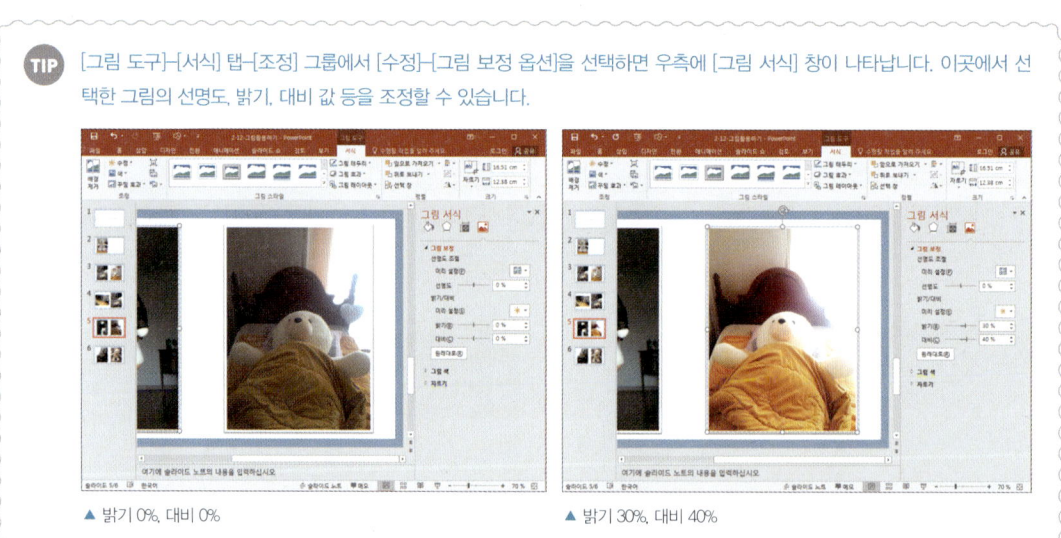

▲ 밝기 0%, 대비 0%   ▲ 밝기 30%, 대비 40%

04 | 따뜻한 느낌으로 색조 조정

6번 슬라이드의 오른쪽 그림을 선택한 후 [그림 도구]-[서식] 탭-[조정] 그룹에서 [색]-[색조]의 옵션들 위로 마우스 포인터를 위치시켜 봅니다. 위치에 따라 그림의 색감이 차가운 블루 계열에서 따뜻한 노란색 계열로 변화됩니다. 예제에서는 최종적으로 [온도: 8800K]를 선택했습니다.

05 | 다시 칠하기

이번에는 선택한 색상으로 그림 전체를 덧씌우는 다시 칠하기를 테스트해 봅니다. [그림 도구]-[서식] 탭-[조정] 그룹에서 [색]-[다시 칠하기]도 실시간 미리 보기를 지원하므로 적절한 옵션을 쉽게 선택할 수 있습니다. 예제에서는 [세피아]를 선택했습니다.

 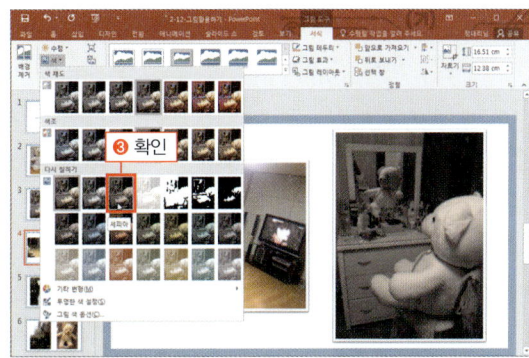

> **TIP** 다시 칠하기 설정 목록 중에 마음에 드는 색상이 없는 경우에는 [색]-[그림 색 옵션]을 선택하고 원하는 색상을 지정하면 됩니다.

06 | 그림 자르기

5번 슬라이드의 오른쪽 그림을 선택하고, [그림 도구]-[서식] 탭-[크기] 그룹에서 [자르기]를 클릭합니다. 그림 테두리 주위로 자르기 조절선이 표시됩니다. 이들을 드래그하여 자를 영역을 설정할 수 있습니다. 그림과 같이 영역을 설정하고 그림 이외 공간을 클릭해 결과를 확인합니다.

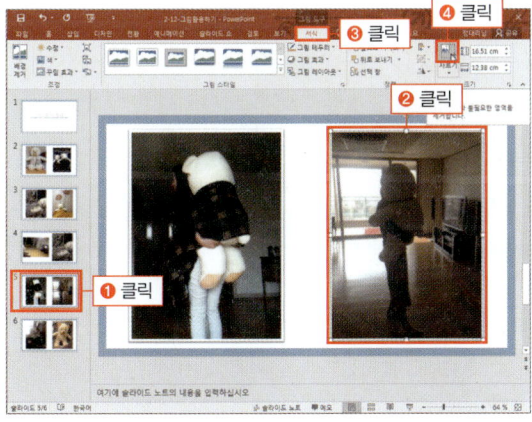 

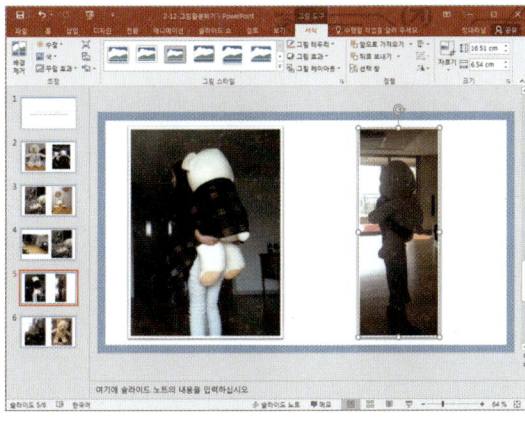

POINT 03 포토샵 같은 그림 변형, 꾸밈 효과

01 | 꾸밈 효과 적용

3번 슬라이드의 오른쪽 그림을 선택하고 [그림 도구]-[서식] 탭-[조정] 그룹에서 [꾸밈 효과]에 마우스 포인터를 가져가면, 포토샵의 필터가 적용된 것 같은 독특한 효과를 미리 보기로 확인할 수 있습니다. [확산 네온]을 비롯한 다양한 효과들을 살펴보고 마지막에는 타일 형식으로 그림을 재구성하는 [밝은 화면]으로 설정합니다.

02 | 꾸밈 효과 수정

이전에 효과를 적용했던 그림을 선택하고 [그림 도구]-[서식] 탭-[조정] 그룹에서 [꾸밈 효과]-[꾸밈 효과 옵션]을 선택합니다. 우측에 [그림 서식] 창이 나타나면 [꾸밈 효과]에서 [눈금 크기]를 '10'으로 수정합니다. 그러면 그림을 구성하는 타일 크기가 해당 수치만큼 커지게 됩니다.

▲ 눈금 크기 확대 후 모습

다른 꾸밈 효과

본문에서 다루지 않은 다양한 꾸밈 효과들 중에서도, 작업 중 유용하게 활용될 수 있는 효과나 옵션들이 많이 있습니다. 이들을 한 번씩 적용해 보고, [그림 서식] 창의 옵션들도 조정해 봅니다.

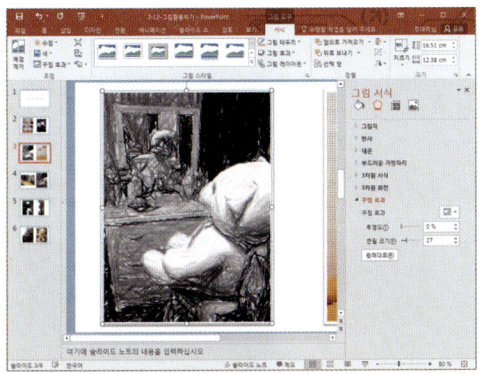
▲ '연필 회색조' 효과

▲ '연필 스케치' 효과

▲ '네온 가장자리' 효과

▲ '플라스틱 워프' 효과

그림 삽입하기

• 동영상 : 31-그림 삽입하기.wmv

01 | 슬라이드에 삽입된 그림은 테두리 조절점을 드래그해 크기를 조정할 수 있으며, 테두리 바깥 회전 조절점을 활용해 원하는 각도로 회전시킬 수도 있습니다. 대부분의 속성이 도형과 유사하므로 [정렬]을 통해 그림의 순서 조정을 하는 것도 가능합니다.

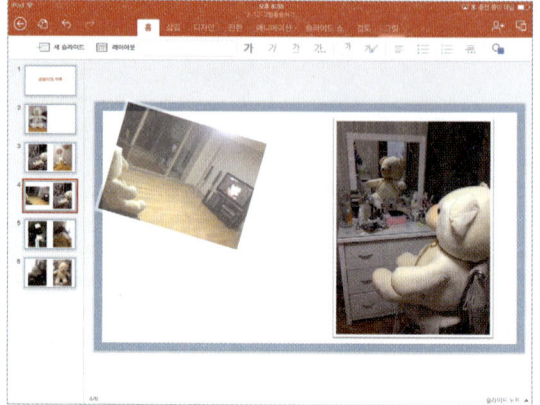

02 | 그림을 선택하면 [그림] 탭이 표시됩니다. [그림] 탭-[반사]를 통해 거울처럼 반사 이미지가 아래쪽에 생성됩니다. 이외에도 간단한 그림자 효과도 [그림] 탭-[그림자]를 통해 적용할 수 있습니다.

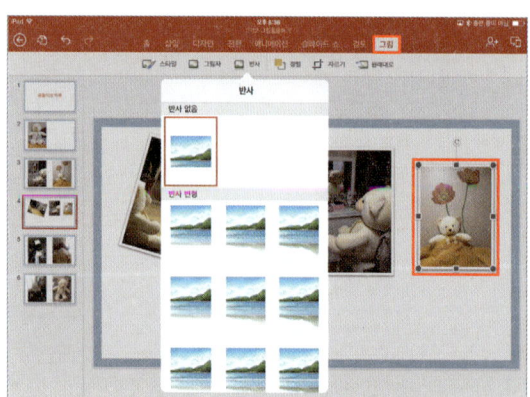
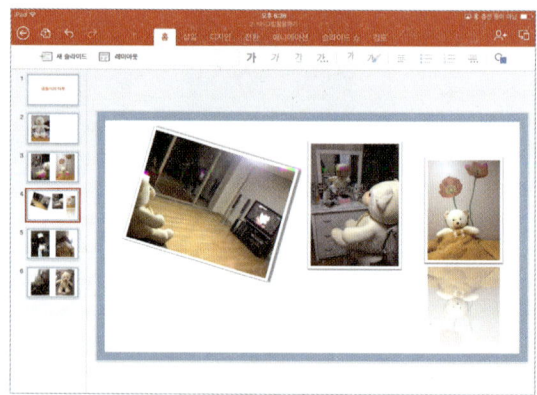

03 | [그림] 탭-[스타일]을 통해 액자/테두리/그림자/거울 등의 효과들이 중첩된 다양한 효과를 적용할 수 있습니다. 물론 [그림] 탭-[원래대로]를 터치하여 처음 상태로 되돌릴 수도 있습니다.

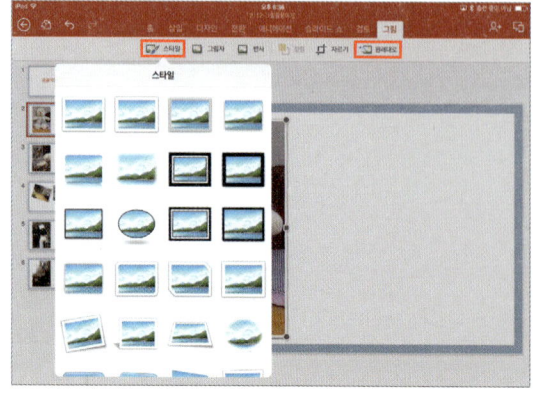

SECTION 13

스마트아트(SmartArt) 활용하기

특정한 패턴이나 중요한 개념들은 여러 도형들을 배치하여 한 눈에 핵심을 확인할 수도 있습니다. 이렇게 상황 설명을 위한 다양한 패턴의 도형 묶음 형식들을 '스마트아트'라고 하며, 이들에 생성과 작성 과정에 대해 본문에서 살펴보겠습니다.

l 예제파일 l 2-13-스마트아트.pptx l 완성파일 l 2-13-스마트아트-완성.pptx

POINT 01 　스마트아트 만들기

01 | 스마트아트 삽입하기_01

'2-13-스마트아트.pptx' 파일을 열고 3번 슬라이드에 있는 카페 등급구조를 스마트아트 형식으로 만들 예정입니다. 4번 슬라이드를 선택한 후 [삽입] 탭-[일러스트레이션] 그룹에서 [SmartArt]를 클릭합니다.

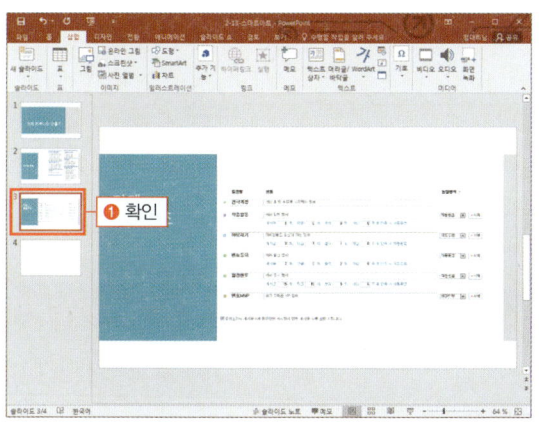
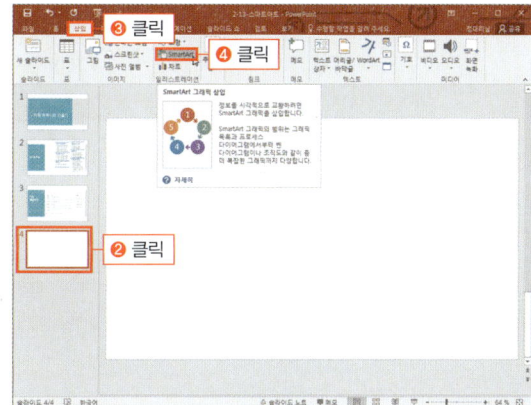

02 | 스마트아트 삽입하기_02

[SmartArt 그래픽 선택] 대화상자에서 [프로세스형]-[교대 흐름형]을 선택하고 [확인]을 클릭합니다. 선택한 스마트아트 그래픽 개체와 [텍스트 입력] 창이 슬라이드에 삽입됩니다.

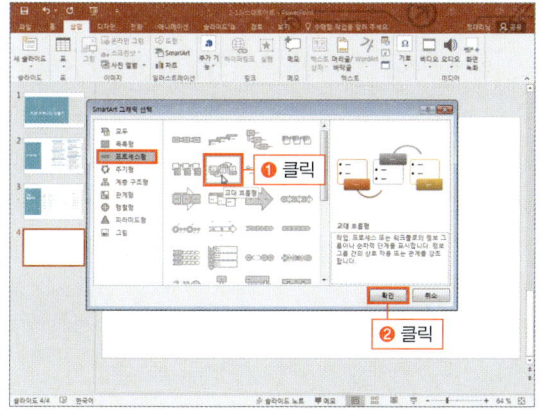
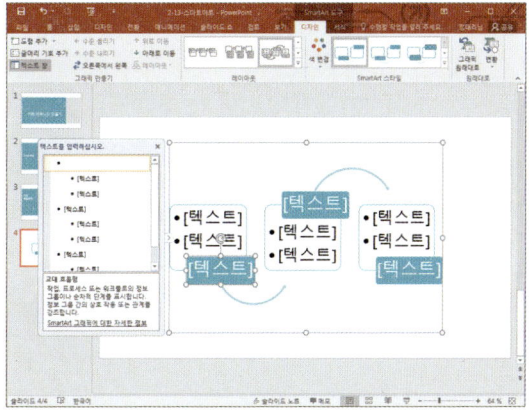

03 | 문장 입력하기

그림을 참조해 '견학과정', '작품활동', '열정멘토' 등을 입력하고 하위 설명도 함께 입력합니다. 참고로 텍스트 입력은 그래픽 개체를 직접 클릭하거나, 좌측의 [텍스트 입력] 창을 선택해도 가능합니다.

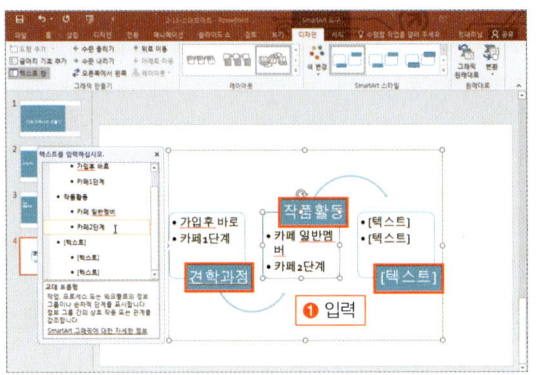
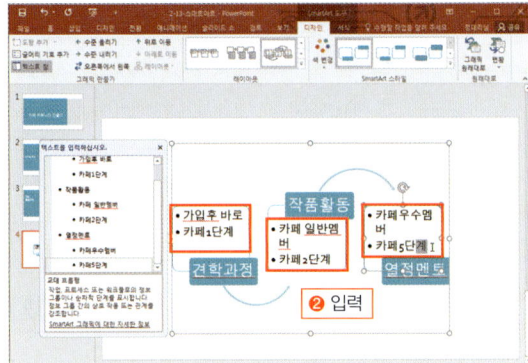

04 | 앞에 도형 추가

'작품활동'이 입력된 개체를 선택하고 [SmartArt 도구]-[디자인] 탭-[그래픽 만들기] 그룹에서 [도형 추가]-[뒤에 도형 추가]를 클릭합니다. 선택한 개체 오른쪽에 새로운 그래픽 개체가 생성됩니다. 그림과 같이 [뒤에 도형 추가]를 한 번 더 적용해 2개의 개체가 삽입되도록 설정합니다.

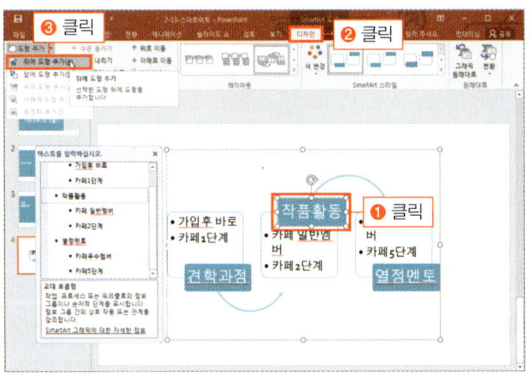
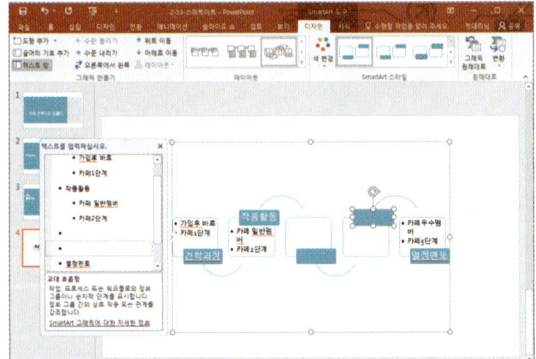

05 | 크기 조정 및 내용 입력

스마트아트 개체의 테두리 조절점을 드래그해 슬라이드에 꽉 차는 크기로 조정합니다. 이어서 비어있는 개체들에 적절한 등급명과 안내 문구를 입력합니다.

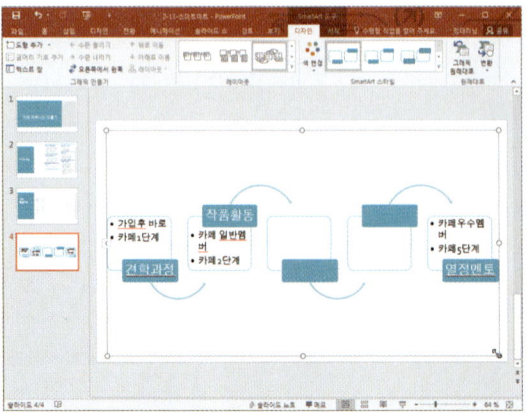
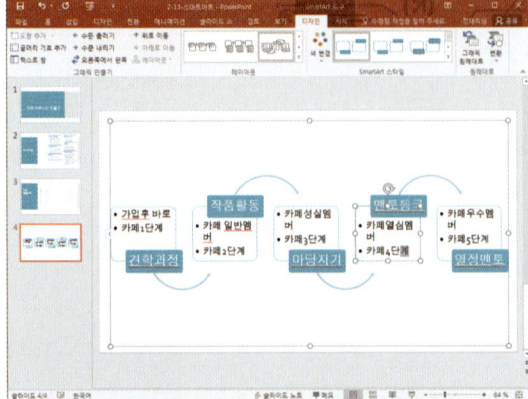

POINT 02 | 스마트아트 서식 조정

01 | 색상 패턴 변경하기

[SmartArt 도구]-[디자인] 탭-[SmartArt 스타일] 그룹에서 [색 변경] 위로 마우스 포인터를 위치시키면, 실시간으로 스마트아트를 구성하는 개체들의 색상이 변합니다. 예제에서는 다양한 색상 패턴을 비교하고, 최종적으로 [색상형 범위-강조색 5]를 선택합니다.

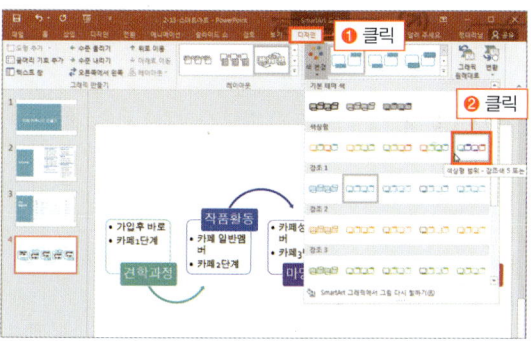
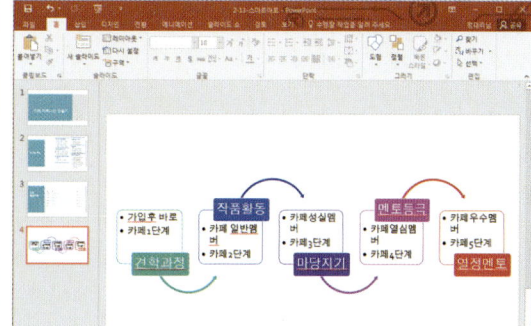

02 | 입체감 적용하기

[SmartArt 도구]-[디자인] 탭-[SmartArt 스타일] 그룹 위로 마우스 포인터를 위치시키면, 실시간으로 입체감이 있는 스타일들을 확인할 수 있습니다. 예제에서는 다양한 입체 패턴을 비교하고, [파우더]를 적용합니다.

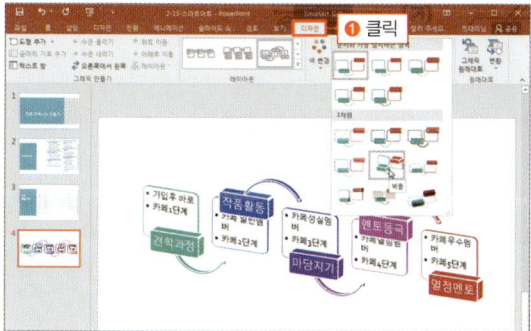
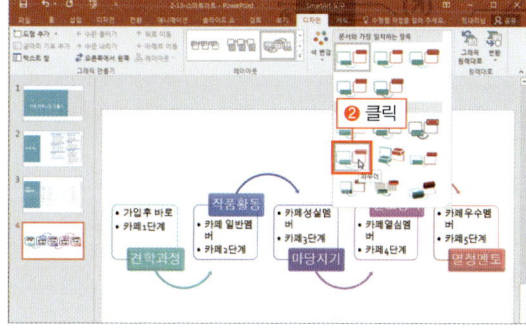

> **TIP** 스마트아트 개체 위에서 마우스 오른쪽 버튼을 클릭하고 [개체 서식]을 선택합니다. 화면 우측에 [도형 서식] 창이 나타나면 [효과] 탭-[3차원 회전]을 선택합니다. 이곳의 옵션을 조정해 입체감이 부여된 개체의 세부 설정을 할 수 있습니다.

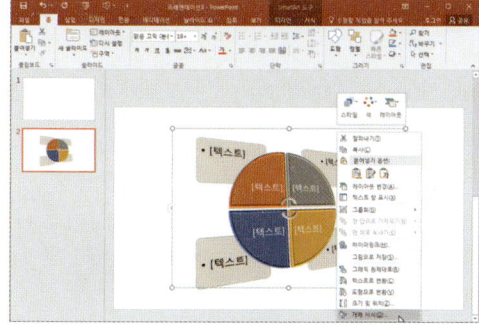
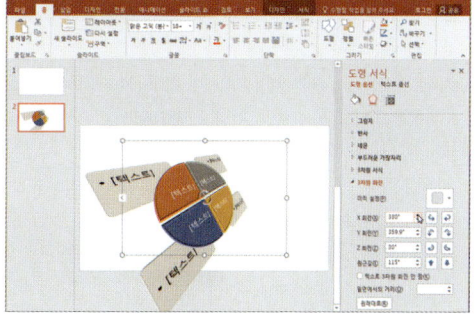

▲ [도형 서식]-[효과]-[3차원 회전]

03 | 레이아웃 변경

[SmartArt 도구]-[디자인] 탭-[레이아웃] 그룹 위로 마우스 포인터를 위치시키면, 실시간으로 레이아웃이 변경됩니다. 예제에서는 슬라이드에 어울리는 레이아웃들을 살펴보고 [프로세스 화살표형]을 적용합니다.

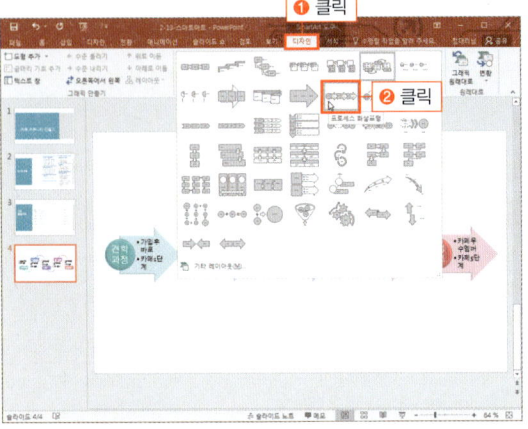 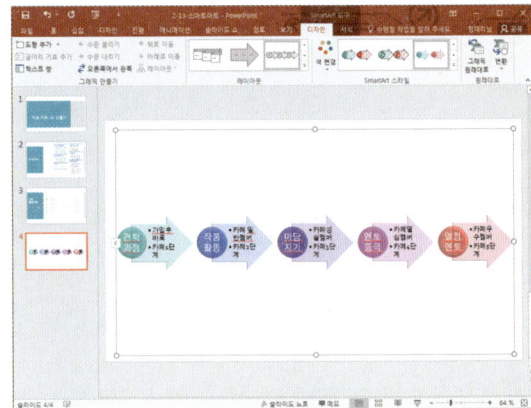

04 | 좌우 전환

[SmartArt 도구]-[디자인] 탭-[그래픽 만들기] 그룹에서 [오른쪽에서 왼쪽]을 클릭하면, 스마트아트의 구성 내용들이 순식간에 좌우 전환되어 표시됩니다.

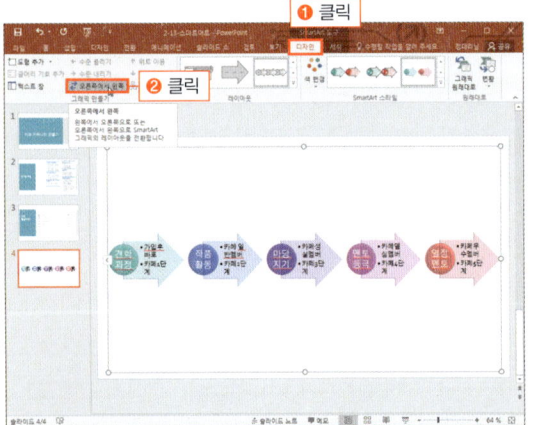 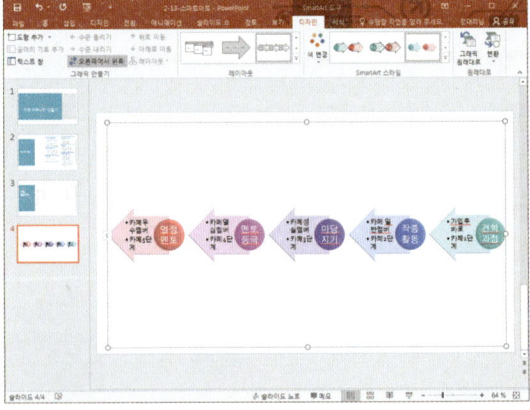

> **TIP** 스마트아트 개체를 일반 도형으로 변환
> 스마트아트 개체를 선택하고 [그리기 도구]-[디자인] 탭-[SmartArt 스타일] 그룹에서 [변환]-[도형으로 변환]을 클릭합니다. 이어 마우스 오른쪽 버튼을 클릭하고 [그룹]-[그룹 해제]를 선택하면 일반 도형으로 변환할 수 있습니다.

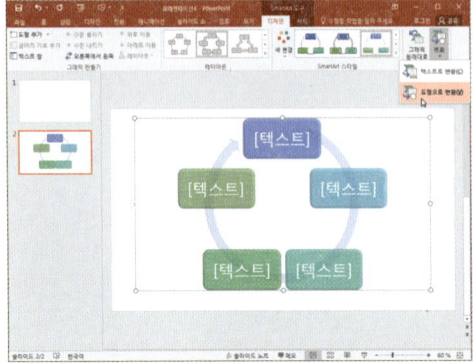 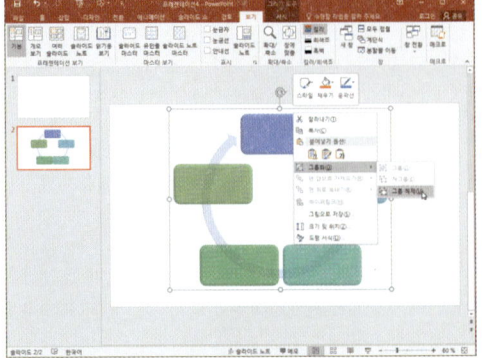

05 | 테두리 두께 조정

스마트아트의 구성 개체 중 화살표 도형들만 Ctrl 을 누르고 다중 선택합니다. 이어서 [SmartArt 도구]-[서식] 탭-[도형 스타일] 그룹에서 [도형 윤곽선]-[두께]-[6pt]를 적용합니다. 결국 선택된 화살표 도형들만 두꺼운 테두리로 설정된 것을 확인할 수 있습니다.

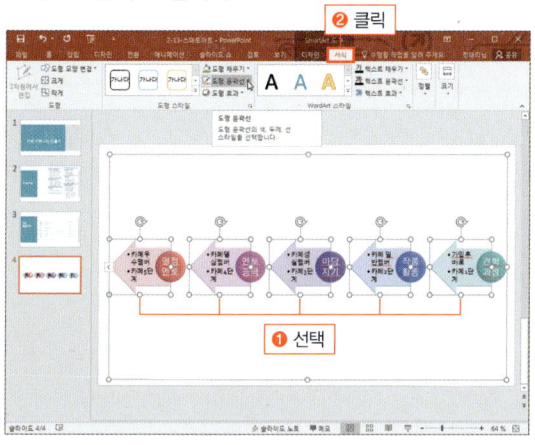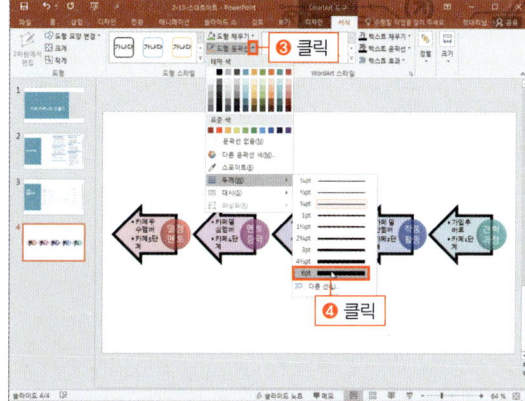

06 | 테두리 색상 조정

오른쪽 끝에 있는 화살표 도형을 선택하고 [SmartArt 도구]-[서식] 탭-[도형 스타일] 그룹에서 [도형 윤곽선]-[녹색, 강조 3, 50% 더 어둡게]를 적용합니다. 같은 방식으로 다른 화살표 도형들도 독립적인 테두리 색상을 설정합니다.

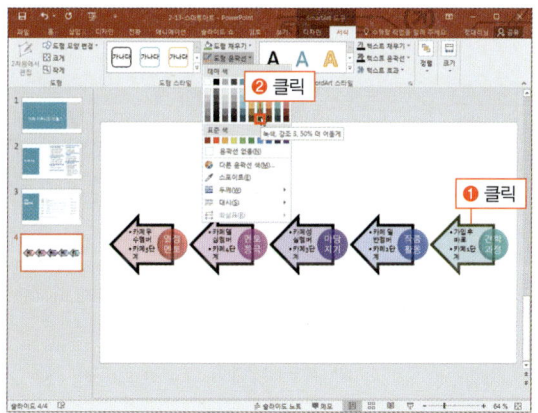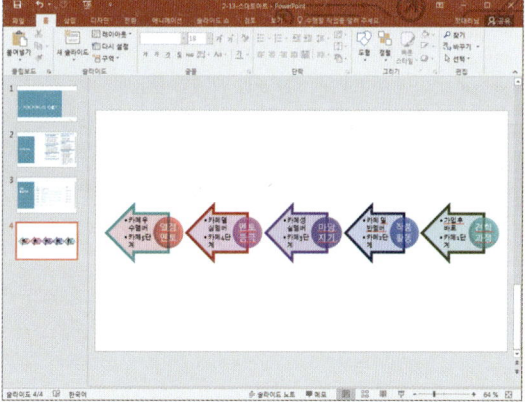

SECTION 14

워드아트 삽입하기

슬라이드를 구성하는 제목이나 부제목들의 문장들을 강조하는 간단한 방법으로써 워드아트를 활용할 수 있습니다. 워드아트를 통한 그래픽 속성으로의 변화를 확인해보고 이를 수정하는 과정을 알아봅니다.

| 예제파일 | 2-14-워드아트.pptx | 완성파일 | 2-14-워드아트-완성.pptx

POINT 01 | 워드아트 작성하기

01 | 워드아트 만들기

'2-14-워드아트.pptx' 파일을 열고, 1번 슬라이드의 제목 텍스트 개체 틀을 선택합니다. 이어서 [그리기 도구]-[서식] 탭-[WordArt 스타일] 그룹에서 [빠른 스타일]-[무늬 채우기]를 클릭합니다. 바로 설정된 스타일이 적용되어 입체감 있는 워드아트 스타일 개체로 바뀝니다.

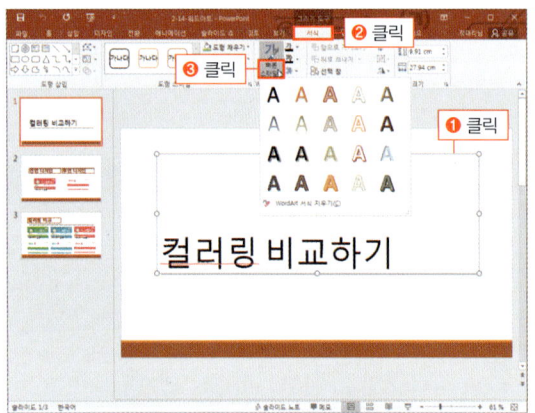
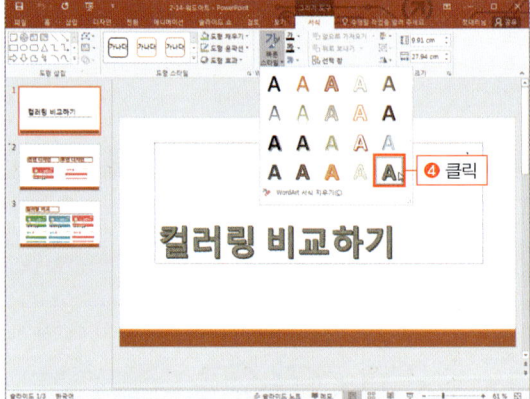

02 | 그림자 효과 조정

[그리기 도구]-[서식] 탭-[WordArt 스타일] 그룹에서 [그림자]-[원근감 대각선 왼쪽 위]를 선택해 그림자 효과를 적용합니다. 참고로 그림자 선택 과정은 실시간 미리 보기로 확인이 가능하기 때문에 슬라이드에 어울리는 패턴을 쉽게 선택할 수 있습니다.

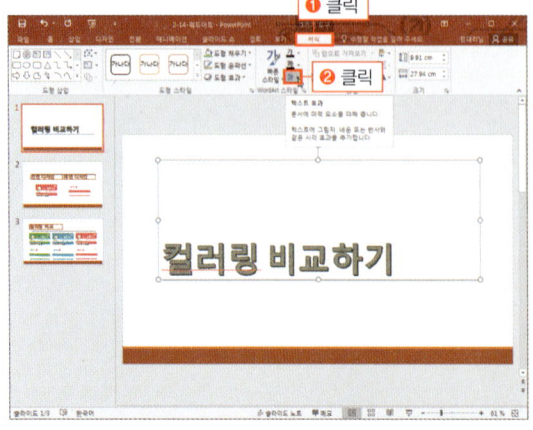
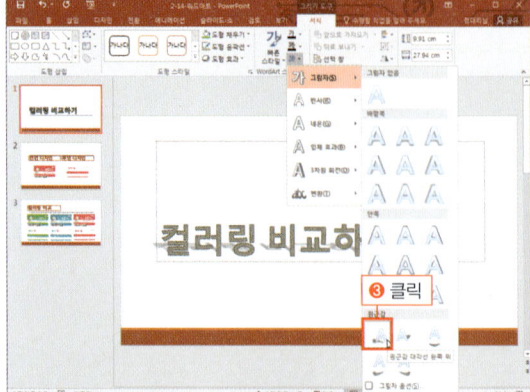

03 | 네온, 입체 효과 적용

[그리기 도구]–[서식] 탭–[WordArt 스타일] 그룹에서 [텍스트 효과]–[네온]–[황갈색, 18pt 네온, 강조색~]을 선택합니다. 이어서 [입체 효과]–[비스듬하게]를 적용하여 입체감까지 적용합니다. 이렇게 텍스트 효과 옵션을 활용하면 다양한 효과들을 손쉽게 적용할 수 있습니다.

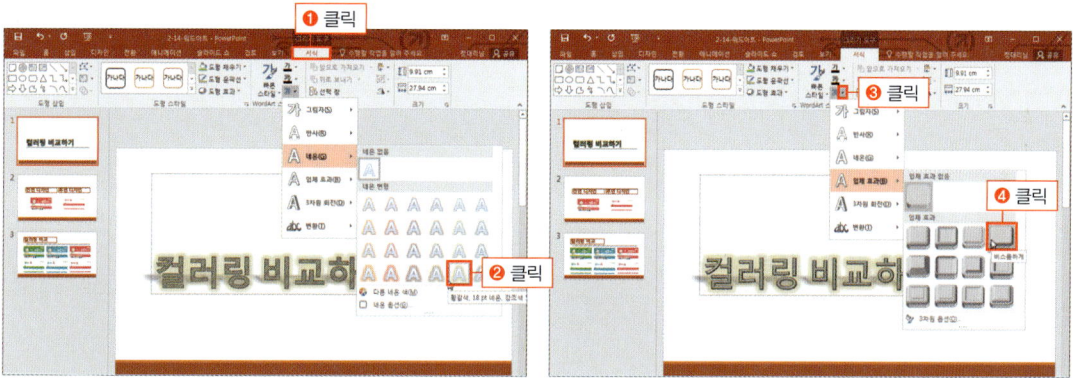

04 | 다른 워드아트 적용하기

3번 슬라이드의 제목 텍스트 개체 틀을 선택하고, [그리기 도구]–[서식] 탭–[WordArt 스타일] 그룹에서 [빠른 스타일]–[채우기–흰색, 윤곽선–강조2, 전환 그림자–강조2]를 선택합니다. 이어서 [WordArt 스타일] 그룹에서 [텍스트 채우기]–[노랑]을 클릭해 색상을 채웁니다.

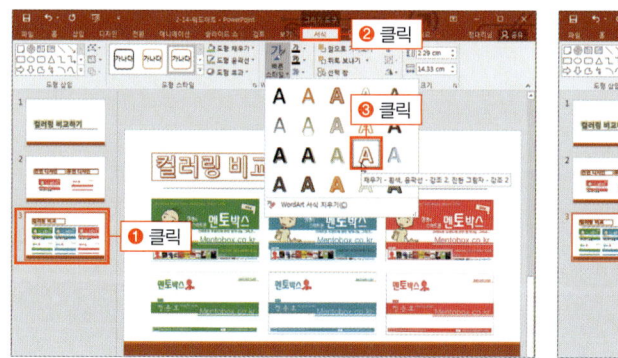 

05 | 워드아트 제거하기

설정한 워드아트는 간단하게 서식 제거를 할 수 있습니다. 1번 슬라이드의 워드아트 개체를 선택하고, [그리기 도구]–[서식] 탭–[빠른 스타일] 그룹에서 [WordArt 서식 지우기]를 클릭합니다. 바로 서식 제거된 텍스트 문장을 확인할 수 있습니다.

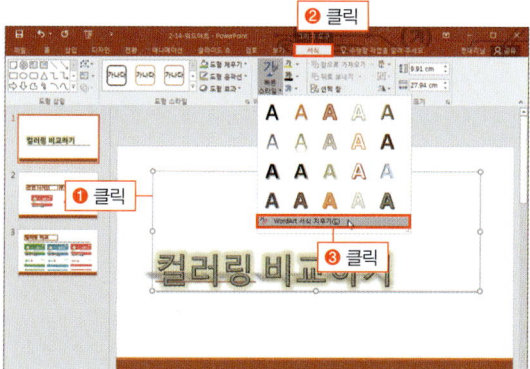 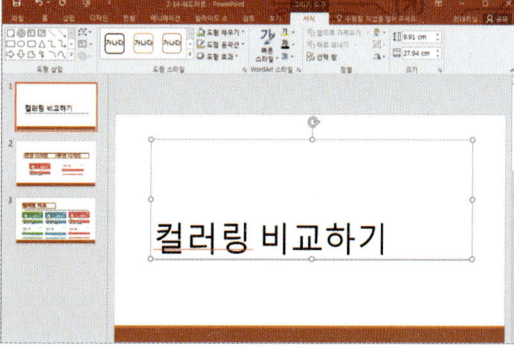

CHAPTER FOUR

네번째 챕터

청중의 시선을 잡아끄는
다채로운 효과들

자칫 지루해질 수 있는 발표 과정에 흥미를 돋우기 위한 요소로써
동영상, 사운드, 하이퍼링크, 애니메이션 등을 활용할 수 있습니다.
이들을 슬라이드에 삽입하고 옵션을 조정하는 과정을 살펴보겠습니다.

SECTION 15

멀티미디어 삽입하기

슬라이드 작성 중 청중의 이해를 돕거나 주의를 환기시키기 위해 동영상이나 음성 파일을 활용할 수 있습니다. 이러한 동영상, 음성 파일들을 삽입하고 활용하는 과정에 대해 알아봅니다.

| 예제파일 | 2-15-동영상.pptx/달리동영상.avi/다른형식저장.mp3 | 완성파일 | 2-15-동영상-완성.pptx

POINT 01 │ 사운드 삽입하기

01 │ 사운드 삽입하기

'2-15-동영상.pptx' 파일을 불러온 후 4번 슬라이드를 선택합니다. [삽입] 탭-[미디어] 그룹에서 [오디오]-[내 PC의 오디오]를 클릭하고 예제 폴더에서 '다른형식저장.mp3' 파일을 불러옵니다. 사운드 개체가 삽입되면 그림과 같이 스피커 아이콘과 재생 도구들이 나타납니다.

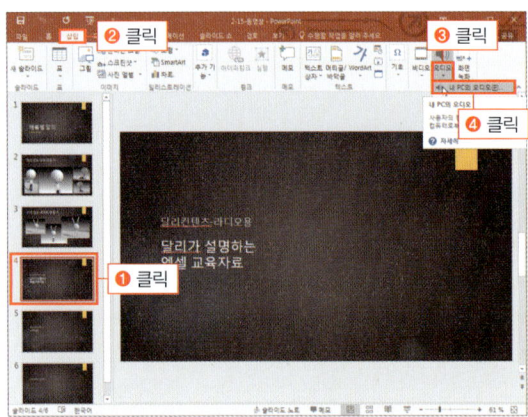 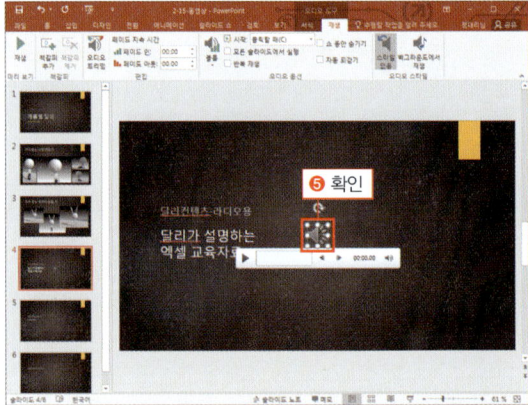

02 │ 결과 확인

이전에 삽입된 사운드 개체에서 재생 버튼을 클릭하면 mp3 파일을 재생시킬 수 있습니다. 물론 일시 중지 버튼을 클릭하면 재생을 멈출 수 있으며, 오른쪽의 스피커 모양 아이콘을 클릭해 볼륨 조정을 할 수도 있습니다.

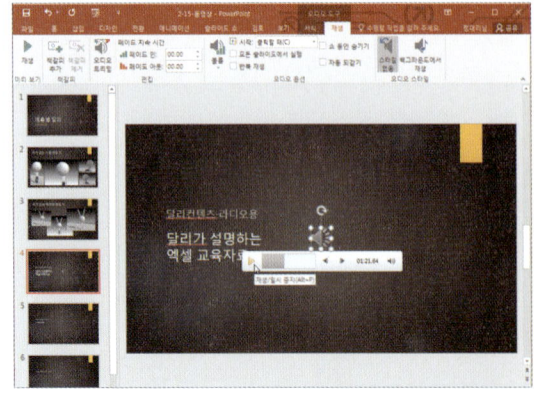 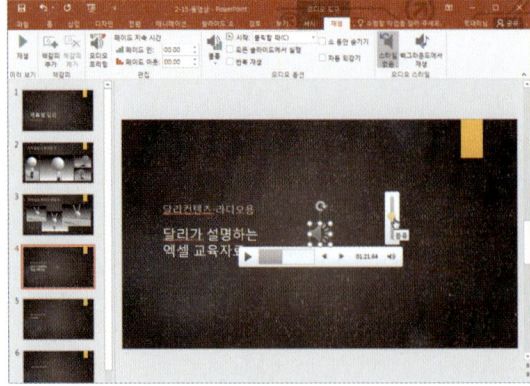

> **TIP** 스피커 모양 아이콘이 선택된 상태에서 Alt + P 를 눌러도 재생을 중지할 수 있습니다.

03 | 사운드 개체의 크기 조정

사운드 개체가 없는 빈 공간을 클릭하면, 재생 도구는 화면에서 사라집니다. 물론 사운드 개체를 상징하는 스피커 아이콘은 남아있습니다. 스피커 아이콘은 일반 도형과 마찬가지로 테두리 조절점을 드래그해 크기를 원하는 대로 확대/축소할 수도 있습니다.

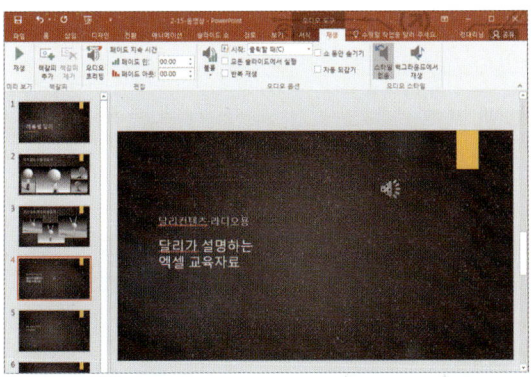 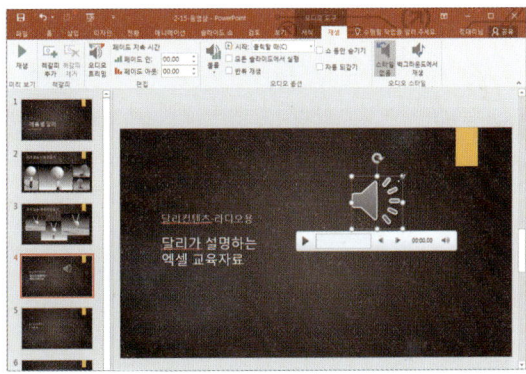

04 | 오디오 녹음하기

새로운 내용을 녹음하고, 슬라이드에 삽입해 보겠습니다. 4번 슬라이드가 선택된 상태에서 [삽입] 탭-[미디어] 그룹에서 [오디오 녹음]을 클릭합니다. [소리 녹음] 대화상자가 나타나면 [이름]에 '27번째 강의'를 입력한 후 녹음 버튼을 클릭합니다. 이제 PC에 연결된 마이크를 통해 녹음을 시작합니다.

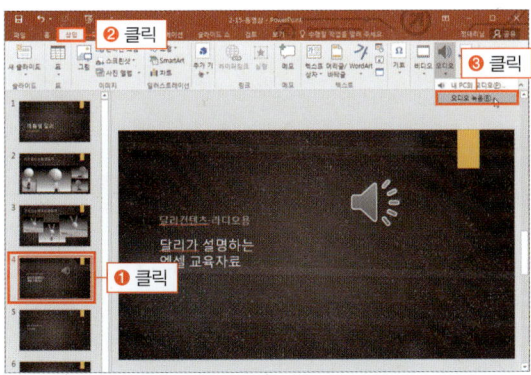 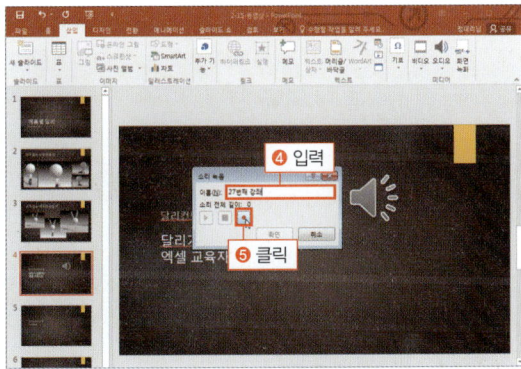

05 | 녹음 종료하기

녹음 과정이 끝나면 [소리 녹음] 대화상자의 멈춤 버튼을 클릭한 후 [확인]을 클릭합니다. 슬라이드에 사운드 개체가 삽입된 것을 확인할 수 있습니다. 이렇게 삽입된 녹음 파일은 현재의 pptx 파일에 함께 저장됩니다.

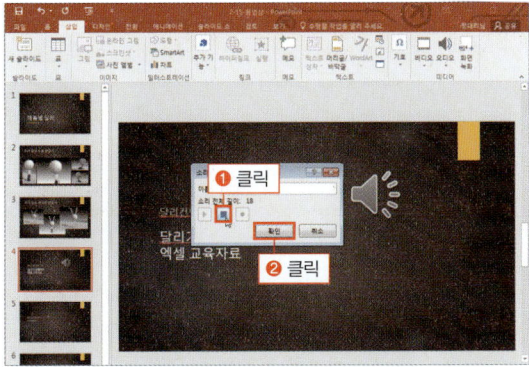 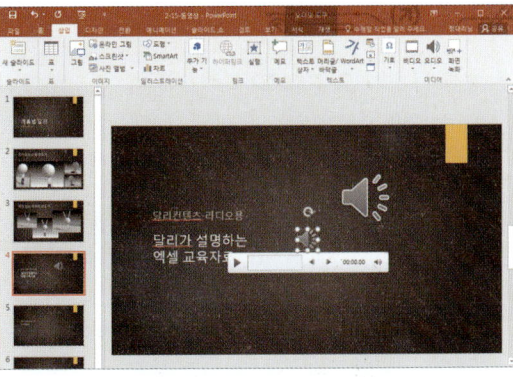

POINT 02 | 동영상 삽입하기

01 | 동영상 삽입하기

5번 슬라이드를 선택하고 [삽입] 탭-[미디어] 그룹에서 [비디오]-[내 PC의 비디오]를 클릭합니다. 예제 폴더에서 '달리 동영상.avi' 파일을 불러오면, 그림과 같이 재생 도구들과 화면이 나타납니다.

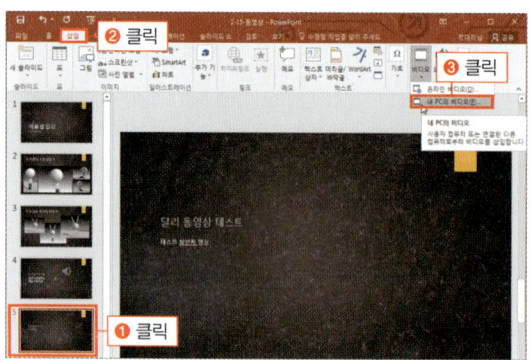
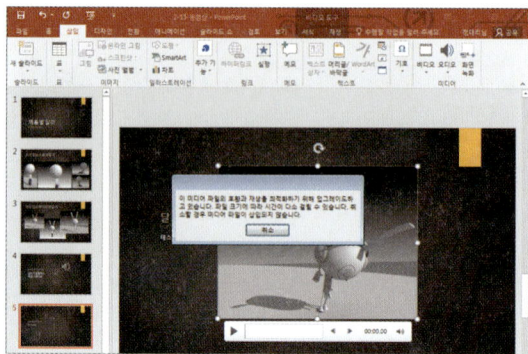

02 | 위치 이동 및 크기 조정

비디오 개체는 일반 그림과 마찬가지로 테두리 조절점을 드래그해 크기를 조정할 수 있으며, 중심을 드래그해 원하는 위치로 이동할 수 있습니다. 그림과 비슷한 크기와 위치가 되도록 설정합니다.

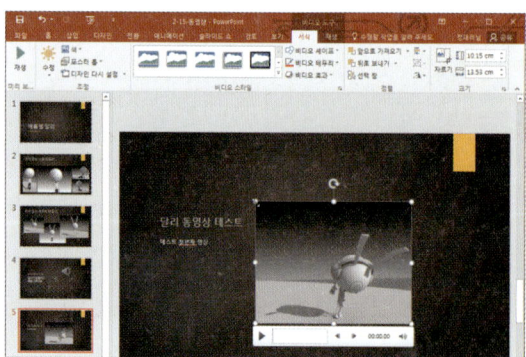
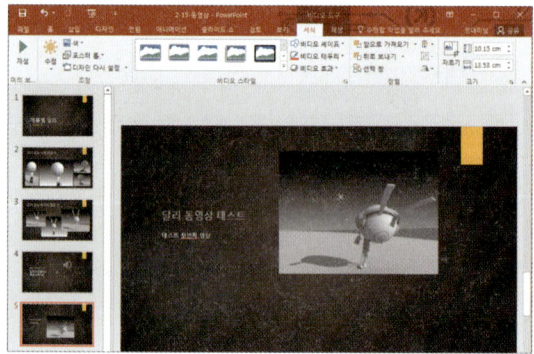

03 | 재생 및 볼륨 조정

비디오 개체 아래에서 재생 버튼을 클릭하면 영상 파일을 재생할 수 있습니다. 물론 일시 중지 버튼을 클릭해도 재생을 멈출 수 있으며, 오른쪽 스피커 모양 아이콘을 클릭해 볼륨 조정을 할 수도 있습니다.

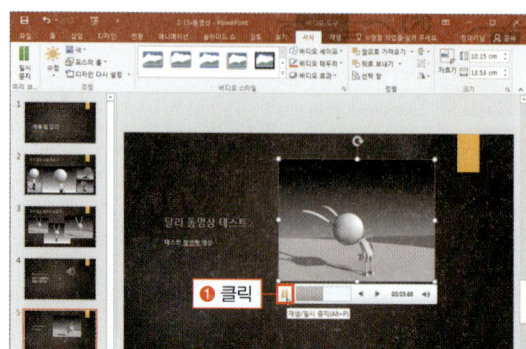
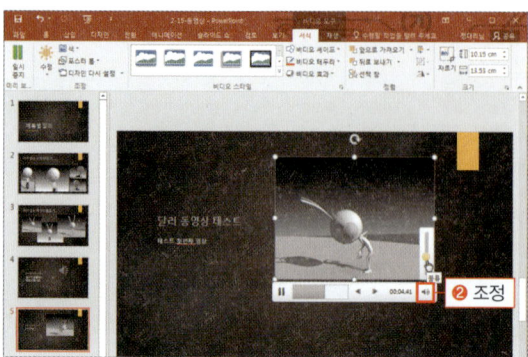

04 | 밝기/대비 조정

삽입된 비디오의 밝기 조정을 해봅니다. [비디오 도구]-[서식] 탭-[조정] 그룹에서 [수정]-[밝기: +20%, 대비: -20%]를 클릭합니다. 참고로 선택 과정 중에 마우스 포인터 위치에 따라 실시간 미리 보기가 적용되므로, 적절한 옵션을 쉽게 찾을 수 있습니다.

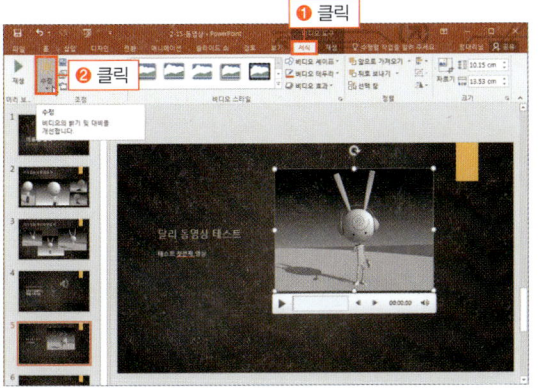

05 | 비디오 스타일 적용하기

동영상이 선택된 상태로 [비디오 도구]-[서식] 탭-[비디오 스타일] 그룹에서 마우스 포인터를 위치시키면 다양한 스타일들을 실시간 미리 보기로 확인할 수 있습니다. 예제에서는 다양한 스타일들을 살펴보고 [입체 타원, 검정]을 선택합니다.

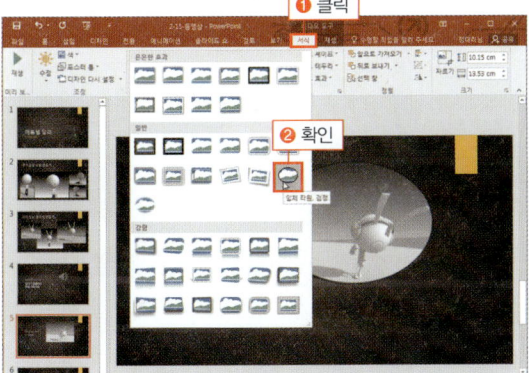
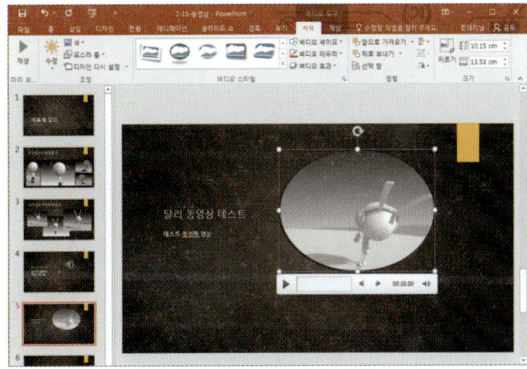

06 | 결과 확인

재생 버튼을 클릭하면, 이전에 설정했던 밝기/대비나 비디오 스타일 등의 서식이 적용된 채로 재생 과정이 진행되는 것을 확인할 수 있습니다. 참고로 [재생] 창을 직접 클릭해 원하는 재생 포인트로 빨리 넘어갈 수도 있습니다.

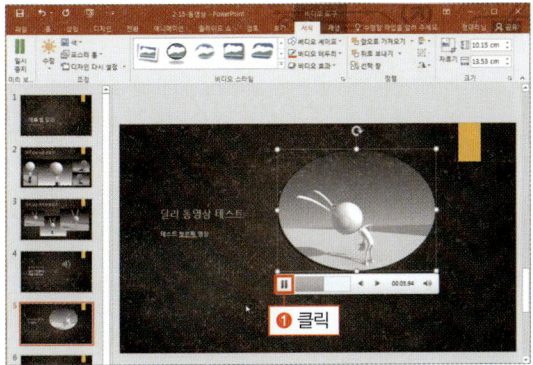
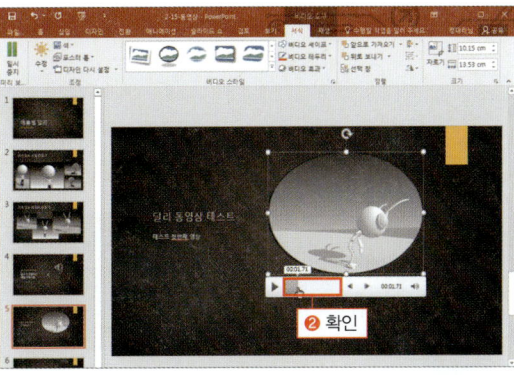

SECTION 16

슬라이드에 링크 설정하기

하이퍼링크는 다른 웹 페이지로 넘어가는 연결 설정을 뜻하는 IT분야의 용어입니다. 하지만 파워포인트 2016에서는 슬라이드에 포함된 개체를 클릭하여 다른 웹 페이지나, 문서의 다른 슬라이드로 이동하도록 설정할 수 있습니다.

l 예제파일 l 2-16-하이퍼링크.pptx l 완성파일 l 2-16-하이퍼링크-완성.pptx

POINT 01 | 문서의 링크 설정

01 | 문서의 슬라이드에 링크 걸기_01

'2-16-하이퍼링크.pptx' 파일을 불러온 후 1번 슬라이드 우측 상단에서 가운데 '원형' 도형을 선택합니다. 이어서 [그리기 도구]-[서식] 탭-[링크] 그룹에서 [하이퍼링크]를 클릭한 후 [하이퍼링크 삽입] 대화상자가 나타나면 '현재 문서' 항목-'5. 달리 동영상 테스트' 슬라이드를 선택하고 [확인]을 클릭합니다.

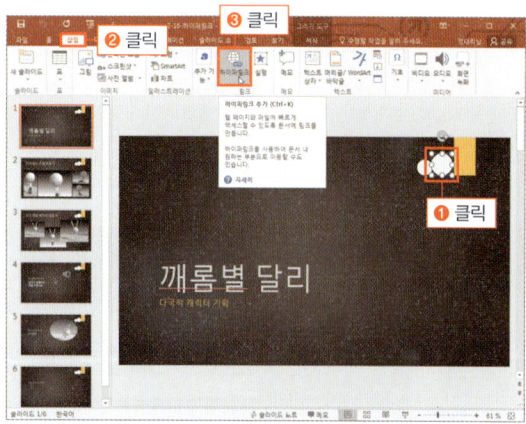
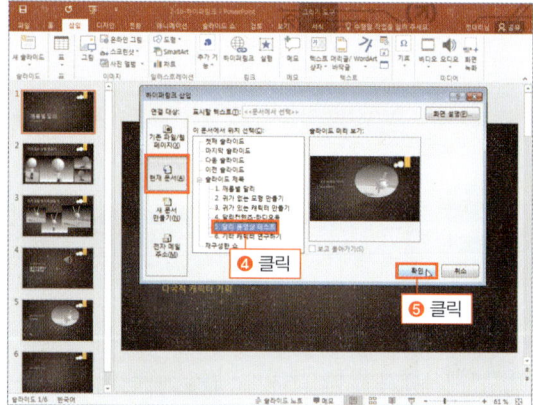

02 | 문서의 슬라이드에 링크 걸기_02

이번에는 5번 슬라이드 우측 상단에서 왼쪽 '원형' 도형을 선택합니다. 이어서 [그리기 도구]-[서식] 탭-[링크] 그룹에서 [하이퍼링크]를 클릭한 후 [하이퍼링크 삽입] 대화상자에서 [현재 문서] 항목-'1. 깨롬별 달리' 슬라이드를 선택하고 [확인]을 클릭합니다.

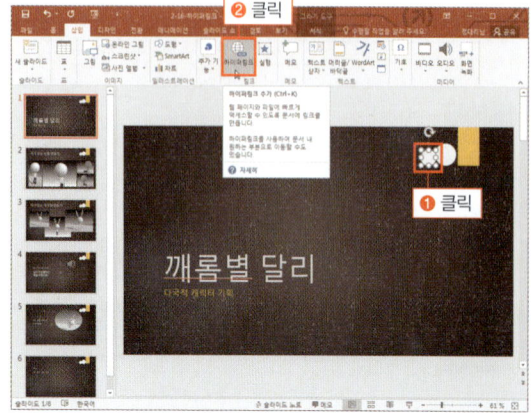
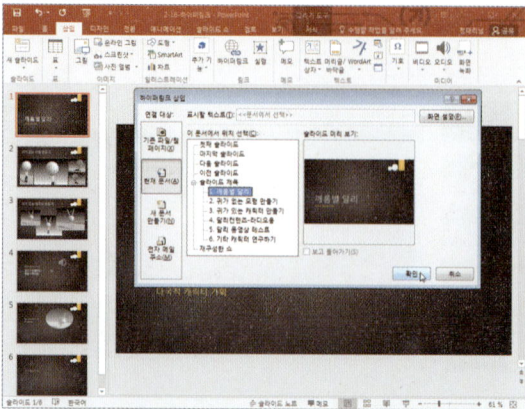

03 | 결과 확인

F5를 눌러 슬라이드 쇼 상태에서 1번 슬라이드 화면을 표시했습니다. 이 상태에서 우측 상단 가운데의 '원형' 도형을 선택하면, 순식간에 5번 슬라이드가 나타납니다. 물론 5번 슬라이드 우측 상단에서 왼쪽 '원형' 도형을 선택하면, 다시 1번 슬라이드로 돌아오게 됩니다. 이렇듯 특정 개체에 슬라이드 위치를 하이퍼링크로 지정할 수 있습니다.

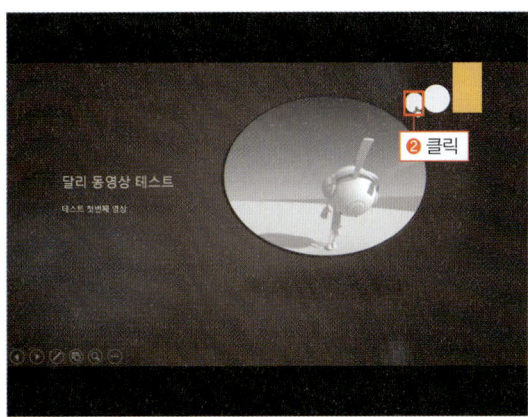

POINT 02 | 웹 주소 링크하기

01 | 텍스트에 웹 주소 링크 설정

6번 슬라이드의 텍스트 개체 틀 안쪽에서 '캐릭터 연구하기'를 블록 설정한 후 마우스 오른쪽 버튼을 클릭하고 [하이퍼링크]를 선택합니다. [하이퍼링크 삽입] 대화상자의 [기존 파일/웹 페이지]에서 [주소]에 'www.koreacharacter.or.kr'을 입력한 후 [확인]을 클릭합니다.

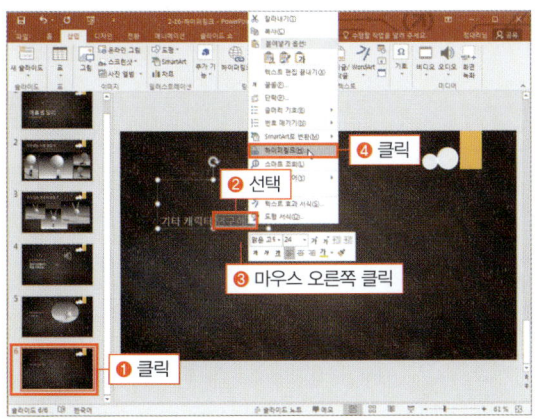
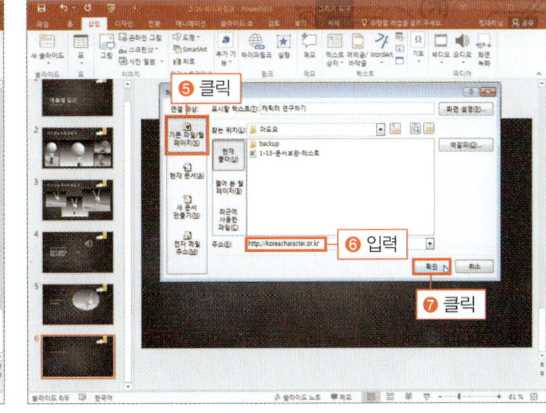

> **TIP** [삽입] 탭–[일러스트레이션] 그룹에서 [도형] 목록을 보면 도형의 생성과 하이퍼링크 설정을 동시에 할 수 있는 [실행 단추] 항목이 있습니다. 이들을 활용해 보다 편리하게 하이퍼링크 설정이 가능합니다.
>
>

02 | 그림에 웹 주소 링크 설정

3번 슬라이드의 오른쪽 그림을 선택하고 [그림 도구]-[서식] 탭-[링크] 그룹에서 [하이퍼링크]를 클릭합니다. [하이퍼링크 삽입] 대화상자가 나타나면 [기존 파일/웹 페이지]의 [주소]에 'www.naver.com'을 입력한 후 [확인]을 클릭합니다.

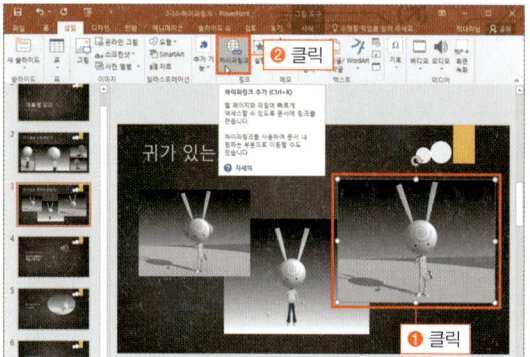 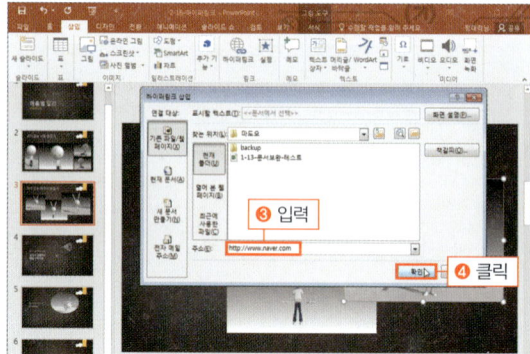

03 | 그림에 링크, 결과 확인

슬라이드 쇼 상태에서 3번 슬라이드를 화면에 띄웁니다. 슬라이드 오른쪽 그림 위에 마우스 포인터를 위치시키면, 그림에 설정된 링크 주소가 표시됩니다. 이를 클릭하면 연결된 웹사이트가 바로 열립니다.

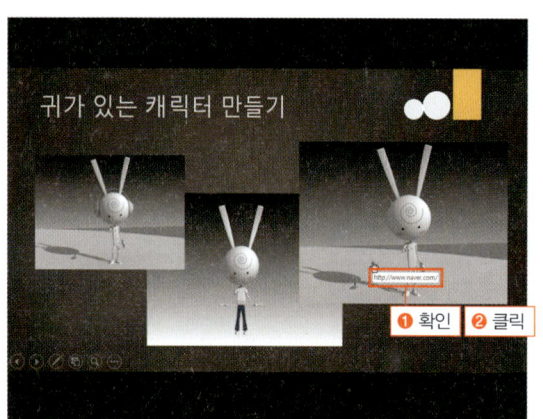 

04 | 텍스트에 링크, 결과 확인

슬라이드 쇼 상태에서 6번 슬라이드를 화면에 띄웁니다. 슬라이드 내 '캐릭터 연구' 문구 위로 마우스 포인터를 위치시키면, 문구에 연결된 링크 주소가 표시됩니다. 물론 이곳을 클릭해 연결된 링크 페이지를 바로 열 수 있습니다.

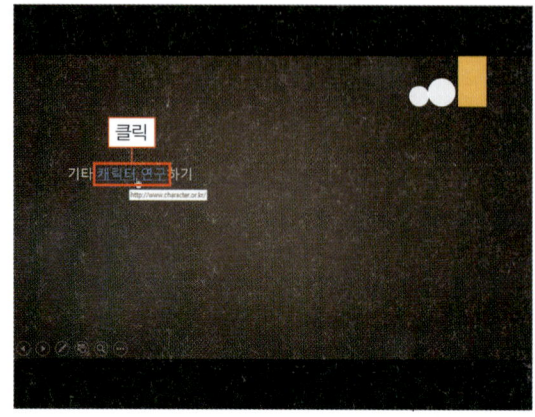 

05 | 슬라이드에서 링크 확인 및 제거

6번 슬라이드의 텍스트 개체 틀이 선택된 상태에서 마우스 오른쪽 버튼을 클릭하고 [하이퍼링크 열기]를 선택하면 해당 문장에 연결된 웹 사이트가 나타납니다. 3번 슬라이드의 링크가 설정된 곳에서도 마우스 오른쪽 버튼을 클릭한 후 [하이퍼링크 제거]를 선택합니다. 그림에 연결된 웹 사이트 주소가 간단하게 제거됩니다.

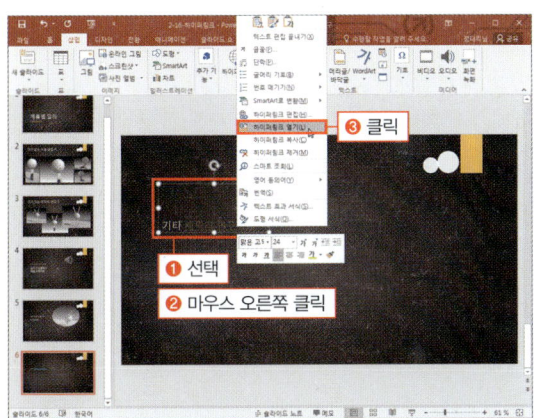 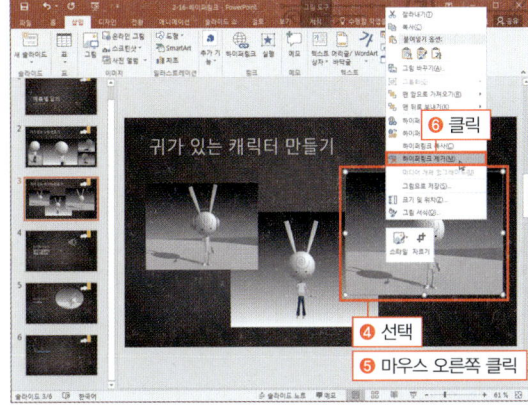

TIP 하이퍼링크 편집하기

하이퍼링크가 설정된 개체에서 마우스 오른쪽 버튼을 클릭하고 [하이퍼링크 편집]을 선택하는 경우에는 [하이퍼링크 삽입] 대화상자를 불러와 링크 설정을 다시 할 수 있습니다.

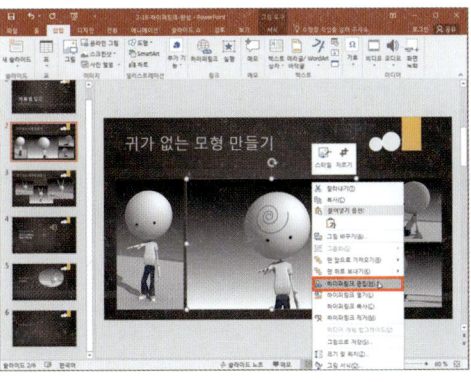 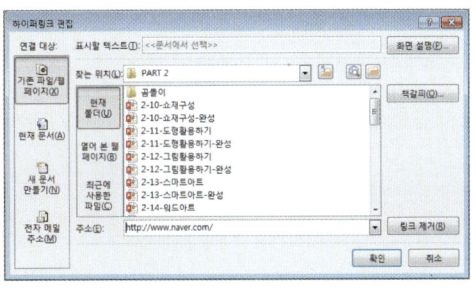

SECTION 17

나타내기 애니메이션

기존에 다루었던 화면 전환은 슬라이드와 슬라이드가 전환되는 과정 중에 적용되는 애니메이션이며, [애니메이션] 탭에서 다루는 애니메이션들은 슬라이드를 구성하는 개체별로 효과를 적용하는 것이 차이점입니다. 애니메이션 효과의 기본인 나타내기에 대해 알아봅니다.

l 예제파일 l 2-17-애니메이션1.pptx l 완성파일 l 2-17-애니메이션1-완성.pptx

POINT 01 | 나타내기 적용하기

01 | '나타내기' 효과 적용

'2-17-애니메이션1.pptx' 파일을 불러온 후 2번 슬라이드의 '프레지' 그림을 선택합니다. 이어서 [애니메이션] 탭-[애니메이션] 그룹에 마우스 포인터를 위치시킨 후 효과 적용 결과를 확인합니다. 예제에서는 다양한 효과들 중에 [올라오기]를 적용했습니다.

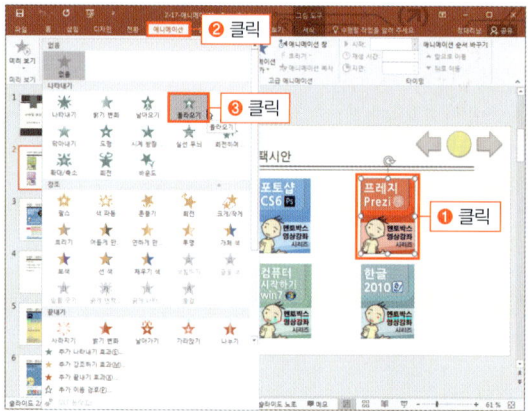
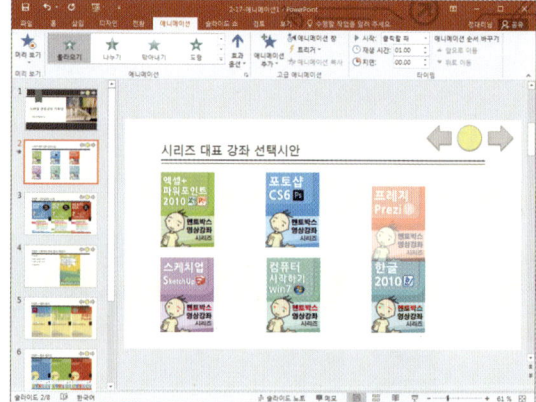

02 | 다른 효과로 교체

이전에 적용된 효과를 간단하게 바꿀 수 있습니다. '프레지' 그림이 선택된 상태에서 [애니메이션] 탭-[애니메이션] 그룹에서 [실선 무늬]를 선택합니다. 가로 줄무늬가 표시되며 그림이 나타나는 '실선 무늬' 효과로 바뀝니다.

03 | 효과 적용 속도 조정

'실선 무늬' 효과의 실행 속도가 너무 빠른 듯합니다. [애니메이션] 탭-[애니메이션] 그룹에서 [타이밍]-[재생 시간]을 기존 '00.50'에서 '02.00'으로 수정합니다. [애니메이션] 탭-[미리 보기] 그룹에서 [미리 보기]를 클릭해 수정된 효과의 적용 속도가 적정한지 확인합니다.

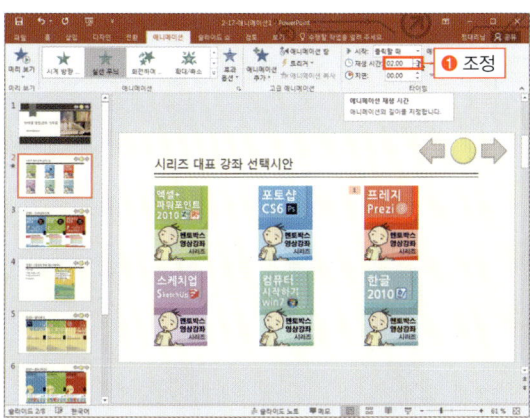 

> **TIP** 파워포인트에서는 슬라이드가 나타나는 순간은 '0'번째 순서입니다. 이어 슬라이드 안쪽을 클릭하는 것이 '1'번째 순서, 다음 클릭이 '2'번째 순서로 인식되는 것입니다. 따라서 위의 예제에서 '프레지' 그림 좌측 상단에 표시되는 숫자 '1'은 슬라이드가 나타나고 마우스로 슬라이드 안쪽을 클릭했을 때 해당 애니메이션이 실행된다는 의미입니다.

04 | 다른 그림에 효과 적용하기

'포토샵' 그림을 선택하고 [애니메이션] 탭-[애니메이션] 그룹에서 [날아오기]를 클릭합니다. 이어서 '한글2010' 그림에는 [바운드]를 클릭하여 적용합니다.

 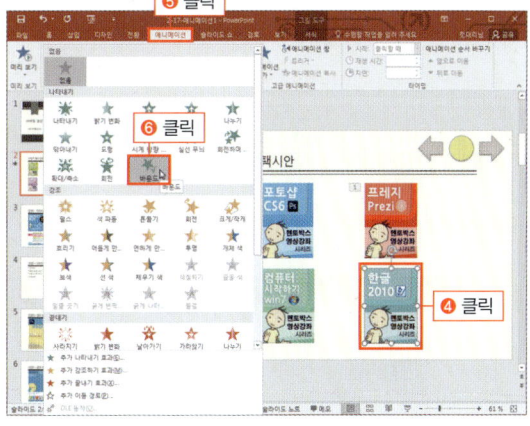

> **TIP** 예제에서 '포토샵' 그림에 적용된 순번은 '2'번째로써 슬라이드 쇼에서 2번 슬라이드가 나타난 뒤, 안쪽을 두 번째 클릭했을 때 실행될 애니메이션이라는 뜻으로 이해할 수 있습니다.

05 | 애니메이션 순서 변경하기

애니메이션 효과가 적용된 순서대로 하나씩 실행됩니다. 나중에 적용된 효과를 앞쪽으로 순서를 변경하기 위해 [애니메이션] 탭-[고급 애니메이션] 그룹에서 [애니메이션 창]을 클릭합니다. [애니메이션] 창에 표시되는 효과 번호를 참고해, 3번 효과를 드래그하여 1번 효과 뒤로 이동시킵니다. 결국 슬라이드에 표시되는 효과 순번이 설정에 맞도록 변경됩니다.

TIP 애니메이션 실행 시간 조정하기

[애니메이션] 창의 오른쪽을 드래그해 창의 너비를 조정할 수 있습니다. 각 효과들의 실행 시간이 녹색의 막대그래프로 표시됩니다. 각 막대그래프의 우측을 드래그해 실행 시간을 조정할 수도 있습니다.

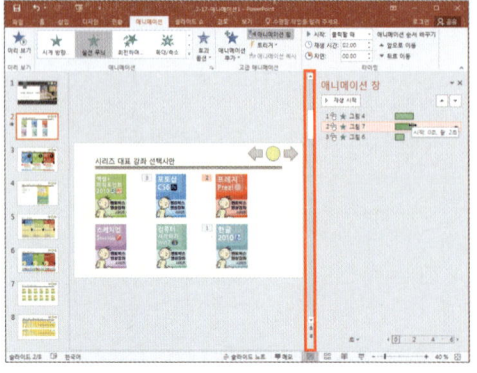

POINT 02 | 적용된 효과 수정하기

01 | 이전 효과와 함께 시작

[애니메이션] 창에서 1번 효과를 선택하고 [이전 효과와 함께 시작]을 선택합니다. 해당 효과의 순번이 '0'으로 변합니다. 이것은 슬라이드의 등장과 동시에 나타내기 효과가 진행되도록 설정되었다는 의미입니다.

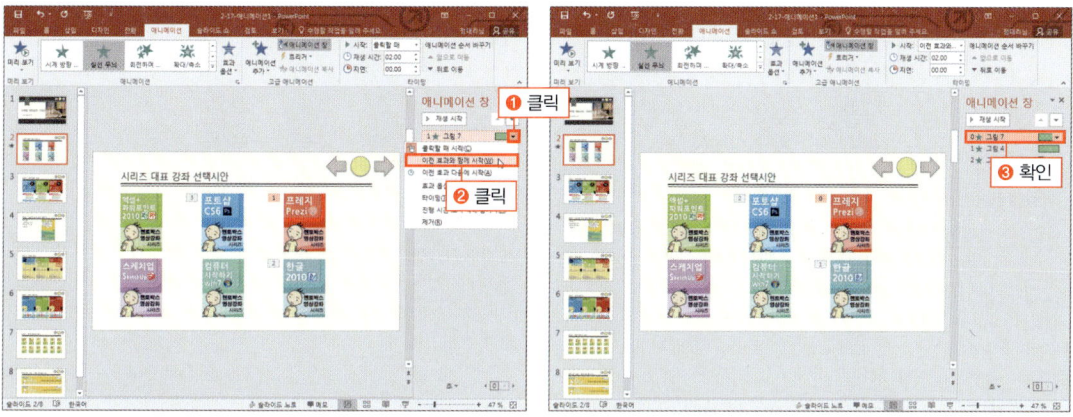

> **TIP** [애니메이션] 창에서 효과를 선택하고 목록에서 [타이밍]을 선택합니다. [타이밍] 탭에서는 현재 선택된 애니메이션 효과의 시작 방법, 재생 시간, 반복 여부 등을 설정할 수 있고, [효과] 탭에서는 효과의 세부 옵션, 소리 추가 여부 등을 설정할 수도 있습니다.

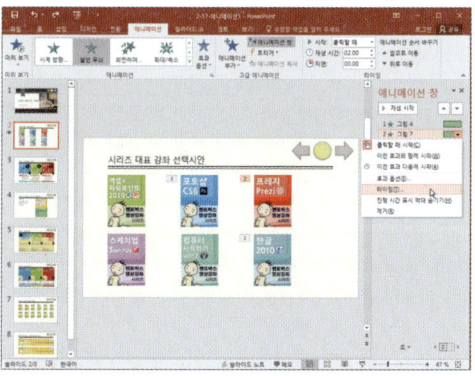

02 | 이전 효과 다음에 시작

1번 효과가 선택된 상태에서 [애니메이션] 탭–[애니메이션] 그룹에서 [타이밍]–[재생]–[이전 효과 다음에]를 클릭합니다. 해당 효과 역시 '0'으로 변경됩니다. 결국 슬라이드가 시작되면서 '프레지' 그림이 나타나고, 그 다음에 '한글' 그림이 자동으로 나타나도록 설정한 것입니다.

03 | 효과 옵션 변경

'프레지' 그림이 선택된 상태에서 [애니메이션] 탭–[애니메이션] 그룹에서 [효과 옵션]–[세로]를 클릭합니다. 기존 가로 방향이었던 '실선 무늬' 효과가 세로 방향으로 변경된 것을 확인할 수 있습니다.

04 | 효과 제거하기

'한글' 그림을 선택하고 [애니메이션] 탭–[애니메이션] 그룹에서 [없음]을 클릭합니다. 선택된 그림에 적용되었던 애니메이션 효과가 제거되어서, 그림에 표시되던 효과 순번이 사라집니다.

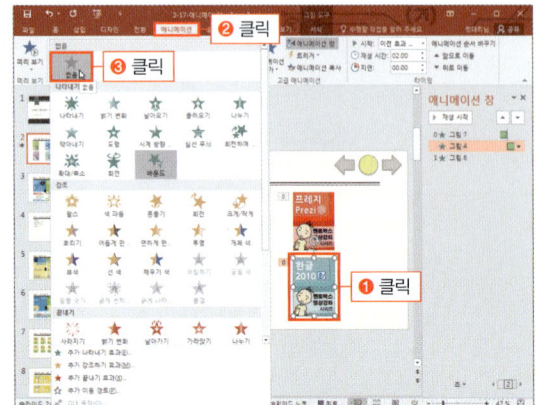

> **TIP** [애니메이션] 창에서 해당 효과를 선택한 뒤, 목록을 펼치고 [제거]를 클릭하거나, Delete 를 누르는 것으로 해당 애니메이션의 삭제가 가능합니다.

05 | 결과 확인

F5 를 눌러 슬라이드 쇼 상태에서 지금까지 설정한 나타내기 애니메이션의 적용 결과를 확인합니다.

> **TIP** 숨겨진 추가 나타내기 효과들
>
> [애니메이션] 탭-[애니메이션] 그룹에서 [추가 나타내기 효과]를 클릭하면, [나타내기 효과 변경] 대화상자가 나타납니다. [애니메이션]에서 누락된 모든 나타내기 효과들이 표시되는 공간이며, 이곳에서 마음에 드는 효과를 선택하고 적용할 수 있습니다.

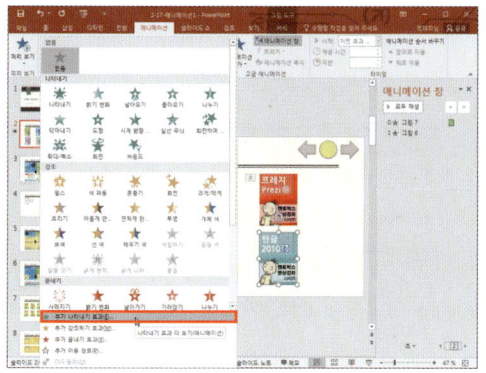 

SECTION 18

기타 애니메이션

슬라이드 개체 단위로 적용되는 애니메이션 효과로는 앞서 배운 나타내기 애니메이션 이외에도 끝내기, 강조, 이동 경로 등이 남아 있습니다. 효과를 적용하고 수정하는 과정은 나타내기와 동일하므로, 가벼운 마음으로 각 효과들의 주요 특징들을 살펴봅니다.

|예제파일| 2-18-애니메이션2.pptx |완성파일| 2-18-애니메이션2-완성.pptx

POINT 01 | 끝내기 효과

01 | 끝내기 효과 적용

'2-18-애니메이션2.pptx' 파일을 열고 2번 슬라이드의 '프레지' 그림을 선택합니다. 이어서 [애니메이션] 탭-[애니메이션] 그룹에서 [끝내기]-[밝기 변화]를 클릭합니다. 결국 선택한 '프레지' 그림이 희미하게 사라지는 '밝기 변화' 효과가 적용됩니다.

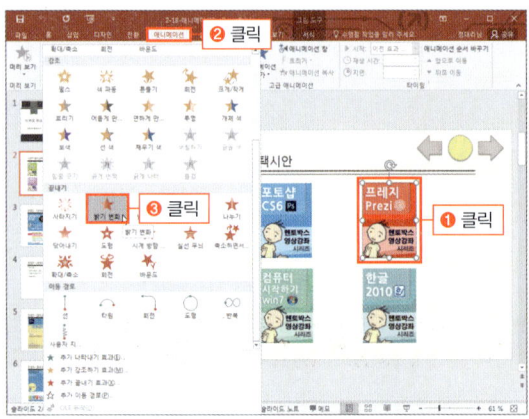 

02 | 효과 옵션 수정하기

이번에는 '한글' 그림을 선택하고 [애니메이션] 탭-[애니메이션] 그룹에서 [끝내기]-[시계 방향 회전]을 클릭합니다. 이어서 [애니메이션] 탭-[애니메이션] 그룹에서 [효과 옵션]-[살 9개]를 선택합니다. 결국 선택한 '한글' 그림이 8등분되어 시계 방향으로 사라지게 됩니다.

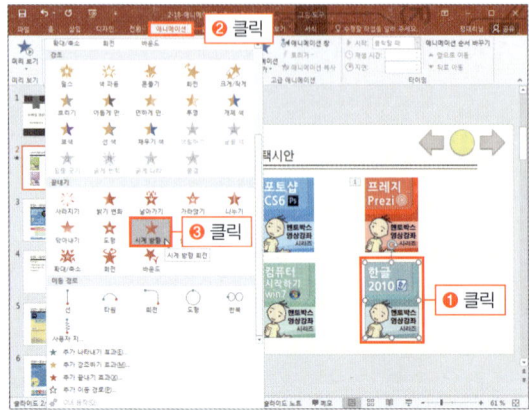 

POINT 02 | 강조 및 이동 경로 효과

01 | 강조 효과 적용하기

'컴퓨터 시작하기' 그림을 선택하고, [애니메이션] 탭-[애니메이션] 그룹에서 [강조]-[크게/작게]를 클릭합니다. 이어서 [애니메이션] 탭-[애니메이션] 그룹에서 [효과 옵션]-[작게]를 클릭해 옵션을 변경합니다.

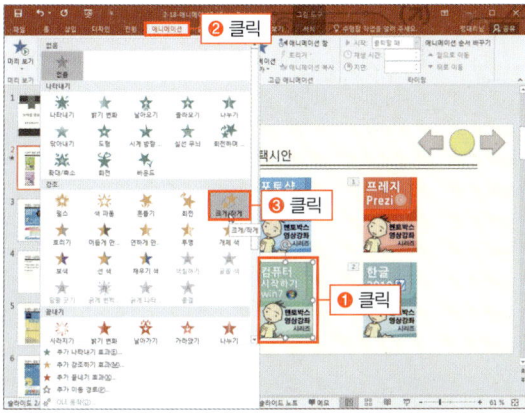 

02 | 새로운 효과로 대체

'컴퓨터 시작하기' 그림이 선택된 상태에서 [애니메이션] 탭-[애니메이션] 그룹의 [이동 경로]-[도형]을 클릭합니다. [애니메이션] 탭-[고급 애니메이션] 그룹에서 [애니메이션] 창을 클릭해 보면, '컴퓨터 시작하기' 그림의 이름이 '그림9'이며 새로운 효과가 적용되어, 기존 강조 효과는 사라진 것을 확인할 수 있습니다. Ctrl + Z 를 여러 번 눌러 효과 적용 전으로 되돌립니다.

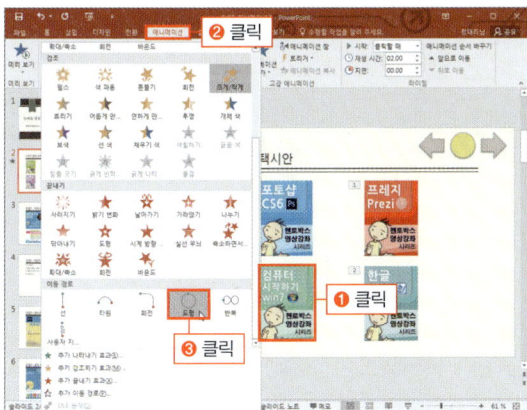 

> **TIP** 다시 한 번 정리하자면, 이미 애니메이션 효과가 적용된 개체에 [애니메이션] 그룹의 명령을 적용하면, 기존 애니메이션 효과는 사라지고 새로 설정한 효과가 대체된다는 내용입니다. 만약 기존에 설정한 애니메이션에 하나의 애니메이션 효과를 더 추가 적용하고 싶다면 다음 페이지에서 체크하는 [고급 애니메이션] 그룹의 [애니메이션 추가]에서 효과를 설정해야 합니다.

03 | 새로운 효과 중복 적용

이전과 달리 이미 적용된 강조 효과에 더해 이동 경로 효과를 추가해 보겠습니다. '컴퓨터 시작하기' 그림을 선택하고 [애니메이션] 탭-[고급 애니메이션] 그룹에서 [애니메이션 추가]-[이동 경로]-[도형]을 클릭합니다. [애니메이션] 창을 보면 '그림9'에 강조와 이동 경로 효과가 적용된 것을 확인할 수 있습니다.

POINT 03 | 효과 옵션 수정하기

01 | 시작 방식 변경

마지막에 설정한 '도형' 효과가 강조 효과와 동시에 시작되도록, [애니메이션] 창에서 4번 효과를 선택하고 [이전 효과와 함께 시작]을 클릭합니다. '그림9'에는 3번 순서만 표시되어, '그림9'에 적용된 강조 효과와 동시에 '도형' 효과가 시작되는 것을 확인할 수 있습니다.

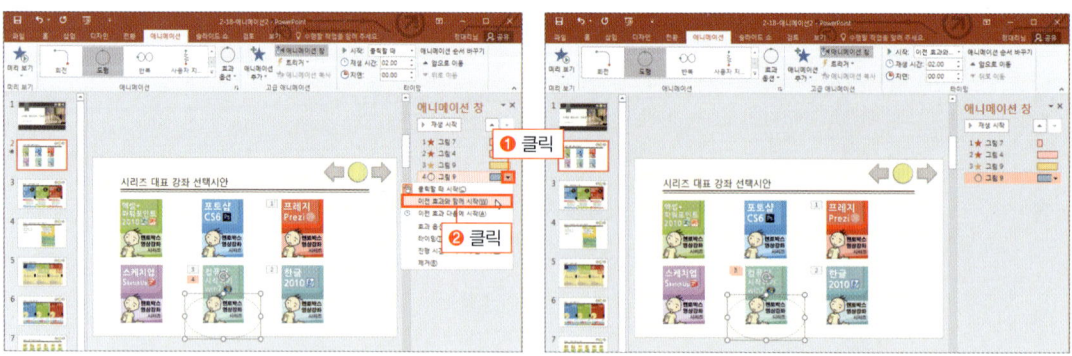

> **TIP** 참고로 [애니메이션] 창에서 볼 수 있는 각 효과의 재생 시간 막대그래프는 효과 목록의 [진행 시간 표시 막대 숨기기] 명령을 적용해 숨길 수 있습니다.

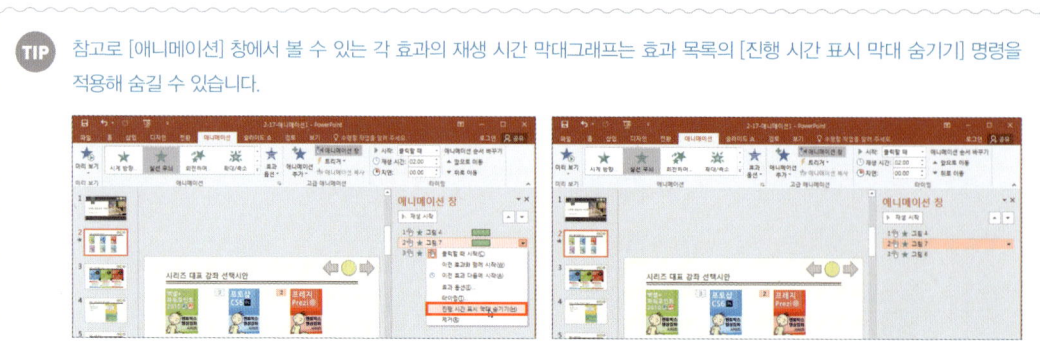

02 | 효과 순서 변경하기

[애니메이션] 창에서 1, 2번 효과를 선택한 후 [애니메이션] 탭–[타이밍] 그룹에서 [뒤로 이동]을 클릭합니다. 선택한 효과들이 뒤로 이동하며, 변경된 순서에 따라 효과 순번도 수정되어 나타납니다.

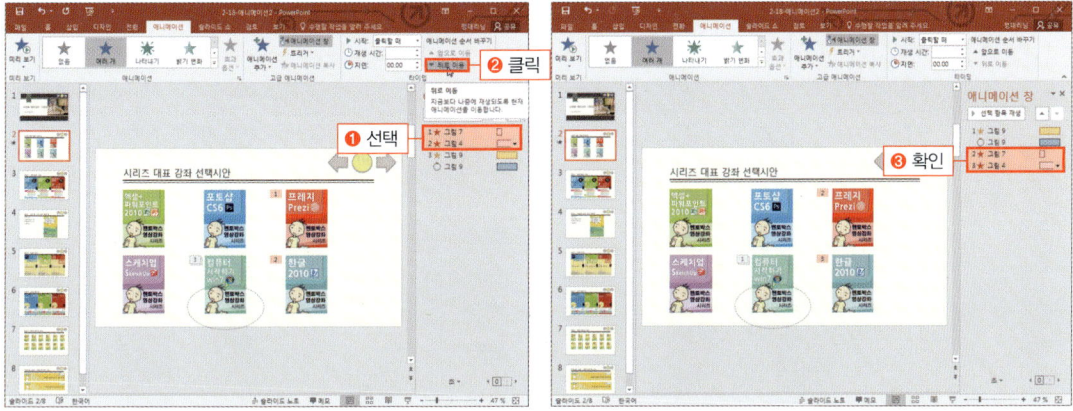

03 | 결과 확인

슬라이드 쇼 상태에서 지금까지 설정한 끝내기, 강조, 이동 경로 효과들을 확인해 봅니다.

> **TIP** [애니메이션] 탭–[애니메이션] 목록 하단에는 각 효과들의 숨겨진 옵션을 보여주는 추가 강조하기/추가 끝내기/추가 이동 경로 명령들이 있습니다.
>
>

애니메이션 설정

• 동영상 : 32-애니메이션 설정.wmv

01 | 2번 슬라이드 안쪽의 그림을 선택하고 [애니메이션] 탭─[나타내기 효과]─[날아오기]를 터치합니다. 해당 그림에 적용된 애니메이션 순서가 '1'로 설정된 것을 확인할 수 있습니다. 참고로 쇼 진행 화면에서 슬라이드가 나타나는 것이 '0', 다음 장으로 넘기는 동작이 '1' 순서로 인식됩니다.

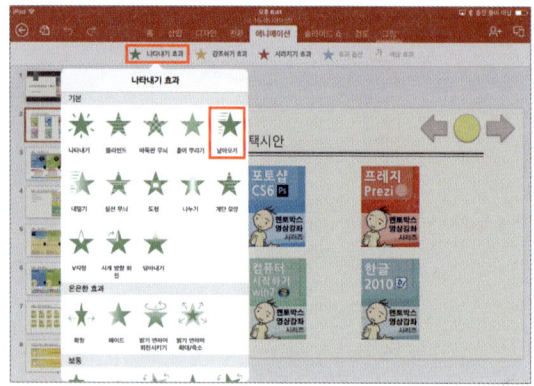

02 | 2번 슬라이드 가운데 그림을 선택하고 [애니메이션] 탭─[강조하기 효과]─[회전]을 터치합니다. 해당 그림의 순서가 '2'로 설정된 것을 확인할 수 있습니다. 참고로 이전에 배운 '전환' 효과는 슬라이드 자체에 설정되는 것이며, 이곳의 '애니메이션'들은 선택된 개별 개체들에 적용되는 효과라는 것이 차이점입니다.

03 | 2번 슬라이드 오른쪽의 그림을 선택하고 [애니메이션] 탭─[사라지기 효과]─[나누기]를 선택합니다. 이어서 [애니메이션] 탭─[효과 옵션]에서 기본 옵션을 다른 목록으로 수정해 적용할 수 있습니다.

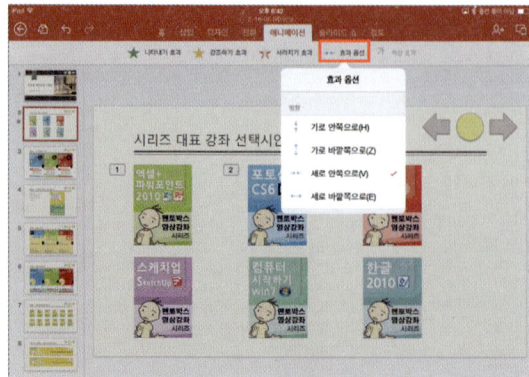

MEMO

PART 3

워드 2016

이곳에서는 전 세계적으로 가장 널리 알려진 워드프로세서인 '워드'에 대해 알아봅니다. 워드는 간편한 데이터 입력이나 서식 지정뿐만 아니라, 사용자 의도에 맞는 화면 구성 및 목차, 색인 자동 생성 등 숨어있는 장점들이 많은 프로그램입니다. 그럼 새로운 워드 2016에 대해 알아보겠습니다.

CHAPTER ONE

첫 번째 챕터

워드 2016, 기본기 다지기

워드 2016을 구성하는 기본 메뉴들을 확인하고,
작업을 위해 필수적으로 알아야 할 내용들에 대해 짚어봅니다.
기본적인 문서 파일의 열고/닫기부터
여러 가지 형식의 데이터 입력, 서식 스타일을 통한
빠른 서식 적용 과정 등을 소개합니다.

SECTION 01

워드 2016의 화면 구성 살펴보기

이곳에서는 워드 2016을 구성하는 화면 구성 요소들에 대한 기본적인 정의를 알아봅니다. 본격적인 세부 기능별 주요 학습은 이후의 본문들에서 다루도록 하겠습니다.

POINT 01 | 백스테이지 화면 구성

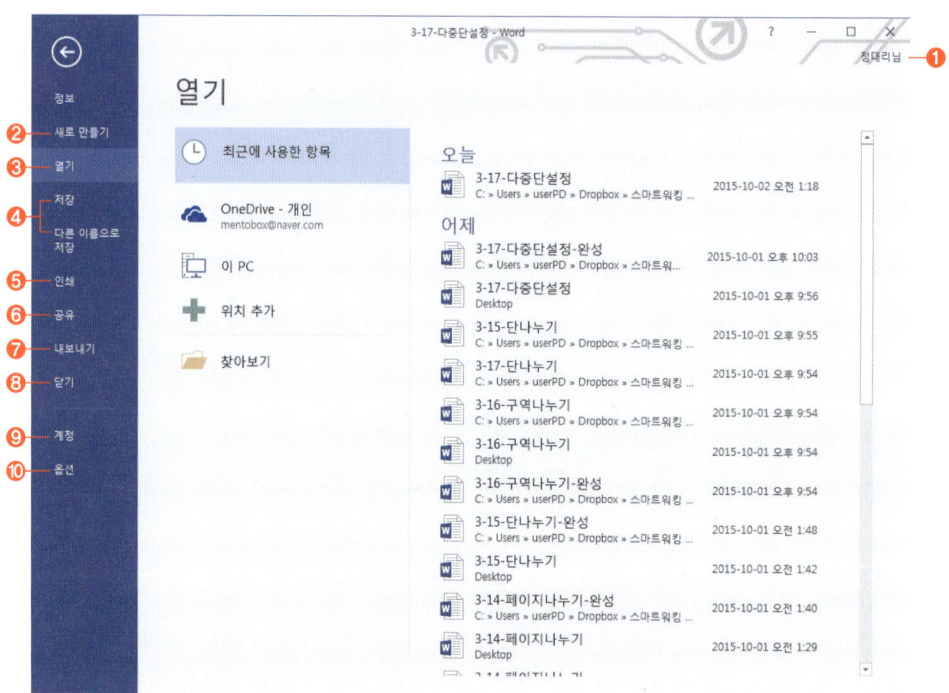

❶ **백스테이지** : 문서에 관련된 기본 정보 확인을 비롯해 문서의 열기, 닫기, 저장 등의 명령을 적용할 수 있습니다. 작업 중인 문서가 있다면, 화면 좌측 상단의 화살표 기호를 클릭해 작업 화면으로 돌아갈 수 있습니다.

❷ **새로 만들기** : 비어있는 새 문서 파일을 비롯한 다양한 서식들을 선택해 열 수 있습니다.

❸ **열기** : 다양한 방법으로 저장해둔 작업 문서를 불러올 수 있습니다.

❹ **저장/다른 이름으로 저장** : 작업 문서를 현재의 이름, 혹은 다른 이름으로 저장합니다.

❺ **인쇄** : 문서를 출력하기 위한 다양한 보조 기능들이 화면에 표시됩니다.

❻ **공유** : 클라우드에 저장을 통해 다른 사용자와 공유하거나, 전자 메일로 파일을 전송할 수 있습니다.

❼ **내보내기** : 작업 중인 문서를 엑셀 이외의 다양한 형식으로 내보낼 수 있습니다.

❽ **닫기** : 현재의 문서 작업을 종료합니다.
❾ **계정** : 사용자의 MS 계정으로 로그인할 수 있습니다.
❿ **옵션** : 워드 2016의 다양한 세부 설정을 할 수 있습니다.

문서의 화면 구성

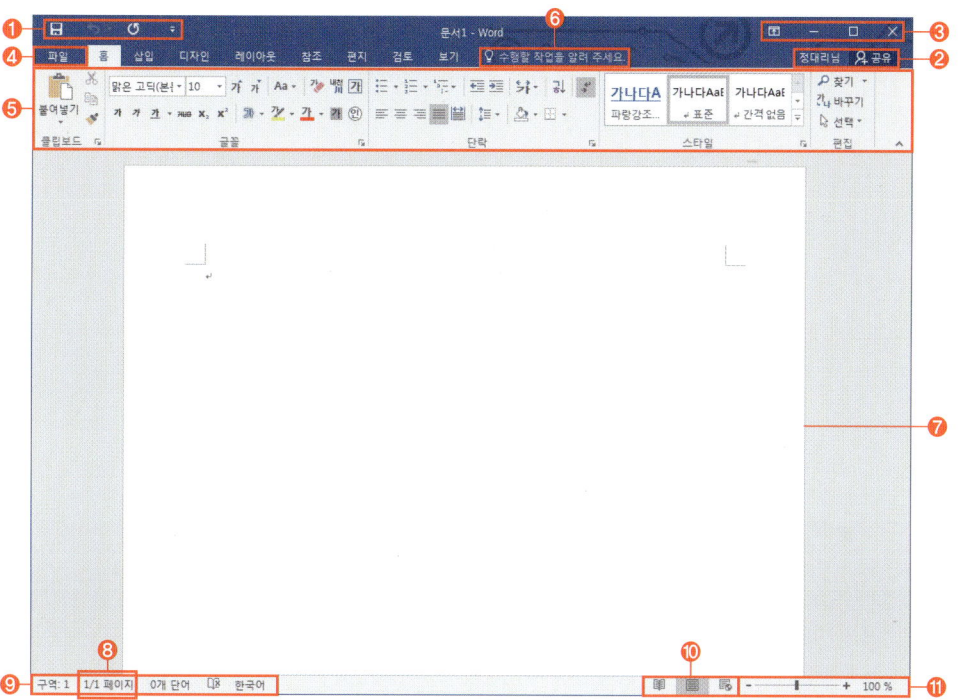

❶ **빠른 실행 도구 모음** : 사용자가 자주 사용하는 기능들을 한눈에 보이도록 꺼내놓은 곳입니다. 필요에 따라 추가/삭제가 가능합니다.
❷ **계정 표시** : MS에 등록해둔 계정으로 로그인하면, 이곳에 사용자의 계정명과 프로필 사진이 표시됩니다.
❸ **프로그램 창 확대/축소** : 선택에 따라 작업 문서 창을 전체 화면으로 표시하거나 최소화 또는, 작업 종료를 할 수 있습니다.
❹ **[파일] 탭** : 탭을 클릭하면 문서 자체의 정보를 확인하고 인쇄/열기/저장/닫기 등의 명령을 선택할 수 있는 백스테이지 화면으로 전환됩니다.
❺ **리본 메뉴** : 기능의 성격에 따라 탭-그룹-아이콘으로 체계화된 명령어들의 구분을 리본 메뉴라고 합니다. 각각의 탭을 클릭하면 이와 관련된 명령들이 여러 개의 그룹으로 분류되어 표시됩니다.
❻ **설명** : 작업에 필요한 기능을 검색하여 선택하거나, 관련 도움말들을 찾아 확인할 수 있습니다.
❼ **문서 작업 화면** : 본격적인 문서 작업을 할 수 있는 빈 작업 공간입니다.

❽ **페이지 번호** : '/' 기호 왼쪽에는 현재 커서가 위치한 곳의 페이지 번호, 오른쪽에는 문서 전체의 페이지 수를 표시합니다.

❾ **상태 표시줄** : 문서의 단어 수나 언어 정보 등이 표시되며, 이곳에서 마우스 오른쪽 버튼를 클릭하여 숨겨진 다른 정보들을 표시하도록 조정할 수도 있습니다.

❿ **화면 보기 단추** : 작업 중인 문서를 다양한 보기 형식으로 확인해 확인할 수 있습니다.

⓫ **확대/축소 슬라이드 바** : 드래그하여 문서의 보기 배율을 조정할 수 있으며, 슬라이드 바에 표시되는 숫자를 클릭해 직접 원하는 배율을 적용해 확인할 수 있습니다.

태블릿 버전의 화면 구성

• 동영상 : 33-태블릿 버전의 워드 화면 구성.wmv

01 | 태블릿 버전의 워드를 실행하면, 열기/최근/새로 만들기/계정을 선택할 수 있는 백스테이지 화면이 나타납니다.

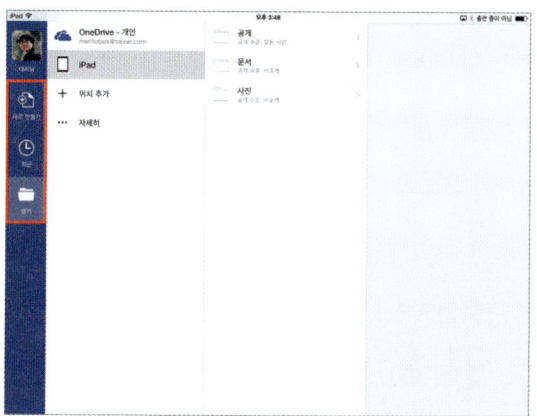
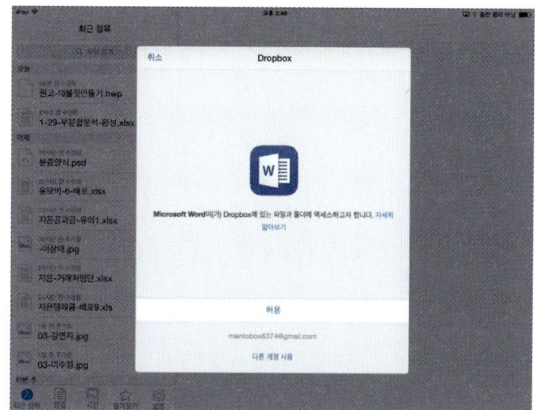

▲ 드롭박스 계정과 연동 여부 설정

02 | 새 문서를 터치하면, 태블릿 버전의 작업 화면이 나타납니다. 태블릿 버전 역시 PC 버전과 비슷한 화면 구성으로 이루어져 있습니다.

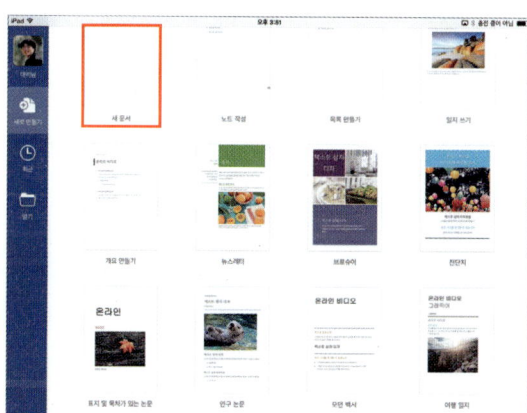
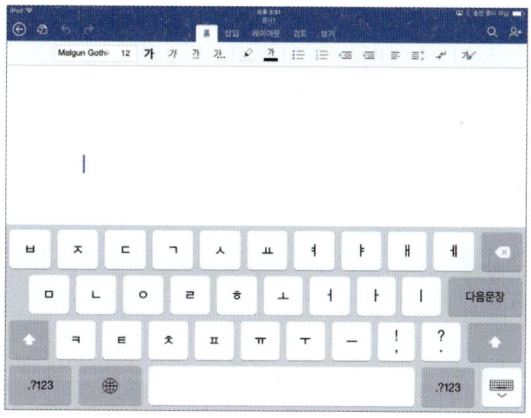

03 | 화면 상단의 리본 메뉴는 홈/삽입/레이아웃/검토/보기 이렇게 5개의 탭으로 구성되어 있으며, PC 버전에 비해 축약되어 있습니다.

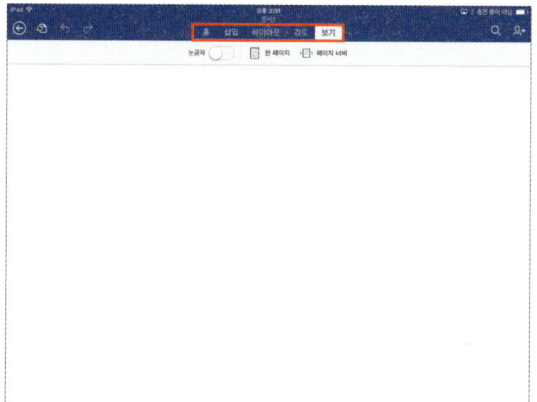
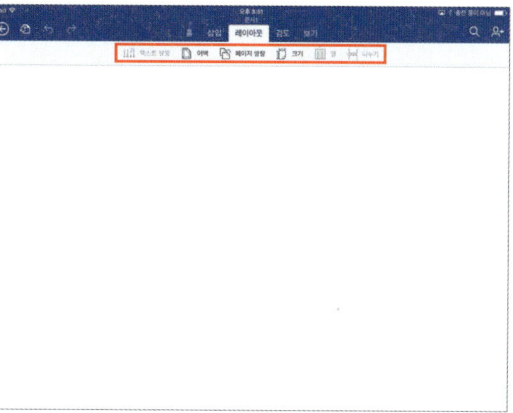

SECTION 02

작업 문서 열기/저장/닫기

문서 작성을 위해 새 문서나 아직 미완성된 저장 파일을 불러오는 다양한 방법들에 대해 알아보고, 이들을 저장하거나 종료하는 과정들에 대해서도 알아봅니다.

POINT 01 | 다양한 문서 열기 방식들

01 | '새로 만들기'로 빈 문서 파일 열기

워드 2016을 실행한 후 [새로 만들기]–[새 문서]를 클릭합니다. 새로운 작업을 시작할 수 있는 빈 작업 공간이 나타납니다. 별도로 문서를 저장하지 않았다면 화면 상단에 표시되는 '문서…'가 문서의 이름으로 표시됩니다.

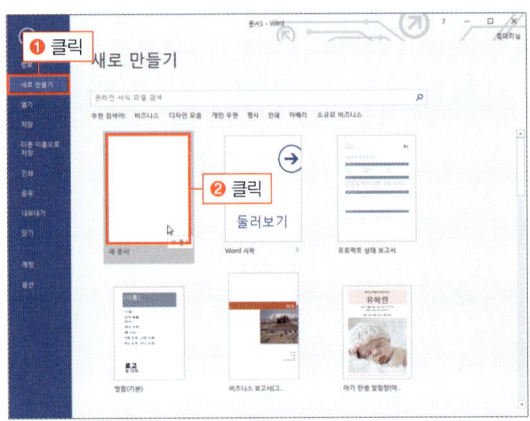 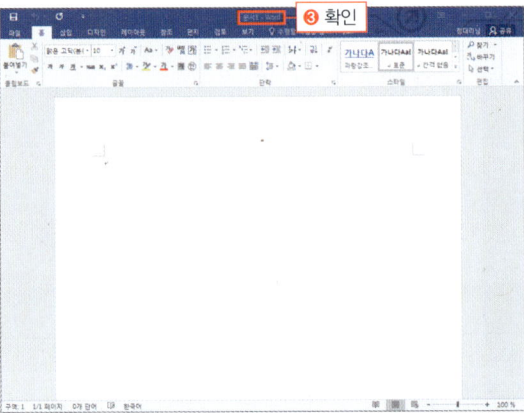

TIP [새로 만들기]–[새 문서]는 단축키 Ctrl + N 을 눌러서도 명령을 실행할 수 있습니다.

02 | 서식 파일 열기

[새로 만들기]에 표시되는 다양한 서식들 중 하나를 클릭해 보면, 선택된 분류에 맞도록 잘 설정된 문서 화면이 나타납니다. 사용자는 각 항목들을 클릭해 내용만 입력하면 보기 좋은 문서를 작성할 수 있습니다.

 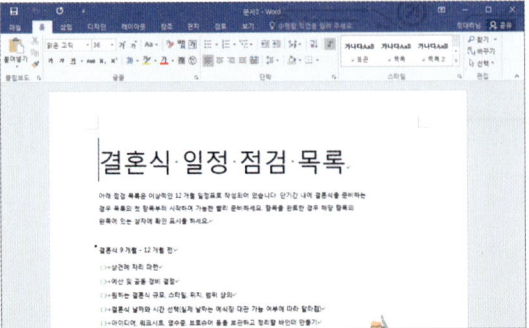

03 | 다른 서식 파일 살펴보기

[새로 만들기]의 서식 파일을 선택하면, 해당 서식의 주요 특징들을 미리 확인할 수도 있습니다. 물론 더블클릭으로 바로 열거나 미리 보기 창의 [만들기]를 클릭하여 작업 영역에 해당 서식이 보이도록 할 수도 있습니다. [새로 만들기] 창 상단의 검색 창에서 키워드를 입력해 온라인에서 다른 서식들을 검색해 표시할 수도 있습니다.

▲ 보고서 서식

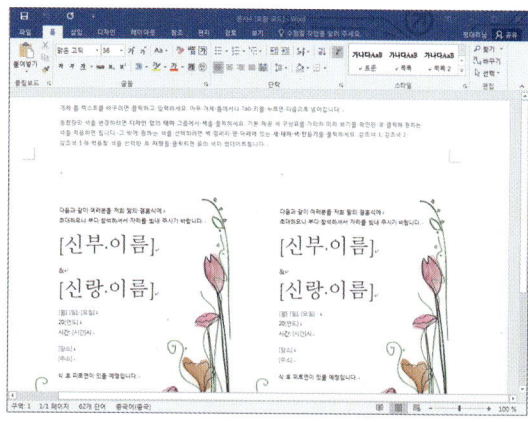
▲ 청첩장 서식

04 | '열기'로 저장 문서 불러오기

[열기]-[컴퓨터]-[찾아보기]를 클릭합니다. [열기] 대화상자가 나타나면 불러올 문서 파일이 저장되어 있는 경로에서 파일을 선택하고 [열기]를 클릭합니다.

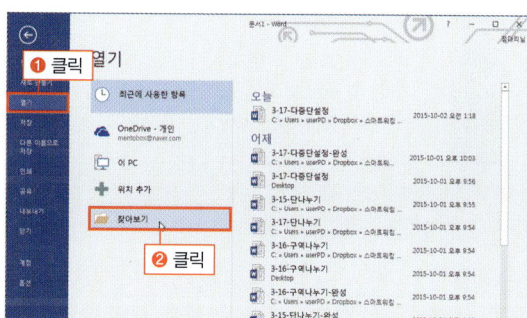

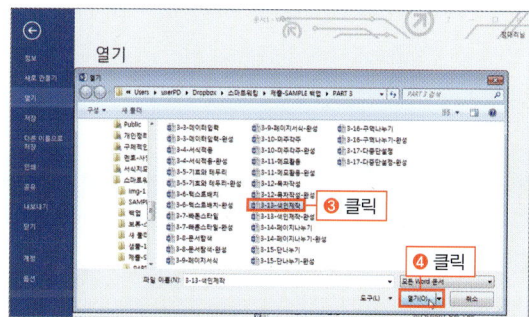

05 | 결과 확인

이전 작업의 결과 문서가 워드 2016에 나타납니다. 만약 기존에 다른 워드 2016 작업 창이 띄워진 상태에서 새로운 문서를 열었다면 새로운 워드 2016 작업 창에서 해당 문서가 나타납니다.

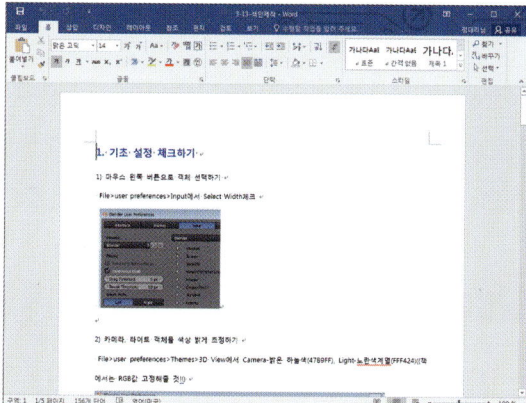

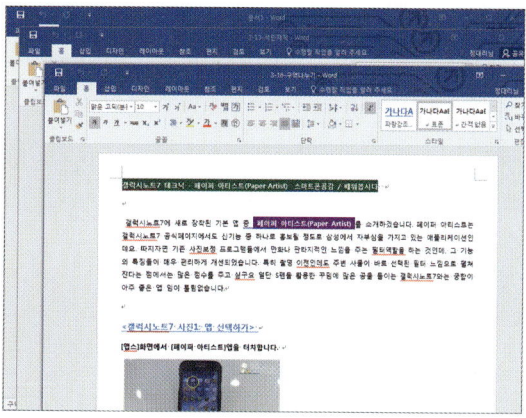

06 | '최근에 사용한 문서'에서 열기

말 그대로 최근 사용한 문서를 일목요연하게 보여줍니다. 이들 중에 원하는 문서명을 선택하면, 바로 작업 화면에 해당 문서가 나타납니다.

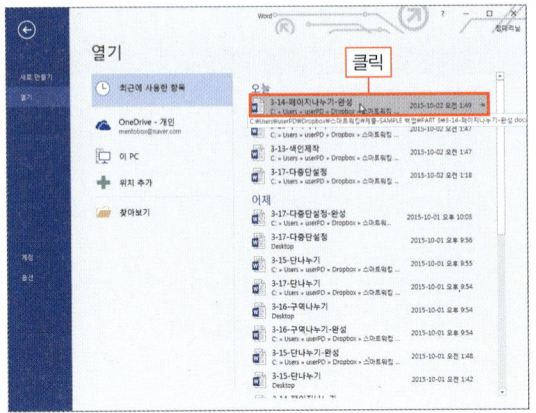 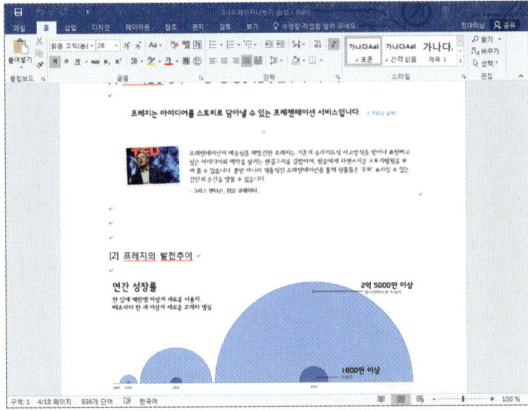

TIP [열기]-[OneDrive]에서는 마이크로소프트에서 제공하는 OneDrive 클라우드 서비스에 로그인할 수 있습니다. 엑셀, 파워포인트, 워드 중 하나만 로그인해도 다른 오피스 프로그램 계정에 동시 로그인이 됩니다. OneDrive에서는 드롭박스와 마찬가지로 사용자 PC의 특정 폴더를 OneDrive 웹 공간과 동기화시키며 서비스가 진행됩니다. 이 때문에 체감되는 파일의 열기/저장 속도는 클라우드 서비스임을 인지하지 못할 정도로 신속합니다.

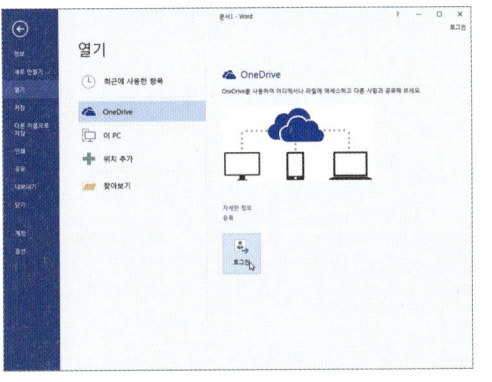

07 | 자주 찾는 문서 경로 고정

자주 불러와 수정하는 중요한 문서라면 언제든지 [최근에 사용한 항목]에 고정할 수 있습니다. 해당 파일명 오른쪽에 표시되는 핀 아이콘을 클릭하면 위쪽에 파일이 고정됩니다. 물론 다시 핀 아이콘을 클릭해 고정된 경로를 해제할 수도 있습니다.

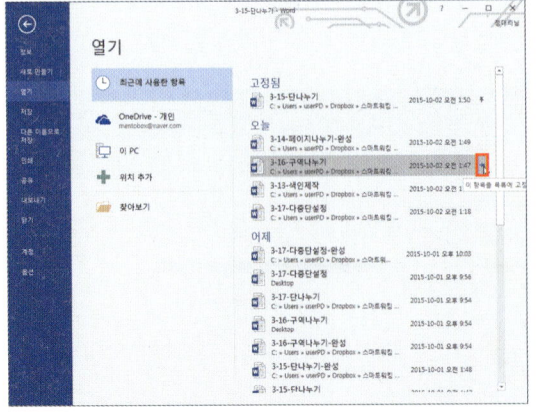 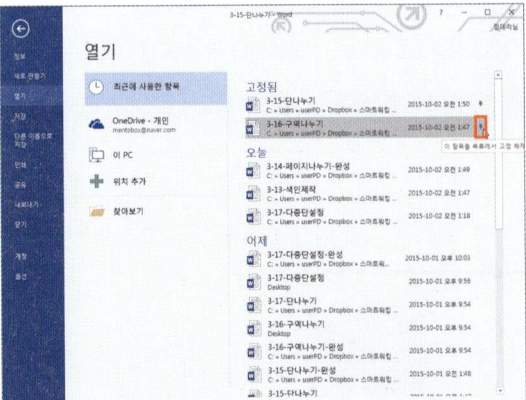

POINT 02 | 문서의 저장과 종료

01 | '저장'으로 처음 저장하기

빈 공간만 주어지는 새 문서 파일에서 간단한 내용을 입력합니다. 이어서 화면 좌측 상단의 [저장]을 클릭하면, 바로 아래에 배치된 [다른 이름으로 저장]이 자동 선택됩니다. 아직 별도의 이름을 부여하지 않은 상태이기에 [다른 이름으로 저장]으로 넘어가는 것이므로, 현재 파일을 저장할 폴더를 선택하기 위해 [찾아보기]를 클릭합니다.

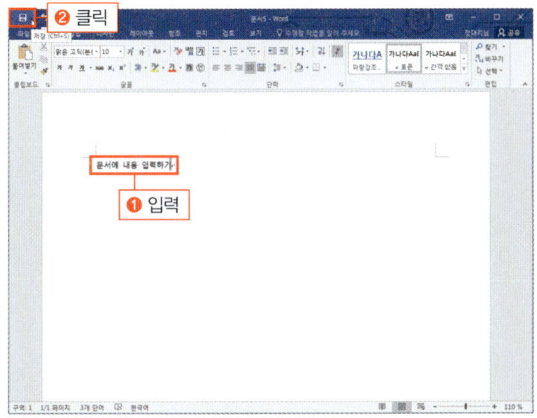
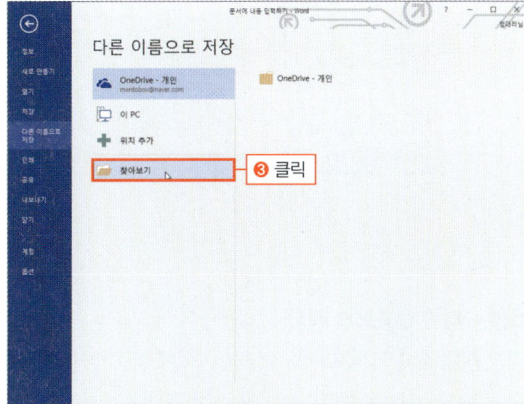

02 | 추가 작업 후 저장

[다른 이름으로 저장] 대화상자가 나타나면 [파일 이름]으로 '문서에 내용 입력하기'를 입력한 뒤 [저장]을 클릭합니다. 결국 화면 상단에 작업 문서명이 설정한 대로 적용된 것을 확인할 수 있습니다. 이제 추가 작업 후 [저장]을 클릭하면 현재의 이름에 덧씌워지면서 저장되는 것을 확인할 수 있습니다.

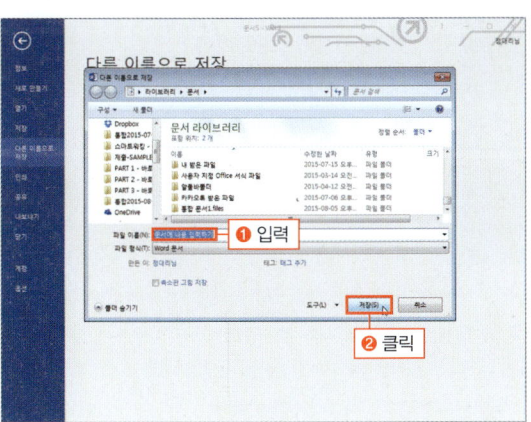
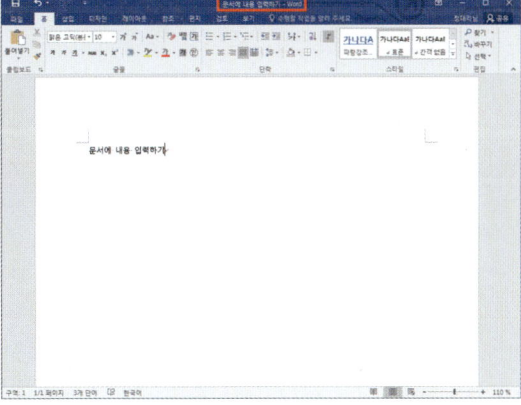

> **TIP 가장 기본적인 단축 기능들**
> - Ctrl + O : [파일] 탭-[열기]-[찾아보기]가 실행되어, PC에 있는 워드 파일을 선택할 수 있습니다.
> - Ctrl + S : [파일] 탭-[저장]-[찾아보기]가 실행되며, 이미 이름 설정이 되어있는 경우에는 곧바로 추가된 작업이 덧씌워져 저장됩니다.
> - Ctrl + N : [파일] 탭-[새로 만들기]-[새 문서]가 실행되어 비어 있는 새 문서를 만듭니다.
> - Ctrl + W : [파일] 탭-[닫기]가 적용되어 작업 중인 문서가 종료됩니다. 추가된 작업 저장을 하지 않은 경우에는 저장 후 종료 여부를 묻는 경고 창이 나타납니다.

TIP 이전 버전으로 저장 및 열기

문서를 저장할 때, 파일 형식을 'Word 97-2003'으로 설정한 뒤 저장하면 2003 이전 버전 사용자들도 문서를 확인할 수 있는 doc 형식으로 저장됩니다. 이렇게 이전 버전으로 저장된 파일을 워드 2016에서 열어보면 파일명 옆에 '호환모드'라는 표시가 생기게 되어 구분할 수 있습니다.

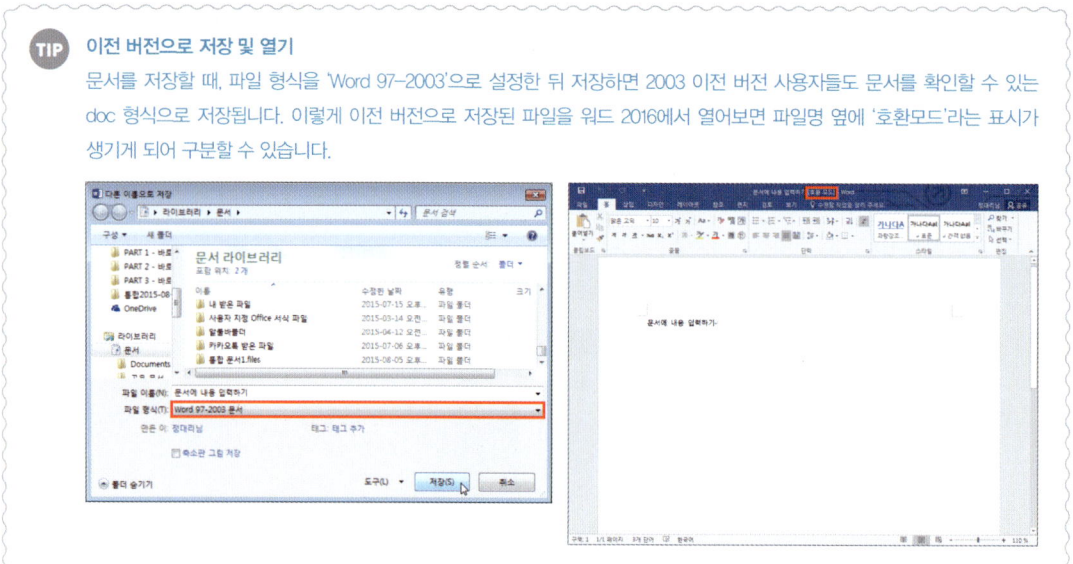

03 | 다른 이름으로 저장

이전 작업에 이어서 아래 그림과 비슷하도록 다양한 문구들을 입력합니다. [저장]을 클릭하면 추가된 작업이 현재 파일명에 덧씌워져 저장됩니다. 반면 추가된 내용을 다른 이름의 새로운 문서 파일로 제작하고 싶다면, 백스테이지 화면의 [다른 이름으로 저장]을 클릭하고 이후에 작업 과정을 진행하면 됩니다.

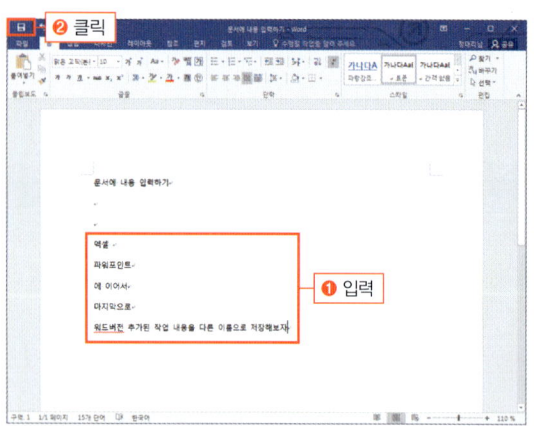
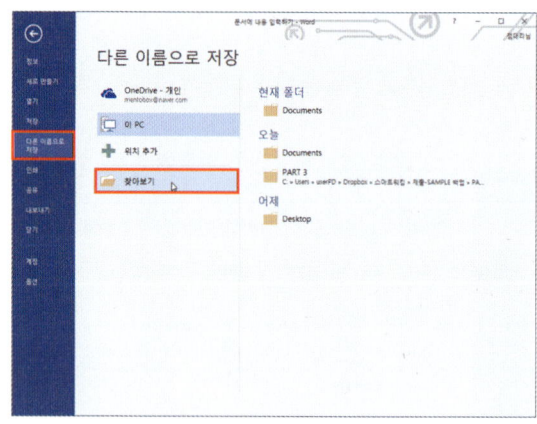

TIP [내보내기]-[PDF/XPS 문서 만들기]-[PDF/XPS 만들기]를 클릭하면 작성 중인 문서를 PDF 형식의 파일로 저장할 수 있습니다. 참고로 이렇게 저장된 파일은 Adobe.com에서 다운받을 수 있는 아크로뱃 리더를 통해서만 열어볼 수 있습니다.

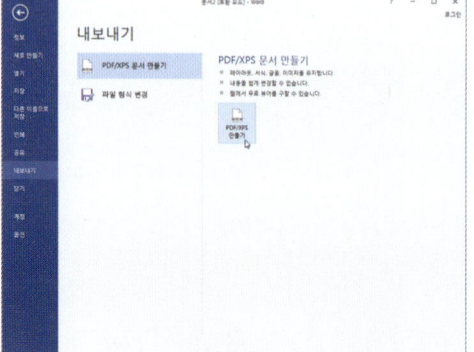

04 | '닫기'로 작업 종료하기

백스테이지 화면에서 [닫기]를 클릭하면, 현재 작업 중인 문서가 닫히며 작업이 종료됩니다. 단, 추가적인 문서 작업 후 아직 저장하지 않은 단계에서 [닫기]를 클릭하면, 추가된 작업들을 해당 문서에 덮어써 저장할 것인지 여부를 묻는 대화상자가 나타납니다.

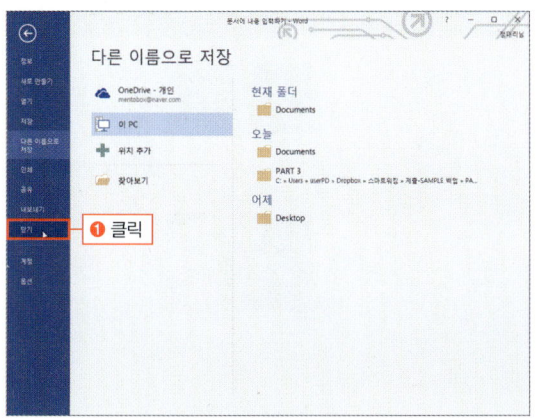
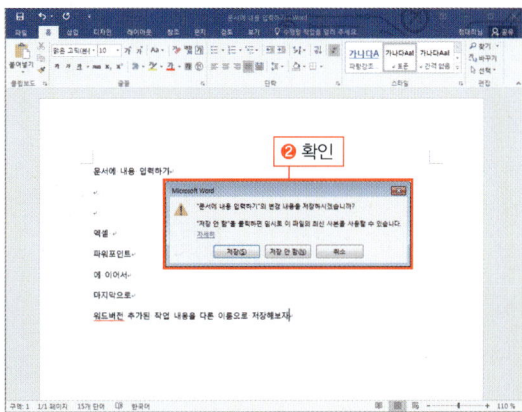

> **TIP 다른 방식으로 작업 종료하기**
> 문서 작업을 종료하는 다른 방법도 있습니다. 화면 우측 상단의 'X' 모양 버튼을 클릭하거나, 화면 상단에서 마우스 오른쪽 버튼을 클릭한 후 나오는 [닫기]를 선택해도 됩니다.
>
>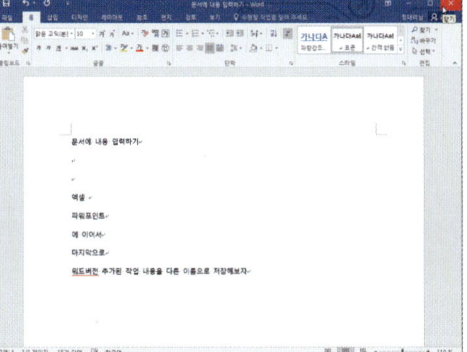
>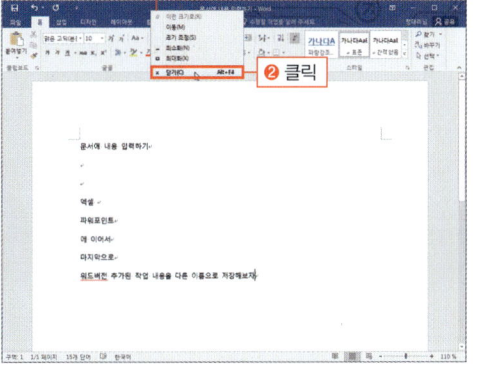

워드 2016 열고/닫기

• 동영상 : 34-워드 열고 닫기.wmv

01 | 백스테이지 화면의 [새로 만들기]에서 기본으로 제공되는 각종 서식 문서들을 한 번의 터치로 불러와서 확인할 수 있습니다.

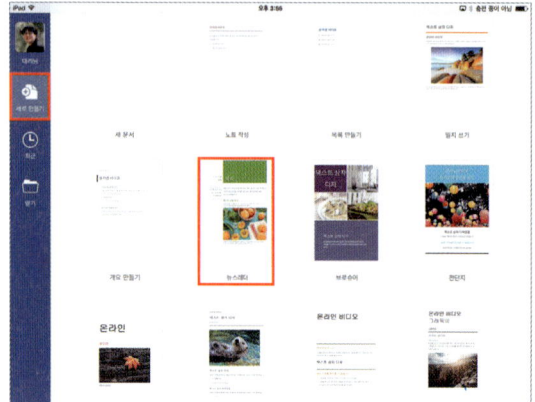 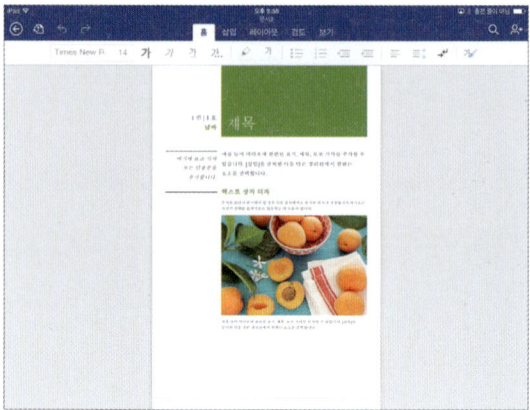

02 | 태블릿 버전에서는 자동 저장이 기본 설정이지만, [새로 만들기]를 통해 열려진 임시 문서는 수정 작업 후, 저장될 제대로 된 이름을 설정하기 위해 [다른 이름으로 저장] 창이 나타납니다.

 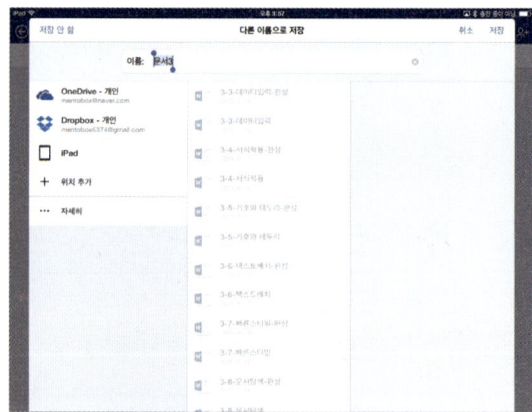

03 | 한 번 독립된 이름으로 저장된 문서는 다시 추가 작업을 하고 백스테이지 화면으로 돌아갈 때 해당 이름으로 자동 저장이 됩니다.

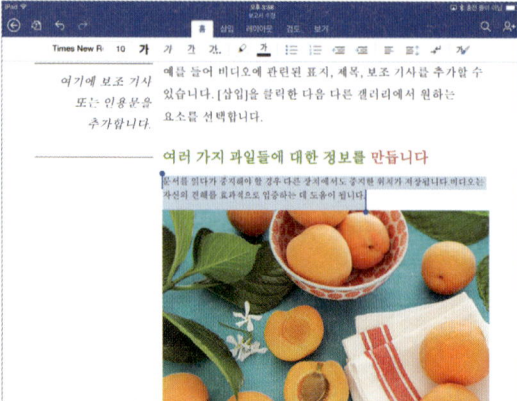 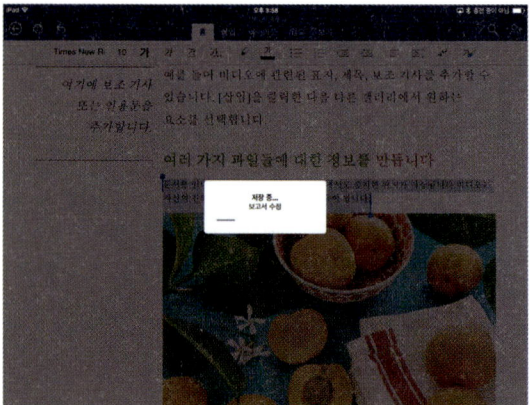

SECTION 03

단락의 이해와 특수 기호 입력

문서에서 단락과 문장들의 관계를 파악해 보고, 이들을 다루는 기본적인 규칙들과 문장에 적용할 수 있는 특수 기호 삽입 과정들에 대해 알아봅니다.

l 예제파일 l 3-3-데이터입력.docx l 완성파일 l 3-3-데이터입력-완성.docx

POINT 01 | 단락의 이해

01 | 단어 입력

'3-3-데이터입력.docx' 파일을 불러온 후 문서 상단의 빈 곳을 클릭하고 '리뷰: 광해, 왕이 된 남자'를 입력합니다. 미리 설정해둔 파란색 서식으로 입력 결과가 표시됩니다.

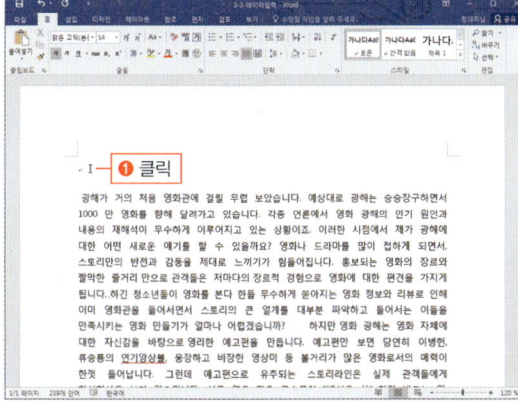 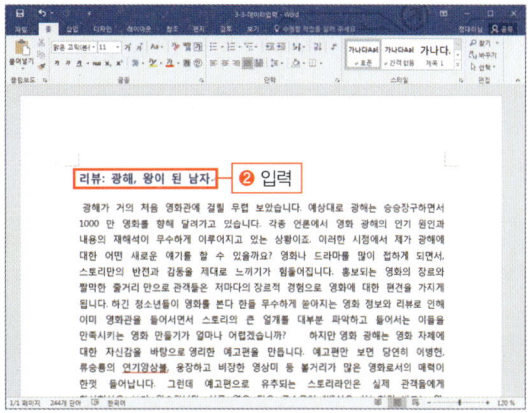

02 | 단락 구분하기

여러 문장들이 모인 하나의 단락과 단락은 '↵' 기호를 통해 구분될 수 있습니다. 페이지 중간의 '하지만~' 단어 앞에서 **Enter** 를 누릅니다. 결국 단락이 끝났다는 표시의 '↵' 기호가 표시되며, '하지만~' 이후의 문장들은 새로운 단락으로 구분됩니다.

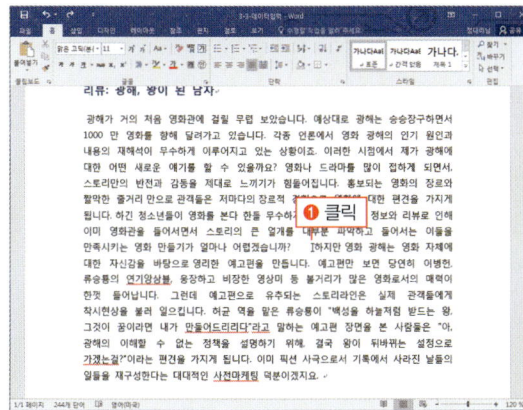 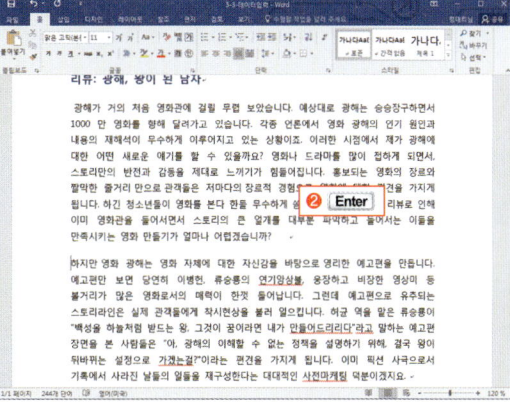

03 | 단락 줄 바꿈

'하지만~' 앞에서 Enter 를 적용해 빈 공간의 단락을 하나 더 삽입합니다. 결국 단락과 단락 사이가 보기 좋게 띄워져 있습니다. 줄 바꿈의 다른 방식으로써, 첫 번째 단락 중간의 '~있을까요?' 단어 뒤를 클릭한 후 Shift + Enter 를 눌러 봅니다. 이곳에서도 줄 바꿈이 되었지만, 새로운 ↓ 기호가 표시됩니다. 이러한 기호에서는 전후 문장들이 하나의 단락 속성을 계속 유지하며, 시각적으로만 보기 좋도록 줄 바꿈된다는 차이점이 있습니다.

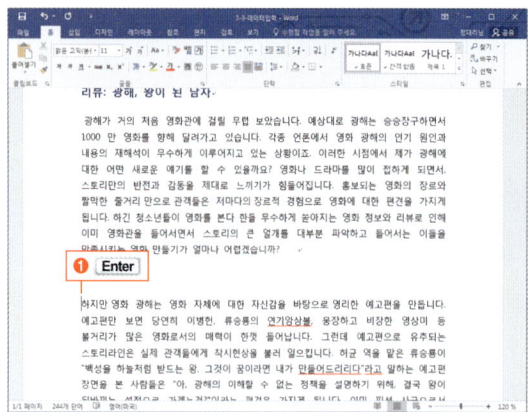 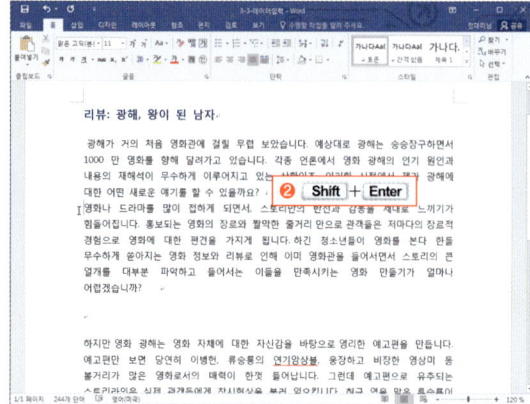

04 | 단락 선택하기

하나의 단락을 선택하는 방식은 여러 가지입니다. 문장이 입력된 곳을 세 번 연속해서 클릭하면, 선택된 위치에서 이어지는 단락이 모두 선택됩니다. 또는, 페이지의 좌측 여백 공간을 더블클릭해도 여백과 인접한 단락의 모든 문장들이 한 번에 선택됩니다. 예제 문서에서 테스트를 합니다.

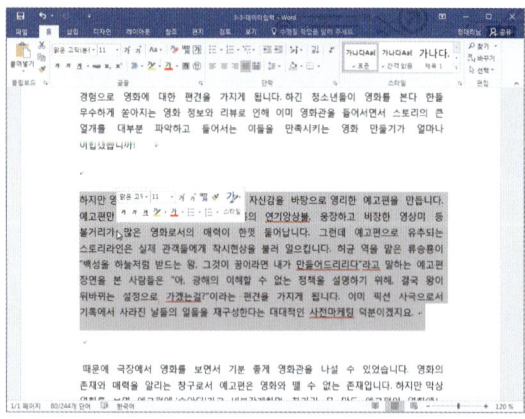 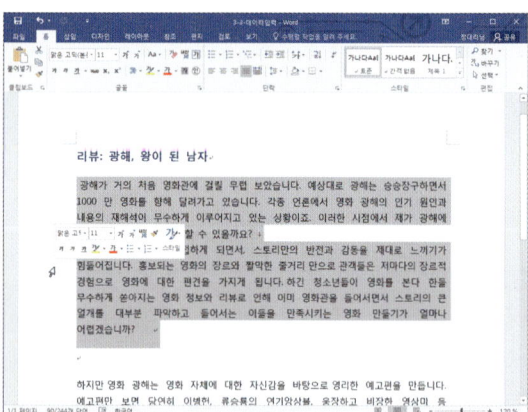

> **TIP** 페이지 좌측 여백 부분을 Ctrl 과 함께 클릭하면 페이지의 모든 문장들이 한 번에 모두 선택됩니다.

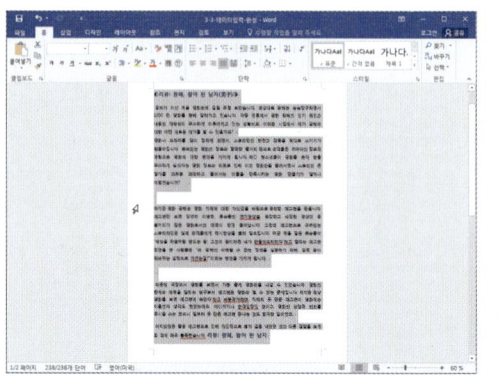

05 | 줄 간격 조정하기

'하지만~'으로 시작되는 단락에 커서가 위치한 상태로 [홈] 탭-[단락] 그룹에서 [선 및 단락 간격]-[1.5]를 선택합니다. 펼쳐지는 목록 위에 커서가 위치하는 것만으로도 해당 수치가 적용되었을 경우를 미리 확인할 수 있습니다. 같은 방식으로 위쪽 단락의 [선 및 단락 간격]을 [2.0]으로 설정합니다.

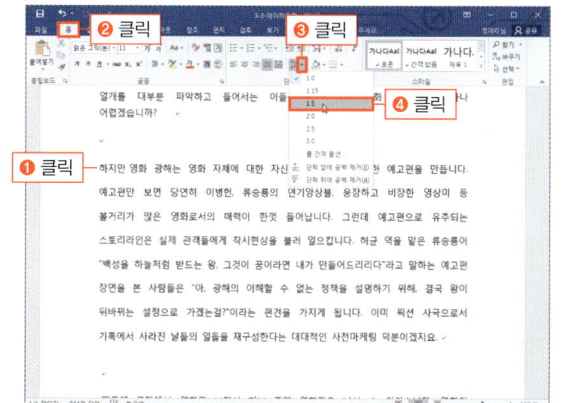 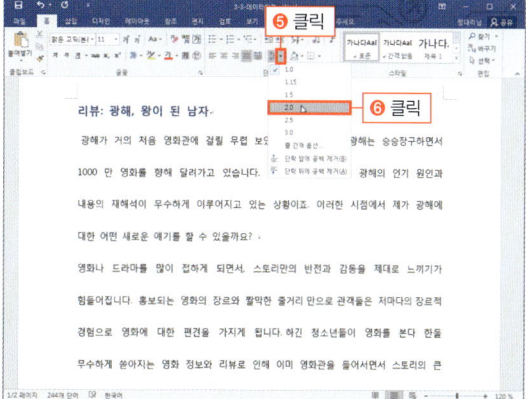

> TIP [선 및 단락 간격]-[줄 간격 옵션]을 클릭하면 나오는 대화상자에서 목록에서 제시되지 않은 줄 간격 수치를 직접 입력해서 적용할 수도 있습니다.
>
>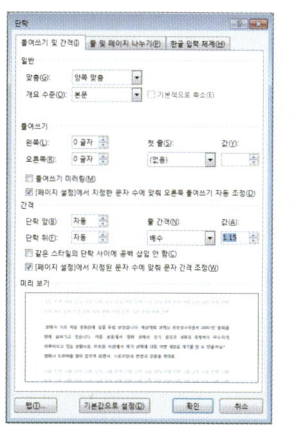

06 | 문장 단위로 선택하기

Ctrl 을 누른 상태로, 선택하려는 문장이 있는 곳을 더블클릭합니다. 결국 클릭하는 곳과 이어서진 문장 전체가 선택됩니다. 이런 식으로 선택된 문장이나 단어, 혹은 단락들은 Delete 를 눌러 삭제할 수 있습니다.

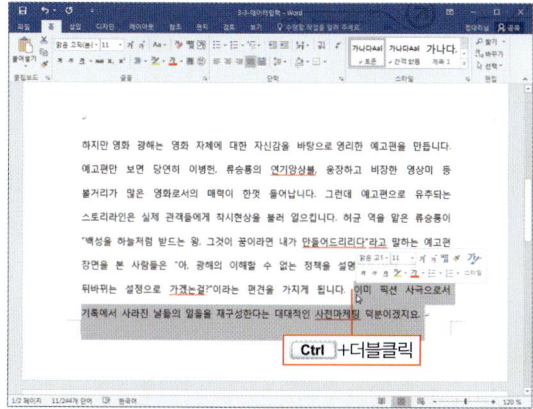 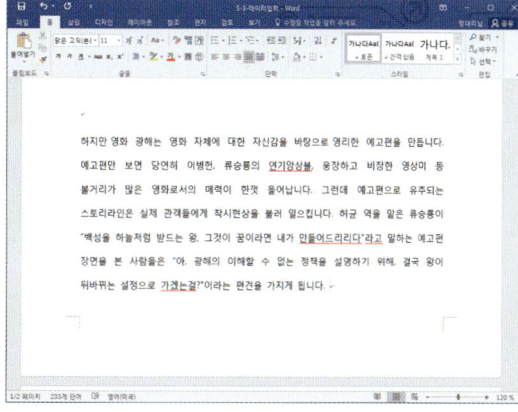

문장이나 단락을 선택하여 블록 설정을 하면 바로 미니 도구 모음이 나타납니다. 미니 도구 모음은 자주 사용하는 주요 기능들이 모여 있는 곳으로써, 곧바로 글꼴이나 정렬 서식 기능들을 사용할 수 있습니다. 아래의 그림에서는 대상 영역에 글꼴 서식을 적용하는 모습입니다.

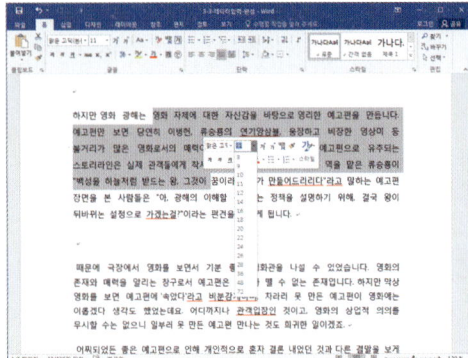
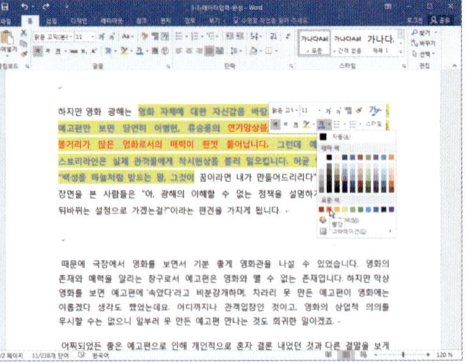

07 | 내용 복제하기

페이지 상단에 작성해둔 제목 부분을 드래그해 선택하고 Ctrl + C 를 눌러 복사합니다. 이어서 페이지 하단의 마지막 문장 뒤를 클릭하고 Ctrl + V 를 누릅니다. 결국 미리 복사해둔 내용이 페이지 아래쪽에도 그대로 복제됩니다. 물론 복사해둔 원본은 아무 영향이 없습니다.

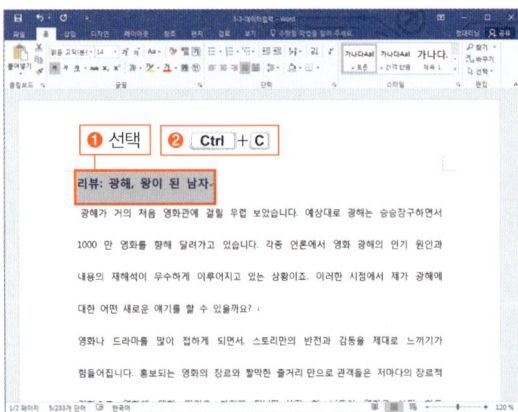
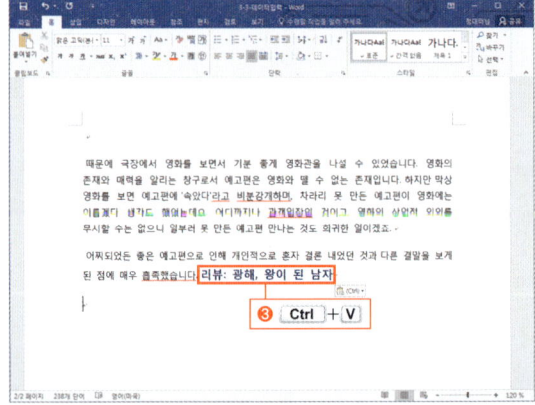

 붙여 넣기 옵션

엑셀과 마찬가지로 원본을 복사하고 붙여 넣는 과정에서 그림과 같은 붙여 넣기 옵션이 표시됩니다. 기본값으로 [원본 서식 유지]가 선택되어 있으나, 상황에 따라 [텍스트만 유지]를 클릭하여 적용할 수도 있습니다.

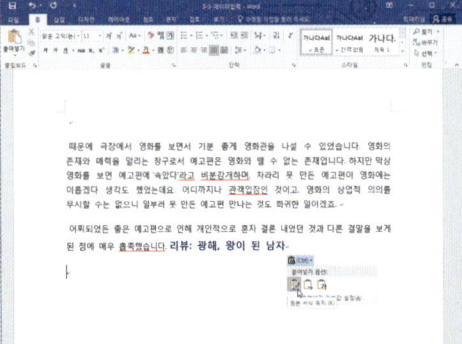
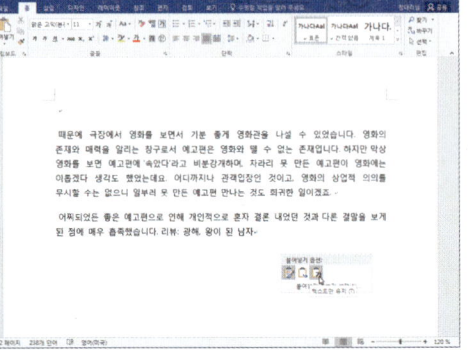

POINT 02 | 한자 및 기호 입력하기

01 | 한자 변환하기

원하는 단어를 선택한 후 키보드의 [한자]를 누릅니다. [한글/한자 변환] 대화상자에서 [입력 형태]를 '한글(漢字)'로 설정한 후 [변환]을 클릭합니다. 결국 선택된 단어가 한자로 표시되는 것을 확인할 수 있습니다.

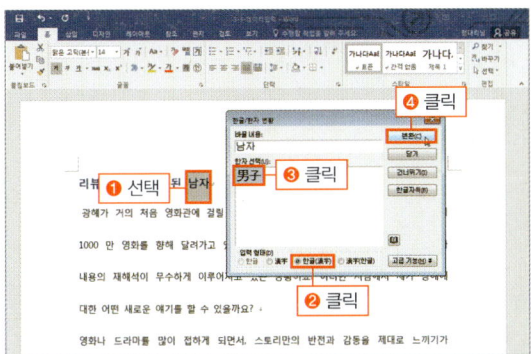 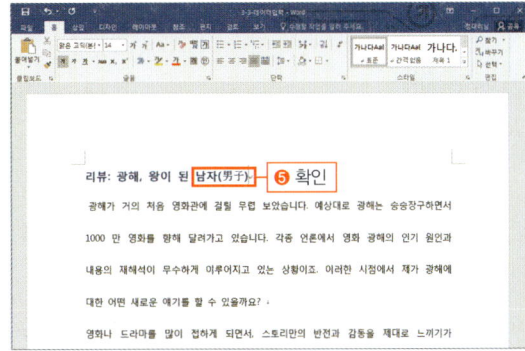

02 | 기호 입력하기

[삽입] 탭-[기호] 그룹에서 [기호]-[다른 기호]를 선택한 후 [기호] 대화상자의 [하위 집합]을 '도형 기호'로 설정합니다. 이어서 원하는 기호를 선택한 뒤 [삽입]을 클릭합니다.

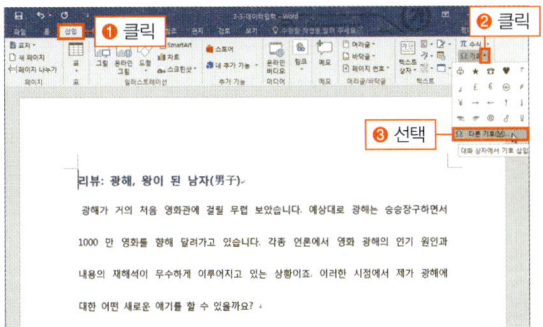 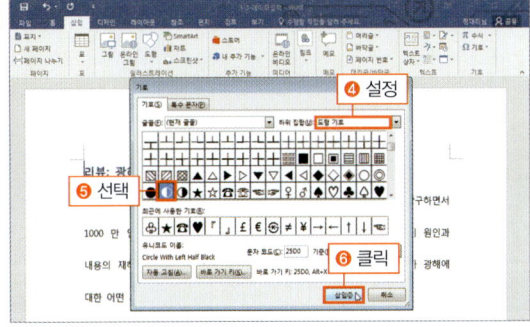

03 | 다른 기호 삽입하기

이전 작업의 결과 선택한 기호가 삽입되는 것을 확인할 수 있습니다. 문서의 다른 위치도 선택한 후 연달아 원하는 기호들을 삽입합니다. 작업이 끝나면 [닫기]를 클릭하고 결과를 확인합니다.

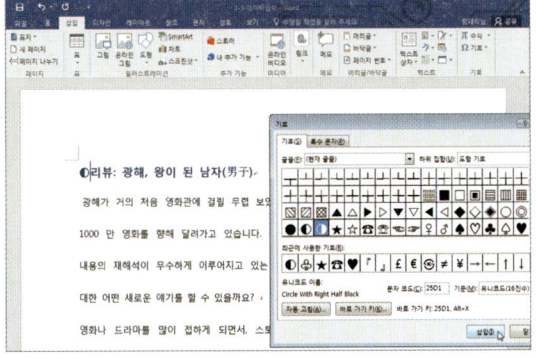 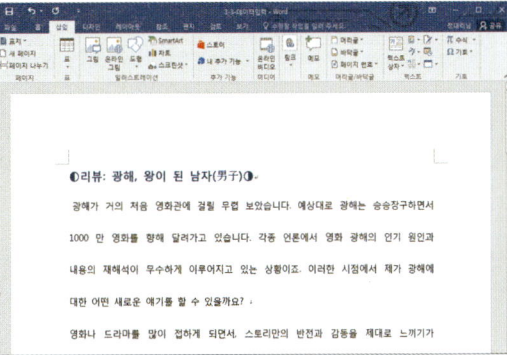

SECTION 04

문서의 기본 서식 조정하기

문서를 구성하는 최소 단위인 글꼴들에 간단한 서식들을 적용해보고, 이들이 속한 단락의 정렬 과정과 기타 속성들을 하나씩 배워보겠습니다.

| 예제파일 | 3-4-서식적용.docx | 완성파일 | 3-4-서식적용-완성.docx

POINT 01 | 글꼴 서식 조정하기

01 | 글꼴 크기 및 모양 설정하기

'3-4-서식적용.docx' 파일을 열고 페이지 상단 제목 문장을 드래그해 선택합니다. 이어서 [홈] 탭-[글꼴] 그룹에서 [글꼴 크기]-[14]를 지정한 후 [홈] 탭-[글꼴] 그룹에서 [글꼴]-[나눔고딕]을 선택합니다.

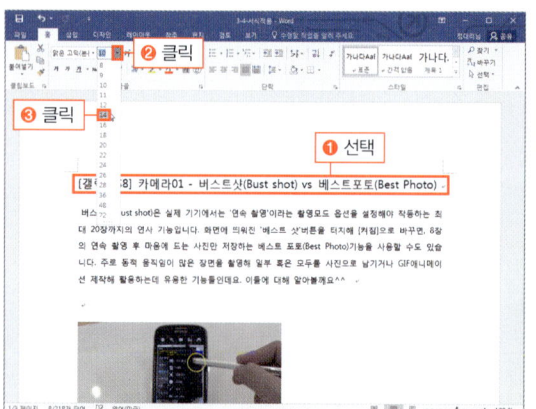
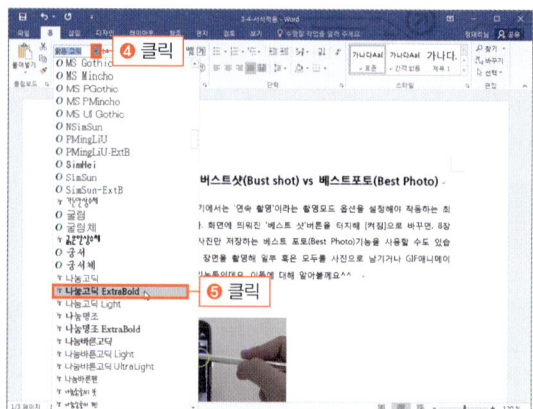

> **TIP** 참고로 [나눔고딕]은 네이버 홈페이지에서 무료로 배포하는 글꼴이며, 자신의 PC에 해당 글꼴이 없다면 마음에 드는 글꼴 모양을 설정해도 됩니다.

02 | 글꼴 색 설정하기

이전 작업에 이어서 [홈] 탭-[글꼴] 그룹에서 [글꼴 색]-[연한 파랑]을 선택해 적용합니다. 이전의 글꼴 크기, 글꼴 모양과 마찬가지로 옵션을 고르는 마우스 포인터의 위치에 따라 실시간으로 적용 결과를 확인할 수 있습니다.

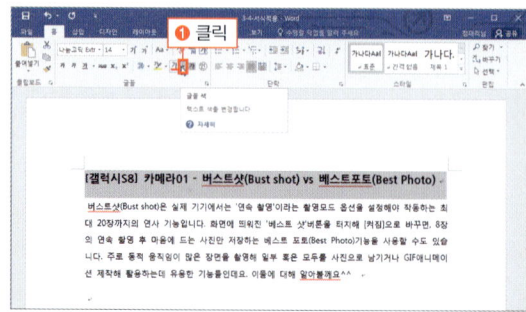
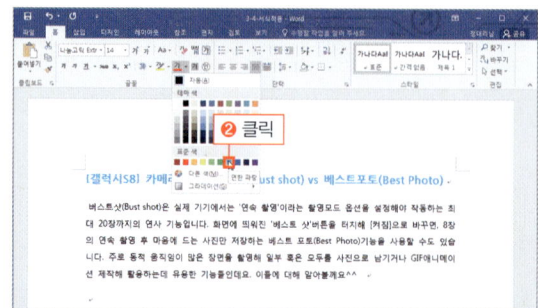

03 | 일부 영역 글꼴 색 변경

제목 문장에서 그림과 같이 영역을 선택합니다. 선택한 영역에 적용될 글꼴 서식 명령들이 담긴 미니 도구 모음이 나타납니다. 이곳에 마우스 포인터를 위치시키고 [글꼴 색]-[진한 빨강]을 선택합니다.

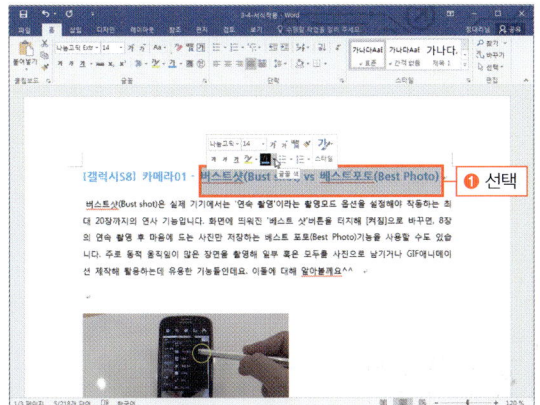 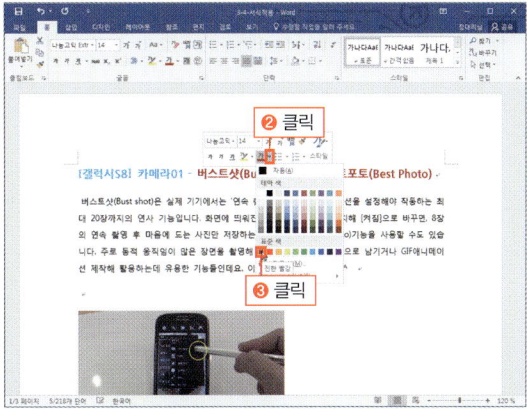

04 | 글꼴 굵기, 기울임꼴, 밑줄

이번에는 '버스트샷(Bust shot)'이라는 단어를 선택한 후 [홈] 탭-[글꼴] 그룹에서 [굵게]를 적용합니다. 이어서 그림과 같이 문장 일부분을 선택한 후 [홈] 탭-[글꼴] 그룹에서 [기울임꼴]과 [밑줄]을 연속으로 적용합니다. 이런 식으로 작성된 문장을 강조할 수 있습니다.

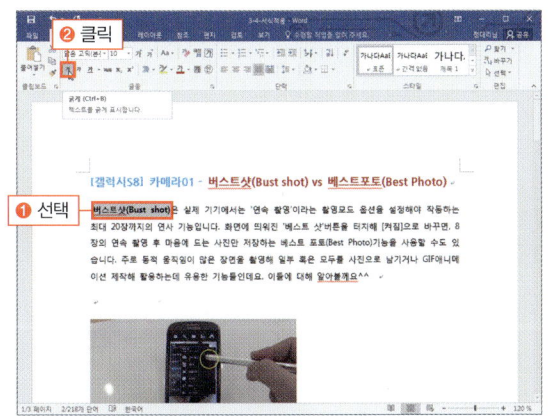 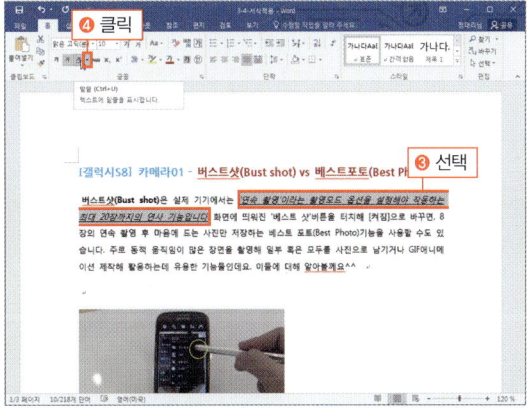

05 | 텍스트 강조 색 적용

문장 일부분을 드래그해 선택한 후 [홈] 탭-[글꼴] 그룹에서 [텍스트 강조 색]-[노랑]을 선택합니다. 선택한 영역의 바탕색으로 설정된 색상이 표시되는 것을 확인할 수 있습니다.

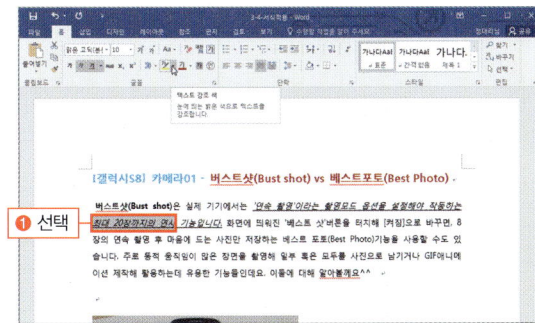 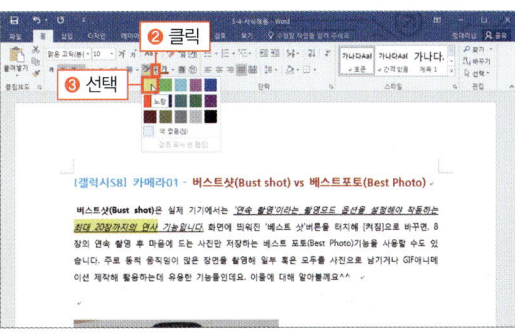

06 | 글자 테두리

본문 중 '버스트샷(Bust shot)'을 선택한 후 [홈] 탭–[글꼴] 그룹에서 [글자 테두리]를 선택합니다. 결과적으로 선택한 문장의 테두리를 확인할 수 있습니다.

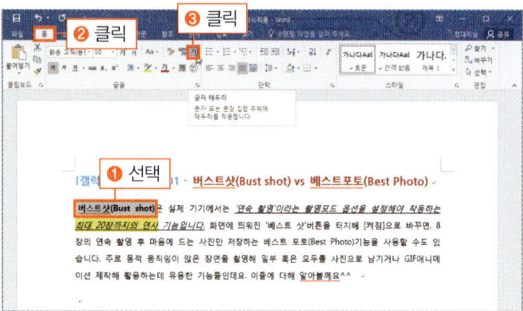 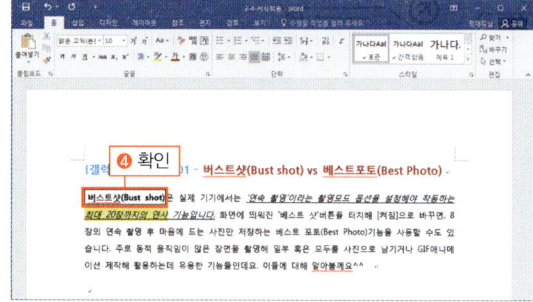

07 | 대소문자 전환

'Bust shot'을 선택한 후 [홈] 탭–[글꼴] 그룹에서 [대/소문자 전환]–[대/소문자 전환]을 선택합니다. 옵션 적용 결과 선택한 단어의 대문자와 소문자가 바뀌어 표시되는 것을 확인할 수 있습니다. 다시 [대/소문자 전환]–[소문자로]를 적용합니다.

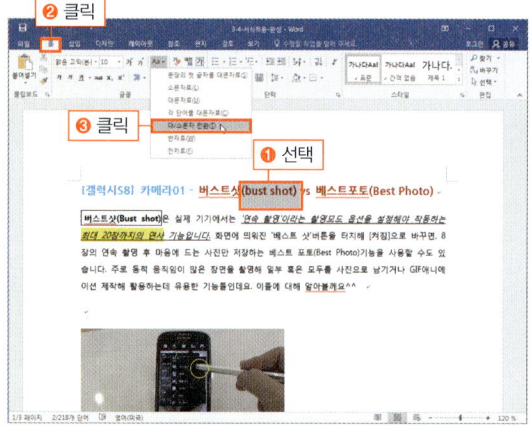 

08 | 위첨자/아래첨자

제목 문장에서 '(bust shot)'을 선택한 후 [홈] 탭–[글꼴] 그룹에서 [위 첨자]를 클릭합니다. 선택한 문장이 텍스트 줄 상단에 작은 문자로 변경되어 배치된 것을 확인할 수 있습니다. '(Best Photo)' 문구에는 [홈] 탭–[글꼴] 그룹에서 [아래 첨자]를 적용하여 결과를 확인합니다.

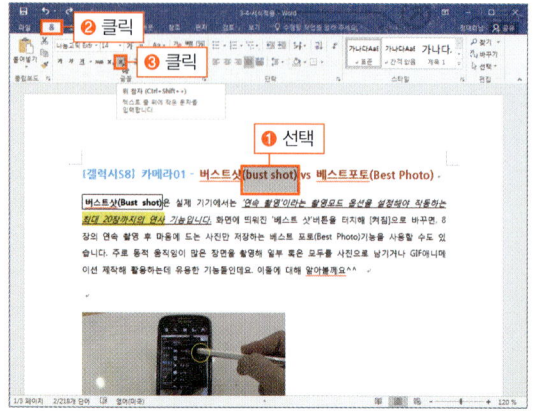 

09 | 모든 서식 지우기

그림과 같이 영역을 선택한 후 [홈] 탭-[글꼴] 그룹에서 [모든 서식 지우기]를 적용합니다. 이전 작업에서 설정된 글꼴 서식들이 모두 지워지지만, [텍스트 강조 색]의 경우 그대로 남아 있습니다.

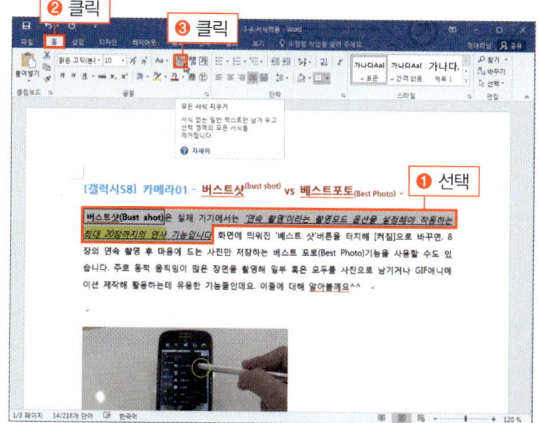

> **TIP** 위의 예제에서 [텍스트 강조 색] 마저 제거하기 위해서는 해당 영역을 선택한 후 [홈] 탭-[글꼴] 그룹에서 [텍스트 강조색]-[색 없음]을 적용하면 됩니다.

10 | 글꼴의 너비, 장평

제목 문장에서 '카메라'를 선택하고 [홈] 탭-[단락] 그룹에서 [문자 모양]-[장평]-[200%]를 적용합니다. 선택한 단어의 글자 너비가 2배 늘어난 것을 확인할 수 있습니다.

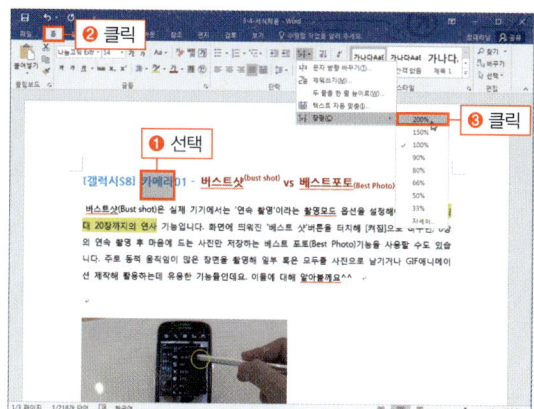

11 | 세로 방향으로 변경하기

이전 작업에 이어서 [홈] 탭–[단락] 그룹에서 [문자 모양]–[문자 방향 바꾸기]를 클릭합니다. [문자 방향 바꾸기] 대화상자가 나타나면 [줄에 맞춤]을 해제하고 [확인]을 클릭합니다. 결국 선택된 단어가 세로 방향으로 재정렬됩니다.

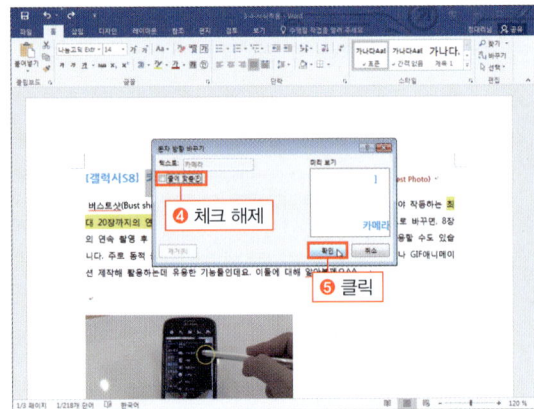
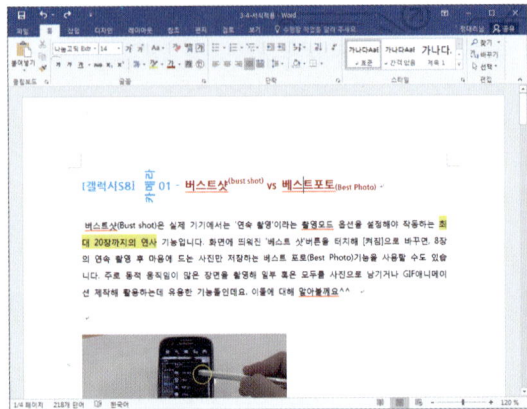

TIP 위의 예제에서 [줄에 맞춤]의 체크를 해제했기 때문에 입력한 단어만큼 줄 간격이 늘어납니다. 만약 [줄에 맞춤]을 체크했다면 좌우 배치된 단어의 높이에 맞춰 입력된 단어의 길이가 작게 조정됩니다.

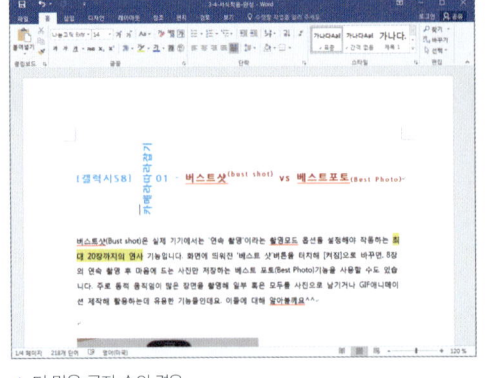
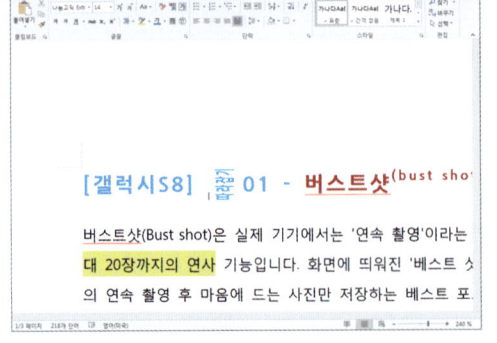

▲ 더 많은 글자 수의 경우　　　　　　　　　　　▲ [줄에 맞춤] 체크

POINT 02 정렬 서식 조정하기

01 | 가운데 기준으로 정렬하기

`Ctrl`+`A`를 눌러 모든 문장을 선택한 후 [홈] 탭-[단락] 그룹에서 [가운데 맞춤]을 클릭합니다. 그러면 선택한 문장들이 페이지 중앙을 기준으로 재정렬됩니다.

02 | 다양한 맞춤 방향들

이전 작업에 이어서 [홈] 탭-[단락] 그룹에서 [오른쪽 맞춤]과 [왼쪽 맞춤]을 적용합니다. 옵션 적용에 따라 문장들의 정렬 위치가 그림과 같이 변하게 됩니다.

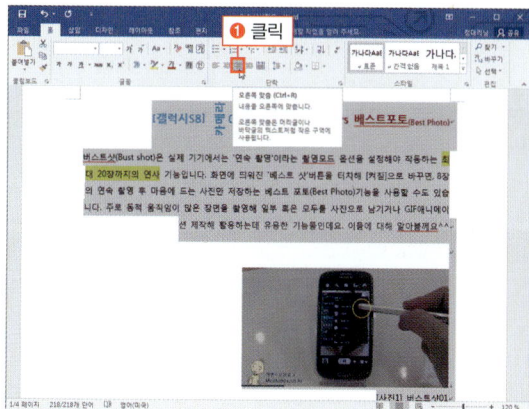

> **TIP** 업무량이 많아지면 자주 사용하는 기능들은 단축키를 사용하는 것이 효율적입니다. 특히 정렬을 위한 맞춤 기능들은 항상 활용되는 기능이므로 아래의 단축키를 꼭 익혀둡니다.
>
> `Ctrl`+`L` : 왼쪽 맞춤, `Ctrl`+`E` : 가운데 맞춤, `Ctrl`+`R` : 오른쪽 맞춤

03 | 균등 분할하기

제목 문장들을 블록 설정하고 [홈] 탭-[단락] 그룹에서 [균등 분할]을 적용합니다. 선택된 문장이 페이지 가로 너비에 꽉 맞춰지도록 간격들이 재조정됩니다.

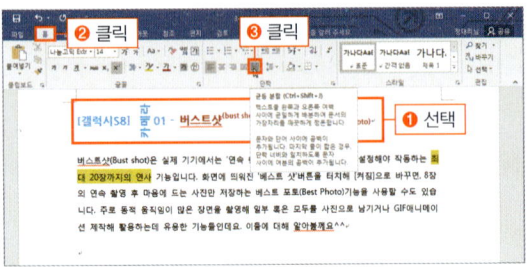 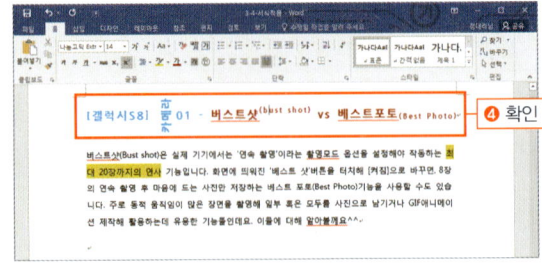

04 | 들여쓰기

제목 바로 아래의 단락을 선택한 상태에서, [홈] 탭-[단락] 그룹에서 [들여쓰기]를 클릭합니다. 클릭할수록 선택한 단락의 문장들이 이전에 비해 여백에서 좀 더 멀어지게 됩니다.

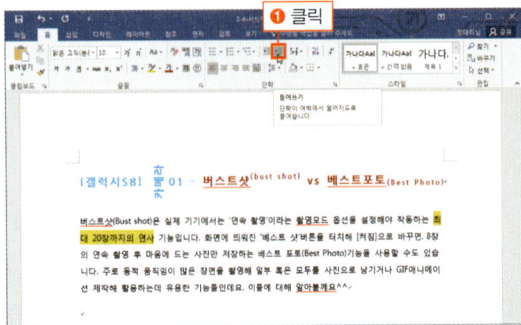 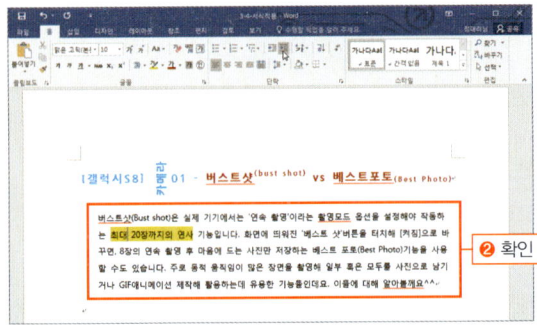

05 | 내어쓰기

이번에는 [홈] 탭-[단락] 그룹에서 [내어쓰기]를 클릭합니다. 이전과 반대로 선택된 단락의 문장들이 클릭한 횟수만큼 여백에 가깝게 이동합니다.

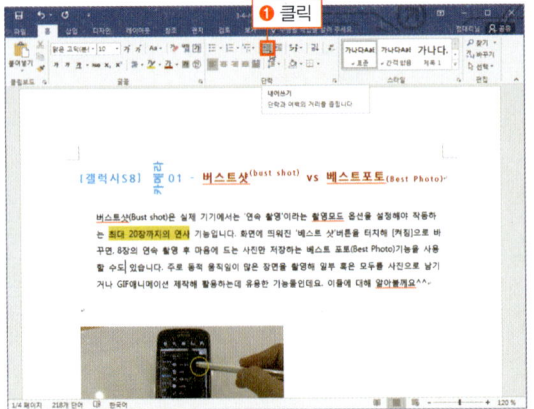 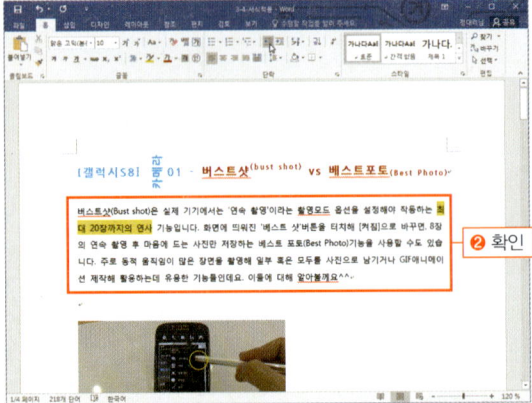

> **TIP** 위와 같은 들여쓰기/내어쓰기는 단락의 여백 간격을 조정하는 것과 더불어, [글머리 기호]나 [번호 매기기], 다양한 목차 수준을 조정하기 위해서도 많이 사용합니다.

데이터 입력 및 서식 조정

• 동영상 : 35-데이터 입력 및 서식 조정.wmv

01 | 화면을 터치해 커서가 깜박이는 상황에서 [홈] 탭-[줄 간격]을 다른 수치로 선택하면, 커서가 존재하는 전체 단락을 대상으로 줄 간격이 조정되는 것을 확인할 수 있습니다.

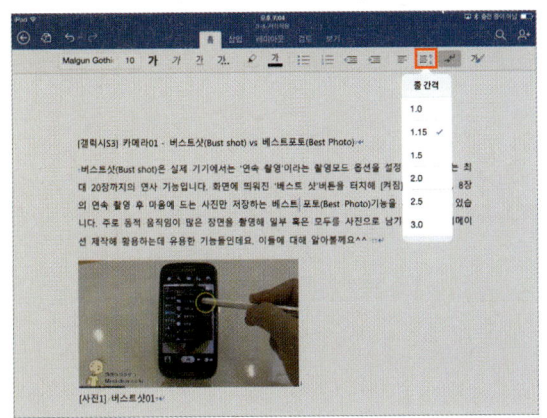 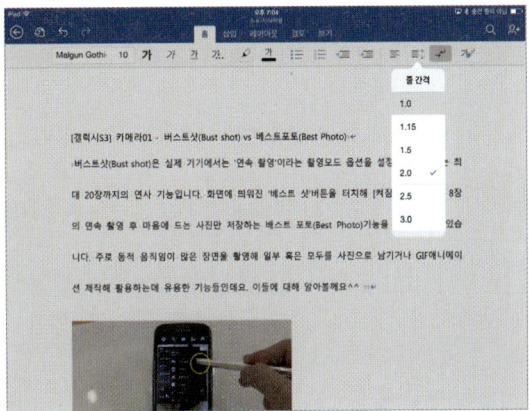

02 | [홈] 탭-[맞춤]의 설정을 통해, 커서가 위치한 단락 전체의 정렬 상태를 조정할 수 있습니다. 강좌에서는 단락 문장들을 왼쪽/오른쪽으로 바꿔 적용했습니다.

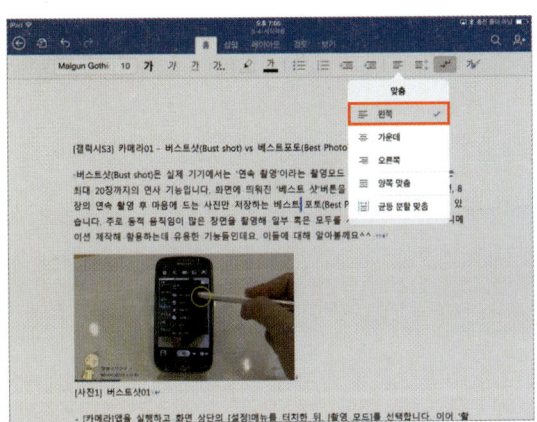 

03 | 엑셀, 파워포인트와 마찬가지로 워드에서도 다양한 글꼴 및 정렬 서식 적용이 가능합니다. 제공되는 예제를 통해 다양한 서식들을 테스트합니다.

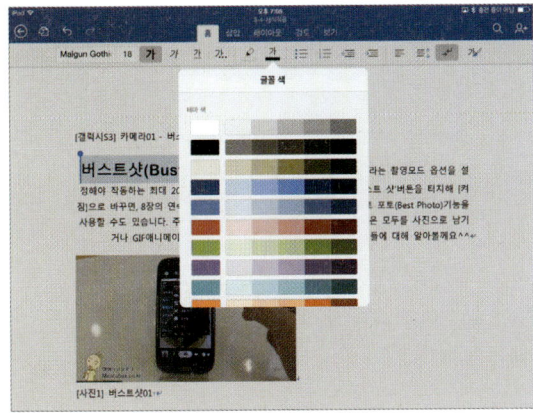 

SECTION 05

목록 기호 및 테두리 설정하기

작성된 내용을 일목요연하게 표시하기 위한 수단으로써 '글머리 기호', '번호 매기기'를 알아봅니다. 아울러 단락 단위로 설정할 수 있는 테두리 옵션들도 함께 살펴보겠습니다.

l 예제파일 l 3-5-기호와 테두리.docx l 완성파일 l 3-5-기호와 테두리-완성.docx

POINT 01 | 글머리 기호 적용하기

01 | 글머리 기호 적용

'3-5-기호와 테두리.docx' 파일을 열고, 그림과 같이 선택합니다. 이어서 [홈] 탭–[단락] 그룹에서 [글머리 기호]를 클릭하면, 선택한 단락 앞쪽에 동그란 글머리 기호들이 표시됩니다.

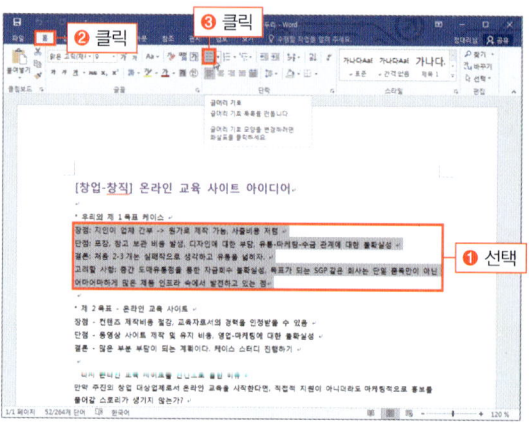
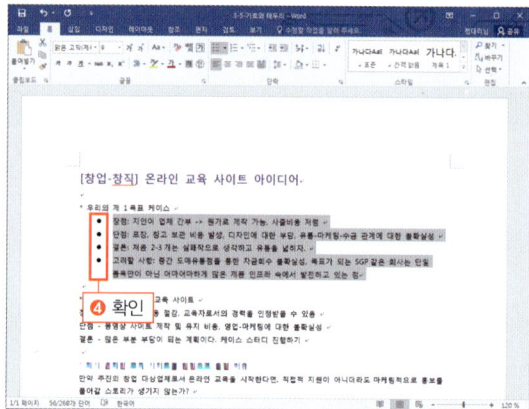

02 | 목록 수준 내리기 : 들여쓰기

글머리 기호가 적용된 단락의 일부분을 그림과 같이 선택한 후 [홈] 탭–[단락] 그룹에서 [들여쓰기]를 클릭합니다. 선택한 단락이 여백에서 한 단계 멀어지게 되고, 낮은 수준으로 변경된 상황에 맞도록 글머리 기호가 변경되어 표시됩니다.

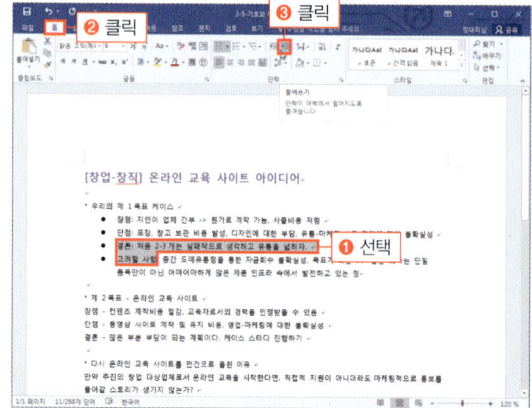
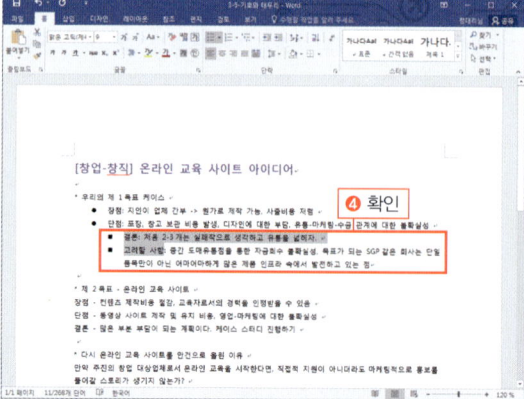

03 | 목록 수준 올리기 : 내어쓰기

글머리 기호가 적용된 단락들 중 '결론 : ~' 문장 안에 커서를 위치시킨 후 [홈] 탭-[단락] 그룹에서 [내어쓰기]를 클릭합니다. 이전과 달리 해당 문장이 여백과 가까워지면서, 한 단계 높은 수준으로 복귀하게 됩니다. 물론 글머리 기호 역시 변경됩니다.

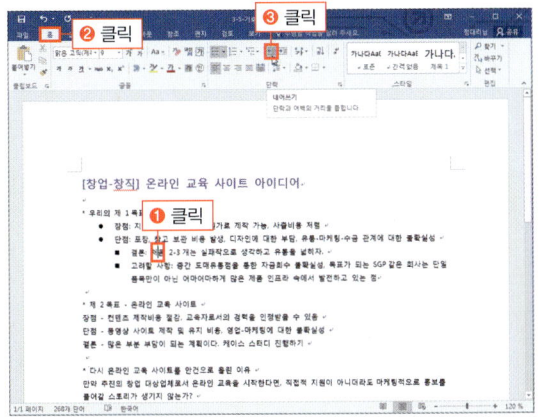 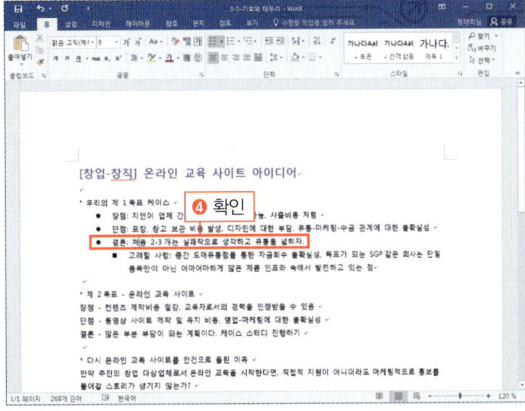

04 | 번호 매기기 적용

그림과 같은 영역을 선택한 후 [홈] 탭-[단락] 그룹에서 [번호 매기기]를 클릭합니다. 이전과 달리 순번을 확인할 수 있는 번호 표시가 각 단락 앞에 나타납니다.

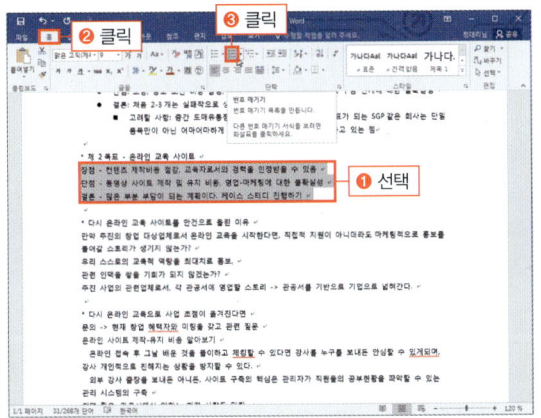 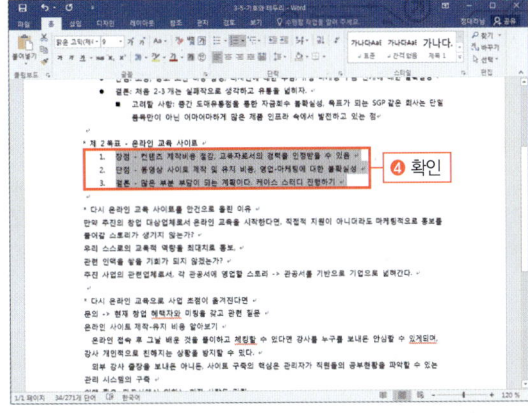

> **TIP** 글머리 기호와 번호 매기기는 영역을 선택하면 나타나는 미니 도구 모음에서도 적용이 가능합니다.

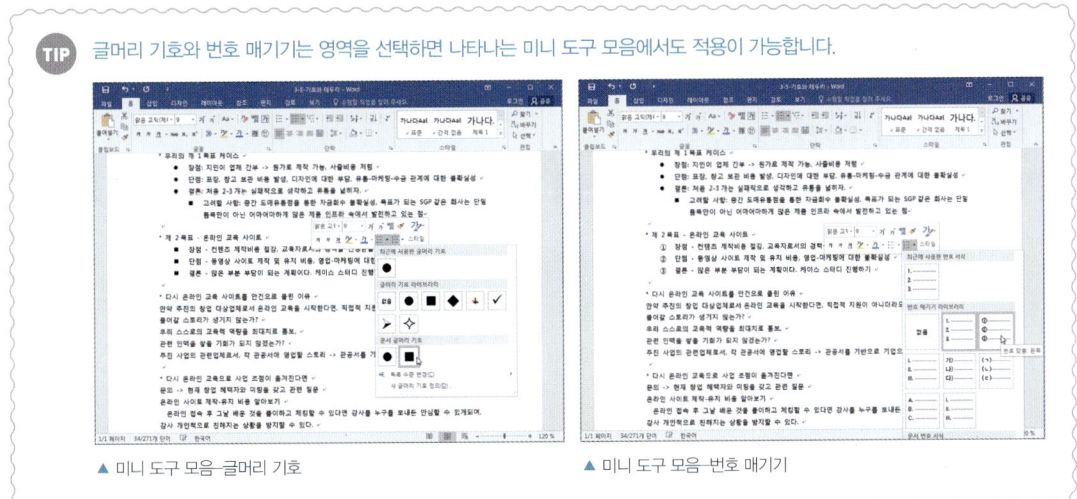

▲ 미니 도구 모음-글머리 기호   ▲ 미니 도구 모음-번호 매기기

05 | 다른 형태로 기호 적용

'다시 온라인 교육~' 문장의 아래 항목들을 선택한 후 [홈] 탭-[단락] 그룹의 [글머리 기호]에서 원하는 취향의 기호 모양을 적용합니다. 이어서 같은 방식으로 [홈] 탭-[단락] 그룹의 [번호 매기기]에서는 알파벳 형태의 번호가 매겨지도록 설정합니다.

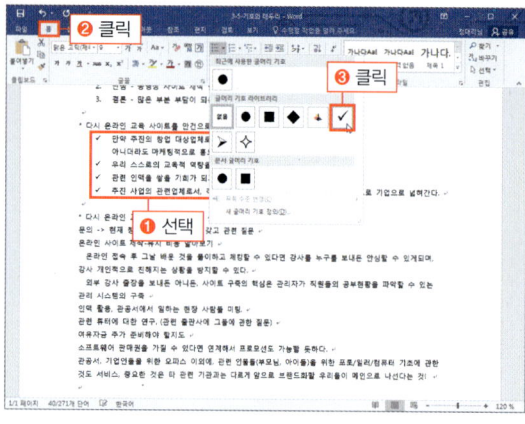
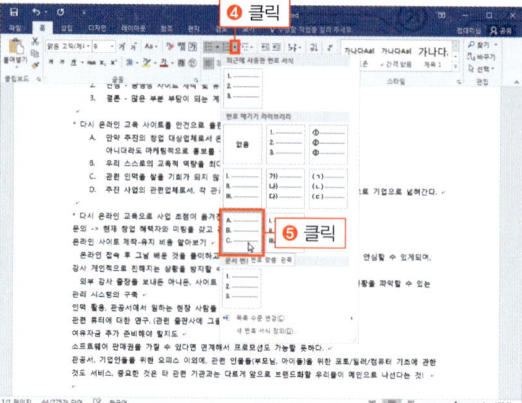

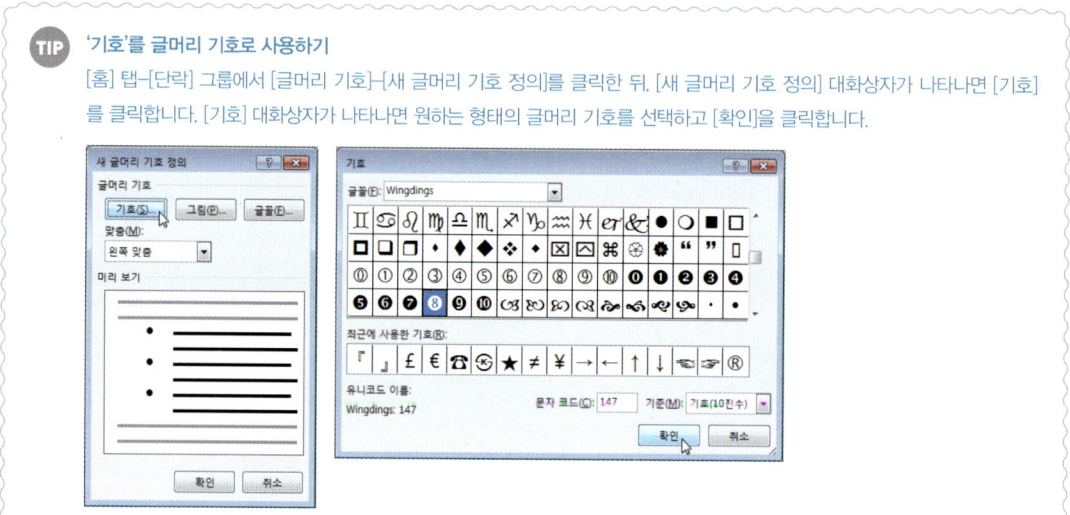

06 | 다단계 목록 적용

그림과 같이 영역을 설정한 후 [홈] 탭-[단락] 그룹의 [다단계 목록]에서 그림과 같은 수준에 따라 '1,2,3..', '가),나),다)..', '①, ②, ③..' 순으로 표현되는 옵션을 선택합니다. 현재 선택한 모든 문장들이 좌측 여백과 붙어있는 같은 수준에 위치하므로, '1,2,3..'식으로 순번이 매겨집니다.

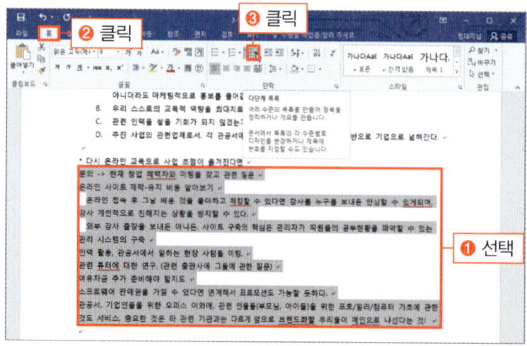
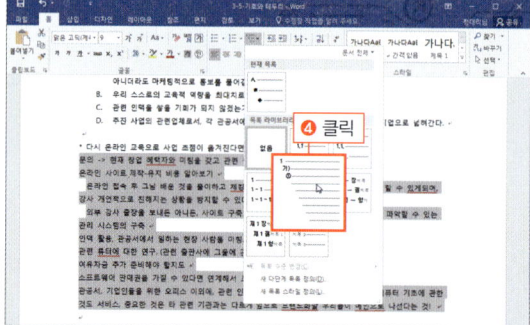

07 | 목록 수준 조정하기

목록에서 3번 문장 전체를 선택한 후 [홈] 탭-[단락] 그룹에서 [들여쓰기]를 클릭합니다. 이전보다 여백에서 한 단계 멀어졌기에, 아래 수준 표시인 '가)'가 번호로서 매겨집니다. 같은 방식으로 아래쪽 문장에 들여쓰기를 2회 적용하여 두 단계 아래 수준으로 표시한 '①'이 문장 왼쪽에 표시되도록 합니다.

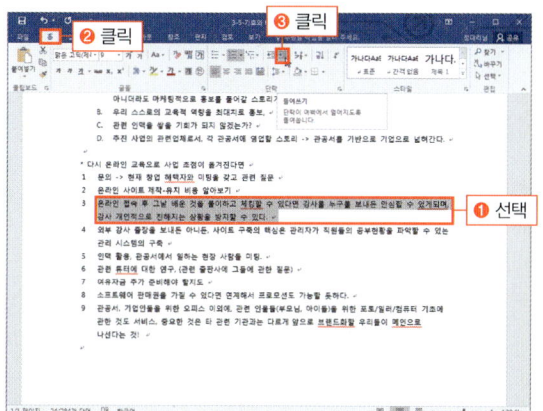 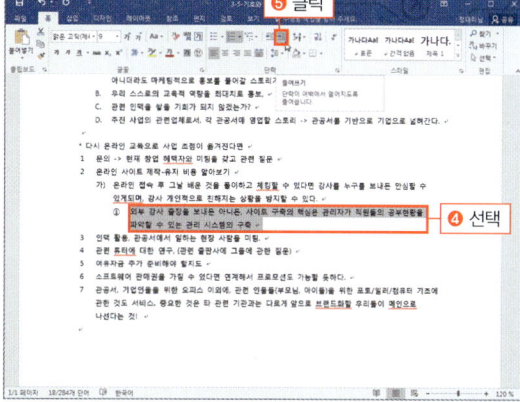

08 | 새 다단계 목록 정의

현재 적용된 다단계 목록의 일부 서식을 변경해 보겠습니다. 이전 작업에 이어서 [홈] 탭-[글꼴] 그룹에서 [다단계 목록]-[새 다단계 목록 정의]를 클릭합니다. [새 다단계 목록 정의] 대화상자의 [수정할 단계를 클릭하세요]에서 '2st'를 클릭합니다. 이어서 [번호 스타일] 목록에서 '1st, 2nd, 3rd'를 설정한 후 [확인]을 클릭하여 변경 결과를 확인합니다.

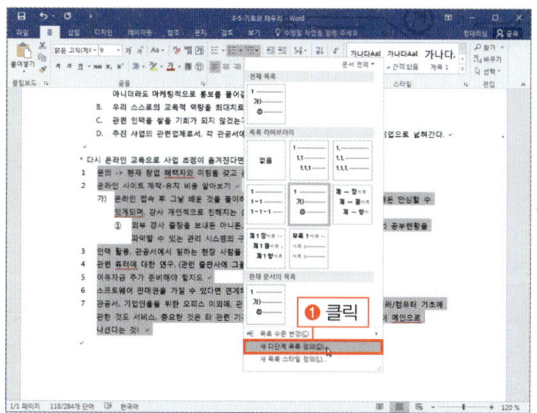 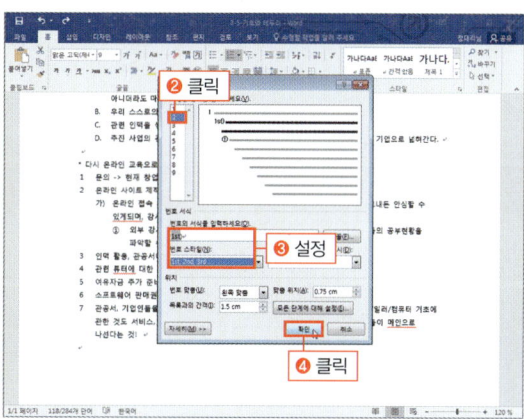

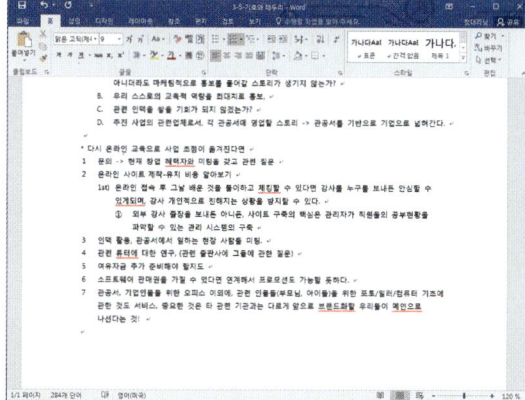

POINT 02 | 테두리 설정하기

01 | 단락 단위로 테두리 설정

그림과 같이 여러 단락을 선택한 후 [홈] 탭–[단락] 그룹에서 [테두리]–[바깥쪽 테두리]를 선택합니다. 동일 수준의 문장들 단위로 바깥쪽 테두리가 설정됩니다.

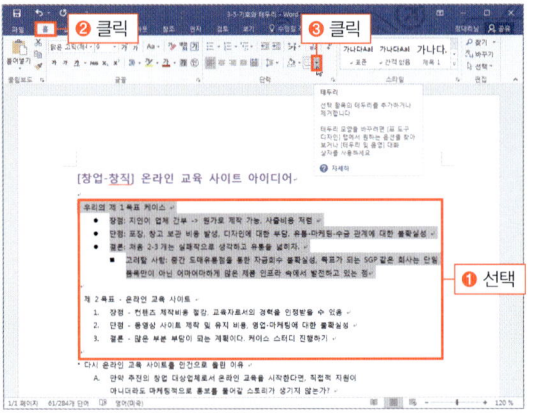
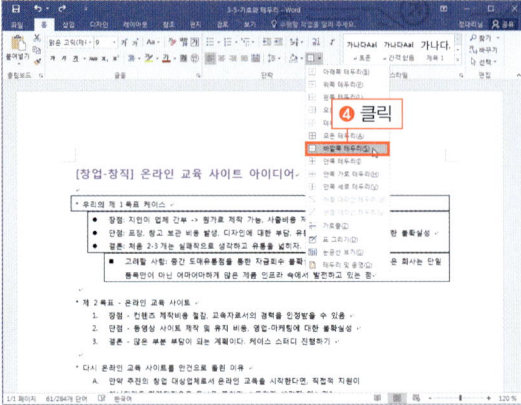

> **TIP 다른 테두리 옵션 적용하기**
>
> 워드에서의 테두리 설정은 실시간 미리 보기를 제공하고 있습니다. 목록을 펼친 상태에서 다양한 옵션에 마우스 포인터를 가져간 뒤, 실시간으로 적용되는 미리 보기를 참조해 문서에 어울리는 테두리 설정을 할 수 있습니다.

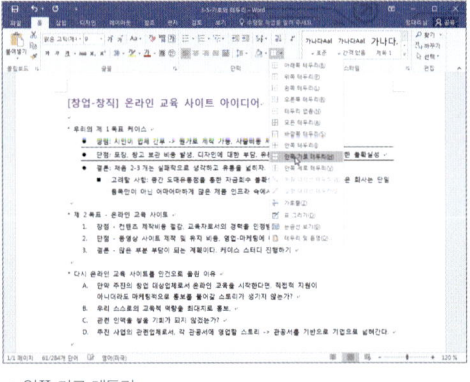
▲ 안쪽 가로 테두리

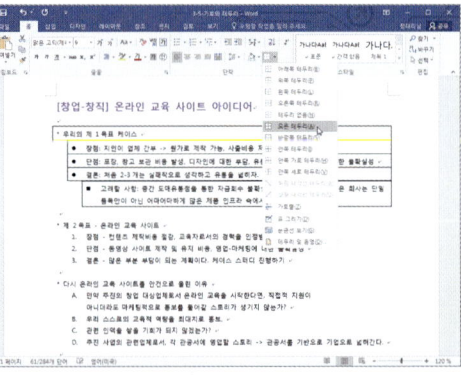
▲ 모든 테두리

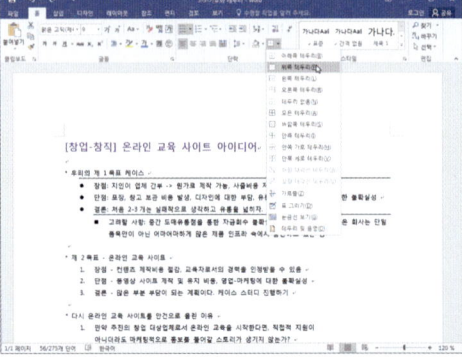
▲ 위쪽 테두리

▲ 바깥쪽 테두리

02 | 음영 설정하기

그림과 같이 선택한 후 [홈] 탭-[단락] 그룹에서 [음영]-[노랑]을 선택합니다. 결국 선택한 색상이 문장의 배경색으로 설정됩니다.

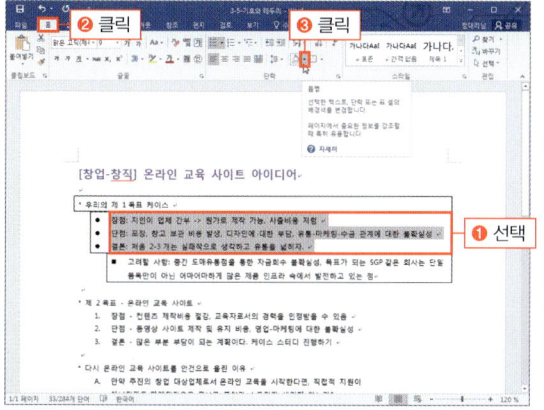 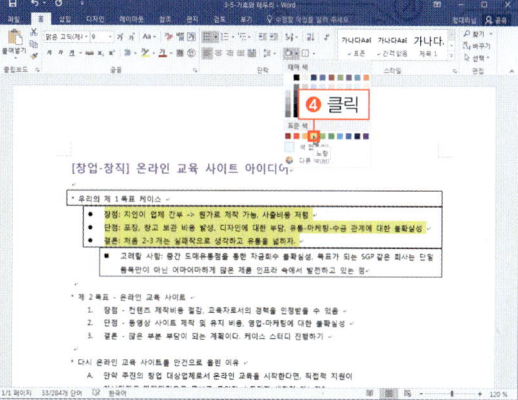

03 | 테두리 수정하기

아래쪽 테두리 문장을 선택한 후 [홈] 탭-[단락] 그룹에서 [테두리]-[테두리 및 음영]을 클릭합니다. [테두리 및 음영] 대화상자의 [설정]을 '3차원'으로 선택하고, [색]은 '녹색', [두께]는 '2 1/4pt'로 설정합니다.

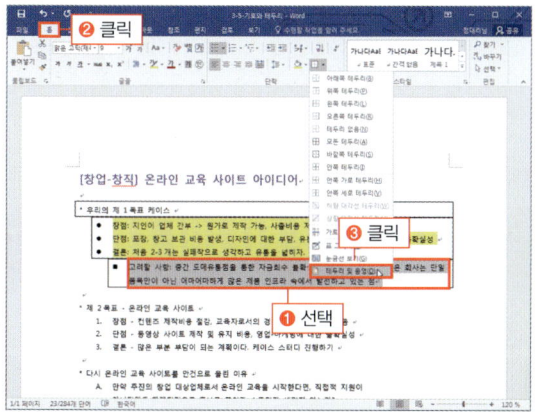 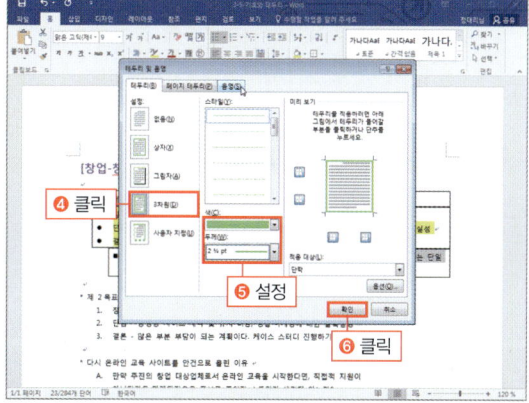

04 | 음영 조정하기

[테두리 및 음영] 대화상자에서 [음영] 탭을 선택하고 [색]을 '노랑'으로 설정합니다. 이어서 [스타일]을 '25%'로 적용한 후 [확인]을 클릭합니다. 설정대로 테두리 서식이 수정되었는지 확인합니다.

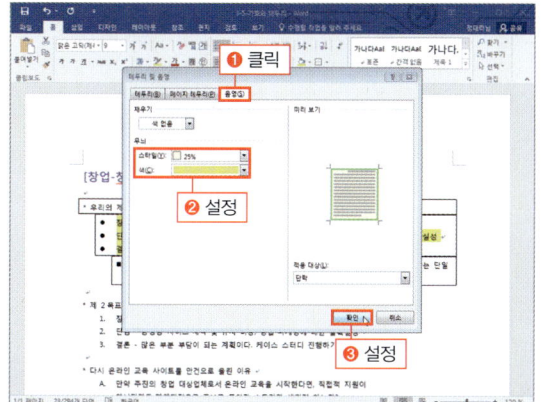 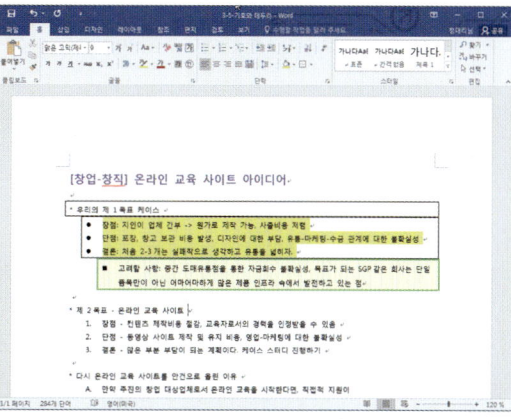

05 | 테두리 서식 복제하기

이전에 작업했던 테두리 영역을 선택하고 [홈] 탭-[클립보드] 그룹-[서식 복사]를 클릭합니다. 이어서 복제된 서식이 적용될 영역을 드래그합니다. 클릭이 해제되면 복제된 서식이 새로운 영역에 그대로 반영된 것을 확인할 수 있습니다.

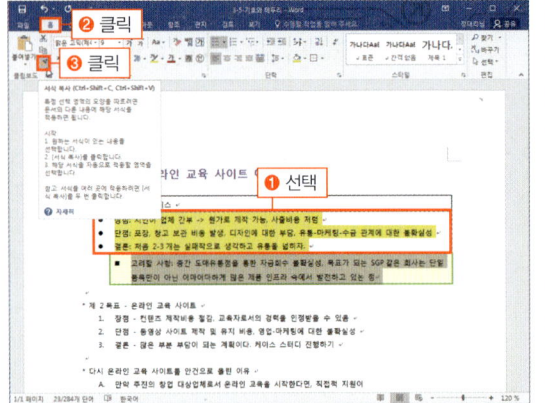
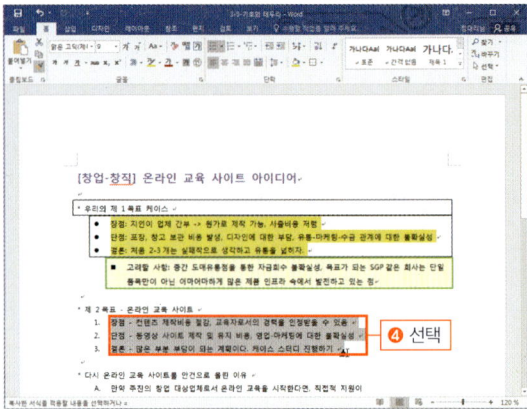
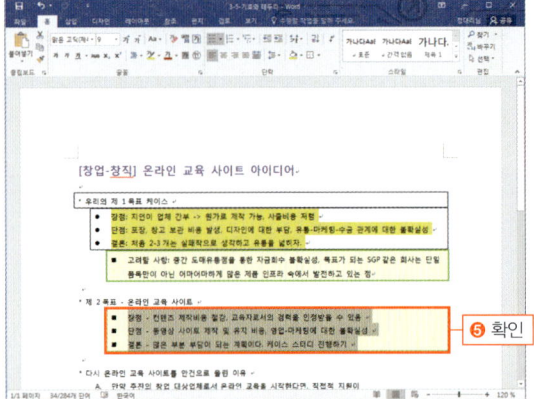

TIP 오피스 프로그램간에는 작성한 문서 일부를 복사하여 붙여넣는 과정이 매우 편리합니다. 붙여넣은 데이터 우측 하단에는 붙여넣기 옵션이 나타나며, 이를 활용해 '원본 그대로', '주변 서식에 맞추어', '그림' 속성으로 붙여넣을 수 있습니다.

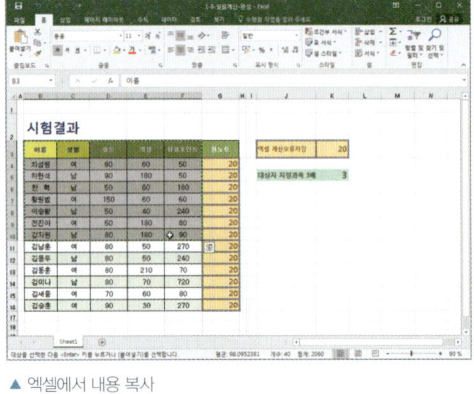
▲ 엑셀에서 내용 복사

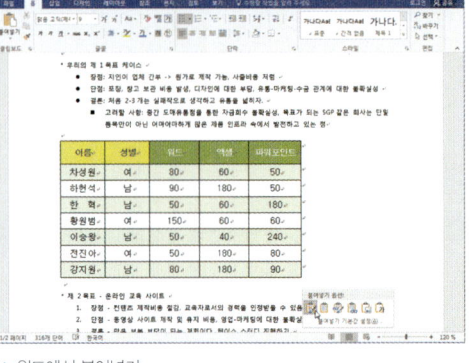
▲ 워드에서 붙여넣기

SECTION 06

다른 개체와 텍스트 배치

그림이나 도형을 페이지에 삽입할 경우, 기존에 작성해둔 텍스트 문장들과 삽입된 개체들의 위치 조정 및 레이아웃 구성을 손쉽게 조절할 수 있는 다양한 옵션들이 준비되어 있습니다.

| 예제파일 | 3-6-텍스트배치.docx, BOB캐릭터.png | 완성파일 | 3-6-텍스트배치-완성.docx

POINT 01 | 텍스트 위치 조정하기

01 | 그림 삽입하기

'3-6-텍스트배치.docx' 파일을 열고 문서 안쪽 노란색 문장을 클릭해 커서를 위치시킵니다. 이어서 [삽입] 탭-[일러스트레이션] 그룹에서 [그림]을 클릭합니다. [그림 삽입] 대화상자에서는 'BOB캐릭터.png' 파일을 선택하고 [삽입]을 클릭합니다.

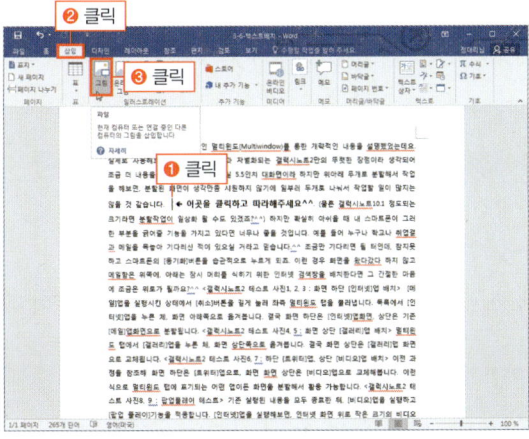
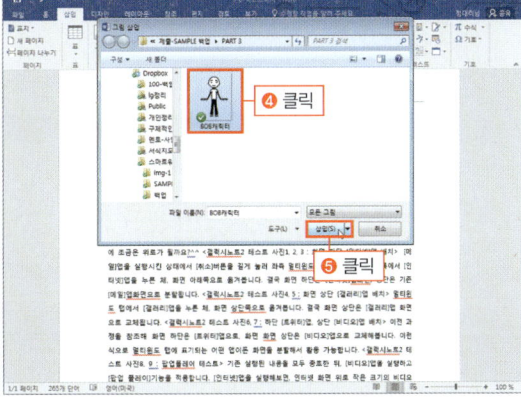

02 | 크기 조정하기

페이지에 삽입된 그림의 크기를 조정하기 위해, 그림 위에서 마우스 오른쪽 버튼을 클릭한 후 [크기 및 위치]를 선택합니다. [레이아웃] 대화상자의 [크기] 탭에서 [배율]의 [높이]와 [너비]가 각각 '30%'가 되도록 설정하고 [확인]을 클릭합니다.

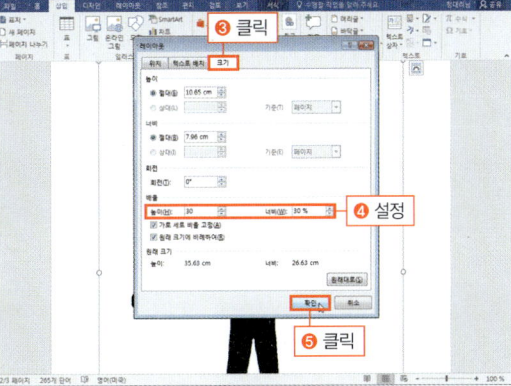

03 | 그림과 텍스트 관계 설정하기

그림이 선택된 상태로 [그림 도구]-[서식] 탭-[개체 위치] 그룹에서 [텍스트를 정사각형으로 배치하고 왼쪽 위에 배치]를 클릭합니다. 그림과 텍스트 위치가 옵션 명칭처럼 재조정되는 것을 확인할 수 있습니다. 같은 방식으로 [텍스트 줄 안]을 적용해 텍스트 단락에 그림이 삽입되도록 설정합니다.

▲ 텍스트를 정사각형으로 배치하고 왼쪽 위에 배치

▲ 텍스트 줄 안

 기타 텍스트 위치들
이외의 다양한 텍스트 위치 옵션들을 적용해 보고 결과를 확인합니다.

▲ 텍스트를 정사각형으로 배치하고 위쪽 가운데에 배치

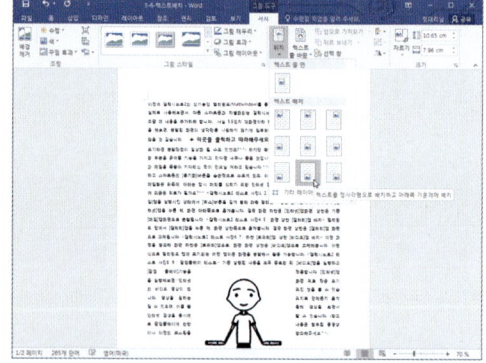
▲ 텍스트를 정사각형으로 배치하고 아래쪽 가운데에 배치

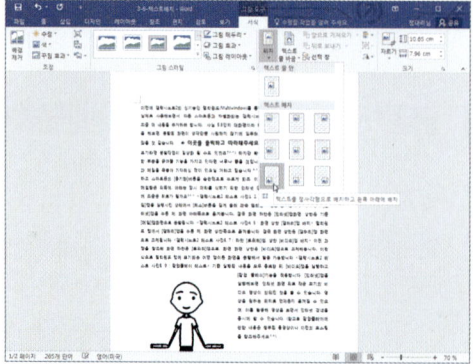
▲ 텍스트를 정사각형으로 배치하고 왼쪽 아래쪽에 배치

04 | 다시 칠하기 적용

그림이 선택된 상태로 [그림 도구]-[서식] 탭-[조정] 그룹에서 [색]-[다시 칠하기]-[바다색, 밝은 강조색 5]를 클릭합니다. 참고로 옵션 선택 과정 중 마우스 포인터의 위치에 따라 적용 결과를 페이지에서 실시간으로 미리 보기를 할 수 있습니다.

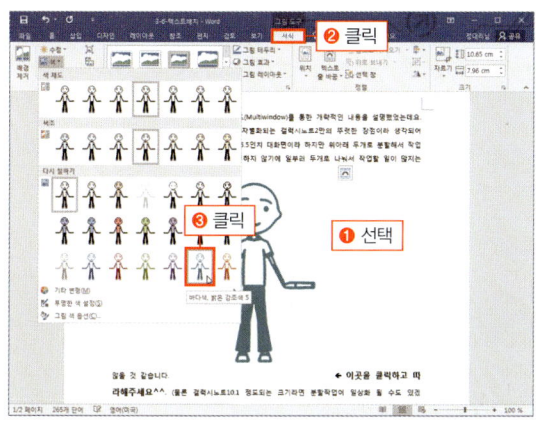 

> **TIP** 다시 칠하기 설정 중 목록에 마음에 드는 색상이 없는 경우에는 [색]-[그림 색 옵션]을 선택하고 원하는 색상을 지정할 수도 있습니다.

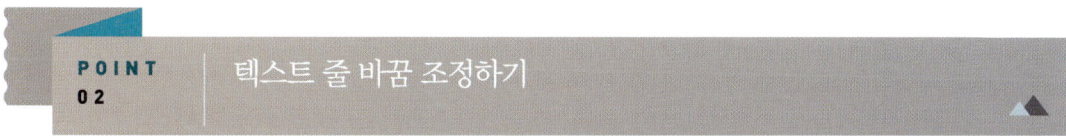

POINT 02 | 텍스트 줄 바꿈 조정하기

01 | 현재 레이아웃 옵션 확인

[그림 도구]-[서식] 탭-[정렬] 그룹에서 [텍스트 줄 바꿈]을 보면, 이전 작업의 결과 삽입된 그림은 '텍스트 줄 안' 레이아웃으로 설정되어 있는 것을 확인할 수 있습니다. 또는, 그림을 선택한 뒤 우측 상단에 표시되는 을 클릭해도 적용된 레이아웃을 바로 확인할 수 있습니다.

02 | 정사각형, 위/아래 옵션

그림을 선택한 후 목록에서 [정사각형]을 선택합니다. 텍스트 문장들이 해당 그림 테두리를 둘러싸듯이 배치됩니다. 이어서서 [위/아래]를 적용해보면, 텍스트들이 그림의 위/아래 기준으로만 배치되는 것을 확인할 수 있습니다.

03 | 투명 반영 : 빽빽하게, 투과하여

목록에서 [빽빽하게]나 [투과하여]를 클릭해 적용합니다. 예제에서 사용하는 'BOB캐릭터.png' 파일은 캐릭터 이미지 이외 영역은 투명하게 설정된 이미지입니다. 텍스트들이 이미지의 투명 영역을 인지하며 배치되는 것이 [빽빽하게]의 특성입니다.

> **TIP** 그림 위에서 마우스 오른쪽 버튼을 클릭하고 [크기 및 위치]를 선택하면 [레이아웃] 대화상자가 나타납니다. 이곳의 [텍스트와의 간격]을 설정하여 그림과 텍스트의 최소 간격을 설정할 수 있습니다.

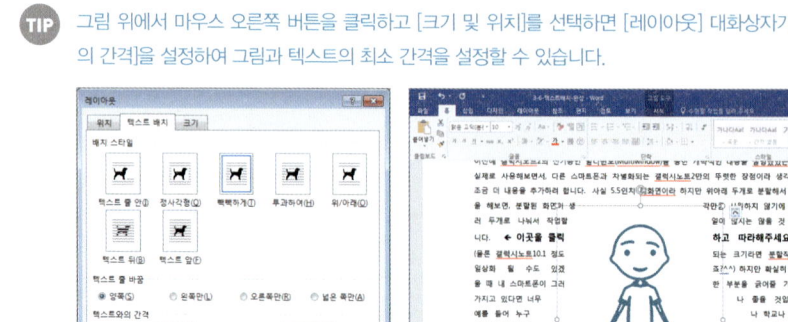

▲ 텍스트와의 간격 조정

04 | 투명 반영 : 텍스트 앞, 텍스트 뒤

목록에서 [텍스트 앞]이나 [텍스트 뒤]를 적용합니다. 결국 선택된 페이지 내 문장들은 그림 크기에 영향이 없이 표시되며, 이러한 문장들 앞, 혹은 뒤쪽에 그림이 배치됩니다.

05 | 드래그로 그림 위치 조정

최종적으로 목록에서 [빽빽하게]를 선택한 후 그림을 드래그하여 페이지 좌측으로 이동시킵니다. 이어서 적당한 크기의 구름 모양 도형을 하나 만들고, [그리기 도구]-[서식] 탭-[도형 스타일] 그룹에서 [색 윤곽선-바다색, 강조5]를 선택합니다.

06 | 조절점 드래그하기

구름 도형을 사진과 비슷한 위치로 이동한 후 도형에 표시되는 목록에서 [빽빽하게]를 적용합니다. 이렇게 설정된 도형에 원하는 내용의 문장을 입력해 보고 적용 결과를 확인합니다.

그림과 텍스트 배치

• 동영상 : 36-그림과 텍스트 배치.wmv

01 | 문서에 삽입한 그림이나 도형은 테두리 조절점을 드래그해 크기 조정이 가능하며, 안쪽을 드래그해 원하는 위치로 이동할 수도 있습니다. 참고로 삽입된 그림의 [텍스트 줄 바꿈] 옵션은 [빽빽하게]이므로 그림 이외 영역에도 문서 내용이 표시됩니다.

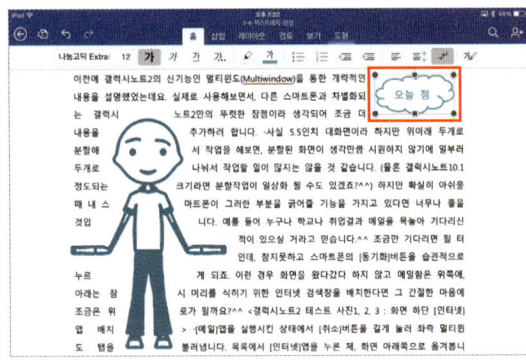

▲ 텍스트 줄 바꿈 옵션 [빽빽하게]

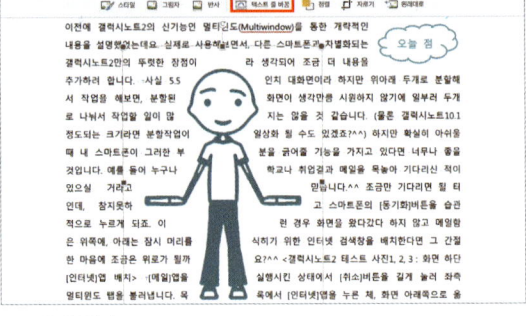

▲ 그림 이동하기

02 | [그림] 탭-[텍스트 줄 바꿈]을 통해 그림과 텍스트의 정렬 상태를 변경할 수 있습니다. 기존에 [빽빽하게]로 되어 있던 [텍스트 줄 바꿈] 옵션을 [정사각형], [위아래]로 변경하고 결과를 살펴봅니다.

▲ [정사각형] 옵션

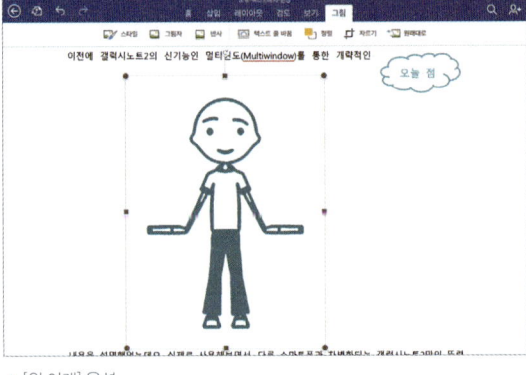

▲ [위 아래] 옵션

03 | [그림] 탭-[텍스트 줄 바꿈]을 통해 [텍스트 뒤], [텍스트 앞]으로 수정하고 적용 결과를 확인합니다.

▲ [텍스트 뒤] 옵션

▲ [텍스트 앞] 옵션

MEMO

CHAPTER TWO

두번째 챕터

빠르고 효율적인 작업을 위한 보조 기능들

문서를 작성하는 과정 중에서 보다
효율적인 업무 향상을 위해 사용되는 보조 기능들을 알아봅니다.
키워드를 검색해 해당 단락이나 문장으로 빠르게 이동하는 탐색 기능이나,
미주/각주로 설명글을 넣는 고유의 기능,
목차나 색인을 빠르게 생성하는 과정 등에 대해 살펴봅니다.

SECTION 07

빠른 스타일 활용하기

페이지 작성 중에 자주 반복하여 적용할 서식 스타일이 있다면, 사용자가 미리 만들어두고 활용하게 되면 업무 효율이 매우 개선될 것입니다. 이러한 개념에 관계되는 빠른 스타일 활용과 작성 과정에 대해 알아봅니다.

l 예제파일 l 3-7-빠른스타일.docx l 완성파일 l 3-7-빠른스타일-완성.docx

POINT 01 | 빠른 스타일 적용하기

01 | 미리 설정된 기본 서식 적용하기

'3-7-빠른스타일.docx' 파일을 불러온 후 그림과 같이 선택합니다. 이어서 [홈] 탭-[스타일] 그룹의 목록에서 [강한 인용]을 선택합니다. 선택한 서식 스타일이 문장에 바로 적용되어 글꼴의 모양, 크기, 강조, 테두리 설정 등이 변경됩니다.

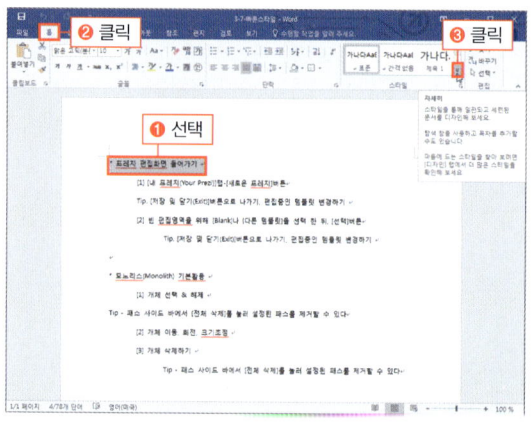
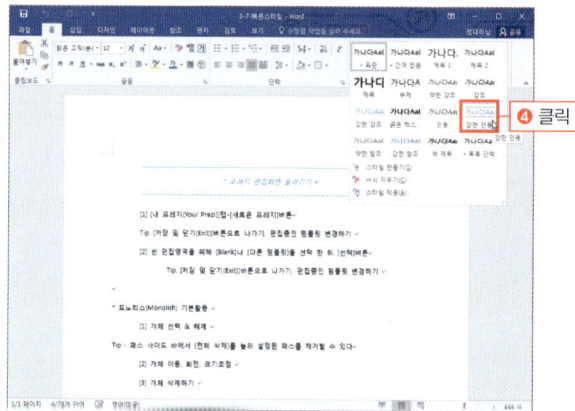

02 | 다른 서식 스타일 적용하기

아래에 위치한 문장들에도 다른 스타일들을 적용합니다. 참고로 스타일 목록에서 마우스 포인터의 위치에 따라 해당 옵션이 실시간 미리 보기로 확인이 가능하므로, 이를 참조해 스타일 적용 여부를 쉽게 판단할 수 있습니다.

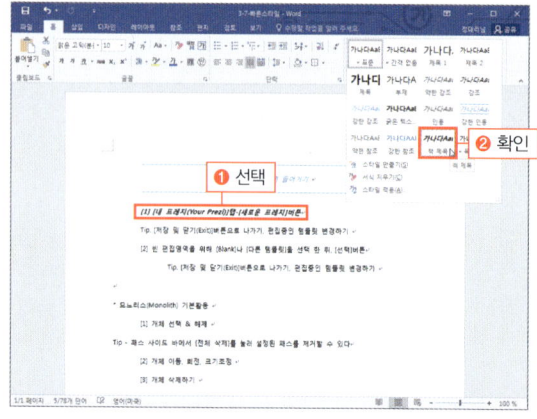
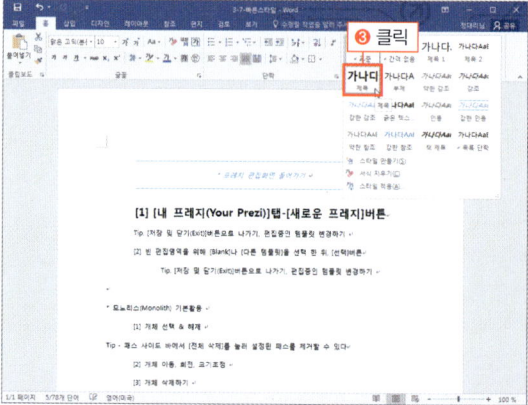

POINT 02 새로운 스타일 서식 만들기

01 | 글꼴 크기 변경/굵게/밑줄

페이지 하단의 제목 문장을 선택한 후 [홈] 탭-[글꼴] 그룹에서 [글꼴 크기]-[12]를 선택합니다. 이어서 [홈] 탭-[글꼴] 그룹에서 [굵게], [밑줄]을 연속해서 적용해 문장이 보기 좋게 강조될 수 있도록 합니다.

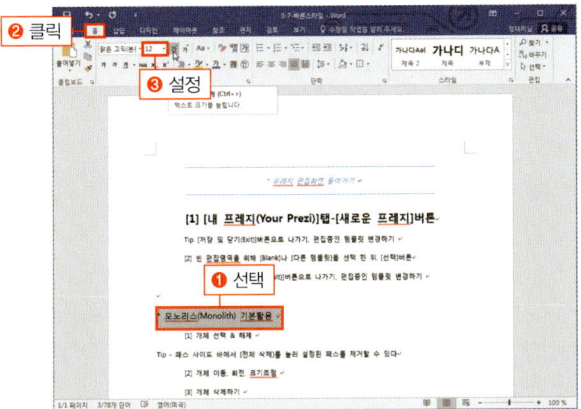 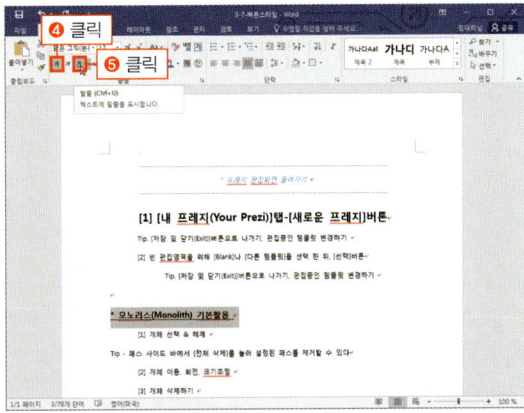

02 | 글꼴 색/텍스트 강조 색 변경

이전과 동일한 영역이 선택된 상태로 [홈] 탭-[글꼴] 그룹에서 [글꼴 색]-[파랑]을 클릭합니다. 이어서 [홈] 탭-[글꼴] 그룹에서 [텍스트 강조 색]-[노랑]을 클릭합니다. 결국 선택한 색상으로 문의의 글꼴과 배경색이 설정되는 것으로 확인할 수 있습니다.

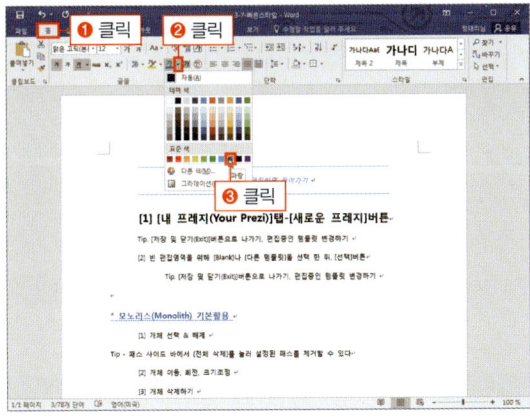 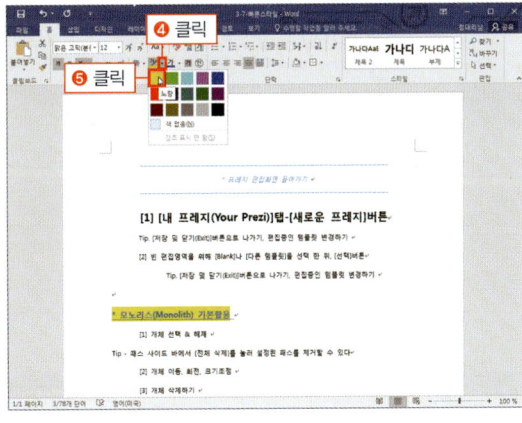

> **TIP** 참고로 일부 영역을 드래그해 선택하고 [홈] 탭-[스타일] 그룹에서 [서식 지우기]를 클릭하면, 대상 영역에 적용된 글꼴 서식이 제거됩니다.

03 | 스타일 저장하기

앞서 만든 문장 서식이 스타일로 등록될 수 있도록, [홈] 탭-[스타일] 그룹에서 [스타일 만들기]를 클릭합니다. [서식에서 새 스타일 만들기] 대화상자에서 스타일의 [이름]을 '파랑강조밑줄'이라고 입력하고 [확인]을 클릭합니다.

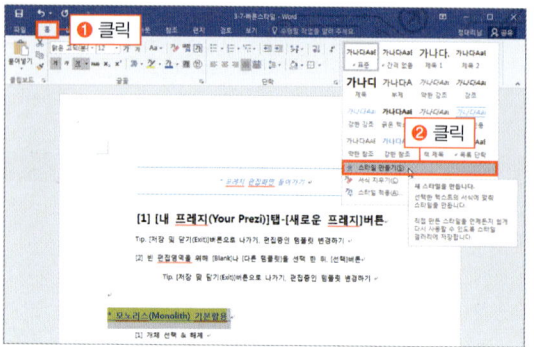
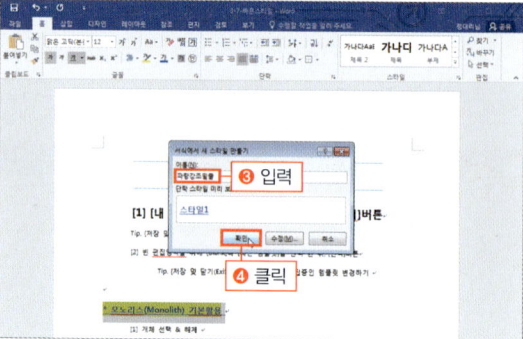

04 | 결과 확인

이전 작업의 결과를 확인하기 위해 그림과 같은 위치의 문장을 선택하고 [홈] 탭-[스타일] 그룹에서 [파랑 강조 밑줄]을 클릭합니다. 결국 미리 저장해둔 스타일이 선택 영역에 적용되지만, '텍스트 강조 색'만은 스타일로서 저장되지 않은 것을 확인할 수 있습니다. 아래쪽 문장들에도 '파랑 강조 밑줄' 스타일을 적용합니다.

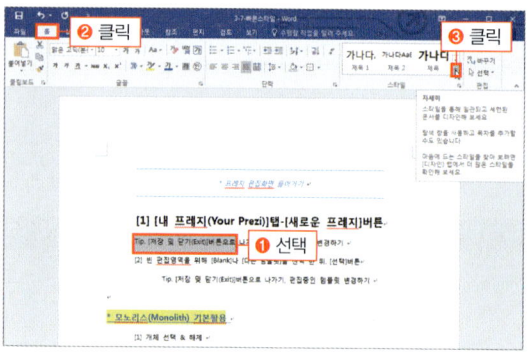
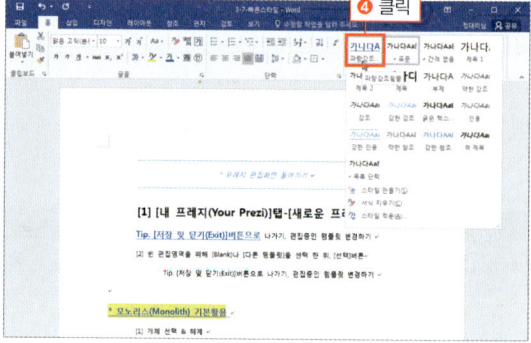

05 | 스타일 수정하기

[홈] 탭-[스타일] 그룹의 [파랑 강조 밑줄] 위에서 마우스 오른쪽 버튼을 클릭한 후 [수정]을 선택합니다. [스타일 수정] 대화상자가 나타나면 [서식]에서 [밑줄]을 다시 클릭하여 해제하고, [글꼴색]은 '진한 빨강'으로 설정합니다. 이어서 왼쪽 하단의 [서식]을 클릭하고 '단락'을 선택합니다.

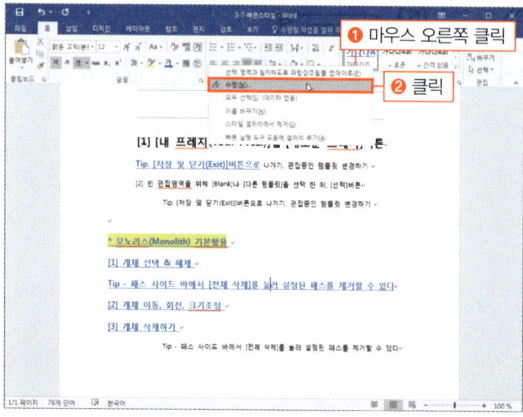
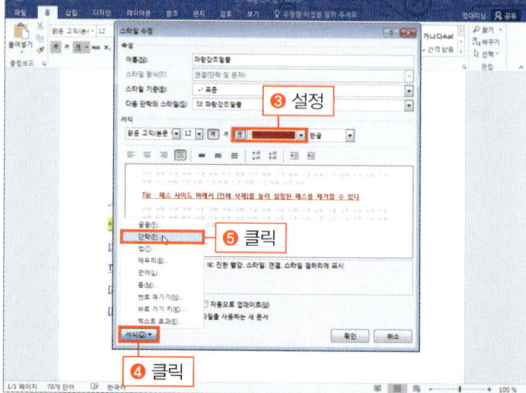

06 | 결과 확인

[단락] 대화상자에서 [맞춤]을 '오른쪽 맞춤'으로 설정한 후 [확인]을 클릭합니다. [스타일 수정] 대화상자에서도 [확인]을 클릭하고 결과를 확인합니다. 해당 서식이 적용된 단락의 문장이 진한 빨강으로 변하며 오른쪽 맞춰집니다.

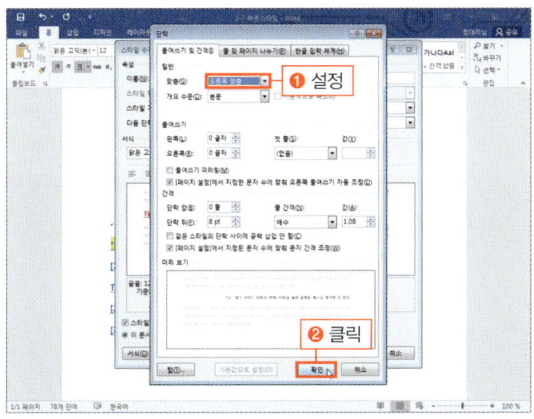 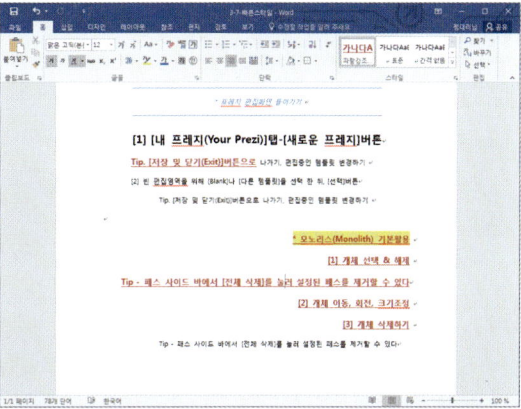

> **TIP 자동 저장 간격 수정하기**
>
> 워드에서는 기본적으로 10분 간격으로 백업 파일을 생성합니다. 이 빈도수가 너무 많거나 적다면, [파일] 탭–[옵션]을 클릭하고 [Word 옵션] 대화상자의 [저장]을 클릭합니다. 이곳의 [문서 저장]에는 문서의 [자동 복구 정보 저장 간격]을 수정할 수 있으며, [자동 복구 파일 위치]를 원하는 폴더로 수정할 수도 있습니다.
>
>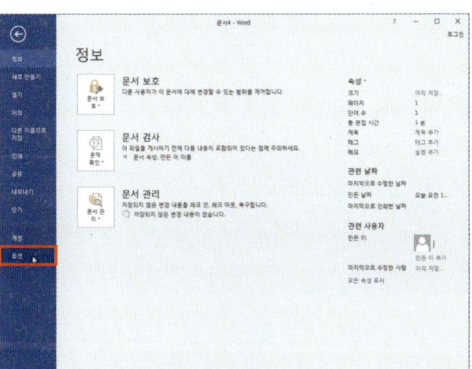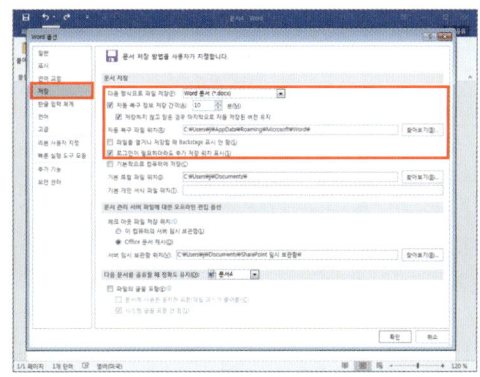

SECTION 08

문서 탐색하기

문서 파일을 구성하는 수많은 페이지, 단락, 단어 등을 빠르게 확인할 수 있는 다양한 방법을 알아보겠습니다. 특히 탐색 창을 통한 내용 변경이나 [제목] 탭의 수준별 목록 표시는 작업 효율을 위해 중요한 부분임을 명심합니다.

| 예제파일 | 3-8-문서탐색.docx | 완성파일 | 3-8-문서탐색-완성.docx

POINT 01 | 작업 문서의 보기 형식 조정

01 | 여러 페이지 보기

'3-8-문서탐색.docx' 파일을 열고 [보기] 탭-[확대/축소] 그룹에서 [여러 페이지]를 클릭합니다. 기본값으로써 두 개의 페이지가 한 화면에 표시됩니다. 참고로 화면 우측 하단의 슬라이드 바를 조정해 보기 배율을 더욱 축소해 보면, 수치에 따라 여러 페이지들을 한 화면에 표시할 수 있습니다.

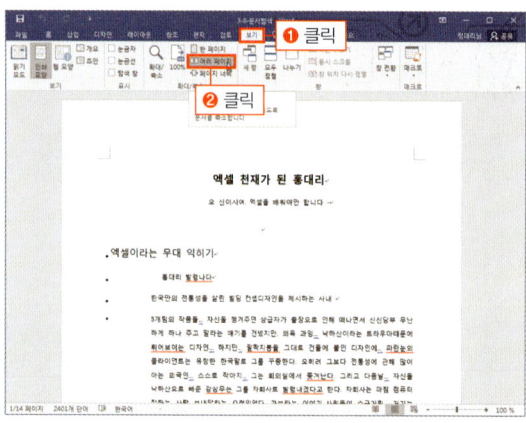 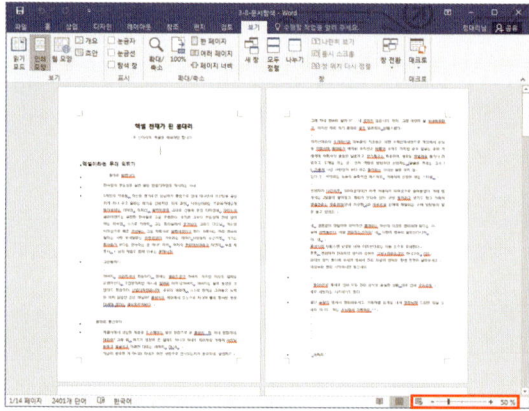

02 | 한 페이지로 변경

[보기] 탭-[확대/축소] 그룹에서 [한 페이지]를 클릭하여, 보기 배율에 상관없이 한 페이지로만 보이는 이전 단계로 돌아갑니다. 한 페이지 상태가 되면 우측 하단의 확대/축소 슬라이드 바를 움직이거나, [보기] 탭-[확대/축소] 그룹에서 [100%]를 클릭하여 보기 좋은 배율이 되도록 조정합니다.

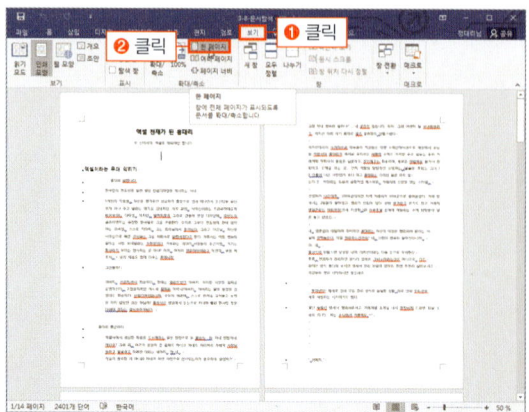 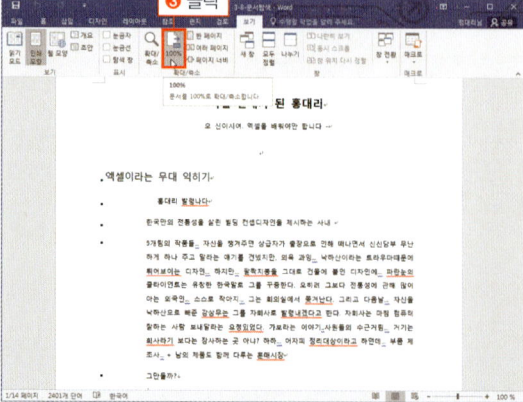

POINT 02 탐색 창에서 찾기/바꾸기

01 | 탐색 창 표시하기

[보기] 탭–[표시] 그룹에서 [탐색 창]을 클릭하면 화면 좌측에 [탐색] 창이 나타납니다. Ctrl + F 를 눌러도 [탐색] 창을 열고/닫을 수 있습니다. [탐색] 창의 [결과]를 클릭합니다.

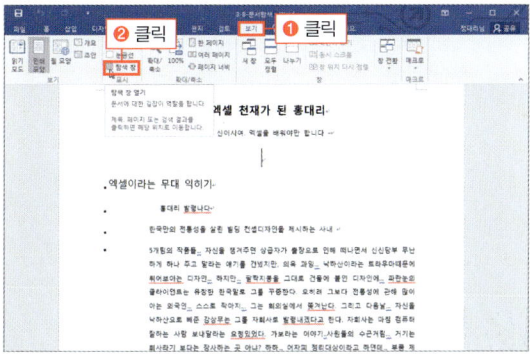
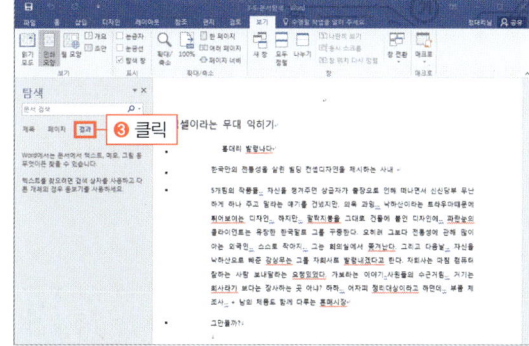

02 | 검색 창에서 키워드 검색

[탐색] 창의 검색란에 '디자인'을 입력한 뒤 Enter 를 누릅니다. 페이지 전체를 대상으로 '디자인' 단어들은 모두 노란색의 바탕색으로 강조되며, [탐색] 창에는 '디자인' 단어가 포함된 단락 내용들이 표기됩니다. 적당한 항목을 선택하면, 해당 단락으로 이동할 수 있습니다.

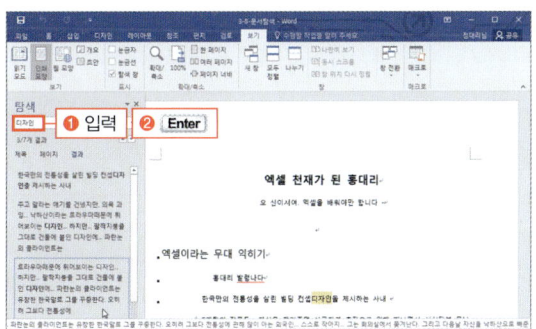
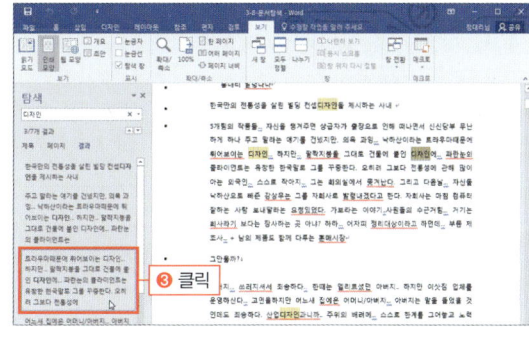

> **TIP** [탐색] 창의 제목 옆 공간을 드래그해 원하는 위치로 붙이거나 떼어낼 수 있습니다. 또한, 가장자리를 드래그해서 창의 너비를 원하는 만큼 늘리거나 줄일 수도 있습니다.

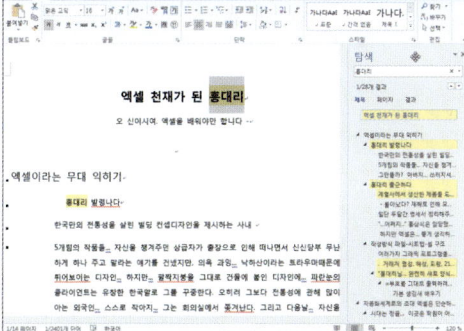
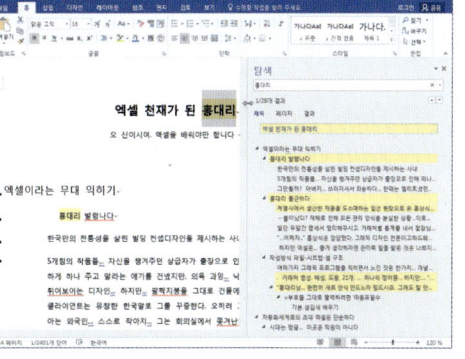

03 | 바꾸기 옵션 설정하기

[검색] 창 우측의 ▼을 클릭한 후 [바꾸기]를 선택합니다. [찾기 및 바꾸기] 대화상자의 [바꾸기] 탭을 선택하고 [찾을 내용]으로 '디자인'을, [바꿀 내용]으로는 'DESIGN(디자인)'을 입력한 후 [모두 바꾸기]를 클릭합니다.

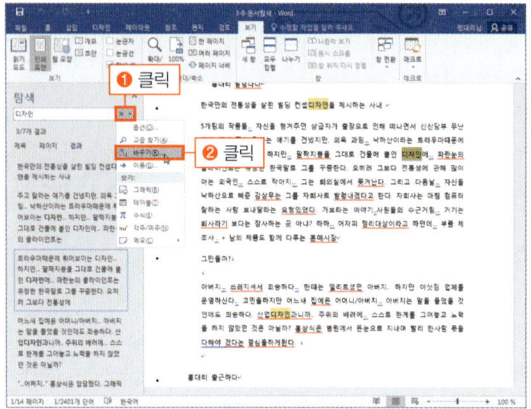 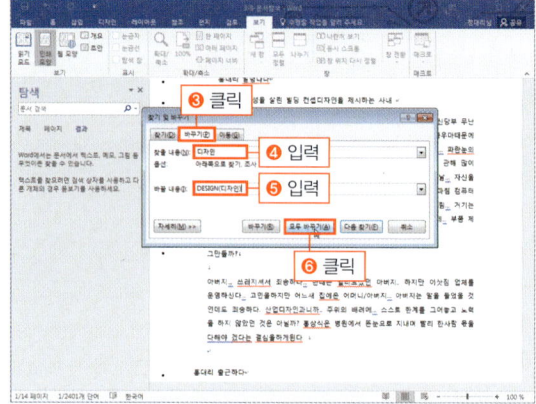

> **TIP** [바꾸기] 명령은 Ctrl + H 를 눌러도 실행할 수 있습니다.

04 | 모두 바꾸기 결과 확인

모두 바꾸기가 실행되면, 커서 위치를 기준으로 페이지 아래쪽을 검색해 설정된 내용으로 기존 단어를 변경합니다. 예제에서는 총 5개의 단어가 바뀌었다고 안내되며, 아직 바꾸기 설정이 적용 안 된 구간에도 명령을 적용할 것인지 묻는 창이 나타납니다. [예]을 클릭하여 나머지 7개의 단어 변경도 마무리합니다.

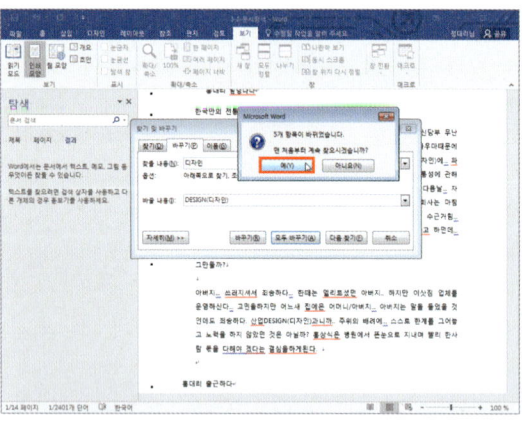 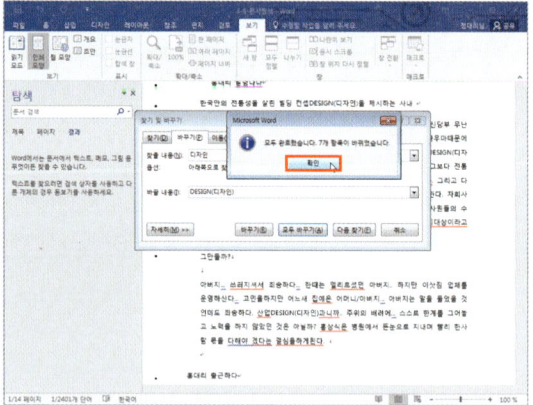

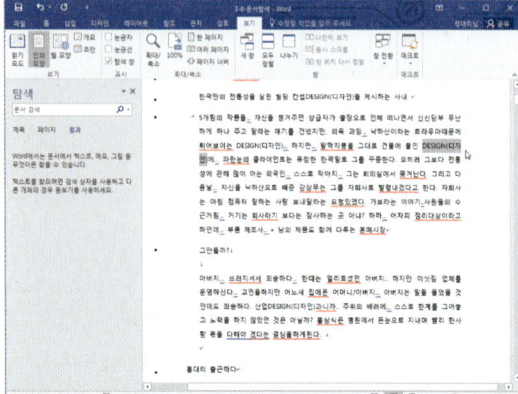

05 | 페이지 검색하기

[탐색] 창에서 [페이지] 탭을 선택하면, 문서를 구성하는 페이지들이 아이콘 형태로 표시됩니다. 마우스 휠을 굴려서 아래쪽에 있는 페이지들을 확인할 수 있으며, 클릭하는 것으로 해당 페이지가 화면에 표시되도록 할 수도 있습니다.

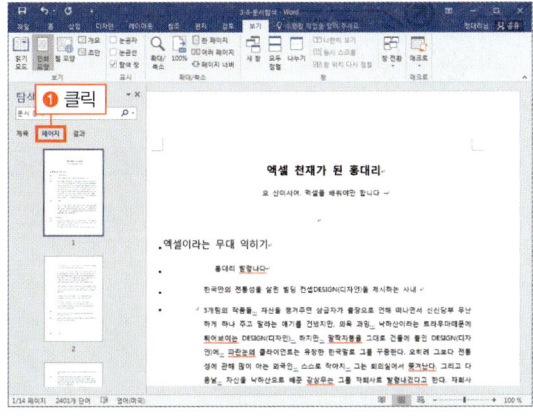
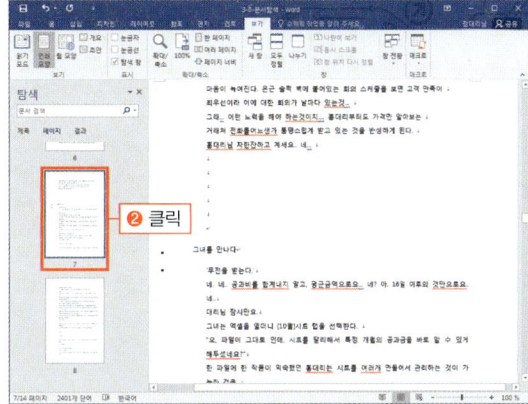

06 | 페이지에서 키워드 검색

[페이지] 탭이 선택된 상태에서 검색란에 '엑셀'을 입력하고 Enter 를 누릅니다. '엑셀' 단어가 입력된 페이지들만 아이콘으로 표시됩니다. 예제에서는 '엑셀' 단어가 없는 8번 페이지는 탐색 창에서 사라진 것을 확인할 수 있습니다.

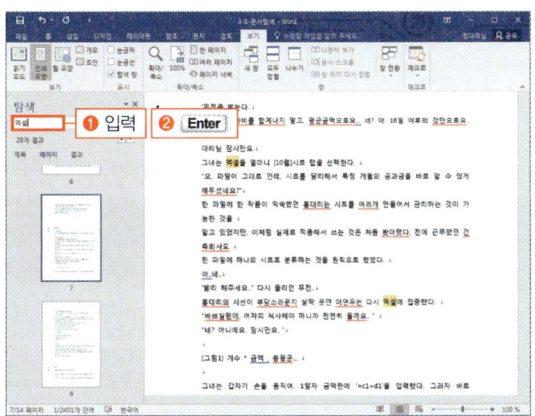
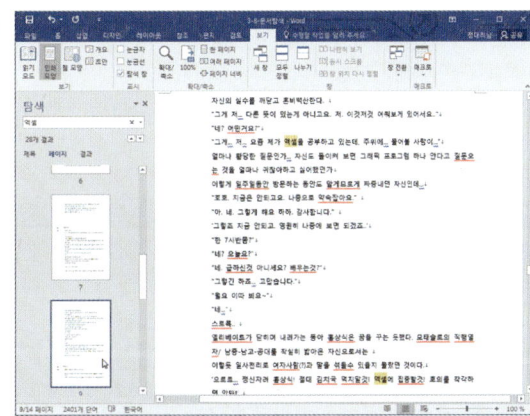

> **TIP 페이지 확대/축소**
>
> 작업 중인 페이지의 확대/축소는 여러 가지 방법이 있습니다. 화면 우측 하단의 확대/축소를 클릭하거나 슬라이드 바를 드래그해 배율 조정이 가능하며, Ctrl 을 누른 상태로 마우스 휠 버튼을 굴려서 조정할 수도 있습니다. 실제 크기로 되돌아가려면, [보기] 탭-[확대/축소] 그룹에서 [100%]를 클릭하면 됩니다.

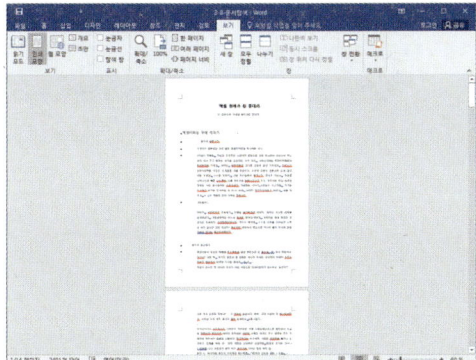
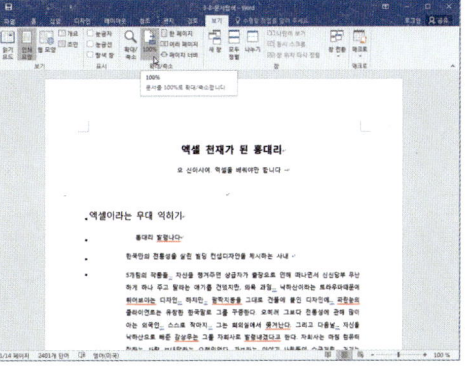

POINT 03 [제목] 탭 다루기

01 | [제목] 탭 이해하기

[탐색] 창의 [제목] 탭을 선택하면 페이지의 각 단락 문장들의 들여쓰기 수준에 따라 일목요연하게 정리된 제목들이 나타납니다. 이러한 제목들 중에 하나를 클릭하면 바로 해당 내용이 위치하는 곳으로 이동하는 것을 확인할 수 있습니다.

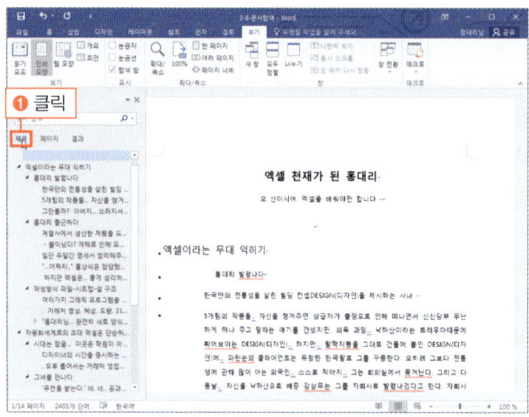 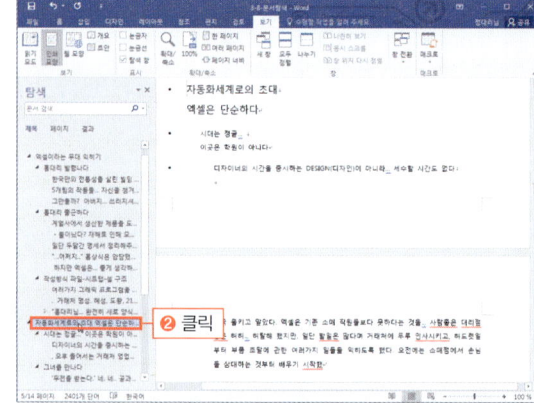

02 | 표시 수준 확인하기

이전에 선택했던 '자동화세계로~' 문장은 가장 여백과 가까운 수준으로써, [홈] 탭-[스타일] 그룹에서 현재 적용된 서식이 '제목1' 스타일인 것을 확인할 수 있다. [탐색] 창에서 '홍대리 출근하다'를 선택해 보면 [홈] 탭-[스타일] 그룹에서 '제목2' 스타일이 적용되어 이전 문장보다 한 단계 낮은 수준으로 [탐색] 창에 표시되는 것을 알 수 있습니다.

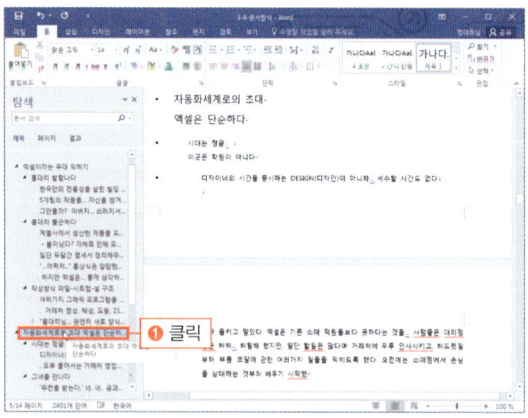 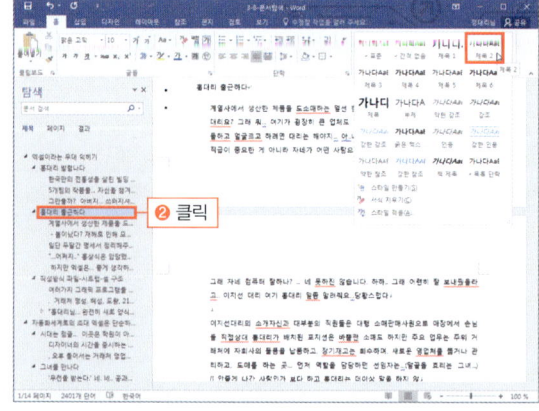

> **TIP** 워드 2016에서는 새로운 창을 열 때마다 그림과 같이 점층적으로 쌓이도록 배치됩니다. 이러한 배치를 [보기] 탭-[창] 그룹의 옵션들을 이용하여 사용자가 바꿀 수 있습니다. 특히 [모두 정렬]은 간단한 개념이면서도 다중 작업 시 꼭 활용하는 기능이므로 간단하게 확인해 봅니다.

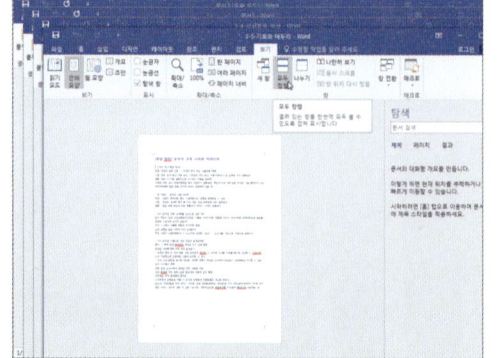

03 | 수준 변경하기

그림과 같이 '5개 팀의 작품들~'을 선택해 보면, [홈] 탭-[스타일] 그룹에서 '제목3' 스타일이 적용되어 3단계 수준으로 [탐색] 창에 표시되는 것을 확인할 수 있습니다. 이 상태에서 [홈] 탭-[스타일] 그룹의 [제목4]를 적용하면, 기존보다 한 단계 낮은 들여쓰기 수준으로 목록에서 위치 조정됩니다.

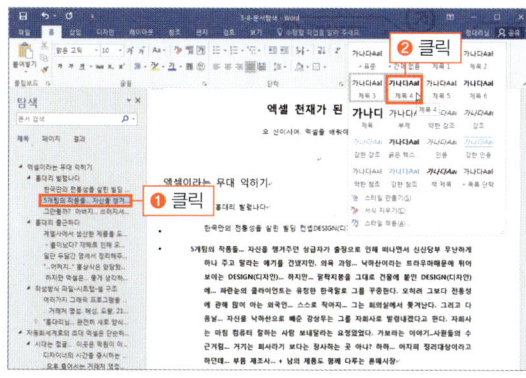 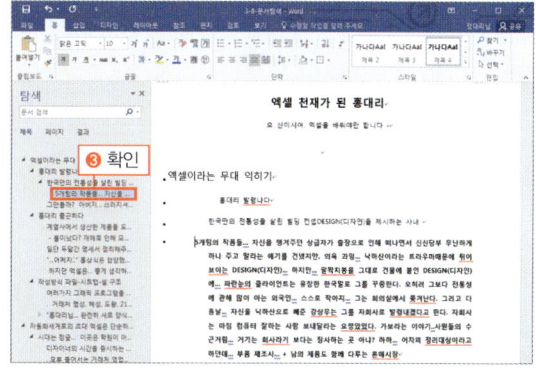

04 | 표시 수준별 펼치기/숨기기

[탐색] 창에서 '홍대리 발령나다' 앞의 ▲를 클릭하면 해당 위치의 하위 단락들이 모두 숨겨집니다. 같은 방식으로 '엑셀이라는 무대 익히기' 앞의 ▲를 클릭하면 이에 속했던 하위 단락들이 숨겨지는 것을 [탐색] 창에서 확인할 수 있습니다. 물론 ▲를 다시 클릭하여 원래 상태로 목록을 펼칠 수도 있습니다.

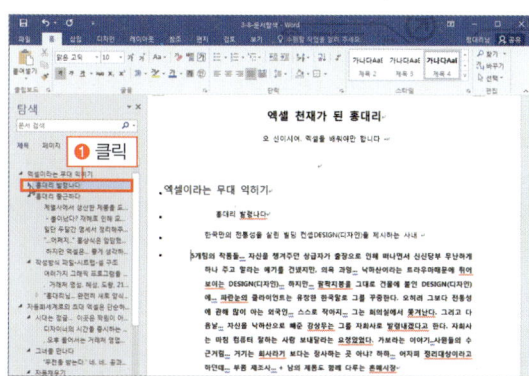 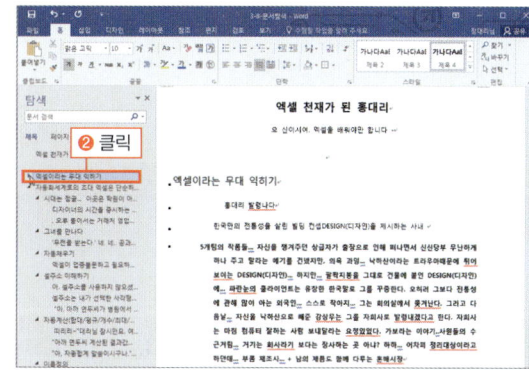

05 | 한 번에 목록 펼치기/숨기기

[탐색] 창의 한 목록 위에서 마우스 오른쪽 버튼을 클릭한 후 [모두 축소]를 선택합니다. 모든 하위 목록들이 숨겨지게 됩니다. 같은 방식으로 메뉴에서 [모두 확장]을 선택하여 목록 전체를 확인할 수 있습니다.

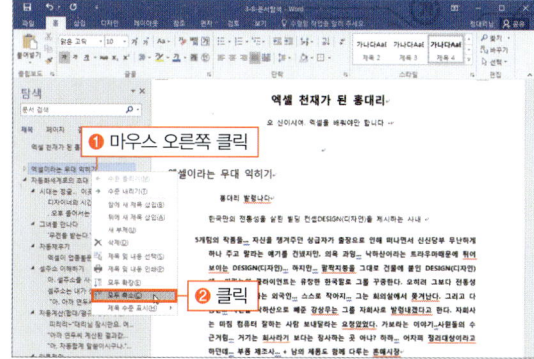 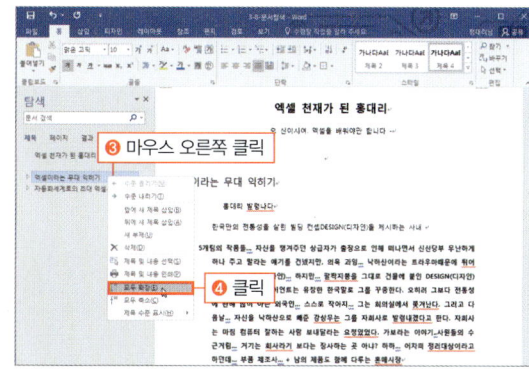

06 | 단락 내용 이동시키기

[탐색] 창에서 목록 수준을 선택한 후 원하는 위치로 드래그하면, 결과적으로 선택한 단락과 그에 속한 하위 단락의 내용들이 모두 드래그한 지점으로 이동합니다. [탐색] 창을 통해 특정 문서 내용을 손쉽게 이동시킨 것입니다.

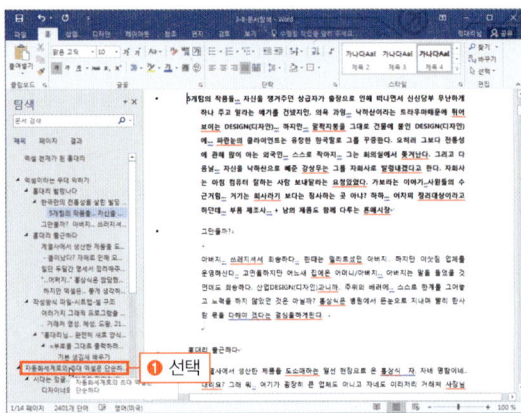
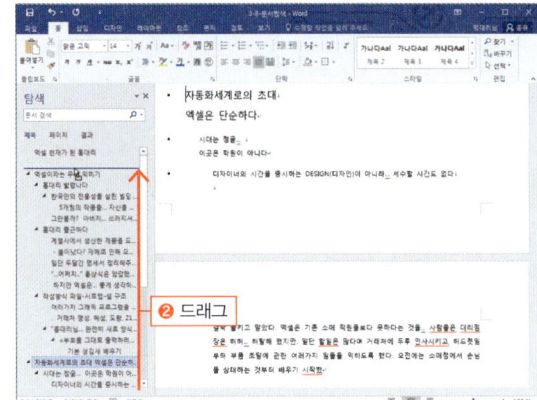
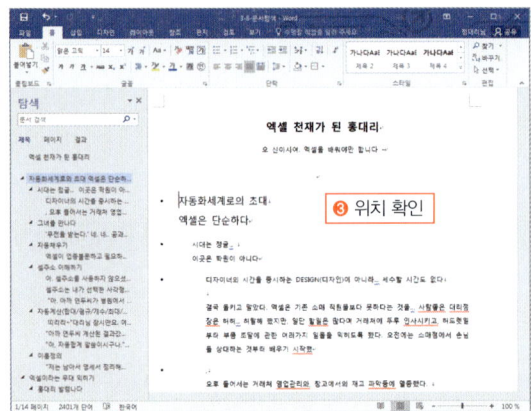

SECTION 09

페이지 서식 조정하기

단락과 페이지 전체 서식 스타일을 조정하는 다양한 기능들을 알아보겠습니다. 아울러 페이지에 워터마크를 적용하여 작성된 문서의 보안을 강조하는 방법에 대해서도 살펴봅니다.

l 예제파일 l 3-9-페이지서식.docx l 완성파일 l 3-9-페이지서식-완성.docx

POINT 01 | 단락의 첫 문자 장식하기

01 | 첫 문자 장식하기

'3-9-페이지서식.docx' 파일을 열고 본문이 시작되는 곳에 커서를 위치시킵니다. 이어서 [삽입] 탭-[텍스트] 그룹에서 [단락의 첫 문자 장식 추가]-[본문]을 클릭합니다. 선택된 단락의 첫 글자가 보기 좋게 강조되어 표시됩니다.

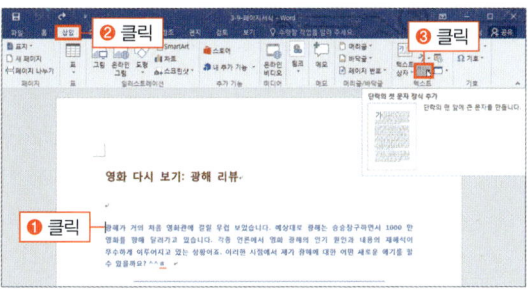

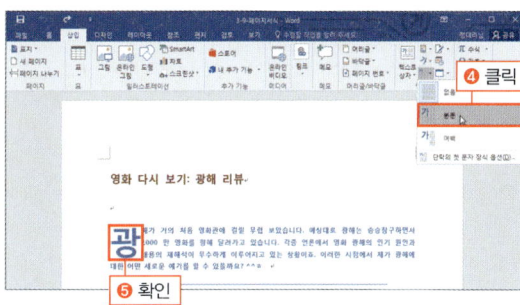

> **TIP** 장식 문자 높이, 간격 조정하기
> 현재의 장식 문자는 단락의 3줄 높이를 가지고 있습니다. 이를 수정하기 위해 [홈] 탭-[텍스트] 그룹에서 [단락의 첫 문자 장식]-[단락의 첫 문자 장식 옵션]을 클릭하고, [장식 문자 높이]를 수정하면 됩니다. 참고로 [텍스트와의 간격]을 통해서는 장식 문자와 단락 내용의 사이 간격을 조정할 수 있습니다.

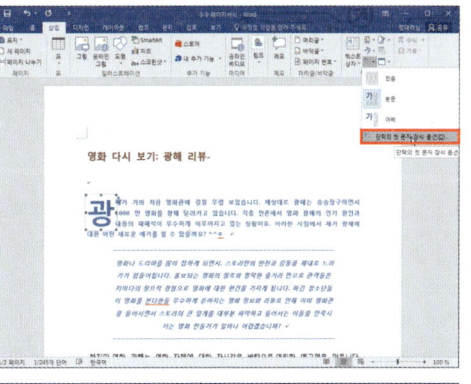

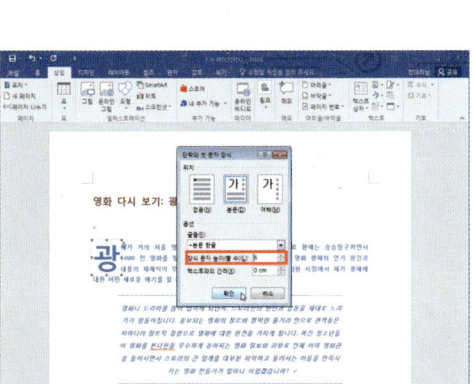

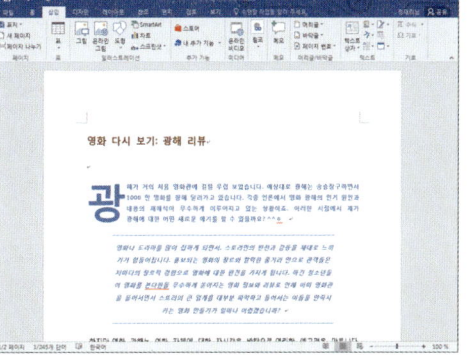

POINT 02 [디자인] 탭 기능 활용

01 | 문서 서식 적용하기

[디자인] 탭-[문서 서식] 그룹에는 다양한 서식 스타일들이 존재합니다. 이들 중 [기본(단순형)]을 클릭하고, 페이지 전반적인 서식 구성이 한 번에 바뀌는 것을 확인합니다.

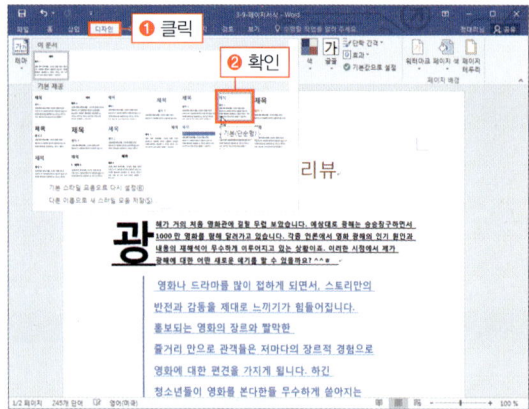
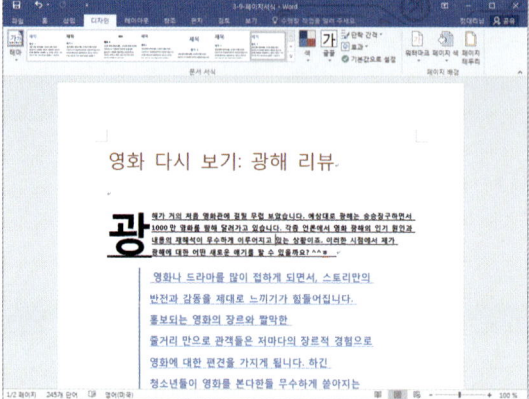

02 | 색 구성 변경

이어서 [디자인] 탭-[문서 서식] 그룹의 [색]에서 테마에 적용되는 색 구성을 변경합니다. 예제에서는 [기본(단순형)] 서식의 기본 색 구성으로 [주황]을 선택했습니다.

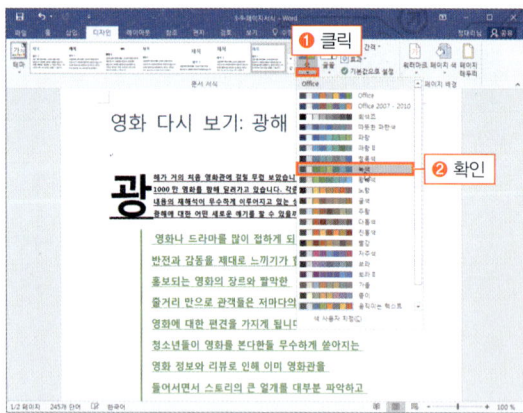
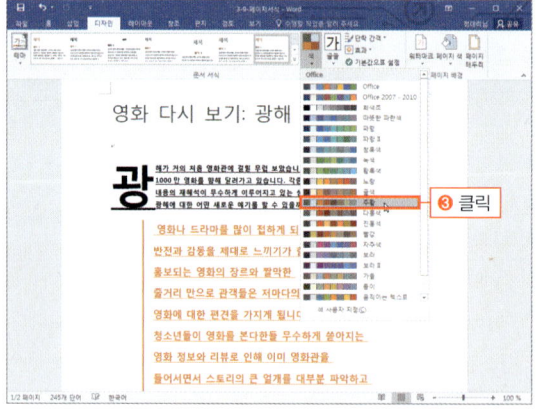

 TIP 예제의 [색] 선택 과정에서 마음에 드는 색상 배합이 없다면, [디자인] 탭-[문서 서식] 그룹에서 [색]-[새 사용자 지정]을 클릭합니다. [새 테마 색 만들기] 대화상자의 옵션들을 채워나가는 것으로 자신만의 테마 색상을 만들 수 있습니다.

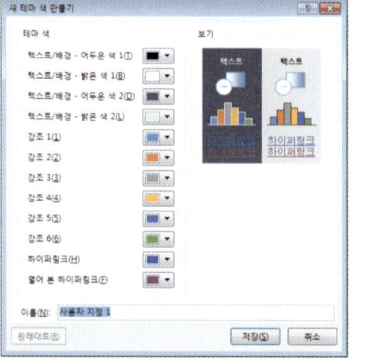

03 | 페이지 배경색 적용하기

[디자인] 탭–[페이지 배경] 그룹에서 [페이지 색]을 펼치고 색 옵션들 위로 마우스 포인터를 위치시키면, 움직임에 따라 페이지의 배경색이 변합니다. 예제에서는 다양한 색상들 중 [황갈색, 강조 5, 80% 더 밝게]를 선택했습니다.

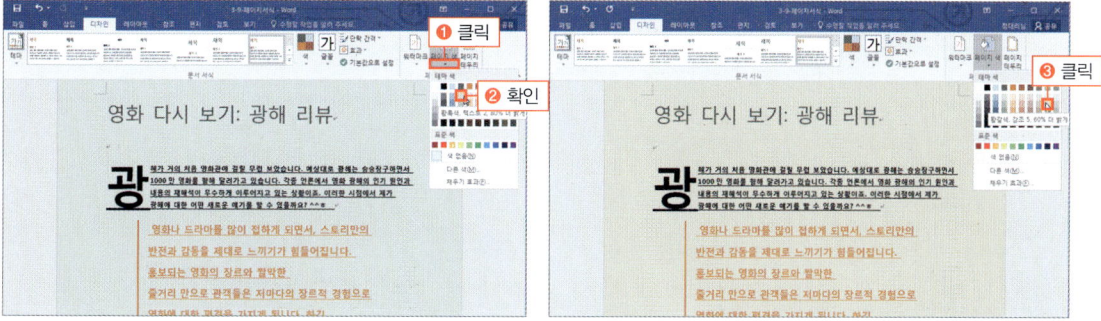

04 | 워터마크 설정하기

[디자인] 탭–[페이지 배경] 그룹에서 [워터마크]–[사용자 지정 워터마크]를 클릭합니다. [워터마크] 대화상자의 [텍스트]에 '특급비밀'을 입력합니다.

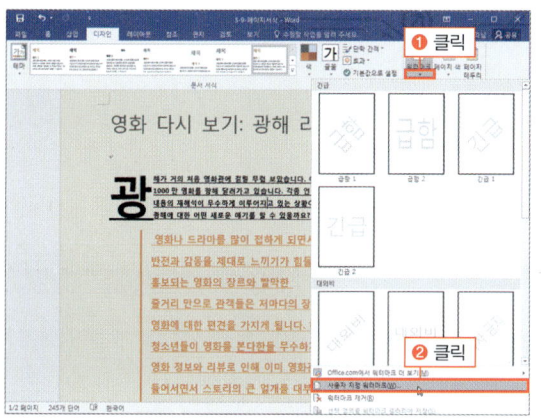
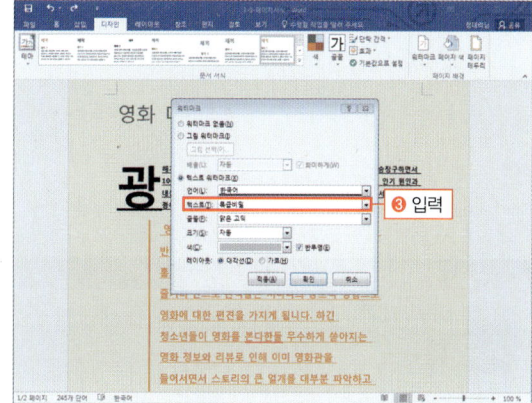

05 | 워터마크 결과 확인

이전 작업에 이어서 [색]에서 '녹색,강조6,25% 더 어둡게'를 설정한 후 [확인]을 클릭합니다. 참고로 [워터마크] 대화상자의 [색] 옆에는 [반투명]이 체크되어 있어, 설정된 색상은 약간 흐리게 표시됩니다. 결과적으로 페이지 전체를 가로지르는 '특급비밀'이라는 반투명의 글씨가 워터마크로 표시됩니다.

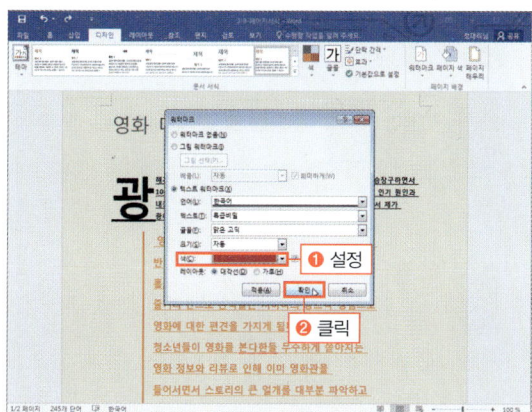
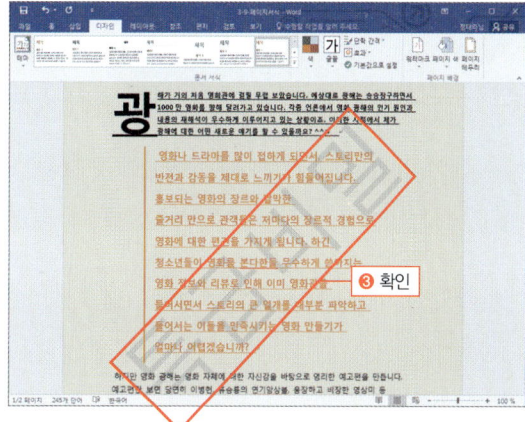

06 | 페이지 테두리 적용

[디자인] 탭-[페이지 배경] 그룹에서 [페이지 테두리]를 클릭한 후 [테두리 및 음영] 대화상자에서 [설정]을 '상자'로 선택합니다. 이어서 [스타일]은 그림과 같은 '점선'으로 선택하고 [색]은 '주황, 강조1'로 설정한 뒤 [확인]을 클릭합니다. 이제 페이지를 둘러싸는 주황색 테두리선이 표시됩니다.

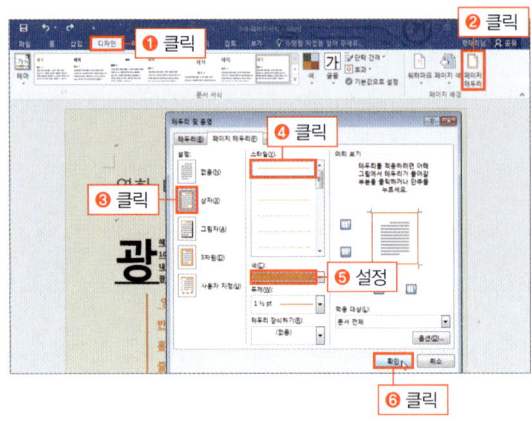 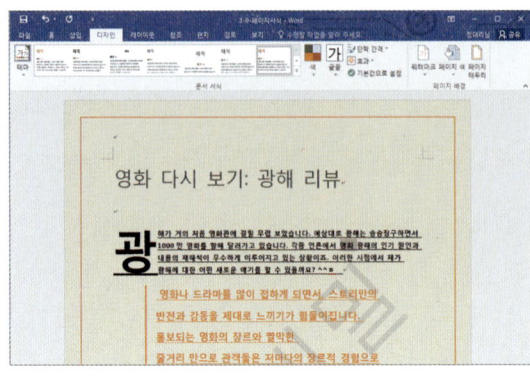

POINT 03 | 표지 만들기

01 | 표지 선택하기

[삽입] 탭-[페이지] 그룹에서 [표지]-[추억]을 클릭합니다. 선택한 표지 스타일이 새로운 페이지로 삽입됩니다.

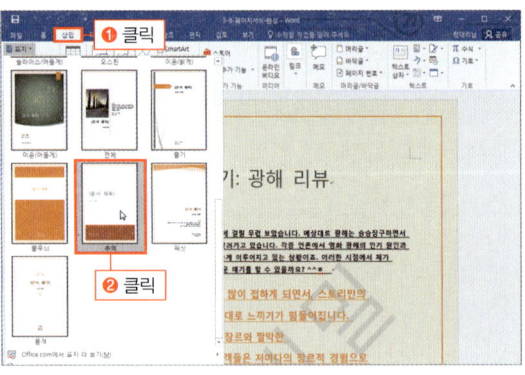 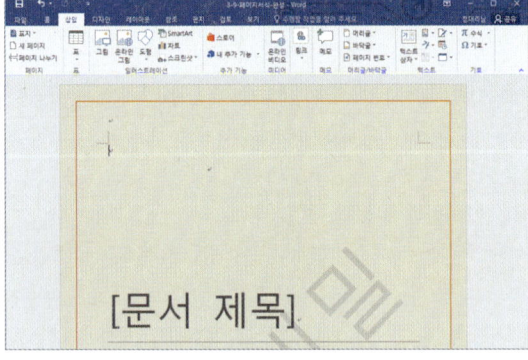

> **TIP** 문서에 반영된 표지를 제거하기 위해서는 [삽입] 탭-[페이지] 그룹에서 [표지]-[현재 표지 제거]를 클릭하면 됩니다.

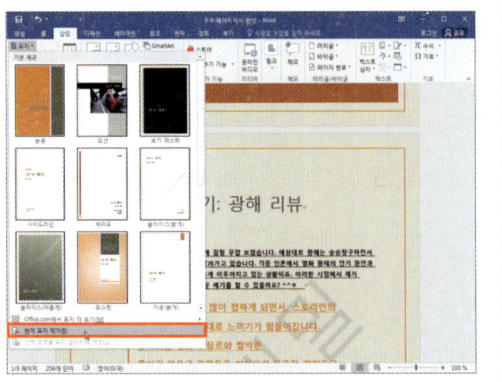

02 | 구성 요소별 내용 입력_01

표지의 [제목]에 '광해 리뷰하기'를 입력합니다. 이어서 [부제]에는 '명작 다시보기'를 작성합니다.

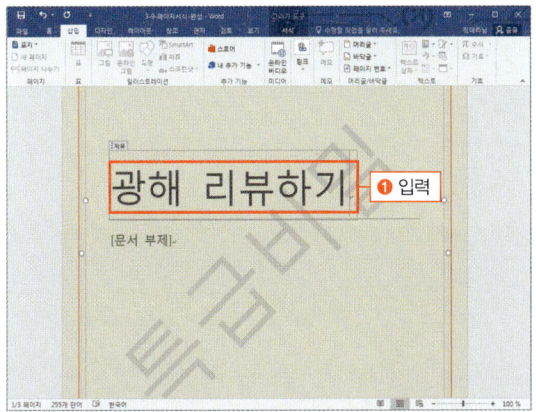 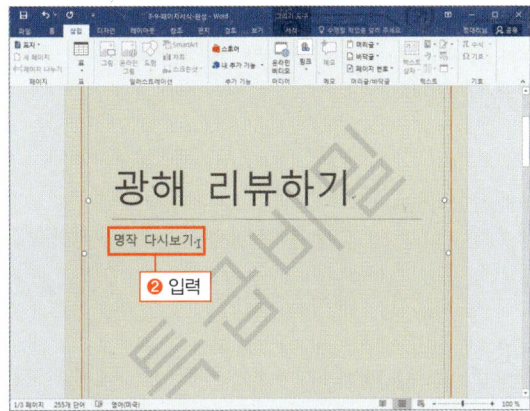

03 | 구성 요소별 내용 입력_02

표지 아래쪽에 있는 구성 요소들도 적절하게 입력합니다. [보기] 탭-[확대/축소] 그룹에서 [여러 페이지]를 클릭해 보면, 설정한 표지 스타일과 본문 페이지의 어우러짐을 확인할 수 있습니다.

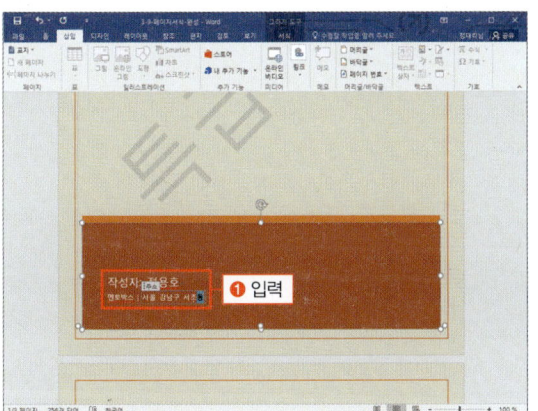 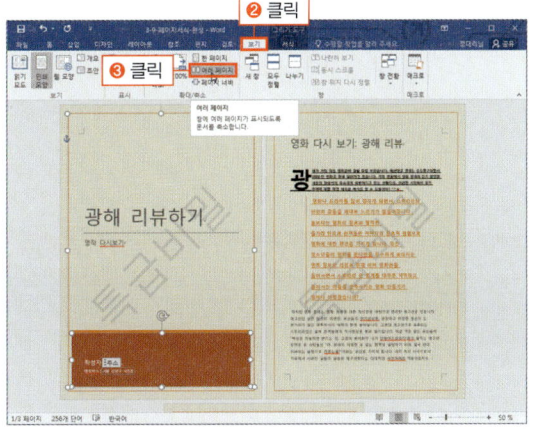

> **TIP** 워드에서도 엑셀, 파워포인트와 마찬가지로 도형, 그림, 차트, 스마트아트 등의 그래픽 개체들을 제한 없이 만들어 활용할 수 있습니다. 사용 방법은 모두 동일하므로 몇 가지 개체들을 문서에 만들어 봅니다.

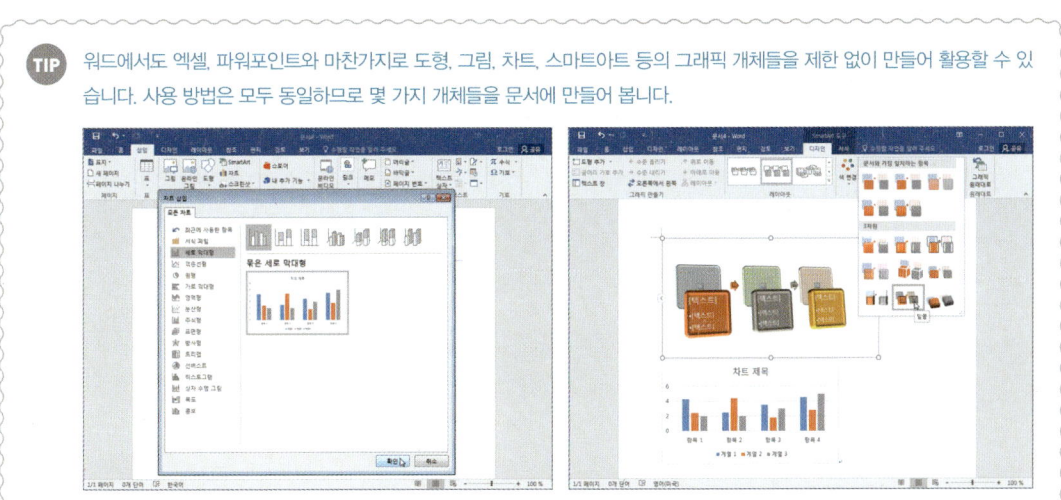

▲ 워드에서의 차트 삽입   ▲ 워드에서의 스마트아트 수정

SECTION 10

미주/각주로 설명글 넣기

문서를 작성하는 과정 중 특정 단어나 문장에 대한 부연 설명을 첨부해야 하는 경우가 있습니다. 이런 경우 부연 설명을 마지막 페이지에 표시할 것인지, 혹은 각 페이지마다 하단에 표시할 것인지에 따라 '미주'와 '각주'를 선택하여 적용하면 됩니다.

l 예제파일 l 3-10-미주각주.docx l 완성파일 l 3-10-미주각주-완성.docx

POINT 01 | 미주 적용하기

01 | 미주 삽입하기

'3-10-미주각주.docx' 파일을 열고 그림과 같이 'user preference'를 선택합니다. 이어서 [참조] 탭-[각주] 그룹에서 [미주 삽입]을 클릭한 후 설정된 단어에 대한 부연 설명을 입력합니다. 참고로 '미주' 기능으로 작성된 부연 설명은 가장 마지막 페이지에 위치하게 됩니다.

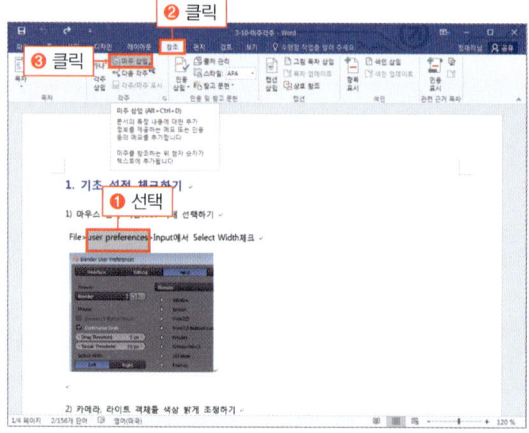
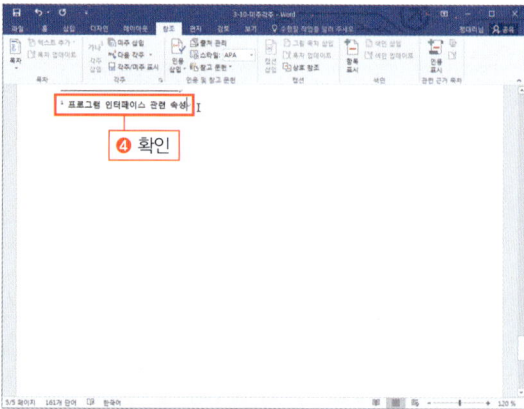

02 | 더블클릭으로 미주 이동하기

미주가 적용된 순서에 따라 페이지 좌측 1, 2, 3, 4… 순으로 기호가 표시됩니다. 이 부분을 더블클릭하면 해당 페이지로 이동하게 됩니다. 페이지 본문에서도 미주 순서 기호가 표시되면, 이 부분에 커서를 가져가보면 ▣으로 아이콘이 변하는 것을 확인할 수 있습니다. 클릭하면 다시 부연 설명이 있는 미주 영역으로 이동하게 됩니다.

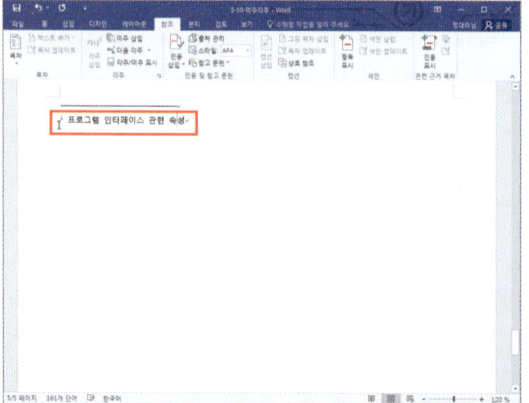
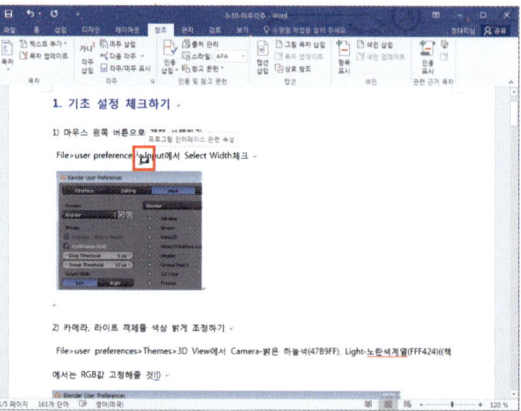

03 | 미주 추가하기

2페이지 영역에서 그림과 같이 '쉐이딩'이라는 단어를 선택한 후 [미주 삽입]을 클릭합니다. 부연 설명으로서 '물체의 표면에 색을 입힌다.'를 입력한 후 [참조] 탭-[각주] 그룹에서 [각주/미주 표시]를 클릭합니다. 참고로 [각주/미주 표시]를 클릭하면 미주 영역과 미주가 설정된 페이지 영역을 서로 오가게 됩니다.

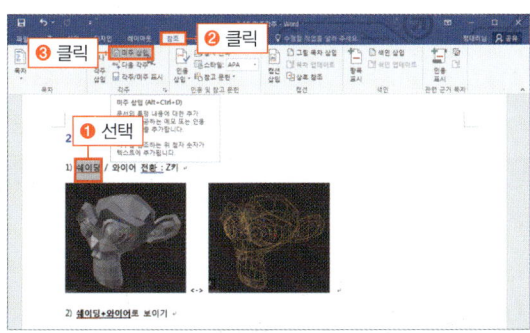
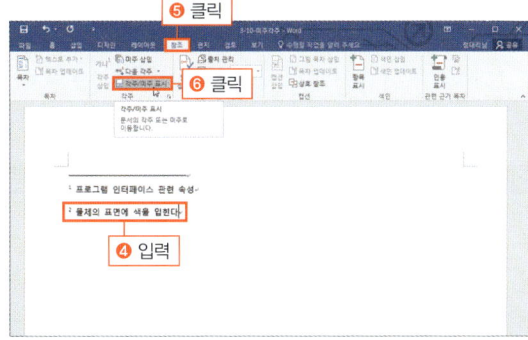

04 | 미주 추가하기_02

2페이지 영역에서 '쉐이딩+와이어서'라는 단어를 선택한 후 [미주 삽입]을 클릭합니다. 부연 설명으로써 '물체의 표면에 색과 선을 함께 입힌다.'를 입력한 후 [참조] 탭-[각주] 그룹에서 [각주/미주 표시]를 클릭합니다.

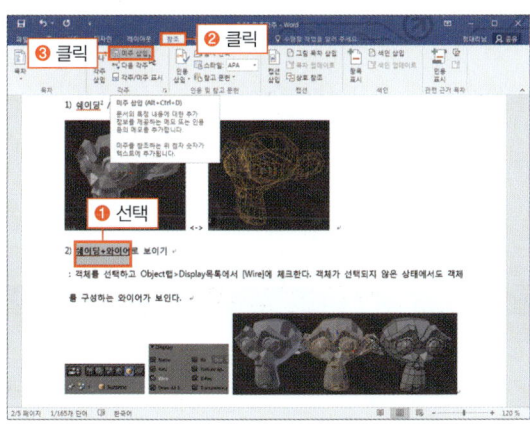
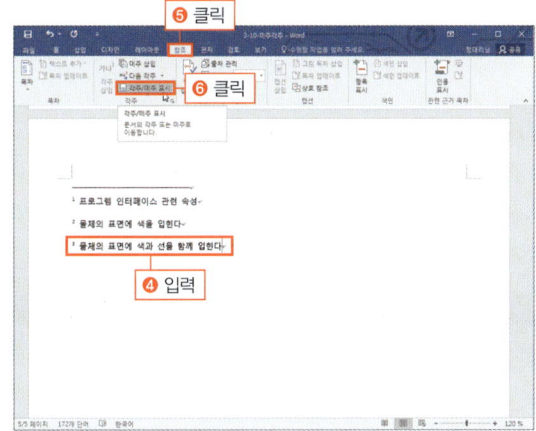

05 | 미주 추가하기_03

2페이지 영역에서 그림과 같이 'Wire'라는 단어를 선택한 후 [미주 삽입]을 클릭합니다. 부연 설명으로써 '물체를 구성하는 최소 단위의 선을 말한다.'를 입력한 후 [참조] 탭-[각주] 그룹에서 [각주/미주 표시]를 클릭합니다.

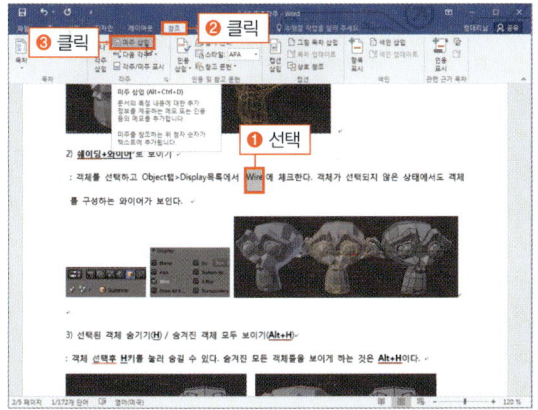
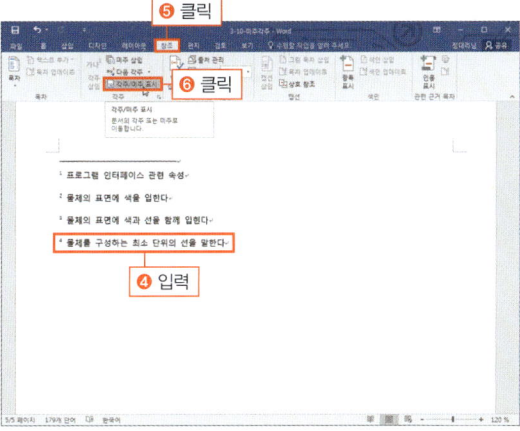

POINT 02 | 미주 이동 및 삭제

01 | 다음 미주로 이동

1페이지 상단의 'Input' 뒤에 커서를 위치시킨 후 [참조] 탭-[각주] 그룹에서 [다음 각주]-[다음 미주]를 선택합니다. 바로 2번 페이지의 첫 번째 미주 기호에 커서가 위치하는 것을 확인할 수 있습니다. 이런 식으로 [다음 미주] 혹은, [이전 미주]를 찾아 확인할 수 있습니다.

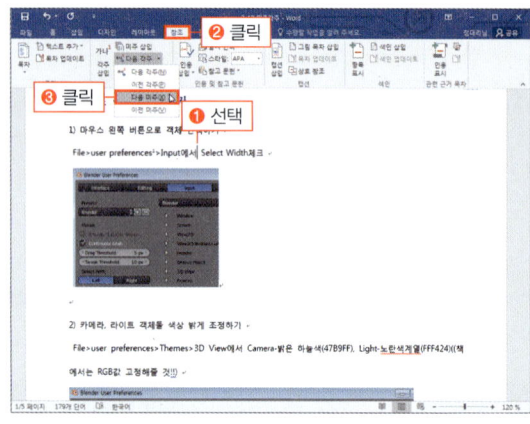
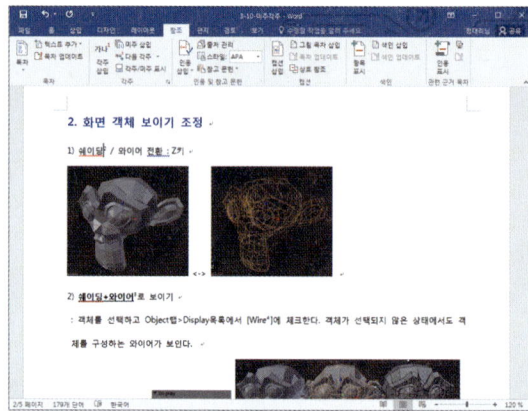

02 | 미주 번호 삭제하기

2페이지 '쉐이딩' 단어에 표시된 미주 기호를 선택한 후 Delete 를 눌러 삭제합니다. 미주 기호가 삭제되면서 미리 작성해둔 해당 부연 설명도 함께 삭제됩니다. 아울러 다음 순서의 미주 기호들이 한 단계씩 앞당겨지는 것을 확인할 수도 있습니다.

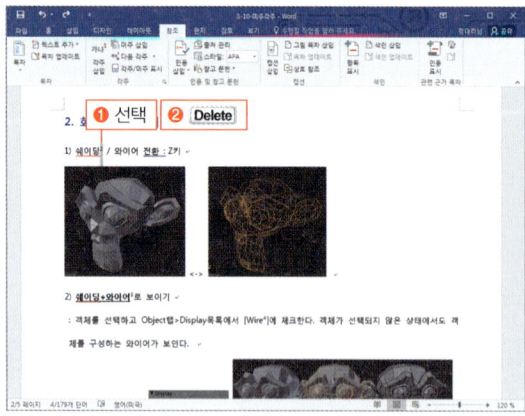
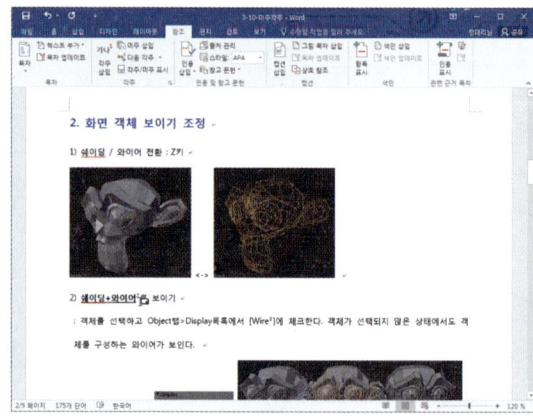

▲ 기존 '3'에서 '2'로 변경된 미주 기호

03 | 인쇄 미리 보기에서 미주 확인

백스테이지 화면에서 [인쇄]를 클릭하면 화면 우측에 인쇄 미리 보기 창이 나타납니다. 이곳에서 제일 마지막 페이지를 확인해 보면, 미주 영역의 부연 설명들도 인쇄 대상에 포함되는 것을 확인할 수 있습니다.

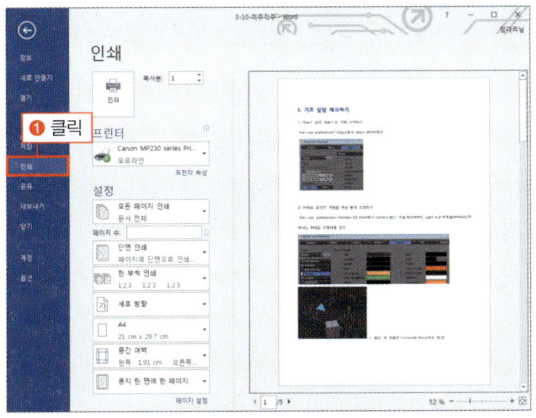
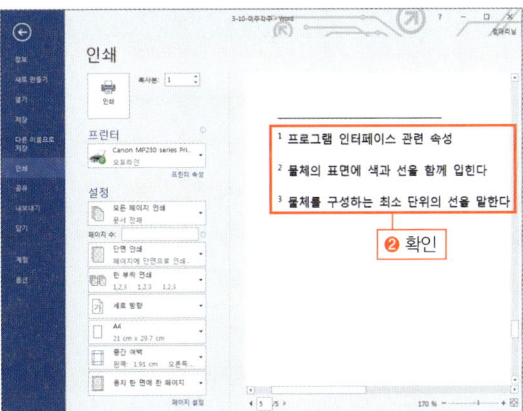

POINT 03 각주 삭제 및 미주 적용

01 | 미주에서 각주로 변환

[참조] 탭-[각주] 그룹 우측 하단의 [각주 및 미주]를 클릭한 후 [각주 및 미주] 대화상자에서 [변환]을 클릭합니다. [각주/미주 변환] 대화상자에서 [모든 미주를 각주로 변환]에 체크하고 [확인]을 클릭합니다. 이어서 [각주/미주 변환] 대화상자의 [닫기]를 클릭하여 설정 과정을 종료합니다.

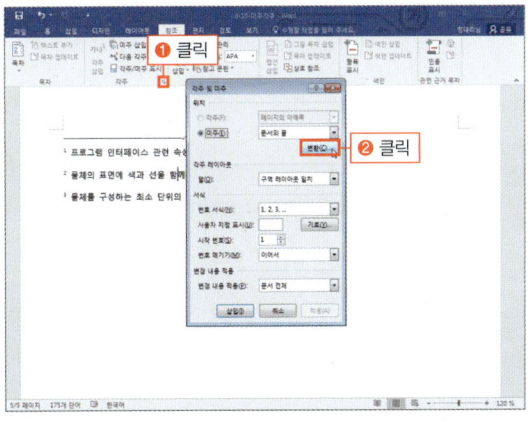
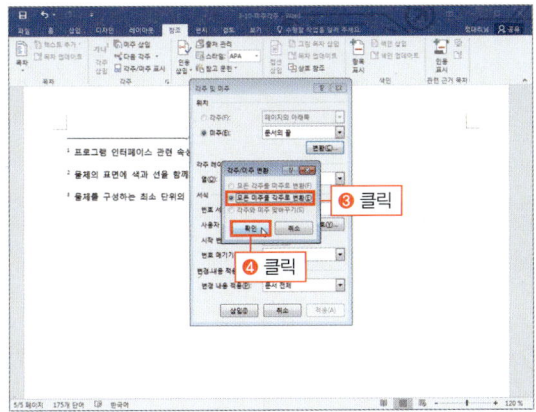
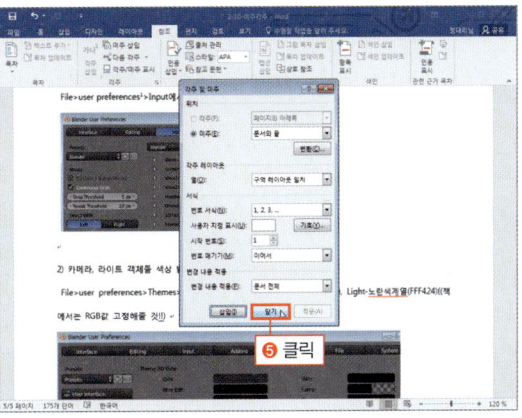

02 | 결과 확인

1번 페이지와 2번 페이지 하단을 보면, 이전에 작성해둔 부연 설명들이 각각의 페이지 하단에 변환되어 배치된 것을 확인할 수 있습니다. 기존 미주들이 페이지 하단에 위치하는 각주 형태로 변환된 것입니다.

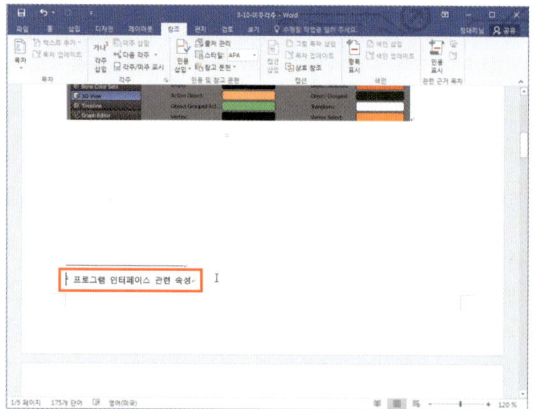 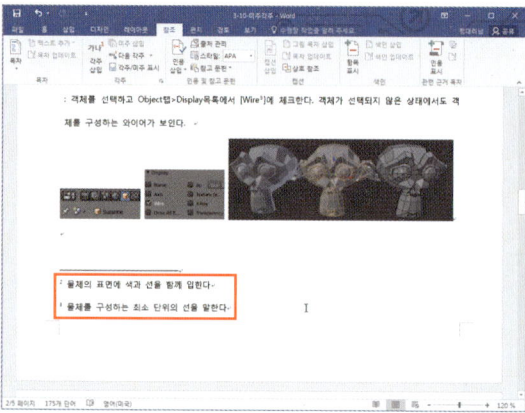

03 | 각주 추가하기

3번 페이지에서 'LMB버튼'을 선택하고 [참조] 탭–[각주] 그룹에서 [각주 삽입]을 클릭합니다. 페이지 하단에 각주 영역으로 마우스 포인터가 이동하면 '마우스 왼쪽 버튼'을 입력합니다. 이전에 미주를 작성하거나 활용하는 과정이 동일합니다.

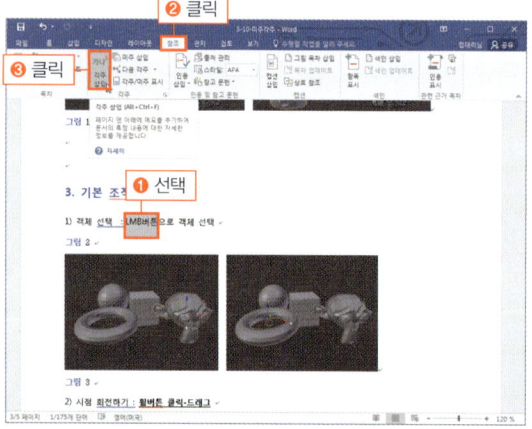 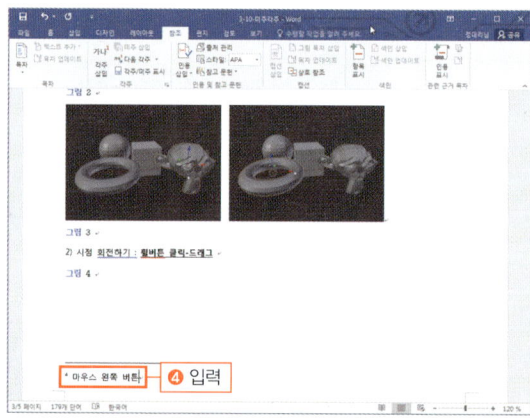

> **TIP** 미주/각주는 단축키를 이용하여 적용이 가능합니다. 미주는 **Alt** + **Ctrl** + **D** 이며, 각주는 **Alt** + **Ctrl** + **F** 입니다.

SECTION 11

참고 내용 메모하기

문서 작업을 하면서 참고할 내용이나 주의 사항을 메모로 남겨두면, 추후 문서 확인 작업 시 매우 유용하게 활용될 수 있습니다. 특히 여러 사람이 협업하는 경우에는 의사소통의 수단으로써 메모 작성과 활용이 중요하게 사용됩니다.

l 예제파일 l 3-11-메모활용.docx l 완성파일 l 3-11-메모활용-완성.docx

POINT 01 | 메모 삽입하기

01 | 메모 삽입하기

'3-11-메모활용.docx' 파일을 열고 제목 영역을 선택합니다. 그리고 [검토] 탭-[메모] 그룹에서 [새 메모]를 클릭하면 화면 우측에 [메모 입력] 창이 나타납니다. 이곳에 원하는 내용을 작성합니다.

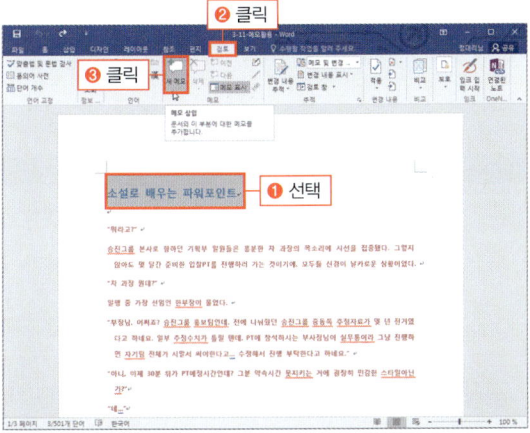 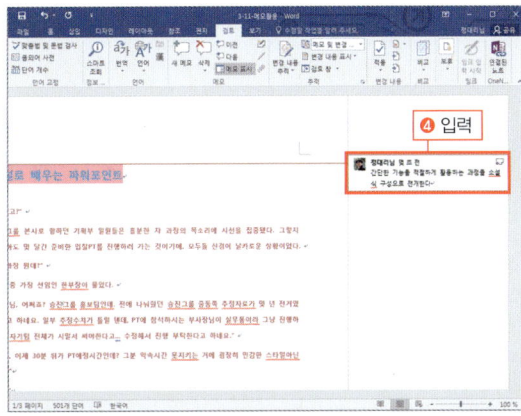

> **TIP** 참고로 [메모 입력] 창에는 MS 계정에 등록된 이름과 프로필 사진이 나타납니다.

02 | 메모 추가하기_01

2페이지의 '태블릿으로'를 선택한 후 [검토] 탭-[메모] 그룹에서 [새 메모]를 클릭합니다. [메모 입력] 창에서 관련 내용을 입력합니다.

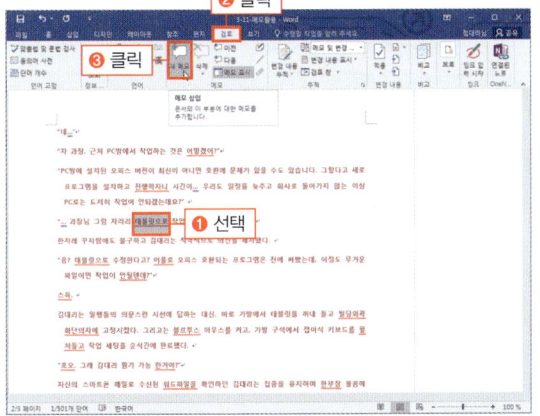 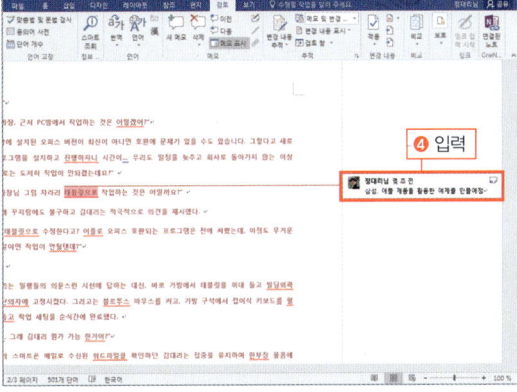

03 | 메모 추가하기_02

3페이지의 '결국~'으로 시작되는 단락 앞쪽을 클릭한 후 [검토] 탭-[메모] 그룹에서 [새 메모]를 클릭합니다. [메모 입력] 창에서 단락 내용과 관련된 메모를 입력합니다.

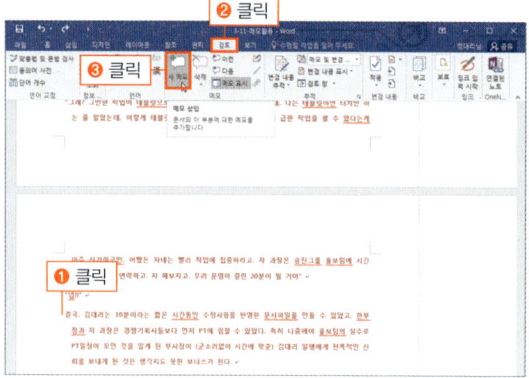
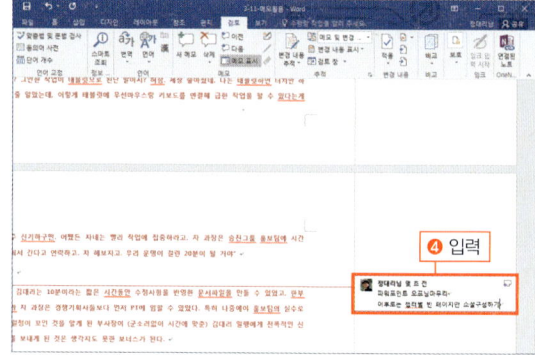

04 | 메모 이동하기

1페이지를 선택한 후 [검토] 탭-[메모] 그룹에서 [다음]을 클릭합니다. 2페이지에 작성해둔 메모 내용으로 화면이 이동하게 됩니다. 이렇듯 [검토] 탭-[메모] 그룹에서 [다음]과 [이전]을 클릭하여 선택된 위치의 다음/이전 메모를 찾아 표시할 수 있습니다.

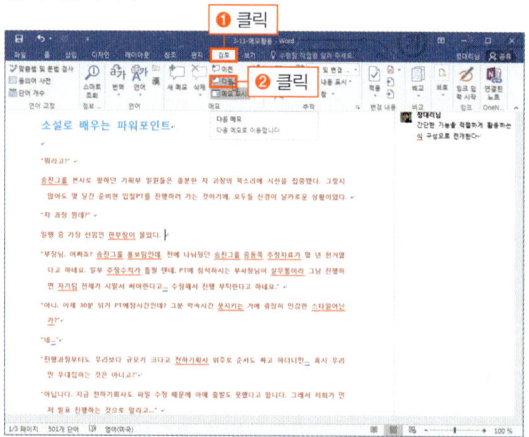
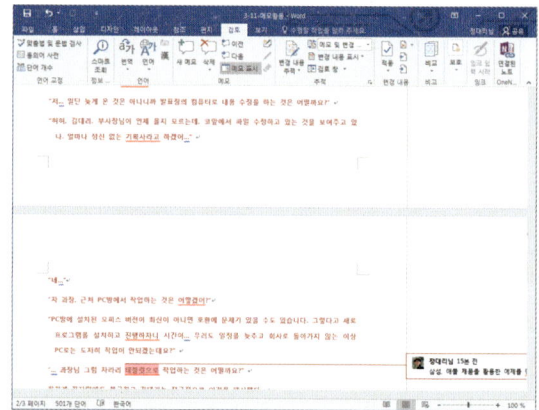

05 | 메모 회신하기

1페이지에 작성해둔 메모에서 아이콘을 클릭하면 해당 메모의 회신 메모를 작성할 수 있습니다. 만약 다른 계정의 사용자가 회신을 다는 경우라면, 해당 회신자의 프로필 사진과 이름이 메모 작성자로써 파일에 저장됩니다. 이를 통해 여러 명이 협업하는 과정의 의사소통에 많은 도움을 받을 수 있습니다.

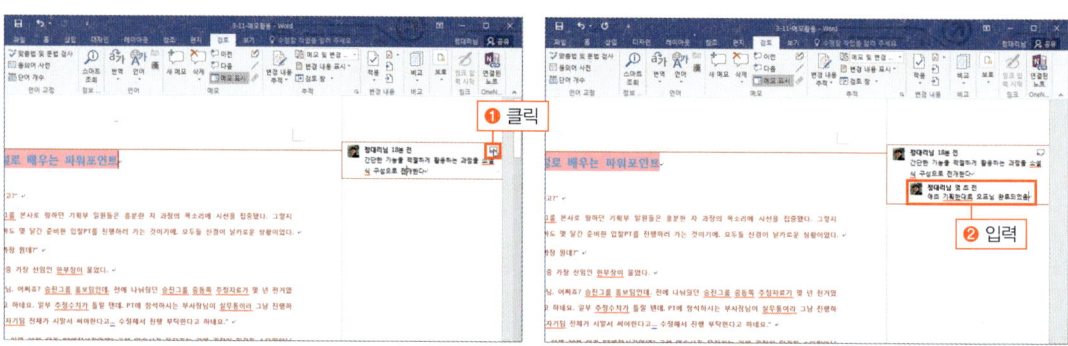

POINT 02 | 메모 확인 및 편집

01 | 메모 숨기기 / 표시하기

[검토] 탭-[메모] 그룹에서 [메모 표시]를 클릭하면, 기존 열려있던 [메모 입력] 창이 사라집니다. 작성해둔 메모들은 말풍선 아이콘으로 표시되며, 이를 클릭해 메모 내용을 확인하거나 수정할 수 있습니다. 물론 다시 [메모 표시]를 클릭해 [메모 입력] 창을 표시할 수도 있습니다.

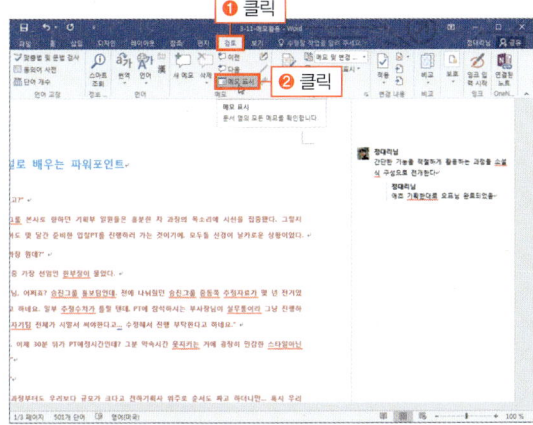 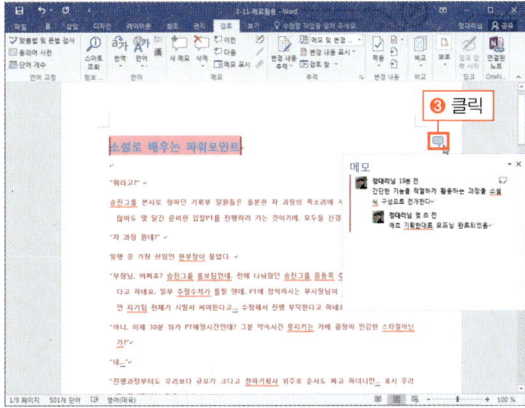

02 | 메모 삭제하기

[검토] 탭-[메모] 그룹에서 [삭제]-[삭제]를 클릭하면 선택한 메모만을 삭제할 수 있습니다. 참고로 [문서에서 메모 모두 삭제]를 클릭한다면, 모든 페이지에 메모들을 한 번에 지울 수도 있습니다.

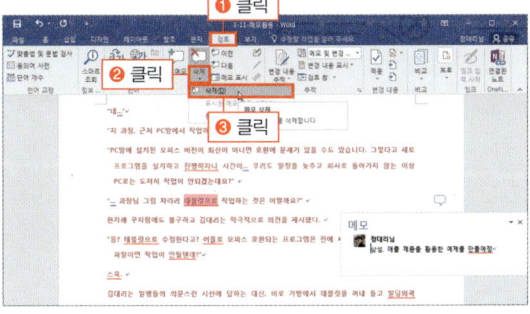 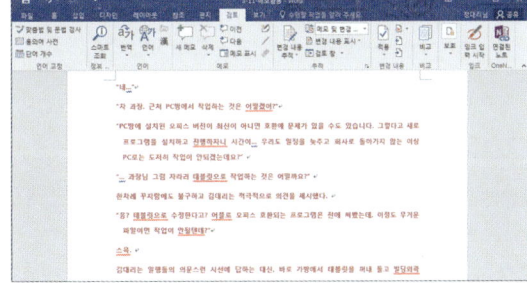

03 | 메모 편집

3페이지에 작성된 메모에 내용을 추가할 수도 있습니다. 메모 안에서 문장이 입력될 부근을 클릭하고, 바로 나머지 내용을 작성하면 됩니다. 작성된 메모의 편집과 서식 적용은 일반 문서 작성과 거의 동일하므로 생략하겠습니다.

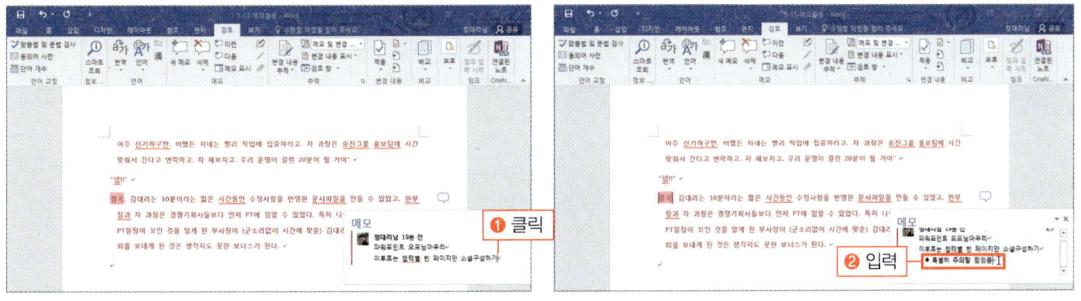

메모 및 페이지 설정

• 동영상 : 37-메모 및 페이지 설정.wmv

01 | 특정 문장을 선택한 후 위쪽에 나타나는 팝업 메뉴에서 [새 메모]를 터치합니다. 화면 오른쪽 메모 작성 공간에서 해당 문장에 관련된 내용을 메모할 수 있습니다.

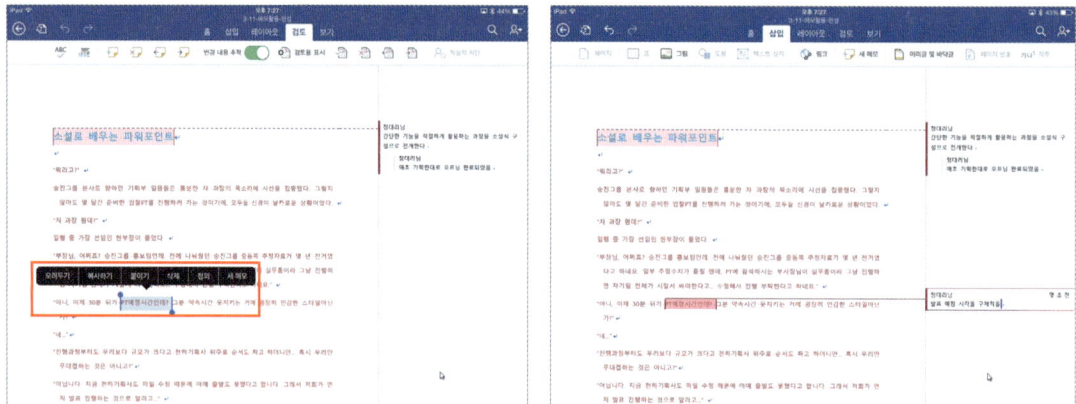

02 | [삽입] 탭-[페이지 번호]를 터치해 문서 하단에 각 페이지의 번호를 표시할 수 있습니다. [페이지 번호] 목록에서 위치나 정렬 상태에 관한 옵션을 조정할 수도 있습니다.

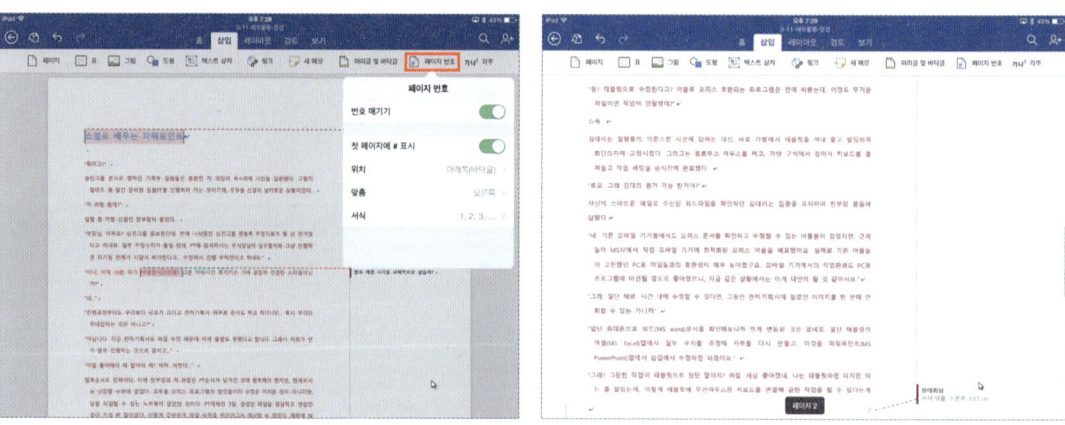

03 | [삽입] 탭-[머리글 편집]을 터치해 모든 페이지에 표시될 머리글 문장을 작성할 수 있습니다. 물론 옵션을 활용해 바닥글이 나타나도록 할 수도 있습니다.

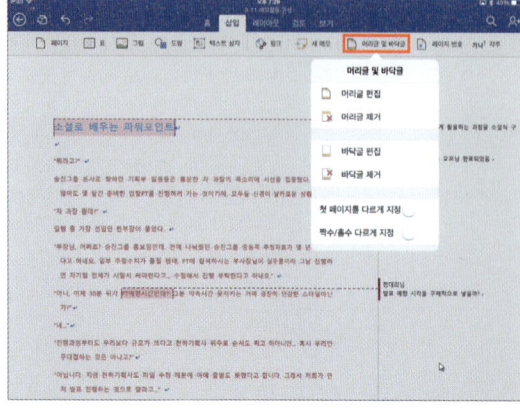
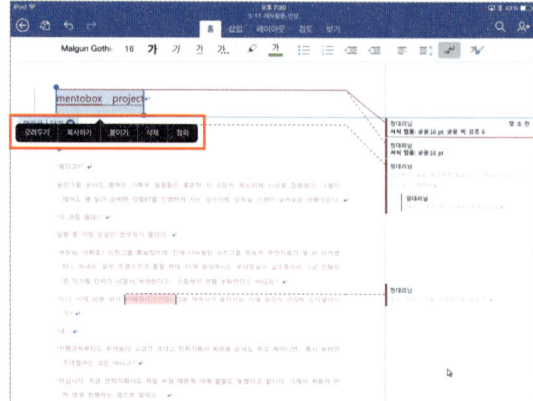

SECTION 12

목차 작성하기

목차는 문서 전체의 구성을 쉽게 파악하고 선택한 제목 수준으로 손쉽게 이동하기 위해 많이 활용됩니다. 목차 작성 이후 변경된 내용들도 '목차 업데이트'를 통해 손쉽게 반영할 수 있습니다.

| 예제파일 | 3-12_목차작성.docx | 완성파일 | 3-12_목차작성_완성.docx

POINT 01 | 문서 분석하기

01 | [탐색] 창 열기

[보기] 탭–[표시] 그룹에서 [탐색 창]을 클릭하여 [탐색] 창을 불러옵니다. [탐색] 창에서 [제목] 탭을 클릭해 보면, 문서를 구성하는 단락별 제목들이 서식 스타일에 수준별로 정리된 것을 확인할 수 있습니다.

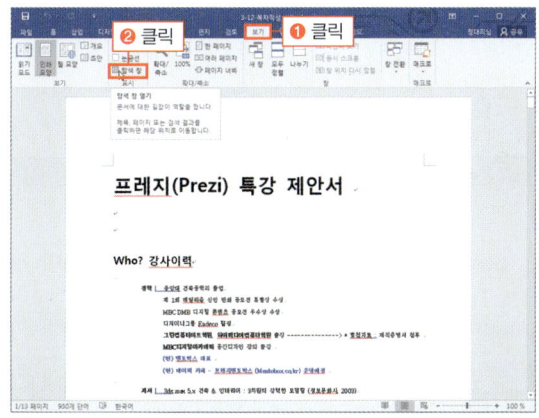 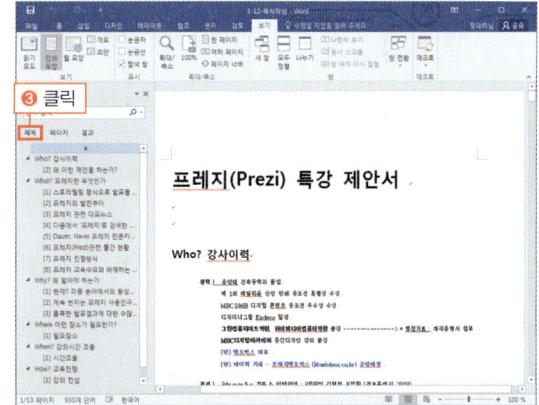

02 | 문서 스타일 확인

[탐색] 창에 표시되는 수준별 제목들을 클릭해 보면, 각각 '제목', '부제' 서식 스타일들이 적용된 것을 확인할 수 있습니다.

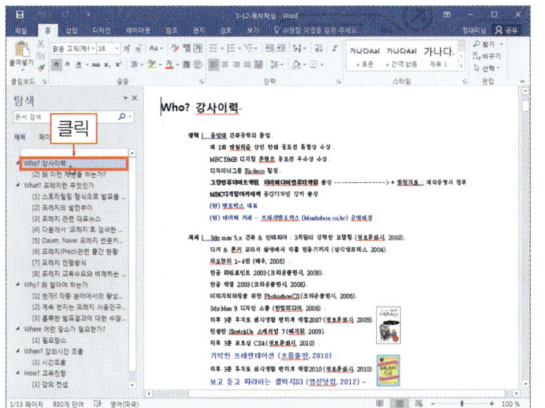 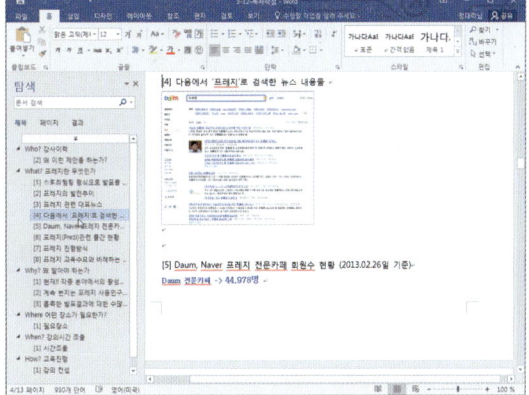

POINT 02 | 목차 삽입하기

01 | 목차 스타일 선택하기

1페이지 제목 왼쪽에 커서가 위치한 상태에서 [참조] 탭-[목차] 그룹에서 [목차]-[자동 목차 2]를 클릭합니다.

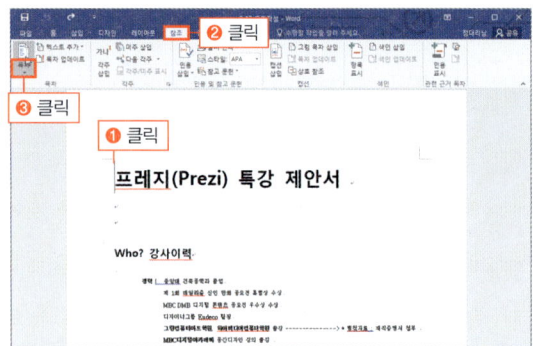 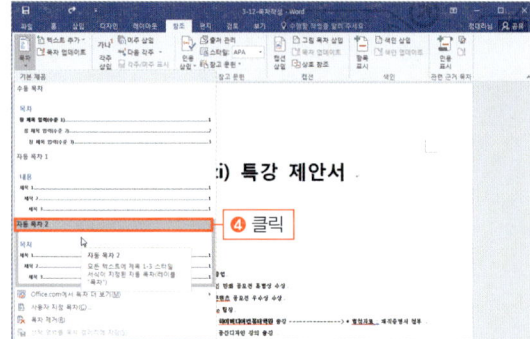

02 | 목차 결과 확인

이전 작업 결과 기존 페이지는 뒤로 밀리면서, 새로운 목차 페이지가 1페이지로 삽입됩니다.

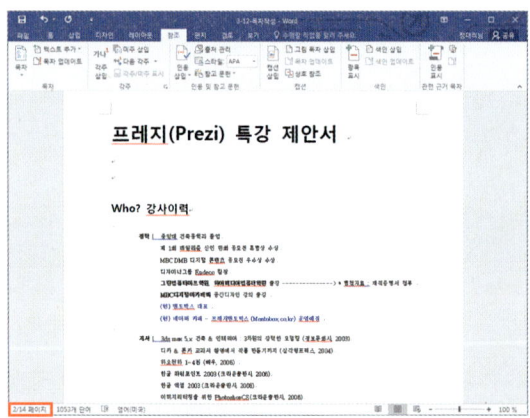 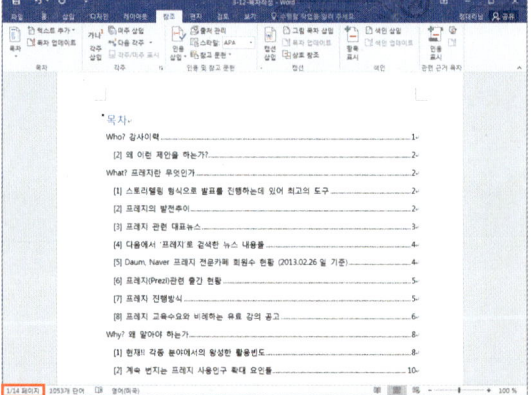

03 | 해당 목차 페이지로 이동

이동하길 원하는 목차 위로 마우스 포인터를 위치시키고, Ctrl 을 누른 상태로 클릭하면 순식간에 해당 목차 페이지로 이동합니다.

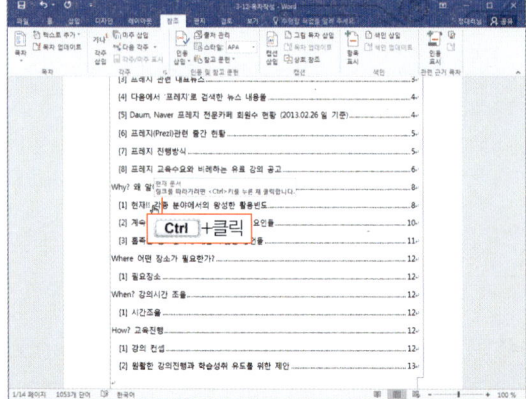 

POINT 03 | 목차 수정하기

01 | 하위 수준 단락 삭제

그림과 같이 [탐색] 창의 목록 중에 '[5] Daum~' 제목 위에서 마우스 오른쪽 버튼을 클릭하고 [삭제]를 선택합니다. [탐색] 창에서 목록이 사라지는 것뿐만 아니라, 본문에서도 해당 단락 내용들이 모두 제거된 것을 확인할 수 있습니다.

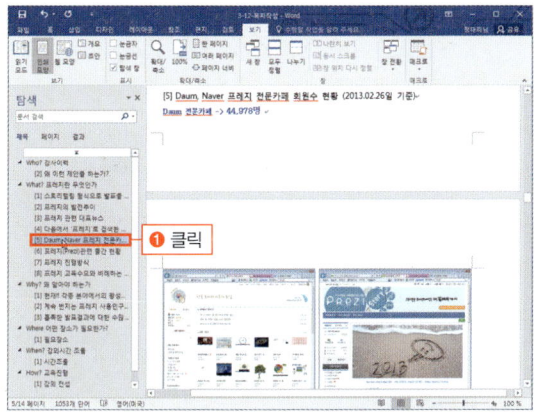
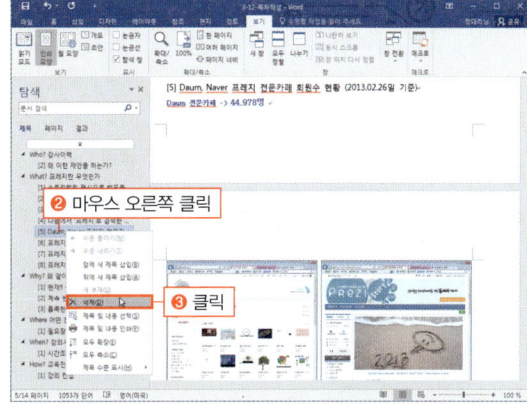

02 | 목차 업데이트

이전 작업의 결과 '[5]~' 단락이 페이지와 [탐색] 창 모두에서 사라졌습니다. [탐색] 창에서 [처음으로 이동]을 클릭하여 목차가 있는 1페이지로 이동합니다. 목차 페이지 위쪽에 커서를 가져간 뒤, [목차 업데이트]를 클릭합니다. 목차에서도 페이지의 변화된 내용을 감안하여 '[5]~' 단락이 사라지게 됩니다.

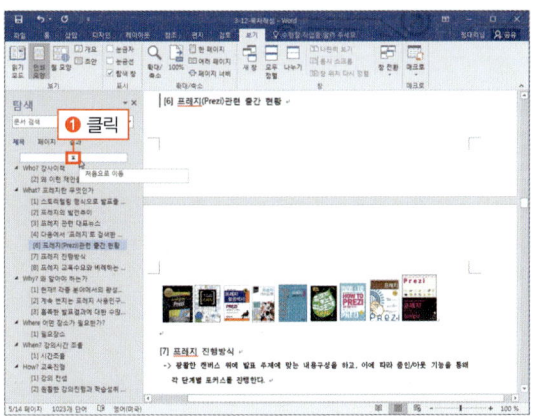
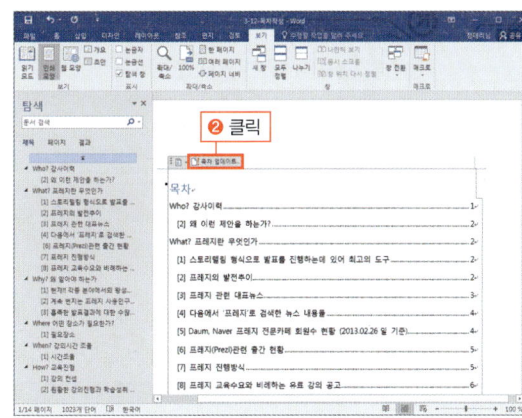

> **TIP** 목차 업데이트는 [참조] 탭-[목차] 그룹에서 [목차 업데이트]를 클릭하여 실행이 가능합니다.

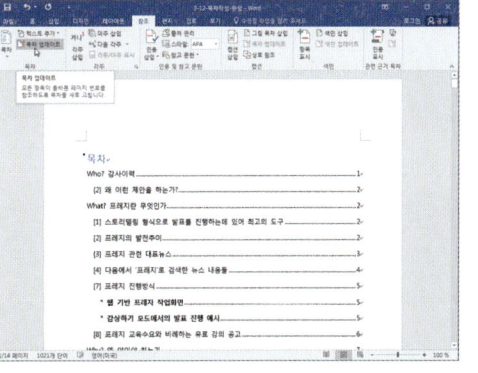

03 | 단락 수준 표시 해제

[탐색] 창에서 '[6]~' 제목을 선택한 후 [참조] 탭-[목차] 그룹에서 [텍스트 추가]-[목차에 표시 안 함]을 클릭합니다. 문서에 작성해둔 내용은 변함없지만, [탐색] 창의 목록에서는 제외되었습니다.

04 | 하위 수준 설정하기

[탐색] 창에서 '[7]~' 제목을 선택하면 해당 단락이 화면에 표시됩니다. '[7]~' 단락의 하위 목록 중 '* 웹 기반 프레지 작업 화면'을 선택하고 [참조] 탭-[목차] 그룹에서 [텍스트 추가]-[수준 3]을 클릭합니다. 아래쪽에 있는 나머지 목록에도 동일하게 [수준 3]을 적용합니다. 설정된 제목들이 [탐색] 창에 3번째 수준으로 표시됩니다.

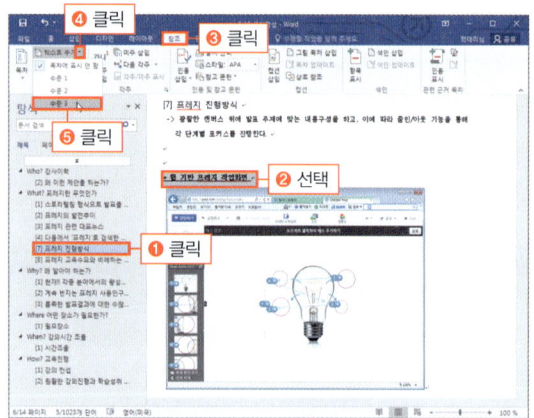
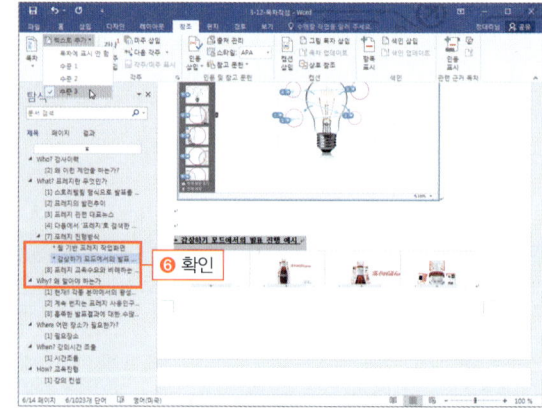

05 | 목차 업데이트

목차 페이지에서 [목차 업데이트]를 클릭하면, 앞서 수정했던 내용들이 목차에 반영되는 것을 바로 확인할 수 있습니다.

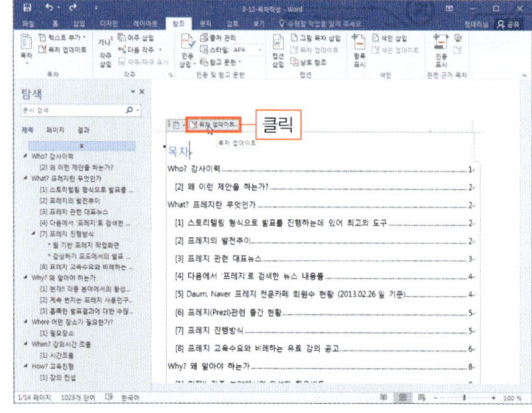
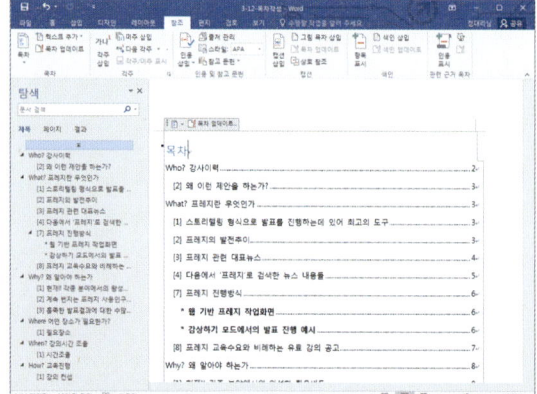

06 | 목차 제거하기

[참조] 탭–[목차] 그룹에서 [목차]–[목차 제거]를 클릭하면, 작성해둔 목차를 문서에서 제거할 수 있습니다. 다른 형태의 목차들도 적용하고 결과를 확인합니다.

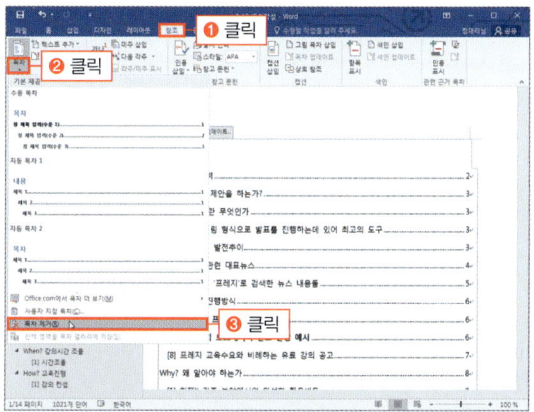
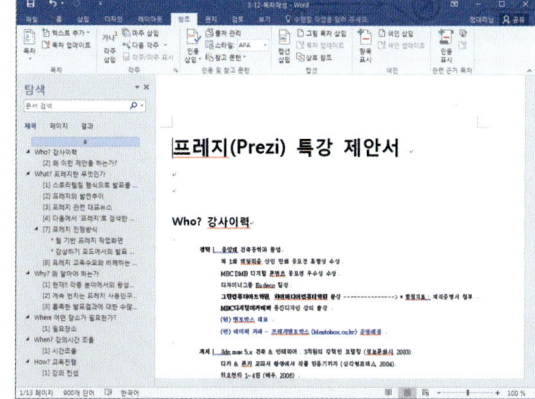

> **TIP** [파일] 탭–[옵션]을 클릭하고 [Word 옵션] 대화상자의 [일반]을 선택합니다. [일반]에서는 '실시간 미리 보기', '미니 도구 모음', '화면 설명에 기능 설명 표시' 등을 켜고 끌 수 있습니다. [표시]를 선택하는 경우에는 '화면에 항상 표시할 서식 기호'를 추가하거나 해제할 수 있습니다.

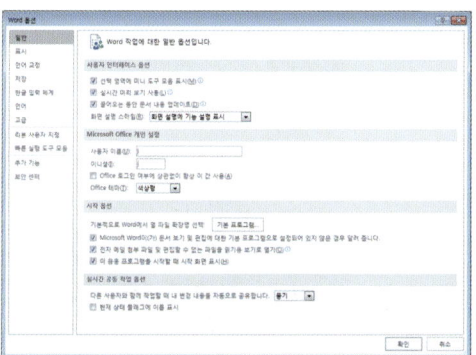
▲ [Word 옵션]–[일반]

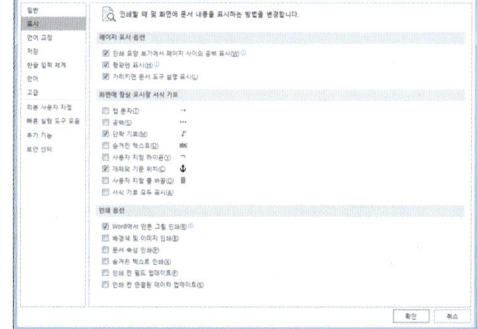
▲ [Word 옵션]–[표시]

SECTION 13

색인 만들고 활용하기

책이나 두꺼운 문서를 참조하는 경우, 특정 단어가 위치한 페이지를 빠르게 찾기 위한 도구로써 색인이 활용됩니다. 워드에서는 이러한 색인을 쉽게 등록할 수 있으며, 페이지에 등록된 색인을 삽입하는 과정 역시 매우 편리합니다.

l 예제파일 l 3-13-색인작업.docx l 완성파일 l 3-13-색인작업-완성.docx

POINT 01 | 색인으로 등록하기

01 | 색인 항목 표시하기

'3-13-색인제작.docx' 파일을 열고 1페이지의 'preferences'를 선택합니다. 이어서 [참조] 탭-[색인] 그룹에서 [항목 표시]를 클릭한 후 [색인 항목 표시] 대화상자가 나타나면 [표시]를 클릭합니다. 색인 작업이 끝나면 [색인 항목 표시] 대화상자의 [닫기]를 클릭하여 작업을 종료합니다.

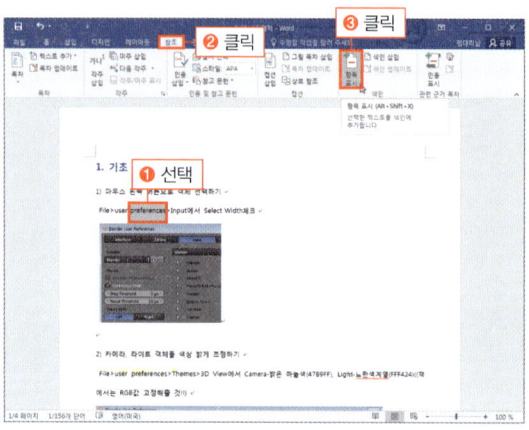
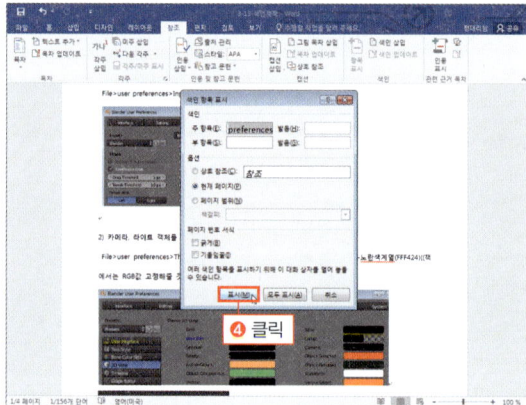

02 | 결과 확인

이전 작업의 결과 색인으로 등록된 단어 뒤에는 '{ XE ~ }'가 나타납니다. 다른 색인 대상들도 추가해보겠습니다. 1페이지의 '카메라' 단어를 선택합니다. 이어서 [참조] 탭-[색인] 그룹에서 [항목 표시]를 클릭한 후 [색인 항목 표시] 대화상자가 나타나면 [표시]를 클릭하여 색인으로 등록합니다.

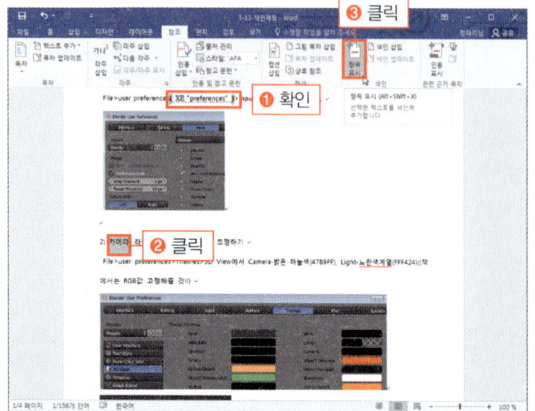
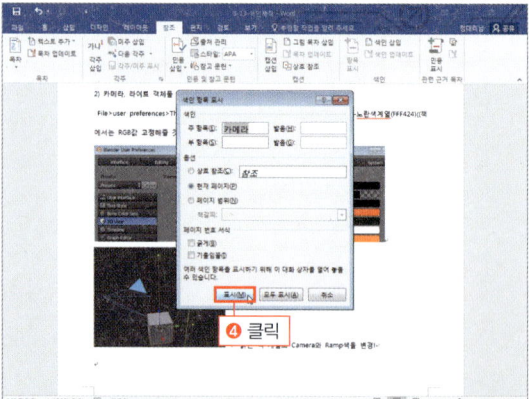

03 | 이어서 항목 표시하기_01

[색인 항목 표시] 대화상자가 닫히기 전이면, 계속 색인 등록 작업을 이어갈 수 있습니다. 1페이지의 '3D View'를 선택한 후 [색인 항목 표시] 대화상자를 클릭하면 방금 선택한 단어로 '주 항목'이 변경되는 것을 확인할 수 있습니다. 이 상태에서 [표시]를 클릭하면 이전과 다른 단어를 색인에 추가할 수 있습니다.

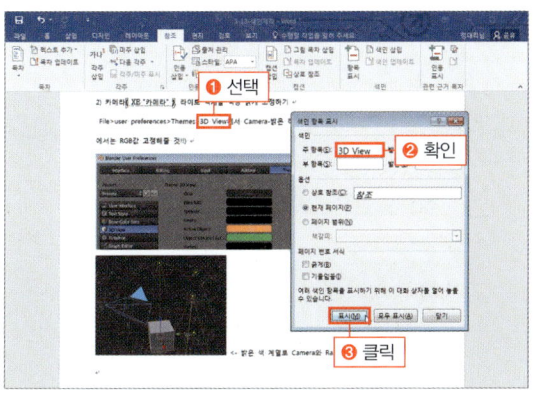 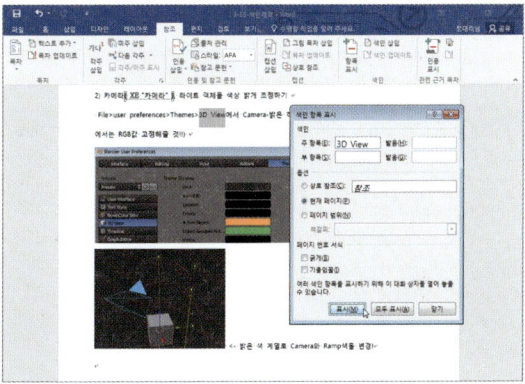

04 | 이어서 항목 표시하기_02

2페이지에서 '쉐이딩' 단어를 선택하고 [색인 항목 표시] 대화상자의 [표시]를 클릭하여 색인을 등록합니다. 같은 방식으로 2페이지의 '쉐이딩+와이어서' 단어도 색인으로 등록합니다.

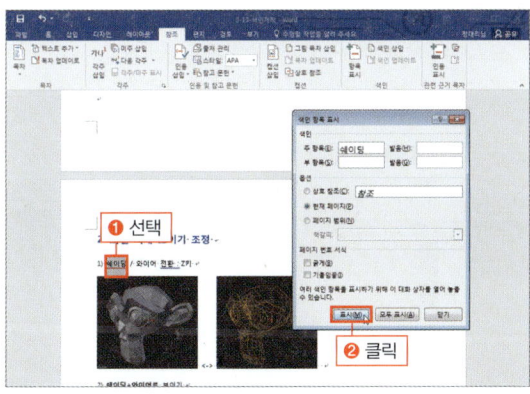 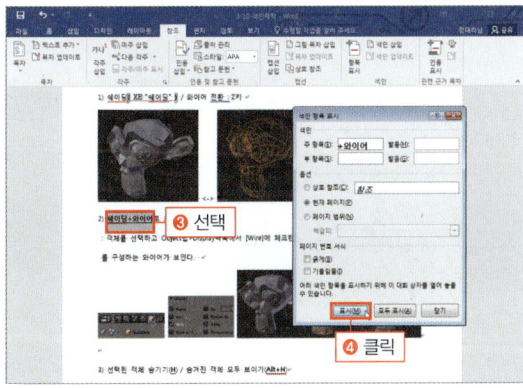

05 | 모든 내용 색인 등록하기

마지막으로 '객체'라는 단어를 선택합니다. 이번에는 [색인 항목 표시] 대화상자에서 [모두 표시]를 클릭하고 [닫기]를 클릭합니다. 페이지에 존재하는 모든 '객체' 단어가 색인으로 등록됩니다.

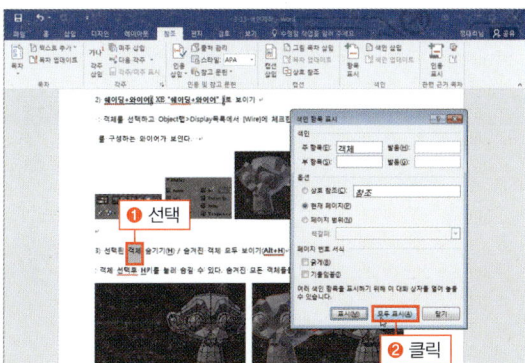 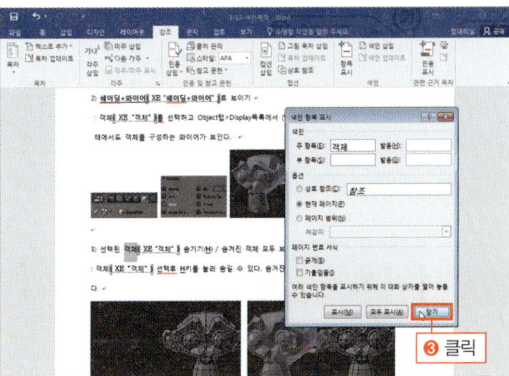

POINT 02 | 색인 삽입하기

01 | 색인 삽입하기

5페이지를 선택해 커서를 위치시킨 후 [참조] 탭-[색인] 그룹에서 [색인 삽입]을 클릭합니다. [색인] 대화상자가 표시되면 바로 [확인]을 클릭합니다. 이전에 등록해둔 색인과 대상 페이지들이 화면에 표시됩니다.

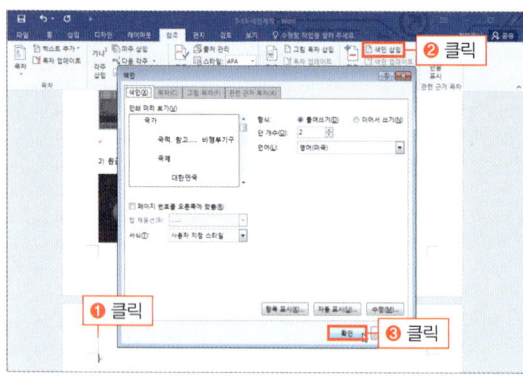
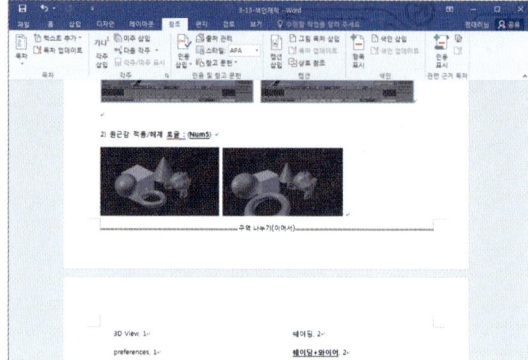

02 | 색인 수정하기

삽입된 색인을 선택한 후 [참조] 탭-[색인] 그룹에서 [색인 삽입]을 다시 클릭합니다. 다시 [색인] 대화상자가 나타나면 [페이지 번호를 오른쪽에 맞춤]에 체크하고 [탭 채움선]을 '점선'으로 설정하고 [확인]을 클릭합니다.

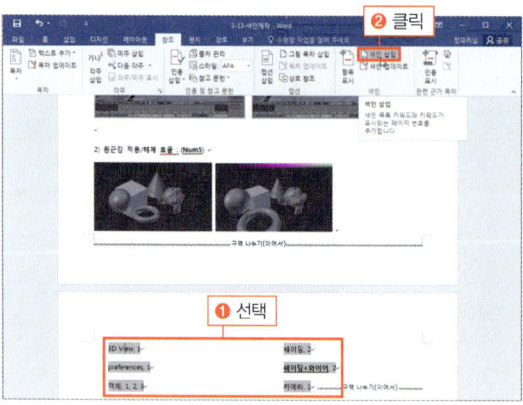
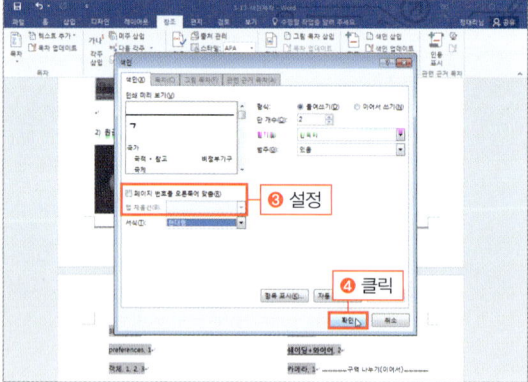

03 | 결과 확인

이전 작업에 이어서 '선택한 색인을 바꾸시겠습니까?'라는 질문에 [확인]을 클릭합니다. 작성해둔 기존 색인이 새로 수정한 설정에 맞게 변경됩니다.

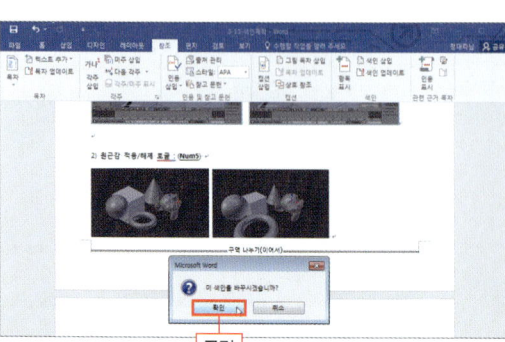
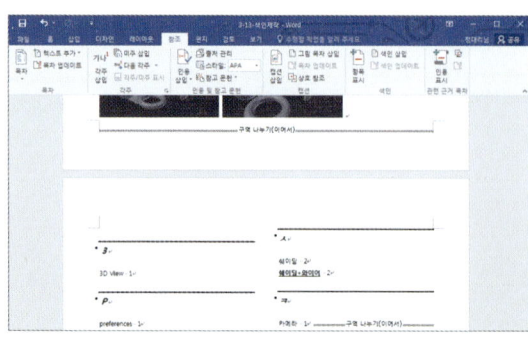

MEMO

CHAPTER THREE

세 번째 챕터

문서 레이아웃 편집 및
마무리 기능들

개인적으로 워드프로세서를 사용하는 핵심은
페이지를 나눠쓰는 과정에 있다고 생각합니다.
이곳에서 다루는 '페이지 나누기', '단 나누기', '구역 나누기' 등의 기능이
그러한 개성을 부여하는 명령들이며,
이들을 통해 잡지 등의 간행물 못지않은 레이아웃 구성을 할 수 있습니다.

SECTION 14

페이지 나누기로 구분하기

문서를 구성하는 여러 항목들의 배치가 어려운 경우, 특정 지점 이후부터는 새로운 페이지에서 시작하는 것이 보기 좋다고 생각할 수 있습니다. 이러한 경우 활용할 수 있는 것이 '페이지 나누기' 기능입니다.

| 예제파일 | 3-14-페이지나누기.docx | 완성파일 | 3-14-페이지나누기-완성.docx

POINT 01 | 페이지 나누기 삽입하기

01 | 페이지 확인하기

'3-14-페이지나누기.docx' 파일을 열고 [보기] 탭-[표시] 그룹에서 [탐색 창]에 체크합니다. [탐색] 창의 [제목] 탭에서 'what? 프레지란 무엇인가?'를 클릭합니다. 페이지를 보면 선택된 제목 문장과 하위 수준의 단락들이 이전 내용들과 이어져서 배치되어 있습니다. 때문에 새로운 내용의 시작임에도 보기에 편하지가 않습니다.

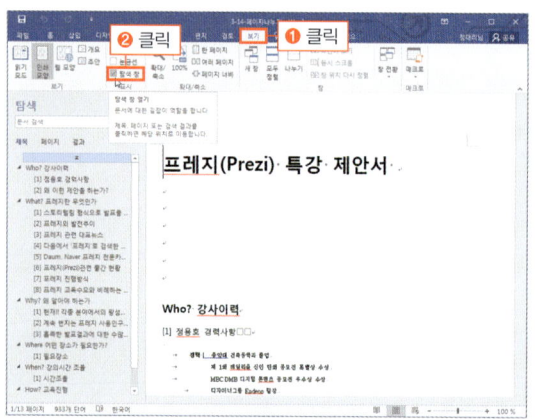 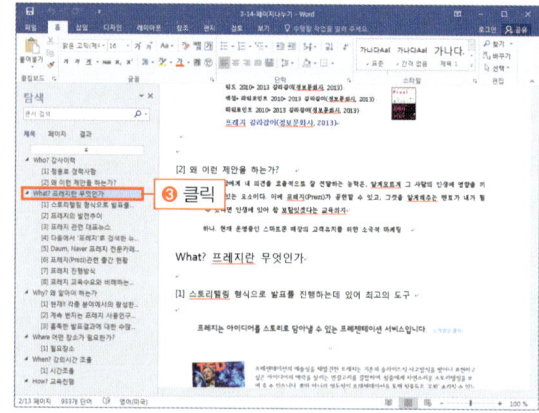

02 | 페이지 나누기 적용하기

[탐색] 창에서 'Who? 강사이력'을 클릭한 후 [레이아웃] 탭-[페이지 설정] 그룹에서 [나누기]-[페이지]를 선택합니다. 결국 선택된 제목 이후로 작성된 단락과 문장들이 새로운 페이지에서 표시되는 것을 확인할 수 있습니다.

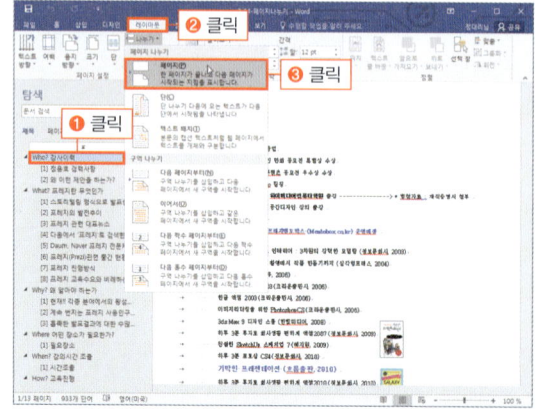 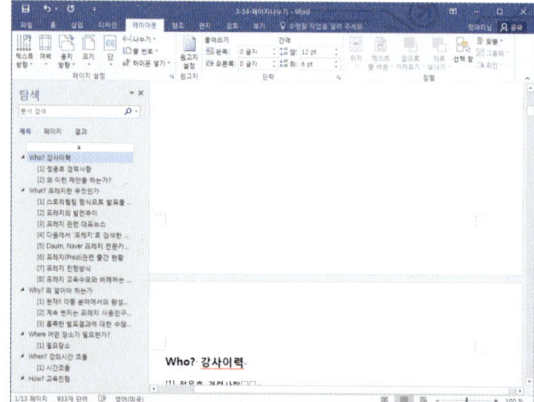

03 | 페이지 나누기 기호 표시

페이지 나누기 명령을 적용했던 1페이지를 화면에 표시한 후 [홈] 탭-[단락] 그룹에서 [편집 기호 표시/숨기기]를 클릭합니다. [페이지 나누기] 고유의 편집 기호가 화면에 표시되는 것을 확인할 수 있습니다.

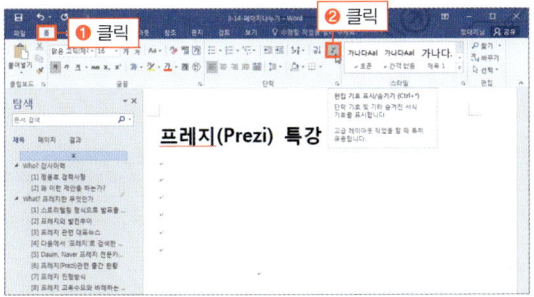
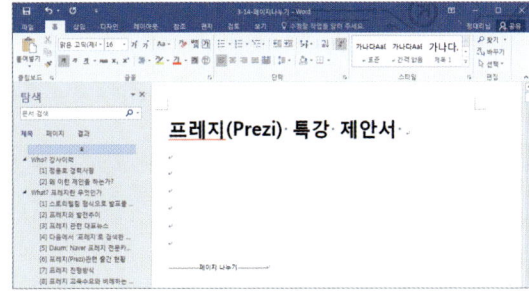

04 | 페이지 나누기 성격 확인_01

1페이지 위쪽에 있던 제목 문구가 중간 정도에 위치하도록 Enter 를 눌러 공백을 삽입합니다. 이어서 그림과 같이 맨 상단 우측에는 작성 날짜를, 1페이지 하단에는 문서 작성자의 이름이 표시되도록 작성합니다. 아직 1페이지를 넘기지 않는 편집 작업 동안에는 페이지 나누기를 적용한 2페이지의 단락 내용들이 아무런 변화가 없습니다.

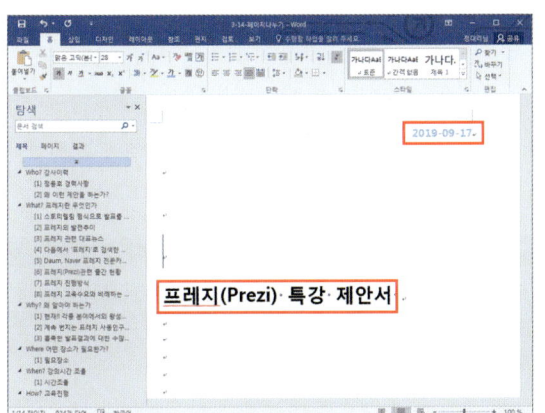
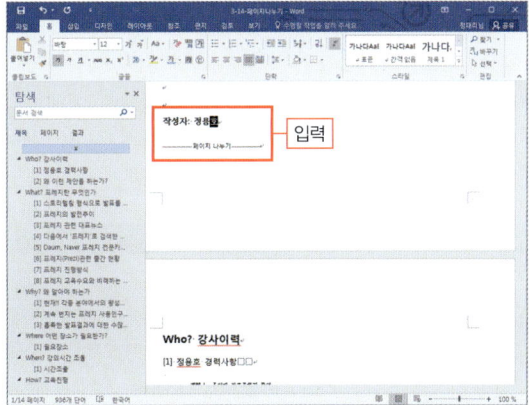

05 | 페이지 나누기 성격 확인_02

이전 작업에서 만든 작성자의 이름이 다음 페이지에 표시되도록 Enter 를 눌러 공백을 삽입합니다. 결국 작성자명이 2페이지로 넘어가 표시되면, 페이지 나누기로 구분되었던 'Who? 강사이력' 단락 이하의 내용들은 새로운 3페이지로 밀려서 표시됩니다.

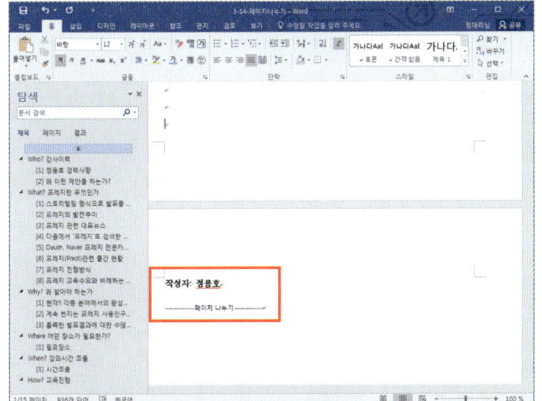
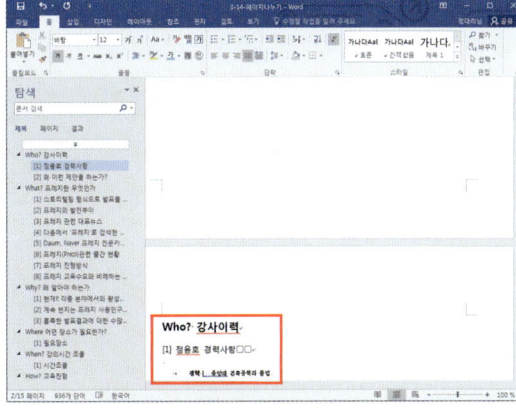

POINT 02 | 페이지 나누기 추가 및 제거하기

01 | 페이지 나누기 추가하기

[탐색] 창에서 '페이지 나누기' 기능을 적용했던 'Who? 강사이력'과 같은 수준의 제목들을 차례대로 선택하고, [레이아웃] 탭-[페이지 설정] 그룹에서 [나누기]-[페이지]를 클릭하여 모두 적용합니다.

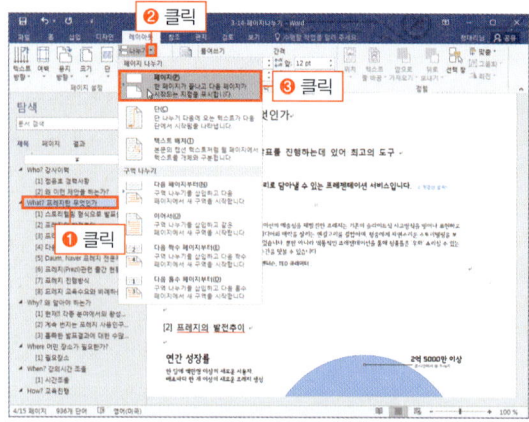
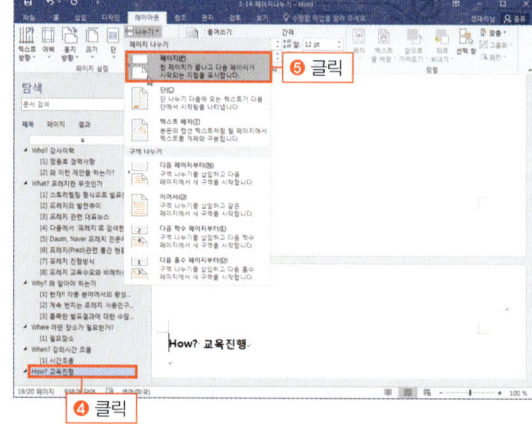

02 | 결과 확인

이전 작업의 결과 각 제목 수준들을 선택하면, 각각의 제목과 본문 내용들이 페이지 상단에서부터 시작하는 것을 확인할 수 있습니다.

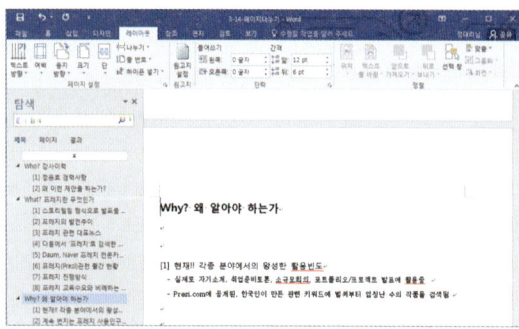
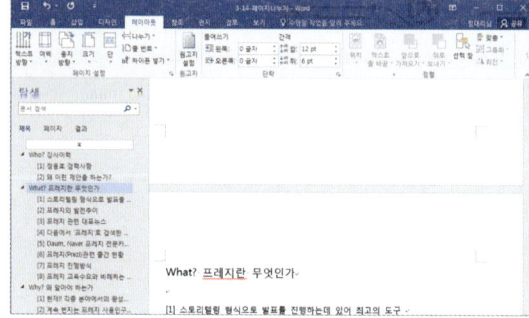

03 | 페이지 나누기 제거하기

3페이지에서 '──페이지 나누기──' 기호를 선택하고 Delete 를 눌러 삭제합니다. 명령이 적용되었던 이전 단락의 내용들이 제거된 기호 위치부터 이어져서 시작되는 것일 확인할 수 있습니다.

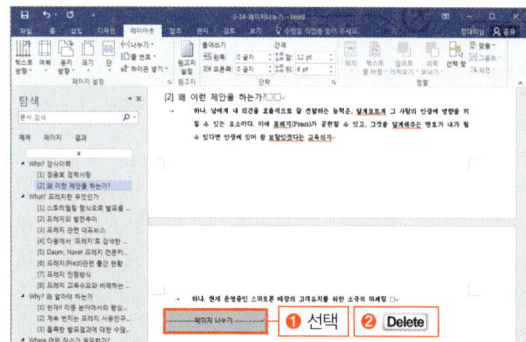
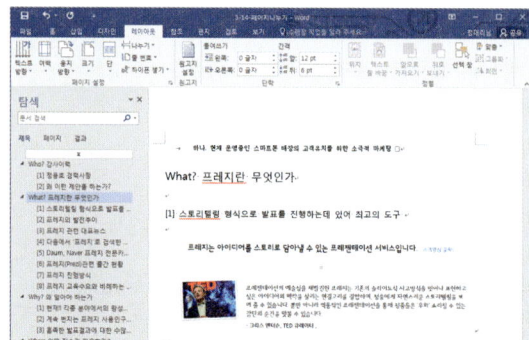

SECTION 15

세로 방향으로 단 나누기

페이지를 일정 간격의 세로 영역으로 구분하여 나누는 것을 '단'이라고 합니다. 이곳에서는 단 옵션의 적용과 수정 과정에 대해 알아보고, 이전에 배웠던 '페이지 나누기'와의 차이점에 대해 생각합니다.

l 예제파일 l 3-15-단나누기.docx l 완성파일 l 3-15-단나누기-완성.docx

POINT 01 | 단 나누기 적용하기

01 | 세로 단 설정하기

'3-15-단나누기.docx' 파일을 불러온 후 [레이아웃] 탭-[페이지 설정] 그룹에서 [단]-[셋]을 클릭합니다.

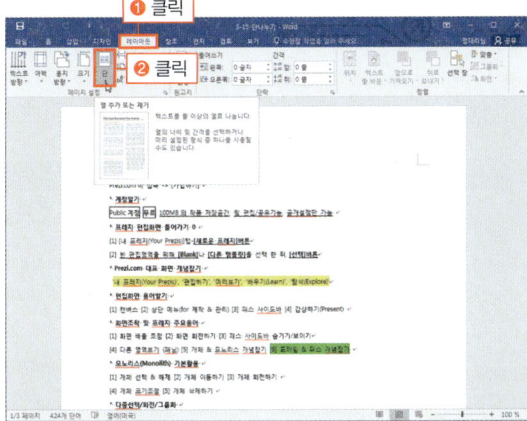 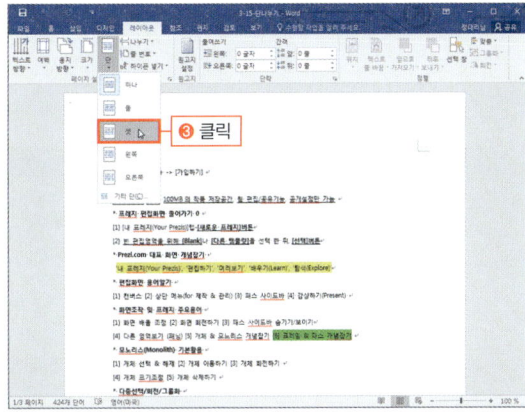

> **TIP** [레이아웃] 탭-[페이지 설정] 그룹에서 [크기]를 클릭하여 작성 중인 문서의 너비를 설정할 수 있으며, [용지 방향]을 클릭하여 문서의 가로/세로 방향으로 조정할 수도 있습니다.

02 | 단 수정하기

이전 작업의 결과 한 페이지가 3개의 단으로 나눠져 표현됩니다. 이어서 [레이아웃] 탭-[페이지 설정] 그룹에서 [단]-[오른쪽]을 클릭합니다. 이전에 적용했던 3개의 단들이 2개로 줄어들면서 그림과 같은 너비로 재조정됩니다.

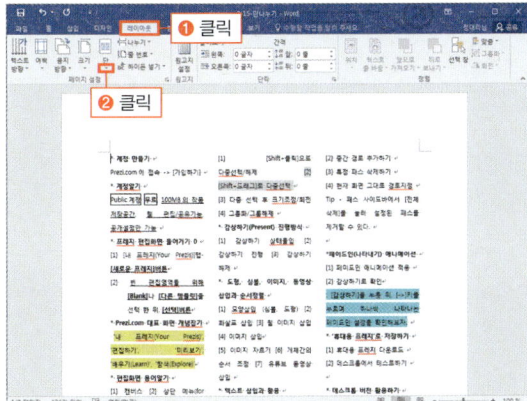 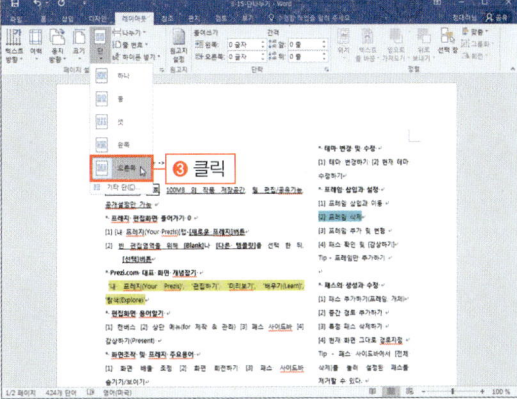

03 | '기타 단' 실행하기

[레이아웃] 탭-[페이지 설정] 그룹에서 [단]-[기타 단]을 클릭합니다. 나타나는 [단] 대화상자를 보면, 현재 적용된 [오른쪽]의 [단 개수], [너비], [간격] 등의 요소들을 확인할 수 있습니다.

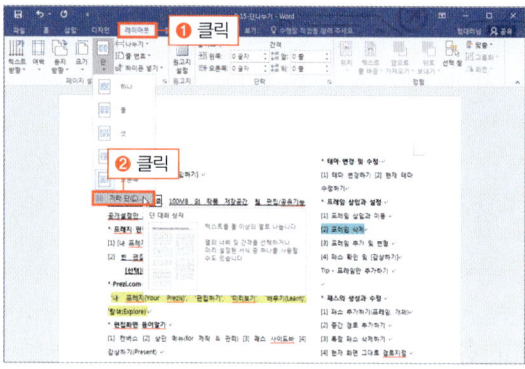 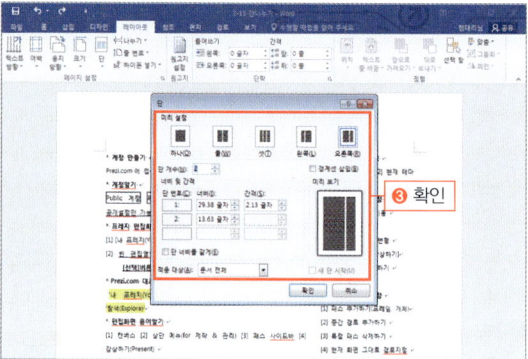

04 | 단 옵션 수정하기

[단] 대화상자의 [단 개수]로 '3'을 입력하고, [경계선 삽입]에 체크합니다. 이어서 [확인]을 클릭하면 기존과 달리 3개의 단으로 나뉘며, 삽입된 경계선으로 인해 각 단들의 너비를 쉽게 가늠할 수 있습니다.

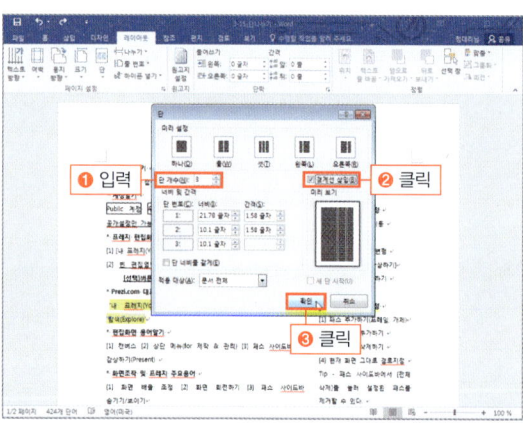 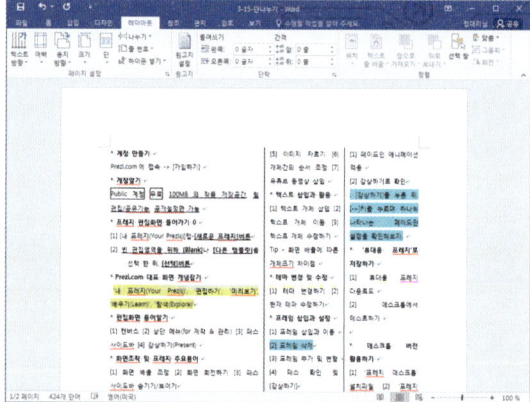

05 | 하나의 단으로 돌려놓기

[레이아웃] 탭-[페이지 설정] 그룹에서 [단]-[하나]를 클릭합니다. 이전의 단 설정들이 모두 사라지며, 하나의 단으로 구성된 페이지 기본 값 상태로 돌아오게 됩니다.

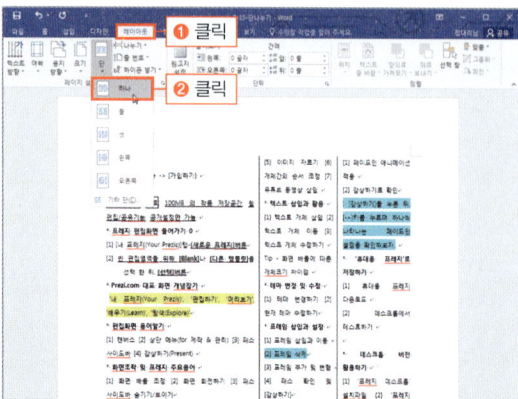 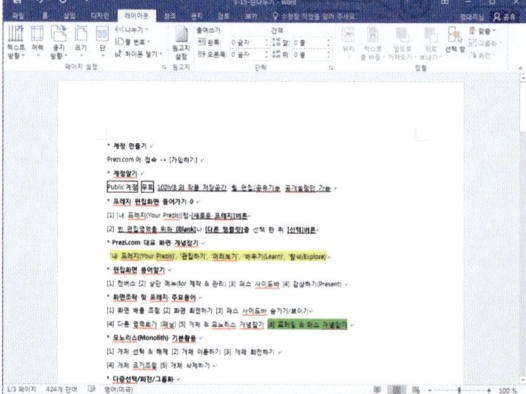

POINT 02 단 나누기 적용하기

01 | 단 나누기 적용하기

[레이아웃] 탭-[페이지 설정] 그룹에서 [단]-[셋]을 클릭해 3개의 단으로 페이지 구성을 변경합니다. 2번째 단 하단의 '* 패스의 생성과 수정' 문구 왼쪽 부근에 커서를 위치시키고, [레이아웃] 탭-[페이지 설정] 그룹에서 [나누기]-[단]을 클릭하여 적용합니다.

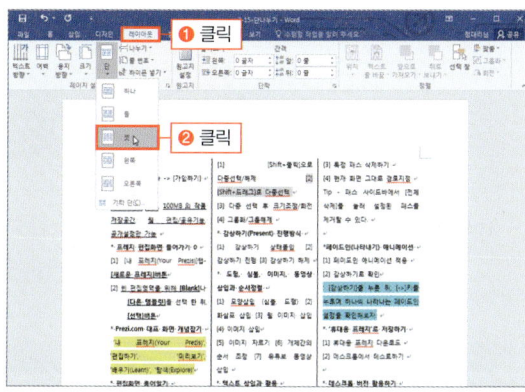

02 | 결과 확인_01

이전 작업의 결과 '* 패스의 생성과 수정' 단락은 3번째 단에서부터 시작하게 됩니다. 2번째 단 아래쪽에는 '━━단 나누기━━' 기호가 생성되어 있습니다.

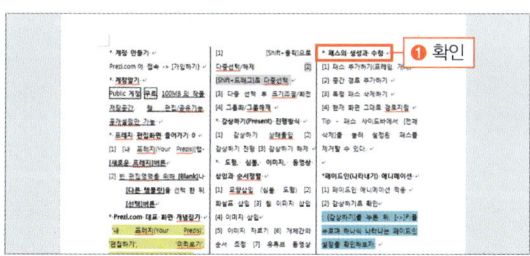
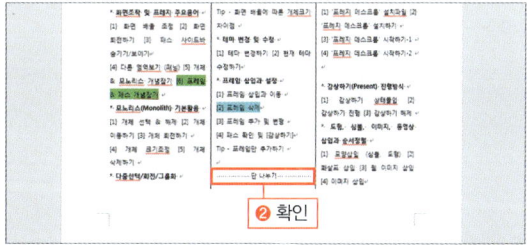

03 | 결과 확인_02

'━━단 나누기━━' 이전 위치에서 Enter 를 눌러 공백을 계속 삽입하고, '━━단 나누기━━' 기호가 3번째 단에 위치하도록 조정합니다. 이전에 이곳에 있던 '* 패스의 생성과 수정' 단락은 다음 페이지 첫 번째 단으로 이동시킵니다. 마치 이전 챕터에서 배웠던 '페이지 나누기' 기능을 단에서 구현하는 것으로써 '단 나누기' 기능을 이해해도 좋습니다.

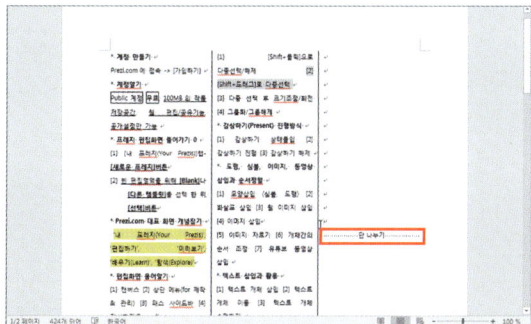
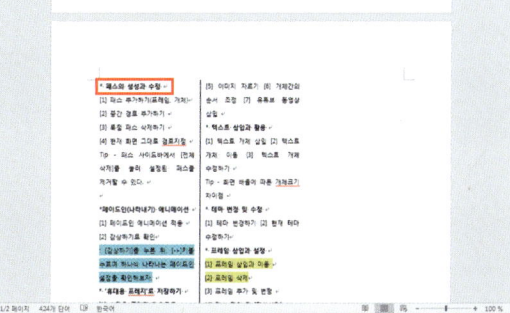

SECTION 16

페이지 나누기 vs 구역 나누기

'페이지 나누기'나 '구역 나누기'나 모두 페이지를 구분하여 독자적인 문서 공간을 배정하는 기능은 동일하지만, 각 영역에서 페이지 설정을 적용했을 때의 결과가 매우 다릅니다.

I 예제파일 I 3-16-구역나누기.docx I 완성파일 I 3-16-구역나누기-완성.docx

POINT 01 | 페이지 나누기 속성

01 | 페이지 나누기 적용하기

'3-16-구역나누기.docx' 파일을 불러온 후 2페이지의 〈갤럭시노트7 사진4~〉 문장 앞에 커서를 위치시킵니다. 이어서 [레이아웃] 탭-[페이지 설정] 그룹에서 [나누기]-[페이지]를 클릭하여 적용합니다.

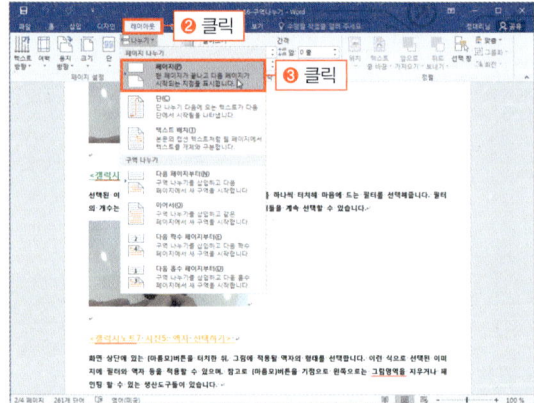

02 | 결과 확인

이전 작업의 결과 〈갤럭시노트7 사진4~〉 문장들은 이전 페이지의 작업과 상관없이 항상 해당 페이지 상단에 위치하게 됩니다.

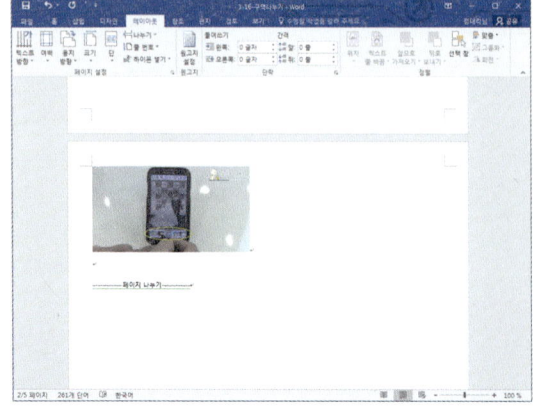
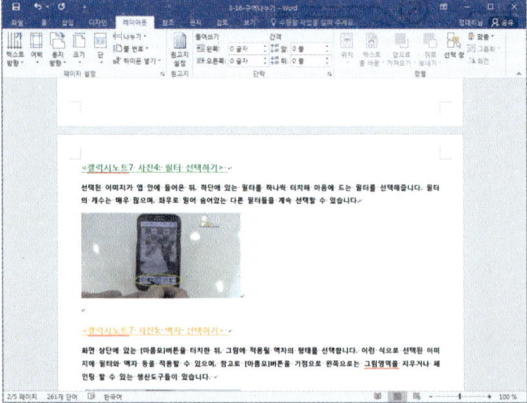

03 | 단 나누기 적용하기

'〈갤럭시노트7 사진4~〉' 문장에 커서가 놓인 상태에서 [레이아웃] 탭-[페이지 설정] 그룹에서 [단]-[둘]을 클릭합니다. 이전에 적용해둔 '페이지 나누기' 기능과 상관없이 페이지 전체에 '단 나누기' 기능이 적용된 것을 확인할 수 있습니다.

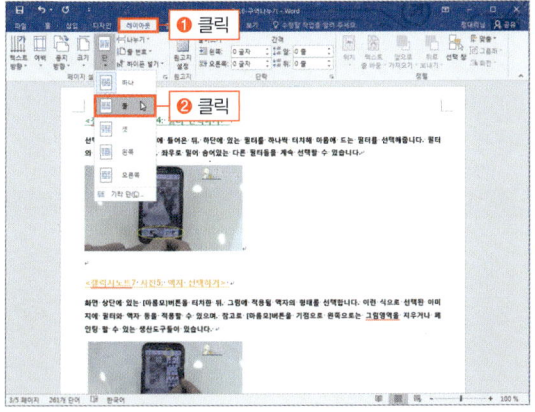
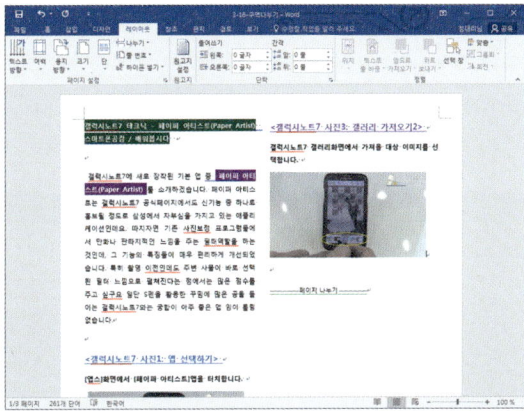

04 | 용지 방향 변경

[레이아웃] 탭-[페이지 설정] 그룹에서 [용지 방향]-[가로]를 클릭합니다. 이전과 마찬가지로 '페이지 나누기' 기능과 상관없이 모든 페이지가 가로 방향으로 설정되는 것을 확인할 수 있습니다. 결과 확인 후, 진행을 위해 Ctrl + Z 를 수차례 눌러 처음의 문서 상태로 되돌립니다.

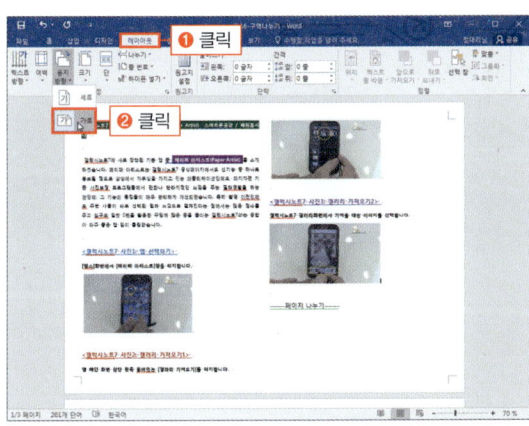
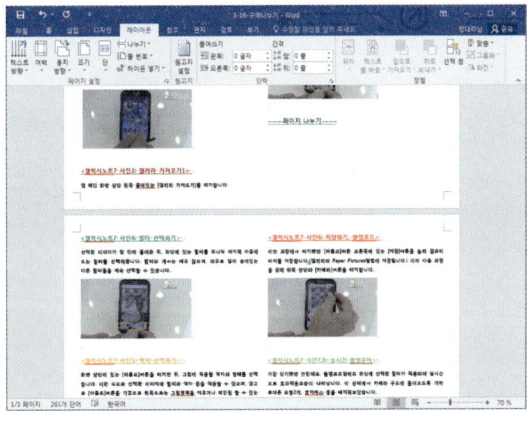

> **TIP 배경색 설정하기**
>
> [디자인] 탭-[페이지 배경] 그룹의 [페이지 색]에서 배경색을 적용해도, '페이지 나누기' 기능과 상관없이 모든 페이지에 배경색이 적용됩니다.
>
>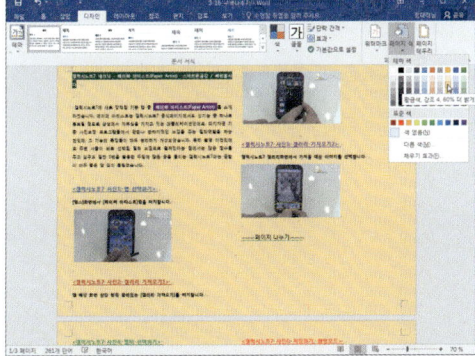
>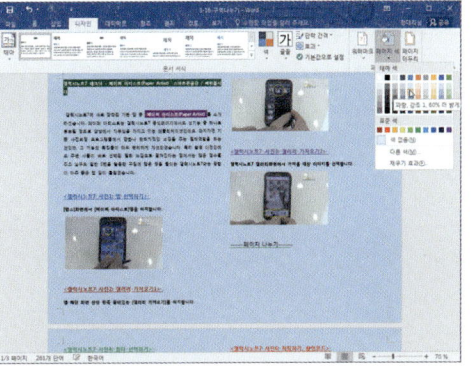

POINT 02 | 구역 나누기 속성

01 | '다음 페이지부터' 설정하기

2페이지 〈갤럭시노트7 사진4~〉 문장 앞에 커서를 위치시키고, [레이아웃] 탭-[페이지 설정] 그룹에서 [나누기]-[다음 페이지부터]를 클릭합니다. 참고로 [나누기] 목록은 [페이지 나누기]와 [구역 나누기]의 2가지 분류를 가지고 있으며, [다음 페이지부터]는 [구역 나누기] 분류입니다. '━━구역 나누기━━' 기호가 표시됩니다.

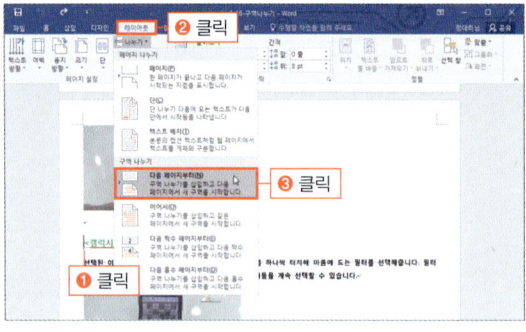 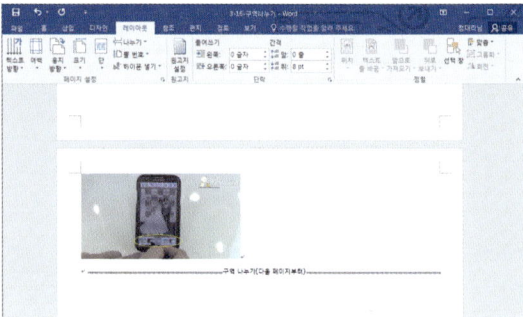

02 | 구역 순번 확인하기

적용된 구역의 순번을 확인하기 위해, 화면 하단의 상태 표시줄로 커서를 이동시킵니다. 이어서 마우스 오른쪽 버튼을 클릭하고 [구역]을 선택합니다. 기존과 달리 상태 표시줄 첫 번째 항목으로써 '구역' 순번이 표시되는 것을 확인할 수 있습니다.

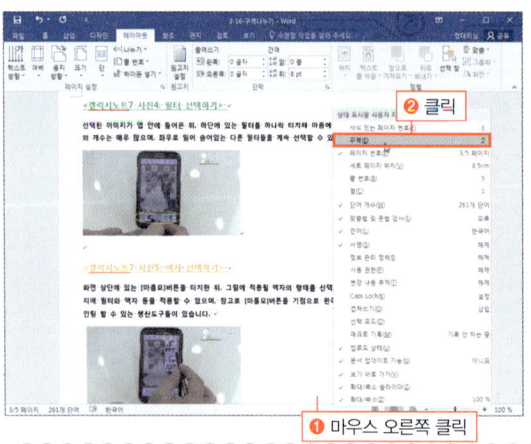 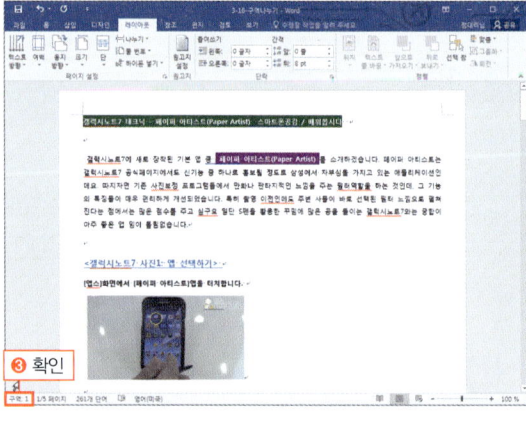

> **TIP** 작업 중인 문서의 여백은 [레이아웃] 탭-[페이지 설정] 그룹-[여백]에서 옵션을 선택하거나, [여백]-[사용자 지정 여백]을 클릭하면 나타나는 [페이지 설정] 대화상자에서 설정할 수 있습니다.

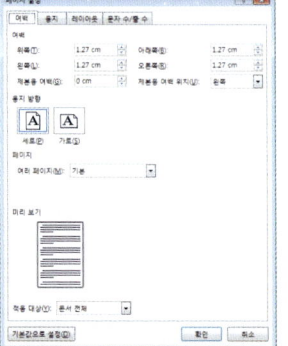

03 | 단 나누기 적용하기

상태 표시줄에 '1' 구역이 표시된 상태에서 [레이아웃] 탭-[페이지 설정] 그룹에서 [단]-[둘]을 클릭합니다. 당연히 1구역에 속한 페이지는 2단으로 나눠지게 됩니다. 하지만 '━━구역나누기━━' 기호를 넘어선 2구역을 보면 단 나누기가 적용되지 않은 것을 확인할 수 있습니다.

 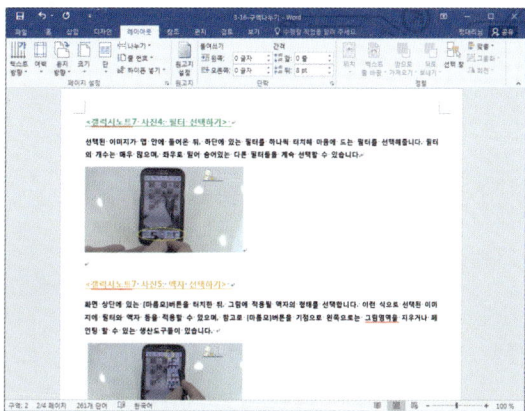

04 | 용지 방향 변경하기

이번에는 1구역에서 [레이아웃] 탭-[페이지 설정] 그룹에 [용지방향]-[가로]를 클릭합니다. 당연히 1구역에 속한 페이지는 가로 방향으로 용지 방향이 변경됩니다. 하지만 '━━구역나누기━━' 기호를 넘어선 2구역을 보면 용지 방향이 그대로입니다.

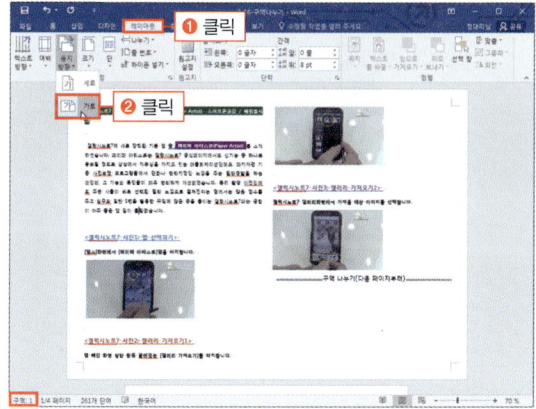 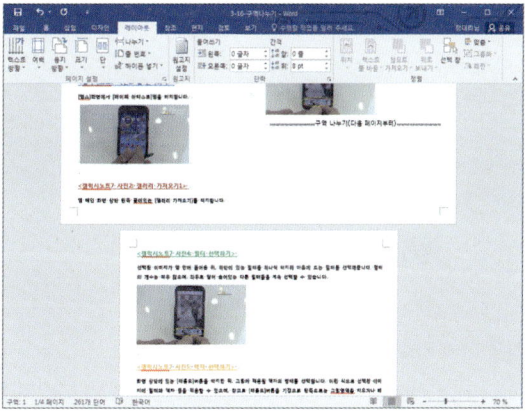

SECTION 17

한 페이지에 다중 단 설정하기

구역으로 나눠진 공간은 독자적인 편집 영역을 가지게 됩니다. 이를 활용해 상당히 다른 느낌의 편집 구조를 한 페이지에서 구현할 수 있습니다. 실제로 잡지 등의 간행물에 많이 사용하므로 주의 깊게 살펴봅니다.

l 예제파일 l 3-17-다중단설정.docx l 완성파일 l 3-17-다중단설정-완성.docx

POINT 01 | 가로 방향 구역 설정

01 | '이어서서'로 구역 나누기

'3-20-다중단설정.docx' 파일을 불러온 후 '* 제 1목표~' 문장 앞에 커서를 위치시킵니다. 이어서 [레이아웃] 탭-[페이지 설정] 그룹에서 [나누기]-[이어서]를 클릭하면, '━━━구역 나누기━━━' 기호가 표시됩니다. 한 페이지에 모여 있지만, 구역 기호를 기준으로 독자적인 편집에 서로 영향을 받는 독립 단락들이 되었습니다.

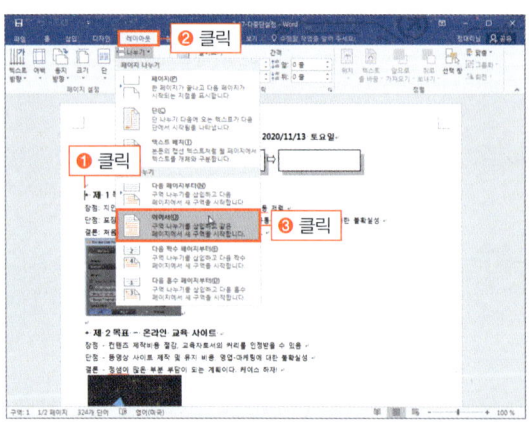 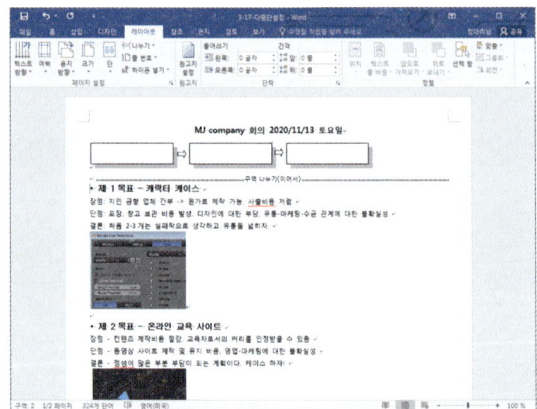

02 | 추가로 구역 나누기

'* 다시 온라인 교육으로~' 문장 앞을 클릭한 후 [레이아웃] 탭-[페이지 설정] 그룹에서 [나누기]-[이어서]를 클릭합니다. 이어서 2페이지의 '수입 창출을 위한~' 문장 앞을 클릭한 후 [레이아웃] 탭-[페이지 설정] 그룹에서 [나누기]-[이어서]를 클릭합니다. 이제 문서에는 총 4개의 구역이 존재하게 됩니다.

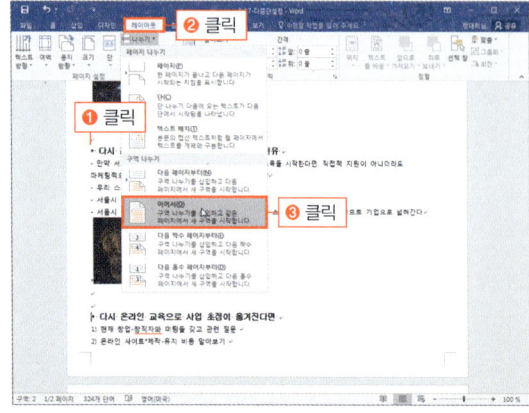 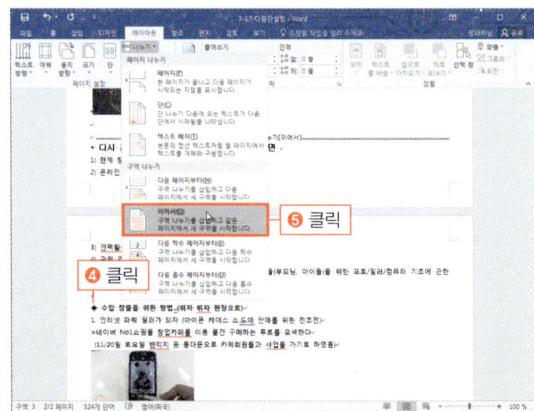

POINT 02 | 구역 내, 세로 방향 단 설정

01 | 기타 단 설정하기_01

2번 구역에서 [레이아웃] 탭-[페이지 설정] 그룹에서 [단]-[기타 단]을 클릭합니다. [단] 대화상자의 [미리 설정]에서 '셋'을 선택합니다.

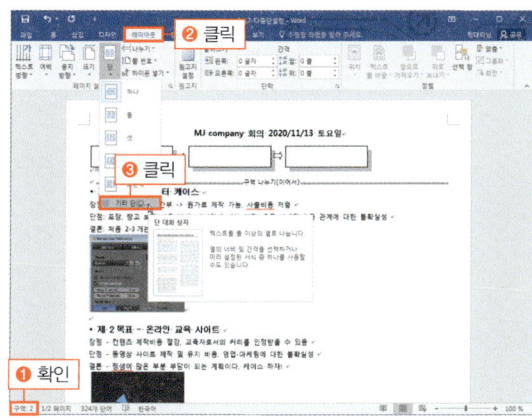
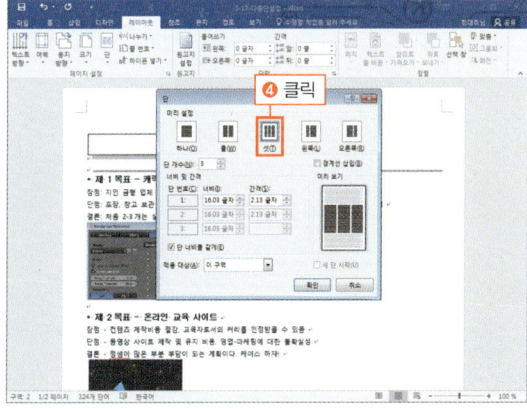

02 | 기타 단 설정하기_02

[단] 대화상자에서 [경계선 삽입]에 체크한 후 [확인]을 클릭합니다. 2구역 공간에는 3단 나누기가 적용된 것을 확인할 수 있습니다.

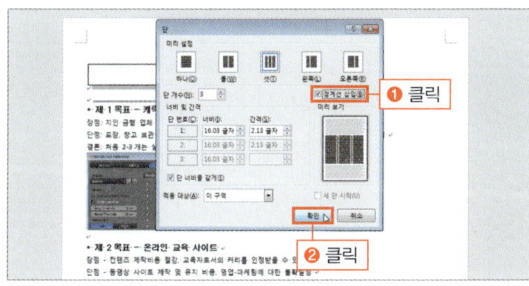

03 | 테두리 설정하기

3구역의 문장들을 선택한 후 [홈] 탭-[단락] 그룹에서 [테두리]-[바깥쪽 테두리]를 클릭합니다. 선택한 단락이 테두리로 둘러싸이게 됩니다.

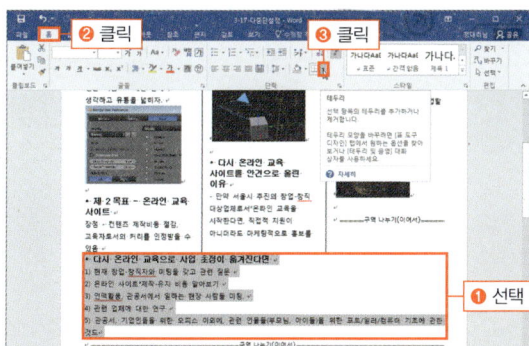
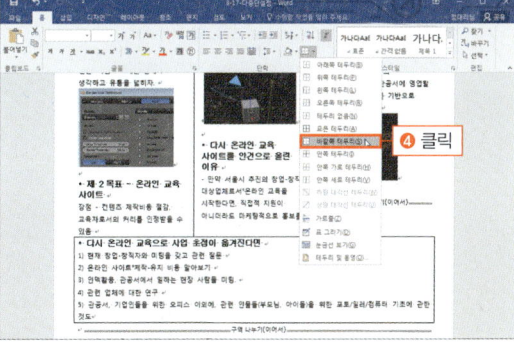

04 | 둘로 단 나누기

4구역에서 [레이아웃] 탭–[페이지 설정] 그룹에서 [단]–[둘]을 클릭합니다. 결국 4구역은 2개의 단으로 구성됩니다.

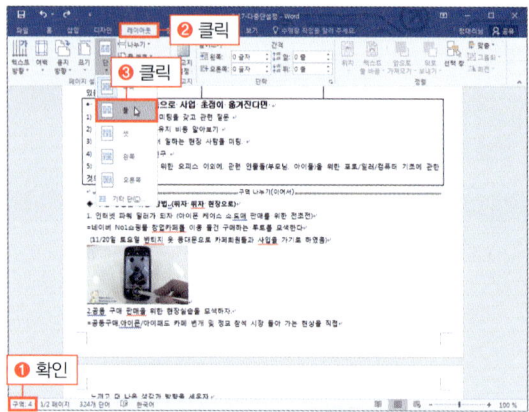
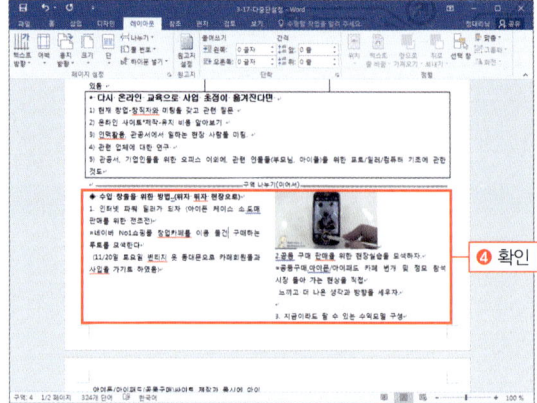

05 | 결과 확인

[디자인] 탭–[페이지 배경] 그룹에서 [페이지 테두리]를 클릭한 후 [테두리 및 음영] 대화상자의 [설정]을 '상자'로 설정합니다. 이어서 [색]은 '회색'으로 설정한 후 [확인]을 클릭합니다. 결국 구역마다 다른 페이지 설정들이 적용되어 그림과 같은 모습이 됩니다.

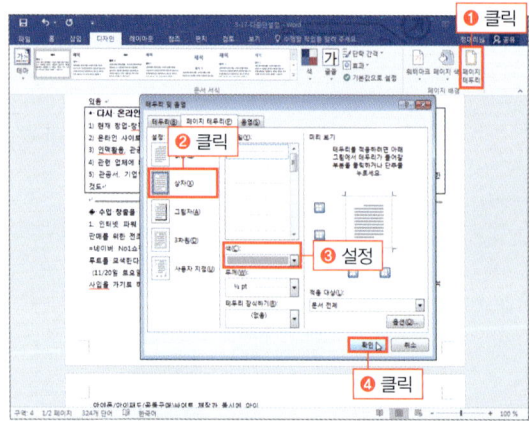
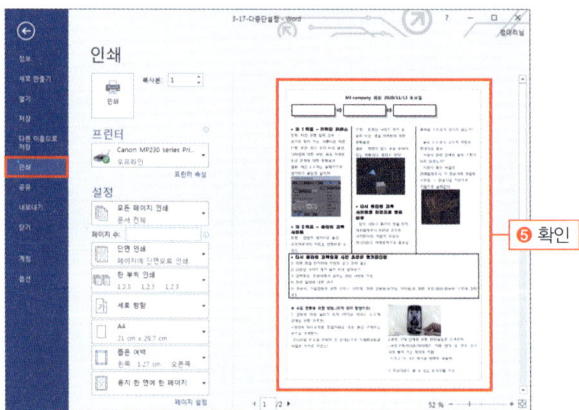

06 | 구역 제거하기

2, 3구역 사이에 위치한 구역 기호를 선택하고 Delete 를 눌러 삭제합니다. 결과적으로 3개의 단으로 나누어진 2구역의 내용들이, 3구역의 페이지 설정을 따르며 하나의 단으로 재배치되는 것을 확인할 수 있습니다.

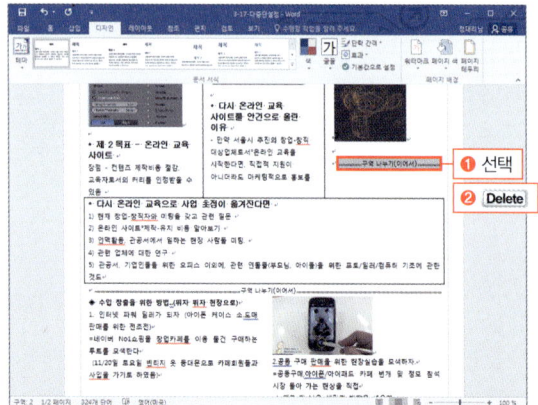
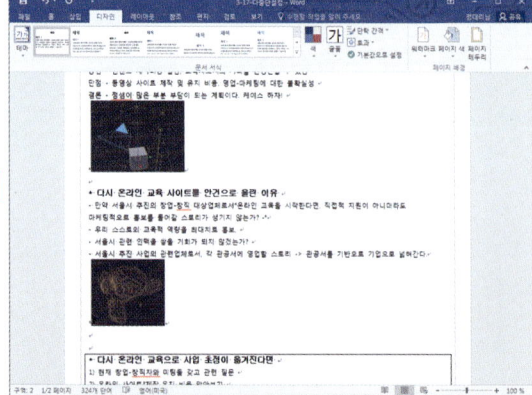

레이아웃 설정하기

01 | PC에서 다루었던 레이아웃 조정을 태블릿 버전에서도 테스트합니다. [레이아웃] 탭-[나누기]-[이어서]를 적용해 한 페이지 내에 서로 다른 구역이 존재하도록 설정합니다.

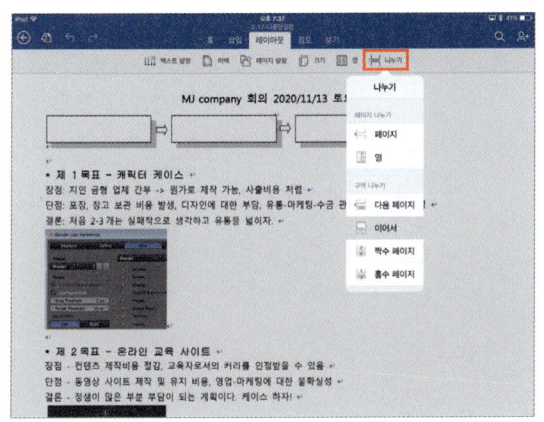 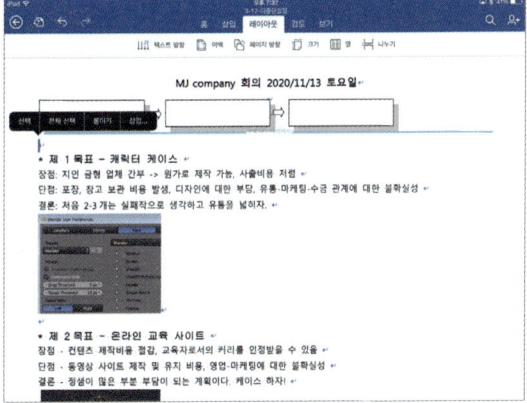

02 | 페이지 하단 부분에 [레이아웃] 탭-[나누기]-[이어서]를 적용해 새로운 구역을 추가합니다. 이렇게 분할된 가운데 구역에 커서를 위치시키고, [레이아웃] 탭-[열]-[셋]을 선택해, 가운데 구역만 3단 설정이 되도록 합니다.

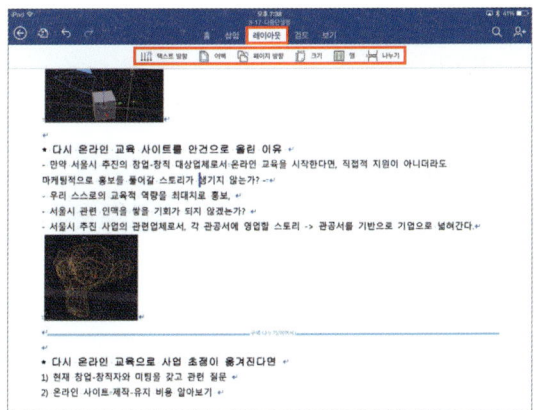 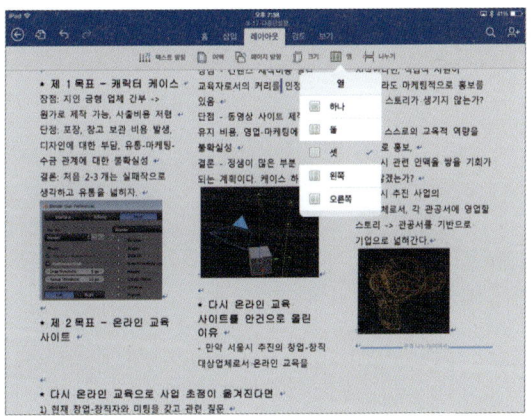

03 | 마지막으로 제일 아래 구역을 선택하고 [레이아웃] 탭-[열]-[왼쪽]을 선택해 너비가 다른 2단 구성이 되도록 합니다. [보기] 탭-[한 페이지]를 터치해 보면 PC와 다름없이 태블릿에서도 레이아웃 설정이 그대로 적용 가능한 것을 확인할 수 있습니다.

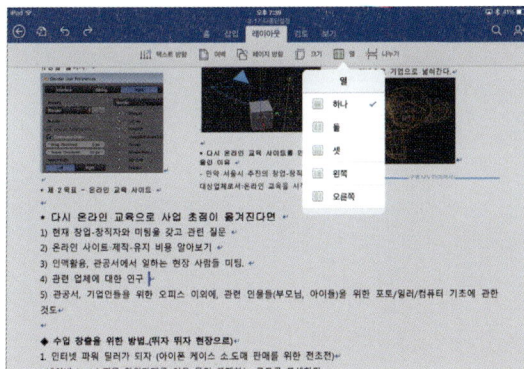 

로마자

A
AND 260
AVERAGE 222
AVERAGEIFS 232

C
CD용 패키지 프레젠테이션 316
COLUMN 246
COUNT 248
COUNTA 249
COUNTBLANK 249

D
DATEDIF 243, 244

H
HOUR 239

I
IF 256

M
MAX 223

N
NOW 238

O
OR 259

P
PDF 형식 316

R
ROW 245

S
SMALL 250
SUBTOTAL 252
SUM 223
SUMIF 227
SUMIFS 227

T
TODAY 241

V
VLOOKUP 266

Y
YEAR 242

한국어

ㄱ
각주 442
검색 옵션 80
구역 나누기 468
그라데이션 채우기 304
그림 자르기 349
그림 채우기 305
글꼴 서식 402
글머리 기호 410
기호 삽입 292
꺾은선형 차트 149
꾸밈 효과 350

ㄴ
날짜 표시 형식 118

ㄷ
다른 이름으로 저장 394
다시 칠하기 349

INDEX

다중 단 472
단 나누기 465
단락 397
단색 채우기 303
대비 보정 348
데이터 분석 128
도형 336
도형 삽입 307
도형 순서 341
도형 스타일 340
동영상 삽입 364

ㅁ
머리글 89
멀티미디어 삽입 362
메모하기 447
모두 찾기 79
목록 수준 410
목록 조정 293
목차 업데이트 453
목차 작성 451
문서 탐색 430
미주 442

ㅂ
바닥글 89
병합하고 가운데 맞춤 108
복사본 만들기 37
부분합 193
비디오 스타일 365
빠른 분석 도구 167
빠른 실행 도구 모음 165
빠른 채우기 55

ㅅ
사용자 지정 목록 56
상대 참조 46
색인 456
색조 조정 348

서식 파일 390
셀 30
셀 서식 대화상자 115
셀 스타일 124
셀 참조 42
쇼 재구성하기 329
수식 입력 43
스마트아트 353
스파크라인 141
슬라이드 288
슬라이드 마스터 307
슬라이드 복제 294
슬라이드 서식 306
슬라이드 쇼 320
슬라이서 205
시나리오 210
시트 보호 102
쓰기 암호 96

ㅇ
아래첨자 404
암호 설정 96
애니메이션 370
여러 슬라이드 보기 297
열기 암호 96
오디오 녹음 363
워드아트 358
워크시트 30
워터마크 439
원형 차트 150
위첨자 404
유인물 314
유효성 검사 187
이동 경로 377
이름 관리자 72
이름 정의 69
인쇄 배율 92
입체 효과 342

ㅈ

자동 저장 29
자동 채우기 52
자동 필터 172
자동 함수 60
장평 405
전환 효과 324
절대 참조 46
조건부 서식 136
줄 간격 399
줄 바꿈 398

ㅊ

차트 147
차트 레이아웃 159
참조 계산 75

ㅋ

콤보 차트 152

ㅌ

탐색 창 431
테두리 설정 414
테마 셀 스타일 124
텍스트 개체 틀 289

ㅍ

페이지 가운데 맞춤 89
페이지 나누기 462
페이지 서식 437
표 서식 127, 182
표시 형식 120
표지 만들기 440
프레젠테이션 문서 282
피벗 차트 207
피벗 테이블 200
필터 176

ㅎ

하이퍼링크 366
한자 변환 401
한자 입력 44
형광펜 321
혼합 데이터 입력 41
혼합 참조 48
화면 전환 324
화폐 표시 형식 118
회색조 313

컴퓨터와 태블릿으로
활용하는
오피스 2016

엑셀+파워포인트+워드 2016

1판 1쇄 발행   2016년 1월 31일

저　　자 | 정용호
발 행 인 | 김길수
발 행 처 | 영진닷컴
주　　소 | (우)08591 서울특별시 금천구 가산디지털1로 24
　　　　　대륭테크노타운 13차 10층
등　　록 | 2007. 4. 27. 제16-4189

가격 18,000원

ISBN | 978-89-314-5281-5

이 책에 실린 내용의 무단 전재 및 무단 복제를 금합니다.

도서문의처 | http://www.youngjin.com

YoungJin.com Y.
영진닷컴